MANAGEMENT FOR ENGINEERS 강석호 저

공학기술과 경영

박영사

머리말

　21세기로 접어든 지도 15년이 경과하였으며, 2차 세계대전 후 70년간 인류는 비약적인 발전을 거듭하였는데, 이 발전의 원동력은 공학기술에 있다. 공학기술이 20세기에 인류의 생활 패턴을 바꿔 놓았으며, 20세기 후반에 정보기술의 비약적인 발전은 우리의 생활 습관을 한 단계 올려놓았다. 1993년에 미국의 부시 대통령이 인터넷망을 민간에게 공개한 후, 그 후 IT 산업의 응용기술이 어떻게 쓰이고 있으며, 인터넷 없는 세상은 현 시점에서 상상할 수가 없을 정도로 우리의 필수품이 되었다. 앞으로의 15년에 공학기술이 어떤 마술을 우리에게 보여줄지 기대된다. 우리나라는 정보화시대에 세계 경제규모 12위권에서 공학기술의 발전과 더불어 이 기술을 경영하는 능력이 필요하게 되었다.

　공학기술자가 현장에서 필요한 최소한의 경영지식을 본서에서 제공하고자 한다. 본서는 경영학 전공자를 위한 책은 아니다. 본서는 공학기술을 전공하여 경영학 지식이 부족한 공학기술자나 관리자, 경영학 교육 없이 중소기업을 창업하여 운영 중인 중소기업 경영자를 위한 책이다.

　2006년 기준으로 우리나라 GDP의 27.8%, 수출의 98.4%, 고용의 18%를 제조업이 담당하고 있다. 그러나 제조업을 둘러싼 임금과 고용 문제, 환율, 원자재 가격상승 등은 우리 제조업의 원가 경쟁력을 악화시키는 요인으로 작용하고 있다. 제조업은 공학기술의 혁신적인 발전 없이는 경쟁력이 없다. 이러한 공학기술 경쟁력을 위하여, 우리나라의 R&D 투자가 GDP 대비 3%(세계 8위)로 선진국 수준에 근접한 수준까지 늘어났으나, 절대규모는 아직도 미국의 1/13, 일본의 1/6, 독일의 1/3에 불과한 수준이다. 이와 함께 제조업을 지원하는 물류, 디자인, 컨설팅, 비즈니스 서비스 등 제조업 지원서비스 부문도 선진국에 비해 여전히 낙후되어 있다. 우리는 FTA체제 하에서 글로벌화, 지식정보화라는 새로운 환경에 효과적으로 적응하고 경영관리도 경쟁력을 갖춰 글로벌 경쟁력 강화를 이루어야 한다.

본서에서 경영학의 전 분야를 다루는 것은 불가능하여, 저자가 학교에서 평소 학생들에게 즐겨 가르쳐 온 내용들과 학생들도 관심 있어 하는 분야만 일부 발췌하여 본서를 편집하였다. 즉, 저자의 과거 저술된 서적에서 일부분을 발췌하고, 약간의 보완을 하여 본서를 냈으므로, 경영학개론적 견지에서 보면 생략된 부분도 많고 체계적이지도 못하다. 그러나 독자들은 본서를 독파하고 나면 새로운 안목이 생길 것으로 확신한다. 후학들의 진로에 도움이 되면, 저자도 본서를 낸 보람을 얻을 것이다. 본서는 생산경영과 경영학, 전략경영의 SWOT분석, 투자분석과 원가회계, 경영과학 방법론, 인적자원관리 및 경영조직, 공급사슬관리, IT기법의 활용, 마케팅, 기업의 다각화 전략, 기업윤리 등을 다루고 있다. 본서에서는 모든 개념을 포함하고 이 개념을 간단명료하게 설명하는 나열식이 아니고, 본서에서 취급한 것은 공학기술자가 필요한 일부 분야만 경영학에서 취사선택하여 스냅 사진 같이 선택된 분야를 심도 있게 다루려 한다.

본서의 출간에는 30여년 동안 지능형생산시스템 연구실의 명성을 유지해 온 여러 제자의 협조가 들어 있으며, 이 점 감사하게 생각한다. 44년째 저자에게 든든한 가족의 기쁨을 주고 있는 내자와 잘 성장해 사회의 중추적 인물이 된 딸과 아들의 가족에게도 고맙게 생각한다. 최근 10년간 우리 가족에게 즐거움을 계속 공급해 주고 있는 손자 경모, 일규, 손녀 여원이가 건강하고 지혜로운 사회의 일원으로 성장해 주기를 바란다. 이 가족사를 얘기하는 것은 독자들도 앞으로 여러분 앞에 펼쳐질 끝없는 미래를, 희망을 가지고 맞이하기를 바라기 때문이다. 앞으로 세계가 하나가 된 사회에서 펼쳐질 국가와 민족의 미래를 위하여 여러분들이 할 일은 무궁무진하다. 여러분 앞에 태평양 같은 바다가 펼쳐져 있다. 여러분들이 할 일은 저 푸른 바다에 생선 같이 많으니 여러분들이 알아서 생선 잡이 하듯 할 일을 찾아서 알아내야 한다. 여러분들도 미래의 사회 형성에 한몫 단단히 하는 행복한 미래가 있을 것을 믿는다.

끝으로 본서의 발간을 기획한 박영사 안종만 회장, 조성호 기획이사, 정병조 대리에게 감사하며, 특히 김효선 편집자, 제작담당직원들의 노고에도 진심으로 감사한다.

2015년 5월 관악산 기슭에서

저 자 드림

[제 I 편　경영학과 생산경영]

[제Ⅱ편 기업환경]

제3장 기업 외부환경분석: 사업의 기회와 위협

제4장 기업 내부 경쟁력분석

[제 III 편 경제성 분석]

제5장 투자분석

제6장 **원가회계**

[제 IV 편   경영과학]

제7장 **의사결정기법**

제8장 프로젝트관리

[제 V 편 생산성 향상]

[제 VI 편 IT기법 도입]

제12장 전사적 IT관리

[제 Ⅶ 편 조직의 성장과 통제]

제13장 마케팅

제14장 기업의 성장전략

Part

I

경영학과 생산경영

MANAGEMENT
FOR
ENGINEERS

하늘이 내게로 온다
여릿여릿
머얼리서 온다

하늘은, 머얼리서 오는 하늘은
호수처럼 푸르다

호수처럼 푸른 하늘에
내가 안긴다 온몸이 안긴다

가슴으로, 가슴으로
스미어드는 하늘
향기로운 하늘의 호흡

따가운 볕
초가을 햇볕으로
목을 씻고

나는 하늘을 마신다
자꾸 목말라 마신다

마시는 하늘에
내가 익는다
능금처럼 마음이 익는다

– 박두진

성공적인 경영과 경영학

기업을 경영한다는 것은 기업가를 짜릿하게 만드는 것이다. 기업가가 요즈음 자주 봉착하는 문제는 세상이 너무 빠르게 변하고 있으며, 이 변화가 주는 영향력이 때로는 심각하게 크다는 사실이다. 신제품과 새로운 서비스는 과거보다 빠르게 개발되고 있으며, 이러한 기업환경은 모든 산업에서 경쟁력 있는 기업만이 살아남을 수 있게 한다. 지난 10년은 세계경제가 요동친 기간이었다. 새로운 사업도 많이 생겨났으며, 기존의 잘 나가는 일부 기업은 기록적인 주가를 기록한 예도 생겨나고 있다. 사업장에도 변화가 많았다. 대형매장의 등장과 할인점의 득세, 기업합병 및 청산, 경쟁의 국제화 등은 기업의 성장과 신제품 개발을 촉진시키고 있다.

신제품은 20세기를 새로운 세상으로 바꿨으며, 21세기에도 신세계가 어떻게 전개될지 흥미진진하게 만들고 있다. 대부분의 신제품은 통신기술과 관계가 있고, 지난 50년 사이에 주로 발명되었다. 20세기 최고 발명품은 전기의 발명이지만, 복사기는 40년 전에 그리고 1971년에 인텔의 마이크로프로세서(PC의 CPU)는 2,300개의 트랜지스터를 대신하였으나, 1999년 인텔은 950만 개의 트랜지스터를 대신할 수 있는 칩을 개발하였다. 1980년에 PC가 시장에 나왔고, 1993에 WWW(World Wide Web)이 인터넷시장에 나왔으며, 컴퓨터 저장능력은 1980년에 Megabyte(백만 바이트, 오십만 문자)에서, 1990년에는 Gigabyte(10억 바이트)로, 현재는 Terabyte(1조 바이트) 단위로 발전하고 있다. 이러한 변화는 과학기술의 눈부신 발달로 인한 것이며, 이러한 새로운 기술을 이용한 신제품만이 사업을 성공시킬 수 있다. 선진국 노동력의 50%가 정보기술에 관련된 사업에 종사하고 있다는 사실이 이를 증명한다.

1.1 사업의 도전과 복잡성

사업을 운영한다는 것은 단순하게 짜릿하다고만 할 수 없으며, 그것은 생존에 대한 도전이라고 할 수 있다. 의사결정은 간단하지 않으며, 때때로 잘못된 결정을 내리곤 한다. 옳은 결정을 내린 경우도 상황이 변하면 결정을 바꿔야 할지 잘 모르는 경우가 종종 발생된다. 사업의 복잡성은 논리적으로 이해가 안 되는 경우도 가끔 발생되기 때문이다. 예를 들어 미국의 IBM이나 GM 같은 회사는 전 세계에 공고한 판매망과 영향력을 행사하는 견실한 회사이었으나, 1980년대에 약간의 실수로 경쟁회사의 도전에 직면하게 되었다. 각고의 구조조정을 통하여 살아남을 수 있게 되는 과정에서, 기업가는 회사를 정상화시키기 위하여 어떠한 변화를 추구하였는가?

해답은 간단하지 않다. 여전히 해답은 전문경영자들에게서 나와야 할 것이고, 기업에 종사하며 역경을 이겨낸 종업원들에게서 구해야 할 것이다. 그 당시의 기업환경은 어떠하였으며, 그 상황을 어떠하게 분석하였으며, 수많은 자료들로부터 결정을 내리기 위하여 어떠한 경영기법이 사용되었으며, 기업시스템을 이해하고 취해진 처방은 무엇인가?

기업의사결정은 마술이 아니다. 간혹 매우 주관적인 판단에 의한 결정이 내려지기도 한다. 간혹 지나고 보면 앞의 결정이 바람직하지 않은 경우도 있다. 기업경영은 정확한 과학이 아니다. 때론 무엇이 중요한지 모르는 경우도 있다. 정보가 충분한 경우는 매우 드문 경우이다. 또한 주어진 정보를 어떻게 해석해야 좋을지 모르는 경우도 있고, 보이는 사실에 역으로 해석이 가능한 경우도 있다. 그러나 난국을 극복한 기업은 기업의 사건들을 이해하려고 하였고, 기업을 건실하고 성공적인 기업으로 이끌기 위하여 신념을 가지고 의사결정들을 이끌어 냈다. 이러한 일련의 작업은 쉽지 않았으며, 항상 참여자들을 도전의식과 흥분으로 작업을 하게 하였다. 기업경영의 도전과 복잡성은 계속 변하는 기업환경 때문이다. 기업환경의 변화는 세계를 변화시키는 과학기술에 기인하며 이러한 변화는 경영혁신을 요구하며, 이러한 기술의 변화에 적시에 적응 못하면 기업경쟁력이 처지는 것이다.

이것은 기업의 동적인 특성인 것이다. 성공한 기업가는 변하는 기업환경을 잘 이해하고, 적절한 대처방안을 생각하여 적절한 행동을 실행한 사람들이다.

1.2 경영이란 무엇인가?

기업이란 소비자의 욕구를 만족시키는 제품이나 서비스를 제공하여 이익을 추구하는 조직이다. 간단한 듯한 기업의 역할은 현실에서는 의외로 복잡하다. 기업은 근본적으로 판매를 화폐로 하게 되어 있다. 화폐로 재화를 교환하는 행위는 매우 조심해서 다뤄야 하는 행위임을 이해하여야 한다. 기업은 고객이 원하는 제품이나 서비스를 생산하고 제공하여야 한다. 만약 고객의 욕구에 부응하지 못하면, 고객은 구매를 회피한다. 기업은 자신들이 제공하는 제품이나 서비스가 합당한 화폐로 평가받기를 원한다. 만약 고객이 제품이나 서비스의 가치를 낮게 평가하면, 원하는 화폐보다 적은 액수로 교환될 것이다. 기업경영은 기업조직과 고객들 간의 가치를 교환하는 통합된 과정으로 이해할 수도 있다.

우리가 성공한 기업이란 상당한 기간에 걸쳐 건강한 경영을 유지하고 있는 기업을 의미한다. 때론 단시간에 많은 이익을 낸 기업이 후에 본래의 기업목적과 비교하여 부족하면 우리는 이러한 기업을 성공한 기업으로 보지 않는다. 또한 이익은 냈으나 비윤리적인 상행위나 종업원을 착취하는 기업도 성공한 기업이 아니다. 장기적으로 기업이 경영성과도 우수하고 경영도 견실하게 운영하여야 성공한 기업이다.

모든 조직이 이익을 추구하지는 않는다, 대한적십자나 YMCA, 보이스카우트 같은 비영리단체도 있다. 이러한 비영리단체도 경영의 특성은 비슷하게 갖고 있다. 효율적인 운영은 일반기업의 경영방식을 따라야 한다.

우리나라의 대부분의 대기업은 해방 후에 태동되었고, 6.25전쟁과 월남전쟁 등을 거치면서 제조업 중심의 굴뚝산업으로 성장되었다. 그 후 해외건설산업을 거쳐 IT산업의 발달로 반도체산업의 호황과 자동차·조선업 등 기계회사, 화학산업 등 중화학공업을 진흥시켰다. 그 후 닷컴회사로 큰 자본을 모은 기업가도 있으나 성공적인 기업으로 남을 것인지는 좀 더 지켜보아야 할 것이다. 일본의 SONY회사도 두 명의 과학자가 라디오로 시작한 회사이며, Motorola회사도 1928년에 세 번의 실패 끝에 갈빈 씨가 창립하여 2차 대전 중 무전기를 군납하여 일어섰으며 라디오와 TV를 거쳐 현재는 반도체와 휴대폰으로 세계적인 회사로 성장한 점은 우리나라의 전자회사 등과 성장과정이 비슷하다. 대부분의 항공사가 거대자본을 바탕으로 시작되었고 지난 20년간 과다경쟁으로 적자를 면치 못하고 있는 실정에서 미국의 Southwest항공사만이 소자본으로 시작하여 26년째 이익을 내며 성장한 사실은 경영의 표본으로 삼을 만하다. 1971년에 3대의 경비행기로 텍사스주 내에서 시작한 SWA는 경비절감방법으로 비행기의 교대시간 절감, 비행사와 기내 근무자를 제외한 전 종업원의 연장근무, 기내식 간소화, 좌석배정 없이 탑승순서대로 좌석배정 등으로 항공료를 저렴하게 판매할 수 있었다. 비행기도 보잉737을 주 기종으로 삼아 비행기 점검 및 운영상에 경비절감을 하였다. 현재는 안전성, 항공료, 적시운행, 고객서비스에서 미국 주요 항공사 중 1위를 하고 있다. 매출은 미국 국내 항공사 중 4위이며 27,000명의 종업원에 미국의 28주 56도시를 운항 중이다.

　　과연 경영이 관리, 감독 같은 것을 구성하는 요소로 어떤 것들이 있는지 스스로에게 한 번 물어보자. 경영이란 무엇인가? 관리자란 어떤 사람인가? 내가 알고 있는 관리자는 어떤 사람인가? 그 사람들은 자신의 직업에 대해 어떤 얘기를 했나? 내가 바라본 관리자는 어떤 일들을 했나? 아마도 여러분들은 이런 질문에 대한 대답이 필요할 것이다. 각자가 자신의 대답을 준비하고 있다면 앞으로 나올 내용들과 비교해 보기 바란다.

1.3 경영의 역사

　　경영은 유사 이래로 행해져 왔지만 오늘날만큼 눈에 드러나 보인 적은 없었다. 이집트와 그리스 문화가 남긴 유물과 기록을 통해 기원전 수천 년 동안, 경영이라는 개념이 문명화된 이들 사회에서 중요한 역할을 했음을 알 수 있다. 이집트의 피라미드 같은 경우 수만 명의 사람들이 오랜 세월 동안 이 공사에 동원되었다. 이 공사는 건설기술은 물론이고 엄청난 조직력과 계획능력을 요구하는 것이었다. 전화나 전보, 현대적인 교통수단이 갖추어지지 않았던 그 시대의 수만 명의 인부들을 통제하기 위해서 특별한 경영기술이 필요했던 것만은 틀림없다.

성경을 통해 더욱 극명한 예를 볼 수 있다. 모세가 사방에 흩어진 그의 종족을 모아 이집트를 탈출하는 과정에서 그의 훌륭한 지도력과 경영능력을 엿볼 수 있다. 또한 요셉은 오랜 세월 동안 남은 곡식을 비축했다. 흉년이 들자 선입선출 규칙에 의해 이를 배분했다. 이것이 바로 오늘날 '재고경영'이라 불리는 것이다. 신약성서에서 예수가 사람들을 상대하는 방법은 오늘날 많은 경영자들이 모방하고 있는 것이기도 하다.

그후에도 많은 지도자들이 현대적인 경영기법으로 평가될 만한 많은 기법을 사용했다. 13세기에 징기스칸이 세계를 정복하는 과정에서도 엄청난 조직력과 계획능력이 필요했다. 13세기에 서양과 동양을 오고간 마르코 폴로의 여행을 통해, 병참술의 큰 문제점이랄 수 있는 물자의 획득과 이동, 보급품과 장비의 보관과 같은 것을 볼 수 있다. 15세기에 잔다르크가 그녀의 조국 프랑스에서 외국 지배자들을 몰아내기 위해 일어섰을 때 보여준 조직능력은 탁월했다. 18세기 말과 19세기에 쓰여진 많은 책에서는 작업에 관한 과학적인 연구와 더불어 경영술에 있어 특기할 만한 발전을 찾을 수 있다. 아담 스미스는 작업의 분화라는 개념을 세웠다. 그는 작업을 여러 세부 작업으로 나누어 각 작업자에게 전문화된 작업을 할당하도록 했다.

20세기 초에 들어서자 프레드릭 테일러는 스미스의 이론을 더욱 심화시켜 작업을 2가지로 분류하였다. 실제 작업자들에 의해 수행되는 작업과 경영자나 감독관이 수행해야 할 업무로 분류한 것이다. 바로 여기서 과학적 관리의 개념이 나타나게 된 것이다. 테일러나 그 밖의 다른 이들은 과학적 관리에 있어 작업과 작업 속의 인간에 대한 세밀하고 꼼꼼한 연구를 주장했다. 그러나 과학적 관리에서는 일차적으로, 작업자는 기계적이고 경제적인 동기에 의해 자극받는다고 가정한다. 관리자의 입장에서는 더 많은 임금을 지급하면 더 많은 생산품을 얻을 수 있으며, 생산품이 많아질수록 작업자들에게 돌아가는 임금이 많아진다고 보는 것이다. 그리하여 노동현장에서 산업공학도 탄생하게 되었다.

　　공황이 도래하자 관리자들은 이러한 견해를 수정하게 되었다. 작업자들은 단순한 경제적 필요를 넘어선 다양한 욕구를 가지고 있다는 것이다. 그리하여 관리자들은 인간 관계에 대해 더욱 발전된 연구를 하게 되었다.

　　그 후 40년 동안은 경영개념에 있어 급속한 발전이 시작된다. 심리학자와 사회학자, 그 외의 사회 과학자들은 작업환경하에 있는 인간에 대해 진지하게 연구하였다. 조직 속에서 인간 행위에 관한 연구는 1930년대 이후로 급속한 발전을 보인다. 더욱이 경제학과 수학, 컴퓨터 산업의 발전을 통해 과학적 경영에의 접근이 한층 용이해졌다. 이후에 소개될 내용들은 2차 세계대전을 통해 더욱 발전된 현대적인 경영기법들이다.

　　비록 수천 년 동안 경영기술이 행해져 오기는 했으나 최근에 와서야 하나의 학문으로 자리잡았다. 최근 몇 년 동안 훌륭한 경영이론들이 계속 나오고 있다. 경영이론은 크게 3가지 유파로 분류되고 있다. 이제 이들을 차례로 살펴보자.

1.4 경영론 학파

　　경영론 학파를 분류하는 방식은 여러 가지가 있다. 여기서는 고전(classical), 행동(behavioral), 모형화(modeling)의 3가지로 분류해 보았다. 각 학파별로 주요 특징을 알아보자.

(1) 고전학파

　　고전학파에서는 과학적 관리와 과정(process) 이론을 다루고 있다.

1) 과학적 관리

　　과학적 관리의 핵심은 생산 측면에서 본 조직의 경제적 효율에 있다. 합리적인 관리가 경제적 효율을 좌우한다는 것이다. 이 학파는 공학, 기술, 경제력의 폐쇄형 시스템 논리를 강조한다(폐쇄형 시스템이란 자기통제가 가능하고 자급자족이 가능하며 확실성의 범위 내에서 운영되는 시스템이다). 작업시의 인간은 오직 임금에 의해서만 동기부여를 받으며, 경제적인 효율이 조직력에 대한 유일한 평가척도이다. 또한 특정한 공학기술을 보유한 전문가를 고용함으로써 관리에서 필요로 하는 합리성을 얻을 수 있다고 가정한다. 간단히 말하면 고전학파에서는 조직을 외부환경의 변화에 영향을 받지 않는 폐쇄형 시스템으로 보는 것이다.

고전학파에서 능률을 측정하는 가장 중요한 척도로 여기는 경제적 효율은 오늘날 많은 조직에서 채택하고 있다. 그러므로 이 개념에 대한 정확한 이해가 요구된다. 조직효율은 전통적으로 토지나 자본, 노동과 같은 투입량에 대한 상품이나 서비스 산출량의 비로 정의되고 있다.

$$효율(\%) = \frac{산출량}{투입량} \times 100\%$$

관리는 노동효율과 관련되어 있다. 특히 노동비가 비쌀 경우 더욱 그렇다. 주어진 상황하에서 노동효율이 어느 정도인지를 결정하기 위해서, 관리자는 보통의 작업자가 정상적인 작업환경하에서 성취하는 시간당 평균 산출량인 개인표준을 정한다. 예를 들어 어느 식당에서의 표준 작업량은 시간당 200개의 샐러드를 만드는 것이라고 할 때, 만약 현재 투입된 노동량이 시간당 150개의 샐러드를 생산한다고 하면 샐러드 작업의 효율은 얼마나 될까?

$$노동효율 = \frac{산출량}{투입노동량} \times 100\% = \frac{150\ 샐러드}{200\ 샐러드} \times 100\% = 75\%$$

표준 작업량과 비교해 볼 때 이 작업은 75%의 효율을 보이고 있다.

비록 과학적 관리가 총괄적인 개념이 아니라 하더라도 오늘날 여러 영역에 걸쳐 영향력을 미치고 있는 개념인 것만은 확실하다. 노동비용 분석과 통제를 통해 경제적 효율을 도출하려는 노력은, 제조업체는 물론이고 정부나 병원, 그 밖의 다른 서비스 기관에서도 행해지고 있다.

최근 한 소도시에서는 트럭 한 대가 거두어야 할 표준 쓰레기 양을 결정하고 하루에 3명의 작업자를 배치했다. 작업이 완료되면 작업자들은 곧바로 사무실로 돌아와서 하루 근무 시간이 끝날 때까지 사무실에 있어야 한다. 그러나 당번이 돌아올 때까지 남은 시간은 마음대로 쓸 수 있다(미수거 쓰레기는 이들의 책임이다). 이 시스템은 매우 잘 운영되고 있는 것으로 평가된다. 수거는 더욱 능률적으로 되었고 작업의 질도 나아졌으며 이직률도 매우 낮아졌다.

경제가 점점 서비스로 치중해감에 따라 관리자들은 목표달성을 위해 이미 증명된 과학적 관리기술에 의존하고 있다. 예제에 나오는 소도시 경영자의 경우 자원활동에 있어 경제적 효율을 극대화하려는 목표를 가지고 있다.

과학적 관리에 있어 가장 큰 공헌을 한 이는 바로 프레드릭 테일러이다. 그는 두 가지 업무가 서로 다른 기술을 요구한다는 이유로, 생산에 있어 계획과 실제 작업을 구분하였다. 관리자들은 작업계획, 자재구입, 작업분석과 같은 비생산 분야의 일을 해야 하며 나머지 실제 작업자들은 원자재를 필요한 재화로 전환시키는 데 필요한 수공업적인 일을 해야 한다고 했다. 테일러 이전에는 모든 공업적인 작업들이 같은 사람에 의해 수행되었다. 오늘날 농부 한 사람이 작은 가족농장을 운영하는 것과 같은 것이다.

2) 과정

과정학파는 관리에의 기능적인 접근을 시도하고 있다. 과정학파는 경영을 "경영자 자신이 수행하는 기능을 통해 또 다른 경영자의 계획, 조직, 통제기능에 영향을 미치며 이루어지는 연속과정"으로 본다. 이러한 기능을 수행하기 위해서 경영자들은 일정한 기본규칙을 가지고 있다. 이와 같은 경영의 정의는 앞으로의 이 책을 통하여 과정과 관련하여 가장 많이 언급될 것이다.

과정학파는 1900년대 초에 적어도 세 나라에서 독립적으로 발전해왔다. 미국의 경우, 교수이자 경영 자문인 랄프 시 데이비스가 이 연구의 본질적인 부분들을 발표했다. 영국에서는 루더 굴릭과 린돌 어랜드가 경영학에 대한 논문을 수집하였으며, 올리버 쉘돈은 최초로 과정 연구에 대해 서술했다. 한편 프랑스 야금술자인 앙리 파욜은 경영과정이 어떻게 진행되었는지에 대해 연구하였다. 그의 작업은 20세기초에 이미 완성되었지만 1949년에 가서야 영어로 번역될 수 있었다. 그리하여 최근에 들어서야 많은 주목을 받게 된 것이다. 파욜의 의견은 이 학파의 대표격이라 할 수 있으므로 잠시 살펴보도록 하자.

파욜은 경영자들에게 14가지 규칙을 제시했다. 14가지를 모두 언급할 수는 없고 그의 경영철학을 잘 보여 주는 1가지만 들도록 하겠다.

3) 권위와 책임

권위란 "복종을 강요할 수 있는 명령과 권력을 부여하는 권리"이며 책임이란 명령에 대한 의무이다. 파욜은 직위에 따른 공식적인 권위들 사이의 차이점, 사무 책임자 자신의 인격, 경험, 도덕적 가치, 개인적인 성격 등에 따른 개인 권위 사이의 차이점 등에 대해 말했다. 그가 가장 강조한 점은 권위와 책임이 동등해야 한다는 것이다. 즉, 경영자는 책임 할당시 그에 상응하는 권한을 함께 주어야 한다는 것이다.

파욜은 경영자들이 수행하는 기능을 4가지로 분류하여 경영과정을 한층 심화시켜 분석했다.

① 계획은 행동과정을 발전시키는 모든 관련 행위를 포함한다. 이 행위는 미래의 의사결정을 돕는다.(Planning)
② 조직은 업무와 권위를 구조화하는 모든 행위와 관련된다.(Organizing)
③ 지도는 하부 종사자들의 행위를 지도한다.(Directing)
④ 통제란 조직 내의 업무가 계획된 업무와 차질없이 이루어지도록 보장해 주는 행위이다.(Controlling)

이 밖에도 다른 학자들이 분류한 경영기능으로는 조정, 인사, 감독, 의사소통이 있다. 이 기능들은 서로 중복적이며 어떤 특정한 순서로 진행되는 것은 아니다.

오늘날 경영자들은 이러한 기능 외에도 다른 기능들도 수행하고 있다. 이처럼 경영자들은 복잡한 현대 조직에서 특정한 규칙들을 추기하여 이용하고 있는 것이다. 이미 고전학파에 의해서 이러한 규칙들이 절대적인 사실이 아니라는 것이 드러났음에도 불구하고, 과정학파의 의견은 여러 경영기능과 규칙을 정의함으로써 경영을 이해하는 데 많이 기여하였다.

과정학파는 어떤 면에서 과학적 관리개념과 유사하다. 양자 모두 효율에 중점을 두고 있다. 둘 다 인간 행위의 한계라는 개념과 폐쇄형 시스템을 주장하고 있다. 현대경영론은 이 학파들이 주장한 개념으로부터 발전해왔다. 여러 점에서의 한계에도 불구하고 그들 생각 중 많은 부분이 현대경영론과 밀접한 관련을 맺고 있는 것이다.

(2) 행동학파

1) 인간 관계

행동학파는 1930년대에 생겨난 것으로 한 제조공장의 연구과정에서 우연히 발생한 인간 관계 운동과 관련되어 있다. 이 연구의 원래 목적은, 물리적 작업환경 변화가 생산력에 미치는 영향을 조사하는 것이었다. 즉, 전통적인 과학적 경영연구의 하나였다. 이 연구팀의 일부 사회과학자들은 산출량의 변화가 때때로 물리적 환경의 변화가 아닌 다른 요소에 의해 영향을 받게 된다는 것을 알았다. 노동자들은 실험자들이 각자의 작업에 보여준 관심과 애정, 염려 등에 특별한 반응을 보인 것이다. 생산성이 이에 따라 향상되었다. 이 연구는 인간을 기계로 취급했던 과학적 경영개념에 심각한 이의를 제기하게 되었다.

인간 관계 옹호론자들은 인간에게는 아주 복잡하고 다양한 욕구가 있으며 감독관과 하부 작업자간의 인간 관계가 생산성에 심각한 영향을 끼친다는 사실을 인정하게 되었다. 인간 관계학파의 가장 큰 공헌은, 바로 인간을 기계로 보아야 하는가 혹은 다양한 욕구를 가지고 복잡한 행동반응을 보이는 대상으로 취급해야 하는가라는 질문을 던졌다는 데 있다.

2) 행동과학과 사회시스템

인간 관계에 대한 의문은 행동과학과 사회시스템 이론으로 설명되었다. 작업환경하의 인간은 극도로 복잡한 존재라는 것이다. 심리학자나 사회학자, 문화인류학자 같은 행동과학자들은 작업 중의 인간을 이해하는 데 많은 도움을 주었다. 지도력, 동기, 대화, 행동 변화와 같은 행동과정과 관련한 많은 이론은, 실험적 실제 조직활동을 통한 연구를 통해 많은 실험적 증거를 제공해 주었다. 응용심리학자들은 개인 행동과학 이론을 발달시켰다. 사회심리학자와 사회학자, 문화인류학자들은 집단적인 작업을 하는 인간에 관한 사회시스템 이론을 심화시켰다. 역할 관계, 그룹 조직, 공식-비공식 권력과 문화적 차이 등이 능률에 영향을 미치는 것으로 나타났다. 이러한 발전을 통해 현대의 관리자들은 자신들의 견해를 수정하게 되었다.

경영학 연구에서 행동과학 부분을 무시하게 된다면 분명히 추상적인 내용으로 빠지게 될 것이다. 물론 경영이 오로지 인간 관계와 관련되어진 것이라고 한다는 주장은 받아들이기 힘들다. 그러나 행동과학자들의 업적 중 상당 부분은 타당한 것이라고 할 수 있다. 경영에 대한 각각의 이론들은 그들 자체로는 불완전하지만 이 개념을 실행시키고 이해하는 데 중요한 공헌을 하고 있다.

(3) 모형학파

모형학파는 의사결정과 시스템 이론, 시스템의 수학적 모형화와 의사결정과정에 연구의 중점을 둔다.

1) 의사결정

의사결정론자들은 경영의 중심 목적이 의사결정이라고 주장한다. 즉, 경영은 곧 의사결정이라는 것이다. 이 이론을 신봉하는 경영자들은 인간 정보요구와 정보처리, 위험감수, 대안도출 등과 관련한 연구를 주로 이용하고 있다. 결정이론은 조직의 모든 결정과정을 포함하는 범위로 확장가능하다.

2) 시스템 이론

시스템 이론의 옹호론자들은 '전체 시스템'의 관점으로부터 조직을 연구하는 것이 중요하다고 강조한다. 그들은 조직을 각 부서간에 긴밀한 관계를 가지는 동시에 의존성이 높은 시스템으로 파악한다. 경영층에서 한 하부 시스템에 대한 변화 명령을 내렸을 경우 이는 곧 전체 시스템 내의 다른 부서까지도 영향을 미치게 된다는 것이다. 가령 마케팅 정책의 변화가 재정, 생산, 인사 등의 하부 시스템에 영향을 미친다는 식이다. 이 학파에 의하면 하부 시스템간의 관계규정과 시스템 변화의 영향예측, 시스템 변화의 실행 등이 전체 경영의 요소가 되는 것이다.

3) 수학적 모형

　수학적 모형은 운영연구와 경영과학을 바탕으로 경영문제와 조직을 수학적으로 표현하는데 중점을 두고 있다. 특정한 문제에 대하여 변수들이 수학적으로 표현되고 여러 대안에 대한 서로 다른 결과들을 모형화하는 것이다. 이 모형화 기법은 시스템의 관점에서 조직 의사결정을 검사할 수 있도록 해 준다. 하부 시스템간의 관계가 수학적으로 표현되면 경영측에서는 조직 내의 하부 시스템 각각에 영향을 미치게 될 가능한 경영 의사결정을 내리게 되는 것이다. 종종 수학적 모형화 기법은 단순히 의사결정에 유용한 정보를 제공하고 관계를 규정하는 데 이용되고 있다.

　이것은 실제 경영상황하에서 매우 유용하게 적용되는 일반적인 경영접근기법 중의 하나이다. 분기점 분석이나, 재고통제, 자원할당 등의 상황들은 쉽게 수학적 용어로 변형될 수 있다. 그러나 인간을 수학적 모형에 적용시키는 일은 아직 누구도 성공하지 못했다. 인간은 너무나 다양하고 예측 불가능하기 때문이다.

　모형학파는 이성적이고 논리적이며 기술적인 부분을 과학적 경영이론에 적

　손익분기점 산출량은 총비용과 총수입이 일치하는 지점이다. 고정비를 a라 하고 변동비용을 b라 하고 단위당 수입을 c라 하자. 산출량 x가 얼마나 되어야 손익분기점에 이르는가? 선형 수학 분기점 모형식 (1.1)을 이용하여 총수입과 총비용이 일치하는 산출량 x를 찾자.

$$총비용 = 총수입$$
$$cx = a + bx \tag{1.1}$$

　특허청에서 연간 운영비를 5억 원, 서비스 받는 고객 1인에게 드는 변동비가 1,000원, 각 고객으로부터 받는 서비스 대금을 2,000원이라 했을 때, 운영비를 충당하기 위해서는 몇 명의 손님에게 서비스를 해야 하는가? 손익분기량은 아래와 같이 결정된다.

$$cx = a + bx$$
$$2,000x = 500,000,000 + 1,000x$$
$$x = 500,000$$

　손익분기량은 50만 명의 고객이다.

용하고 있다. 변수들간의 관계는 조직 내에서 존재하며 수학적 모형이 이를 묘사할 수 있는 것이다. 앞서 다른 학파의 의견을 통해서도 보았듯이 모형화 이론 단독으로 경영을 설명하기는 힘들다. 모형화 이론은 인간에 대해 한계를 두고 있다. 수학적인 관계만을 강조하면 경영활동은 무시되고 모형화될 수 없다.

경영임무와 개념에 대한 이해는 많은 발전을 거듭해왔다. 지금까지 서로 다른 기원을 가진 여러 생각들을 살펴보았다. 〈표 1-1〉은 다른 경영론 학파를 요약해 놓은 것이다.

표 1-1 경영론 학파

학파		중요 가정	중심 초점	관리에의 일반적 기여
고전	과학적 경영	인간은 경제적 동기에 의해서만 자극받는다. 경영적 합리성 폐쇄 시스템의 조직(확실성)	경제적 효율성 작업환경의 물리적인 면 기술을 업무에 적용	노동력과 노동력 분담, 작업분석, 계획과 실시의 분할 등과 같은 전문화를 통하여 이익의 증대를 보여 줌
	과정		경영과학	경영원칙과 기능을 규명
행동	인간 관계	인간의 복잡성	작업 환경하에서 인간의 행위	개인의 인식
	행동 과학	인간은 사회적 동물	작업시에 있어 인간들 사이의 관계와 사회적인 측면	조직행위와 관련한 행위 변수의 규명
	사회적 시스템	개방 시스템의 조직	환경과 조직 사이의 관계	인간 특성과 조직변수 대 조직행위와 관련된 이론을 발전
모형화	의사결정	의사결정 과정이 가장 중요한 관리행위	정보의 획득과 이용, 선택과정	의사결정을 증진하기 위한 지침을 발전시킴
	시스템 이론	개발 시스템의 조직 서로 관련된 부분간의 복잡성을 조직화	조직한계와 종속 시스템 간의 상호관계, 조직과 더 큰 환경과의 관계를 규명	예상과 시스템 행위를 설명할 기법을 개발
	수학적 모형	조직의 주요 요소들은 추상화되고 연관되어 수학적으로 표현 가능	의사결정 문제와 시스템의 수량화 여러 상황의 최적화	관련 의사결정시의 명확한 규칙을 마련 조직 시스템이나 종속 시스템의 분석 방법 개발

(4) 상황 이론적 접근법: 통합적 고찰

우리가 보아온 경영론 학파들은 이미 문서화된 많은 기록을 남겼으며 경영역사에 있어 분명한 업적을 남겨 놓았다. 이제 다음으로 갈 곳은 어디일까? 지난 10년 동안 있었던 일련의 발전들은 경영에 있어 새 장을 예고하고 있다. 그것은 바로 상황 이론적인 기법이다.

아직 이 상황 이론적인 기법은 초보 단계에 머물러 있으나 바탕에 깔린 철학은 개념적으로나 실제적으로 어느 정도의 호소력을 지니고 있다. 부가되는 접근법은 집중화 기법으로, 서로 다른 학파간의 차이점을 강조하는 대신 이들 학파의 여러 의견과 개념을 모으는 데 중점을 두고 있다. 이것은 서로 다른 여러 환경하에서 더욱 적절하고 정확한 경영이 가능토록 하기 위하여 광범위한 규칙들을 통합하겠다는 의도이다.

통합의 필요성은 현존하는 학파의 모순적이고 불완전하며 때로는 경쟁적이기까지 한 경영행위에서 나왔다. 다음에서 구체적인 예를 살펴보자.

① 의사결정 과정에 피고용인을 참여시키는 것은 특정상황에서는 조직의 효율을 높일 수 있으나 반면 부정적인 영향을 미칠 가능성도 있다.
② 독재적인 지도는 어떤 상황하에서는 가장 효율적일 수 있으나 피고용인 중심의 지도방법이 더욱 높은 집단 능률 향상을 가져올 수 있는 상황도 존재한다.

이와 같은 여러 문제에 대한 만족할 만한 대답은 현존 학파들로부터 얻을 수가 없다. 상황 이론적 접근법에서는 현존하는 어떤 주장도 이 질문에 대한 최선의 대답을 제시할 수 없다고 본다. 대신 경영자가 처한 상황에 맞게 선택적으로 각 이론이 적용되어야 한다는 것이다. 실제로 상황 이론적 기법은 이보다 훨씬 심오한 것이다.

아이디어를 적용하는 가장 올바른 방법이란 환경에 달려 있다고 말하는 것은 사실 아무 말도 하지 않는 것과 같다. 단지 공허한 말일 뿐이다. 경영행위를 규정하는 개별적이고 조직적인 조건을 구체적으로 명시하는 것이 필요하다. 즉, 각 상황에서 정확히 들어 맞는 개념 규정이 중요하다.

어떤 상황에서 특정행위가 적당한지 부적당한지를 규정하는 것이야말로 우리가 당면하고 있는 문제이다. 이러한 도전은 엄청나게 밀려오고 있다. 조직행위와 조직이론, 경제학, 사회학, 심리학의 많은 이론들이 통합되어야만 한다. 상황이론적 기법이 당면한 도전을 극복하기 위한 노력이 이제 막 시작되었다. 그러나 이 기법을 사용할 때의 잠재적 보상 가능성은 엄청나며 우리는 이 부분에 대한 지속적인 연구를 해나가야 할 것이다.

1.5 분석을 위한 기본틀

고전, 행동, 모형학파는 오늘날 경영을 이해하는 데 많은 기여를 했다. 이 책에서 우리는 이 학파들로부터 경영공학 연구분석을 위한 기본틀을 이끌어 내고자 한다.

관리의 일부분으로서 관리자들은 계획과 조직, 통제와 같은 기능을 수행한다. 과정 기법은 개개의 행위와 시스템간의 의존성을 잘 밝혀주고 있기 때문에 경영에 대한 사고의 구조를 잡는 데 유익하다(〈그림 1-1〉 참조).

고전적인 폐쇄형 시스템 접근법이나 모형화 기법은 논리적인 분석을 통해서 작업환경하의 인간 행위에 관해 많은 것을 알 수 있다. 관리자들은 하위 작업자와 동료, 감독관 및 다른 관리그룹들에서 나타나는 개별적인 행위와 집단행위를 고려해야만 한다(이것은 조직 내의 관리자와 종속자 모두의 행위를 의미한다). 관리자

그림 1-1 관리과정

들은 그들의 운영을 계획하고, 조직, 통제하는 데 있어 그들 행동 사이의 행위적인 연관을 고려해야만 한다. 그리하여 고정 기법과 행동 기법이 상호 보충적으로 작용하는 것이다.

관리과정에서 나타나는 대다수의 계획과 조직, 통제행위는 모형화될 수 있다. 그러나 비록 이러한 의사결정 모형이나 기능적인 문제 모형, 시스템 모형 등이 감독관과 종속자들 사이의 행동영역과 관련되어 있으나 모형화 기법과 행동 기법 사이의 결합은 무척 어렵다. 이 두 학파는 매우 다른 과학적 방법론을 사용하고 있기 때문이다. 행동학파에서 사용한 경험적이고 실험적인 측정법은 수학적이고 컴퓨터화된 모형화 기법과는 근본적으로 다른 측면이 있는 것이다. 결과적으로 행동학파 모형학파는 서로간의 연관성보다는 각자가 과정학파와 더 밀접한 관련들을 맺고 있다는 것이다. 그럼에도 불구하고 개인적인 혹은 공적인 조직관리자들은, 행동결과를 고려하여 모형화될 수 있는 행위들을 모형학파로부터 이끌어낼 수 있어야 한다. 우리는 이 세 학파의 통합이야말로 운영경영 분석의 주요 틀이라고 주장한다.

1.6 성공적인 기업으로 가는 길

기업을 창업하여 성공할 수 있는 비결은 무엇인가? 각 기업은 각자 다른 길을 추구하고 있으나 성공한 기업은 공통된 점을 갖고 있다. 이러한 공통분모를 연구하는 것이 본서의 주제가 될 것이다.

Southwest항공사는 1970년대에 대부분의 항공사들이 극심한 불황을 맞이하고 있을 때, 고객들이 무엇을 생각하고 있나를 이해하였다. 즉 저가 항공료, 틈새 항공지역 개발, 적시운행, 고품질의 서비스는 다른 항공사에서 제공되는 선택사항보다 선호한다는 것을 파악하였다. 그리고 생각대로 실행하였다. 이러한 접근법은 그 당시의 항공업계에는 혁신적인 것이었다. 이러한 경영방침은 종업원들에게도 즐거움을 주었으며, 팀워크를 강화시켰다.

30년이 지난 지금 SWA는 미국에서 가장 성공한 항공사 중 하나가 되었다. 무슨 일이 일어났는가? 기업은 고객을 이해하였고 환경의 변화를 빨리 파악하였다. 비용을 적절히 통제하였고, 고객서비스를 향상시켜 나갔으며, 지속적인 혁신을 추구하였고, 종업원들에게 즐거운 직장이 되도록 동기를 부여하였다. 가장 중요한 경영목표인 지속적인 기업이익을 발생시켰다. SWA는 성공적으로 그들의 경영의사결정을 통합하였으며, 견실한 기업을 만들기 위한 방법을 실천하였다. 지금부터 성공적인 기업들의 공통점을 경영을 실행하는 과정에 따라 살펴보기로 하자.

(1) 기업목표와 사명

기업의 중요한 구성원들이 처음에 할 일은 자신들의 기업이 추구하고자 하는 방향이 무엇인지 정하여야 한다. 이를 위해 지도자에게는 2가지 역할이 주어진다. 첫째는, 지도자는 기업의 실행 가능하고 바람직한 미래상을 제시하여야 한다. 즉 기업이 이루고자 하는 것을 광범위하게 서술하는 것인데, 이러한 서술문을 우리는 기업의 목표라고 한다. 두 번째로 이러한 목표하에, 지도자는 기업이 존재하여야 하는 이유와 기업이 하여야 할 일을 구체화시키는 것이 다음 작업이다. 이렇게 구체화시킨 서술문은 기업의 사명이 되는 것이다. 예를 들면 "우리 회사는 5년 내에 우리 업계에서 선도기업이 될 것이다", "우리 대학의 국제경영대학원을 5년 안에 국내 10위 안에 드는 대학원으로 만들겠다" 등이다. 미국의 케네디 대통령은 1960년대 초에 "1970년까지 미국인을 달에 착륙시킬 것이다"라는 유명한 아폴로 10년 계획을 발표하여 미국이 우주공학개발을 선도하도록 사명을 부여하였으며, 이것은 그후 미국이 과학기술에서 전 세계를 선도하게 하는 기반을 제시하여 현재에도 첨단과학을 미국이 주도하고, 여기서 파생되는 막대한 부가가치를 즐기고 있다. 이러한 기업의 목표와 사명은 기업의 향후 방향제시와 성격을 정하는 데 중요한 역할을 한다. 또한 기업의 성공 여부를 알아보는 5가지 성공지수와 관계가 있다.

(2) 성공의 성공지수

기업의 의사결정자는 기업이 원하는 결과를 내는가를 주목한다. 경영자는 이것을 달성하기 위하여 노력한다. 마음에 있는 이러한 결과를 측정하는 것은 매우 중요하다. 다양한 관점에서 납득할 만한 성과를 이룩하여야 진정한 성공한 기업이라고 할 수 있다. 기업의 성공을 측정하는 방법은 다양하겠지만, 본서에서는 다음 5가지 분야로 하기로 한다. 재정적인 성과, 고객의 요구와 가치, 제품이나 서비스의 품질, 혁신과 창의성, 조직원의 충성심이다. 재정적인 성과는 기업의 매출액, 경비, 이익, 생산성 등으로 측정된다. 고객의 요구만족 여부는 고객이 원하는 것과 요구사항의 변화에 대한 감지와 적절한 서비스 제공 여부, 시장에 제품 출시시기의 적시성 등이다. 품질문제는 후에 자세히 다룰 예정이다. 지속적인 개선과 관계가 있다. 제품 개발 및 공정 혁신, 신기술의 과감한 도입, 창의적인 사고를 유인하는 제도 등이다. 창의성은 과정이며, 혁신은 창의성의 결과이다. 창의적인 사고와 행동은 새롭고 과거와는 다른 것이다. 혁신은 창의적인 행동의 산출물이다. 혁신은 새로운 접근법이며, 창의성이 혁신을 이끌어 내는 것이다. 하지만 혁신은 변화와 개선을 요구하기 때문에 실행이 쉽지는 않다.

혁신은 창의적인 것만으로 부족하다. 혁신은 이익을 증진시켜야 한다. 또한 제품과 서비스의 품질을 향상시켜야 하며, 공정을 개선시키고, 고객의 요구를 만족시키는 혁신이어야 한다.

(3) 기업환경과 영향력

특정기업에 대한 성공지수 측정방법이 나왔으면, 경영과정의 다음 단계는 기업환경에 대한 분석이다. 기업환경에 대한 분석정보는 경영자에게 올바른 결정을 내리게 한다. 기업환경은 기업이 통제할 수는 없지만, 기업에게 미치는 영향력은 매우 크다. 따라서 경영자는 정확하게 기업환경을 파악하고 있어야 한다. 기업환경에서 중요한 것은 무엇이고, 환경의 변화를 감지하고, 변화가 주는 영향에 대하여 알고 있어야 한다. 만약 경영자가 환경의 민감한 변화와 영향력에 대하여 둔감하면 치명적인 약점이 될 수 있으며, 올바른 결정을 못 내리게 되고 기업은 어려워지게 되는 것이다. 기업에 영향을 주는 6가지 환경적 요소는 다음과 같다. 다각화의 경향과 문제점, 경제규모, 국제화의 영향 정도, 금융시장과 전개과정, 법적 및 규제사항, 산업구조이다.

(4) 우수한 제품과 서비스 제공

경영자가 기업환경을 일단 이해하였다면, 경영자는 다음 수순으로 우수한 제품이나 서비스를 제공하기 위하여 전념하여야 한다. 다음과 같은 일련의 활동과 결정수순들은 기업을 성공으로 향하게 하는 원동력이 될 것이다.

경영자는 전략적으로 사고하여야 한다. 전략적 사고란 저절로 나오는 것은 아니다. 전략적 사고에 대하여 후에 자세히 설명하겠지만, 성공적인 기업을 이루기 위하여서는 기업의 경영방침과 환경을 철저하게 분석한 다음, 기업이 성공적으로 운영되고 있는지 성공측정치를 계속 주시하여야 한다. 기업의 전략적 방향을 항상 염두에 두면서 경영자는 고객에게 가치를 제공하여 주기 위하여 혼신을 다하여야 한다. 소비자가 진정으로 원하는 것을 제공하기 위하여, 고객에 대한 주의 깊은 분석과 경쟁기업에서 제공하는 제품에 대한 분석, 제공할 제품이나 서비스를 결정하여야 한다. 제품개발의 요체는 제품이나 서비스의 품질을 결정하는 것이다. 즉 경쟁력 있는 가격과 생산 가능한 품질을 설정하는 것이다.

고객에게 가치를 제공하면서, 고객에게 신제품이나 새로운 서비스의 등장과 가치를 계속 홍보하여야 한다. 다양한 홍보방법이 있을 것이다. 기업이 성장하기 위하여 제품생산이나 서비스제공을 위한 적절한 자원들을 확보하여야 한다. 일반적으로 4가지 분야로 자원을 생각할 수 있다. 인적, 물질적, 재정적, 정보자원이다.

경제학자들은 이러한 자원들을 제품이나 서비스를 생산하기 위한 투입요소로 생각한다. 인적 자원이란 사업을 추진하는 담당자를 말한다. 물질적 자원이란 토지·건물·시설·자재 등을 말하는 것이며, 재정적 자원이란 이러한 자원을 확보하고 사업을 계속 운영하기 위한 자금을 의미한다. 정보자원은 조직을 협동화하고, 계획하고, 성과를 측정하기 위하여 필요하다.

생산하는 제품이나 서비스 또는 제공되는 자원의 다양함에 관계없이, 전 공정은 효과적으로 관리되어야 한다. 만약 부적절한 관리를 하면 귀중한 자원이 낭비되는 것이다. 경영활동들을 통합하고 실행활동을 후원하여야 한다.

현대적인 경영에서 중요한 것 중 하나는 과학기술을 사용하여 도약의 속도를 조절하는 것이다. 현재에 주로 사용되는 기술은 몇 년 후에는 진부한 기술이 되곤 한다. 기업이 성공적으로 살아남기 위하여서는 경쟁력 있는 기술을 갖고 있어야 한다. 변화하는 신기술을 항상 인식하고 있어야 하며, 또한 현장에 항상 적용하여야 한다. 과학기술은 정보기술과 생산기술로 나눠서 생각할 수 있으며, 기업을 효율적이고 효과적으로 운영하기 위하여 두 가지 기술이 다 필요하다. 기업들 간에 정보교환과 공정기술교환의 필요성이 점증하고 있으며, 이러한 교환과정을 최근에는 전자상거래(e-commerce/e-business)를 이용하고 있다.

(5) 결과를 평가하고 변화를 준다

기업이 장기적으로 성공하기 위하여서는 경영자는 주의하여 기업의 성과와 결과를 평가하고, 이러한 결과를 향상시키기 위하여 필요한 변화를 주며 새로운 기준에 맞춰야 한다. 경영자는 기업의 운영상태를 항상 알고 있어야 하며, 정상적인 경영을 위한 필요한 조치를 취하여야 한다. 정상적인 경영상태를 알기 위하여 항상 기업을 감시하고, 사전에 정한 기준치와 성과 측정치를 비교하여 기업의 현 운영상태를 알고 있어야 한다.

현재 잘 나가고 있는 기업도 기업환경이 변하면 적절한 적응을 하여야 한다. 경쟁기업들도 변하고 있으며, 고객의 요구사항도 점점 상향 조정되고 있으며, 종업원도 변하고 있다. 변화의 시기를 인식하기 위하여 측정기법이 필요한 것이다.

적절한 변화를 행하면, 변화에 대한 적절한 보상이 뒤따른다. 이것은 변화가 쉽지 않다는 것을 의미한다. 기업이 봉착하는 가장 어려운 문제는, 변화의 필요성은 감지하였으나 실천이 어렵다는 것이다. 건실한 기업을 계속 운영하기 위하여 새로운 변신을 하여야 하는데, 이것이 어렵다. 왜냐하면 내부에 저항이 있기 때문이다.

따라서 변화를 위해 기업이 접근하는 방법이 매우 중요하다. 성공적인 변신을 한 기업은 긍정적인 변화를 위하여 종업원 훈련과 개발에 투자하고 있다. 또한 구성원에게 창의와 혁신을 요구한다.

그들은 변화를 경영과정으로 이해한다. 변화를 위한 일련의 작업들에 대하여 경영자는 책임을 져야 한다. 결과에 대하여 책임을 져야 하는 것이 변화를 주저하게 하는 요인이 되기도 한다. 현실은 너무 복잡하며 변화하고 있다. 위에서 논한 경영모형은 현실에서 그대로 적용이 될 수는 없다. 현실상황에 대한 적응력과 응용력이 요구되는 것이다.

생산경영

운영관리(operations management)는 업무를 향상시키는 시스템을 설계, 운영, 개선하는 것이다. 우리가 먹는 음식, 우리가 보는 영화, 우리가 물건을 사는 가게, 우리가 읽는 책들은 사람들의 운영(operations)에 의해 제공되는 것이다. 이런 운영을 관리하는 운영 관리자(operations manager)는 은행, 병원, 공장, 정부 등 여러 곳에서 찾을 수 있다. 이들은 시스템을 설계하고 품질을 보증하며 물건을 생산하고 서비스를 제공한다. 이들은 고객과 공급자, 첨단 기술과 세계적 동반자들과 함께 일을 한다. 또한 이들은 문제를 풀고 공정을 재설계하며 혁신과 통합을 이룬다. 이와 같이 운영은 계획이나 통제보다 더 중요하다고 할 수 있다. 상품의 뛰어난 질, 시장과의 거리, 고객화, 낮은 가격과 같은 운영에서의 성공은 기업 전체의 성공에 있어서 중요한 문제이다.

운영(operations)도 종종 변환 과정이라고 정의된다. 재료나 기계, 노동, 기업, 자본과 같은 입력(input)은 생산품이나 서비스와 같은 출력(output)으로 변환된다. 고객의 요청사항과 피드백은 변환과정에서 수정 요소로 사용되고 이는 다음에 입력사항으로 바뀐다. 운영관리는 이러한 변환과정을 효율적으로 수행하며 출력의 가치가 입력의 총합보다 더 큰 가치를 갖도록 노력한다. 따라서 운영의 역할은 가치를 창출하는 것이다. 변환과정은 공급자에서 고객으로 전달되는 가치 사슬의 연속적 과정이다. 또한 가치를 증가시키지 못하는 여분의 활동들은 제거되어야 한다.

입력-변환-출력 과정은 다양한 운영시스템의 특징이다. 예를 들어 자동차 공장에서 강판은 다른 모양으로 생산되고 도장되며 마감된다. 또한 수천 개의 부품들이 결합되어 하나의 자동차가 생산된다. 알루미늄 공장에서는 다양한 보크사이트들이 혼합되고 열처리 받아서 다양한 크기로 생산된다. 병원에서는 환자들이 특별 치료와 식사, 약, 수술 등의 절차를 통해서 건강해진다. 이와 같이 "운영"은 다양한 형태로 존재하고 변환과정은 물리적으로(제조 공정), 위치적으로(운송, 저장 공정), 교환적으로(소매업), 생리학적으로(병원), 심리학적으로(엔터테인먼트), 또는 정보적으로(의사소통) 있을 수 있다.

2.1 운영관리 기능

운영관리는 업무를 조직하고, 공정을 선택, 배치를 배열하고, 설비를 위치시키고, 일을 설계하고, 성과를 측정하고, 품질을 관리하고, 업무를 스케줄링하고, 생산을 계획하는 활동을 한다. 운영 관리자는 사람과 기술, 마감(deadline)을 다룬다. 이들은 좋은 기술과 개념, 행동적인 기술이 필요하다. 이런 활동들은 기업의 다른 기능들과 함께 얽혀서 행해진다.

기업의 네 가지 주요 기능은 마케팅(marketing), 재무(finance), 운영(operations), 인적 자원(human resources)이다. 〈그림 2-1〉에서 보는 바와 같이 운영관리는 대부분의 기업에서 조직의 허브이자 기술적 핵심이다. 또한 다른 기능들과 상호작용하며 공급자의 생산 물품과 고객에게 제공되는 서비스와 결합하여 작용한다. 예를 들어 운영은 생산에 있어서 금전적인 자원을 얻기 위해서 자본과 회계에 생산과 개발자료를 제공해야 하고, 자본·예산 요청을 해야 하며, 수용능력의 확장과 기술적 계획을 세워야 한다. 재무는 직원과 공급자에게 돈을 지급하고 비용분석을 수행하는 것 외에 자본 투자의 승인 및 주주와 재무시장의 요청에 응한다. 마케팅은 운영관리에 판매 예측, 고객의 주문 및 피드백, 프로모션 정보와 생산 발전을 제공한다. 운영관리는 마케팅에 생산과 서비스 능력의 정보를 제공하고 리드타임을 예측하고 배달 스케줄을 제공한다. 개인적인 수요에 따라 운영관리는 인적 자원의 신입사원 모집, 훈련, 평가, 직원의 보상, 법적 문제에 대한 도

그림 2-1 경영 핵심에 위치한 운영관리

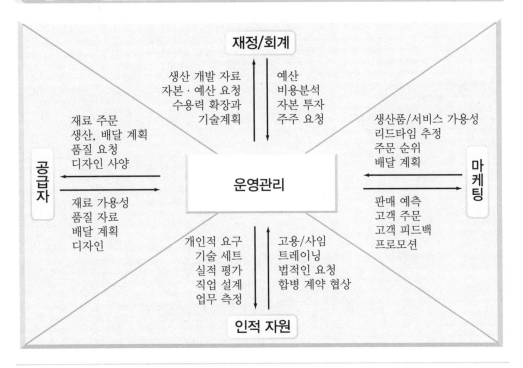

움, 일의 설계, 활동의 결합에 의지한다. 외적으로는 운영 조직은 공급자, 재료 및 서비스의 주문에 대해 상호작용하며, 생산과 배달 요청을 조절하고, 품질을 증명하고, 계약 협상을 하며 디자인 사양을 마무리 짓는다.

운영관리는 연구 분야에서 많은 규율을 모으고 기업 조직에 대한 통합적인 시각을 제시한다. 운영 관리자는 기업, 산업, 정부에서 그 수요가 많다. COO는 〈그림 2-2〉에서 보는 바와 같이 운영, 공급사슬 관리 부서의 부사장, 기관, 직원 등의 회사의 주요 부서를 운영한다. 운영 관련 대학을 졸업한 학생들의 전형적인 지업은 기업공정 분석기, 발명 분식가, 프로섹트 소성자, 유닛 관리자, 공급사슬 분석가, 재료 관리자, 품질 관리자, 생산 계획자, 실행 계획자이다. 또한 비록 운영관련 직업에 종사하지 않더라도 이 과정에서 배운 생각을 바탕으로 업무를 조직하고 품질을 보증하고, 공정을 관리하는 부분에 있어서 사용할 수 있을 것이다.

그림 2-2 조직 구조의 예

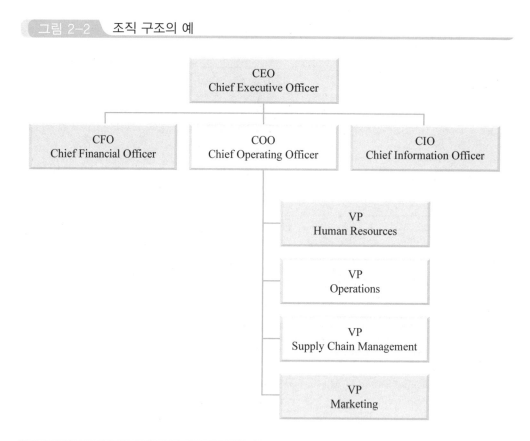

2.2 운영관리와 공급사슬관리의 역사

역사적으로 이집트의 피라미드, 중국의 만리장성과 같이 놀라운 생산 위업과 광범위한 소비재의 생산이 있었지만 1970년대의 산업혁명 전까지 운영관리는 존재하지 않았다. 그 시기에 앞서 숙련된 장인들과 견습생들은 그들의 사무실이나 집에서 고객 맞춤의 생산품을 만들었다. 각 물품은 특별했고, 수작업으로 한 사람에 의해 만들어졌다. 이 공정이 수공예(craft production)이다. 오늘날 수공예가 아직 존재하지만 석탄과 철광석, 증기력의 가용성에 따른 산업의 연속적인 개선에 의해 작업들이 발달되었다. 거대한 동력 기계들이 노동자들을 생산의 중심적인 요소로 대체하게 만들었고, 이들을 공장이라고 불리는 곳의 감독관의 역할에 위치시켰다. 이런 첫 번째 혁명은 직물, 곡물, 철강, 기계 생산 설비에서 일어났다.

비슷한 시기에 Adam Smith는 국부론(Wealth of nations, 1776)에서 분업 (division of labor)을 제안하였다. 분업은 생산 과정을 작은 일들로 나눠서 다른 노동자들이 각각 작업을 수행하는 것이다. 제한적이고 반복적인 작업은 작업자들을 각 작업에 매우 숙련되게 만들었고, 더 나아가 특정 기계의 발전에도 기여하였다.

Eli Whitney(1790)의 교체할 수 있는 부품(interchangeable parts)의 도입은 고객에 따라 한 번에 하나씩 생산하던 화기, 시계, 재봉틀과 같은 생산품을 표준화된 대량생산으로 가능하게 하였다. 이에 따라 공장에서는 측정 및 검사 시스템, 표준화된 생산 방법과 생산품의 질을 평가할 감독관이 필요하게 되었다.

기술적 발전은 1800년대에도 계속되었다. 원가회계(cost accounting)와 다른 통제 시스템이 발전하였지만 경영적인 이론과 실행은 사실적으로 존재하지 않았다.

1900년대 초반에는 Midvale Steel Works에서 최고 엔지니어로 일한 Frederick W. Taylor가 업무의 경영에 과학적으로 접근하였다. 그는 각각의 업무 수행에 있어서 관찰을 기반으로 하여 업무를 측정하고 분석하였다. 그는 결정된 방법을 모든 작업자를 위해 표준화하였고, 표준을 따라오게 하기 위해 격려금 제도를 설립하였다. 이런 Taylor의 철학은 과학적 관리(science management)로 알려졌고 그의 생각은 효율성 전문가인 길브레스 부부(Frank and Lillian Gilbreath)와 간트(Henry Gantt)에게 영향을 주었고 더 발전하게 되었다.

포드(Henry Ford)는 과학적 관리를 1913년에 모델 T의 생산에 적용하였고 728시간이 넘게 걸리던 자동차 조립 시간을 1시간 반으로 줄였다. 모델 T의 차대는 여섯 명의 작업자가 컨베이어 벨트를 따라서 움직이면서 바닥에 있는 부품을 고르고 차대에 장착하는 방식으로 진행되었다. 차마다 걸리는 짧은 조립시간은 모델 T의 대량생산(mass production)을 가져올 수 있었다.

미국의 제조업자들은 그후 50년 동안 대량생산에 익숙해졌고, 세계적으로 제조업을 지배할 수 있었다. Elton Mayor와 Hawthorne studies에 의해 행해진 1930년대의 인간관계 운동은 작업의 기술적인 면만 아니라 작업자의 동기부여도 생산성에 영향을 미친다는 생각을 제시하였다. 또한 동기부여 이론들은 Frederick Herzberg, Abraham Maslow, Douglas McGregor 등에 의해 발전하였고 양적 모델과 기술은 제2차 세계대전의 경영과학(operations research) 그룹에 의해 제조업과 서비스업에 적용되어 성공적으로 계속 발전하였다. 또한 컴퓨터와 자동화는 운영에 적용되어 기술적 발전의 급증을 가져왔다.

1960년대의 산업혁명을 시작으로 미국은 경영 전문가나 기술 전문가들의 중심이 되었고 생산품과 서비스의 생산에 있어서 세계에서 가장 뛰어났다. 그러나 1970년대와 1980년대에 들어서면서 미국 제조업의 이점은 일본이 이끄는 외국의 저비용과 좋은 품질에 의해 도전을 받는다.

몇 개의 연구가 수년 동안 소비자들이 미국 생산 물품들이 세계 시장에서 열세라는 것을 인식하고 있다는 사실을 보여줬다. 일본인이 문화적 영향 때문에 제조업에서 성공할 수 있었다는 초기 합리화는 미국에 위치한 일본인이 직접 소유한 공장들 — 예를 들어 Motorola로부터 Matsushita가 시카고에 위치한 폐업 위기의 Quasar Television 공장을 인수하는 등 — 이 성공을 거듭함에 따라 단지 문화적 영향 때문만은 아니라는 것이 증명되었다. 이 인수 계약의 일부분은 Matsushita가 1,000명의 시간 노동자들을 계속 유지하는 것이었다. 단지 2년 만에 똑같은 작업자와 절반의 경영 지도부로 거의 없는 투자 속에서 Matsushita는 두 배의 생산을 이루었고, 조립 수리를 130%에서 6%로, 보장 비용을 16만 달러에서 2만 달러로 줄였다.

이러한 일이 어떻게 일어났는가? 어떻게 20세기에 제조업을 지배하던 나라가 갑자기 좋은 성과를 얻지 못할 수 있는가? 이러한 결과는 간단하게 미국 회사들의 주의력 부족으로 설명할 수 있다. 이들은 대량생산이 생산의 문제를 전부 해결할 수 있다고 생각했다. 따라서 소비자의 환경변화와 운영의 전략적 중요성을 무시하는 제조업 사람들에게 권한을 위임하였다. 이에 따라 중요 의사결정들이 장기간의 전략적 계획보다는 단기간의 재무적 성과를 기반으로 정해졌다.

대량생산은 많은 양의 생산품을 빠르게 생산할 수 있지만 수요 변화에는 쉽게 적응할 수가 없다. 오늘날의 소비시장은 생산의 급증, 짧은 생산 사이클, 짧은 생산 발전 시간, 기술의 변화, 좀 더 고객화된 물품, 부분시장과 같은 특징이 있다. 대량생산은 이런 환경에서 적합하지 않다. just-in-time의 개념을 사용하여 일본 제조업자는 대량생산의 규칙을 린 생산방식(lean production)으로 변화시키게 되었다. 린 생산방식은 효율보다는 유연성, 양보다는 질을 더 중요시 여긴다. 이 이후로 세계적으로 품질은 성공적인 운영의 핵심으로 오늘날 여겨지게 되었다.

품질에 대한 거듭된 강조와 운영관리의 전략적 중요성은 미국 회사들을 다시 한번 경쟁하게 하였다. 다른 기업들은 계속해서 힘들어 했지만, 일시적으로 인터넷 시대와 세계화, 활성화된 경제에 의해 영향을 받은 기업도 있었다. 생산은 정보기술에 대한 투자로 급증하였고 마침내 성과를 이루어냈다. 아마존, 구글, 이베이와 같은 인터넷으로 고객과 공급자를 세계적으로 연결하는 새로운 유형의 기업과 기업모델들이 나타났다. 또한 급증된 닷컴 시대에 대한 기대는 끝이 났고, 9·11 테러와 그 후유증은 많은 회사들을 실제로 돌아오게 하였다. 이에 따라 많은 기업들은 세계 경제에서 생존하기 위해 비용을 줄이는 방안을 찾기 시작하였다. 이들은 중국과 인도 경제가 나타나면서 안도하였고 생산품의 생산에 있어서 이 나라들에 외주를 주는 것을 강화하였다. 하지만 서비스나 정보기술과 같은 콜 센터, 다른 기업 공정은 그렇지 않았다. 기업 공정의 외주는 B2B(Business-to-Business) 서비스에 대한 새로운 인식을 가져왔고 서비스를 과학적으로 보게 되었다.

운영관리는 수 년 동안 격정적으로 변화하였다. 많은 활동들이 분배 센터, 사무실, 해외 매장 등과 같은 공장의 운영 밖에서 일어나면서 운영자들은 세계 공급사슬을 연결하는 협동 운영을 필요로 하게 되었다. 공급사슬 관리 분야는 고객과 기업, 공급사슬 파트너의 네트워크 속에서 정보, 생산품, 서비스의 흐름을 관리하는 데서 시작되었다. 공급사슬 관리는 입력과 교환 과정을 거쳐 출력에 집중한다. 그러나 세계에 존재하는 공급자들이 수행하는 교환과정이 증가하면서 공급사슬 관리자는 시차 관리, 품질, 공급자 운영의 법적인 문제를 또한 걱정하게 되었다.

2.3 세계화

오늘날 기업의 3분의 2가 세계적인 시장, 세계적 운영, 세계적 재무, 세계적 공급사슬을 통해서 운영되고 있다. 세계화는 외국 시장의 판매 방식, 외국의 생산 방식, 외국 공급자의 구매 방식, 외국 회사와의 파트너십을 받아들일 수 있게 하였다. 세계적인 기업은 비용상의 이점, 세계적 시장에의 접근성, 수요 변화에 대한 신속한 대응, 믿을 수 있는 공급원의 설립과 같은 최근의 추세와 기술을 따라갈 수 있게 되었다.

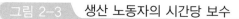

그림 2-3　생산 노동자의 시간당 보수

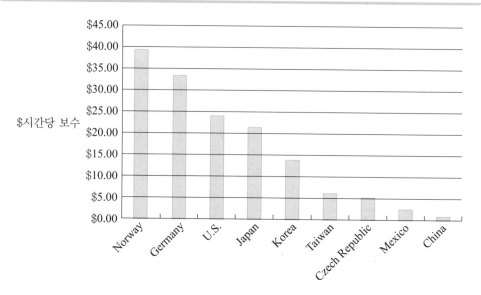

　　인터넷과 무너진 무역장벽은 세계화의 길을 이끌어 가고 있다. 세계무역기구 (World Trade Organization)는 강하게 보호받던 농업, 섬유 산업, 통신 산업을 개방시켰으며, 생산품만 아니라 서비스에 있어서도 세계적으로 교역되는 범위를 확장시켰다. 유럽연합(European Union)은 엄격한 품질과 환경 표준을 요구하고 있다. 또한 세계적인 제휴사 사이에서는 전략적 동맹, 공동 사업, 저작권 조정, 연구 컨소시엄, 공급자 파트너십 등이 급증하고 있다.

　　〈그림 2-3〉은 2005년에 9개국의 생산 노동자의 시간당 보수(미국 달러)를 보여준다. 노르웨이의 임금은 시간당 39달러로 독일과 비슷하게 가장 높다. 미국과 일본의 임금은 각각 23달러, 21달러이다. 반면에 멕시코와 중국은 각각 2.63 달러, 0.67달러로 가장 낮은 것으로 나타났다. 미국의 1인당 임금은 중국 노동자의 40시간의 임금과 비슷하다. 이는 세계의 많은 제조업이 중국으로 옮겨가고 있고 옮겨갈 것이라는 사실을 설명해 준다.

(1) 중국

　　〈그림 2-4〉와 같이 중국은 세계 인구의 20%를 차지하고 있다. 중국은 세계

| 그림 2-4 | 세계 인구 분포 |

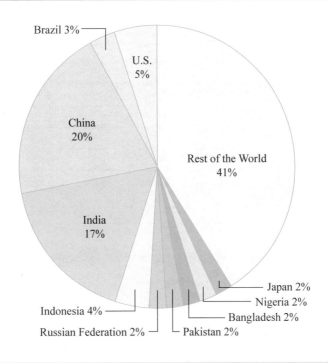

에서 가장 큰 제조국가로서 미국, 영국, 독일, 일본, 이탈리아, 캐나다, 프랑스를 합친 것보다 더 많은 노동 근로자가 있다. 13억의 인구는 큰 노동시장뿐만이 아니라 큰 소비시장을 역시 의미한다. 중국의 산업 기반이 커짐에 따라 기계와 기본 재료에 대한 필요도 커지고 있고, 회사들이 중국으로 옮기면서 그들의 공급자들도 같이 옮겨가고 있다. 처음에는 낮은 기술의 산업, 예를 들어 장난감이나 섬유, 가구 같은 분야가 선호되었지만, 중국은 이제 모든 산업에 있어 전략적으로 중요한 장소가 되어가고 있다.

〈그림 2-5〉는 몇몇 국가의 GDP 거래 비중을 보여준다. 예상했던 것처럼 중국의 거래 정도는 미국의 3배 가까이 된다.

중국의 생산규모는 굉장하다. 예를 들어 Foxconn(대만의 Hon Hai Precision 산업회사의 자회사)는 두 개의 대규모 산업단지를 중국에 가지고 있다. 광동에 있는 이 단지는 24만 명의 노동자들을 고용하고 있으며 기숙사, 식당, 병원, 경찰서, 조류농장, 축구경기장이 같이 조성되어 있다. 그곳에는 마치 학교같이 40개

그림 2-5   GDP당 무역상품 비율

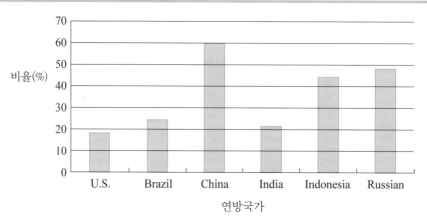

로 나누어진 산업단지가 있는데, 각각의 단지들은 Apple, Dell, Motorola, Sony, Nintendo, HP 같은 회사가 이용하고 있다.

중국의 생산력이 굉장하긴 하지만 많은 회사들은 한 나라에서만 생산을 하는 위험을 줄이기 위해 다른 나라를 찾고 있다. 인도, 방글라데시, 파키스탄, 베트남 등의 저비용국가와 인도네시아나 동유럽 같은 나라까지도 특별히 관심을 보이고 있다. 미국에 대한 근접성 때문에, 멕시코나 몇몇 중미의 나라들은 짧은 수명을 가지고 있는 유행성 상품에 있어서는 매력적인 국가이다.

중국과의 거래유무와는 상관없이 모든 기업들은 그들의 이익성과 경쟁력 있는 위치를 위해 중국이라는 요소의 영향을 고려해야 한다. 세계적인 생산규모와 장거리까지의 공급사슬의 질은 관리자에게 부가된 새로운 의무이다. 또한 국내의 생산경쟁력을 유지하는 것은 더 큰 도전이다.

(2) 인도

우리는 서비스보다는 생산품에 있어서 세계화가 진행되어 가고 있다고 생각하고 있지만 서비스에서도 세계적인 아웃소싱이 진행되고 있다. 이는 회계, 요청 과정, 컴퓨터 프로그래밍과 같이 고객들이 직접 상대하지 않는 부서에서 시작되었다. 지금은 콜 센터, 중개 회사, 재무 분석, R&D, 엔지니어링, 의학 진단, 건축 디자인과 같은 좀 더 정보기술적인 곳에까지 확장되었다. 중국만큼이나 인도는 세계의 제조업자들에게 알려져 있고, 서비스의 수출에 있어서 유명하다.

인도는 많은 고위 기술 엔지니어, 과학자, 기술직 작업자의 자원이 있고 다른 개발 도상국들에 비해 그 비용이 저렴하다. 2005년에 인도는 IT서비스에서 중국의 3.6억 달러, 러시아의 1억 달러와 비교하여 17.7억 달러를 수출하였다. WIPRO, Infosys, Tata Consultancy Services와 같은 인도 회사들은 소프트웨어와 비즈니스 프로세스 부분에서 세계에서 앞장 서 있다. 인도는 필리핀이나 베트남, 말레이시아, 브라질, 동부유럽 국가와 같은 저비용의 국가들과도 경쟁하고 있다.

위와 같이 세계의 많은 기업들 간의 경쟁이 가속화되고 있고 기업들은 좀 더 경쟁적으로 살아남기 위해 강해지고 있다. 따라서 운영과 공급사슬 관리자들은 이런 기업 간의 경쟁에 있어서 중요한 요소이다. 해외 운영의 유지와 공급사슬의 협력, 협상 계약, 품질 모니터링도 마찬가지이다.

2.4 생산성과 경쟁력

제품과 서비스의 글로벌 시장이라는 것은 더 많은 고객과 더 치열한 경쟁을 의미한다. 가장 광범위한 관점에서, 경쟁력은 다른 회사가 아닌 다른 국가의 관점에서 본다. 한 국가가 글로벌 시장에서 어떻게 효과적으로 경쟁하느냐는 그 국가의 시민의 삶의 질과 경제적 성공에 영향을 미치기 때문이다. 미국 상무부에서 경쟁력을 "한 국가가 국제적 요건에 맞는 제품과 서비스를 만드는 동시에 그 국가의 시민의 실제 소득을 유지하고 확장시키는 정도"로 정의한다. 경쟁력의 가장 일반적인 측정 방법은 생산성을 통해서이다. 생산성의 증가는 인플레이션이 없는 임금의 인상을 이룰 수 있고 따라서 생활 수준을 높일 수 있다. 생산성 성장은 또한 제품과 서비스를 공급하기 위한 경제 용량(economy capacity)을 얼마나 빠르게 확장할 수 있느냐를 보여준다.

생산성은 산출량을 투입량으로 나눔으로써 계산된다.

$$생산량 = \frac{산출량}{투입량}$$

표 2-1 생산성 측정방법

단일요소 생산성		
$\dfrac{\text{산출량}}{\text{노무비}}$	$\dfrac{\text{산출량}}{\text{재료비}}$	$\dfrac{\text{산출량}}{\text{자본}}$

다중요소 생산성	
$\dfrac{\text{산출량}}{\text{노무비}+\text{재료비}+\text{간접비}}$	$\dfrac{\text{산출량}}{\text{노무비}+\text{에너지}+\text{자본}}$

총생산성
$\dfrac{\text{생산된 서비스 및 제품}}{\text{생산을 위해 투입된 모든 요소}}$

산출량은 판매량, 생산된 제품수, 서비스 완료된 고객수, 배달된 음식수, 응답 처리된 전화 통화수 등으로 표현될 수 있다. 단일요소 생산성(single-factor productivity)은 산출량을 노동시간, 자본투자, 재료투입량 등의 한 요소의 투입량으로 나눈 것을 말한다. 다중요소 생산성(multifactor productivity)은 산출량을 투입량의 조합(노동+자본, 노동+자본+에너지+재료)으로 나눈 것을 말한다. 여기서 자본은 장비, 시설, 재고, 토지의 가치 등을 포함하는 개념이다. 총생산성(total factor productivity)은 서비스와 제품을 포함한 모든 양의 산출물에 그것을 위해 사용된 모든 요소들의 투입량을 나눔으로써 계산할 수 있다. 이러한 생산성 관련 식은 〈표 2-1〉에 정리되어 있다.

노동력은 모든 생산 프로세스에서 쉽게 식별되기 때문에 생산성을 측정할 때 가장 일반적으로 사용되는 투입물이다. 즉, 노동생산성이 가장 많이 사용되고 중요하다. 생산성은 상대적인 측정이기 때문에 정부보고서에서 제공되는 생산성 통계에서는 월별, 분기별, 연별로 생산성의 변화를 측정한다.

생산성 통계는 오해될 수 있는데 그 이유는 생산성 공식을 살펴보면 생산성 향상은 여러 가지 방법으로 이루어질 수 있기 때문이다. 예를 들어 투입량을 산출량에 비해 빠르게 감소시키면 실제 기업은 긴축을 할지라도 생산성은 증가하게 된다. 이러한 경우는 생산성 향상이 지속될 가능성이 거의 없다.

〈그림 2-6〉은 1995~2005년 나라별 생산성의 변화량을 보여준다. 모든 국가가 이 기간에 생산성이 향상되었다. 특히 한국은 9.1%라는 놀라운 생산성 향상

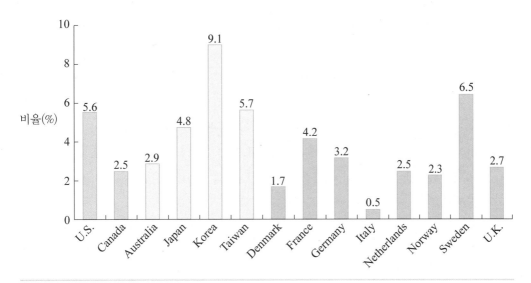

그림 2-6 생산량 연평균 성장률, 1995～2005

자료: Bureau of Labor Statistics.

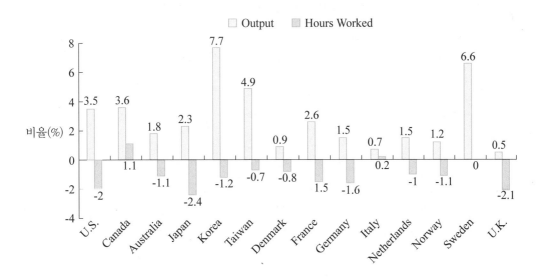

그림 2-7 투입, 산출의 연평균 성장률, 1995～2005

자료: Bureau of Labor Statistics.

을 보여준다. 〈그림 2-7〉을 보면 캐나다를 제외한 모든 국가의 노동시간이 감소함을 알 수 있다. 특히 U.S., 일본, U.K.는 가장 높은 노동시간 감소율을 보였다. 한국은 극적인 산출량의 증가와 프랑스, 독일, 네덜란드와 비슷한 수준의 노동시간 감소를 통해 생산성의 놀랄 만한 향상을 이루었다.

생산성 통계는 또한 투입을 늘리면 산출도 같은 비율로 증가할 것이라는 가정을 하고 있다. 하지만 이것은 만약 산출에 대한 한계가 존재하게 되면 이 가정은 성립하지 않는다. 또한, 생산성은 팔린 산출물이 아닌 생산된 산출량을 고려하는 것이다. 따라서 만약 생산된 제품이 팔리지 않는다면 재고가 늘어나고 산출의 증가는 곧 회사의 쇠퇴로 이어진다. U.S.의 자동차 산업은 이와 같은 문제에 직면해 있다.

2.5 전략과 운영관리

전략은 회사의 미션이 어떻게 이루어지는가에 관한 것이다. 전략은 조직을 통합하고, 의사결정의 일관성을 제공하며, 조직을 옳은 방향으로 움직일 수 있도록 한다. 운영 및 공급사슬 관리는 이러한 기업 전략에 중요한 역할을 한다.

〈그림 2-8〉에서 알 수 있듯이 전략 기획 프로세스는 계층적인 의사결정으로

그림 2-8   전략 기획

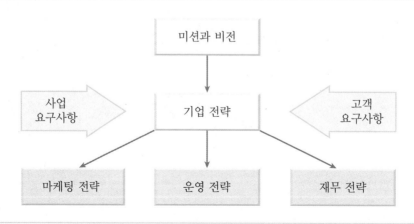

이루어져 있다. 고위경영층은 여러 투입물과 조직의 여러 레벨에서의 참여를 통해 회사의 미션과 비전, 고객의 요구사항, 사업환경과 일치하는 기업 전략을 수립한다. 전략 기획은 회사의 비전과 현재의 위치 간의 차이에 초점을 맞춘다. 먼저 전략 기획에서는 이 차이를 줄이기 위해 해야 할 일들을 발견하고 실행하도록 하며 마케팅, 운영, 재무영역에서 전략의 방향을 결정한다. 각 영역의 전략은 그 영역 내부적으로 일관성이 있어야 할 뿐 아니라 회사 전체의 전략과도 일관성이 있어야 한다. 전략 형성은 다음의 5가지 단계로 이루어진다.

① 주요한 임무 정의
② 핵심역량 분석
③ 충분조건, 필요조건 결정
④ 포지셔닝
⑤ 전략 전개

(1) 주요 임무 정의

주요 임무는 회사의 목표—회사가 어떤 사업을 하는가—를 나타내며 경쟁력 있는 분야를 결정한다. 따라서 주요 임무는 너무 좁게 설정하면 안 된다. 예를 들어 Paramount사는 영화 제작이 아닌 통신업을 하는 것이다. Amazon의 사업은 빠르고 쉽고 즐거운 쇼핑 경험을 제공하는 것이고 Disney는 사람들을 행복하게 하는 것이다. 주요 임무는 종종 회사의 미션으로 표현된다.

미션은 회사가 있는 사업에 대해 확실하게 정의한다. Levi Strauss는 캐주얼 의상이고 Intel은 인터넷 경제의 빌딩 블록의 제공하며 Binney & Smith는 화려한 시각적 표현이고, Currency Doubleday는 사업과 생활의 의미를 연결하는 아이디어, eBay는 교환 공농체, Merck는 인간의 삶을 보전 및 향상시키는 것을 기업의 목표로 하고 있다.

목표는 조직의 헌법과 같지만 전략과 행동으로 옮겨지지 않는다면 가치가 없다.

(2) 핵심역량

핵심역량은 다른 것보다 잘하는 것을 말하며 차별적 경쟁력이라고도 한다.

회사의 핵심역량은 예외적인 서비스, 높은 품질, 빠른 배송, 적은 비용 등이 될 수 있다. 어떤 회사는 초기에 혁신적인 디자인으로 시장에 진입할 수 있는 반면 다른 회사는 이후에 높은 품질로 시장에 진입할 수 있다.

경험과 지식, 노하우를 기초로 해서 핵심역량은 지속 가능한 경쟁우위를 나타낸다. 제품과 기술은 수명이 짧고 다른 회사들이 쉽게 사고, 모방하고, 향상시킬 수 있기 때문에 핵심역량이 될 수 없다. 핵심역량은 프로세스—회사가 경쟁자보다 잘 할 수 있는 일을 하는 것—인 면이 강하다. 따라서 특정한 제품이 핵심역량은 아니지만 새로운 제품을 개발하는 프로세스는 핵심경쟁력이다. Chaparral Steel는 경쟁자가 자신들의 역량을 모방할 수 없다는 것을 알기 때문에 경쟁자들에게 자신의 공장을 견학할 수 있게 했다. 비록 Chaparral이 저비용, 높은 기술로 알려져 있지만 회사의 핵심역량은 기술을 빠르게 새로운 제품과 프로세스로 변환하는 능력으로 정의했다. 따라서 경쟁사가 자신의 현재 기술을 모방하는 순간에 Chaparral은 다음 단계로 이동해 있을 것이다.

핵심역량은 정적인 것이 아닌 시간에 따라 발전되고 향상되어야만 한다. 고객과의 긴밀한 관계는 경쟁력을 유지하는 데 필수적인 조건이다. 진화하지 않거나 고객의 필요를 고려하지 않는 핵심역량은 회사의 핵심경직(core rigidities)이 될 수 있다. 각자의 영역에서 뛰어난 성과를 보였던 Wal-Mart와 Dell과 같은 회사는 고객의 요구사항을 만족시키지 못했을 때 위기를 맞이하게 되었다. 적은 비용과 컴퓨터의 우편 배송을 통한 Dell의 전략은 구입 전에 컴퓨터를 확인하고 테스트해 보는 것, 또는 구입 이후에 개별적인 서비스를 받는다는 고객의 요구사항을 만족시킬 수 없었다. Wal-Mart의 저가에 대한 집착은 거대회사의 직원, 공급자에 대한 착취의 이미지 문제를 야기했다. 고객은 좀 더 돈을 지불하더라도 더 나은 디자인과 지역사회에 영향을 미치는 Target과 같은 회사를 선호했다. 이러한 문제를 피하기 위해서 회사는 고객의 구입을 촉진하는 자신의 제품과 서비스의 특징을 지속적으로 평가해야 하는데, 이것이 바로 충분조건과 필요조건이다.

(3) 필요조건, 충분조건

기업은 자신이 잘 했던 일들이 고객에게 더 이상 중요하게 여겨지지 않았을 때 종종 문제에 직면한다. 따라서 고객에 시선을 맞추고 그들의 구매에 미치는 요인을 알아보는 것은 필수적이다.

필요조건은 고객이 구매 결정을 내릴 수 있는 자격을 주는 제품 또는 서비스의 특성이며 충분조건은 시장에서 최종적 주문 승인을 얻을 수 있는 제품이나 서비스의 특성이다. 예를 들어, DVD 플레이어를 구입할 때, 고객은 가능 가격범위(필요조건)가 있을 수 있고 더 나아가 특별한 기능(충분조건)을 가진 제품을 기존의 가격범위 안에서 선택한다. 또는 고객은 몇몇의 특징(필요조건)을 만족하는 제품 가운데 가장 저렴한 DVD 플레이어(충분조건)를 선택할 수 있을 것이다.

충분조건과 필요조건은 시간에 따라 변할 수 있다. 일본의 자동차 기업들은 초기에는 특정 수준의 품질을 만족하는 제품 가운데 저렴한 가격의 제품으로 서로 경쟁을 했다. 하지만 시간이 지나면서 고객은 높은 품질의 일본 차에 대해 높은 가격을 지불할 의사가 있게 되었다. 그에 따라 가격은 필요조건으로 바뀌고 품질이 충분조건으로 바뀌게 되었다. 오늘날 자동차 산업은 높은 품질은 다시 필요조건으로 바뀌게 되고 혁신적인 디자인이나 높은 연비가 충분조건으로 바뀌게 되었다.

〈그림 2-9〉에서 볼 수 있듯이 고객은 필요조건을 기대하고 있다 하지만 이러한 것으로 인해 놀라지는 않는다 예를 들어, 저렴한 가격은 필요조건일 수는 있지만 가격을 더 저렴하게 하는 것으로는 다른 제품의 특성이나 디자인이 좋지 않은 상황에서 구매로까지 이어질 수 없다. 최소한으로 회사는 필요조건을 만족

그림 2-9   필요조건, 충분조건

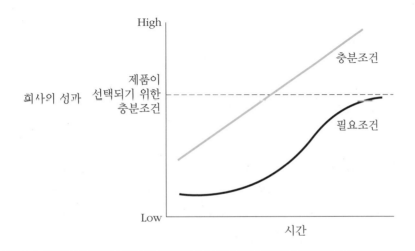

해야 하며 추가적으로 회사는 충분조건이 되는 회사의 경쟁력을 개발할 필요가 있다. 마케팅은 이러한 필요조건과 충분조건을 돋보이게 한다. 종종 가격, 시장 진입속도, 배달 속도, 맞춤화(customization) 등의 요소는 운영과 공급사슬 관리의 범위 안에 있을 수 있다. 또 제품, 서비스의 디자인 등의 요소는 운영과 공급사슬 관리의 지원은 받을 수 있지만 완벽한 통제는 어렵다.

(4) 포지셔닝

모든 제품을 모든 고객에게 제공할 수 있는 회사는 존재하지 않는다. 전략적 포지셔닝은 한두 가지의 일을 결정해 그것에 집중함으로써 특별히 잘 할 수 있게 하는 일련의 과정을 포함하고 있다. 기업의 포지셔닝 전략은 '어떻게 시장에서 경쟁할 것인가?(어떠한 독특한 가치를 고객에게 전달할 수 있는가?)'로 정의될 수 있다. 효과적인 포지셔닝 전략은 그 조직의 장단점과 시장의 요구와 경쟁사의 위치 등을 고려하여 결정하게 된다.

1) 가격 경쟁

저가로 경쟁을 하는 회사는 혹독하게 모든 낭비의 제거를 추구한다. 과거에는 이러한 회사들은 큰 시장의 표준화된 제품을 생산했었다. 그들은 생산 프로세스를 안정시키고, 생산성 표준화를 강화하고, 자동화에 대해 투자를 함으로써 생산물을 향상시켰다. 오늘날에는 전체적인 비용 구조가 단순히 직접 노무비가 아닌 감소 가능성을 중심으로 검사받는다. 높은 용량의 생산과 자동화는 비용 측면에서 효과적인 대안을 제공할 수 있을 것이다. 린 생산 시스템(lean production system)은 훈련된 운영을 통한 저비용을 제공한다.

2) 속도 경쟁

속도는 점점 더 경쟁 우위의 원천이 되어가고 있다. 인터넷은 즉각적인 응답과 빠른 제품 배송을 기대하는 고객들을 가속화했다. McDonald, LensCrafters, Federal Express와 같은 서비스 조직은 항상 속도를 통해 경쟁한다. 최근에 생산업자들은 BTO(Build to Order) 생산과 효율적인 공급사슬을 통한 시간 기반의 경쟁 우위에 대해 인식하고 있다. 트렌드가 매일 매일 변하는 패션 산업을 보면 제품의 시장 진입시간이 9개월인 GAP은 디자인으로부터 선반까지의 리드타임이 2주인 Zara에 더 이상 경쟁할 수 없다.

3) 품질 경쟁

대부분의 기업들은 품질에 대해 방어적 또는 반응적인 접근방식을 취한다. 품질은 불량률을 최소화하고 원하는 디자인 사양과 일치하도록 하는 것으로 정의한다. 품질 경쟁을 하기 위해서 회사는 품질관리를 단순히 문제를 피하고 재작업 비용을 줄이고자 하는 것이 아닌 고객을 만족시키기 위한 기회로 봐야 한다.

기업은 고객을 만족시키기 위해서 먼저 품질에 대한 고객의 태도와 기대를 이해해야 한다. 이를 위한 하나의 좋은 원천은 미국표준협회와 국가표준연구센터에서 매년 편찬하는 American Customer Satisfaction Index를 들 수 있다. 최근의 말콤볼드리지상(Malcolm Baldrige National Quality Award) 수상자를 살펴보거나 이러한 상의 기준을 통해 품질 경쟁의 통찰력을 얻을 수 있다.

리츠칼튼 호텔은 말콤볼드리지상의 수상자이며 품질의 상징으로 인식된다. 전체적인 서비스 시스템은 500,000명이 넘는 고객의 개인적인 기대를 이해하고 또 고객을 만족시키기 위해 천상의 서비스를 제공하도록 디자인되어 있다. 모든 종업원은 고객의 요구사항의 만족이나 문제 해결을 위해 스스로 즉각적인 조치를 취할 권한이 부여되어 있으며 프로세스는 표준적이며 잘 정의되어 있다. 각 계층에서 온 종업원들로 이루어진 팀은 목표를 설정하고 품질 계획을 고민한다. 각 호텔은 부서에게 자원과 조원을 제공하고 이러한 계획을 실행하는 품질 관리자를 가지고 있다.

4) 유연성 경쟁

마케팅은 항상 고객에게 더 다양한 종류의 제품을 제공하고자 한다. 하지만 다양성은 생산 시스템의 표준화(또는 효율성)를 어긋나게 하고 비용을 증가시키기 때문에 생산에서는 이러한 트렌드에 저항한다. 변화에 반응할 수 있는 생산능력은 새로운 경쟁 기회를 마련해 준다. 유연성은 점점 경쟁의 주요 도구로 된다. 이것은 다양한 범위의 제품을 생산할 수 있는 능력, 새로운 제품을 소개하는 능력, 기존의 제품을 고객의 요구에 맞게 빠르게 변화시킬 수 있는 능력 등을 포함한다.

National Bicycle Industrial Company는 고객의 신체에 딱 맞는 자전거를 제공한다. 자전거 생산자는 일반적으로 고객에게 20~30가지 다른 종류의 모델을 제공한다. National은 11,231,862개의 다양한 자전거를 2주 안에 일반 모델보다 10%의 추가 가격에 제공한다. 컴퓨터 디자인과 컴퓨터 통제 기계들로 이용해 대량생산에 맞춤화(customization)를 가능하게 했다. 이러한 현상을 mass customization이라고 한다.

(5) 전략전개

Kodak의 전 CEO, 조지 피셔는 무엇을 해야 하는가에 대해 아는 것이 어려운 것이 아니라 그 일을 하는 것이 어렵다고 말했다. 전략 실행은 전략 형성보다 어렵다. 전략은 너무 일반적이라 이해할 수 없고 비현실적이기 때문에 환영을 받는 전략은 있을 수 없다. 5년 동안의 결과에 초점을 맞춘 전략은 실제 매일 매일의 일상적인 성과를 내는 직원들에게는 매우 적은 영향을 미칠 수 있다. 회사 내의 다양한 부서는 같은 전략을 다양한 방법으로 해석한다. 만약 이러한 노력이 조화되지 않는다면 결과는 비참할 것이다.

Schlitz Brewing Company는 비용절감과 효율증가를 전략으로 하고 있으며 운영을 통해 양조주기를 극적으로 감소시켜 이런 목표를 달성했다. 효율성 증가를 통해서는 회사를 산업 내에서 최고의 수익성을 올리도록 만들었다.

전략 전개는 회사의 포지셔닝 전략과 그에 따른 우위조건, 최소조건을 성과로 바꾸는 것을 말한다.

매일의 결정을 기업의 전략과 일치시키기 위해 노력하고 있는 회사는 두 종류의 계획 시스템(정책 전개, 균형성과지표)을 통해 성공을 유지해 오고 있다.

1) 정책 전개

정책 전개(policy deployment, hoshin planning)는 일본의 hoshin kanri 시스템으로부터 나온 개념으로 일본어를 번역하면 나침반이라는 뜻이다.

정책 전개는 조직에 있는 다양한 기능과 조직 구조를 통해 기업 전략을 측정 가능한 목표로 변경을 함으로써 모든 사람의 초점을 일상적인 목표와 우선순위로 맞추는 것을 말한다. 그 결과로 조직의 모든 사람들은 전략 계획을 이해할 수 있고 계획을 통해 몇몇의 목표가 도출될 수 있으며 어떻게 이러한 목표가 그들의 일상적인 활동에 어떻게 연결되어 있는지 결정할 수 있다.

기업 전략이 공급사슬 주기를 50% 줄이는 속도 경쟁이라고 가정하면 고위 관리자는 주기에 영향을 미치는 그들의 활동들을 평가하고 주기를 50% 줄이는 것에 대한 가능성 여부를 협의하고 감소를 위한 각각의 역할에 대해 계획한다. 마케팅부서는 공급자와의 협의를 통해 새로운 제품의 공개 시기를 줄일 수 있을 것이다. 관리부서는 공급기지를 줄이거나 공급자의 보증, 인터넷 이용, Just-in-time(JIT) 시스템 도입 등을 통해 구입과 생산 주기를 줄일 수 있을 것이다. 재무부서는 불필요한 지출 승인과정을 제거할 수 있고 온라인 자금이체 등의 기회를 살펴볼 수 있다.

목표를 구체화하기 위한 프로세스는 비슷한 방법으로 조직 전체에 적용될 수

그림 2-10 　정책 전개를 이용한 활동계획

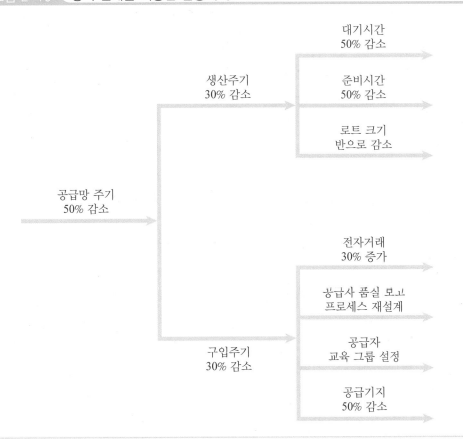

있다. 한 단계의 목표를 달성하는 방법은 다음 단계의 목표가 될 수 있기 때문이다. 프로세스의 결과물은 각각의 기능적 목적을 달성하기 위해 정렬된 연쇄적인 활동 계획이다.

〈그림 2-10〉은 공급사슬 주기시간 감소에 관한 요약적인 운영 활동계획을 보여준다. 정책 전개는 조직이 점점 공간적, 문화적으로 분산될수록 더 많은 인기를 얻게 된다.

2) 균형성과지표(Balanced Scorecard)

균형성과지표는 Robert Kaplan과 David Norton이 개발한 것으로 회사의 성과를 다음의 4가지 영역에서 분석한다.

- 재무: 우리는 어떻게 주주들을 봐야 하는가?
- 고객: 우리는 어떻게 고객을 봐야 하는가?
- 프로세스: 우리는 어떤 사업 프로세스에서 뛰어나야 하는가?
- 학습과 성장: 우리는 어떻게 변화와 향상의 능력을 유지할 수 있는가?

균형성과지표로 불리는 이유는 자산 성과에 사용되는 재무적인 성과뿐만 아니라 다른 면도 보기 때문이다. 운영적인 탁월함은 4가지 영역 모두에서 중요하다. 어떻게 효율적으로 회사의 자산을 관리하는가, 제품을 생산하는가, 서비스를 제공하는가는 기업의 재무 건전성에 영향을 미친다. 관심 고객을 이해하는 것은 프로세스와 조직이 고객에게 전달해야 하는 가치의 용량을 정하는 데 도움이 될 수 있다. 이러한 프로세스를 향상하고 경쟁력을 개발하는 회사의 능력은 지속적 경쟁우위에 필수적이다.

〈표 2-2〉는 균형성과지표이다. 이 표는 기업 전체의 연간 목표량을 포함하는 전략 지도의 영역을 선택한다. 목표량은 KPI(Key Performance Indicators)로 새롭게 정의된다. 그 해의 목표는 주워지고 그에 따른 KPI가 기록된다. 점수는 다른 평가 지표를 완료된 퍼센트로 나타낸다. 예를 들어 만약 목표가 연간 12 재고 회전률이고 현재 회사는 6의 수준을 하고 있다고 할 때, 목표는 50% 완료가 된다. 평균 성과 열은 각각의 차원의 평균값을 계산함으로써 얻어진다. 균형성과지표는 다음의 〈그림 2-11〉, 〈그림 2-12〉와 같이 여러 가지 방법으로 시각화할 수 있다.

표 2-2 균형성과지표

영역		목표	Key Performance Indicator	2008년 목표	KPI 결과	점수	평균 성과
재무	생산성	산업 내의 비용우위 획득	단위 생산비 감소율	20%	10%	50%	65%
	성장	시장 점유율 증가	시장 점유율	50%	40%	80%	
고객	품질	불량률 0%	양품 통과율	100%	80%	80%	87%
	적시성	적시 배달	적시 배달률	95%	90%	95%	
프로세스	공급자	생산과의 통합	조립공정에 배달되는 제품의 비율	50%	40%	80%	73%
		검사의 단축	공급자의 ISO 9000 획득 비율	90%	60%	67%	
	제품	생산시간 단축	사이클 타임	10분	12분	83%	52%
		품질 향상	보증 청구 발생 비율	200	1,000	20%	
	분배	운송비 절감	FTL(Full Truck Load) 비율	75%	30%	40%	40%
	서비스	고객요구의 대응력 증가	고객의 요구 만족 비율	90%	60%	67%	67%
	위험	노후 재고 감소	재고 순환율	12	6	50%	50%
		대기 중 고객 감소	대기 중인 고객수 비율	10%	20%	50%	
학습과 성장	인적 자원	품질 향상 기술 개발	6 sigma 블랙벨트수	25	9	36%	36%
	정보 자본	프로세스 향상 기술 개발	EDI를 사용하는 공급자 비율	100%	60%	60%	60%
	조직자본	혁신적 문화 창조	직원의 창의적 제안수	20%	10%	50%	50%

〈그림 2-11〉은 균형성과지표의 방사형 표현이다. 목표의 0~40%까지는 빨간 '위험'지역을 의미하며, 40~80%는 노란 '주의'구간이고, 80~100%는 '양호'지역을 의미한다. 이번 예에서는 회사는 인적자본과 배분이 위험영역에 있고 성장, 품질, 적시성, 서비스는 양호지역에 존재한다. 〈그림 2-12〉는 같은 정보를 다른 형식으로 보여주고 있다. 각 계기판은 각각의 영역의 정보를 나타내고 있다. 빨간 영역은 목표치의 25% 이하 구간을 의미하고 노란 영역은 목표의 25~75% 구간, 녹색 영역은 목표의 75% 이상의 구간을 의미한다. 이 회사는 성장, 품질, 적시성에서는 훌륭한 성과를 보이고 위험한 영역은 존재하지 않는다.

그림 2-11   균형성과지표의 방사형 차트

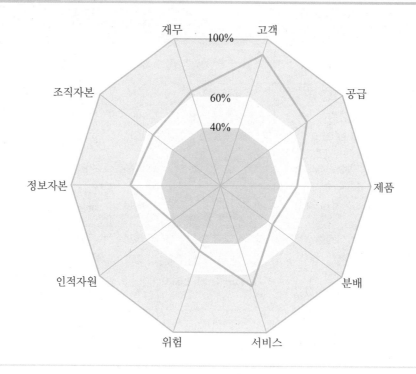

그림 2-11   균형성과지표의 방사형 차트

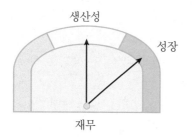

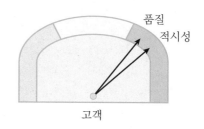

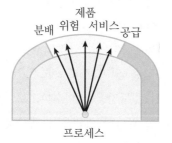

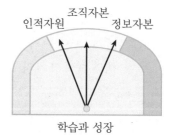

계기판은 많은 양의 데이터를 쉽게 해석할 수 있고 실시간으로 갱신할 수 있기 때문에 관리자에게 많이 알려져 있는 형태의 도표이다. 균형성과 지표는 15장에서 다시 한번 자세히 언급한다.

(6) 운영전략

각 운영 영역들은 회사의 최우선 경쟁력을 고객에게 전달하는 새롭고 더 나은 방법을 창조하면서 전략을 발전시키는 데 도움을 준다. 한 번 회사의 최우선 경쟁력이 설정되고 나면 각 운영 시스템은 이러한 경쟁력을 고객에 제공하기 위해 구성되고 관리되어야 한다. 이러한 결정은 퍼즐의 조각처럼 서로서로 맞아야 한다. 이런 조직들이 전략적으로 정확히 일치한다는 뜻은 경쟁자가 동일한 효과를 얻기 위해서는 전체 조직을 모방해야 한다는 것을 의미한다. 따라서 이러한 내부 운영 시스템으로부터 발생하는 경쟁우위는 제품이나 기술에서 발생하는 경쟁우위보다 지속가능성이 더 높아진다.

기업환경

주여, 제 철입니다. 여름은 참으로 위대했읍니다.
당신의 그림자를 태양시계 위에 던져 주시고,
목장에 바람을 보내 주소서.

마지막 열매들이 탐지게 살이 찌도록 마련해 주옵시고
그들에게 이틀만 더 남국적인 날을 베풀어 주소서.
열매들이 무르익도록 해 주옵시고
풍부한 포도주에 마지막 단맛을 돋구어 주소서.

지금 집 없는 사람은, 이미 집을 지을 수가 없읍니다.
지금 홀로 있는 사람은, 오래오래 그러하립니다.
잠을 깨고, 책을 읽고, 길고 긴 편지를 쓰오리며,
나뭇잎이 흩날릴 제면, 불안스레
가로수 사이를 방황하립니다.

– 라이너 마리아 릴케

기업 외부환경분석: 사업의 기회와 위협

전략적 사고과정은 관리자가 그들이 속한 산업의 구조와 경쟁양상이 어떻게 회사의 이익과 성과에 영향을 끼칠 것인지 이해하는 것을 요구한다. 그들 산업에 기회(opportunities)와 위협(threats)을 줄 수 있는 요인을 포착하여, 관리자는 반드시 좀 더 나은 전략 결정을 만들 수 있어야 한다. 1990년대 원격통신서비스시장에서 발생한 현상에 대한 해석은 관리자가 수요 현상을 장미빛 미래로 파악하는 한 기회는 과장될 수 있으며, 위협은 무시될 수 있다는 것이다. 관리자는 그들이 내린 결정이 편견과 오류에 의해 왜곡되어질 때 현상을 잘못 이해할 수 있다. 결과는 통신장비에의 초과투자, 초과 네트워크 용량, 원격통신서비스에 대한 가격 하락, 서비스를 통한 수익 발생 실패 그리고 그 분야 경제를 침체로 만드는 부도에까지 이어졌다.

이 장은 전략적 사고에서 발생하는 실수를 막기 위한 개념적인 모델을 조사한다. 이에 관리자에게 회사가 경쟁하고 그들이 직면한 위기와 위협요인을 확인하는 데 도움을 줄 수 있는 기본적이고 객관적인 방법을 제공하기 위한 몇 가지 모델을 소개한다. 기회는 회사가 좀 더 이익을 얻을 수 있도록 전략을 수립하고 수행함으로써 회사가 속한 환경에서 이점을 얻을 수 있을 때 증가한다. 규제 완화로 인하여 원격통신 회사의 수요가 급증할 때 이는 텔레콤 서비스 산업에 신규 회사가 진입하여 기존 회사와 경쟁할 수 있는 커다란 기회로 작용한다. 위협은 외부환경의 상태가 회사의 사업 이윤 창출과 보전에 위협을 가할 때 상승한다. 원격통신서비스 산업의 뜻밖의 결과는 증가하는 수요에서 이점을 얻기 위한 신규 회사의 빠른 진입이 산업 전반의 이윤을 감소시키고 가격 전쟁을 이끈 위협을 만들어 낸 초과용량에서 기인한다.

이 장은 산업환경에 대한 분석에서 시작한다. 먼저, 산업의 경쟁구조를 분석하고 기회와 위협요인을 확인하기 위한 도구와 개념을 조사하고, 산업 내의 회사 그룹이 유사하거나 다른 경쟁전략을 추구할 때 발생하는 경쟁적인 관련성을 분석하고자 한다. 다음으로 시간에 따른 산업의 진화과정과 이에 따른 경쟁환경의 변화에 대하여 조사한다. 또 거시경제적 요인들이 산업구조에 영향을 끼치고, 기회와 위협을 창출하는 과정을 살펴보고자 한다. 끝으로 국가와 세계환경이 산업 내 혹은 산업 간에 경쟁력 형성에 영향을 끼치는 방법을 살펴보고자 한다. 이 장

기업사례 3-1   원격통신 사업의 성공과 실패

1990년대 중반, 원격통신서비스 산업은 세 가지 중요한 변화에 직면했다. 먼저, 주된 변화로써 WWW의 등장을 들 수 있다. 웹 트래픽의 양이 기하급수적으로 증가함에 따라 웹기반의 디지털 데이터의 전송용량에 대한 수요가 크게 증가하게 되었다. 1996년에는 원격통신서비스 사업자들 사이의 경쟁을 양성하기 위하여, 미국 정부가 미국 원격통신서비스 산업의 규제를 완화시켰다. 지역 또는 장거리 전화 회사, 케이블TV 회사들이 서로의 시장에 진입할 수 있게 된 것이다. 게다가 규제완화는 원격통신서비스 산업에의 신규 사업자의 진출을 용이하게 하였다. 원격통신서비스의 규제완화를 위한 유사한 움직임은 다른 나라에서도 발생하였다. 끝으로 무선서비스는 시장보급률이 핀란드에서는 70%, 미국에서는 30%로 많은 선진국에 보급되고 있으며, 그 수요는 급증하고 있다. 10년 뒤에는 무선 산업은 웹을 사용하기 시작할 것이며, 이에 따라 관련 회사들은 무선전화를 통한 인터넷 접속서비스를 고객에게 제공할 계획을 하고 있다.

많은 전문가들은 원격통신서비스에 대한 수요가 앞으로 크게 급증할 것으로 믿었다. 가까운 미래에는 더 많은 회사, 개인, 조직들이 초고속선과 무선 네트워크를 통해 접속하고 비디오 또는 음악 파일 전송을 포함한 광대역 인터넷 사용이 증가함에 따라, 광섬유를 통한 대용량의 데이터 흐름이 전 세계적으로 발생할 것으로 보았다. 가능성은 무한한 것처럼 보였다. 이에 광대역 붐을 이용하고 기존의 원격통신서비스 제공자들과 경쟁하기 위하여 많은 회사가 설립되었다.

원격통신서비스의 붐을 공유하고자 이러한 새로운 신규 진입자들은 자산규모를 늘리고 자본시장으로부터 많은 빚을 끌어들였다. 그들은 도시 내, 도시 간 그리고 국가 간 광학 네트워크를 설치하기 위하여 많은 돈을 사용했다. 그들은 단일 유리섬유에 많

은 양의 데이터를 전송할 수 있는 광학기술에 투자하였다. 미국의 텔레콤서비스 제공업자들은 1996년부터 2000년까지 매년 25%씩 소비자산을 증가시켜, 1,240억 달러를 투자하였다. 전 세계적으로 2000년에만 통신장비에 1.2조 달러를 소비하였다.

스위치나 라우터, 광 케이블과 같은 원격통신장비의 제공업체들도 이러한 붐을 통해 이득을 취했다. Lucent, Cisco, Nortel Network 등의 판매와 이윤이 급상승하였다. 1980년대 중반에 설립된 Cisco는 2000년에 190억 달러 판매에 27억 달러의 순이익을 얻었다. 좀 더 많은 양의 판매를 위해 이러한 장비 회사들은 신규 텔레콤 사업자들이 장비를 구매할 수 있도록 대출을 실시하였다. 이것은 확실한 투자요, 장미빛 미래같아 보였으나 예상과 달리 이러한 미래는 오지 않았다.

2000년에 데이터 트래픽의 양은 2배로 증가하였으나 광섬유 네트워크를 따라 전송할 수 있는 용량은 훨씬 더 빠르게 증가하였다. 수많은 서비스 업자가 조성된 수요에서 이득을 취하고자 사업에 진출하였기 때문이다. 결과적으로 거대한 초과용량은 광학 네트워크를 이용한 데이터 전송서비스의 가격을 크게 하락시켰다. 2001년에는 전송용량이 필요한 용량보다 10배 정도로 평가되었다. 갑자기 원격통신서비스 제공업자들은 위기에 봉착했으며, 특히 성장을 위해 많은 자본을 차용한 신규업체들은 크나큰 위기에 빠졌다. 그들은 이자를 지불할 만한 수익을 내지 못했다. 결국 2001년경에는 PSINet, 360 Networks 등 많은 회사들이 부도가 나기 시작했다. 2002년 초기에는 Level 3, Global Crossing과 같은 회사들이 벼랑 끝에 몰렸으며, 1년 동안 Level 3의 주가는 132달러에서 3달러로 떨어졌으며 Global Crossing은 1999년 한 주당 64달러에서 2001년 말에 0.5달러로 하락하였다. 결국 2002년에 회사는 부도가 났다.

무선원격서비스 제공업체가 부도가 나기 시작함에 따라 원격통신장비에 대한 수요도 크게 줄었다. Lucent는 판매가 30% 가까이 떨어졌으며, 더 이상 존재하지 않는 서비스 제공자에게 주어야 할 빚이 150억 달러에 달했다. Lucent의 주가는 2000년 5월 70달러에서 2002년 중반 2달러로 떨어졌으며, Cisco는 판매가 10억 달러 가량 감소하였으며 그 주가가 2000년 5월 80달러에서 2002년 초기에 16달러로 하락하였다. JDS uniphase는 2001년 벌어들인 수입에 비하여 대출금을 갚기에 500억 달러가 모자랐다.

회상하면, 왜 이런 현상이 일어났는지 쉽게 분석할 수 있다. 비록 원격통신 용량에 대한 수요가 급격하게 증가했다 하더라도 수요는 직접적으로 현실에 반영되지 않는다. 게다가 각 서비스 회사들은 증가하는 수요의 충분한 비율을 차지할 수 있을 것이라는 가정을 믿고 무리한 자산을 투자하였다. 그러나 그들은 다른 경쟁자들 역시 유사한 투자를 함에 따라 차지할 수요가 분산된다는 것을 인식하는 데 실패했다. 결과적으로 근시안적인 사고로 인해 이 서비스 분야에서 초과용량이 발생하였다. 가격 전쟁은 많은 신규 서비스 제공업체들이 이윤을 얻고자 하는 꿈을 짓밟았다. 서비스 제공자가 수익을 얻지 못하자 그들은 장비 투자 예산을 삭감하였으며 이로 인해 장비업체들도 슬럼프에 빠졌다. 이는 엄청난 이윤 분야가 경제적 재앙 분야로 돌변한 것이다. 즉, 전례 없는 붐이 전례 없는 실패로 대체되었다.

을 통해, 우리는 성공하기 위해서 회사는 외부환경에 맞게 전략을 운영해야만 하며, 선택된 전략을 통해 환경을 이점을 얻을 수 있도록 재형성해야만 한다는 것을 이해할 수 있을 것이다.

3.1 산업이란 무엇인가?

산업(industry)은 서로 간에 대체 가능한 유사한 제품 혹은 서비스를 제공하는 회사의 집단이다. 즉, 기본적으로 동일한 고객 요구를 만족시키는 제품과 서비스를 제공한다. 회사의 가장 큰 경쟁상대는 기본적으로 동일한 고객 요구를 제공하는 회사들이다. 예를 들어 탄산 음료, 과일 음료, 생수는 신선하고 차가운 무알코올 음료에 대한 같은 고객 요구를 제공한다는 측면에서 서로 대체품으로 간주될 수 있다. 즉, 코카콜라, 펩시와 같은 회사로 대변되는 소프트 음료 산업으로 볼 수 있는 것이다. 유사하게 데스크탑 컴퓨터와 노트북은 개인 소프트웨어를 실행하고, 인터넷을 탐색하고, 이메일 전송, 게임, 디지털 데이터의 저장 및 조작을 위한 기본적인 고객 요구를 만족시키기 위한 제품이다. 따라서 우리는 이를 개인 컴퓨터 산업이라 할 수 있고 여기에는 삼성, LG, SONY, Toshiba, Dell, HP, IBM과 같은 회사들이 있다.

외부효과분석(external analysis)의 출발점은 회사가 경쟁하고 있는 산업을 확인하는 것이다. 이를 위해, 관리자는 반드시 그들 회사가 제공하는 기본적인 소비자 요구를 살펴봐야 한다. 즉, 그들은 제품 관점이 아닌 소비자 관점에서 사업을 분석해야 한다. 산업은 시장의 공급자 측면이며, 산업 내 회사는 공급자이다. 고객은 시장의 수요 측면이며, 산업의 생산품에 대한 구매자이다. 시장에 의해 제공되는 기본 고객 요구들은 산업의 경계로 정의된다. 관리자는 이 경계를 잘 분석하는 것이 매우 중요한데, 이는 잘못된 산업 간 경계 구분으로 인해 다른 제품을 같은 소비자 욕구를 충족시키기 위해 제공하는 경쟁업체의 등장에 의해 피해를 받을 수 있기 때문이다. 예를 들어 오래 전에 코카콜라는 그 자신을 소다, 즉 탄산소프트 산업으로 보았다. 반면에 소프트 음료 산업은 비탄산소프트 음료를 포함하고 있었다. 1990년대 중반에 코카콜라는 생수와 음료시장 수요 급증에 따른 소다시장의 수요 감소에 크게 놀랐다. 코카콜라는 이러한 위협에 신속하게 반응하기 위하여 새로운 생수 브랜드인 Dasani를 출시하였고, 오렌지 주스 회사인 Minute Maid 회사를 인수하였다. 산업 경계를 너무 좁게 정의함으로써, 코카콜라는 거의 소프트 음료시장의 세부시장인 비탄산소프트 음료시장의 성장을 놓칠 뻔하였다.

(1) 섹터(Sector: 연관산업)

섹터는 밀접하게 연관된 산업의 집단으로써, 산업과 섹터를 정확하게 구분짓는 것은 중요하다. 예를 들어 원격통신 섹터는 장비 산업과 서비스 산업 두 가지를 모두 포함한다. 컴퓨터 섹터는 컴퓨터 부품 산업, 컴퓨터 하드웨어 산업, 컴퓨터 소프트웨어 산업과 같은 몇 가지 관련 산업들로 구성되어 있다. 섹터 내의 산업들은 다른 방식으로 서로에게 포함되어져 있다. 예를 들어 원격통신장비 산업은 원격통신서비스 산업의 공급자 역할을 하며, 컴퓨터 부품 산업에 있는 회사들은 컴퓨터 하드웨어 산업의 회사들에게 공급자 역할을 한다. 컴퓨터 소프트웨어 산업의 회사들은 컴퓨터 하드웨어 산업에 중요한 보완재이다. 소프트웨어는 고객이 하드웨어를 실행하기 위해 구입한다. 그리고 개인, 이동, 메인프레임 산업에 속한 회사들은 서로 간에 대체품을 생산하기 때문에 간접적인 경쟁관계에 있다.

(2) 시장세분화(Market Segments)

산업 내에서 산업과 시장세분화의 차이를 이해하는 것이 중요하다. 시장세분화는 시장 내에서 그들의 구별되는 속성 또는 특별한 수요에 의하여 서로 구별되는 고객 그룹을 의미한다. 예를 들어, 소프트 음료 사업에서 비록 모든 고객들이 신선하고 차가운 무알코올 음료를 원할지라도, 거기에는 카페인을 포함하지 않은 소다를 원하는 고객시장이 존재하게 된다. 코카콜라는 이러한 카페인이 없는 시장세분화의 존재를 인식하고 카페인 없는 콜라를 출시함으로써 고객 요구를 만족시키려 하였다. 유사하게 개인 컴퓨터시장에서도 고객이 데스크탑, 노트북, 서버 등에 대한 요구에 따른 다른 시장세분화가 존재한다. 개인 컴퓨터 제조업자는 다른 세그먼트의 고객들의 주의를 끌기 위해 제공되는 제품의 범위를 넓힘으로써 다른 시장 세그먼트의 존재를 인식해야 한다. 그러나 모든 세부시장의 고객들은 개인 소프트웨어를 실행시키기 위한 컴퓨터에 대한 공통적인 요구를 갖고 있다.

(3) 산업경계선 변화

산업경계는 고객 요구가 진화하거나 혹은 새로운 방식으로 고객 요구를 만족시키기 위하여 기존의 관련 없던 산업 내의 회사들을 연결시킬 수 있는 새로운 기술이 등장함에 따라 변화한다. 1990년대 동안 소프트 음료 고객이 생수와 비탄산 음료로 옮겨감에 따라 코카콜라는 생수시장과 과일 음료시장의 제조업체와 직접적으로 경쟁해야만 했다. 이들 모두는 같은 산업에 속해 있었다.

기술 변화가 산업경계를 어떻게 변화시키는가에 대한 예로, 컴퓨터 산업과 원격통신 산업의 융합(convergence)을 들 수 있다. 역사적으로, 원격통신장비 산업은 컴퓨터 하드웨어 산업과 뚜렷이 구별되는 산업으로 간주되었다. 그러나 원격통신장비가 전통적인 아날로그에서 디지털 기술로 옮겨감에 따라 원격통신장비는 점차 컴퓨터를 닮아가기 시작했다. 결과적으로 이들 산업 간의 경계가 모호해졌다. 예를 들어 디지털 무선전화는 무선통신이 가능한 소형 컴퓨터와 차이가 없다. 또한 소형 이동 컴퓨터는 무선 기능에 의해 전화로 사용할 수 있다. 그러므로 Nokia와 Motorola와 같은 무선전화 제조업체는 현재 Handspring and Palm과 같은 소형 컴퓨터 제조업체와 직접적으로 경쟁하고 있다.

산업경쟁분석은 시장 구분 또는 섹터 수준의 이슈 전에 회사가 경쟁하고 있는 전체 산업에 초점을 맞추어야 한다. 이러한 산업분석을 수행하기 위해 관리자가 사용할 수 있는 도구로써 포터의 5가지 경쟁요인 모델과 전략 그룹분석, 산업수명주기들을 알아보고자 한다.

3.2 포터의 5가지 경쟁요인 모형(Porter's Five Forces Model)

산업경계가 한 번 정해지면, 관리자가 직면한 문제는 그 산업환경 내에서 기회와 위협을 확인하기 위한 경쟁요인들을 분석하는 것이 필요하다. 마이클 포터

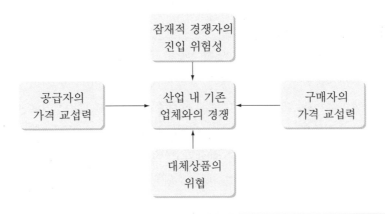

그림 3-1 · 포터의 5가지 경쟁요인 모형

의 5가지 경쟁요인 모델은 관리자가 이를 수행하는 데 유용하다. 포터의 모델은 산업 내의 경쟁을 형성하는 5가지 요인에 초점을 두었다. ① 잠재적 경쟁자의 진입 위험성, ② 산업 내 기존 업체들과의 경쟁, ③ 구매자의 가격 교섭력, ④ 공급자의 가격 교섭력, ⑤ 대체상품의 위협이 그것이다. 포터는 이러한 요인들이 강하면 강할수록 기존의 회사들이 가격을 올리고 수익을 좀 더 벌어들이기가 어렵다고 주장한다. 포터의 프레임워크에서 강한 경쟁요인은 위협요인으로 간주되는데, 이는 이윤을 감소시키기 때문이다. 반면, 약한 경쟁요인들은 회사의 이윤을 증가시키기에 기회요인으로 간주된다. 이러한 5가지 요인들의 힘은 시간에 따라 산업환경 변화에 의해 변화한다. 관리자가 직면한 문제는 기회와 위협의 관점에서 5가지 요인이 어떻게 변화하는지 파악하고 적절한 반응전략을 수립하는 것이다. 추가적으로, 회사는 선택된 전략에 의해서 회사 이윤 향상을 위한 5가지 요인들 중 1~2가지를 변화시킬 수 있을 것이다.

(1) 잠재적 경쟁자의 진입 위험성
(Risk of Entry by Potential Competitors)

잠재적 경쟁자는 현재 산업 내에서 경쟁하고 있지 않으나, 선택에 의해 그렇게 할 수 있는 능력을 지닌 회사들을 말한다. 예를 들어 전기회사는 전화 및 인터넷 접속시장에서 원격통신 회사들의 잠재적 경쟁자이다. 전기를 거주자나 상업자산에 전달할 수 있도록 많은 전기 회사들은 정부나 지방 정부로부터 전기 케이블에 대한 권한을 수여받았다. 이러한 권한으로 인해 전기 회사가 광섬유를 설치하고 고객들에게 광대역 서비스를 제공하는 것을 막을 방법이 없다. 사실 많은 전기 회사들이 이것을 시작하고 있다. 예를 들어 워싱턴주의 Tacoma City Light는 타고마 지역의 몇몇 상업빌딩에 광섬유 라인을 운영하고 있으며, 그 지역 주 원격통신서비스 제공업체인 Verizon의 사업영역을 빼앗고 있다. Tacoma City Light는 또한 그 지역의 가정에 동축 케이블을 설치하여 케이블TV 서비스를 제공함으로써 그 지역 케이블TV 서비스 업자인 AT&T broadband와 경쟁하고 있다.

산업 내의 기존의 회사들은 종종 잠재적 경쟁자가 산업에 진입하는 것을 막으려고 시도하고 있다. 이는 진입하는 경쟁자가 많으면 많을수록, 시장으로부터 자신의 이익을 유지하기 더욱 어렵기 때문이다. AT&T broadband의 Tacoma City Light에 대한 반응은 케이블TV 시장에 치열한 가격과 서비스 경쟁을 가져왔다. 잠재적 경쟁자의 진입 위험이 높으면 기존 회사의 이윤 창출에 위협을 가져온다. 그러나 진입 위험이 낮다면 기존 회사들은 가격 상승의 기회를 얻음으로써 이윤을 증가시킬 수 있다.

잠재적 경쟁자의 진입 위험은 회사들이 산업에 진입하기 어렵게 만드는 요소인 진입장벽 높이의 기능의 한 부분이다. 즉, 잠재적 경쟁자가 산업에 진입하기 위한 비용이 높으면 높을수록, 진입장벽은 높아지고 이 경쟁요인은 약해진다. 높은 진입장벽은 산업이 높은 이윤을 창출할 때 잠재적 경쟁자가 산업에 진입하는 것을 막아준다. 진입장벽에 대한 고전적인 연구를 했던 경제학자 Joe Bain은 진입장벽의 세 가지 요소를 브랜드 충성도, 절대비용 우위, 규모의 경제로 정의했다. 대부분의 상황에서 Bain의 3요소 이외에 고객교환비용과 정부규제 두 가지를 추가할 수 있다.

1) 브랜드 충성도(Brand Loyalty)

브랜드 충성도는 기존 회사 제품에 대한 고객의 선호도이다. 회사는 지속적으로 제품 브랜드와 회사 이름을 광고하고, 제품에 대한 특허, 연구 개발을 통해 성취한 제품 혁신, 높은 제품 품질과 질 좋은 애프터서비스를 제공함으로써 고객 충성도를 창출할 수 있다. 충분한 브랜드 충성도는 기존 회사로부터 신규 진입 회사가 시장점유율을 획득하기 어렵게 만든다. 따라서 기존 회사의 잘 설립된 고객 선호도를 깨뜨리기 위해서는 많은 비용을 초래하므로, 브랜드 충성도는 잠재적 경쟁자의 진입 위험을 감소시킨다.

2) 절대비용 우위

때때로 기존 회사들은 잠재적 경쟁자보다 절대적인 비용 이점을 갖는다. 즉, 신규 진입자는 기존 회사의 낮은 비용구조를 맞추기 어렵다. 절대적인 비용 우위는 경험, 특허, 노하우에 따른 우수한 생산성과 생산 프로세스와 노동, 자원, 장비, 기술과 같은 특별한 생산요소들에 대한 조절 능력, 신규 진입자보다 낮은 위험으로 인한 값싼 자본 동원 능력 등으로 인해 얻을 수 있다. 만약 기존 회사가 절대적인 비용 우위를 지니고 있다면 진입 위험은 약해진다.

3) 규모의 경제(Economies of Scale)

규모의 경제는 회사의 비용구조를 낮출 수 있도록 대량으로 제품을 생산함으로써 얻을 수 있는 상대적인 비용 우위를 말한다. 규모의 경제는 표준화된 제품의 대량생산을 통해 얻을 수 있는 비용 감소, 자원 및 부품의 대량구매에 따른 할인, 대량생산에 따른 낮은 고정비용, 소량생산과 비교하여 광고와 마케팅에서의 비용 절감 등으로 인해 얻을 수 있다. 만약 이러한 비용 우위가 충분하다면, 그 산업에 진입하여 소량의 제품을 생산하는 신규 진입자는 기존 회사에 비해 비용의 불이익을 감당해야 한다. 만약 신규 회사가 규모의 경제에 따른 효과를 얻기 위하여 대규모 설비를 갖추려고 해도, 많은 투자에 따른 위험을 감수해야 한다. 대규모 설비를 통한 진입의 위험은 제품 공급 증가에 따른 가격 하락과 기존 회사들의 반발을 유발할 것이다. 이러한 이유로 인해 기존 회사가 규모의 경제를 갖고 있을 때 진입 위험은 낮아진다.

4) 고객교환비용(Customer Switching Costs)

교환비용은 고객이 기존 회사 제품으로부터 신규 진입 회사 제품으로 교환하기 위하여 시간, 에너지, 돈을 사용할 때 발생한다. 교환비용이 높다면 새로운 회사 제품이 품질이 더 우수함에도 불구하고, 고객은 기존 회사의 제품에 구속되게 된다. 교환비용의 친숙한 예로는 컴퓨터 운영체제를 다른 것으로 교환하는 것에서 찾아볼 수 있다. 만약 고객이 마이크로소프트의 윈도우 운영체제와 관련 소프트웨어를 사용하고 있다면, 고객이 다른 컴퓨터 운영체제로 전환하는 데에는 비용이 많이 든다. 즉, 전환하기 위하여 고객은 새로운 관련 소프트웨어를 구매해야 하며, 존재하는 모든 문서파일을 새로운 시스템에서 사용할 수 있도록 전환해야 한다. 이러한 비용 및 시간의 소비는 대부분의 사람들이 경쟁 운영체제가 기존의 것보다 아주 우수한 성능을 보이지 않은 한 교환하기를 꺼리하게 만든다. 그러므로 교환비용이 높으면 높을수록, 새로운 운영체계를 판매하기 위한 회사의 진입장벽은 높아지게 된다.

5) 정부규제

역사적으로 정부규제는 대부분의 산업에서 주요 진입장벽으로 작용하였다. 예를 들어 1990년대 중반까지, 미국 정부규제는 장거리 전화서비스 제공업체가 지역 전화서비스와 경쟁하는 것을 금지시켰다. AOL, Viacom과 같은 케이블TV 서비스 회사를 포함한 다른 잠재적인 전화서비스 제공업자들도 서로 간의 시장에 진입하는 것을 금지시켰다. 이러한 규제는 지역, 장거리 전화시장 모두에서 경쟁을 충분히 감소시켰고, 전화 회사들이 높은 이윤을 얻을 수 있게 하였다. 그러나 오프닝 케이스와 같이 1996년에 정부가 산업규제를 완화했을 때 모든 것이 변화였다. 규제완화 후 수개월 내로 지역, 장거리, 케이블TV 회사들은 모두 상대방의 시장에 진출한다고 발표하였으며 시장에 신규 진입자가 대거 등장하였다. 5가지 경쟁요인 모델에서는 정부규제로 인한 진입장벽의 철폐는 충분한 신규 진입 효과를 가져오며, 산업경쟁의 심화와 낮은 이윤을 가져왔다.

요약하면, 제품에 대한 브랜드 충성도, 절대적인 비용 우위, 충분한 규모의 경제를 지닌 기존 업체들은 높은 교환비용의 이점과 정부 보호를 받을 수 있으며, 잠재적 경쟁자의 진입 위험은 크게 사라진다. 즉, 약한 경쟁요인으로 작용한다. 결과적으로 기존 회사는 높은 가격을 설정할 수 있고 더 많은 이윤을 얻을 수 있다. 실제로, 여러 실례들은 진입장벽의 높이는 산업의 이윤을 결정하는 데 가장 중요한 요인으로 작용한다는 것을 보여준다. 명백하게도, 기존 회사들이 그들의 이익을 보호하기 위하여 진입장벽을 높이려고 노력하고 있다. 세부적인 진입장벽에 대한 예로 일본 맥주 산업을 들 수 있다.

그러나 진입장벽이 매우 높아도, 신규 진입회사가 시장 진입에 따른 이익이 진입에 따른 비용보다 충분히 우위에 있다고 판단할 때, 시장에 진입할 수 있다.

일본 맥주시장 진입장벽

기업사례
3-2

1565년 일본을 방문한 영국인은 일본인은 적게 먹고 많이 마신다라고 기술하였다. 이것은 현재도 마찬가지다. 일본은 세계에서 인구 대비 맥주 소비량이 가장 높은 국가 중 하나이다. 예를 들어 1998년에는 1인당 맥주 50리터가 판매되었는데, 이는 호주, 영국, 독일과 같은 큰 맥주 소비 국가와 비슷한 수치이다. 일본시장은 Kirin, Asahi, Sapporo, Suntory가 전체의 97%를 장악하고 있었다. 이에 위의 회사들은 일본 내 다른 산업에서 가장 높은 이윤을 내고 있었다. 이러한 높은 이윤에도 불구하고, 지난 30년 동안 이 산업으로의 진입은 거의 없었다. Suntory가 단지 지난 30년 동안 유일하게 진입에 성공했으며, 이 회사의 시장점유율은 적어도 6%를 기록하고 있다.

일반적으로 이윤이 높은 산업에 신규 진입이 적다는 것은 높은 진입장벽이 존재한다는 것을 의미한다. 전 세계의 다른 큰 맥주 회사와는 달리, 일본의 빅 4는 광고와 촉진에 많은 비용을 쏟아부었다. 게다가, 이들 회사들은 매우 공격적으로 제품을 개발하였다. 1990년대 동안 Asahi는 Super Dry맥주 판매를 통해 경쟁자들로부터 충분한 이득을 점했다. 이러한 브랜드 인지도는 확실히 잠재적인 신규업체의 진입을 제한시켰다. 그러나 사실 일본의 맥주 산업은 정부규제로부터 충분한 이익을 얻고 있었다. 일본 맥주는 재정부로부터 인가를 받아야만 했는데 1994년까지 재정부는 최소한 매년 2백만 리터 이상 생산할 수 있는 생산자에게만 인가를 내 주었다. 이러한 제한은 잠재적 신규 진입자에게 큰 장애가 되었다. 왜냐하면 소량생산의 신규업체는 진입할 수 없기에, 진입을 위해서는 매우 비싼 맥주 설비에 투자해야만 했다. 왜 이런 규제가 존재했는가? 이는 행정상의 편의, 즉 400개로부터 세금을 받는 것보다 4개로부터 받는 것이 용이했기 때문이다. 다른 진입장벽으로는 일본의 유통시스템을 들 수 있다. 일본에서 소비되는 거의 절반의 맥주는 빅 4에 충성하고 있는 주점이나 레스토랑에서 팔려졌고, 다른 공급업체로부터 맥주를 공급받는 것을 꺼려했다. 작은 주류 판매점 역시 주요 유통 채널이었으나, 다들 빅 4의 압력으로 인하여 신규 다른 업체 제품을 판매하는 것을 꺼려했다.

그러나 일본 맥주 산업의 장벽이 쇠퇴하기 시작했다. 경제 자유화정책의 일환으로 1994년 재정부는 인가 기준을 200만 리터에서 6만 리터로 축소시켰다. 이에 미국이나 영국의 맥주 상점에서와 같은 기술을 사용한 소규모의 맥주 회사들의 시장 진입을 가능케 했다. 게다가 규제 변화는 또한 일본에 대규모의 할인점을 세울 수 있게 하였다 (1994년까지, 소규모 상점은 지역 인가에 의해 큰 할인점을 설립할 수 없었다). 전통적인 작은 소매상과는 달리, 대형 할인점은 기존 회사의 충성도에 의한 것보다 가격 및 이윤에 의한 정책을 펴 나갔으며, 외국 회사의 맥주와, 다른 소규모 맥주 회사 제품을 판매하였다.

정부규제완화와 유통 채널의 변화에 따른 진입장벽의 쇠퇴는 많은 사람들이 일본의 빅 4 맥주 회사가 1994년 이후로 새로운 경쟁에 직면했다고 생각했다. 그러나 일본의 빅 4는 내수시장의 지배를 계속하고 있다. 이는 충분한 광고, 촉진, 진입장벽에 따른 제품 차별화에 따른 것이다. 그러나 일본 맥주 생산업체들은 젊은이들 사이에서 유행하는 와인과 같은 대체 알코올 음료들과 간접경쟁에 직면하고 있다.

이것은 1996년 미국 정부규제완화에 따른 원격통신 산업의 예에서 찾아볼 수 있다. 신규 진입자는 기존 회사의 규모의 경제에 대응하기 위한 자신들의 네트워크를 설립하기 위해 거대한 자본 지출을 감수해야만 했다. 그러나 그들은 그 산업의 미래 수요에 대한 관리자의 잘못된 인식을 공유한 투자자들로부터 그만한 자금을 끌어모을 수 있었다. 그러나 이러한 인식은 잘못된 것으로 판명났으며, 신규 진입자의 대부분이 파산했다. 그러나 그들의 투자가 산업 내의 초과용량을 창출하여 극심한 가격경쟁을 부추겼고, 결국 신규 진입자와 기존 회사들 모두 커다란 손실을 보았다.

(2) 산업 내 기존 업체와의 경쟁
(Rivalry among Established Companies)

포터의 5가지 경쟁요인 중 2번째는 산업 내의 기존 업체들 사이의 경쟁이다. 경쟁은 서로 간의 시장점유율을 얻기 위하여 같은 산업 내의 회사들 사이의 경쟁을 말한다. 경쟁은 가격, 제품 디자인, 광고 촉진비용, 직접 판매 노력, A/S의 질 등에 의해 이루어질 수 있다. 경쟁이 심화될수록 가격 하락과 더 많은 비가격경쟁전략이 수반된다. 왜냐하면 경쟁의 심화는 가격을 낮추고, 비용을 증가시키기 때문에, 전체 산업의 이윤을 빼앗아간다. 그러므로 기존 업체들 간의 경쟁의 심화는 이윤 창출에 커다란 위협이 된다. 다시 말하면, 경쟁이 덜 치열하면, 회사들은 높은 이윤을 얻기 위하여 가격을 상승하고 비가격정책을 위한 비용을 감소시킬 수 있는 기회를 갖게 된다. 산업 내 기존 업체들 사이의 경쟁의 심화는 크게 ① 산업경쟁구조, ② 수요 현황, ③ 퇴출장벽의 높이 등에 의해 달라진다.

1) 산업경쟁구조(Industry Competitive Structure)

산업의 경쟁구조는 산업 내의 회사의 수와 크기에 따라 달라진다. 이는 산업분석의 초기에 전략 매니저가 결정해야 되는 것들이다. 산업구조는 다양하며, 다양한 구조는 경쟁의 심화 구도에 밀접한 관련이 있다. 소기업화된(fragmented) 산업은 임의로 가격 결정을 할 수 없는 다수의 중소 규모의 회사들로 구성되어 있다. 공고한(consolidated) 산업은 작은 수의 대기업(과점) 또는 단지 한 회사에 의해서 지배되는(독점) 산업으로 회사들은 가격을 결정할 수 있는 위치에 있게 된다. 소기업화된 산업의 예로는 드라이클리닝, 요식업이 포함되며, 공고한 산업에는 자동차, 항공, 의약품 등이 포함된다.

　많은 소기업화된 산업은 낮은 진입장벽과 차별화하기 힘든 생필품 중심의 제품으로 특징지을 수 있다. 이러한 특성으로 인해 산업의 이윤이 증가하거나 떨어짐에 따라 산업이 흥망성쇠하는 경향이 있다. 낮은 진입장벽은 수요가 많고 이윤이 높을 때 호황으로 인한 이익을 얻으려 신규 진입자가 시장에 밀려 들어오게 된다. 1980년대에서 1990년대 사이에 비디오 대여점, 헬스클럽들의 수가 급증한 것이 좋은 예라 하겠다.

　각광받는 세분화된 산업에의 신규 진입의 물결은 초과용량을 만들어 냄에 따라 회사들은 가격경쟁이 시작된다. 다른 제품과 차별화를 시키고자 할 때 직면하는 어려움은 이러한 경향을 가속화시킨다. 결과적으로 가격 전쟁이 벌어지고 전체 산업의 이윤은 하락하며, 일부 회사는 파산하게 되고 더 이상의 신규 진입은 없게 된다. 예를 들어 지난 10년 동안 많은 이익을 얻었던 대부분의 헬스클럽들이 고객을 유치하기 위하여 대규모 할인을 제공하는 것을 들 수 있다. 일반적으로 더 많은 상품이 존재할수록 가격 전쟁이 더 극심해진다. 이 쇠퇴 단계는 전체 산업 용량이 수요와 맞을 때까지 계속되며, 결국 가격은 다시 안정화된다.

　소기업화된 산업구조는 기회보다 위협요인이 더 많다. 대부분의 산업 호황은 시장 진입의 용이성과 뒤따르는 가격 전쟁에 따른 파산으로 인해 상대적으로 짧다. 왜냐하면 이러한 산업에서 제품을 차별화하는 것은 어렵기 때문에, 가장 좋은 전략은 비용을 최소로 함으로써, 호황기간 동안 이윤을 취하고 뒤따르는 쇠퇴기에서도 살아남는 것이다. 다시 말하면, 회사들은 세분화된 산업의 기초구조를 변화시킬 수 있는 전략을 채용하기 위하여 노력하고, 이윤이 높은 공고한 산업구조로 가고자 한다.

　공고한 산업에서는 회사들은 상호 의존적이다. 왜냐하면 한 회사의 행동이 직접적으로 경쟁업체의 시장점유율과 이윤에 영향을 끼치기 때문이다. 한 회사의 전략적 행동은 다른 업체의 반응을 유발하고 결론적으로 경쟁적인 상호 의존성은 위험한 경쟁구조를 낳는다. 경쟁이 증가하면, 회사들은 가격을 낮추고 고객에게 더 나은 제품을 제공하려 시도함으로써 산업 전반의 이익은 감소하게 되는 것이다. 항공 산업에서의 가격 전쟁은 이것의 좋은 사례라 할 수 있다.

　2001년 경제 침체기와 911 사태에 따른 항공 여행에 대한 수요 감소는 항공사들이 쇠퇴하는 수요를 잡기 위해 가격 인하를 유발하였다. 한 비행사가 특정 항공노선에 대한 가격을 인하하면 다른 항공사가 이를 따랐다. 결과적으로 가격이 크게 하락하였다. 2001년 4분기에 가격은 15%가 하락하였다. 이럼에도 불구하고 승객은 19% 하락했으며, 주요 항공사의 이윤은 30% 이상 감소되었다. US airlines는 2001년 3달 동안 홀로 42억 달러를 잃었으며, 1년 동안 64억 달러 손해를 봤다. 명백히, 공고한 산업의 회사들의 경쟁과 가격 전쟁의 가능성은 큰 위협 요인이다.

공고한 산업에 있는 회사들은 때때로 산업 내의 지배적 회사가 설정한 가격을 따라 이러한 위험을 감소시키고자 한다. 그러나 가격담합은 불법이기에 이를 매우 조심해야 한다. 대신에 회사들은 다른 회사의 행동을 관측하고, 예상하고, 반응함으로써 가격을 설정한다. 그러나 암묵적인 가격 동의는 미국 씨리얼 산업의 예와 같이 종종 불리한 경제상황 하에서 깨어질 수 있다

2) 산업수요

산업수요의 수준은 기존 업체들 사이의 경쟁 정도를 결정하는 두 번째 요인이다. 새로운 고객이나 기존 고객의 추가 구매에 따른 수요의 증가는 고객 유치를 경쟁하는 회사들의 범위를 증가시켜 주기 때문에 경쟁을 완화시킨다. 즉, 모든 회사가 서로의 시장을 빼앗을 필요 없이 더 많은 제품을 팔 수 있기 때문에 증가하는 수요는 경쟁을 완화시키는 경향이 있다. 결과적으로 높은 산업 이윤이 얻어진다.

역으로, 수요 감소는 서로 간의 시장점유와 이익을 빼앗기 위해 경쟁함으로써 경쟁을 증가시킨다. 고객이 시장을 떠나거나, 기존 고객이 제품을 덜 살 경우 수요는 감소하게 된다. 이때 회사는 단지 다른 회사로부터 시장점유를 빼앗음으로써 성장할 수 있다. 그러므로 감소하는 수요는 주요 위협요인으로 작용한다. 왜냐하면 이는 기존 기업들 간의 경쟁을 심화시키기 때문이다.

3) 퇴출장벽

퇴출장벽은 회사가 한 산업에서 철수하는 것을 막는 경제적, 전략적, 감정적인 요소를 말한다. 만약 이 장벽이 높다면, 회사들은 전체 수요가 정적이거나 쇠퇴하고 더 이상 이윤을 창출하기 힘든 산업상황 하에서도 남아야만 한다. 결과는

초과생산 용량으로 인하여 남은 유휴 용량을 사용하고, 비용을 커버할 수 있도록 고객을 확보하기 위하여 가격 인하에 따른 가격경쟁과 높은 경쟁을 유발한다. 일반적인 퇴출장벽은 다음을 포함한다.

① 팔 수 없거나 다른 대안으로 사용할 수 없는 특수 기계, 장비, 운영 설비 등과 같은 투자된 자산이 존재하여, 회사가 이 산업을 떠날 시에는 이 자산의 가치가 사라지게 된다.
② 퇴직수당, 건강보험료, 연금과 같이 회사가 운영을 포기할 때 종업원들에게 제공해야만 하는 높은 고정비용이 퇴출을 어렵게 만든다.
③ 회사 소유주 혹은 종업원들이 명예나 감정적인 이유로 인하여 회사가 그 산업을 떠나는 것을 꺼려함에 따라 발생하는 산업에 대한 감정적인 요인들이 존재한다.
④ 회사가 이윤을 창출하는 데 단지 하나의 산업에 의존하는 것과 같이 그 산업에 경제적 의존도가 높은 경우다.
⑤ 그 산업에 효율적으로 참여하기 위하여 일정 수준 이상의 비싼 자산을 유지할 필요가 있을 때 퇴출하기 어렵다.

실제 퇴출장벽의 효과에 대한 예로써, 소포 및 우편물 배송 산업을 보자. 이 산업의 주요 업체는 Fedex와 UPS로 이들은 배달 업무에 전적으로 그들의 수익을 의존하고 있다. 그들은 고객에게 미국 내 모든 주요 도시에 소포를 배달하는 것을 보장하고 있으며 이를 위해 미국 전역에 걸친 항공편과 교통편을 마련하는 것을 필요로 한다. 만약 이 산업에서 초과용량이 발생한다 할지라도, Fedex는 초과된 용량만큼 감소시킬 수 없다. 즉, 마이애미의 우편물 배송 비율이 급감한다고 해서 마이애미로의 배송 루트를 폐쇄할 수 없는 것이다. 만약 그렇게 한다면, 그것은 더 이상 고객에게 미국 전 지역에 우편물을 배송한다는 것을 보장할 수 없게 되고 이로 인해 고객은 다른 배송업체로 옮겨가게 될 것이다. 그러므로 미국 전역에 걸친 배송 네트워크 유지의 필요성은 수요가 적은 시점에서 항공 배송 산업의 지속적인 초과용량을 발생시키는 퇴출장벽으로 작용한다. 끝으로 UPS나 Fedex의 매니저나 종업원 모두 감정적으로 이 산업에 연결되어 있다. 왜냐하면 그들은 항공 배송, 차량 배송의 선구자이며 그들 종업원 모두 회사 주식의 주요 소유권자들로 배송 사업의 운명에 재정적으로 의존하기 때문이다.

(3) 구매자의 가격 교섭력(The Bargaining Power of Buyers)

포터의 5가지 경쟁요인 중 세 번째는 구매자의 가격 교섭력이다. 구매자들은 제품을 소비하는 개인 고객일 수도 있고 소매나 도매상인과 같이 제품을 최종소비자에게 유통하는 회사일 수도 있다. 예를 들어 Procter & Gamble과 LG생활건강에 의해 만들어진 가루 비누는 최종소비자에 의해 소비되는 반면, 최종소비자에게 되파는 슈퍼마켓 체인이나 할인점이 주요 고객이다. 구매자의 가격 교섭력은 구매자가 회사가 설정한 가격을 낮추거나 좋은 품질과 서비스에 대한 요구를 할 수 있는 능력을 말한다. 가격을 낮추고, 비용을 증가시킴으로써 강력한 구매자는 산업으로부터 이익을 빼앗을 수 있다. 그러므로 강력한 구매자는 위협요인으로 보아야 한다. 즉, 가격 교섭력이 약한 구매자의 경우 회사는 제품 가격을 올리고 제품 질과 서비스를 낮춤으로써 이윤을 추구할 것이다. 포터에 따르면 다음과 같은 환경에서 구매자는 강력한 가격 교섭력을 갖는다.

① 특별한 제품 또는 서비스를 공급하는 산업이 많은 중소기업으로 구성되어 있고 구매자가 대규모의 소수인 경우 구매자는 공급업체를 지배할 수 있다.
② 구매자가 대량의 제품을 구매할 경우, 공급자는 가격할인의 방편으로 구매력을 이용할 수 있다.
③ 공급업체가 주문의 대부분을 구매자에 의존하는 경우 발생한다.
④ 교환비용이 낮아서 구매자가 공급업체들에게 서로 가격을 낮추기 위하여 경쟁을 유도하는 경우 발생한다.
⑤ 구매자가 한 번에 여러 공급자로부터 제품을 구매할 수 있는 경우, 구매자는 동종 산업 내의 다른 회사로부터 가격할인을 유도한다.
⑥ 구매자가 직접 산업에 진입하여 제품을 생산함으로써 필요한 물건을 직접 만들거나 가격을 낮추기 위해 전략적으로 진입할 수 있을 경우 발생한다.

현대자동차, 기아자동차와 같은 대규모 자동차 제조업체가 주 구매자인 자동차 부품 제공업체들의 경우 구매자가 강한 가격 교섭력을 토대로 강한 경쟁 위협을 유발하는 좋은 예이다. 자동차 부품 공급업체는 매우 많으며 전형적으로 규모가 작은 반면, 제품의 구매자들은 대규모의 소수의 자동차 제조업체이다. 예를 들어 Daimler Chrysler의 경우 미국 내에 거의 2,000개의 다른 부품 공급업체를 가지고 있으며 같은 부품에 대하여 수많은 다른 업체들과 계약하고 있다. 부품 가격을 낮추기 위해 GM은 부품 공급업체로부터 제품을 사기보다는 직접 필요부품을 제조하고 있다. 자동차 회사는 그들의 강력한 위치를 이용하여 공급업자들이 더 나은 품질의 제품을 싼 가격에 제공하도록 서로 간의 경쟁을 유발시킨다. 만약 부품업체들이 거부한다면, 자동차 회사는 가격 교섭력의 도구로써 다른 공급업자로 전향할 수 있다.

다른 이슈는 구매자와 공급자의 상대적인 힘이 산업환경을 변화시키는 것이다. 예를 들어 제약과 건강 관리 산업에서 일어나는 변화로 인하여 의약품의 주요 구매자인 병원 등이 제약업체들로부터 가격 교섭력을 획득하여 약품 가격을 낮출 수 있다.

(4) 공급자의 가격 교섭력(The Bargaing Power of Suppliers)

포터의 경쟁요인 중 네 번째는 한 산업에 서비스, 원료, 노동력과 같은 생산요소를 제공하는 공급업체의 가격 교섭력이다. 가격 교섭력은 공급업자가 생산요소의 가격을 올리거나 다른 방법―예를 들어, 저품질 제품과 서비스를 제공―으로 한 산업의 비용을 증가시킬 수 있는 공급업자의 능력이다. 강력한 공급업자는 한 산업의 회사의 비용을 증가시킴에 의해 산업으로부터 이익을 얻을 수 있다. 만약 공급업자가 약하면, 회사들은 생산요소 가격을 낮추고 높은 품질의 제품을 요구할 수 있는 기회를 갖게 된다. 구매자와 마찬가지로 회사 수요를 만들어 내는 공급업자의 가격 교섭력은 회사의 능력보다는 자신의 능력에 의존한다. 포터에 따르면, 다음과 같은 상황에서 공급업자의 가격 교섭력이 가장 크다.

① 공급업체가 제공하는 제품이 대체품이 거의 없거나 회사에 아주 중요한 제품일 경우 발생한다.
② 공급자의 이윤이 특정 산업의 회사 구매 정도에 의해 크게 영향을 받지 않을 때, 즉 산업이 공급업자의 주된 고객이 아닐 경우 발생한다.
③ 공급업체의 제품이 다르거나 특별하여, 회사가 다른 공급업자로 공급원을 바꿀 경우 교환비용이 크게 발생할 때 가격 교섭력이 크다. 이런 경우 회사는 특정 공급업체에 의존해야 하며 가격을 감소시키기 위해 공급업자들

간의 경쟁을 유발하기 어렵다.

④ 공급업자가 그들의 고객 산업에 직접 진입하여, 그들의 제품을 기존 업체들의 제품과 경쟁하는 데 사용할 위험이 있는 경우 발생한다.

⑤ 회사가 공급업체의 산업에 진입하여 제품을 직접 생산함으로써 전략적으로 가격을 낮추기 어려운 경우 발생한다.

이러한 좋은 예로 개인 컴퓨터 산업을 들 수 있다. 개인 컴퓨터 제조업체들은 세계 최대 마이크로프로세서 공급업체인 인텔에 크게 의존한다. 개인 컴퓨터의 산업 표준이 펜티엄 시리즈와 같은 인텔의 X86 마이크로프로세서 칩으로 설정되어 있기 때문이다. AMD와 같은 인텔의 경쟁자는 인텔의 표준에 발맞추어 칩을 개발, 보급해야만 한다. 비록 AMD가 경쟁할 만한 칩을 개발했을지라도, 펜티엄은 여전히 개인 PC에 사용되는 칩의 85%를 차지하고 있다. 왜냐하면 인텔만이 대규모 컴퓨터시장에서 요구하는 용량을 채울 수 있는 설비를 갖추고 있기 때문이다. AMD와 같은 인텔의 경쟁자들은 인텔의 제조 시스템의 효율성과 규모를 따라가기엔 재정상의 한계가 있다. 이것은 PC 제조업체가 인텔의 경쟁업체로부터 마이크로프로세서를 구매할 수 있을지라도 여전히 그들 공급의 대부분은 인텔에 의존해야 한다. 인텔의 가격 교섭력이 너무 강력하기 때문에, 경쟁자가 많은 경우 보다 높게 가격을 책정할 수 있다.

(5) 대체상품의 위협(Threat of Substitute Products)

포터 모델의 마지막 경쟁요인은 대체품의 위협이다. 즉, 다른 사업 혹은 산업의 제품이 유사한 고객 욕구를 만족시킬 수 있는 경우이다. 예를 들어, 커피 산업의 회사들은 차나 소프트 드링크 산업의 회사들과 간접적으로 경쟁한다. 이는 위의 모든 회사들이 무알코올 음료에 대한 고객요구를 만족시키기 때문이다. 유사한 대체품의 존재는 강력한 경쟁 위협이 된다. 왜냐하면 대체품의 존재는 특정 산업의 회사들이 제품에 대하여 책정할 수 있는 가격에 제한을 가함으로써 이윤을 얻기 어렵게 하기 때문이다. 만약 커피 가격이 차나 다른 음료 가격보다 상대적으로 크게 오른다면 커피 구매자들은 다른 음료로 전향할 우려가 있다.

만약 산업의 제품이 대체품이 거의 없어서 대체제의 위협이 낮다면, 회사는 가격을 올리고, 추가 이익을 벌어들일 수 있는 기회를 얻는다. 그러므로 마이크로프로세서와 같이 유사한 대체품이 거의 없는 경우, 인텔이나 AMD는 마이크로프로세서의 대체품이 존재하지 않은 한 높은 가격을 책정할 수 있다.

(6) 보완재(Complementors)

인텔의 전 CEO인 Andrew Grove는 포터의 다섯 가지 경쟁 모델은 여섯 가지 요인, 즉 보완상품의 역할을 무시하고 있다고 주장했다. 보완재란 한 산업의 회사 제품에 가치를 더해주는 제품을 파는 회사를 말하는 것으로 함께 사용할 경우 제품이 고객 욕구를 더 만족시켜 주는 제품을 판매한다. 예를 들어 PC 산업의 보완상품은 PC에서 운영되는 소프트웨어를 만드는 사람이 될 수 있다. PC에서 활용할 수 있는 양질의 소프트웨어를 제공하면 할수록, PC에 대한 고객요구는 증가하게 되고 컴퓨터 산업의 이윤도 증가하게 되는 것이다.

Grove의 주장은 대체재와 보완재가 산업의 수요에 큰 영향을 끼친다는 경제 이론에서 강하게 뒷받침된다. 게다가 최근 연구에서는 컴퓨터 산업과 같은 첨단 산업의 이윤과 수요를 결정하는 데 있어 보완재의 역할이 중요하다고 강조하고 있다. 그러므로 보완재가 산업의 생산품의 수요를 결정하는 데 중요하고, 산업 이윤은 적절한 보완재의 공급에 크게 의존한다고 판단된다. 보완재의 수가 증가 할수록 그 산업에서의 이윤과 수요를 증가시키고 가치 창출을 위한 새로운 기회를 확보할 수 있다. 역으로, 보완재가 약하여 매력적인 보완재를 생산할 수 없다면, 산업 성장이 저하되고 이윤이 감소하는 위협으로 작용할 수 있다.

포터의 프레임워크에서 제안된 산업환경에서의 경쟁요인에 대한 시스템적 분석은 관리자가 전략적으로 생각할 수 있도록 돕는다. 하나의 경쟁요인이 다른 요인들에 영향을 끼친다는 것을 인식하는 것이 중요하며, 따라서 산업분석을 수행할 때 모든 요인들이 고려되어져야 한다. 산업분석은 회사의 전략이 산업의 경쟁요인들에 의해 어떻게 영향을 받고, 또한 선택된 전략이 어떻게 5가지 경쟁요인과 산업환경에 영향을 끼치는지에 대하여 관리자가 체계적으로 생각할 수 있도록 도움을 준다. 원격 무선통신서비스 산업의 투자자나 관리자들이 신규 진입자나 기존 업체들이 동시에 사업용량을 확장할 때 산업에 어떠한 변화가 이루어질 것인가에 대하여 고려했더라면, 거대한 붐과 그에 따른 실패는 피할 수 있었을 것이다.

3.3 산업 내에서의 전략 그룹

한 산업에 속한 기업들은 종종 그들이 사용하는 유통 채널, 목표시장, 제품 질, 기술 리더십, 고객 서비스, 가격정책, 광고 및 촉진정책과 같은 요인들을 통해 시장에서 그들 제품이 가지는 전략적 위치를 설정함으로써 다른 기업들과 차별화될 수 있다. 이러한 차별화를 통하여, 대부분의 산업 내에서 전략적으로 다른 그룹과 차별화된 고객 욕구를 만족시키기 위한 기업 그룹을 관측할 수 있다. 이처럼 동종 산업 내에서 차별화된 전략을 추구하는 기업들의 그룹을 전략 그룹이라 부른다.

일반적으로 다른 전략 그룹 내의 회사들이 사용하는 차별화된 포지셔닝전략은 상대적으로 적은 전략적 요인들에 의해 살펴볼 수 있다. 예를 들어 의약 제조산업의 경우 두 가지 주된 전략 그룹을 살펴볼 수 있다. 먼저 Merck, Eli Lilly와 Pfizer와 같은 회사가 소속된 전략 그룹은 높은 R&D 지출과 새롭고 혁신적인 의약품을 개발하는 것을 통해 전략적 위치를 확보한다. 이러한 독점전략 그룹에 속한 회사들은 높은 위험에 따른 높은 수익을 얻고자 한다. 일반적으로 의약품 개발 업무는 어렵고 비용이 많이 드는 고위험전략을 지닌다. 신제품을 시장에 출시하는 데는 연구 개발과 테스트에만 5억 달러 정도의 비용이 든다. 즉, 연구 개발이 실패할 경우 발생할 수 있는 위험은 매우 높다(10개의 신제품 중 미국 식약청의 임상 테스트를 통과하는 것은 겨우 하나 정도임). 그러나 이러한 전략은 성공적인 신제품이 개발되어 특허 등록될 경우, 개발자는 20년 동안 그 제품의 생산과 판매를 독점할 수 있기 때문에 매우 큰 이익을 얻을 수 있다. 이러한 점이, 독점전략 그룹의 회사들이 그들의 특허받은 의약품에 특허 인가 기간 동안 엄청난 이윤을 창출할 수 있도록 높은 제품가격을 책정할 수 있게 해 준다.

다른 전략 그룹으로는 일반의약품전략 그룹을 들 수 있다. Forest Labs, ICN과 같은 이 그룹에 속한 회사들은 선도 기업의 특허 기한이 끝나 일반화된 의약품을 값싼 가격에 모방하여 판매하는 데 중점을 두고 있다. 이에 R&D 비용이 매우 적게 들고 같은 전략 그룹에 속한 기업들과 주로 가격경쟁을 실시한다. 그들은 위험이 낮은 대신, 낮은 수익을 얻는 전략을 취한다. 왜냐하면 그들은 연구 개발에 많은 비용을 투자할 필요가 없어 실패 위험이 거의 없는 반면, 상대적으로 높은 이윤을 책정할 수 없기 때문에 이윤을 얻는 데 한계가 있다.

(1) 전략 그룹의 암시

전략 그룹의 개념은 산업 내의 기회와 위협을 확인하는 데 많은 암시를 준다. 먼저 전략 그룹 내의 모든 회사들이 유사한 포지셔닝전략을 추구하기 때문에 고객은 회사들 간의 제품을 서로 간의 직접적인 대체제로 보는 경향이 있다. 따라서 회사의 가장 밀접한 경쟁자는 같은 전략 그룹 안에 속해 있는 회사들이다. 즉, 회사 이윤의 가장 직접적인 위협 요인은 같은 전략 그룹 내에 있는 경쟁업체들이다. 예를 들어, 소매 산업의 경우 할인점으로 특징 지을 수 있는 전략 그룹이 존재한다.

두 번째로, 다른 전략 그룹들은 각각의 경쟁요인들 관점에서 다른 위치에 있다. 그러므로 각 전략 그룹들은 다른 종류의 기회와 위협을 가지게 된다. 잠재적인 경쟁자의 시장 진입 위험, 동종 산업 내의 경쟁, 구매자의 가격 교섭력, 공급자의 가격 교섭력 그리고 대체제 및 보완재의 영향은 산업 내의 각 전략 그룹이 취한 경쟁적 위치에 의해 달라지게 된다. 예를 들어, 제약 산업의 경우, 독점전략 그룹에 속한 회사들은 역사적으로 볼 때, 구매자에 대해 강한 위치를 확보하고 있다. 이는 그들 제품이 특허로 보호받으며 대체재가 없기 때문이다. 또한 동종 산업 내의 경쟁은 산업 내 경쟁이 가격이 아닌 누가 최초로 특허를 출원하는가에 달렸기 때문에 상대적으로 낮다. 그러므로 이 그룹 내의 회사들은 높은 가격을 책정할 수 있고 이로부터 많은 이윤을 얻을 수 있다. 대조적으로 일반 그룹에 속한 제약회사들은 많은 회사들이 특허가 만기된 일반의약 제품에 대한 다양한 버전의 제품을 생산할 수 있기 때문에 상대적으로 동종 산업 내의 경쟁이 치열하다. 그러므로 이 전략 그룹 내의 제품들은 서로 대체하기 쉽고, 경쟁이 치열하며, 가격경쟁으로 인하여 독점 그룹에 속한 회사들에 비하여 이윤이 낮다.

(2) 이동장벽의 임무

한 전략 그룹들이 다른 전략 그룹보다 호감이 가는 이유는 포터의 5가지 경쟁요인이 각 전략 그룹들이 지닌 위협과 기회를 드러내 주기 때문이다. 따라서 관리자는 그들이 속한 산업을 분석한 후에 5가지 경쟁요인이 약하고 많은 이윤을 창출할 수 있는 전략 그룹을 확인하는 것이 중요하다. 기회가 높은 전략 그룹을 포착하여 그 그룹 내로 진입하기 위해서는 각 회사는 주의 깊은 계획이 필요하다. 이는 전략 그룹들 간의 이동장벽의 존재로 인하여 그 기회로부터 이익을 얻기가 어렵기 때문이다. 이동장벽은 전략 그룹들 간의 회사들의 이동을 막는 산업요인들을 말한다. 이동장벽은 회사가 기존 그룹으로부터 빠져 나오기 위한 장벽과 새로운 그룹으로 진입할 때 작용하는 장벽을 포함한다. 예를 들어 Forest lab이 독점전략 그룹으로 진입하기 위해서는 이동장벽이 존재하는데, 이는 그 회사가 지닌 연구 개발 능력의 부족과 높은 비용을 들 수 있다. 필연적으로, 시간이 지남에 따라 각 전략 그룹에 속한 기업들은 다른 가격정책을 가져오는 비용구조와 기술, 경쟁력을 지니게 된다. 이에 다른 전략 그룹 내로 진입을 시도하는 회사들은 반드시 모방할 능력이 있는지, 정말로 우수한 성과를 거둘 수 있는지, 그 전략 그룹 내의 잠재적인 경쟁자가 누구인지를 평가해야만 한다. 매니저는 만약 다른 전략 그룹 내로의 이동이 가치 있는지를 결정하기 전에 이동장벽을 극복하기 위한 비용효율성이 있는지를 반드시 결정해야 한다.

요약하면, 신업분석의 중요 업무는 산업 내의 회사들로부터 유사점과 차별성의 원천을 결정하여, 산업 경쟁의 기반이 되는 포괄적인 주제를 확인하는 것이다. 이러한 분석은 종종 고객 욕구를 더 만족시킬 수 있는 신제품 개발에 의해 산업 내 경쟁우위를 점할 수 있는 새로운 기회를 드러내 준다. 또한 전략의 변화에 의해 직면할 수 있는 위협을 확인할 수 있다.

3.4 산업수명주기분석(Industry Life Cycle Analysis)

한 산업 내 경쟁요인들의 강도를 결정하는 중요한 요소는 시간에 따라 변하는 산업환경이다. 시간이 지날수록, 산업 내 회사들 간의 유사성이나 차별성은 명백해지며, 전략 그룹 구조는 빈번하게 변화하게 된다. 또한 산업이 진화함에 따라 포터의 다섯 가지 경쟁요인의 강도와 특성 역시 변화하게 되는데, 특히 잠재적 경쟁자의 진입 위험과 동종 산업 내의 경쟁 부문에서 그 변화가 심하다.

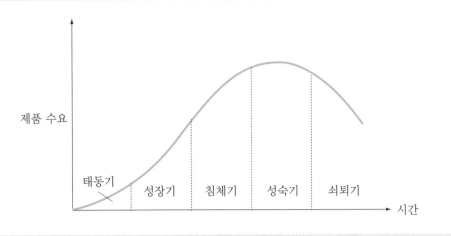

그림 3-2 산업수명주기분석

산업의 진화에 따른 경쟁요인의 변화를 분석하기 위한 유용한 툴로 산업수명주기 모델을 들 수 있다. 산업수명주기 모델은 산업환경을 태동기, 성장기, 침체기, 성숙기, 쇠퇴기의 5가지 단계로 구분한다. 관리자는 산업이 진화함에 따라 경쟁요인들의 강도가 어떻게 변할지를 예측해야 하며, 산업이 진화함에 따라 발생하는 기회와 위협을 파악하여 이윤을 창출할 수 있는 전략을 수립해야만 한다.

(1) 태동기 산업(Embryonic Industries)

태동기는 1976년 개인 컴퓨터 산업과 같이 산업이 이제 막 발전하기 시작하는 단계이다. 이 단계는 산업 제품이 소비자에게 친숙하지 않고, 산업이 충분히 규모의 경제를 실현할 만한 능력이 없으며, 높은 가격 그리고 유통 채널의 취약으로 인하여 느린 성장을 보이게 된다. 진입장벽은 가격이나 브랜드 충성도보다는 기술적 노하우에 의존하여 형성된다. 만약 산업 내에서 경쟁하기 위해 필요한 핵심 노하우가 복잡하고 얻기 어렵다면, 진입장벽은 상당히 높을 것이고 산업 내 기존 기업들은 잠재적 경쟁자의 위협으로부터 보호받을 수 있다. 태동기 산업 내의 동종업체 간의 경쟁은 가격이 아닌, 소비자 교육, 유통채널 확보, 제품 디자인 등에 집중된다. 이런 경쟁은 치열해질 수 있으며 디자인 문제를 가장 먼저 해결한 기업들이 종종 충분한 시장 위치를 확보할 기회를 갖게 된다. 또한 태동기 산업은 Apple 컴퓨터, Hoover의 진공청소기, Xerox의 복사기와 같이 한 회사의 혁신 결과에 의해 창출될 수 있다. 이런 상황 속에서 그 회사는 경쟁우위를 확보하고 높은 시장점유율을 얻을 수 있다.

(2) 성장기 산업(Growth Industries)

산업 제품의 수요가 증대됨에 따라 산업은 성장기에 들어선다. 성장기 산업에서는, 초기 수요는 신규 소비자가 시장에 진입함에 따라 급속하게 팽창한다. 전형적으로 성장기 산업은 고객이 제품과 친숙해지고, 각 기업의 경험 증대, 규모의 경제 실현, 유통 채널 확보로 인한 가격이 하락할 때 성장한다. 미국 휴대폰 산업은 1990년대 성장기 단계에 있었다. 1990년 단지 500만 명 휴대폰 가입자가 있었으나 2002년에는 8,800만 명으로 증가했으며, 전체 수요는 매년 25%씩 증가하고 있다.

일반적으로, 산업이 성장기에 들어서면 진입장벽으로써 기술 지식의 역할은 점차 사라진다. 또한 성장기 초기에는 단지 소수의 기업만이 충분한 규모의 경제 혹은 브랜드 로열티를 성취하기 때문에, 상대적으로 진입장벽이 낮게 된다. 그러므로 이 시점에서 잠재적 경쟁자에 의한 위협은 매우 높다. 그러나 높은 산업성장률은 신규 진입자로 인한 동종 산업 내 경쟁 위협을 크게 증가시키지 않는다. 그러므로 동종 산업 내 경쟁 위협은 상대적으로 낮다. 수요의 급속한 성장은 회사가 산업 내 경쟁업체로부터 시장점유를 빼앗지 않고도 많은 이윤을 창출할 수 있게 한다. 전략적으로 회사들은 다가오는 침체기의 치열한 경쟁에 대비하여 성장기 단계에서 상대적으로 유리한 고지를 점하기 위하여 경쟁한다.

(3) 침체기 산업(Industry Shakeout)

폭발적인 산업성장은 무한하지 않다. 곧 성장률은 낮아지며, 산업은 침체기로 들어선다. 이는 현재 개인 컴퓨터시장이 처한 상황과 같다. 침체기에서는 수요는 거의 포화 단계에 이르게 되어 수요의 대부분이 기존 제품의 대체 수요에 머물게 된다.

산업이 침체기에 들어섬에 따라 기업들 간의 경쟁이 치열해진다. 전형적으

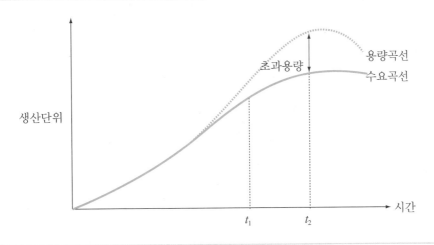

그림 3-3　수요와 용량의 성장

로 급속한 산업 성장에 익숙한 회사들은 과거 성장률에 기반하여 산업 용량을 지속적으로 확장한다. 그러나 수요는 과거와 같이 지속되지 않으며, 결과적으로 엄청난 초과용량이 발생하게 된다. 이러한 상황은 〈그림 3-3〉의 일정 시점에서 용량곡선과 수요곡선의 차이를 통해 확인할 수 있다. 일정 시점에서 수요는 산업이 성숙함에 따라 수요는 점차 줄어든다. 그러나 용량은 계속 증가하게 된다. 이 차이로 인하여 초과용량이 발생하고, 회사들은 초과용량을 이용하기 위하여 가격을 내리기 시작한다. 결과적으로 가격 전쟁이 유발되고, 이로 인해 비효율적인 회사 대부분이 파산하게 되고 신규 진입은 거의 없어지게 된다.

(4) 성숙기 산업(Mature Industries)

산업이 침체기 단계를 거치게 되면 성숙기 단계로 진입한다. 시장은 완전히 포화상태이며 수요는 대체 수요로 한정되고 성장은 거의 없거나 아예 없다. 이는 산업 성장이 인구 증가가 가져오는 신규 수요와 대체 수요의 증가에만 기인하기 때문이다.

산업이 성숙기에 들어섬에 따라, 진입장벽은 증가하고, 잠재적 경쟁자의 진입에 따른 위험은 감소한다. 침체기 동안 산업 성장이 크게 줄어듦으로써, 회사들은 더 이상 기존의 시장점유를 유지하기 어렵게 된다. 이에 시장점유를 위한 경쟁이 치열해지고, 제품 가격은 하락하게 된다. 항공 산업이나 PC 산업에서 발생한 가격 전쟁이 발생하는 것이다. 침체기로부터 살아남기 위하여 회사들은 비용 최소화와 브랜드 충성도 확보에 초점을 두기 시작한다. 예를 들어, 항공 회사들은 비정규직을 고용하여 운영 비용을 낮추고, 빈번한 비행 프로그램을 소개함으로써 브랜드 로열티를 세우려고 시도하였다. 개인 컴퓨터 제조 기업들은 양질의 사후 서비스 제공을 통한 브랜드 충성도 확보와 자사의 비용구조를 낮추려고 시도하고 있다. 즉, 성숙기 산업에서는 낮은 운영구조와 브랜드 충성도를 확보한 기업만이 살아남게 된다. 이러한 요인들이 충분한 진입장벽을 형성하고 있기 때문에 잠재적인 경쟁자에 대한 위협은 사라진다. 성숙기 산업 내의 높은 진입장벽은 회사들에게 가격을 높여 이윤을 창출할 수 있는 기회를 제공한다.

침체기의 결과로, 성숙 단계의 대부분의 산업들은 과점 또는 독점의 형태를 가진다. 이는 가격 전쟁을 시작한 Dell이 IBM 등 다른 기업을 몰아내고 개인 컴퓨터 산업의 중심으로 떠오른 예에서 쉽게 알아볼 수 있다. 결과적으로 좀 더 과점 산업 형태로 변모하였다. 성숙기 산업에서는 회사들은 그들의 상호 의존성을 인식하고 가격 전쟁을 피하려고 노력한다. 안정된 수요는 그들에게 가격합의의 기회를 제공한다. 이는 기존 업체들 간의 경쟁을 감소시킴으로써 이윤을 얻을 수 있게 해준다. 그러나 성숙기 단계 산업의 안정성은 항상 미래의 가격 전쟁에 의하여 위협받는다. 경제활동 전반의 침체는 산업 수요를 감소시킬 수 있기 때문에, 수요 감소에 따른 그들의 이윤을 확보하기 위하여 가격합의가 깨어지게 되고 경쟁이 치열해지며 전체적으로 가격과 이윤 모두 떨어지게 된다. 항공 산업에서 발생한 가격 전쟁이 좋은 사례라 할 수 있다.

(5) 쇠퇴기 산업(Declining Industries)

결국, 모든 산업은 쇠퇴기에 접어든다. 산업은 기술 대체(철도 vs. 비행기), 사회적 변화(담배 산업을 침체시킨 건강에 대한 인식 변화), 인구통계적 요인(출산율 저하), 국제 경쟁 증가(미국 철강 vs. other) 등의 여러 이유로 인하여 쇠퇴하기 시작한다. 쇠퇴기에서는 산업 내 동종업체들 사이의 경쟁이 증가한다. 산업 쇠퇴속도와 퇴출장벽의 높이에 따라 경쟁압력은 침체기와 마찬가지로 격심해진다. 쇠퇴기의 주된 문제는 떨어지는 수요가 초과용량의 증가를 가져오는 것이다. 이 초과용량을 활용하고자 회사들은 가격을 내리기 시작하고 가격경쟁에 불이 붙는다. 미국 철강 산업은 떨어지는 수요에도 불구하고 그들의 초과용량을 사용하고자 했기에 이러한 문제를 경험하였다. 1990~1992, 2001~2002 시점의 항공 산업 역시 반절 이상 빈 비행기로 비행할 수 없기에 가격을 크게 낮추었다. 퇴출장벽은 초과용량을 조정하는 데 중요한 역할을 한다. 퇴출장벽이 크면 클수록 회사가 초과용량을 감소시키기 어렵고 심각한 가격경쟁을 피하기 어렵게 된다.

요약하면, 산업분석의 세 번째는 효율적인 사업 모델과 경쟁전략을 개발하기 위하여 다른 산업환경의 특성에 따른 기회와 위협을 확인하는 것이다. 전략 기획자는 변화하는 산업환경에 맞추어 전략을 수립해야 한다. 그리고 산업이 언제 침체기 혹은 쇠퇴기로 들어설지에 대한 시기를 정확하게 예측하는 것이 필요하다. 이것은 전략 그룹 수준에서도 동일하다. 고객 욕구의 변화에 따라 새로운 태동 그룹이 등장하고, 기술 변화로 인하여 어떤 전략 그룹은 크게 성장할 것이다. 또한 어떤 그룹은 수요 감소에 따라 쇠퇴하게 될 것이다. 예를 들어 Macy, Dillard와 같은 대규모 소매업자들은 Wal-mart와 같은 할인점이나 Amazon과 같은 닷컴 기업으로 수요가 옮겨갈 경우 판매 하락에 직면하게 된다.

3.5 산업분석 모형의 한계점

5가지 경쟁요인, 전략 그룹, 산업수명주기 모델은 기회와 이윤을 확인하기 위하여 산업 내 경쟁의 특성을 분석하는 데 유용하다. 그러나 각 방법은 한계가 있으며 관리자는 이들 한계를 인식하는 것이 필요하다.

(1) 산업수명주기의 문제점

산업수명주기 모형은 보편화된 것이라는 것을 알아야 한다. 실제로 산업수명주기는 항상 5가지 단계를 따르는 것이 아니다. 예를 들어 어떤 산업의 성장이 너무 빠르면 태동기 단계가 생략될 수 있다. 다른 산업에서는 태동기 단계를 넘어서는 것조차 실패할 수 있다. 혁신 또는 사회적 변화로 인하여 쇠퇴한 산업이 오랜 시간이 지난 후에 다시 활성화되는 경우도 있다. 예를 들어 건강에 대한 열풍은 오랜 기간 쇠퇴해 있던 자전거 산업의 부흥을 이끌었다.

각 단계의 시간 간격은 또한 산업별로 상당한 차이가 있다. 어떤 산업은 그들 제품이 자동차와 같은 생필품이기 때문에 무한하게 성숙 단계에 머물러 있을 수 있다. 다른 산업은 성숙 단계를 거치지 않고 바로 쇠퇴기로 접어들 수 있다. 진공관 산업이 그 좋은 예로 진공관 산업이 성장 단계에 있을 때 트랜지스터가 개발되어 주요 전자 제품의 부품으로 각광받음에 따라 진공관 산업은 바로 쇠퇴기로 접어들었다. 원격통신서비스 산업에서 발생한 것과 같이, 여전히 다른 많은 산업들은 완전한 성숙기에 도달하기 전에 여러 번의 침체기를 겪기도 한다.

(2) 혁신과 변화(Innovation and Change)

일정 시간을 거친 많은 산업에서, 경쟁은 혁신을 유발하는 과정으로 작용할 수 있다. 실제로 혁신은 빈번하게 산업 진화를 일으키는 주요 요인으로 작용한다. 혁신은 회사가 신제품, 새로운 프로세스 또는 전략을 세워 많은 이윤을 창출할 수 있는 기회를 제공한다. Apple computer, Toys'R'Us, Dell, Wal-mart의 급속한 성장이 좋은 예이다. 많은 다양한 방법을 통해 이러한 모든 회사들은 산업의 혁신가였다. Apple은 개인 컴퓨터시장의 선두였고, Toys'R'Us는 대형 창고 할인을 통한 장난감 판매의 선구자였으며, Dell은 인터넷을 통한 컴퓨터 판매 그리고 Wal-mart는 저가의 대형 할인 체인점의 선구자였다.

성공적인 혁신은 산업 경쟁의 속성을 변화시킨다. 최근 수십 년 동안, 혁신의 결과는 생산 고정비를 감소시킴으로써 진입장벽을 낮추고, 새롭고 작은 기업들이 기존의 대형 업체들과 경쟁할 수 있게 하였다. 예를 들어 20년 전에는 US steel, LTV와 같은 대형 철강 회사가 철강 산업을 지배하였다. 철강 산업은 대표적인 과점으로 가격 결탁을 통한 소수의 대기업에 의해 지배되었다. 그때 전기용광로라는 신기술을 사용하는 Nucor, Chaparral steel과 같은 효율적인 소규모 철강업체가 등장하였다. 지난 20년 동안, 이러한 소규모 기업은 산업구조를 변화시켰다. 한때 과점 산업이었던 철강 산업은 더욱 세분화되었고, 가격경쟁이 치열하게 벌어지고 있다. US steel, USX와 같은 기존의 업체들은 1960년대 중반 55%의 시장점유율에서 현재 단지 15%의 시장점유를 확보하고 있으며, LTV와 같은 기업은 도산절차를 밟고 있다. 대조적으로 소규모 철강업체들은 20년 전 5%에서 현재시장의 40%를 차지하고 있다. 따라서 소규모 철강업체의 혁신은 철강 산업의 경쟁 양상을 뒤바꾸었다. 1970년대 산업에 적용된 5가지 경쟁요인 모델은 2002년에 적용된 경쟁요인 모델과 크게 다르게 되었다.

전략 그룹과 경쟁요인의 창시자인 마이클 포터는 그의 최근 연구에서 산업구조를 재편하는 데 혁신의 역할을 명시적으로 강조하고 있다. 포터는 현재 산업구조를 재편하고 해동하는 역할로써 혁신을 이야기하고 있다. 그는 혁신에 의해 유발된 혼란 뒤에, 산업구조는 다시 안정적인 구조로 정착하고 경쟁요인과 전략 그룹 개념이 다시 적용될 수 있다고 보았다. 산업구조의 혁신에 대한 관점은 종종 중단된 균형으로 참조된다. 중단된 균형 관점은 오랜 기간 안정화된 산업구조의 균형은 혁신에 의한 해동과정에 의해 산업구조가 재편과정에서 크게 요동치게 된다는 것이다.

〈그림 3-4〉는 혁신에 의해 경쟁구조가 요동치는 단계를 보여주고 있다. t_0와 t_1 시점에서 산업구조는 안정적인 과점구조로 소수의 기업이 시장을 공유하고 있다. 그러나 t_1 시점에서 기존 업체 혹은 신규 진입자에 의한 혁신이 발생함에 따라 t_1에서 t_2 기간 동안 산업 균형이 요동치게 된다. 결국 산업구조는 새로운 균형 상태로 접어들게 되는데, 단 이때는 과점이 아닌 소기업화된 산업구조를 지니게 된다. 산업이 좀 더 독점의 형태로 변화하는 경우도 발생할 수 있으나 흔치 않다.

그림 3-4　중단된 균형과 경쟁적 구조

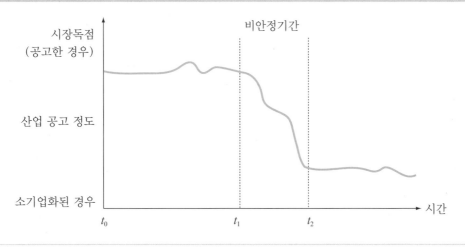

일반적으로 혁신은 진입장벽을 낮추어 산업으로 더 많은 기업이 진입하게 됨으로써, 독점보다는 소형화가 이루어진다.

산업구조가 혁신에 의해 변화하는 기간 동안, 일반적으로 가치는 새로운 포지셔닝전략을 통한 사업모델로 이동하게 된다. 주식 거래시장의 경우, 가치는 주식 중개인 사업 모델에서 온라인 주식 거래 모델로 옮겨졌다. 철강 산업에서는 전기용광로 기술은 가치를 대규모의 통합된 철강업체로부터 작은 소규모 철강업체로 이전하였다. 도서 판매 산업에서는 가치는 작은 골목 서점으로부터 Barnes & Noble과 같은 대규모 체인 혹은 Amazon과 같은 온라인 서점으로 옮겨졌다.

5가지 경쟁요인과 전략 그룹 모델이 정적이기 때문에, 이들만으로는 혁신에 의한 산업구조의 변화 시점에서 무엇이 발생할지 적절하게 탐지할 수 없다. 유사하게 산업수명주기 모델은 기술혁신을 통한 일부 단계의 반복 혹은 생략하는 단계를 허락하지 않는다. 그럼에도 불구하고 이들 방법은 안정적인 상황 하에서 산업구조를 분석하는 데 유용하게 사용할 수 있다.

일부 학자들은 중단된 균형 접근방식에 대하여 의문을 품는다. Richard D'Avani는 많은 산업이 hypercompetitive, 즉 지속적인 혁신을 추구하고 있다고 주장한다. 이런 산업의 구조는 혁신에 의해 계속 변화하며 따라서 균형의 기간이 존재하지 않는다. 이런 경우로 인해, 일부는 5가지 경쟁요인이나 전략 그룹 모델은 계속되는 변화의 한 스냅샷에 대한 분석만을 제시하는 것으로 그 가치를 제한한다. 그러므로 관리자는 지속적으로 산업분석을 해야 하며, 경쟁요인의 변화에 주의를 기울여야 한다.

(3) 기업 간의 차이

산업 모델의 다른 비판은 이들은 한 산업 혹은 전략 그룹 내의 회사들 사이의 차별적 특성을 잘 고려하지 않으며, 회사 성과의 결정요인으로 산업구조의 중요성을 과도하게 강조하고 있다는 것이다. 산업 내에서 개별 회사들의 수익률은 천차만별이다. Richard Rumelt의 연구에 의하면, 산업구조는 단지 회사 전체 수익률의 분산의 10%만을 설명한다고 보았다. 즉, 개별 회사의 차이로 나머지의 대부분을 설명할 수 있다. 다른 연구는 이 모델들로 20%를 설명할 수 있다고 밝히고 있으나, 이 역시 낮은 수치이다. 유사하게 많은 연구들은 사업전략 그룹과 회사 이윤 사이의 약한 연관관계를 보여준다. 종합적으로, 이러한 연구들은 회사의 개인 자원과 역량이 회사가 속한 산업 혹은 전략 그룹보다 회사 이윤을 결정하는 데 중요한 역할을 한다는 것을 보여주고 있다. 비록 이러한 결과가 전략 그룹 모델과 5가지 경쟁요인 분석의 필요성을 격하시키지는 않을지라도, 이는 5가지 경쟁요인 모델과 전략 그룹 모델의 유용성에 어느 정도 한계가 있음을 드러내고 있다. 즉, 회사의 이윤은 단지 그들이 속한 산업과 전략 그룹에 의해 결정되지 않음을 보여준다.

3.6 거시적 산업환경

전략 기획자의 행동과 결정은 산업의 경쟁구조를 변화시킬 수 있는 것처럼, 선택된 전략에 의해 산업 혹은 기업이 속한 경제적, 기술적, 인구통계학적, 사회적, 정치적 문제들과 같은 거시경제적 요인들이 변화할 수 있다. 거시경제적 요인들의 변화는 포터의 5가지 경쟁요인에 직접적인 영향을 끼쳐, 산업의 매력도나 경쟁요인들의 상대적인 강도를 변화시킬 수 있다.

(1) 경제적 요인(Economic Forces)

경제요인들은 국가의 삶의 질 또는 조직의 지역경제, 즉 회사나 산업이 적절한 이윤을 얻는 데 영향을 끼친다. 거시경제요인 중 가장 중요한 4가지는 경제성장률, 이자율, 환율, 인플레이션 비율이다. 경제적 성장은 고객 지출을 증가시키므로 산업 내의 경쟁 정도를 완화시키는 경향이 있다. 이는 회사가 운영을 증대시켜 높은 이윤을 얻을 수 있는 기회를 제공해 주기 때문이다. 반대로 경제 침체는 고객 지출의 감소를 가져와 경쟁 압력을 증대시킴으로써 성숙된 시장의 가격전쟁을 유발시킨다.

이자율은 회사 생산품에 대한 수요를 결정할 수 있다. 고객들이 제품을 구매하기 위해 돈을 빌리는 경우 이자율은 중요하다. 실례로, 부동산시장에서 장기 담보대출이 직접적으로 수요에 영향을 끼치는 것을 볼 수 있다. 이자율은 또한

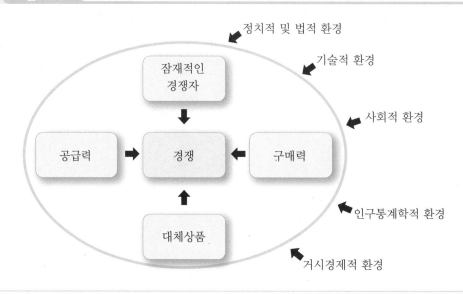

그림 3-5   거시환경의 역할

자동차, 가전 제품과 같은 자본재의 판매에 직접적인 영향을 끼친다. 이런 산업에 속한 회사들의 경우 이자율의 증가는 위협을 증가시키고 기회를 감소시킨다.

이자율은 또한 회사의 자본 구조에 영향을 끼쳐 새로운 자산에 투자하거나 자본을 조달하는 데 있어 중요하다. 이자율이 낮으면 낮을수록, 회사의 자본비용이 낮아지며, 더 많은 투자를 가능케 한다. 그러나 항상 좋은 것만은 아니다. 1990년대 후반 매우 낮은 이자율은 닷컴기업과 원격통신 회사들에게 불확실한 사업계획에도 불구하고, 컴퓨터와 통신 설비에 엄청난 자본을 투자하도록 유도하였다. 이것은 초기에 통신장비 및 컴퓨터 제조업체에게 호재로 작용하였으나 이와 같은 수요는 지속되지 못했다. 1990년에 출발한 대부분의 닷컴기업과 원격통신업체들은 2000년과 2002년 사이에 파산하였다. 이처럼 도산 기업이 시장에 넘쳐나자 컴퓨터 및 통신장비 제조업체 역시 깊은 경기 침체로 들어섰다(예를 들어 2002년 1월, 인터넷 경매업체인 ebay에는 3,000개가 넘는 Cisco 제품들이 초기 가격보다 낮은 가격으로 판매되었다).

환율은 서로 다른 국가 간의 화폐 교환비율을 말하며 환율의 변화 역시 글로벌시장에서 회사 제품의 경쟁력에 직접적인 영향을 끼친다. 예를 들어 달러 가치가 다른 화폐 가치에 비해 낮아질 경우, 미국에서 생산된 제품은 상대적으로 다른 국가 제품보다 가격이 낮아지게 된다. 미화 환율의 감소는 외국 기업으로부터의 위협을 감소시키고 해외시장 판매를 증가시킬 수 있는 기회로 작용한다. 예를 들어 1985~1995년 동안 엔화 대비 달러 가치의 하락은(240엔/달러 → 85엔/달러) 수입된 일본 자동차의 가격을 상승시켜 미국 자동차 업계가 이익을 얻을 수 있었다. 최근에는 120엔/달러로 일본경제가 호황이다.

가격 인플레이션은 경제를 불안정하게 만들어 경제성장을 둔화시키고, 높은 이자율과 화폐가치를 크게 하락시킨다. 만약 인플레이션이 증가된다면 투자 위험이 매우 높아지게 된다. 인플레이션의 가장 중요한 특징은 미래를 예측할 수 없게 만든다는 점이다. 인플레이션이 증가하는 환경 속에서는 5년을 투자한 프로젝트로부터 얻을 수 있는 이익의 실제가치를 추산하기가 매우 어렵게 된다. 이런 불확실성은 회사가 투자를 망설이도록 만든다. 역으로, 회사가 자본을 투자하지 않고 보유함에 따라 경제활동은 더욱 침체되게 된다. 그러므로 높은 인플레이션은 기업에게 위협으로 작용한다.

가격 디플레이션 또한 경제활동을 불안정하게 만든다. 만약 가격 디플레이션이 발생하면 고정비용의 실제 가격이 증가한다. 이것은 높은 부채에 따른 일정비용을 지불해야 하는 개인 또는 기업에게 큰 피해를 준다. 디플레이션이 일어나는 환경에서 증가된 부채의 실제 가치는 회사나 가계의 현금흐름에 영향을 주어 구매활동이 줄고 경제활동에 전반적인 침체를 가져온다. 비록 1930년 이후로 심각한 디플레이션이 발생하지 않았으나 1990년대에 일본 경제는 이로 인하여 피해를 받았다.

(2) 기술적 요인(Technological Forces)

2차 세계대전 이후, 기술 진보가 가속화되었다. 이는 '창조적 파괴의 지속적인 강풍'이라 불리는 과정을 유발하였다. 기술 변화는 기존 제품을 고립시키고 동시에 새로운 제품의 등장을 초래하였다. 그러므로 기술 변화는 창조적인 동시에 파괴적이다. 즉, 기회와 위협, 양쪽으로 작용한다.

기술발전의 가장 중요한 영향의 하나는 진입장벽을 높여 산업구조를 신속하게 재편하는 것이다. 인터넷의 경우 많은 산업의 경쟁구조를 변화시키는 잠재력을 가진다. 또한 기술발전은 진입장벽을 낮추고 고객 교환비용을 감소시키며,

동종 산업 내의 경쟁을 증가시켜 전체적인 이윤을 감소시킬 수 있다. 예를 들어 인터넷은 신규 산업으로의 진입장벽을 낮추었다. 기존의 재정 정보 제공자들은 NAVER, MSN, Yahoo와 같은 새로운 인터넷 기반의 조직들과 고객 확보 및 광고 비용을 위하여 경쟁해야만 한다. 결과적으로 경쟁의 증가는 광고주들에게 더 많은 선택권을 제공하고, 광고주들이 광고업자들에게 제공해야만 하는 비용을 감소시켰다. 유사하게 자동차시장에서 고객은 Auto nation과 같은 온라인업체로부터 차를 구매하고 차를 비교할 수 있게 됨에 따라 고객이 최적의 조건으로 차를 구매할 수 있는 능력을 증가시켰다. 고객의 증가된 가격 교섭력은 자동차업체들에게 차 가격을 내리도록 압력을 가할 수 있게 되었으며, 결국 자동차시장으로부터 이익을 얻을 수 있었다. SK엔카 같은 중고차업체도 encar.com에서 모든 정보가 제공된다.

기술 변화가 어떻게 산업을 재편하는지에 대한 다른 예로 제약회사에서의 생명공학의 영향을 들 수 있다. 비록 Merck, Pfizer, Eli Lilly와 같이 산업을 오랜 기간 지배한 기업이 있을지라도 DNA 기술을 사용한 작은 생명공학 기업들의 등장은 산업경쟁 양상을 변화시켰다. 1945년과 1990년 사이 단지 Syntex 기업만이 제약업계에서 주요 업체로 성공할 수 있었다. 그러나 1990년 이후 Amegen, Biogen, Genetech와 같은 수많은 생명공학 기업들의 판매가 증가하기 시작했다. 게다가 현재 미국 내 300개가 넘는 회사들이 생명공학을 이용한 새로운 약품을 개발 중이다. 이들 기업 중 일부는 주요 제약업체로 발전할 수 있을 것이다. 이는 기술 변화가 진입장벽을 낮추고 신규 진입자에게 기존 주요업체들에 도전할 수 있는 기회를 제공해 주는 좋은 예라 하겠다

(3) 인구통계학적 요인(Demographic Forces)

인구통계학적 요인은 나이, 성별, 인종, 사회적 위치 등과 같은 인구통계학적 특성의 변화에서 오는 결과를 말한다. 다른 환경요인들과 같이 인구통계학적 요인은 관리자에게 기회와 위협요소를 제공하고 조직운영과 밀접한 관련성을 가진다. 예로, 지난 30년간 여성들의 사회 진출 수가 크게 증가한 것을 들 수 있다. 1973~2002년 사이에 미국 내 사회 진출 여성 비율은 44%에서 66%로 증가하였으며, 캐나다에서는 48%에서 68%, 영국에서는 51%에서 68%로 증가하였다. 이

러한 급증은 직장 내 남녀 차별, 성폭력 등에 대한 문제를 유발하였고, 관리자가 여성 인력을 충분히 활용하기 위한 정책을 마련할 필요를 증가시켰다.

인구의 나이 분포의 변화도 인구통계학적 요인이 조직 및 운영에 어떠한 영향을 끼치는지를 보여주는 좋은 예이다. 현재, 대부분의 산업화된 국가에서는 출생률과 사망률이 감소함에 따라 고령화되고 있으며, 베이비 붐에 따른 세대들이 고령화되고 있다. 예를 들어, 독일에서는 65세 이상의 고령 인구가 1990년 15.4%에서 2010년에는 20.7%이 되었다. 캐나다의 경우는 11.4%에서 14.4%로, 일본은 11.7%에서 19.5%로, 미국은 12.6%에서 13.5%로 증가하였다.

인구의 고령화는 노인들을 대상으로 하는 건강 산업, 여가 산업에서는 수요 증가에 따른 기회요인으로 작용한다. 1950년대 후반에서 1960년대 초 베이비 붐 세대의 고령화는 기회와 위협으로 작용한다. 1980년대 동안 많은 베이비 붐 세대들이 결혼을 함으로써, 가전제품에 대한 수요가 1세대에 비해 크게 증가하였다. 삼성전자, LG와 같은 회사들은 세탁기, 식기세척기, 에어컨 등의 수요의 증가로 인하여 많은 이윤을 얻을 수 있었다. 1990년대에는 많은 베이비 붐 세대들이 퇴직을 위해 저축하기 시작하여 뮤추얼펀드 산업의 붐을 만들어 냈다. 현재에는 이러한 베이비 붐 세대들이 퇴직하고 있고 여가 선용을 위한 산업이 발전할 것이다.

(4) 사회적 요인(Social Forces)

사회적 요인은 사회적 변화에 따라 산업들이 영향을 받는 것을 말한다. 다른 거시경제적 요인들과 같이 사회적 변화는 산업에 기회와 위협으로 작용한다. 최근 수십 년 동안 주된 사회적 변화의 하나는 건강에 대한 관심이 증대된 것이다. 이러한 사회적 변화의 영향은 거대하여, 이 변화를 초기에 확인한 기업들에게 많은 이윤을 창출할 수 있었다. 예를 들어 Philip Morris는 Miller 맥주 회사를 영입할 당시에 사회 전반의 건강에 대한 관심의 증대를 감지하였다. 이에 맥주 산업의 경쟁요인을 재정의하고 저칼로리 맥주를 생산하였다. 유사하게 펩시콜라 역시 처음으로 다이어트 콜라와 과일탄산 음료를 출시함으로써 라이벌인 코카콜라로부터 시장점유를 획득할 수 있었다. 동시에 건강에 대한 관심 증대는 많은 기업에게 위기로 작용하였다. 예를 들어 담배 산업의 경우 흡연으로 인한 피해에 대한 고객 관심이 커진 결과로서 산업이 쇠퇴하게 될 것이다.

(5) 정치적 및 법적 요인(Political and Legal Forces)

정치적(행정적)·법적 요인들은 법이나 규제의 변화로 인한 결과를 말한다. 사회 내의 정치적·법적 요인들의 변화는 매니저나 회사에 커다란 영향을 끼친다.

정치과정은 회사의 운영을 규제하는 사회규범에 영향을 끼치므로, 기회와 위협요인으로 작용할 수 있다. 예를 들어 산업화된 사회일수록, 한때 정부 주도 혹은 정부 주도 하에 있던 산업들에 대한 규제가 완화되는 경향이 강하다. 1979년 미국에서 항공 산업에 대한 규제완화는 1979년과 1993년 사이 29개의 새로운 항공사의 시장 진입을 유발하였다. 규제완화에 따른 항공수송 용량의 증가는 많은 노선에서 초과용량을 만들었으며, 경쟁 심화에 따른 가격 전쟁을 이끌었다. 이러한 경쟁환경에서 살아남기 위하여 항공업체는 운영비를 감소시켜야만 했다. Hub-and-Spoke 시스템의 개발, 비정규직 활용, 과잉 고객서비스의 제거 등이 모두 항공업계가 직면한 위기를 타파하기 위해 도입되었다. 이러한 노력에도 불구하고 항공 산업은 여전히 치열한 가격 전쟁을 면치 못하고 있으며, 이는 전체 이윤을 감소시키고 많은 항공업계를 도산하게 만들었다. 전 세계적으로 원격통신서비스 산업이 현재 미국을 비롯한 다른 국가 정부들의 규제완화로 인하여 유사한 현상을 경험하고 있다.

대부분의 국가에서 정치적·법적 요인과 산업경쟁구조는 상호 작용한다. 정부는 경쟁구조에 영향을 끼치는 규제를 제정할 수 있으며, 각 산업의 기업들은 다양한 수단을 활용하여 이러한 정부규제에 영향을 끼치고자 노력한다. 먼저 용인된 상황 하에서 각 기업들은 정치인들이나 법 제정에 직접적으로 영향을 끼치는 정부 입법자들에게 재정적 지원을 제공함으로써 로비하기도 한다. 예를 들어 1990년대와 2000년대 초반, 지금은 도산한 에너지 기업인 Enron은 미국 내 에너지시장정책을 완화하기 위하여 정부 입법자들에게 로비활동을 하였다. 두 번째로, 산업이나 기업은 산업협회를 토대로 정부에게 로비활동을 펼치기도 한다. 2002년 미국 철강산업협회는 미국 내 외국 철강의 수입관세를 30% 증가시키도록 부시 대통령에게 로비하였다. 관세의 목적은 외국 경쟁업체로부터 미국 철강 제조업체를 보호하여, 미국 내 철강시장 안에서의 경쟁을 감소시키고자 하였다.

3.7 글로벌 및 국내 산업환경

세계 혹은 국가 수준에서 운영되는 많은 중요한 프로세스는 산업의 경쟁구조에 영향을 끼친다. 이 부분에서는 시장 및 제품의 세계화와 자국 산업의 경쟁 이점을 위한 국가적 특성요인들을 살펴보고자 한다.

(1) 제품과 시장의 국제화
(The Globalization of Production and Markets)

지난 50년 동안 해외 투자 및 무역장벽은 크게 낮아졌다. 예를 들어, 선진국들 간에 거래되는 제품들에 대한 평균 관세는 약 40%에서 4%로 떨어졌다. 유사하게 국가 간에는 외국 기업의 국내시장 진입, 외국 기업의 자국 내 공장 설립 및 자국 회사의 영입 등에 대한 규제가 철폐되었다. 이러한 변화로 인하여, 국가 간 무역과 외국인 직접투자의 양이 크게 증가하였다. 1950년과 2000년 사이에, 세계무역량은 약 20배 증가한 반면, 인플레이션을 고려한 세계총생산(GDP)의 가치는 약 6배 증가하였다. 외국인 직접투자는 1980년대 600억 달러에서 1990년대 2,100억 달러 그리고 2001년에는 1.4조 달러로 증가하였다. 이러한 경향은 제품 생산의 세계화와 시장의 세계화를 이끌었다.

제품 생산의 세계화는 회사가 국가 간 무역장벽과 투자장벽이 낮아짐에 따라 그들 제품 제조과정의 중요한 부품 생산을 전 세계적으로 분산시킴으로써 증가된다. 즉, 기업들은 노동력, 자원, 자본과 같은 생산요소들의 질과 비용에서 국가 간 차이를 이용함으로써 제품 생산구조를 낮추고 높은 이윤을 얻고자 한다. 예를 들어 보잉 777 여객기 제조회사인 Boeing사는 전 세계 545개 공급업체로부터 생산된 132,500개의 부품을 사용한다. 8개의 일본 공급업체는 비행기 동제, 문, 널개를 생산한다. 또 싱가포르의 공급자는 랜딩 기어를 위한 문을 제조하고, 이탈리아의 3개 제조업체는 날개를 제조한다. 보잉이 주요 부품을 외국 공급업체에 외주를 준 주된 이유는 이들 공급업체들이 각 분야에서 세계 최고의 수준을 자랑하기 때문이다. 결과적으로 외국 공급업체를 활용함으로써 보잉사는 더 나은 최종제품을 얻을 수 있다.

시장이 세계화됨에 따라, 세계 경제 시스템은 한 국가가 기본 단위가 되던 시스템, 즉 무역장벽과 거리, 시간, 문화 차이로 인한 장벽들이 국가를 하나의 고립된 경제 주체로부터 하나의 거대한 세계 경제 시스템으로 통합되고 있다고 본다. 이에 전 세계 소비자들은 같은 기능을 지닌 제품에 대한 수요가 된다. 결과적으로 많은 산업에서 독일시장, 미국시장과 같이 구분짓는 것은 더 이상 무의미해졌다. 단지 세계시장만이 존재하게 된다. 코카콜라, 씨티그룹 신용카드, 블루진, 소니 플레이스테이션, 맥도날드 햄버거, 애니콜 휴대폰 등이 이러한 경향의 좋은 예이다.

제품 생산과 시장의 세계화 경향은 산업 내 경쟁에 몇 가지 중요한 의미를 던져준다. 먼저, 산업 경계는 국가 경계에서 그치지 않는다. 왜냐하면 많은 산업들이 점차 세계화됨에 따라 실질적·잠재적 경쟁자는 회사의 국내시장뿐만 아니라 다른 해외시장에도 존재하게 된다. 단지 국내시장만을 분석하는 관리자는 효율적인 외국 경쟁자의 진입에 대처할 수 없다. 시장과 제품 생산의 세계화는 회사들이 국내시장에서도 외국 기업들과 경쟁해야 된다는 것을 의미한다. 예를 들어 일본에서 Merrill Lynch and Citicorp은 일본의 재정서비스 기업에 대항하여 시장에 진출하였다. 미국에서 Fuji는 Kodak으로부터 시장점유율을 빼앗았으며, 핀란드의 Nokia는 휴대폰시장에서 Motorola를 제쳤다. 유럽연합에서는 한때 네덜란드 기업인 Philips에 의해 지배되던 가전 제품시장이 일본의 JVC나 Sony, Matsushita 등으로 넘어가게 되었다.

두 번째로, 지난 20년 동안 한 국가시장에서 세계시장으로의 이동은 산업 간의 경쟁을 강화시켰다. 한때 3~4개 기업에 의해 지배되던 과점 형태의 국내시장은 국가를 넘어서 전 세계시장 점유를 확보하기 위해 수많은 기업들이 경쟁하는 세분화된 전 세계시장의 한 부분으로 변형되고 있다. 이러한 경쟁은 전체 이윤을 낮추고 이에 각 회사들이 효율성, 품질, 고객서비스, 혁신 능력을 최대화시키기 위하여 노력해야 했다. Motorola와 Kodak 같은 회사에서 진행되어온 극심한 구조조정과 감축은 이러한 세계화에 따른 경쟁 증가에 따른 반응이다. 그러나 모든 산업들이 소기업화되는 것은 아니다. 많은 산업들이 여전히 독점 혹은 과점 형태로 남아 있으며, 단 이들 산업은 한 국가 내에서가 아니라 전 세계시장에서 독점 또는 과점시장을 형성하고 있다.

세 번째로, 경쟁 압력이 증가함에 따라 혁신도 증가하게 된다. 회사들은 극심한 경쟁으로부터 살아남기 위하여 새로운 제품, 프로세스, 사업 모델을 개척하고자 노력한다. 그 결과, 제품수명주기를 단축시키고 회사들이 신기술 개발에 박차를 가하고 있다. 높은 산업경쟁에 따른 혁신의 가속화는 포터의 5가지 경쟁요인 모델이 너무 정적이라는 비판과 부분적으로 관련이 있다.

끝으로, 비록 세계화가 진입 위협과, 기존 업체들 간의 경쟁을 강화시킨다고 할지라도, 시장의 세계화는 회사들에게 거대한 기회를 제공하는 요인으로 작용할 수 있다. 국가 간 무역과 직접투자의 장벽의 쇠퇴는 기존의 보호받던 시장에 외부 기업들이 진입할 길을 열어주었다. 예를 들어 최근 서유럽, 일본, 미국 회사들은 동유럽, 라틴 아메리카, 동아시아 지역의 떠오르는 성장 기회를 점하기 위하여 직접적인 투자를 가속화하고 있다.

(2) 국내경쟁력의 이점(National Competitive Advantage)

제품 생산과 시장의 세계화에도 불구하고 특정 산업에서 성공한 기업들 대부분은 여전히 소수의 국가들 안에서 군집화되어 있다. 예를 들어 세계적으로 가장 성공한 생명공학이나 컴퓨터 산업의 대부분은 미국에 위치해 있으며, 가전 제품 기업들은 일본과 한국에, 화학·공학 기업은 독일에 위치해 있다. 이것은 한 기업이 소속된 국가적 배경은 세계시장에서 회사들의 경쟁 이점을 얻는 데 중요한 역할을 한다는 것을 볼 수 있다.

회사들은 국가적 특징이 경쟁 이점에 어떻게 영향을 끼치는지를 반드시 이해해야 한다. 왜냐하면 이러한 이해를 통해서만이, 그들은 가장 중요한 경쟁자가 어디에 있는지, 특정 생산활동이 어디에 위치하는 것이 좋은지를 확인할 수 있다. 그러므로 생명공학에서 미국 전문가의 이점을 이용하기 위해서 많은 외국 기업들은 미국 생명공학 기업이 군집화된 San Diego, Boston, Seattle과 같은 곳에 연구기관을 설립한다. 유사하게 가전 제품에서 성공한 일본의 이점을 활용하기 위해, 많은 미국 가전업체들은 일본에 연구 및 생산 설비를 설립하고, 일본 기업과 제휴하기도 한다.

국가 경쟁 이점에 대한 연구에서, 마이클 포터는 특정 국가 내에 위치한 기업의 세계 경쟁력에 영향을 끼치는 국가적 환경의 4가지 속성을 제시하였다.

> 그림 3-6　국내경쟁력의 이점

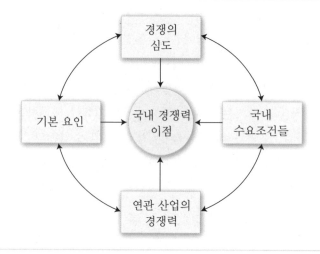

- 기본 요인: 특정 산업에서 경쟁하기 위해 필요한 산업구조나 우수한 노동력과 같이 생산요소의 국가에 따른 차이
- 수요 상황: 특정 산업의 제품 혹은 서비스에 대한 국내 수요의 특성
- 연세 산업과 지원: 국세적으로 경쟁할 수 있는 연세 산업이나 공급업체의 존재 여부
- 기업전략, 구조, 경쟁: 국가별로 어떻게 기업이 창조, 조직, 운영되며 어떠한 경쟁 양상을 보이는지에 대한 특성

　포터는 위의 4가지 속성을 다이아몬드 형태로 구성하여, 각 속성들이 우수한 산업 혹은 전략 그룹 내의 회사들이 성공할 수 있다고 보았다. 또한 다이아몬드의 각 속성들은 한 속성이 다른 속성에 의해 영향을 받는 상호 강화 시스템을 구성하고 있다고 주장하였다.

1) 기본 요인(Factor Endowment)

　생산에 필요한 특정 요소들의 비용과 질을 나타내는 것으로 이는 특정 산업이 특정 국가에서 지닌 경쟁 이점을 구성하는 데 중요한 속성이다. 생산요소들은 토지, 노동력, 자본, 원자재와 같은 기본 요인들과, 기술 노하우, 경영 시스템, 물리적 인프라 스트럭처와 같은 진보적 요인을 포함한다. 생명공학에서 미국이 경쟁 이점을 지닌 것은 생명공학과 같은 초기 위험이 높은 산업에서 자본을 끌어들일 수 있는 상대적으로 낮은 비용의 벤처 캐피탈과 같은 튼튼한 기본 요인들과 더불어 기술 노하우와 같은 특정 진보적 요인들이 존재하기 때문이다.

2) 국내 수요조건들(Local Demand Conditions)

국내 수요는 진보된 경쟁 이점에 대한 자극을 제공하는 데 중요한 역할을 한다. 회사들은 전형적으로 가까운 고객 수요에 대하여 민감하다. 그러므로 국내 수요의 특성은 제품의 특징을 형성하고, 혁신과 높은 품질을 창조하도록 유도하는 데 특히 중요하다. 한 국가의 회사들은 만약 국내 고객들이 정교하고 수요가 많으며, 회사들에게 높은 품질의 제품과 혁신적인 제품을 생산하도록 요구하는 상황 속에서 경쟁 이점을 얻을 수 있다. 일본의 수준 높은 카메라 구매자들은 일본 카메라 산업이 제품 품질을 향상하고 혁신 모델을 만들도록 유도하였다. 유사한 예는 휴대폰 장비 산업에서도 찾아볼 수 있는데, 스칸디나비아 반도의 수준 높은 고객 수요는 핀란드의 Nokia나 스웨덴의 Ericsson과 같은 회사들이 다른 선진국에서 휴대폰 수요가 발생하기 오래 전부터 휴대폰 기술에 투자하도록 만들었다. 결과적으로 Nokia와 Ericsson은 Motorola와 더불어 전세계 휴대폰시장에서 핵심업체로 떠올랐다.

기업사례 3-3 핀란드의 노키아

무선전화시장은 지난 10년 동안 가장 급성장한 시장 중 하나이다. 1990년에 매우 적은 규모로 시작했으나 2001년에는 무선전화의 세계 판매가 40억 개에 이르렀다. 현재 Motorola와 Nokia 두 회사가 무선전화시장을 지배하고 있다. 2001년 시장 리더는 Nokia로 35%의 시장점유율을 보이고 있으며 이는 13%에 그친 Motorola의 3배에 달한다. Ericsson이나 Siemens는 각각 6~8%의 시장점유율을 보이고 있다.

Nokia는 우리가 쉽게 최신기술을 지닌 기업을 논의할 때 잘 고려하지 않는 핀란드의 기업이다. 1980년대 Nokia는 핀란드 정부가 타이어 제조, 종이 생산, 가전 제품, 통신장비 산업에 중점을 두기 시작했을 때 나타났다. 어떻게 핀란드 정부가 무선휴대폰 사업의 선두위치를 차지했는지는 그 역사, 지리적 특성, 핀란드 정치경제, 주변 국가와 같은 특성을 통해 설명될 수 있다.

1981년 북유럽 국가는 세계 최초로 국제무선전화망을 설립하기로 결정하였다. 북유럽 지방 대부분이 인구가 산재해 있고, 매우 춥기 때문에, 북유럽 국가들은 무선통신의 선두주자가 되기에 충분한 조건을 지니고 있었다. 즉, 전통적인 유선전화망을 구축하는 데는 그 비용이 너무 컸으며, 특정 상황이 발생할 경우, 사람들은 극심한 추위를 뚫고 전화 소유자에게 찾아가 도움을 청해야만 했다. 결과적으로 스웨덴, 노르웨이, 핀란드는 심각하게 무선통신 개발을 고려해야 했다. 그들은 전통 500달러의 비용이 든다는 것을 발견하였다. 결과적으로 1994년 미국 전화 사용자의 6%가 휴대폰을 소유한 반면, 스칸디나 반도의 경우 전화 사용자의 12%가 휴대폰을 소유하게 되었다. 이러한 현상은 10년 동안 지속되었다. 2001년에는 70%가 넘는 핀란드 전화 사용자가 휴대폰을 사용한 반면, 미국에서는 단지 33%만이 휴대폰을 사용하였다. 아마도 2010년에는 핀란드 전화 사용자의 100%가 휴대폰을 사용할 것으로 보인다.

오랜 기간 원격통신장비 제조업자였던 Nokia는 초기부터 이점을 얻기 위한 위치를 잘 확보하였으며, 다른 업체보다 경쟁우위를 점할 수 있는 요인을 지니고 있었다. 다른 선진국과는 달리, 핀란드에는 전화 산업이 국가에 의해 독점되지 않았다. 약 50%의 전화서비스가 낮은 가격으로 서비스를 제공할 수 있는 민간지역 전화업체들에 의해 제공되었다. 이러한 독립적이고 비용 우위를 지닌 전화서비스 제공자들은 Nokia가 자국 내에서 아무것도 얻을 수 없도록 하였다. 핀란드 국민의 전형적인 특성으로 인하여 핀란드 소비자들은 Nokia, Ericsson에 상관없이 가장 낮은 가격의 제품을 사고자 하였다. 이러한 상황은 1980년대에서 1990년대 초 자국 내 지배적인 공급자로부터 제품을 구매하거나 혹은 스스로 제품을 생산해 오던 대부분의 선진국의 특성과는 크게 대조적이었다. Nokia는 이러한 경쟁 압력으로부터 살아남기 위하여, 최첨단 무선기술을 유지하면서 제조비용을 줄일 수 있도록 가능한 모든 노력을 하였다.

이것의 결과는 분명하다. 한때 암울했던 핀란드 회사는 현재 무선통신시장의 세계적 리더로 떠올랐다. 또 스칸디나비아가 다른 국가들보다 5년 앞서 디지털 기술로 전향했기 때문에 Nokia는 선두를 유지할 수 있었다. 또 Nokia는 무선휴대폰 장비업체 중 세계에서 가장 낮은 비용구조를 가지고 있어서 다른 경쟁자들보다 많은 이윤을 얻을 수 있었다. 이러한 Nokia도 smart phone 개발에 뒤져 현재는 Apple과 삼성, LG에 뒤쳐져 있다. 영원한 승자는 없다.

3) 연관산업의 경쟁력

산업 내 국가적 이점의 세 번째 속성은 국제적으로 경쟁력 있는 공급업체나 관련 산업업체들의 존재 여부이다. 관련 산업이나 공급업체에 의한 진보된 속성에 대한 투자이익은 산업 전반에 영향을 끼친다. 그러므로 이는 국제경쟁에서 강한 경쟁 위치를 얻을 수 있도록 도와준다. 볼 베어링과 같은 합성 강철제품 산업에서의 스웨덴의 강점은 스웨덴의 특수 철강 산업의 이점에서 기인한다. 스위스의 제약 산업의 성공은 기술적으로 관련이 있는 염색 산업의 국제적 성공과 밀접하게 관련이 있다. 즉, 한 국가 내의 성공적인 산업은 관련 산업군으로 그룹지을 수 있다. 실제로 이는 포터의 연구의 가장 대표적인 발견 가운데 하나이다. 고품질 코튼, 울, 합성섬유, 재봉 바늘, 직물 기계와 같은 산업을 포함한 독일 직물 섹터가 좋은 예라 할 수 있다.

4) 경쟁의 심도

포터 모델에서 국가경쟁 이점의 네 번째 속성은 한 국가 내의 기업의 경쟁, 전략, 구조이다. 다른 국가들은 다른 경영 이데올로기를 갖고 있으며, 이는 국가적 경쟁 이점을 세우는 데 도움을 주거나 방해하는 요인으로 작용할 수 있다. 예를 들어 독일과 일본 회사의 최고경영팀에 공학자가 속한 것은 그 국가에서 제조과정이나 제품 디자인의 향상을 강조하고 있다는 것을 보여준다. 대조적으로 많은 미국 회사들의 경우 최고경영팀에 많은 재정 관련 배경을 가진 임원들을 포함하고 있다. 이것은 미국 내에서 제조과정이나 제품 디자인에 대한 인식이 부족하다는 것을 보여준다. 대조적으로 재정 관련 업무에 대한 집중은 단기간의 재정적 수익을 최대화하는 것만을 너무 강조하게 된다. 이러한 경영철학의 차이는 자동차와 같이 제조공정과 제품 디자인이 중요한 많은 공학 기반의 산업에서 미국이 상대적으로 경쟁력을 잃게 만드는 결과를 가져왔다. 한국기업들도 기술자 출신이 CEO인 삼성전자, SK하이닉스, 현대중공업 등은 세계적인 글로벌기업이 되었고, 재정 관련 담당자가 CEO인 회사는 발전에 한계를 보이고 있다.

두 번째 이슈는 치열한 국내경쟁과 산업 내 경쟁 이점의 지속 및 창조 사이의 강한 연관관계이다. 경쟁은 회사들이 효율성을 향상시켜 좀 더 좋은 제품을 만들도록 유도한다. 국내경쟁은 기술을 혁신하고 품질을 높이며 가격을 낮추고, 진보적 속성들에게 얻기 위해 투자하도록 만든다. 이러한 모든 과정은 세계 최고 수준의 경쟁력을 만들게 한다. 강한 국내경쟁의 자극에 대한 사례는 무선핸드폰 사업 분야에서 삼성과 LG의 스마트폰 성공을 들 수 있다.

Chapter 4

기업 내부 경쟁력분석

왜 특정 산업 또는 시장 내에서, 어떤 회사들은 다른 회사를 능가하는가? 그들의 경쟁적 우위의 근거는 무엇인가? [기업사례 4-1]에서 경쟁적 우위에 대한 약간의 실마리를 제공했다. 어떻게 BJ가 운영하는지에 대한 설명으로부터의 결론은, 관리자가 창고형 클럽의 비즈니스 모델을 추구하고 BJ의 우수한 효율, 고객 대응, 혁신을 주는 특정 전략을 조합하는 차별화된 방식으로부터 BJ의 경쟁적 우위가 나온다는 것이다. 경쟁적 우위의 4가지 주요 구성요소는 효율, 혁신, 고객대응, 제품 또는 서비스의 품질이다.

이 장은 회사의 강점(strengths)과 약점(weakness)을 확인하는 데 관련된 내부 경쟁력분석(internal analysis)을 설명하고 있다. 회사의 외부 환경의 분석에 더하여, 내부 경쟁력분석은 그들의 회사가 지속적인 경쟁적 우위를 유지하는 것을 가능하게 하는 전략과 비즈니스 모델을 선택하기 위하여 필요한 정보를 준다. 내부 경쟁력분석은 3단계이다. 먼저, 경영자는 회사가 고객을 위한 가치와 그들을 위한 이익을 창출하는 프로세스를 이해해야만 하고, 그들은 이 프로세스에서 자원, 능력, 차별적 경쟁력의 역할을 이해해야 한다. 둘째로, 그들은 가치 창조에서 어떻게 우수한 효율, 혁신, 품질, 고객대응이 중요한가와 어떻게 높은 이익을 만들어낼 수 있는가를 이해할 필요가 있다. 셋째, 그들 기업의 이익을 이끄는 것을 확인하기 위한 회사의 경쟁적 우위의 원천과, 어디에 향상을 위한 기회가 놓여져 있는지 분석해야 한다. 말하자면, 그들은 어떻게 회사의 강점이 이익을 끌어올리

기업사례 4-1　미국 BJ 할인점의 경쟁력

　　BJ 할인점은 Costco와 월마트와 같은 주요 경쟁자를 가진 회원제 창고형 매장이며, 유료회원들에게 제품 카테고리의 광범위한 범위에 걸쳐 낮은 가격의 제품의 정선된 제품을 제공한다. 전형적인 창고형 클럽은 4,000여 아이템을 가지고 있으며, 할인 소매점과 슈퍼마켓의 40,000~60,000 아이템과 비교된다. 창고형 클럽의 비즈니스 모델은 다른 소매 점포에서 발견될 수 있는 가격보다 낮은 가격이 가능하도록 운영비를 낮추고 여전히 이익을 낼 것을 목적으로 한다. 창고형 클럽 대량구매, 재고 전환 최소화, 효과적인 배치 실현, 과잉서비스를 제공하지 않는 처리비용, 셀프서비스 시설을 통하여 그들의 가격구조를 낮춘다.

　　BJ는 현재 미국 소매 산업의 매우 경쟁이 치열한 창고형 클럽 부분에서 최고의 성취자이다. 1984년에 설립되어 120개 이상의 점포를 가지고 있고, 그 대부분은 미국 북동부에 집중되어 있다(Costco와 Sam's 클럽은 400개 이상의 점포를 가지고 있다). 2001년에 BJ는 전년대비 15% 상승하여 53억 달러의 매출을 달성했다. 규모뿐만 아니라 이익 또한 급속도로 성장했다. 2001년에 투자자본수익률(ROIC)은 월마트가 13.5%, Costco가 11%, 업계 평균이 10%인 데 비하여 19%에 이른다. 게다가 이 성과는 일시적인 이벤트가 아니다. BJ의 투자자본수익률은 1996년 이래로 매년 동종산업의 치열한 경쟁자들보다 뛰어나다.

　　어떻게 BJ는 그 우수한 이익을 얻을 수 있었는가? 대량구매에 의해 BJ는 공급 벤더들로부터 많이 할인된 가격을 얻을 수 있었으며, 제품 판매비용을 낮추었다. 게다가 그들은 자신들의 고유상표를 부착하여 판매하였기 때문에, 유명상표의 제품에 대하여 지급하는 가격을 낮추기 위한 수단으로서 이용하였다. BJ는 제조업자로부터 직접 트럭 전체 제품을 구매하고 창고보다는 판매대에 제품을 저장함으로써 다단계 유통경로와 관련된 제품 취급비용을 제거했다. 본질적으로, BJ는 전통적인 소매상보다 적은 공간을 이용하는 데 전념함으로써 부동산, 시설, 설비 등과 관련된 투자비용을 낮추고 투자자본수익률을 올릴 수 있었다. 게다가 높은 판매량은 급속한 재고 전환을 이끌었기 때문에, 물품 공급자들에게 돈을 지불하기 전에 많은 현금흐름을 만들어냈으며, 그 때문에 운영비용을 줄이고, 투자자본수익률을 끌어올릴 수 있었다.

　　이런 전략들이 BJ의 우수한 성과를 설명하는 데 도움을 줄 수 있다 하더라도, Costco와 월마트 또한 비슷한 비즈니스 모델을 가지고 운영하였다. 그렇다면 BJ가 다른 경쟁자들과 달리 높은 이익을 낼 수 있었던 것은 무엇 때문인가? 먼저 Costco와 다르게 BJ는 clustering 전략을 추구하였으며, 그 점포들을 서로 가까이 위치시킴으로써 cannibalize(동족끼리 잡아먹는) 영업을 하였다. 이렇게 함으로써 BJ는 분산 시스템의 효율을 최대화시킬 수 있었고, 이것은 이익을 최대화시킬 수 있었다. 지역에서 BJ의 강력한 존재는 구전광고를 위한 기회를 최대화하여 비용이 드는 광고를 감소시키고, 이익을 또한 증가시켰다. 마침내 이것은 인접한 점포를 위한 구매를 통합시키고, 더 많은 할인을 이끌 수 있게 당일 기준으로 그들을 운송하고, 운송비용과 보관비용을 감소시킨다.

둘째로, BJ는 단지 소도시와 도시 외곽에 점포를 위치하여 그들의 경쟁자에 의해 선호되는 더 큰 도심 지역보다 낮은 점포 비용을 의도하였으며, 점포에서 BJ의 투자를 줄이고, 이익을 증가시켰다. BJ의 평균 점포크기는 111,000Feet^{2}로서 Costco보다 20%, 월마트보다 10% 적다. 비록 Costco의 평균이 BJ의 두 배의 매출을 올리더라도 (100만 달러 대 43만 달러) 위치와 점포 크기의 차이에 기인한 것이며, 평균 손익분기점은 BJ가 평균 매출의 39%인 1,700만 달러인 데 반해 Costco는 평균 매출의 45%인 4,500만 달러이다. 낮은 손익분기점은 높은 이익으로 전환된다.

셋째로, BJ는 개인 소매 고객의 요구에 집중하고 서비스를 제공함으로써 그 자신을 차별화하기 위하여 노력했다. 반대로, 경쟁자들은 작은 회사와 개인 고객에 집중했다. 이렇게 하기 위하여, BJ는 그들의 경쟁자보다 많은 상품 아이템을 다루었다(Costco와 Sam클럽의 4,000에 비하여 6,000 아이템). 따라서 BJ는 Costco의 1~2가지에 비하여 4~5가지 TV 스타일을 다루었다. BJ는 폭넓은 선택권이 소매 고객들에게 더 어필할 수 있으며, 이것은 Costco와 Sam클럽에 비하여 약간 높은 가격이 든다고 믿었다. Costco가 8~12% 제품이윤폭인 데 비하여, BJ는 15% 정도로 높았다. BJ의 전략은 신용카드 매출 1위의 창고형 할인매장이 되도록 하였다(비용을 낮추기 위하여, Costco와 Sam클럽은 현금 또는 수표만을 고집하였었다). 도심 외곽 위치 전략은 또한 BJ의 소매상 고객 집중과 연결된다.

마지막으로, BJ는 정보기술 투자에서 리더가 되어 왔다. 이것은 재주문과 지불 시스템을 능률적으로 할 수 있도록 하는 전자POS 터미널을 이용하여 공동에서 작업하는 스캐닝 장치를 도입한 첫번째 할인점이 되도록 했다. BJ는 재고 보충을 위하여 일일 판매분석을 하였다. 획득된 효율은 적은 직원을 고용하는 것을 가능하게 했다. 회사는 지난 3년 동안 판매에서 봉급의 비중을 낮춰왔고 낮은 판매비용과 높은 이익으로 전환할 수 있었다. BJ는 또한 정보 시스템을 개별 멤버의 상세한 구매 데이터를 수집하는 데 사용하였다. 이것은 멤버의 구매행동에서 변화를 추적할 수 있는 스태프와 매니저를 고용하는 것과 고객의 요구에 따라 제품을 비축할 수 있는 것을 가능하게 했다.

따라서 사업을 하는 데 있어서 특유의 접근을 통하여 — 도심 외곽의 개인 소매상 고객을 위한 폭넓은 제품의 제공, 정보 시스템의 공격적인 이용 — BJ는 그 분야에서 경쟁사에 비하여 높은 이익을 획득할 수 있었다.

는지, 어떻게 약점이 회사의 이익을 낮추는지를 알 수 있어야 한다. 내부 경쟁력분석에서 결정적인 이슈들을 이 장에서 다루고 있다. 먼저, 경쟁적 우위의 지속성에 영향을 미치는 요소는 무엇인가? 둘째, 왜 성공적인 회사들도 자주 그들의 경쟁적 우위를 잃는가? 셋째, 어떻게 회사는 경쟁에서 실패를 피하고 계속 경쟁적 우위를 지속할 수 있을까?

이 장을 읽은 후에는, 경쟁적 우위의 특성과 왜 경영자가 우수한 성과와 이익을 얻기 위하여 산업 환경분석을 수행해야 하는 것처럼 내부 경쟁력분석을 수행할 필요가 있는지를 이해할 수 있을 것이다.

4.1 차별화된 경쟁력(Distinctive Competencies)

회사가 그 산업에서 모든 회사들의 평균수익보다 더 높은 수익을 얻을 때, 그 회사는 경쟁사들에 대하여 경쟁적 우위를 가진다고 한다. 몇 해에 걸쳐서 평균 이상의 수익을 올릴 수 있을 때, 지속적인 경쟁적 우위를 가진다. BJ는 우수한 수익성을 보이는 세계적인 소매상 월마트를 포함한 경쟁사들의 수익성을 능가하고 있다. BJ의 수익성은 미국 소매상의 평균에 비하여 50%가 높다. 무엇이 BJ의 경쟁적 우위와 탁월한 수익성의 원천인가? 또한 전략, 경쟁적 우위, 수익성은 무엇인가?

(1) 전략, 차별화된 경쟁력과 경쟁적 우위(Competitive Advantage)

전략의 목적은 경쟁적 우위를 얻는 것이다. 왜냐하면, 우수한 수익을 얻을 수 있기 때문이다. 따라서 전략은 경쟁적 우위와 수익을 얻기 위한 도구이다. 전략의 모든 수준(functional, business, global, corporate)들은 경쟁적 우위를 창조하는 데 관계한다. 그리고 어떤 기업수준이든지 경쟁적 우위를 얻기 위하여 전략을 사용한다.

차별화된 경쟁력은 회사가 제품에 대한 차별성을 가지고, 경쟁사에 비하여 낮은 비용을 가능하게 하며, 따라서 경쟁적 우위를 얻게 하는 회사의 강점이다. 예를 들면, 도요타는 제조공정의 개발과 운영에서 차별적 경쟁력을 가진다. 도요타는 적시생산시스템, 자율관리팀, 복잡한 설비 간의 셋업시간 감소와 같은 제조기술의 전체 범위에서 선구자이다. 이 경쟁력은 도요타 린생산시스템으로 알려져 있으며, 세계 자동차 산업에서 경쟁적 우위의 근간인 우수한 효율과 제품 품질을 획득하는 것을 돕는다. 차별화된 경쟁력은 자원과 능력의 보완적 관계로부터 나온다.

1) 자원(Resources)

자원은 회사가 고객을 위한 가치를 창조하는 것을 가능하게 하는 재정적, 물리적, 사회적, 인적, 기술적, 조직적 요소 재산이다. 회사의 자원은 유형자원과 무형자원의 두 가지 형태로 나누어질 수 있다. 유형자원은 부지, 건물, 공장, 자금과 같은 물리적인 것이다. 무형자원은 브랜드 네임, 회사의 평판, 직원들이 경험을 통해 얻은 것, 특허, 저작권, 상표 등을 포함하는 회사의 지적 자산 등과 같은 회사와 그 직원들이 창조한 비물리적인 개체이다.

회사 특유의 모방하기 어려운 자원을 가지고 있을수록, 회사의 차별적 역량을 강화한다. 예를 들어, 즉석 사진촬영에서 폴라로이드의 차별적 역량은 회사 특유의 가치 있는 무형 자원이다. 즉석필름 공정에서의 기술 노하우는 특허에 의해 모방으로부터 보호된다. 특허권이 종료되거나 디지털카메라와 같은 탁월한 기술은 폴라로이드의 차별적 역량을 사라지게 한다. 차별적 역량을 이끄는 것은 자원의 품질이며 이것이 가치가 되는 것이다. 그것은 회사의 제품에 대한 강력한 수요를 창출한다. 따라서 폴라로이드의 기술 노하우는 제품에 대한 강력한 수요를 만들 때 가치 있는 것이다. 이것은 우수한 디지털 기술이 등장함에 따라 폴라로이드의 가치가 사라진 것이다.

2) 능력(Capabilities)

능력은 자원의 조정과 생산적으로 사용되게 하기 위한 회사의 기량이다. 이 기술은 조직의 룰, 처리순서에서 존재한다. 즉, 조직의 목적을 달성하기 위한 의사결정과 내부과정을 관리하기 위한 스타일 또는 방식이다. 더 일반적으로, 회사의 능력은 조직구조, 프로세스, 제어시스템의 산물이다. 그들은 어디서 어떻게 회사가 의사결정을 하고, 회사의 보상하는 행동의 종류, 회사의 문화적 기준과 가치를 상술한다. 능력은 무형이다. 그들은 개인에게 있기보다는 조직의 관점에서 개인의 상호작용, 협동, 의사결정의 방식에 놓여져 있다.

3) 중요한 차이점

자원과 능력의 구별은 무엇이 차별적 경쟁력을 생성하는지를 이해하는 데 결정적이다. 회사는 회사 특유의 가치 있는 자원을 가질지도 모른다. 그러나 이것이 효율적으로 사용되지 않는다면, 그것은 차별적 경쟁력을 창출하지 못할 것이다. 경쟁사가 가지고 있지 못한 능력을 가지고 있는 한 차별적 경쟁력을 형성하기 위한 회사 고유의 가치 있는 자원은 필요가 없을지도 모른다. 예를 들어, 강철 미니밀 오퍼레이터 Nucor는 미국 철강 산업에서 가장 효율적인 비용인 것으로 알려져 있다. 저비용 철강 생산에서 그 회사의 차별적 경쟁력은 회사 특유의 가치 있는 자원에서 나온 것은 아니다. Nucor는 다른 미니밀 오퍼레이터와 같은 공장, 설비, 숙련된 직원, 노하우 등의 자원을 가지고 있다. 무엇이 Nucor가 매우 생산적인 방식에서 회사의 자원을 관리하기 위한 유일한 능력을 구별하게 하는가? 특히 Nucor의 구조, 통제시스템, 문화가 회사 내 모든 수준에서 효율을 촉진한다.

요약하면, 차별적 경쟁력을 가지는 회사가 최소한 가지고 있어야 하는 것은 ① 자원을 활용하기 위하여 중요한 회사 특유의 가치 있는 자원과 기술적 능력(폴라로이드의 예), ② 자원을 관리하기 위한 회사 고유의 능력(Nucor의 예)이다. 회사의 차별적 경쟁력은 회사 고유의 가치 있는 자원을 가지고 있고, 이것을 관리하기 위한 회사 고유의 능력을 가지고 있을 때 가장 강력하다.

〈그림 4-1〉은 회사의 전략, 차별적 경쟁력, 경쟁적 우위의 관계를 보여주고 있다. 차별적 경쟁력은 회사가 추구하는 전략을 구체화하고, 그것은 경쟁적 우위와 탁월한 수익을 이끈다. 그러나 회사가 채택한 전략은 새로운 자원과 능력을 형성하며, 기존의 자원과 능력을 강화한다. 그로 인하여 기업의 차별적 경쟁력은 강화된다. 따라서 차별적 경쟁력과 전략의 관계는 선형적인 것은 아니며, 차별적

그림 4-1   전략, 자원, 능력, 경쟁력

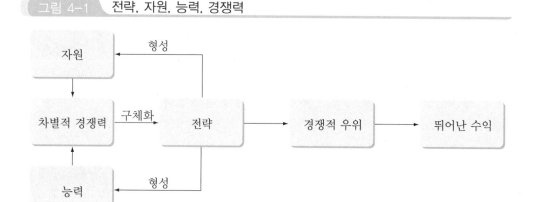

경쟁력은 전략을 구체화하고, 전략은 차별적 경쟁력을 형성하고 창조하는 것을 돕는 상호적인 것이다. 1980년대 이후로 월트디즈니의 역사는 이 과정을 보여주고 있다.

1980년대 초, 아이스너(Michael Eisner)가 CEO에 지명되었을 때 경영의 격동은 최고조에 달하여 디즈니는 빈곤한 재정으로 고통받았다. 4년 후에, 디즈니의 매출은 16.6억 달러에서 37.5억 달러로 증가했으며, 순이익은 9천 8백만 달러에서 5억 7천만 달러로, 주식가치는 18억 달러에서 103억 달러로 증가했다. 무엇이 자원과 능력을 공격적으로 이용하기 위한 변화를 가져왔는가? 바로 디즈니의 막대한 필름 라이브러리와 그 브랜드 네임, 영화제작 기술이다. 아이스너 하에서, 많은 디즈니의 고전들이 재개봉되었으며, 극장에서 먼저 개봉하고 비디오를 출시하여, 회사가 번 돈은 수백만 달러이다. 아이스너는 디즈니가 만든 유명한 원작들을 삭제 없이 재개봉했다. 디즈니의 브랜드 네임과 애니메이션 기술의 결합을 통하여 '인어공주', '미녀와 야수', '알라딘', '포카혼타스', '라이온 킹' 등의 작품을 박스오피스에서 히트시켰다. 디즈니는 또한 회사의 라이브러리와 브랜드 네임을 이용하기 위하여 케이블 채널(디즈니 채널)에 진출하였다.

그의 전략의 선택을 통하여, 아이스너는 또한 다른 사업으로 새로운 역량을 개발하였다. 예를 들어 디즈니의 영화 제작 부서에서, Touchstone이라는 상표의 저비용 영화 부서를 만들어서, 저예산 박스오피스의 연속 히트를 이루었다. 컴퓨터 애니메이션 회사 Pixar와 장기간 합작을 시작하고, 컴퓨터 애니메이션에서 역량을 개발하였다. 이 협업전략은 '토이 스토리'와 '몬스터 주식회사'와 같은 히트 상품을 만들었다. 요약하면, 디즈니의 변화는 기존의 자원과 능력을 활용하는 전략뿐만 아니라, 컴퓨터 애니메이션 영화에서 회사의 역량을 창조하는 새로운 자원과 능력을 만드는 전략이다.

(2) 경쟁적 우위와 가치창조, 그리고 수익성
(Competitive Advantage, Value Creation, and Profitability)

경쟁적 우위는 탁월한 수익을 이끈다. 가장 기본적인 수준에서, 회사가 얼마나 수익적으로 되는지는 다음 세 가지 요소에 의존한다. ① 고객이 회사의 제품에 부여하는 가치의 양, ② 회사가 제품에 부여하는 가격, ③ 가치를 창출하는 비용. 가치와 가격의 차이는 중요하다. 가치는 고객이 제품에 부여하는 어떤 것이다. 이것은 성능, 디자인, 품질, 판매, 애프터서비스와 같은 제품의 속성의 함수이다. 예를 들어, GM의 저가의 경제적인 차보다는 도요타의 최고급 렉서스에 더 높은 가치를 부여한다. 정확히 말하자면, 고객들은 렉서스가 더 좋은 성능, 탁월한 디자인, 품질, 서비스를 가진다고 인식한다. 소비자의 관점에서 제품의 가치를 강화하는 회사는 가격옵션을 가진다. 이것은 가치를 반영하기 위하여 가격을 올리거나, 더 많은 고객들이 이 제품을 구입하도록 하고 더 많은 양을 판매할 수 있도록 가격을 낮게 유지하는 것을 뜻한다.

회사에 의해 결정되는 가격은 고객에 의해 제품 또는 서비스에 부여되는 것보다 낮다. 고객은 경제학자들이 소비자잉여라 부르는 형태의 가치를 가지려고 하기 때문이다. 고객은 회사 간의 경쟁을 통하여 이렇게 할 수 있으며, 그래서 회사는 독점 공급자가 할 수 있는 가격보다 낮은 가격을 부여한다. 게다가 회사는 각 개인이 부여하는 평가를 반영하는 가격을 각 고객에게 부여할 수 있을 정도로 시장을 나누는 것은 불가능하다(경제학자들이 reservation price라고 언급하는 것). 이런 이유로 가격은 고객들이 제품에 부여하는 가치에 비하여 낮게 책정된다. 그럼에도 불구하고, 기본적인 원리를 기억하라. 회사가 창출하는 가치가 많을수록, 회사는 더 많은 옵션을 가진다.

이 개념은 〈그림 4-2〉에 나타나 있다. V(value: 가치)는 고객에 대한 제품 단위당 평균가치이다. P(price: 가격)는 회사가 제품에 대하여 부과하기로 결정한 단위당 평균가격이다. C(cost: 비용)는 제품의 실제 생산비용과 생산시스템에 투

그림 4-2 제품단위당 가치

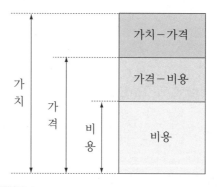

자된 자본을 포함하는 제품 생산의 평균 단위 비용이다. 회사의 평균이익은 $P-C$ 이다. 소비자잉여는 $V-P$이다. 회사는 P가 C를 넘는 한 수익을 얻는다. 회사의 수익은 P에 대하여 상대적으로 C가 낮아질수록 증가한다. V와 P의 차이는 시장에서 경쟁의 강도에 의해 부분적으로 결정된다. 경쟁의 강도가 낮으면, V에 비하여 상대적으로 P가 높다. 그러나 이것은 또한 소비자의 가격선택에 의해 결정된다. 우리가 본대로, 회사는 양에 대하여 상대적으로 낮은 가격을 유지하는 것을 선택할 것이다. 낮은 가격은 회사가 더 많은 제품을 팔 수 있게 하며, 규모의 경제를 달성하고, P에 대하여 상대적으로 낮은 C에 의해 마진이 증가하기 때문이다.

고객에 의해 창조된 가치는 인식되는 가치(V)와 생산의 비용(C) 간의 차이에 의해 측정될 수 있다. 말하자면 $V-C$이다. 회사는 비용 C의 생산요소를 소비자가 부여하는 가치로 전환함으로써 가치를 창출한다. 회사는 탁월한 디자인, 성능, 품질, 서비스 등과 같은 것을 통하여 더 매력적인 제품을 만듬으로써 낮아지는 C에 의해 고객에 대하여 더 많은 가치를 창출할 수 있다. 고객이 제품에 더 많은 가치를 부여할 때(V가 증가할 때), 그들은 더 높은 가격(P가 증가)을 지불하려 할 것이다. 이 논의는 회사가 경쟁사들이 하는 것보다 고객에 대한 더 많은 가치를 창출할 때, 회사가 경쟁적 우위와 높은 수익성을 가진다는 것을 의미한다.

회사의 가격옵션은 〈그림 4-3〉과 같다. 회사의 현재 가격이 그림의 가운데 부분이라고 하자. 회사는 회사의 수익을 증가시키기 위하여 그 제품이 제공하는 가치를 V에서 V^*로 증가시키기 위하여 전략을 추구하기 위한 결정을 했다고 생

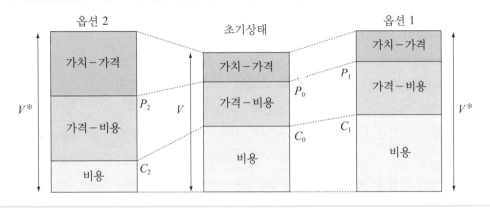

그림 4-3 가치 생성과 가격 옵션

주: 옵션 1은 가치에 적합하게 가격인상이고, 옵션 2는 수요진작을 위하여 가격을 낮추는 방법이다.

각하자. 가치를 증가시키는 것은 초기에 생산비용을 증가시킨다. 왜냐하면 회사는 제품의 성능, 품질, 서비스 등을 증가시키기 위하여 더 많은 돈을 소비해야 하기 때문이다. 여기에는 회사가 추구할 수 있는 두 가지 가격옵션이 있다. 옵션 1은 높아진 가치를 반영하기 위하여 가격을 올리는 것이다. 회사는 그 비용이 증가한 이상으로 가격을 올리고, 이익마진은 ($P-C$) 증가한다. 옵션 2는 선택이 다른 집합과 관련된다. 회사는 그 규모를 확장하기 위하여 가격을 낮춘다. 기본적으로, 여기에서 발생하는 것은 고객이 더 많이 거래를 한다는 것이다. 왜냐하면 가격이 가치에 비하여 매우 낮기 때문이다(소비자잉여가 증가한다). 그래서 그들은 더 많이 사려고 덤벼든다(수요가 증가한다). 증가된 수요에 기인하여 단위 수량은 증가하고, 회사는 규모의 경제를 이루고, 그 평균 단위 비용이 감소한다. 비록 가격이 낮아졌다 하더라도 많아진 수요로 인하여 평균 생산비용이 감소하고, 규모의 경제에 도달하고, 이익마진이 커진다.

물론 〈그림 4-3〉에 설명한 것보다 많은 가격옵션이 있다(예를 들어, 가격을 고정하고 비용의 규모의 경제에 의해 비용이 낮아지고 마진이 증가함). 회사는 산업환경과 그 비즈니스 모델에 따라 다르다.

중요한 것은 경영자들은 가치, 가격, 수요, 비용 간의 동적인 관계를 이해해야 하며, 경쟁적 우위와 수익성을 최대화시키기 위하여 이해에 기초하여 의사결정을 해야 한다. 예를 들어, 옵션 2는 가격을 낮춰도 수요가 증가하지 않는다면 규모의 증가는 거의 없고, 가능한 전략은 아니다. 경영자는 수요에 대한 가치 창출과 가격 결정의 영향과 양이 증가함에 따라 어떻게 단위 비용이 변화하는지 이해해야 한다. 즉, 회사가 수익을 최대화하는 의사결정을 하기를 원한다면, 그들은 생산량의 다른 변화에서 회사의 제품과 비용구조를 위한 수요의 변화에 대하여 충분한 이해를 하고 있어야 한다.

자동차 산업을 고려해 보자. Harbour & Associates에 의한 보고에 따르면, 2001년 도요타는 북미에서 생산된 차당 900달러의 이익을 만들었다. GM은 대조적으로 한 대당 176달러를 만들었다. 무엇이 이 차이를 설명할 것인가? 먼저 도요타는 산업에서 품질에 대한 최고의 평판을 가지고 있었다. J. D. Power에 의하면, 도요타는 품질 측면에서 최고의 자리를 유지하고 있다. 반면 GM은 중간 집단에서 상위에 있다. 높아진 품질은 높아진 가치로 변환하고, 도요타는 GM보다 5~10% 높은 가격으로 변환하는 것을 가능하게 했다. 두 번째로, 도요타는 탁월

그림 4-4   GM과 도요타의 비교

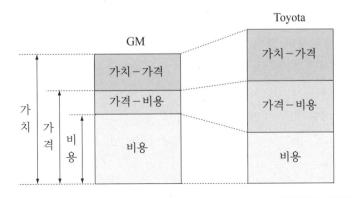

한 노동생산성에 부분적으로 기인하여 GM에 비하여 더 낮은 비용을 가지고 있다. 예를 들어, 도요타의 북미공장은 2001년 차 1대를 만드는 데 평균 31.06시간이 걸리지만, GM은 40.52시간이 걸린다. 9.5시간의 생산적 우위는 도요타의 더 낮은 고용비로 전환되고, 따라서 전반적인 비용구조를 더 낮게 한다. 따라서 〈그림 4-4〉에서 보는 것과 같다. GM을 능가하는 도요타의 우위는 더 높아진 가치로부터 나온 것이고, 이것은 회사가 더 높은 가격을 부여하는 것을 가능하게 하고, 낮은 비용구조로부터 현저하게 수익이 상승($P-C$)하는 것을 함축한다.

도요타의 가격결정은 가치, 가격, 수요, 비용의 관계에 대한 경영자의 이해에 의해 결정된다. 더 많은 가치를 창출하기 위한 능력을 고려할 때, 도요타는 〈그림 4-4〉에 나타난 것보다 더 높은 가격을 부여했다. 그러나 적은 매출규모, 작은 규모의 경제, 높은 단위 비용, 낮은 마진을 이끌지도 모른다. 도요타의 경영자는 제품과 비용 함수에 대한 수요의 평가를 고려할 때, 회사의 이익을 최대화할 수 있는 가격옵션을 찾으려고 하였다. 따라서 탁월한 가치 창출은 산업에서 가장 낮은 비용구조를 가지거나, 고객의 관점에서 가장 가치 있는 제품을 창출할 필요는 없다. 그러나 인식된 가치(V)와 생산의 비용(C) 간의 차이가 경쟁자들에 의해 달성된 차이보다 커질 필요는 있는 것이다.

(3) 차별화와 가격구조

도요타는 더 높은 가격과 낮은 비용구조를 가능하게 하는, 탁월한 품질에 의하여 GM으로부터 차별성을 가지고 있었다. 따라서 GM을 능가하는 그 경쟁적 우위는 뛰어난 차별성과 낮은 비용구조를 일으키는 차별적 역량을 이끄는 전략의 결과이다.

실로 어떤 회사의 비즈니스 모델의 심장은 ① 가격옵션을 부여하는 고객에 대한 더 많은 가치를 창출하는 방식에서의 제품의 차별성, ② 가격결정의 광범위한 선택을 부여할 수 있는 낮은 비용구조의 결과가 차별적 경쟁력 창출을 만들어 낼 수 있는 전략의 조합이다. 지속적인 경쟁적 우위와 탁월한 수익을 획득하는 것은 회사의 시장에서 수요 여건에 대하여 차별화와 가격결정을 통하여 가치 창출을 고려한 정확한 선택이 필요하다. 〈그림 4-5〉는 이를 나타내고 있다.

그림 4-5   경쟁력 우위의 원천

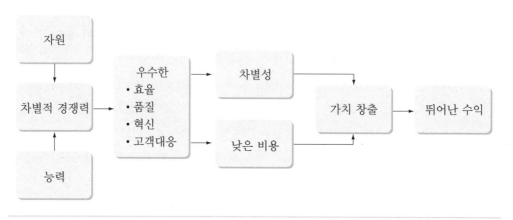

4.2 가치사슬(The Value Chain)

생산, 마케팅, 연구개발, 서비스, 정보시스템, 자재관리, 인적 자원과 같은 회사의 모든 기능은 비용구조를 낮추고, 차별화를 통하여 제품의 인식되는 가치를 증가시키는 역할을 한다. 이 개념을 관찰하는 첫번째 단계는 가치사슬로 고려되며 〈그림 4-6〉에 나타나 있다. 가치사슬이라는 용어는 회사가 투입을 고객가치라는 산출로 변형하는 활동의 사슬이라는 아이디어이다. 변화의 과정은 제품에 가치를 더하는 많은 주요 활동과 지원활동으로 구성되어 있다.

(1) 주요 기업활동(Primary Activities)

주요 활동은 제품설계, 생산, 제품의 운송, 마케팅, 지원활동, 애프터서비스 등과 같이 하는 것이다. 가치사슬은 〈그림 4-6〉에 나타나 있으며, 주요 기업활동은 4가지 기능으로 나누어진다(연구개발, 생산, 마케팅과 영업, 고객서비스).

1) 연구개발(R&D: Research and Development)

연구개발은 제품과 생산 프로세스의 설계에 관련된다. 우리가 비록 연구개발을 제조업체의 물리적 제품과 생산 프로세스의 설계와 관련되는 것으로서 생각한다고 할지라도 많은 서비스 기업들 역시 연구개발에 착수한다. 예를 들어 은행은 새로운 금융상품이나 이런 제품을 고객에게 전달하는 새로운 방식을 개발함

그림 4-6 가치사슬

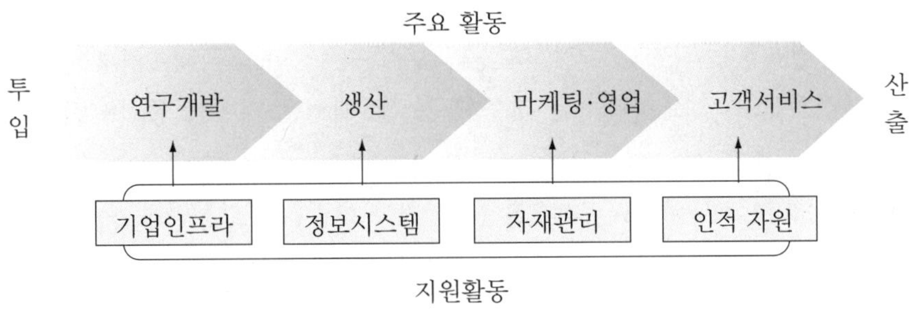

으로써 경쟁한다. 온라인 뱅킹과 스마트 카드들은 은행업계에서 새로운 제품개발 결실의 예이다. 은행 산업에서 혁신의 초기 예들은 ATM 기계, 신용카드, 선불카드 등이다.

탁월한 제품설계에 의해, 연구개발은 가치를 증가시킴으로써 고객에게 더 매력적으로 만들 수 있는 제품의 효용을 증가시킬 수 있다. 또한 연구개발은 더 효율적인 생산 프로세스를 만듦으로써, 생산비용을 낮출 수 있다. 이런 것들은 연구개발 기능이 비용을 낮추고, 회사가 더 높은 가격을 책정하는 것을 가능하게 한다. 예를 들어, 인텔에서 연구개발은 더 강력한 마이크로프로세서를 개발하고, 좀 더 효율적인 제조 프로세스의 선구자가 되는 것을 도움으로써 가치를 창출한다.

2) 생산(Production)

생산은 제품 또는 서비스의 창조에 관련된다. 물리적인 제품에 대하여, 우리가 제품에 대하여 이야기할 때, 우리는 일반적으로 제조를 의미한다. 은행과 소매 운영 같은 서비스에서, 생산은 일반적으로 은행이 고객에게 대출을 하는 것과 같이 고객에게 서비스가 도달할 때 발생한다. 기업의 활동을 효율적으로 수행함으로써, 회사의 생산 기능은 회사의 비용구조를 낮추는 것을 돕는다. 예를 들어 현대차와 도요타의 효율적인 생산운영은 GM과 같은 경쟁자들과 비교하여 더 높은 수익성을 획득하는 것을 돕는다. 또한 생산 기능은 기업의 차별화(높은 가치)와 낮은 비용을 이끄는 높은 제품 품질과 조화하는 방식에서 그 활동을 수행할 수 있다.

3) 영업(Marketing and Sales)

마케팅과 영업 기능이 회사의 가치를 창출하는 것을 돕는 데는 몇 가지 방식이 있다. 브랜드 위치와 광고를 통하여, 마케팅 기능은 회사의 제품에 포함되는 고객이 인식하는 가치를 증가시킬 수 있다. 마케팅이 고객의 마음속에 회사 제품의 긍정적인 인상을 창조하는 것을 돕는 한, 기업은 가치를 증가시킨다. 예를 들어 1980년대 프랑스 회사 Perrier는 미국 소비자들에게 병에 든 저탄산수가 그것을 모으고 병에 담아 파는 비용은 0.5달러가 아니라 1.5달러의 가치가 있다고 설득했다. Perrier의 마케팅 효과는 본질적으로 고객이 제품에 만든 가치의 인식을 급격히 증가시켰다.

마케팅과 영업은 또한 고객의 요구를 발견하고, 그들을 제품을 설계할 때 좀 더 요구에 부합할 수 있도록 설계하는 회사의 연구개발 기능에 다시 피드백하는 것으로서 가치를 창출할 수 있다. 기업의 마케팅 기능에 의한 가치 창출의 예는 [기업사례 4-2]에서 볼 수 있다. 그것은 어떻게 화이저 제약의 영업력이 대표적 회사의 약품인 Zoloft에 관계된 가치의 인식을 증가시키는지 살펴본다.

4) 고객서비스(Customer Service)

기업의 서비스 기능의 역할은 애프터서비스와 지원을 제공한다. 이 기능은 고객이 제품을 구매한 후에 고객의 문제를 해결하고 지원함으로써 고객의 마음에 탁월한 가치의 인식을 창조할 수 있다. 예를 들어 미국의 중장비 설비 생산업체인 Caterpillar는 세계 어디서나 24시간 이내에 여유 부품을 구할 수 있으며, Caterpillar 설비의 기능 장애가 있을 때 고객이 직면하게 되는 다운타임의 양을 최소화한다. 이것은 다운타임이 비용적으로 매우 비싼 산업에서 극단적으로 가치 있는 지원 능력이다. 이것은 또한 Caterpillar의 제품과 관계된 고객의 가치를 증가시키고, 따라서 Caterpillar가 그들의 제품에 높은 가격을 부여할 수 있다.

기업사례 4-2 화이저 회사의 가치창조

미국의 Eli Lilly & Co.은 우울증 치료제 Prozac으로 우울증 치료제의 황금시장을 장악하고 있었다(1995년: 20억 달러). Pfizer는 1992년 비슷한 효과를 가진 Zoloft라는 약을 시판하였고, 많은 전문가들은 두 회사의 제품이 비슷한 효과와 부작용을 가진 제품이라는 견해를 가지고 있었다. Pfizer는 공격적인 마케팅과 영업캠페인을 통하여 1992년 0%에서 1998년 40%의 시장점유를 이끌어 냈다. 의사들에게 Zoloft가 Prozac보다 안전한 약이라는 인식을 심어주려고 했으며, 주영업 대상은 정신과의사들보다는 처방전을 내리는 내과의사 중심이었다. 공격적인 마케팅과 영업캠페인으로 급속한 수익이 증가와 시장점유를 이끌어 냈다.

(2) 지원활동(Support Activities)

가치사슬의 지원활동은 주요 활동이 발생하도록 하는 입력을 제공한다. 이 활동들은 4가지 기능으로 나뉜다(자재관리, 인적 자원, 정보시스템, 기업인프라(〈그림 4-6〉).

1) 자재관리

자재관리(또는 logistics) 기능은 가치사슬을 통하여 생산을 통한 조달되어 분산되는 물리적 자재의 전송을 제어한다. 이것을 수행할 때의 효율은 비용을 현저하게 낮출 수 있고, 그렇게 함으로써 더 많은 가치를 창출한다. 미국의 할인점 월마트는 업계에서 가장 효율적인 자재관리를 하는 것으로 알려져 있다. 공급자로부터 제품이 점포를 통하여 고객에게 가는 흐름을 타이트하게 통제함으로써, 월마트는 많은 재고를 유지해야 하는 필요성을 제거했다. 재고가 낮아지는 것은 비용이 낮아지는 것을 의미하고, 따라서 더 많은 가치가 창출된다.

2) 인적 자원(Human Resources)

인적 자원이 기업이 더 많은 가치를 창출하도록 돕는 기능은 많이 있다. 이 기능은 회사가 가치 창출 활동을 효율적으로 수행하기 위하여 숙련된 직원들을 잘 혼합해야 한다는 것을 확실하게 한다. 이것은 또한 직원들을 잘 훈련하고, 동기부여하고, 그들의 가치 창출 업무수행에 대하여 보상하는 것을 포함한다. 인적 자원이 잘 수행되면, 노동생산성이 증가하고(비용은 낮아진다) 고객서비스는 향상되며(가치가 상승한다) 그것에 의하여 회사가 더 많은 가치를 창출하는 것을 가능하게 한다.

3) 정보시스템

정보시스템은 자재관리, 판매분석, 가격결정, 제품판매, 소비자 서비스 요청 등을 위한 대형의 전자시스템이다. 정보시스템은 인터넷의 통신 특징들과 결합될 때, 회사가 다른 가치 창출 활동을 관리하는 것으로 효율성과 효과성을 향상시킬 수 있는 보장을 제공한다. 예를 들어 월마트는 그들의 사업 방식을 바꾸기 위하여 정보시스템을 사용한다. 개별 아이템의 판매를 면밀히 분석함으로써 비용을 절약하고, 회사는 월마트와 관련된 고객의 가치인식을 증가시키는 상품의 적절한 혼합을 제공할 수 있다.

4) 기업인프라(Company Infrastructure)

기업인프라는 모든 가치 창출 활동이 발생하는 전사적 관점이다. 조직구조, 통제시스템, 기업문화 등이다. 최고경영자는 회사의 이런 측면을 형성하는 데 있어서 상당한 영향을 미칠 수 있으므로 기업의 인프라의 한 부분으로서 보여질 수 있다. 실로 강력한 리더십을 통하여 최고경영자는 회사의 인프라와 그것을 통하여 발생하는 모든 다른 가치 창출 활동의 성과를 구체화할 수 있다.

4.3 경쟁력 우위의 기본요소

경쟁적 우위를 만들고 증진시킬 수 있는 4가지 요소(월등한 효율, 품질, 혁신, 고객대응)는 회사의 차별적 역량의 핵심이다. 그들은 회사가 ① 그들이 제공하는 제품을 차별화하고, 따라서 더 큰 고객의 가치를 창출하며, ② 더 낮은 비용구조를 가능하도록 한다. 이 요소들은 경쟁적 우위의 원천적 구성 요소이다. 회사는 그 산업 또는 생산하는 제품이나 서비스에 상관없이 그들을 추구할 수 있다. 아래에 순차적으로 설명되어 있지만, 그들은 매우 높은 상관관계를 가지며, 그들이 각각 상호 간에 영향을 미치는 방식을 주의 깊게 관찰해야 한다. 예를 들어 탁월한 품질은 탁월한 효율을 이끌고, 혁신은 효율, 품질, 고객대응을 낳는다.

(1) 효율(Efficiency)

어떤 관점에서, 기업은 투입을 산출로 변환하기 위한 시스템이다. 투입은 노동, 대지, 자본, 관리, 기술 노하우 같은 생산의 기본적인 요소이다. 산출은 기업이 생산하는 제품과 서비스이다. 효율의 간단한 척도는 일정한 산출을 생산하기 위하여 취하는 투입의 양이다. 즉, 효율=산출/투입이다. 더 효율적인 회사는 일정한 산출을 생산하기 위하여 필요한 투입이 더 적은 것이다. 예를 들어, GM이 차 1대를 조립하기 위하여 노동시간이 30시간이고 포드가 25시간이라고 할 때,

그림 4-7   경쟁력 우위의 기본요소

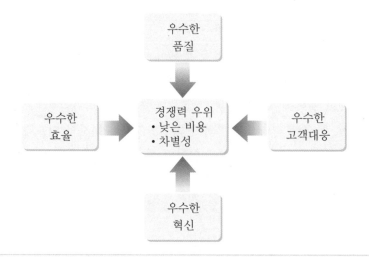

우리는 포드가 GM보다 더 효율적이라고 말할 수 있다. 임금률이 같다고 가정한다면, 우리는 이 정보로부터 포드가 GM에 비하여 더 낮은 비용구조를 가진다고 가정할 수 있다. 따라서 효율은 회사가 낮은 비용구조를 통하여 경쟁적 우위를 지속하는 것을 돕는다. 비슷하게, BJ는 기업에 투자된 자본에 대하여 달러당 7.47달러의 매출을 발생시켰고, Costco는 6.29달러를 벌어들였다. 명확히 BJ는 자본의 사용에 있어서 더 효율적이다. BJ는 Costco보다 1달러의 매출(산출)을 만들기 위하여 더 적은 자본(투입)이 필요하다는 것이다.

따라서 이런 예들은 많은 회사들에 대하여 효율의 가장 중요한 요소 두 가지는 노동생산성과 자본생산성이라는 것을 암시한다. 노동생산성은 일반적으로 직원당 산출, 자본생산성은 투자된 자본의 단위당 산출에 의하여 측정된다. 다른 상수들을 고정시킨다면, 산업에서 가장 높은 노동 및 자본생산성을 가진 회사가 일반적으로 가장 낮은 비용구조를 가지고, 그러므로 가격 기반의 경쟁적 우위를 가지게 된다. 생산성의 개념은 노동과 자본생산성에 제한되지는 않는다. 예를 들어 제약회사는 자주 그들의 연구개발에 투자된 자본으로부터 그들이 개발한 새로운 약들이 얼마나 많은지를 의미하는, 연구개발비용의 생산성에 대하여 이야기한다. 다른 회사들은 모든 판매 요청으로부터 그들이 얼마나 많은 판매를 생성했는지를 의미하는, 영업력 생산성을 이야기한다. 기억해 두어야 할 중요한 포인트는 높은 생산성이 높은 효율과 낮은 비용을 이끈다는 것이다.

[기업사례 4-3]은 Southwest 항공이 미국의 항공 산업에서 어떻게 저비용 포지션을 유지할 수 있었는지 살펴본다. 보면 알겠지만, 그 경쟁적 우위는 탁월한 노동생산성으로부터 나온 것이다.

기업사례 4-3 Southwest Airlines의 저가항공비용 구조

Southwest 항공은 미국 항공 산업에서 오랫동안 두드러진 성과를 보여주고 있다. 이 회사는 저가 비용구조에 의하여 다른 경쟁사에 비하여 약 30% 저렴한 운임으로 유명하며, 2001년 같은 산업이 슬럼프에 빠진 해에도 탁월한 수익을 기록했다. Southwest는 테러리스트들이 세계무역센터와 미 국방부를 공격한 9월 11일 사태 직후의 분기에서도 이익을 보여주었다.

Southwest의 낮은 비용구조의 주요 원천은 매우 높은 노동생산성으로 생각된다. 항공사가 노동생산성을 측정하는 한 가지 방식은 직원 대 수송한 승객의 비율에 의한 것이다. 미국 운송연합으로부터의 자료에 의하면, 2000년 Southwest는 직원 대 고객의 비율이 1:2,424였으며, Alaska 항공이 1:1,518, Delta 항공이 1:1,493이었다. 미국의 메이저 항공사 중에서 최악의 경우는 2000년에 1:938이었다. 이것은 Southwest가 경쟁사들보다 적은 인원으로 운영되었다는 것을 뜻한다. 어떻게 이것이 가능했는가?

먼저 Southwest는 직원 고용에 많은 주의를 기울였다. 평균적으로 회사는 면접한 사람의 3%를 고용했다. 고용할 때는 팀워크와 긍정적인 태도를 매우 강조했다. Southwest는 기술은 배울 수 있지만 긍정적인 태도는 그렇지 않다고 생각했다. Southwest는 또한 열심히 일한 직원에서 성과급을 제공하였다. 모든 직원들을 profit-share 계획에 포함했으며, 그러한 직원들 몫의 최소한 25%는 Southwest의 주식에 투자하도록 하였다. 이것은 간단한 공식으로 만들었다. 직원이 더 열심히 일하면 Southwest에 더 많은 이익이 돌아오고, 직원은 더 많은 보상을 받아야 한다는 것이다. 그 결과는 명확하다. 다른 항공사들에서는 조종사들이 승객들의 탑승 체크를 돕는 것을 볼 수 없다. Southwest에서는 조종사와 승무원들이 비행기를 깨끗이 하고 게이트에서 승객들의 탑승을 돕는 것으로 유명하다. 그들은 가능한 빨리 출항 준비를 하고 이륙을 한다. 착륙하기 전까지는 어떤 돈도 벌 수 없기 때문이다.

Southwest는 또한 가능한 운영비용을 줄이기 위하여 노력하였다. 보잉 737 단일 기종을 운영함으로써 교육비, 유지비, 재고비 등을 줄일 수 있었던 반면, 승무원과 비행 스케줄에서의 효율은 증가하였다. 운영은 거의 표가 없이 이루어졌으며, 비용과 사무실의 회계 기능은 감소하였다. 다시 비용을 줄이기 위하여 좌석 지정을 없앴다. 비행 중에 기내식, 영화관람, 다른 항공사로의 수하물 이송 등을 제한하였다. Southwest와 다른 항공사의 또 다른 중요한 차이는, 혼잡한 허브공항으로부터 운영되는 것이 아니라 지점간 비행을 하였다. 그 결과로 비용이 낮아졌다.

(2) 품질: 신뢰성 및 속성(Quality: Reliability and Other Attributes)

제품은 일련의 속성으로서 생각될 수 있다. 예를 들어 많은 물리적 제품들의 속성은 제품의 형태, 특징, 성능, 내구성, 신뢰성, 스타일, 디자인들을 포함한다. 제품은 고객이 특정 제품의 속성에서 경쟁사의 속성과 비교하여 더 좋은 가치를 인식할 때, 우수한 품질을 가진다고 말할 수 있다. 예를 들어 롤렉스 시계는 다른 시계들의 속성과 비교할 때 고객이 탁월하다고 인지하는 디자인, 스타일, 성능, 신뢰성 같은 속성을 가진다. 따라서 우리는 높은 품질의 제품으로서 롤렉스를 언급할 수 있다. 롤렉스는 이러한 속성에 의해서 차별성을 가진다.

제품의 여러 가지 속성 중에서, 지난 20년간 특별히 중요하게 받아들여지는 것 중 하나는 신뢰성이다. 제품이 지속적으로 잘 디자인되고, 잘 작동하고, 고장이 드문 경우에 신뢰할 만하다고 말할 수 있다. 제품신뢰성을 증가시키는 것은, 1980년대 일본에서 시작된 전사적 품질관리라는 감동을 주는 경영철학의 핵심목표가 되어 왔다. 품질의 전반적인 인지에서 그것의 독특한 역할 때문에, 이 책에서 우리는 제품품질을 논할 때 제품의 다른 속성으로부터 신뢰성을 분리시켰다. 따라서 우리는 인식되는 가치를 증가시키고, 고객이 높은 가치를 갖는다고 인식하는 여러 가지 속성에 의해 차별화되고, 잘 만들어지고, 잘 설계된 상품과 서비스로서 제품 품질을 정의한다.

신뢰성과 다른 속성들의 두 범위에 대한 제품의 위치는 〈그림 4-8〉과 같이 그려질 수 있다. 예를 들어 렉서스는 다른 대부분의 차에 대하여 고객들에게 탁월하다고 인식되어질 수 있는 디자인, 스타일, 성능, 안전과 같은 속성을 가진다. 또한 렉서스는 매우 신뢰성이 높은 차이다. 따라서 렉서스의 전반적인 품질 수준은 고객의 마음에 감동을 줄 수 있을 정도로 매우 높으며, 이것은 도요타에게 렉서스에 대한 프리미엄 가격을 형성할 수 있는 기회를 제공한다. 또한 도요타는 신뢰성 높은 차 Corolla를 생산하지만, 이것은 덜 부유한 고객들을 겨냥한 것이고, 렉서스의 많은 탁월한 성능이 빠져 있다. 따라서 이것이 비록 신뢰성 관점에서 높은 품질의 차라고 할지라도 렉서스 같은 높은 품질은 아니다. 범위의 다른 쪽 끝에서, 우리는 나쁜 디자인과 성능·스타일, 낮은 신뢰성과 열등한 속성을 가진 낮은 품질 제품을 발견할 수 있다. 그 예는 1980년대 유고슬라비아에서 만든 Yugo라는 차이다. Yugo는 예산이 한정된 사람들을 겨냥한 네모난 저마력의 차이

그림 4-8   자동차의 품질 지도

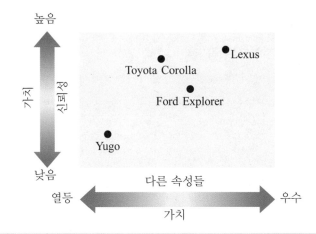

며 스타일, 신뢰성, 안정성에서 우울한 평판을 받았다. 따라서 그 전반적인 품질은 매우 낮다. 차가(또는 다른 제품이) 우수한 속성을 가질지 모르지만, 매우 낮은 신뢰성을 가진다면, 그것은 전체 품질에 손상을 줄 것이다.

품질의 개념은 우리가 도요타의 차, Gap에 의해 디자인되고 팔리는 옷, 씨티은행의 고객서비스 부서 또는 항공사의 정시도착 능력에 관하여 이야기하는 것으로 적용된다. 품질은 제품 또는 서비스로 나타난다. 경쟁적 우위가 있는 높은 제품 품질은 두 가지 영향력이 있다. 먼저, 고객의 관점에서 높은 품질 제품을 제공하면 제품의 가치를 증가시키는 것이다. 이 가치의 향상된 인식은 회사에게 그 제품에 높은 가격을 부여할 수 있는 선택권을 준다. 예를 들어 자동차 산업에서 도요타는 제품의 높은 품질 때문에 높은 가격을 부여할 수 있다. 따라서 GM과 비교할 때, 도요타는 낮은 비용과 높은 가격형성 능력을 가진다. 그 결과로 도요타는 GM보다 더 많은 이익마진을 가지고 운영되어 왔다.

경쟁적 우위에서의 높은 품질의 두 번째 효과는 신뢰성 있는 제품은 더 높은 효율과 낮은 단위 비용으로부터 나온다. 제품이 신뢰성이 있을 때, 결함이 있는 제품을 만들거나 불충분한 서비스를 제공하는 데 보낸 시간을 줄이게 되고, 시간의 여유를 가지면 실수를 회복시킬 수 있는 시간을 가지게 되며, 높은 노동생산성과 낮은 단위 비용으로 전환된다. 따라서 높은 생산성은 회사가 경쟁사로부터 그 제품을 차별화시키는 것 뿐만 아니라 제품에 신뢰성이 있다면 그것은 또한 낮은 비용을 가능하게 한다.

경쟁적 우위를 형성하기 위하여 신뢰성의 중요성은 지난 10년간 극적으로 증가하였다. 강조하고 싶은 점은 높은 제품 신뢰성을 획득한 많은 회사들은 신뢰성을 더 이상 경쟁적 우위를 얻기 위해 오직 한 방식으로만 보고 있지 않는다는 것이다. 많은 산업에서, 이것은 생존을 위한 절대적 필수요건이 되었다. 컨티넨탈 항공의 전향을 보여주는 [기업사례 4-4]는 서비스 환경에서 품질의 중요성을 보여주고 있다.

기업사례 4-4 Continental Airlines Goes from Worst to First

Gordon Bethon이 보잉사를 떠나 컨티넨탈 항공의 CEO가 되었을 때, 회사는 미국의 메이저 항공사 중에서 최악의 성과와 최소의 이익을 내고 있었다. 가장 중요한 문제는 신뢰성의 부족이었다. 1994년 컨티넨탈 비행기의 정시율은 61%였으며 J. D. Power & Associates에 의한 유력한 고객만족도에서 실로 최하위였다. 불행히도 항공 탑승객들이 이용할 항공사를 선택하기 위한 가장 중요한 요소는 정시율이었다. 신뢰성은 항공사 품질을 결정하기 위하여 사용되는 주요한 척도이다.

Bethon은 곧 이전의 관리가 비용을 갉아먹었고 지금까지 서비스는 병을 앓았다는 결론을 내렸다. 그의 말에 의하면, "우리의 서비스는 비참했고 비행기가 착륙할 때까지 아무도 알지 못했다. 우리는 예측할 수 없고, 신뢰할 수 없었으며, 당신을 빈 비행기에 남겨두는 것과 같다. 우리는 비참한 제품을 가지고 있었고 아무도 이것을 사길 원하지 않았다." Bethon의 해답은 무엇인가? 그는 직원들에게 정시율이 좋아지면, 모든 직원들이 65달러의 보너스를 받을 것이라고 말했다. 항공사에 대한 전체 비용은 26억 달러였다. Bethon은 더 많은 돈을 들여서 정시율을 향상시키길 원했고 실행했다. 이 프로그램은 1995년 1월에 시작되었고, 정시율은 71%에 달했다. 그 해 말에는 80%까지 올라갔으며 컨티넨탈은 정시율에서 5위까지 올라갔다. 1996년에 Bethon은 보너스를 더 얻기 위하여 3위권 이내에 도달해야 한다고 공고했으며, 보너스는 100달러까지 증가시켰다. 항공사는 결국 2위로 올라섰으며 이후로 3위권 밖으로 떨어지지 않았다.

또한, 신뢰성 상승을 위하여 프런트라인 직원에게 의사결정권을 부여하였다. 이것은 고객접점에서의 유연한 접근을 도모하기 위한 것이었으며, 서비스 질의 향상과 고객 인식에 있어서 눈부신 향상을 달성할 수 있었다.

(3) 혁신(Innovation)

혁신은 새로운 제품 또는 프로세스를 창조하는 활동이다. 혁신에는 두 가지 종류가 있다. 제품 혁신과 프로세스 혁신이다. 제품 혁신은 새로운 제품 또는 기존의 제품에 대하여 탁월한 속성을 갖는 제품을 개발하는 것이다. 예를 들어 1970년대 인텔의 마이크로프로세서의 개발, 1980년대 시스코의 라우터 개발, 2010년대 상업적으로 성공적인 컴퓨터의 다양한 기능이 탑재된 스마트폰 개발 등이다. 프로세스 혁신은 제품의 개발 또는 고객에 전달하는 새로운 프로세스의 개발이다. 예를 들어 자동차를 만들기 위한 도요타의 린생산시스템으로 알려진 적시생산시스템, 자율관리팀, 복잡한 설비를 위한 셋업시간 감소 등의 새로운 기술을 개발하였다. 월마트는 물류관리, 제품 혼합, 가격결정 등을 관리하기 위하여 정보시스템을 사용하는 노력의 선구자이며, Staples는 슈퍼마켓 비즈니스 모델을 소매상 공급 사업에 적용하였다.

제품혁신은 새로운 제품을 창조하거나 기존의 제품을 개선함으로써 소비자들이 더 바람직한 것으로 인식하는 가치를 창출하고, 따라서 회사의 가격결정 옵션이 증가한다. 프로세스 혁신은 종종 회사가 낮은 생산비용에 의해 더 많은 가치를 창출하는 것을 가능하게 한다. 예를 들면, 도요타의 린생산시스템은 고용생산성을 끌어올리는 것을 도왔고, 따라서 도요타에게 비용 기반의 경쟁적 우위를 주고 있다. 비슷하게 Staples이 슈퍼마켓 비즈니스 모델을 소매상 공급자들에게 적용한 것은 도매상 공급자들의 비용을 낮췄다. Staples는 낮은 가격으로 고객의 비용을 절감할 수 있도록 했고, 회사의 시장점유를 급속하게 증가시킬 수 있게 했다.

장기적 관점에서, 제품과 프로세스의 혁신은 경쟁적 우위의 가장 중요한 구성블록일 것이다. 경쟁은 혁신에 의해 움직이는 프로세스로서 보여질 수 있다. 비록 모든 혁신이 성공적인 것은 아니라고 할지라도, 그것이 경쟁적 우위의 주요 원천이 될 수 있을 것이다. 왜냐하면 그 혁신의 정의에 의해, 혁신은 다른 경쟁사들이 부족한(최소한 그들이 혁신을 모방하기 전까지는) 우리 회사만의 독특한 유일성(uniqueness)을 준다. 유일성은 회사가 그 라이벌들로부터 그 자신을 차별화하고, 그 제품에 대하여 프리미엄가격을 형성하고, 많은 프로세스 혁신의 경우에도 경쟁자들의 비용 이하로 단위 가격을 감소시킬 것이다.

(4) 고객에 대한 반응(Responsiveness to Customers)

탁월한 고객 반응을 획득하기 위하여, 회사는 고객의 요구를 확인하고 만족시키는 데 있어서 경쟁사보다 더 잘 할 수 있어야 한다. 고객들은 경쟁적 우위에 기초한 차별성을 창출하는 제품에 더 많은 가치를 부여할 것이다. 회사가 제공하는 제품의 품질을 향상시키는 것은 기존 제품에 결여되어 있는 특징을 가진 새로운 제품을 개발하여 대응성을 획득하는 것과 조화를 이룬다. 탁월한 품질과 혁신을 획득하는 것은 고객에 대한 탁월한 대응을 획득하기 위하여 불가결한 것이다.

고객대응에 대한 논의에서 눈에 띄는 다른 요소는 개인 또는 고객 그룹에 대한 요구이다. 예를 들어 소프트 드링크와 맥주의 확산은 이 트렌드에 대한 반응으로서 부분적으로 보여질 수 있다. 자동차회사는 개인 고객이 원하는 차를 생산하는 것에 더 숙달되어질 것이다. 예를 들어 도요타의 선도는 현대자동차도 소나타의 색상과 옵션을 광범위하게 개발하여 개별 고객이 선택할 수 있는 다양한 차를 만들게 하였다.

고객에 대한 반응의 관점에서 주의를 끄는 것은 '고객반응시간'이다. 이것은 제품의 배달 또는 서비스의 수행까지 걸리는 시간이다. 기계 제조업체들에게 반응시간은 고객이 주문서를 작성하는 데 걸리는 시간이다. 은행에서, 이것은 대출과정에 걸리는 시간 또는 은행직원에게 서비스를 받기 위하여 줄을 서서 기다려야 하는 시간이다. 슈퍼마켓에서는, 고객이 계산을 위하여 기다려야 하는 시간이다. 고객조사에 의하면 느린 반응시간은 고객 불만족의 주요 원인이다.

고객반응을 향상시키는 다른 방법은 탁월한 디자인, 탁월한 서비스, 탁월한 애프터서비스를 위한 지원이다. 이 모든 요소는 고객반응을 향상시키고, 회사가 경쟁자들로부터 차별성을 가지는 것을 가능하게 한다. 차별성은 회사가 브랜드 로열티와 프리미엄 가격을 형성할 수 있도록 한다. 많은 사람들이 우편을 보낼 때 다음날 배달되기를 바라지만, 실제로는 3~4일이 걸린다. 1996년 미국 내에서 일반 우편이 32센트인 데 반하여, 빠른 우편은 10달러이다. 따라서 우편 배달(감소된 반응시간)을 위한 프리미엄가격은 9.68 달러 또는 보통 가격의 30.25배이다.

4.4 경쟁적 우위의 지속력

우리가 다루어야 할 다음 질문은 "한 번 창조된 경쟁적 우위를 얼마나 오래 지속시킬 수 있는가?"이다. 말하자면, "다른 회사가 경쟁적 우위를 확보하기 위하여 차별적 역량을 개발하기 위하여 노력하고 있을 때, 무엇이 우리의 경쟁적 우위를 지속시키는가?"이다. 대답은 다음 세 가지 요소에 의존한다(모방의 장벽, 경쟁자의 능력, 산업의 역동성).

(1) 모방의 장벽(Barriers to Imitation)

경쟁적 우위를 가진 회사는 업계 평균이익보다 높은 이익을 얻을 것이다. 이러한 이익은 회사가 탁월한 가치를 창조하는 것을 가능하게 하는 차별적 역량을 가졌다는 신호를 경쟁사에게 보낸다. 자연적으로, 그 경쟁사는 역량을 확인하고 모방하기 위하여 노력할 것이고, 모방하는 회사가 성공하는 한 모방당하는 회사의 이익을 감소시킬 것이다.

경쟁회사가 얼마나 빨리 회사의 차별적 역량을 모방할 수 있는가는 중요한 문제이다. 왜냐하면 모방의 속도가 회사의 경쟁적 우위의 지속을 가능하게 하기 때문이다. 다른 조건이 같다면, 더 빨리 경쟁사의 차별적 역량을 모방할수록, 그 경쟁적 우위는 덜 지속되게 되며, 더 중요한 것은 회사가 모방자들보다 한 단계 앞서 역량을 향상시키기 위하여 노력하는 것이다. 이것은 결국 거의 어떤 차별적 역량도 경쟁자에 의해 모방될 수 있다는 중요한 사실이다. 결정적인 이슈는 '시간'이다. 경쟁자가 차별적 역량을 모방하기 위하여 걸리는 시간이 길수록, 회사가 시장점유와 고객의 평판을 얻는 기회는 많아지며, 경쟁자들의 공격은 더 어려워진다. 게다가 모방을 하는 시간이 길어질수록, 모방당하는 회사가 역량을 향상시키고, 다른 역량을 형성하는 기회는 많아지며, 그것에 의해서 회사는 경쟁에서 한 걸음 앞서 있게 된다.

모방에 대한 장벽은 모방의 속도가 결정적인 요인이다. '모방에 대한 장벽'은 경쟁자들이 회사의 차별적 역량을 모방하는 것을 어렵게 만드는 요소이다. 모방에 대한 장벽이 더 클수록, 회사의 경쟁적 우위는 더 지속될 것이다. 모방에 대한 장벽은 경쟁자가 자원 또는 능력을 모방하기 위하여 노력하는지 아닌지에 의존하는 것과는 다르다.

1) 자원의 모방(Imitation Resources)

일반적으로, 미래의 경쟁자들에게 가장 쉬운 차별적 역량은 건물, 공장, 설비들과 같은 회사 소유 또는 유형자원에 기초한 것들을 모방하는 것이다. 그런 자원들은 경쟁자들에게 보여지고, 개방된 시장에서 종종 구입될 수 있다. 예를 들어 어떤 회사의 경쟁적 우위가 효율적인 제조 설비를 독점적 소유에 기초하고 있다면, 경쟁사는 비슷한 설비를 도입하기 위하여 매우 빨리 움직일지도 모른다. 1920년대 비록 포드가 자동차를 생산하기 위한 조립라인 제조 기술을 첫번째로 채택함으로써 GM을 넘어서는 경쟁적 우위를 가지고 있었다 할지라도, GM은 공정에서 경쟁사인 포드의 혁신을 재빨리 모방했다. 비슷한 과정은 자동차 산업에서 지금도 발생하고 있으며, 도요타의 생산시스템을 모방하기 위하여 현대자동차도 노력하고 있다.

무형자산은 모방하기에 더 어려워질 수 있다. 특히 브랜드 네임은 회사의 평판을 나타내기 때문에 중요하다. 중장비산업에서, 예를 들어 Caterpillar라는 브랜드 네임은 높은 품질과 탁월한 애프터서비스와 지원의 대명사이다. 비슷하게 St. Michael의 브랜드 네임은 영국의 가장 큰 소매상 Marks & Spencer에 의해 사용되었고, 높은 품질과 합리적인 가격을 상징한다. 고객은 그런 회사들의 제품에 대하여 선호를 나타낸다. 왜냐하면 브랜드 네임은 높은 품질의 중요한 보장이기 때문이다. 경쟁자가 잘 만들어진 브랜드 네임을 모방하려고 해도, 법은 그들이 그렇게 하는 것을 금지한다.

마케팅과 기술노하우는 또한 중요한 무형자원이며 비교적 쉽게 모방될 수 있다. 회사 간 뛰어난 마케팅 전문가의 이동은 마케팅 노하우의 일반적인 확산을 촉진한다. 예를 들어 1970년대 포드는 미국 3대 자동차 회사 중에서 최고의 마케터로서 알려졌었다. 1979년 가장 성공적인 마케터인 Lee Iacocca가 크라이슬러에 합류하고, 연속해서 그와 일하던 포드의 많은 톱 마케팅 직원들을 고용하면서 포드는 많은 마케팅 노하우를 잃었다. 좀 더 일반적으로, 성공적인 마케팅전략은 상대적으로 모방하기 쉽다. 왜냐하면, 그들은 경쟁사에게 보이기 쉽기 때문이다. 따라서 코카콜라는 다이어트 콜라라는 자신의 브랜드를 도입함으로써 재빨리 펩시의 다이어트 펩시 브랜드를 모방하였다.

기술적 노하우를 고려하면, 이론적인 특허시스템은 기술노하우를 모방으로 부터 보호한다. 특허는 새로운 제품의 개발자에게 20년간 독점적 생산권리를 준 다. 예를 들어 생물공학 회사 Immunex는 류마티스 관절염의 발병을 중지시키는 효과의 Enbrel을 발견하고 특허를 냈다. 모든 앞선 치료들은 환자에게 간단히 류 마티스 관절염의 증상으로부터 완화시켜 주는 것이었다. 1998년 FDA의 승인을 받고, Enbrel은 시장에서 첫해 4억 달러 이상의 매출을 올렸고, 연간수입 2억 달 러를 달성했을지도 모른다(2002년에 Immunex는 Amgen에 인수되었다). 많은 시장잠 재력에도 불구하고, Immunex의 특허는 잠재적인 경쟁자들이 Enbrel의 특허를 피 한 자신들의 버전을 출시함으로써 멈춰졌다. 그러나 모방으로부터 생물학적인 제 품을 보호하기 위한 특허시스템을 이용하는 것은 상대적으로 쉬운 반면, 많은 다 른 상품들에서는 아니다. 예를 들어 전자 및 컴퓨터 공학에서 특허와 비슷하게 창출하는 것은 종종 가능하다. 말하자면 특허된 기술에 의존하지 않고 기능적으 로 동등한 제품을 생산하는 것이다. 한 연구는 특허나 혁신의 60%가 4년 안에 경 쟁자가 성공적으로 발명한다는 것을 발견했다. 이것은 일반적으로 기술 노하우에 기초한 차별적 역량은 비교적 짧은 수명을 가진다는 것을 암시한다.

2) 능력의 모방(Imitating Capabilities)

회사의 능력을 모방하는 것은 유무형 자원을 모방하는 것보다 더 어려운 경 향이 있다. 왜냐하면 능력은 의사결정과 그 프로세스가 회사 내부에서 이루어지 는 방식에 기초하기 때문이다. 이것은 외부자들이 알아보기 어렵다.

보여지지 않는 능력의 특성은 모방을 멈추게 하는 데 충분하지 않다. 경쟁자 들은 여전히 그 회사로부터 떠난 사람들을 고용함으로써 어떻게 회사가 운영되 는지에 대한 통찰을 얻고 싶어 한다. 그러나 회사의 능력은 한 개인에게 존재하 는 것이 아니다. 오히려 특유의 조직 구조에서 어떻게 많은 개인이 상호 작용하 는지의 산물이다. 회사 내의 어떤 개인도 회사 내부의 전체 운영 방식과 과정을 잘 알 수 없다. 그런 경우에 핵심능력을 모방하기 위하여 성공적인 회사로부터 고용된 사람은 도움이 되지 않을 수도 있다.

(2) 경쟁자의 능력(Capability of Competitors)

　　Pankaj Chemawat의 연구에 의하면, 회사의 경쟁적 우위를 재빨리 모방하기 위한 경쟁자의 능력의 중요한 요소는 경쟁자의 기존 전략적 전념의 특성이다. '전략적 전념'은, Ghemawat에 의하면 회사의 전념은 회사가 사업을 하는 특별한 방식을 의미한다. 즉, 자원과 능력의 특정한 집합을 개발하는 것이다. Ghemawat의 포인트는 한 번 회사가 전략적 전념을 하게 되면, 그것은 새로운 경쟁에 대처하는 데 어려움을 가지게 된다. 그러므로 경쟁자들이 사업을 하는 특별한 방식에 대한 오랫동안 설립된 전념을 가지고 있을 때, 그들은 경쟁적 우위를 모방하기 위하여 혁신하는 것이 오래 걸릴지도 모른다. 경쟁적 우위는 따라서 상대적으로 오래 지속된다.

　　미국 자동차 산업을 예로 들어 보자. 1945년부터 1975년까지 산업은 GM, 포드, 크라이슬러의 안정적인 과점에 의해 지배당했으며, 이 회사들은 미국 소비자들이 그 당시 원하는 큰 차의 생산에 그들의 운영을 조정하였다. 1970년대 시장이 큰 차에서 작은 차로, 연료 효율적인 차로 이동했을 때, 미국 회사들은 이런 차를 생산하기 위한 자원과 능력이 부족했다. 그들의 기존의 전념은 이 새로운 환경에 대하여 잘못된 종류의 기술을 형성했다. 그 결과로 특히 일본 회사들과 같은 외국 회사들은 컴팩트하고 연료절약형, 높은 품질, 낮은 비용의 차를 제공함으로써 틈새시장으로 진입하였다. 일본 자동차 회사들의 경쟁적 우위에 대한 빠른 반응에 비하여 미국 자동차 생산업체들의 실패는 그 이후에 공격하기 어려움으로 입증된 많은 시장 점유와 브랜드 로열티를 형성하게 되었다.

　　회사의 경쟁적 우위에 대응하기 위한 경쟁자들의 능력의 다른 결정요인은 경쟁자들의 수용능력이다. '수용능력'은 새로운 지식을 확인하고, 가치를 매기고, 흡수하고, 이용하기 위한 회사의 능력이다. 예를 들어 1960년대와 1970년대 도요타는 린생산방식의 혁신에 기초한 경쟁적 우위를 개발했다. GM과 같은 경쟁자들은 이 혁신을 느리게 모방했다. 그들은 필수적인 수용능력이 부족했기 때문이다. GM은 린생산방식에 근거한 지식을 확인하고, 가치를 매기고, 흡수하고, 사용하기 위하여 어려움을 갖게 하는 관료주의적, 내부중시적인 조직이었다. 실로 GM은 나중에야 린생산방식의 중요성을 확인하고 이해했으며, 그 새로운 지식을 흡수하고 이해하기 위하여 여전히 버둥거리고 있다. 내부적 무력함은 새로운 제품 또는 내부 프로세스(말하자면 혁신)에 기초한 경쟁적 우위를 가지는 라이벌에 대응하기 어려움을 갖도록 만든다.

　기존의 전략적 전념과 낮은 수용능력 같은 요소들은 특히 경쟁적 우위가 혁신적인 제품 또는 프로세스에 기초하고 있을 때 라이벌의 경쟁적 우위를 모방하기 위한 경쟁사들의 능력을 제한한다. 혁신은 산업에서 경쟁의 법칙을 바꾸며, 가치는 새로운 비즈니스 모델로 운영되고 있는 새로운 기업들에게로 옮겨 가기도 한다.

(3) 산업의 역동성(Industry Dynamism)

　역동적인 산업환경은 급속도로 변하는 것이다. 우리는 3장에서 외부환경에 대하여 논의했을 때 산업에서 경쟁의 역동성과 강렬함을 결정하는 요소를 관찰했다. 가장 동적인 산업은 제품 혁신의 매우 높은 비율을 가진 산업이 되려고 한다. 예를 들면 전자 산업과 개인 컴퓨터 산업이 있다. 역동적인 산업에서, 혁신의 급속한 비율은 제품 사이클을 짧게 하고 경쟁적 우위를 엷게 할 수 있다는 것을 의미한다. 오늘날 경쟁적 우위를 가진 회사는 시장위치를 발견할 수 있지만, 내일 라이벌의 혁신에 의해 추월당할 수 있다.

　개인용 컴퓨터시장에서, 지난 20년간 계산 능력의 급속한 증가는 높은 혁신의 정도와 폭풍우 치는 환경을 조성했다. 혁신의 지속성을 반영하면서, 1970년대와 1980년대 초 애플컴퓨터는 그 혁신으로 산업계의 경쟁적 우위를 가졌다. 1981년, IBM은 첫번째 개인용 컴퓨터의 출시로 우위를 빼앗았다. 1980년대 중반까지 IBM은 인텔 386칩에 기초한 컴퓨터를 출시하는 경쟁에서 IBM을 강타했던 컴팩과 같은 강력한 '복제(clone)' 제조업자들에게 경쟁적 우위를 잃었다. 교대로 1990년대 컴팩은 직접판매전략으로서 인터넷을 이용하여 고객에게 컴퓨터를 배달하는 저비용 방식의 선구자인 델컴퓨터에게 경쟁적 우위를 잃었다.

　회사의 경쟁적 우위의 지속성은 모방에 대한 장벽의 높이, 혁신을 모방하기 위한 경쟁자들의 능력, 산업환경에서 역동성의 일반적인 수준에 의존한다. 모방에 대한 장벽이 낮고, 유능한 경쟁자들이 넘치고, 환경이 역동적이고, 항상 혁신이 개발될 때, 경쟁적 우위는 일시적이 될 것이다. 그러나 그런 환경에서도 회사는 그들이 모방에 대한 장벽을 형성하는 투자를 하는 것이 가능하다면, 더 오래

견딜 수 있는 경쟁적 우위는 형성될 수 있을 것이다.

1980년대 동안 애플컴퓨터는 운영시스템 특허와 무형의 제품 이미지의 조합에 기초한 경쟁적 우위를 형성했다. 그 결과의 브랜드 로열티는 애플이 산업에서 꽤 안전한 위치를 가능하게 했다. 그러나 1990년대까지 그 전략은 모방되었고, 주로 MS윈도우 운영시스템의 출시에 기인하여 애플의 브랜드 로열티를 가능하게 했던 특징들의 대부분은 모방되었다. 1996년까지 애플은 재정적인 문제를 겪었고, 영원히 지속되는 경쟁적 우위의 예를 아직 찾지 못하고 있다. 결국에는 어떤 것도 모방될 수 있다. 재미 있는 것은, 애플은 놀랄 만한 회복력을 보여 주었다는 것이다. 1990년대까지 파산의 언저리로부터 헤쳐나와 다시 제자리로 돌아왔다.

4.5 경쟁력 우위의 유지력과 실패회피

어떻게 회사가 실패를 회피하고 성공했던 많은 회사들이 빠졌던 덫을 탈출할 수 있을까? 어떻게 경영자들은 지속적인 경쟁적 우위를 형성할 수 있을까?

(1) 실패원인

회사가 경쟁적 우위를 잃었을 때, 수익은 감소한다. 회사가 반드시 실패하는 것은 아니다. 회사는 평균 또는 그 이하의 수익성을 가질지도 모르며, 비록 그 자원과 능력이 감소한다고 할지라도 그 상태로서 어느 정도 유지할 것이다. 실패는 좀 더 강렬한 것을 내포한다. 실패하는 회사는 그 경쟁자들의 평균 수익보다 지속적으로 낮은 수익을 가지는 것이다. 기업은 자원을 끌어당기고 생성하기 위한 능력을 잃고, 그래서 수익 마진과 투자된 자본은 급속도로 감소한다.

왜 회사는 그 경쟁적 우위를 잃고 실패하는가? 이 질문은 20세기의 성공적인 기업의 대부분이 그들의 위치가 어느 시점에서 악화되었기 때문에 매우 적절하다. IBM, GM, 아메리칸 익스프레스, Digital Equipment, 컴팩 컴퓨터 같은 회사는 모두 한때 경영적 우수함의 예로서 제시되었으나, 재정적 성과가 빈약하고,

경쟁적 우위가 부족했던 시기를 거쳤다. 우리는 이와 관련된 실패의 세 가지 이유: 관성, 현존방식, 이카루스 패러독스를 살펴보겠다.

1) 관성(Inertia)

관성은 회사가 변화하는 경쟁적 여건에 적응하기 위하여 그들의 전략과 구조를 변화하기 어려움을 발견하는 것을 말한다. IBM은 이 문제의 전형적인 예이다. 30년간 IBM은 세계 최고의 컴퓨터 회사였다. 몇 년 동안 그 성공은 재앙으로 바뀌었다. 1992년에 50억 달러를 잃었고, 10만 명 이상의 직원을 감축했다. IBM의 문제는 마이크로프로세서의 결과로서 계산능력의 비용에서 급격한 감소에 의해 발생했다. 강력한 저비용 마이크로프로세서의 출현으로, 컴퓨터시장의 중심이 메인프레임에서 작고 싼 개인 컴퓨터로 옮겨갔고, IBM의 거대한 메인프레임 효력은 시장 감소로 떠나갔다. IBM이 비록 여전히 개인 컴퓨터시장에서 중요한 존재라 할지라도, 노력의 초점을 메인프레임에서 개인 컴퓨터로 옮기는 데 실패했다. 이 실패는 20세기 가장 성공적인 기업 중의 하나에 대한 심각한 문제를 의미한다(비록 IBM은 현재 e-commerce 인프라와 솔루션의 제공자로서 위치를 바꾸는 것으로 성공적인 전환을 달성했다고 할지라도 말이다).

회사가 새로운 환경 여건에 적응하기 어려움을 발견하는 한 가지 이유는 관성을 야기하는 능력의 역할인 것으로 보인다. 회사가 의사결정을 하고 프로세스를 관리하는 조직의 능력은 경쟁적 우위의 원천이 될 수 있지만, 그들은 변화하기 어렵다. IBM은 항상 운영 단위 간의 긴밀한 협동을 강조했고, 의사결정을 위한 전제조건으로서 부서 간 운영 단위들의 합의를 강조하는 결정 프로세스를 선호했다. 세계적인 운영 단위 간의 합의가 복잡한 메인프레임을 개발하고 제조하고 판매하기 위하여 중요할 때, 이 능력은 1970년대 IBM의 우위의 원천이었다. 그러나 조직이 급속한 환경 변화에 쉽게 적응해야 할 때, 늦게 움직이는 관료주의는 실패의 원인이 되었다.

힘과 영향력의 분산은 조직의 의사결정과 관리 프로세스 내에 포함되어 있기 때문에 능력은 변화하기 어렵다. 의사결정과정에서 핵심역할을 하는 사람들은 명확히 더 많은 힘을 가진다. 조직의 능력이 변화하는 것은 기존의 힘과 영향력의 변화를 의미하며, 힘과 영향력을 가진 사람들은 그런 변화에 저항한다. 변화를 위한 제안은 영토 싸움을 유발한다. 이 힘은 맞붙고, 조직의 의사결정과 프로세스 관리 방식을 변화하기 위한 노력(기업의 능력을 변화시키기 위한 노력) 그리고 연결에 결합된 정치적 저항은 관성을 가져온다. 이것은 회사가 변할 리 없다는 것을 말하는 것은 아니다. 그러나 변화에 위협을 느끼는 사람들에 의해 종종 저항되며, 대부분의 경우에 변화는 회사가 위기에 봉착하여야 시작된다. 그때까지 회사는 IBM에서 발생한 것과 같이 이미 실패했을지도 모른다.

2) 현존방식

Ghemawat는 회사의 현존방식이 라이벌을 모방하는 능력을 제한하는 것뿐만 아니라 경쟁적 우위 또한 제한한다고 말했다. 예를 들어, IBM은 메인프레임 컴퓨터 산업에 주로 투자하였다. 그래서 시장이 변화했을 때 특정한 사업에 특화된 자원에 상당히 주력했었다. 그 제조 설비는 메인프레임의 생산에 맞게 조정되어 있었고, 그 연구조직도 비슷하게 특화되었으며 그리고 영업력도 마찬가지였다. 이 자원들이 새롭게 출현하는 개인 컴퓨터 사업에 잘 맞지 않았기 때문에, 1990년대 초 IBM의 어려움은 필연적으로 나타나게 되었다. IBM의 초기 전략적 방식은 감소하는 산업으로 한정되었다. 이 자원의 포기는 모든 주주들에게 공통의 손실을 야기하는 것이었다.

3) 이카루스의 패러독스(The Icarus Paradox)

Danny Miller는 이카루스 패러독스라고 명한 용어에서 경쟁적 열세의 원천을 가정했다. 이카루스는 그가 포로로 잡혀 있던 섬으로부터 탈출하기 위하여 그의 아버지가 만들어준 날개를 사용했던 그리스 신화의 인물이다. 그는 그의 날개를 유지하던 왁스가 녹아 에게해에 빠져 죽음을 맞이하기까지 태양에 가까이 더 높이 잘 날았다. 역설은 그의 뛰어난 비행 능력이 그를 죽음으로 몰고 갔다는 것이다. Miller는 같은 역설을 한때 성공적인 많은 기업들에 적용했다. Miller에 따르면, 많은 회사들은 초기의 성공에 의해 같은 형태의 노력이 미래의 성공을 위한 길이라고 믿게 되어 판단이 흐리게 되었다는 것이다. 그 결과로 그들은 너무 특화되었고 내부적으로 방향을 세워서, 시장 현실에 대한 직관과 경쟁적 우위를 얻기 위한 필수적인 요건을 잃었다는 것이다. 너무 늦거나 빠르면 이것은 실패를 이끈다.

Miller는 성공하는 회사와 실패하는 회사들 중에 주요 4 카테고리를 식별했으며, 그것은 'craftsman', 'builder', 'pioneer', 'salesman'이다. Texas Instruments 와 DEC 같은 'craftsmen'은 공학적 우수성을 통하여 초기에 성공을 이루었다. 그러나 그들은 공학적 항목에 사로잡혀서 시장 현실에 대한 통찰력을 잃었다(DEC의 소멸에 대한 이야기는 [기업사례 4-5]에 요약되어 있다). 'builders' 중에는 Gulf & Western과 ITT가 있다. 적절히 다양화된 회사로 성공을 이루었으나 그들은 다양화에 마음을 사로잡혀 이익이 될 지점을 넘어서 확장에 주력하였다. 세 번째 그룹인 'pioneers'는 Wang Lab이 있다. 그들 자신의 훌륭한 혁신에 매료되어서 그들은 다른 눈부신 혁신을 지속적으로 찾았고 결국에는 완전히 쓸모 없는 이상한 것을 생산했다. 마지막 카테고리는 Procter & Gamble과 Chrysler 같은 예가 되는 'salesmen'이다. 그들은 판매 및 영업 능력을 과신하고, 제품 개발과 제조 혁신에 빈약한 관심을 보였으며, 그 결과로 무감동의 확산과 열등한 제품의 원인이 되었다.

기업사례 4-5 DEC 컴퓨터회사가 파산한 이유

DEC의 독창적인 성공은 Ken Olson과 그의 눈부신 공학팀이 1960년대 발명한 마이크로컴퓨터와 그 메인프레임의 값싸고 유연한 버전에 기초한다. 그들은 그들의 마이크로컴퓨터를 품질과 신뢰성에 대하여 끊임없이 향상시켰다. 1970년대 그들의 마이크로컴퓨터 VAX 시리즈는 지금까지 생산된 가장 신뢰할 수 있는 컴퓨터로서 폭넓게 인식되었으며, DEC는 높은 수익률과 급속한 성장으로 보상받았다. 1990년까지 포춘지의 미국 대기업 27위까지 랭크되었다. 그 성공에 고무되어, DEC는 공학적 monoculture로 변했다. 그 엔지니어들은 우상이 되었으나 마케팅 및 회계 스태프들은 겨우 참고 있었다. 컴포넌트 스펙과 디자인 기준이 사장이 이해하는 전부였다. 기술적 조율은 작고, 더 경제적이고, 사용자에게 친근한 컴퓨터에 대한 소비자의 요구는 무시되는 망상에 사로잡히게 되었다. 예를 들어 고객의 요구에 부응하지 못했기 때문에 회사는 컴퓨터 워크스테이션과 클라이언트-서버 구조의 증대에 의해 나타나는 핵심시장에 대한 위협에 대응하는 것에 실패하였나. 실로 Ken Olson은 새로운 제품을 기각하는 것으로 유명했다. 그는 "우리는 항상 고객이 옳다고 말하지만, 그들이 항상 옳은 것은 아니다"라고 말한 적도 있다. 초기 성공에 눈이 멀어 DEC는 고객과 변화하는 시장 여건에 민감하게 대응하는 데 실패했다.

1990년까지 DEC는 심각한 문제에 빠졌다. Olson은 1992년 7월에 해고되고, 1992년부터 1995년까지 회사는 수십 억 달러의 손해를 입었다. 1996년에는 수익성이 돌아오기 시작했다. Olson이 해고되었던 바로 그 위치에서 수행하기 위하여 회사를 방향 전환하는 것을 겨냥한 방향전환의 성공 때문이었다.

1998년에 회사는 컴팩에 인수되었다.

(2) 실패를 회피하는 수순

기업들을 기다리고 있는 많은 덫들을 고려할 때, 어떻게 전략 경영자들이 그들을 발견하고 탈출하기 위하여 내부 분석을 사용할 수 있는지에 대한 질문이 생길 것이다. 우리는 지금 경영자들이 사용할 수 있는 전술을 살펴보겠다.

1) 경쟁력 구성요소에 집중하라

경쟁적 우위를 지속하는 것은 경쟁적 우위의 일반적 구성요소들(효율, 품질, 혁신, 고객대응)에 지속적으로 집중하고, 그 부분에서 탁월한 성과에 기여할 수 있는 차별적 역량을 개발하는 것을 필요로 한다. Miller의 이카루스 패러독스의 메시지 중의 하나는 많은 성공적인 기업들이 차별적 역량의 추구에서 균형을 잃게 되었다는 것이다. 예를 들어 DEC는 가장 중요한 고객대응을 포함하여 다른 모든 것을 희생하고 공학적 품질에 포커스를 맞췄다.

2) 지속적인 개선과 학습

세상에서 변하지 않는 것은 세상이 변한다는 것이다. 오늘날 경쟁적 우위의 원천은 유능한 경쟁자에 의해 급속도로 모방되거나 라이벌의 혁신에 의해 쇠퇴한다. 그런 역동적이고 다면적인 환경에서, 회사가 시간이 지나도 경쟁적 우위를 유지하는 유일한 방법은 효율, 품질, 혁신, 고객대응을 지속적으로 향상시키는 것이다. 이렇게 하기 위한 방법은 조직 내에서 학습의 중요성을 인식하는 것이다. 가장 성공적인 회사는 안주하여 월계관에 의지하지 않는다. 그들은 항상 그들의 운영을 향상시키기 위한 방식을 찾고 있으며, 그들의 차별적 역량의 가치를 향상하거나 새로운 역량을 창조한다. GE와 도요타 같은 회사는 조직을 교육하는 것으로 평판을 얻고 있다. 이것은 그들이 지속적으로 그들의 효율, 품질, 혁신, 고객대응의 근간을 이루는 프로세스를 지속적으로 분석한다는 것을 의미한다. 그들의 목적은 앞선 실수로부터 배우고, 그들의 프로세스를 계속 향상시키는 방법을 찾는 것이다. 예를 들어 이것은 도요타가 모방자들의 앞에 서는 것을 가능하게 하는 노동생산성과 제품 품질을 지속적으로 향상시키는 것을 가능하게 했다.

3) 벤치마킹하라

탁월한 효율, 품질, 혁신, 고객대응에 기여할 수 있는 차별적 역량을 개발하는 가장 좋은 방식은 산업의 좋은 사례를 식별하고 채택하는 것이다. 회사는 이 방식으로 효율, 품질, 혁신, 고객대응에서 우수성의 근간을 이루는 자원과 능력을 형성하고 유지할 수 있을 것이다. 이것은 다른 회사의 실천을 관측하고, 아마 그렇게 하는 가장 좋은 방법은 벤치마킹을 통한 것이다(가장 효율적인 세계적 경쟁자의 제품, 실행, 서비스에 대하여 회사를 적응시키는 프로세스). 예를 들어, 1980년대 초에 제록스가 문제에 빠졌을 때, 회사의 운영의 효율성을 향상시키기 위한 방식을 확인하는 수단으로 벤치마킹의 정책을 마련하기로 결정하였다. 제록스는 분산과정에서 L. L. Bean을, 중앙컴퓨터 운영에서 Deere & Company를, 마케팅에서 Procter & Gamble을, TQM 과정에서 Florida Power & Light를 벤치마킹했다. 1990년대까지 제록스는 다른 회사의 비교할 만한 영역에서 240 기능을 벤치마킹했다. 이 과정은 회사의 운영의 효율성을 극적으로 향상시킬 수 있도록 돕는 것으로 믿어졌다.

4) 관성타파

조직 내의 변화에 대한 장벽인 내부 지배력을 극복하는 것은 경쟁적 우위를 유지하기 위한 핵심적인 요구사항의 하나이다. 변화에 대한 장벽의 확인이 가장 중요한 단계라는 것이면 충분하다. 일단 이 단계가 취해지면, 변화를 수행하는 것은 좋은 리더십, 권력의 신중한 사용, 조직 문화와 제어시스템에서의 적절한 변화가 필요하다.

(3) 사업운의 역할(The Role of Luck)

많은 학자들은 경쟁의 성공과 실패를 결정하는 데 있어서 행운이 결정적인 역할을 하는 것에 대하여 논쟁해왔다. 그것의 가장 극단적인 버전은, 행운은 전략의 중요성의 가치를 감소하는 것이다. 대신에 이것은 불확실성의 면에서 진술하며, 어떤 회사들은 정확한 전략을 선택하기 위하여 단지 발생한다.

비록 행운이 특별한 경우에서 회사의 성공에 대한 이유가 될지 모르지만, 이것은 회사의 지속적인 성공을 위한 설명으로는 납득되지 않는다. 경쟁적 우위의 일반적 구성 블록이 탁월한 효율, 품질, 혁신, 고객 대응이라는 것을 상기하자. 또한 경쟁은 회사가 높은 효율, 탁월한 품질, 뛰어난 혁신, 신속한 고객 대응을 획득하는 회사의 능력에서 다른 회사들을 능가하기 위하여 노력하는 과정이라는 점을 상기하자. 회사가 행운을 얻고 하나 또는 그 이상의 요소에서 우수성을 획득하는 것을 가능하게 하는 자원의 소유를 하는 것은 가능한 것이다. 그러나 어떻게 알고 한 노력(전략)보다 다른 어떤 것에 의해, 이 네 가지 요소에서 우수성을 유지할 것인지는 상상하기 어렵다. 행운은 실로 성공에서 일정한 역할을 한다. 그리고 경영자는 항상 행운의 기회를 이용해야 한다. 20세기의 위대한 은행가 J. P. Mogan은 "내가 더 열심히 일할수록, 나의 운이 좋아지는 것으로 보인다" 라고 말했다. 경쟁적 우위를 이끄는 전략을 공식화하고 수행하는 경영자들은 더 행운이 있을 것이다.

기업사례 4-6 빌 게이츠의 행운

MS가 소프트웨어 산업에 선도적인 위치로 나서게 한 제품은 IBM과 그 범용 PC를 위한 운영체제인 MS-DOS이다. 원래 DOS 프로그램은 MS가 아니라 시애틀 컴퓨터에 의해 개발되었으며, 그것은 Q-DOS(quick and dirty operating system)로 알려졌었다. IBM이 자신의 PC에서 구동될 수 있는 운영시스템을 찾고 있을 때, IBM은 MS를 포함한 회사들에게 그런 운영시스템을 만들었는지 의견을 들었다. 시애틀 컴퓨터는 질문을 받은 회사들 중 하나가 아니었다. 빌 게이츠는 시애틀 컴퓨터에 그런 운영시스템이 있다는 것을 알고 있었다. 그는 시애틀 법률 회사의 수석 파트너였던 그의 아버지에게 5만 달러를 빌려서, 시애틀 컴퓨터 사장에게 Q-DOS 시스템에 대한 권리를 살 수 있는지를 물었다. 물론 IBM이 그런 운영시스템을 찾고 있다는 것을 얘기하지 않았다. 현금 유동성에 빠져있던 시애틀 컴퓨터는 바로 동의했다. 빌 게이츠는 MS-DOS로 개명하고 이것을 조금 업그레이드했다.

게이츠가 행운이 있었던 것일까? 물론 그렇다. 시애틀 컴퓨터가 IBM의 요청을 듣지 못한 것도 IBM이 MS에 접근한 것은 행운이다. 게이츠가 시애틀 컴퓨터의 운영시스템에 관하여 알고 있었던 것도 행운이다. 게이츠가 부유한 아버지로부터 5만(참고로 현재 50만에 해당) 달러를 바로 빌릴 수 있었던 것도 행운이다. 그럼에도 불구하고, 이어지는 MS의 모든 성공을 행운이라고 말하기는 어렵다. 비록 MS-DOS가 MS에게 산업계의 엄청난 선두로서 시작할 수 있도록 했지만, MS가 세계적으로 계속 성공한다는 것을 보장하는 것은 아니다. MS는 혁신적인 소프트웨어를 지속적으로 만들기 위하여 필요한 자원과 능력의 적절한 조합을 구성해야 했으며, 엄밀히 말하면 MS-DOS로부터 생성된 자금은 현재의 거대한 회사로 크게 된 기본자금이 되었다.

Cisco Systems

　시스코 시스템즈는 최근의 가장 성공적인 스토리이다. 스탠포드대학의 컴퓨터 과학자 Leonard Bosack과 Sandra Lerner는 1984년 회사를 설립했다. 1980년대 초, 스탠포드대학은 다른 기계와 다른 언어를 이용하여 그들 간의 커뮤니케이션을 많은 분산 컴퓨터 네트워크로 모여져 왔다. 문제는 이들 네트워크가 서로 통신할 수 없다는 것이었다. 그 당시 결혼한 Bosack과 Lerner는 분산 네크워크의 관리자였고, 서로에게 이메일 메시지를 보낼 수 있게 하기 위하여 모든 네크워크를 연결할 수 있는 문제에 관하여 연구하였다. 그들의 해결책은 다른 컴퓨터 시스템 간을 연결할 수 있는 라우터라는 특별한 컴퓨터였다. 이 장치가 상업적으로 가치가 있을 수 있다는 것을 인식하고, Cisco라는 회사를 설립하고, 1987년 그들의 첫 제품을 발주하였다. 회사는 1990년 대중에게 널리 알려졌고, 연매출이 7,000만 달러에 달했다. 시스코는 라우터로서 엄청나게 성장했고, 급속히 확장하는 인터넷의 결정적인 요소가 되었다. 1999년까지 연매출이 190억 달러를 넘어섰고 부채가 없으며 투자된 자본에서 22% 가까이 이익을 얻는 시스코는 인터넷을 위한 라우터, 스위치, 허브 같은 네트워크 장비의 지배적 공급자로서 발전했다.

　시스코의 급속한 매출 신장과 높은 수익률은 회사가 대중에게 알려진 이래로 급속한 속도로 지속되어 왔던 그 제품 혁신에 의한 것이지만, 그것은 또한 회사의 e-business 인프라의 공격적 채택에 기인한 것이다. 여기서도 시스코는 혁신자였다. 이 인프라는 회사가 효율성 획득의 도약을 가능하게 했으며, 고객들에게는 우수한 판매 서비스, 애프터서비스 지원을 제공할 수 있게 하였다. 시스코는 매출의 많은 부분을 인터넷으로 옮겨가기 위하여 노력한 첫번째 회사 중 하나이다. 이것은 1996년 전통적인 영업 인프라가 증가하는 수요를 따라잡을 수 없다는 것을 인식했을 때 시작되었다. 고객 계정을 관리하기 위하여 추가적인 인력을 고용하기보다는 회사는 온라인 판매를 통한 실험을 시작하였다. 회사는 온라인 설비 주문의 프로세스를 통하여 고객을 이동하기 위한 프로그램을 개발했다. 이 프로그램의 결정적인 특징은 고객이 복합적인 장비를 정확하게 주문하는 것을 돕는다는 것이며, 그것에 의하여 맞지 않는 장비를 주문하는 것과 같은 주문의 실수를 피하는 것이다. 1997년 회사는 온라인 주문으로 5억 달러를 팔았다. 1999년까지 이 수치는 백억 달러까지 올라갔으며, 전체 매출의 80%에 달하는 것이며, 회사를 세계에서 온라인 판매의 가장 공격적인 채택자 중의 하나로 만들었다.

　고객은 사통주문 프로세스 시스템을 좋아하는 것으로 보이며, 주로 이것이 주문의 실수를 최소화시키고, 주문의 빠른 실행을 가능하게 하는 것이기 때문이다. 예를 들어, 주요 고객인 sprint에서 네트워킹 프로젝트를 완주하기 위하여 주문에 사인한 이후 60일이 걸렸다. 지금 이것은 시스코의 온라인 주문 시스템의 효율 덕분에 35~45일 정도 소요된다. 게다가 sprint는 주문과정을 담당하는 직원을 21명에서 6명으로 줄일 수 있었으며, 눈에 띄게 비용이 감소했다. 시스코에 따르면 고객계정을 관리하는 서비스 직원이 온라인으로 되지 않는다면 필요한 인원은 900명인 것과 비교하면 약 300명만이 필요하다고 한다. 이 차이는 연간 2,000만 달러를 절약할 수 있는 것을 나타낸다.

시스코는 또한 그 고객 지원 기능을 온라인으로 대치했다. 모든 일상적인 고객서비스 기능은 지금 고객의 복잡한 질문을 표준화된 비슷한 문제로 변환할 수 있는 컴퓨터 프로그램에 의해 온라인으로 처리된다. 이것은 4개의 가장 흡사한 설명을 스크린에 보여주면, 고객은 불필요한 노력과 시간 낭비를 피할 수 있게 된다. 1996년 이 시스템이 실행된 이후로, 시스코의 판매는 4배로 뛴 반면, 기술 지원 직원은 겨우 두 배인 800명이 되었다. 자동화된 주문 지원이 없었다면, 시스코는 거의 최소 1,000명의 추가적인 서비스 엔지니어가 필요했으며 7,500만 달러를 지출했을 것이다. 시스코는 모든 지원 소프트웨어를 디스크나 메일로 고객에게 전달하기보다는 인터넷을 통하여 유포하였다. 이것은 연간 운영비를 2억 5천만 달러나 절약할 수 있었다.

Part

III

경제성 분석

나는 아무래도 다시 바다로 가야겠구나,

그 호젓한 바다와 하늘로 가야겠구나,

높다란 배 한척과 지향할 별 하나와,

돌아치는 킷바퀴, 노래하는 바람,

흔들리는 흰 돛이 있으면 나는 그만이어라.

갯빛 바닥노을, 잿빛 틔어오는 새벽이 있으면 나는 그만이어라.

흐르는 조류의 부름은 어쩌지 못할 미칠듯 쟁쟁히 울려오는 부름.

나는 아무래도 다시 바다로 가야겠구나.

흰구름 나부끼는 바람부는 하루와 흩날리는 물보라,

쏠리우는 물거품 그리고 울음우는 갈매기가 있으면 그만이어라.

나는 아무래도 다시 바다로 가야겠구나, 떠도는 집시의 신세로.

갈매기가 가고 고개가 가는 길,

바람이 칼날 같은 거기를 나도 가야겠구나.

껄껄대는 친굿놈의 신나는 이야기와,

이윽고 일이 끝난 뒤 곤한 잠과 구수한 꿈이 있으면 나는 그만이어라.

– 존 메이드필드

5 투자분석

5.1 서 론

비용과 투자분석의 기본적 개념은 생산시스템의 설계와 운영에 여러 모로 유용하게 쓰인다. 한편 기업은 성장, 경쟁적 위치, 투자의 안전성, 법인 조직의 영구성 등 여러 가지 목적을 달성하고자 노력한다. 따라서 이 장에서는 비용의 최소화 또는 이익의 최대화에 기초를 둔 경제성분석에 중점을 두겠다. 특히 기본적으로 사용되는 매몰비용, 기회비용, 감가상각 등에 대해 설명하고, 현금흐름에 대해서도 살펴보겠다. 또한 여러 투자대안의 등급을 매기는 방법을 예를 통해 설명하겠다.

경제학이나 회계학 또는 재정학 등의 기본 개념이 투자결정에 크게 기여하는 바는 없으나 다음 절들을 이해하기 위해서는 매우 중요한 것이다. 그래서 이에 대한 소개를 하도록 하겠다.

(1) 고정비용

고정비는 생산량과 무관하게 일정하게 발생되는 비용이다. 물론 어떤 비용도 일정하게 유지되기는 어려우나 여러 종류의 비용은 생산량의 증감에 크게 구애받지 않고 유지되는 것이 있다. 즉, 임대료, 재산세, 감가상각, 보험료, 최고경영자급의 월급 등이 이에 속한다.

(2) 가변비용

가변비는 생산량에 따라 변하는 비용을 말한다. 즉, 가변비는 단위당 생산비로 나타나는데, 예를 들면 철강판 한 장을 생산하는 데 소요되는 재료, 인력은 생산량에 비례하여 증가한다. 또한 대부분의 경상비, 수리 보수비 등이 이에 속한다.

고정비용과 가변비용을 그림으로 나타내면 〈그림 5-1〉과 같다.

그림 5-1   고정비용과 가변비용

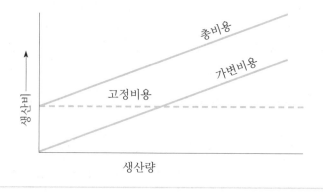

(3) 매몰비용

매몰비는 의사결정에 전혀 영향을 줄 수 없는 것으로, 투자대안을 심사할 때 고려할 수 없는 것이다. 이에는 두 가지 형태가 있는데, 첫째는 어떤 결정에 의하여 영향을 받거나 회복될 수 없는 과거의 지출이고, 둘째는 고려 중인 모든 대안에 동등하게 적용되는 비용이다.

전자에 대한 예로는 아이스크림 공장에서 공장을 임대하고 있는데 샤베트도 같은 공장 내에서 생산할 것을 검토하고 있다. 만약 샤베트를 생산하면 원가회계학적으로는 샤베트 생산량에 비례하여 임대료를 할당해야겠지만 전체 임대료는 변함이 없다. 즉, 이와 같이 어떤 의사결정에 관계없이 늘 존재하며 변하지 않는 것이 매몰비용이다. 후자에 대한 예로는 한일 체인 식품점에서는 전국에 지점을 설치하고 있는데, 각 지점의 건설비는 지역에 관계없이 일정하다고 하면 한일 체인의 경영면에서 보면 건설비는 고려하지 않아도 된다. 즉, 모든 고려 중인 대안에 동등하게 적용되는 비용인 것이다.

(4) 기회비용

기회비용이란 여러 대안 중에서 하나의 대안을 선택함으로써 발생되는 잃어버린 이익이다. 즉, 이는 여러 대안 중에서 최적의 대안과 나머지 대안과의 차이인 것이다. 예를 들면 대학에 들어가는 기회비용은 그가 대학에 입학하는 대신에 취직을 하여 돈을 벌 경우의 최고월급인 것이다. 반대로 대학에 가지 않을 때의 기회비용은 대학 입학을 포기함으로써 결국은 잃게 되는 수입에 대한 총액이다. 그러면 좀 더 자세한 예를 보기로 하자. 삼정전자에서는 현재 1억 원의 투자 가능한 현금을 가지고 있다. 대안 A와 B는 모두 1억 원의 비용을 요하고, A는 연간 2,500만 원의 수입이 있고, B는 연간 2,300만 원의 수입이 있다고 할 때, A 대신 B를 선택한다면 B에 대한 기회비용은 200만 원인 것이다. 이러한 기회비용에 대한 고려 없이는 투자 가능성에 대한 정확한 판단을 내릴 수 없다.

(5) 위험과 기대치

미래를 확실하게 알 수 없으므로 어떤 투자에나 위험이 따르게 되어 있다. 즉, 실제 결과와 예측치가 완전하게 일치되기는 매우 어렵다. 따라서 이러한 불확실성을 줄이기 위해 기대되는 결과에 확률을 곱하여 기대치를 산출하여 비교한다. 위의 예에서는 A가 발생할 확률이 80%, B는 90%라 하면 각 대안의 기대치는 다음과 같다.

> 대안 A: 2,500만원 × 0.80 = 2.000만원
> 대안 B: 2,300만원 × 0.90 = 2,070만원

따라서 이와 같은 조건 하에서는 B가 유리하다.

(6) 경제적 수명과 진부화

어떤 기업이 생산재에 투자를 하면 기계의 생산수명을 추정하게 된다. 또한 원가회계적인 목적으로 매기마다 감가상각을 하여야 한다. 만약 어떤 자산이 제 기능을 발휘하고, 진부화되거나 손모되어서 대체해야 한다면, 이러한 자산의 수명이 실제와 일치하기는 매우 어렵다. 즉, 생산기술의 향상은 생산적 기능이 소진되기 전에 진부화가 일어나는 경향이 있다. 예를 들어 수명이 10년인 기계를 구입하였다고 하자. 그런데 10년 이전에 더 효율적이고 경제적인 기계가 나온다면 구기계는 진부화되었다고 할 수 있다.

즉, 기계의 경제적 수명이 10년인 기계가 성능을 이상없이 발휘하고 있는데, 더 효율적인 방법이 개발되었다면 구기계는 진부화되어 장부가는 0이 된다. 예를 들어 수명이 10년이고 구입 가격이 1,000만 원인 기계의 감가상각을 매년 100만 원씩 하기로 하고 잔존가치는 0이라 하면, 5년 후의 장부가격은 500만 원이지만 기술적인 신개발품이 나왔을 때는 구기계의 실제 가치는 500만 원이 아니다. 즉, 기술적 진부화는 자산의 현재가치를 감소시키고, 매우 높은 기회비용을 창출함으로써 고가의 장비를 이용하도록 한다.

(7) 감가상각

감가상각이란 장비의 가치를 정기적으로 감소시킴으로써 장부가격을 낮추는 것이다. 즉, 건물, 기계 등의 유형물과 특허권, 임대권, 영업권 등도 비용으로 계상되어 가치가 감소된다.

그러나 감가상각 방법을 통해서 산출된 장부가격이 실질적인 장비가격은 아니다. 왜냐하면 감가상각은 세금에서 비용으로 처리되기 때문에 일반 회사에서는 장비의 실질가격보다는 세금에 어떤 영향을 미치는가가 더 중요한 것이다.

일반적으로 많이 쓰이는 감가상각법에는 다섯 가지가 있으나 여기서는 세 가지만 소개하기로 한다. 그리고 모든 방법들은 다음의 세 가지 기준값을 이용한다.

① 장비의 구입가격
② 장비의 내용년수
③ 장비의 잔존가치

1) 정액법

이 방법은 자산의 감가가 매년 동일하게 발생한다고 생각하는 것이다.

$$즉,\ 매년\ 상각액 = \frac{구입비용 - 잔존가치}{내용년수}$$

예를 들어 기계의 구입가격이 1,000만 원, 잔존가치는 없고 내용년수는 10년이라 가정하면, 매년 상각액은

$$\frac{1,000만원 - 0}{10} = 100만원이\ 된다.$$

한편, 잔존가치가 100만 원이라 하면,

$$\frac{1,000만원 - 100만원}{10} = 90만원이\ 된다.$$

2) 정률법

이 방법은 매년의 상각률이 일정한 방법으로, 기계의 사용 초기에 많은 감가가 이루어진다. 상각률의 결정은 기계의 잔존가치와 내용년수에 따라 달라지나, 장부가격이 잔존가치 이하로 내려갈 수는 없다. 40%의 정률로 예를 들어보면 다음과 같다.

연도	상각률	장부가(기초)	감가액	누적 감가액	장부가(기말)
1 ········ 0.40		1,700만원	680만원	680만원	1,020만원
2 ········ 0.40		1,020만원	408만원	1,088만원	612만원
3 ········ 0.40		612만원	244.8만원	1,332.8만원	367.2만원
4 ········ 0.40		367.2만원	146.9만원	1,479.7만원	220.3만원
5 ········ 0.40		220.3만원	20.3만원	1,500만원	200만원

3) 소모법

이 방법은 매년 사용량만큼 감가하는 방법이다. 즉, 기계의 수명을 횟수로 추

정할 수 없고, 가동 작업수로 추정할 수 있을 때 사용하는 방법이다. 예를 들어 자동 우편 소인기는 100만 번 찍을 수 있고 구입가격은 1억 원이면, 우편 한 장당 소요되는 비용은 $\dfrac{1억원}{100만번} = 100$원이 된다.

잔존가치가 없을 때 상각액은 다음과 같다.

연도	우표 소인량	장당 비용	감가액	누적 감가액	장부가
1 ·········· 150,000		100원	1,500만원	1,500만원	8,500만원
2 ·········· 300,000		100원	3,000만원	4,500만원	5,500만원
3 ·········· 200,000		100원	2,000만원	6,500만원	3,500만원
4 ·········· 200,000		100원	2,000만원	8,500만원	1,500만원
5 ·········· 100,000		100원	1,000만원	9,500만원	500만원
6 ·········· 50,000		100원	500만원	1억원	0

이 방법은 기계의 생산량에 비례해서 감가상각을 하는 것으로 매년 말의 장부가 실제 기계의 가격과 근접할 수 있다는 장점이 있다. 그러나 기술의 진보로 인한 기계의 진부화는 고려할 수 없다는 단점이 있다.

5.2 세금의 영향

세율과 세율 계산방법은 때때로 변하게 된다. 가장 최근에는 법인에 대한 세율로, 1979년 1월 1일부터 개인소득세와 비슷하게 누진세율이 적용되었다. 더욱이 침체된 경기회복을 위해서 세율이 인하되었다.

이때 조정된 법인세율은 다음과 같다.

순수입	세율
0~2,500만원	17%
2,500만원~5,000만원	425만원+2,500만원을 넘는 액수의 20%
5,000만원~7,500만원	925만원+5,000만원을 넘는 액수의 30%
7,500만원~1억원	1,675만원+7,500만원을 넘는 액수의 40%
1억원 이상	2,675만원+1억원을 넘는 액수의 46%

이를 1979년 이전과 비교하면 기업인들에게 유리하게 조정된 것이다. 즉, 이전에는 5,000만 원을 넘는 모든 수입에 대해서는 48%의 세율이 적용되었다. 즉, 1978년에는 1억 원의 순수입이 있을 경우 3,450만 원의 세금을 냈으나, 1979년에는 2,675만 원만 내면 된다. 그리고 대기업에서는 세금만 전문적으로 취급하는 전문가를 고용하여 절세를 위해 노력하고 있다. 즉, 조직의 형태나 투자의 구조 등을 유효 적절히 선택함으로써 과세 표준액을 줄이는 것으로, 이는 탈세와는 전혀 다른 것이다.

예를 들어 다음과 같은 A, B 두 대안을 생각해 보자. 즉, A, B 똑같이 1억 원의 순수입이 있고, A의 감가상각액은 5,000만 원, B의 감가상각액은 2,000만 원일 때 A, B에 대한 세금계산 및 순수익계산은 다음과 같다.

	A	B
1. 감가상각과 세금 계산 전 수입	1억원	1억원
2. 감가상각액	−5,000만원	−2,000만원
3. 세금 전 수입	5,000만원	8,000만원
4. 세금	−925만원	−1,875만원
5. 순수입	4,075만원	6,125만원
6. 재투자가 가능한 기금(5 + 2)	9,075만원	8,125만원

이와 같이 초기에 많은 감가상각이 계상될 경우, 그만큼 재투자할 수 있는 기금은 늘어나게 된다. 그러나 세율이 해마다 오를 경우는 초기에 많은 감가상각을 하는 것이 불합리하게 된다. 한편 돈의 시간적 가치로 생각해 볼 때에는 세율이 해마다 오르는 것을 상쇄할 수 있을지도 모른다. 그리고 회사의 신규투자를 유도하기 위해서 시행되는 것으로 조세공제가 있는데, 이는 기계수명이 7년 이상인 기계를 구입했을 때 구입가격의 10%를 세금으로부터 공제해 주고, 5 ~ 7년인 경우에는 $6\frac{2}{3}$%, 5년 이하인 경우는 $3\frac{1}{3}$%를 세금으로부터 공제해 주는 것이다.

예를 들어 수명 10년인 기계를 1억 원에 구입했을 경우, 그 기계를 구입한 해에 1,000만 원의 비용을 최종 세금액에서 공제하여, 각 회사로 하여금 신규투자를 하도록 유도하는 것이다.

5.3 손익분기점 분석

손익분기점 분석은 어떤 회사의 손익분기점을 만족하는 판매량을 결정하기 위해 사용되는 것이다. 손실이나 이익이 없는 이런 판매량을 손익분기점이라고 하며, 계산방법은 무척 간단하다. 손익분기점을 구하는 공식은 다음과 같다.

$$\text{손익분기점(산출량)} = \frac{\text{총고정비용}}{\text{단가} - \text{단위당 가변비용}}$$

제품 한 단위당 가변비용은 일정하다고 가정했기 때문에, 단가에서 단위당 가변비용을 뺀 것(즉 윗식에서의 분모)은 총고정비용을 회수하기 위한 수익 또는 기여량인 것이다. 물론 고정비용은 생산량에 관계없이 일정하다. 따라서 총수익량(단가의 총합－단위당 가변비용의 총합)이 총고정비용과 같아지는 점이 손익분기점이다.

예를 들면, 어떤 제품의 단가가 1만 원, 단위당 가변비용이 6,000천 원이고, 총고정비용이 100만 원이면 손익분기점은

$$\frac{100\text{만원}}{1\text{만원} - 6,000\text{원}} = 250\text{개이다.}$$

이 결과는 쉽게 증명된다. 즉, 총비용 = 100만원 + 6,000원 × 250개 = 100만원 + 150만원 = 250만원이다. 한편 총수입 = 1만원 × 250개 = 250만원이므로 총비용과 총수입이 같아진다.

한편 손익분기점은 다른 방법으로 구할 수도 있다. 즉, 총수입 = 총가변비용 + 총고정비용이어야 하므로, 판매량을 N이라 하면,

$$10,000N = 6,000N + 1,000,000$$

$$10,000N = 250\text{개}$$

이 분석방법에서, 분자의 총고정비용에, 우리가 원하는 순수익까지 첨가하면, 순수익 목표를 달성하기 위한 판매량도 구할 수 있다.

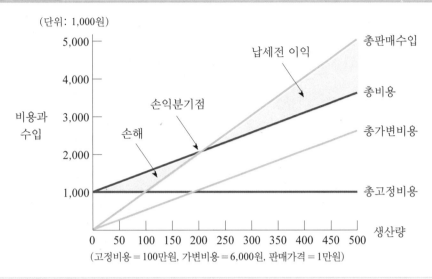

그림 5-2 생산량, 비용, 이익의 관계

(고정비용＝100만원, 가변비용＝6,000원, 판매가격＝1만원)

즉, 원하는 수익을 달성하기 위한 판매량은

$$\frac{총총고정비용＋원하는 수익}{단가－단위당 가변비용}$$

이므로, 300만 원의 순수익을 달성하기 위한 판매량은

$$\frac{100만원＋300만원}{1만원－6,000원}＝1,000개$$

가 된다. 따라서 1,000개의 제품을 판매한다면 300만원의 납세 전 수익을 얻을 수 있다. 각 비용과 판매량 그리고 수익과의 관계가 〈그림 5-2〉에 나타나 있다.

그러면 손익분기점 분석이 가치결정에 어떻게 이용될 수 있는가를 알아보자. 어떤 회사제품의 단위당 가변비용이 6,000원, 총고정비용이 100만 원이라 하자. 그런데 단위당 가격을 9,000원으로 해야 할지, 혹은 1만 원으로 해야 할지를, 경영진이 결정하지 못하고 있어서, 원가회계부에서는 경영진의 고민을 해결하기 위해 〈그림 5-3〉과 같은 그림을 그렸다.

이 그림에서 보듯이, 가격을 1만 원으로 하면 손익분기점은 250개이며, 가격을 9,000원으로 하면, 손익분기점은 333개이다. 두 가지 가격 중 어느 것으로 결정할 것인가는, 그 회사의 수요예측곡선에 달려 있다. 250개 이상만 팔린다면 가

그림 5-3   판매가격의 변동에 따른 판매수입, 비용, 생산량, 이익의 비교

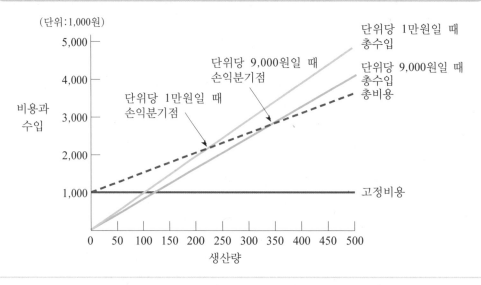

격을 1만 원으로 책정하는 것이 더 유리할 것이다. 그러나 회사측에서는, 가격이 1만 원일 때 250개, 9,000원일 때는 450개가 팔릴 것으로 예상하고 있다. 따라서 가격을 1만 원으로 책정하면 손실과 이익이 없게 되고, 9,000원으로 책정하면 이익이 생기게 된다. 이번에는 가격이 1만 원일 때 450개, 9,000원일 때 500개가 팔린다고 가정해 보자. 그러나 비록 50개를 덜 판다 하더라도 가격을 1만 원으로 책정하는 것이 유리하다. 다시 한번 강조하건대, 가격을 어떻게 책정할 것인가 하는 문제는, 각각의 가격에 대한 소비자의 수요예측량에 달려 있다. 즉, 손익분기점 자체가 가격을 결정해 주는 것은 아니다. 그것은 단지, 각각의 가격과 판매량에 따른 손실과 이익을 그림으로 나타내 줌으로써 경영진의 가격결정에 도움을 줄 뿐이다.

5.4   투자대안 선정

투자대안을 선정하는 문제는 여러 가지 유용한 기법을 사용하여 합리적인 해를 얻을 수 있다. 즉, 가격결정이나 마케팅 문제와는 달리 투자결정 문제는 결정에 영향을 미치는 변수들이 비교적 잘 알려져 있고, 또한 비교적 정확하게 계량화될 수 있기 때문에 매우 높은 신뢰도로 결정될 수 있다.

한편 투자결정 문제는 다음의 여섯 가지 범주로 나누어질 수 있다.

① 새로운 기계나 설비를 구입하는 문제
② 기존 기계나 설비를 대체하는 문제
③ 생산과 구입의 선택 문제
④ 임차와 구입의 선택 문제
⑤ 일시적 가동 중단 또는 공장 폐쇄 결정
⑥ 제품이나 생산라인의 신설이나 제거

위와 같은 투자결정 문제들은 기대되는 수익률에 의해 결정된다. 즉, 모든 투자는 처음 투자한 자본을 회수할 수 있어야 하는데, 이때 가장 높은 수익을 올릴 수 있는 안에 투자해야 한다. 여기서 일반적으로 고려하는 것이 투자수익이 자본투자의 증분비용보다 커야 한다는 것이다.

〈그림 5-4〉에는 일반적인 투자 문제를 나타내었다. 〈그림 5-4〉의 가정으로

그림 5-4   여러 투자안의 우선순위

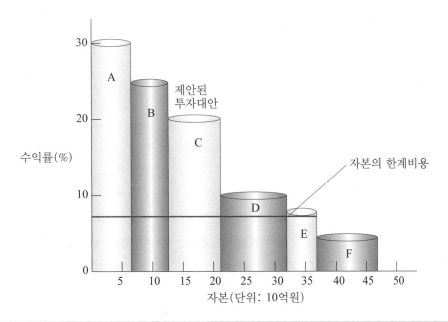

는 자본의 증분비용은 8%로 300억 원까지로 하였고, 그 후에는 급격히 증가한다고 하였다. 그러면 과연 어느 대안이 가장 경제적인가? 이 회사의 투자 가능한 재원이 220억 원이라면, A, B, C에 투자할 것이고, 320억 원이라면 A부터 D까지 투자할 것이다.

이러한 대안결정 시 어려운 문제는 각 투자안의 기대수명이 다르다는 것이다. 만일 각 대안의 경제적 수명이 동일하다고 가정하면 대안결정은 보다 쉬워지고, 정확할 것이다.

자본투자결정에 사용되는 비용에는 ① 고정비용, ② 가변비용, ③ 기회비용, ④ 매몰비용, ⑤ 회피가능비용 등이 있다. 이 중에서 ①부터 ④까지는 앞 절에서 설명하였다. 회피가능비용이란 그 대안이 채택될 경우는 발생하지 않고, 대안이 기각되면 발생될 비용이다. 예를 들어 현재 사용 중인 선반을 신품으로 대체하는 안을 고려할 경우, 현재의 선반이 낡았기 때문에 수리비가 소요되나, 신품으로 대체하는 안이 채택되면 수리비는 필요없게 된다. 여기서 수리비가 회피가능비용이다.

5.5 이자의 영향

이자의 영향을 설명하는 두 가지 기본적인 방법으로는 ① 복리계산값으로 모든 기간 동안 원리금을 계산하는 것과 ② 모든 원리금을 현재가로 계산하는 것 등이 있다.

(1) 복리계산

이는 일정 기간 동안 일정 이자율로 예치했을 때의 원금과 이자의 합계를 말한다. 예를 들어 10,000원을 이자율 5%로 3년간 예금했을 때 원리금은 11,580원이 된다. 즉, 10,000원을 1년간 예금했을 때 원리금은 10,000원 + (10,000원)(0.05) = 10,500원이 된다. 이와 같이 각 연도마다의 계산결과를 보면 다음과 같다.

연도	이자율$(1+i)$×연초의 예금액	연말 금액
1	$(1+0.05) \times 10,000$원	$= 10,500$원
2	$(1+0.05) \times 10,500$원	$= 11,025$원
3	$(1+0.05) \times 11,025$원	$= 11,580$원

위와 같은 복리계산을 일반화하면 다음과 같다. 즉, V = 각 연도 말의 금액, P = 각 연도초의 금액, i = 이자율이라고 하고 첨수는 복리기간을 나타낸다고 가정하면,

$$V^3 = P_3(1+i) = P_1(1+i)^3$$
$$= 10,000원(1+0.05)^3$$
$$= 10,000원(1.158)$$
$$= 11,580원$$

따라서 일반 공식은 $V_n = P_1(1+i)^n$이다.

실제는 복리값을 일일이 계산할 필요없이 부록을 찾으면 쉽게 원리금을 계산할 수 있다. 즉, 부록의 표에서 이자율 5%일 때 기간이 3이면 1.158인데, 이는 1원을 3년 동안 연리 5%로 예금했을 때 1.158원이 된다는 것을 뜻한다.

한편 연간등가에 대한 복리계산도 방법은 똑같다. 연간등가는 매년 말 일정액의 금액을 예치하는 것이다. 그러므로 매년 말 10,000원을 3년 동안 예치했을 때의 원리금은 다음과 같다.

연도	연말 예금액		복리이자계수$(1+i)^n$		3년도 말 금액
1	10,000	×	$(1+0.05)^2$	=	11,020원
2	10,000	×	$(1+0.05)^1$	=	10,500원
3	10,000	×	$(1+0.05)^0$	=	10,500원
					31,520원

연간등가를 복리값의 미래가로 고치는 공식은

$$S_n = R(1+i)^{n-1} + R(1+i)^{n-2} + \cdots + R(1+i)^1 + R$$
$$= R[(1+i)^{n-1} + (1+i)^{n-2} + \cdots + (1+i)^1 + 1]$$이 된다.

여기서 S_n = 연간등가의 미래가
R = 연간등가
n = 기간

앞의 문제에 이 공식을 적용하면

$S_n = R[(1+i)^2 + (1+i) + 1]$
$S_n = 10,000[(1+0.05)^2 + (1+0.05) + 1]$
$S_n = 10,000(3.153)$
$S_n = 31,530원이 된다.$

부록의 표에서 보면 연리 5%, 기간 3년 후의 연간등가를 미래가로 고치는 이자계수는 3.153이다. F/A, i, n인 연금복리계수에서 찾을 수 있다.

(2) 현재가

앞에서 설명한 복리계산은 미래의 원리금 합계를 구한 것이나 여기서는 이것을 모두 현재가로 고치는 것이다. 대부분의 투자결정은 미래가보다는 현재가를 기준하게 되는데, 그 이유는 미래에 영향을 미치는 결정은 현재에 이루어지며, 미래에 발생하게 될 모든 돈의 흐름을 투자결정 시기인 현재에 기준하는 것이 편리하기 때문이다.

예를 들어 아저씨가 오늘 10만 원짜리 선물을 사주는 것과, 10년 후에 25만 원짜리 선물을 사주는 것 중에서 하나를 택하라 할 때 과연 어느 것을 택해야 할까? 단, 매년 평균 인플레이션율을 10%라 가정하자. 그러면 25만 원을 10년 동안 디플레이트하면 현재가가 될 것이다. 앞 절에서 설명한 공식 $V = P(1+i)^n$에서

$$P = \frac{V}{(1+i)^n} = \frac{25만원}{(1+0.10)^{10}} = 25만원(P/F, i, n) = 25만원(P/F, 10\%, 10)$$
$$= 25만원(0.3856) = 9.64만원$$

따라서 오늘 10만 원짜리 선물을 받는 것이 경제적이다. 이와 같이 미래가를 현재가로 변환하는 것은, 미래가를 현재 금액으로 할인하는 것과 똑같은 결과를 가져온다. 즉, 10년 후, 이자율 10%로 25만 원을 현재로 할인하면 96,390원이 된다.

연간등가를 현재가로 변환하는 것도 마찬가지다. 즉, 매년 말 10만 원씩 3년 동안, 이자율 10%로 예금할 때, 이를 현재가로 고치면 다음과 같다.

연도	연말 예금액		이자율 10%일 때 현재가계수		현재가
1	10만원	×	0.9091	=	90,910원
2	10만원	×	0.8265	=	82,650원
3	10만원	×	0.7513	=	75,130원
					총현재가 = 248,690원

일반적인 공식은

$$A_n = R\left[\frac{1}{(1+i)} + \frac{1}{(1+i)^2} + \cdots + \frac{1}{(1+i)^n}\right] = 10만원(P/A, \ 10\%, \ 3)$$

여기서 A_n = n년 동안의 연간등가
R = 정기적인 돈의 흐름
n = 기간

위의 예에 이 공식을 적용하면

$$A_n = 10만원\left[\frac{1}{(1+0.10)} + \frac{1}{(1+0.10)^2} + \frac{1}{(1+0.10)^3}\right] = 10만원(P/A, \ 10\%, \ 3)$$

= 10만원(2.4869) : 부록 표 10% 이자율에서 연금현가계수 이용

= 248,690원이 된다.

이는 위의 계산과 200원의 차이를 보이는데 이는 소수점 이하의 반올림에서 비롯된 것이다. 이것도 부록의 표를 이용하면 이자율 계수를 계산하지 않고 쉽게 찾을 수 있다.

만약 미래의 돈의 흐름이 일정하지 않을 때 각각의 돈의 흐름을 현재가로 변환하면 된다. 예를 들어 1년 말에 10만 원, 2년 말에 40만 원, 5년 말에 20만 원의 돈이 흐를 때 현재가는 다음과 같다.

연도	돈의 흐름		이자계수		현재가
1	10만원	×	0.909	=	90,900원
2	40만원	×	0.826	=	330,400원
3	……		……		……
4	……		……		……
5	20만원	×	0.621	=	124,200원
	70만원				총현재가 = 545,500원

5.6 투자대안 순위결정법

(1) 자본회수기간법

이 방법은 각 투자안에 대해 투자비용이 모두 회수되는 기간에 의해서 투자의 순위를 정하는 것이다. 즉, 투자자본의 회수가 빠르면 빠를수록, 그것은 새로운 다른 투자에 재투자될 수 있다는 생각인 것이다. 따라서 회사는 이용 가능한 자금으로부터 가장 많은 이익을 얻으려고 하는 것이다.

예를 들어 각각 100만 원의 투자가 필요한 A안과 B안을 보자. A안은 처음 6년 동안, 매년 20만 원씩 수입이 있고, B안은 처음 3년 동안은 매년 30만 원씩, 그리고 나중 3년 동안은 매년 10만 원씩 수입이 있다.

대안 A(단위: 만원)		대안 B(단위: 만원)
연도	현금유입	현금유입
1	20	30
2	20	30
3	20	30
4	20	10
5	20	10
6	20	10
	120	120

대안 A가 선택된다면, 초기 투자한 100만 원은 5년 말에 회수될 것이다. 대안 B는 4년에 회수될 수 있다. 즉, 대안 B의 선택은 대안 A보다 1년 먼저 새로운 수익을 내는 계획안에 100만 원을 재투자할 수 있다. 따라서 이 방법에 의하면 대안 B를 선택해야 한다.

그러나 이 방법은 회수기간 이후의 수익에 대해 고려할 수 없으므로 투자결정의 척도로서는 불합리하다. 그러므로 다른 방법과 결합하여 사용되고 있는 실정이다.

앞의 표에 나타난 투자대안을 생각해 보자.

회수기간법에 의하면 A안이 가장 좋은 대안이 된다. 그러나 회사가 최소필수수익률을 연 12%로 하면 C안이 가장 좋은 안이 된다. B안은 총 수익면에서는

투자안 A(2,000만원)		투자안 B(2,000만원)	투자안 C(2,000만원)
연도	현금 유입	현금유입(단위: 만원)	현금유입(단위: 만원)
1	600	400	500
2	600	400	500
3	600	400	500
4	600	400	500
5	600	400	400
6	–	400	400
7	–	400	400
8	–	400	400
9	–	400	–
10	–	400	–
회수기간	3.33년	5년	4년
총수익	3,000	4,000	3,600
현재가(12%)	2,163	2,260	2,290.9

A나 C보다 많으나 회수기간이 길다. 따라서 총수익은 투자결정의 기준이 될 수 없다. 그 이유는 회수기간법과 마찬가지로 돈의 시간적 가치를 고려하지 않기 때문이다. 그러므로 투자안을 동시점의 가치에 의해 비교할 수 있는 순현가법이 투자결정에 가장 좋은 비교 방법이 된다.

(2) 순현가법

이 방법은 일반적으로 널리 사용되는 것으로, 투자결정은 예상 수입액의 현재가치가 투자비용을 초과하느냐에 기초를 두게 된다. 예를 들어 다음과 같은 안을 보자.

(단위: 천원)

투자안 A		투자안 B	투자안 C
총현금흐름의 현재	21,630	22,600	22,909
투자비용	20,000	20,000	20,000
순현가	1,630	2,600	2,909

여기서 투자안 C가 2,909,000원으로, 순현가가 가장 크므로 선택되어야 한다. 그러면 투자비용이 다른 경우를 보자. 다음과 같은 두 대안에 대해 고려해 보자.

투자안 A(3,000만원)		투자안 B(5,000만원)
연도	현금흐름(단위: 만원)	현금유입(단위: 만원)
1 ···················· 1,000		1,500
2 ···················· 1,000		1,500
3 ···················· 1,000		1,500
4 ···················· 1,000		1,500
5 ···················· 1,000		1,500

A, B 두 대안 중 한 가지 안을 택하기 위해, 어느 안의 순현가가 큰가를 살펴보자. 단, 최소필수수익률은 8%라 가정하자.

대안 A:

3.993(현가계수) × 1,000 = 3,993만원

−투자비용 = 3,000만원

순현가 993만원

대안 B:

3.993(현가계수) × 1,500 = 5,989.5만원

−투자비용 = 5,000만원

순현가 989.5만원

따라서 투자안 A가 더 바람직하다. A의 순현가는 B보다 35,000원 높다.

(3) 내부수익률법

내부수익률이란 수입의 현가와 투자 비용이 같게 되는 이자율이라고 정의할 수 있다. 따라서 내부수익률을 구하기 위한 공식은 없고, 다만 보간법이나 시행착오법을 이용해야만 한다.

예를 들어 투자액이 1,200만 원이고, 4년간 매년 400만 원의 현금유입이 있을

경우 내부수익률을 구해 보자. 그러면 구하고자 하는 현가계수는 $\frac{1,200}{400} = 3$이므로, 이 계수를 4년에 걸쳐 공제하게 될 이자율을 구하게 된다. 3이 3.037과 2.914 사이에 있으므로 이자율은 12%와 14% 사이에 있게 된다. 따라서 선형보간을 취하면 다음과 같다.

$$i = 12 + (14-12) \times \frac{(3.037-3.000)}{(3.037-2.914)}$$
$$= 12 + 0.602 = 12.602\%$$

즉, 모든 수입이 연리 12.6%로 할인될 때, 최종현가는 투자비용과 같아진다. 그런데 순수익률을 정하기 위해서는 자본비용과 내부수익률을 비교해야 한다. 위 예에서 만일 자본비용이 8%라면, 투자안의 순수익률은 4.6가 된다. 순현가법과 내부수익률법은 본질적으로 같은 절차를 포함하고 있다. 즉, 순현가법은 투자안을 현재의 가치로 비교하는 것이고, 내부수익률법은 여러 투자안들에 대한 내부수익률에 의해 비교하는 것이다. 따라서 대부분의 경우에 있어서는 두 방법이 같은 결과를 가져오나, 때때로 투자액이 다른 경우 서로 다른 결과가 초래되는 경우도 있다.

투자안 A(5,500만원)		투자안 B(7,500만원)
연도	현금흐름(단위: 만원)	현금유입
1	1,500	2,000
2	1,500	2,000
3	1,500	2,000
4	1,500	2,000
5	1,500	2,000

다음을 생각해 보자.

우선 내부수익률을 구해 보자. 투자안 A는 현가계수 = 5,500 / 1,500 = 3.667이므로 내부수익률은 약 11.3%가 된다. 투자안 B는 현가계수 = 7,500 / 2,000 = 3.750이므로 내부수익률은 약 10.4%가 된다. 따라서 내부수익률법에 의하면 A안이 바람직하다.

다음 연리 7%로 순현가를 구해 보자.

투자안 A	투자안 B
4.100×1,500 = 6,150만원	4.100×2,000 = 8,200만원
투자비용 = 5,500만원	투자비용 = 7,500만원
순현가 = 650만원	순현가 = 700만원

주: 4.1은 연간등가를 현재가로 바꾸는 이자계수이다(부록 참조).

따라서 순현가법에 의하면 B안이 바람직하다.

이런 경우 투자안의 결정은 두 투자안의 상대적인 위험과 다른 투자의 출현, 다른 요인에 의해 좌우된다. 후자의 예로 이 회사가 A안과 2,000만 원 투자비용이 드는 새로운 안을 합친 안과 B안을 고려한다고 가정하자. 이때 A안과 2,000만 원짜리 안을 합친 안의 순현가가 B안보다 크다면 A안을 택해야 한다.

그런 많은 경우에 있어서, 현금의 흐름은 비상수적으로 발생한다. 따라서 미래의 대체비용과 수입의 흐름이 불확실하고, 복잡해질 수 있다.

즉, 그들의 접근법은 무한대의 수명과 계속적인 대체를 고려하여, 서로 다른 기간의 수명에 대한 문제를 피했다. 그리고 이런 평가는 매년 이루어지므로 비용과 변화하는 기술상의 최근 지식이 분석에 포함되게 된다.

(4) 감가상각과 현금흐름

현재까지는 현금흐름으로서 투자이익에 관한 예를 보았다. 그 이유는 투자에 의해 발생되는 실제 현금흐름이 투자안 결정에 적당하기 때문이다. 그러나 감가상각은 세금 조정 이전의 수입은 기업의 실제이익이 아니다. 따라서 투자로부터의 기대수입은 순위결정 이전에 유입되는 현금흐름으로 나타낼 수 있도록 조정되어야 한다.

예를 들어 1,000만 원에 구입한 기계의 수명은 5년이고, 매년 400만 원의 수입이 기대된다. 감가상각은 정액법으로 하고, 기계의 잔존가치는 없고, 세율은 50%라 가정하면 매년의 현금유입은 다음과 같다.

전체 수입… ……………………………… 400만원

감가상각비 ……………………………… 200만원

세금 이전 수입……………………………… 200만원

세금 ·································· 100만원
순수입 ································· 100만원
감가상각비 ·························· 200만원
현금유입 ······························ 300만원

여기서 정액법으로, 이자율을 10%라 하면 순현가는

(3.791×300만원) − 1,000만원 = 137.3만원이 된다.

연도	현가계수		현금흐름(단위: 만원)		현재가(단위: 만원)
1 ··············· 0.909		×	366.7	=	333.33
2 ··············· 0.826		×	333.3	=	275.30
3 ··············· 0.751		×	300.0	=	225.30
4 ··············· 0.683		×	266.7	=	182.16
5 ··············· 0.621		×	233.3	=	144.88
					총현재가≒1.161만원

투자 초기에 많은 현금흐름의 혜택을 받을 수 있는 SYD(Sam of Years Digit)법으로 감가상각하여 비교하면 앞의 표와 같다.

따라서 순현가 = 1,161만원 − 1,000만원 = 161만원이 된다. 즉, SYD법을 사용하면 정액법을 사용할 때보다 23.7만원의 순현가가 증가한다.

(5) 투자기간이 다를 때 투자안의 우선순위 결정

투자기간이 같을 경우에는 위에서 설명한 방법으로 각각의 투자안을 비교할 수 있으나 투자기간이 다른 경우에는 순현가법과 내부수익률법은 별로 쓸모가 없어진다. 자본회수법에서의 예를 보면 투자안 A의 투자기간이 B안의 절반임을 알 수 있다. 따라서 A안의 투자가 5년 후에 끝나면 다시 2,000만 원을 투자해야 한다. 그리하여 이후 5년간의 수익이 B안의 6~10년의 수익과 비교되어야 한다. A안이 만료된 후 2,000만 원을 재투자하는 것을 A′안이라고 하면, 투자안 A와 A′의 투자액은 투자안 B와 같아진다. 이럴 경우 투자안 A′의 6~10년까지의 수익률이 문제가 된다. 즉, A′에서 얻어진 수익은 A와 B가 비교되기 전에 측정되어야 한다. 그러나 A′를 고려하지 않을 경우는 A와 B를 어떻게 비교해야 하는

가? 이에 대한 특별한 방법은 없지만 순위를 결정하는 기준은 마련되어야 한다.

한 가지 방법으로는 A′는 자본비용을 회수시킨다고 가정할 수도 있고, 또 다른 방법으로 내부수익률법을 사용할 수 있다. 기업이 20%의 최소필수수익률을 적용한다면, 새로운 투자 A′는 최소한 20%의 수익률을 올릴 수 있다고 가정한다. 여기서 어떤 율을 적용할 것인가 하는 문제는 그 동안의 투자경험과 최소필수수익률 등을 고려해서 정해야 한다. 세 번째 방법으로 새로운 투자는 투자비용과 현금흐름이 이전의 투자와 동일하다고 가정할 수도 있다. 이 경우 이전의 투자와 동일한 기간에 동일한 투자를 할당하면 된다(즉 투자안 A의 2개의 동일한 투자가, 10년 후의 투자기간을 가진 투자안 B와 각각 대응하게 된다).

이러한 방법들도 그렇게 만족스러운 것은 아니다. 가장 큰 단점은 5년 후에 투자안 A′에 의해 구입한 기계가 현재의 투자안에 의해 구입한 기계와 같다는 가정이 불합리하다는 것이다. 만일 보다 효율 높은 기계를 구입하려 한다면 A′에 투자를 많이 해야 할 것이고, 따라서 현금흐름이 증가할 것이다. 또한 인플레이션의 압력이 A′의 구입가격을 높일 수도 있을 것이다.

의사결정을 내릴 단계에서는 장래에 대한 투자를 고려할 때는 그 정확성을 기하기가 어렵다. 그러나 이 문제는 어떻게든 해결해야 하므로, 위에 언급된 방법들은 우선순위를 결정하는 데 합리적 근거를 마련해 주는 것이다.

5.7 투자안 사례

(1) 공장설비 투자 문제

문제 5-1

영진요업 주식회사에서는 내화벽돌을 만드는 공장설비를 빌려쓰고 있다. 그런데 수요가 증가함에 따라 설비투자를 계획하고 있다. 벽돌 한 장당 판매가격은 5,000원이고, 매년 소비되는 벽돌수를 200,000장에 근거하여 소요되는 비용에 대한 자료는 다음과 같다.

수명이 5년인 새로운 장비 가격 ································· 5억원
장비설치비 ································· 2,000만원
잔존가치 ································· 0원
연간임대료에 대한 새로운 장비의 할당 ·············1,000만원
연간공공사업비의 증가·························4,000만원
연간인건비의 증가 ································· 1억 6,000만원
원료의 연간증가비용 ·························4,000만원

SYD 방법을 사용하고, 세율은 40%이고, 영진요업의 최저필수수익률은 20%일 때
이 안을 받아들여도 좋은가?
그리고 인건비, 원료비 등의 연간생산비는 6억원이다.

[해 설]
투자에 대한 비용계산:

장비구입비 ································· 5억원
장비설치비 ································· 2,000만원
총투자비용 ································· 5억 2,000만원

장비의 수명 동안 매년마다 현금의 흐름을 정한다.
공장임대비용은 매몰비용이다. 왜냐하면 이것은 투자의 결정에 관계없이 지출되는
비용이기 때문이다. 연간판매수입은 5,000원×200,000단위＝10억원이 된다. 따라서
세금과 감가상각전순수입은 10억원－6억원＝4억원이 된다. 감가상각을 SYD(Sum of
Years Digit) 방법을 이용하면 다음과 같다.

연도	상각률		감가상각액
1	5/15×5억원	=	166,667,000원
2	4/15×5억원	=	133,333,000원
3	3/15×5억원	=	100,000,000원
4	2/15×5억원	=	66,667,000원
5	1/15×5억원	=	33,333,000원
			5억원

매년마다 세율이 40%일 때 현금의 흐름을 알아본다. 여기서는 첫 해의 현금흐름만
보이겠다.

세금 및 감가상각전수입 ·· 4억원
감산: 세금(40%) ·················· 1억 6,000만원
가산: 감가상각으로 인한 세금공제 −66,667,000원 <u>−93,333,000원</u>
    (0.4 × 166,667,000)
현금흐름(1차 연도)   306,6667,000원

각 현금흐름의 현재가를 구한다.
영진요업에서는 최저필수수익률을 20%로 하였으므로 현재가인자는 20%를 사용한다.

연도	현재가인자		현금흐름		현재가
1 ·························	0.833	×	306,667,000원	=	255,454,000원
2 ·························	0.694	×	293,333,000원	=	203,573,000원
3 ·························	0.579	×	280,000,000원	=	162,120,000원
4 ·························	0.482	×	266,667,000원	=	128,533,000원
5 ·························	0.402	×	253,334,000원	=	101,840,000원
	총현재가	··················			851,520,000원

그러면 순현재가가 음인지 양인지를 판별한다.

현금흐름의 총현재가 ································· 851,520,000원
총투자비용 ··· <u>520,000,000원</u>
순현재가 ·· 331,520,000원

[결정]
순현재가가 양이므로 영진요업에서는 연간 20% 이상의 수익률을 보장받을 수 있다는 것이다. 따라서 이 제안을 채택되어야 한다.

(2) 대체결정 문제

　　기영음료 주식회사에서는 5년 동안 병에 라벨을 붙이는 기계를 사용하고 있다. 그런데 이 기계는 5년 전에 400만원을 주고 구입하였고, 감가상각은 정액법을 사용했다. 이 기계는 앞으로 5년간 더 사용할 수 있고, 5년 후의 잔존가치는 0이다. 그리고 이 기계를 지금 팔면 200만원을 받을 수 있다. 한편 병에 라벨을 붙이는 새로운 모형의 기계가 시판되고 있는데, 판매가격은 600만원이고, 내용년수는 5년이고, 잔존가치는 50만원이다. 또한 새로운 기계는 매년 120만원의 인건비를 절약할 수 있고, 감가상각은 정액법을 따른다.

　　만약 구기계를 그대로 사용한다면 수개월 이내에 30만원을 들여 수리보수를 해야 한다. 회사의 최저필수수익률은 12%이고, 세율은 40%라 할 때 새로운 기계를 구입하는 것이 타당한가?

[해 설]

투자에 소요되는 비용을 계산한다.

새로운 기계의 구입가격 ·· 600만원
　　감산: 구기계 매각수입 ···························· 200만원
　　　　　보수 수리비 ···································· 30만원
투자비용 ·· 370만원

새로운 기계에 투자함으로써 발생되는 현금흐름을 계산한다.

연간비용절약액 = 120만원

감가상각:

구기계에 대한 연간감가상각액 $= \dfrac{400만원}{10} = 40만원$

신기계에 대한 연간감가상각액 $= \dfrac{600만원 - 50만원}{5} = 110만원$

감가상각액의 차이 = 110만원 - 40만원 = 70만원

연간 현금흐름의 순증가:
비용 절약 ·· 120만원
　　감산: 세금 ······························ 48만원
　　가산: 감가상각으로 인한 공제(0.4 × 70만원) 28만원　　20만원
연간 현금흐름의 증가 ···································· 100만원

투자의 총현재가를 계산한다.

5년 동안 매년 100만원의 현금의 흐르므로, 12%로 할인하면 현재가는

3.605×100만원 $= 360.5$만원이 된다.

5년 후의 잔존가치가 50만원이므로, 현재가는

0.567×50만원 $= 28.4$만원이 된다.

따라서 총현재가는 360.5만원 $+ 28.4$만원 $= 388.9$만원이다.

순현재가가 음인지 양인지를 판별한다.

총현재가 ···	388.9만원
투자비용 ···	370만원
순현재가 ···	18.9만원

[결정]

순현재가가 양이므로 새로운 기계를 구입하는 것이 타당하다.

주 : 이 예에서는 감가상각의 중요성을 볼 수 있다. 연간현금흐름의 현재가는

(비용절약액 $-$ 세금) (현재가인자)

$= (120$만원 $- 48$만원) $\times (3.605) = 2,596,000$원

이 액수는 투자비용 370만원보다 110.4만원이나 적다. 그러나 감가상각액수가 커지므로 이 투자가 타당한 것이 되는 것이다. 즉, 총이익의 현재가는 100.9만원이다.

(세율 $\times$ 감가상각액의 차이) (현재가인자)

$= (0.4 \times 70$만원) $\times (3.605) = 100.98250$만원

(3) 사내제작 또는 외주의 결정 문제

문제 5-3

한국전자는 냉장고를 제조하고 판매하는 회사이다. 그런데 냉장고 제조에 필요한 부품 중 일부는 사내에서 조달하고 일부는 하청으로 조달하고 있다. 현재 하청을 통해 구입하는 냉장고 받침대는 단위당 8,250원에 구입하고 있다. 연간 수요량은 100,000개일 때 공학적 추정에 입각한 원가회계에 대한 자료는 다음과 같다.

고정비는 5,000만원으로 증가할 것이다.

인건비는 1억 2,500만원으로 증가할 것이다.

현재 공장의 경상비는 5억원이나, 냉장고 받침대를 생산할 경우 12% 증가될 것이다.

재료비는 6억원이 될 것이다.

주어진 조건이 위와 같을 때 과연 냉장고 받침대를 생산하는 것이 타당한가?

[해 설]

생산하는 데 소요되는 총비용을 계산한다.

부가되는 고정비 ··············	5,000만원
부가되는 인건비 ··············	1억 2,500만원
재료비 ····························	6억원
부가되는 경상비 ··············	6,000만원
총비용 ····························	8억 3,500만원

단위당 생산비를 계산한다.

$$\frac{8억\ 3,500만원}{100,000} = 8,350원/개$$

[결 정]

냉장고 받침대는 계속 외주를 통해 구입하는 것이 단위당 100원의 비용을 줄일 수 있다.

(4) 임대 또는 구매를 결정하는 문제

문제 5-4

김사장은 도매상을 경영하고 있는데 용달차를 구입하는 것을 고려하고 있다. 용달차의 가격은 300만원이고, 4년 후에 100만원을 받고 팔 수 있다고 확신한다. 따라서 차액 200만원은 정액법으로 감가상각할 것이다. 또한 이 차를 사기 위해서는 은행으로부터 연리 6%, 4년 동안 매년 일정액을 갚기로 하고 300만원을 꾸어야 한다. 한편 그의 친구는 용달차를 4년 동안 빌려쓰는 것이 더 경제적일 것이라고 충고하였다. 빌려쓸 경우 김사장은 은행에서 돈을 꾼 것과 똑같이 4년 동안 매년 일정액을 납입하면 된다. 김사장은 어떻게 하는 것이 경제적인가? 단, 세금공제율은 40%이다.

[해 설]

용달차 구입에 따른 비용을 계산한다.

300만원을 연리 6%로 4년 동안, 매년 일정액을 갚으므로 매년 갚는 액수는

$$\frac{300만원}{3.465} = 866,000원이다.$$

대부에 대한 비용의 현재가를 계산한다.

연도(1)	매년 지불액(2)	이자율 6%(3)	원금에 대한 지불액(4)	미회수액(5)	감가상각(6)
1 ··········	866,000원	180,000원	686,000원	2,314,000원	500,000원
2 ··········	866,000원	139,000원	727,000원	1,587,000원	500,000원
3 ··········	866,000원	95,000원	771,000원	816,000원	500,000원
4 ··········	866,000원	50,000원	816,000원	0원	500,000원

과세표준공제(7) (3)+(6)	세금공제(8) 0.4×(7)	구입함으로 발생되는 비용(9) (2)−(8)	현재가인자(10)	현재가(11) (9)×(10)
680,000원	272,000원	594,000원	0.943	560,000원
639,000원	256,000원	610,000원	0.890	543,000원
595,000원	238,000원	628,000원	0.840	527,000원
550,000원	220,000원	646,000원	0.792	497,000원
			총현재가	2,127,000원

잔존가치의 현재가 = 0.792 × 1,000,000원 = 792,000원

대부비용에 대한 현재가 = 2,127,000원 − 792,000원 = 1,335,000원

용달차를 임대할 때의 비용을 구한다.

연도(1)	임대료(2)	세금공제(3) 0.4×(2)	임대할 때 비용(4)	현재가인자(5)	현재가(6) (4)×(5)
1	866,000원	346.000원	520,000	0.943	490,000원
2	866,000원	346.000원	520,000	0.890	463,000원
3	866,000원	346.000원	520,000	0.840	437,000원
4	866,000원	346.000원	520,000	0.792	411,000원
				총현재가	1,801,000원

생산하는 데 소요되는 총비용을 계산한다.

　　임대할 때, 비용의 현재가 ····························· 1,801,000원

　　구입할 때, 비용의 현재가 ····························· 1,335,000원

　　　　　구입할 때의 이익 ······················· 1,466,000원

[결 정]

용달차를 구입하는 것이 경제적이다.

주 : 이 문제 역시 감가상각의 중요성을 다시 한번 보여주는 것으로, 용달차를 구입했을 때 감가상각액이 임대했을 때보다 크기 때문에 세금공제 등의 이익을 볼 수 있었다.

　　일반적으로 감가상각과 잔존가치는 구입비용을 감소시킨다. 그러나 장비가 급속히 진부화되는 것이면, 임대하는 것보다 비용이 적게 들 것이다. 이 예로 인하여 임대하는 것이 구입하는 것보다 비싸다는 생각을 가져서는 안 된다. 대부분의 경우에 있어서는 구입하는 것보다는 임대하는 것이 비용이 적게 든다.

01. 손익분기점 분석은 일정단위의 변동비, 수입, 고정비 등을 사용해서 간략히 할 수 있다. 실제비용과 수입으로는 어떤 것이 있을 수 있으며, 손익분기 차트는 어떤 형태인가?

02. 회사를 경영하려면 돈의 공급은 필수적이다. 그 이유를 설명하고, 특히 급속히 성장하는 회사에서는 왜 이것이 중요한지 설명하여라.

03. 회사에서 자본이 부족하면, 현재 가지고 있는 자본을 보존하고, 자본을 늘이기 위해서 어떻게 하는가?

04. 차용한 돈에 대해서는 한계비용이 증가하는 이유를 설명하여라. 또한 적은 양의 돈을 차용했을 경우 한계 비용이 큰 이유를 설명하여라.

05. 미래가보다 현재가를 사용하는 이유를 열거하여라.

06. 의사결정자가 자본회수 분석, 수익률, 그리고 현재가에 관심을 갖고 있는 이유를 설명하여라.

07. 비교하는 장비의 수명이 서로 다른 경우, 투자대안의 선택이 어려운 이유에 대해 논하여라

08. 각 감가상각법의 장단점을 비교하여라.

09. A라는 상품의 시장 조사를 해본 결과, 단가가 4,200원에 10,000개의 수요가 있고, 가격이 4,000원으로 내리면 12,000개의 수요가 있을 것으로 예상된다.

　　　고정비 = 1,000만원

　　　고정경상비 = 300만원

　　　직접노무비 = 1,500원/개

　　　직접재료비 = 1,000원/개

(a) 손익분기점을 구하여라.

(b) 예상되는 최소한의 구매수준 하에서 이익을 최대화하는 가격을 설정하여라.

10. 제품을 1,500개에서 2,500개까지 생산할 때 고정비는 2,500만 원, 단위당 변동비는 10,000원이다. 단위당 20,000원에 제품을 판매할 때 손익분기점을 구하여라. 만일 단위당 가격이 25,000원일 때, 손익분기점을 구하여라

11. 새로운 기계는 구입하는 데 2,400만 원이 소요되고 8년 후의 잔존가치는 400만 원이다. 연간 운영비는 300만 원이고, 이자율은 10%이다. 새로운 기계를 구입하는 데 따른 돈의 흐름의 현재가는 얼마인가?

6 원가회계

회계는 일반적으로 2가지로 나눌 수 있으며, 한 가지는 재무회계(financial accounting) 또는 일반회계(general accounting)라고 하며, 이것은 외부인을 위한 것이며, 다른 한 가지는 관리회계(management accounting)이며, 이것은 회사의 내부인을 위한 것으로 그 중에 하나가 원가회계(cost accounting)이다. 원가회계는 일반회계의 한 부분이지만, 공업경제 연구에 있어서는 일반회계보다 더 중요하다.

6.1 일반회계

일반회계시스템의 중요한 목적은 기업의 두 가지 재무제표(financial statements)를 주기적으로 마련하는데 있다. 이 두 가지 재무제표는 다음과 같다.

① 일정 시점에서의 기업의 자산(assets), 부채(liabilities) 그리고 순가치(net worth) 또는 자본(capital)을 나타내 주는 대차대조표(balance sheet)
② 일정 기간 동안의 기업의 수입과 비용을 나타내 주는 손익계산서(profit and loss statement)

대차대조표는 정해진 시점에서의 기업의 재정 상태의 스냅 사진(snap shot)을 나타낸다. 그리고 일정 시점에서의 대차대조표가 작성된 시간과 다음번 시점에서 대차대조표가 작성된 시간 사이에 발생하는 기업업무 재무수준을 반영하기 위하여 기업은 손익계산서를 준비한다.

기업의 대차계정은 일반적으로 자산, 부채, 순가치, 수입, 그리고 비용의 5가지로 나뉘어진다. 이중 자산, 부채, 그리고 순가치의 3가지는 어떤 시점에서의 기업의 재정적 위치를 나타내 준다. 수입과 비용 나머지 2가지는 정해진 기간 동안의 이익과 손실을 합산한 것으로 이것은 어떤 시점에서의 기업의 위치를 변화시킨다. 이러한 5가지 대차계정 각각은 총회계시스템에 이용되는 대차계정의 요약이다.

대차대조표는 일정 시점에서의 기업의 재정적 위치를 나타내기 위하여 작성되는데 다른 말로하면 이것은 일정 시점의 경제적 상태를 표시하는 것으로 기업의 경제적 자원(economic resources, 자산), 경제적 의무(economic obligations, 부채), 잔여지분(residual interests, 자본)을 표시하는 회계보고서이다. 대차계정에 기록되는 일정 시점에서의 값은 다음과 같은 기본 회계식(fundamental accounting equation)을 만족해야 한다.

자본(순가치) = 자산 - 부채

아래 A회사의 2014년 12월의 대차대조표에서 중요한 항목들을 잘 볼 수 있다.

대차대조표
2014년 12월 30일 (단위: 천원)

차변		대변	
현금	143,300	지급어음	22,000
외상매출금	7,000	외상매입금	4,700
원자재	9,000	이자수입에 대한 세금	32,000
재공품	17,000	주식배당금	40,000
재고	21,400		69,900
토지	11,000	순가치(자본)	
공장건물	82,000	자본금(capital stock)	200,000
설비	34,000	12월의 이익	56,100
선지급용역	1,300		256,100
	326,000		326,000

대차대조표항목은 기업회계기준에 의하여 다음과 같이 3가지로 구분될 수 있다.

- 대분류: 자산, 부채, 자본
- 중분류: 유동자산(당좌자산, 재고자산), 고정자산(투자자산, 유형자산, 무형자산), 유동부채, 고정부채
  자본금, 자본잉여금, 잉여잉여금, 자본조정
- 소분류: 현금 및 현금등가물, 단기매매증권
  매입채무, 단기차입금
  자본금, 주식발행초과금, 당기순이익

대차대조표는 보통 1년마다, 3개월마다, 매달 또는 다른 어떤 일정한 간격마다 작성된다. 대차대조표가 작성되는 간격 사이에 발생하는 회사 상태의 변화는 연속적인 대차대조표를 비교해 봄으로써 알 수 있다.

또 연속되는 대차대조표 사이에 발생하는 상태의 변화와 관련되는 정보는 손익계산서로부터 얻을 수 있다. 이 재무제표는 명시된 기간구간 동안의 수입과 지출된 비용을 요약한다.

다음 A회사의 손익계산서에서 2014년 1년의 수입과 비용 그리고 순이익을 볼 수 있다. 대차대조표와 손익계산서는 그 작성 목적에 따라 아주 자세히 또는 덜 자세히 표현된다. 이들은 서로 연관지어져 있다. 손익계산서에서 계산된 순이익은 위에서 볼 수 있는 바와 같이 대차대조표의 순가치에 쓰여진다. 이 순이익은 또한 대차대조표에 나타난 회사의 소득세를 계산하는 기초로도 사용된다.

대차대조표와 손익계산서는 모두 기업의 5가지 중요한 대차계정을 요약한다. 그리고 이들은 현금, 지급어음, 자본금(capital stock), 매출원가, 집세와 같은 소분류에 속하는 다른 대차계정들을 요약한다. 또 이러한 대차계정들 각각은 그 자체를 요약한다. 예를 들어 원자재라는 자산항은 자세한 재고기록으로부터 얻어지는 모든 종류의 원자재들의 가치를 요약한 것이다. 따라서 원가연구의 기초가 되는 자료를 조사하는데 있어서는 필요한 정보가 얻어질 때까지 회계시스템을 거슬러 올라가며 각 대차계정을 추적하는 것이 필요하다.

이익이란 2가지의 요소의 결과로소 얻어지는데 그 중 하나는 활동으로부터 얻어지는 수입과 관련되는 경제성이다. 또 어떤 활동에서는 손해를 볼 수도 있

다. 따라서 이익을 고려하여 활동들을 이익에 미치는 영향으로 평가하는 것이 중요하다. 이익이 생기는 첫 단계는 수입을 보장하는 것이다. 그러나 수입이 어떤 비용이 드는 활동을 필요로 한다. 그러므로 이익이란 수입이 얻어지는 활동의 결과이며 다음과 같이 지출을 수입에서 빼서 구해진다.

이익 = 수입 − 지출

어떤 조직체의 총 성과는 그 조직체가 착수한 모든 활동들의 성과의 합으로 나타난다. 또한 착수한 일의 성과는 그것을 구성하는 작은 활동들의 성과의 합이 된다.

6.2 원가회계

원가회계란 생산품의 원가를 결정하기 위하여 각 품목마다의 노무비, 재료비, 간접비를 기록하는데 사용되는 일반회계의 한 부분이다. 이러한 정보의 최종 요약은 완성품의 원가와 매출표(sold statement)의 형태로 나타난다. 이것은 어떤 기간 동안 생산되고 팔린 제품에 사용된 노무비, 재료비, 그리고 간접비로 나타낸다. 예로 A회사의 2014년 9월 한달간 완성품의 원가와 매출표를 보면 다음과

매 출 표
2014년 9월
(단위: 천원)

직접재료비		
월 초 재 공 비	3,400	
한달동안 사용된 재료비	39,500	
합 계	42,900	
월 말 재 공 품	4,200	38,700
직접노무비		
월 초 재 공 품	4,300	
한달동안 사용된 노무비	51,900	
합 계	56,200	
월 말 재 공 품	5,700	50,500

간 접 비		
월 초 재 공 비	5,800	
한달동안 사용된 재료비	60,100	
합 계	65,900	
월 말 재 공 품	7,100	58,800
완성품의 원가		148,800
월 초 완 성 품		16,200
합 계		164,200
월 말 완 성 품		21,400
매출품 원가		142,800

같다.

완성품의 원가와 매출표는 재공품 재료비, 재공품 노무비, 재공품 간접비 그리고 완성품의 원가의 4가지 회계로부터 얻어지는 자료를 요약함으로써 구해진다.

매출품의 원가로 산출되는 액수는 이익계정으로 옮겨지므로 이 계정은 손익계산서를 보조한다. 이와 마찬가지로 손익계산서는 대차대조표를 보조한다. 왜냐하면 손익계산서로부터 산출되는 이익 또는 손해가 대차대조표의 순이익란으로 옮겨지기 때문이다.

어떤 제품을 생산하고 판매하는데 드는 비용은 일반적으로 직접재료비, 직접노무비, 공장간접비(factory overhead), 공장원가(factory cost), 사무경비(administrative cost), 그리고 판매경비(selling cost)로 분류된다. 처음 3가지는 완성품의 원가와 매출표에 나타나는데 손익계산서에서 매출품의 원가란 금액이 된다. 사무와 판매경비는 손익계산서의 영업비에 포함되고, 순이익은 순수입으로부터 영업비를 빼면 얻을 수 있다.

6.3 간접비를 배분하는 방법

생산된 제품에 공장간접비를 배분하는 방법에는 4가지가 있는데 직접노무비(direct-cost method), 직접노동시간방법(direct-labor-hour method), 직접재료비방법

(direct-material-cost method), 기계가동률방법(machine-rate method)이 이에 해당된다. 각 방법의 배분기준은 공업 경제성 연구와 관계 있는 원가회계의 관점을 잘 보여주는 다음과 같은 가상적 제조회사의 예로써 설명할 수 있다.

  PLASCO 회사는 생산공장을 가지고 있는 작은 플라스틱 제조회사이다. 공장의 땅값은 900만 원이며, 4년 전에 건설된 공장 건물은 3,000만 원인데 이 2가지 항목들의 $\frac{2}{3}$, 즉 600만 원과 2,000만 원이 생산부문에 사용된다. 그리고 기계 X와 기계 Y의 초기가격은 각각 1,800만 원과 3,000만 원이다. 이외의 공장자산으로는 초기가격이 200만 원인 공장집기와 210만 원인 소도구와 현재시가가 580만 원인 재고가 있다. 공장의 올해 봉급과 임금은 다음과 같이 추정된다.

(단위: 천원)

공장 작업을 감독하는 감독자 F	72,000
물건을 옮기고 재고를 관리하며 수위일을 하는 H	31,200
간접노무비의 합계	103,000
기계 X에서 작업하는 작업자 W1, 27.0/hr×2,000hr	54,000
기계 Y에서 작업하는 작업자 W2, 21.6/hr×2,000hr	43,200
직접노무비의 합계	97,200

공장에서 올해 사용된 공급품은 다음과 같이 추정된다.

(단위: 천원)

사무실 소모품	600
수도료(전체 건물이 청구액의 3/4 사용)	450
전등의 전기료(전체 건물이 청구액의 2/3 사용)	1,200
난방료(전체 건물이 청구액의 2/3 사용	2,460
전기동력(기계 X가 1,560, 기계 Y가 2,400)	3,960
보수비품(기계 X가 600, 기계 Y가 1,680)	2,280
	10,950

표 6-1 한 해 동안의 추정된 생산활동

제품	추정된 생산량	재료비 (천원)		직접노동시간				기계사용시간			
				작업자 W1		작업자 W2		기계 X		기계 Y	
		개당	합계	개당	합계	개당	합계	개당	합계	개당	합계
L	100,000	0.10	10,000	0.01	1,000	–	–	0.01	1,000	–	–
M	140,000	0.08	11,200	–	–	0.01	1,400	–	–	0.01	1,400
N	80,000	0.12	9,600	0.0125	1,000	0.0075	600	0.0125	1,000	0.0075	600
			30,800		2,000		2,000		2,000		2,000

PLASCO 회사는 L, M, 그리고 N의 3가지 제품을 생산하는데 추정된 생산량, 재료비, 직접노동시간, 그리고 기계사용시간은 〈표 6-1〉과 같다. 올해 한해 동안의 PLASCO 회사의 간접비 비율은 다음과 같이 계산된다.

(단위: 천원)

A. 건물에 대한 간접비 항목

건물에 대한 감가상각비, 보험료, 유지비	2,800
건물과 토지에 대한 세금	1,000
건물과 토지의 현가에 대한 이자	2,400
공자의 수도료, 전등의 전기료, 난방료	685
합 계	6,885

B. 기타의 간접비 항목

공장 집기에 대한 감가상각비, 보험료, 유지비	320
공장 집기의 현가에 대한 이자	140
소도구의 현가에 대한 이자와 세금, 보험료, 감가상각비	310
재고에 대한 세금, 보험료, 이자	750
사무실 소모품	600
합 계	2,120

C. 간접노무비 항목

간접 노동자 F와 H의 봉급	103,200
급료에 대한 세금	25,800
합 계	129,000

D. 기계 X의 간접비 항목

기계 X의 감가상각비, 세금, 보험료, 유지비	3,100
기계 X의 현가에 대한 이자	800
기계 X의 소모품	100
기계 X의 동력	1,560
합 계	5,560

E. 기계 Y의 간접비 항목

기계 Y의 감가상각비, 세금, 보험료, 유지비	4,400
기계 Y의 현가에 대한 이자	1,300
기계 Y의 소모품	280
기계 Y의 동력	2,400
합 계	8,380
공장 간접비 모든 항목의 총합계	151,945

주어진 자료를 기초로 하여 간접비의 배분비율은 다음과 같이 구해진다.

$$직접노무비\ 비율 = \frac{총공장간접비}{총직접노무비} = \frac{151,945,000}{97,200,000} = 1.56$$

$$직접노동시간\ 비율 = \frac{총공장간접비}{총직접노동시간} = \frac{151,945,000}{4,000} = 37,986$$

$$직접재료비\ 비율 = \frac{총공장간접비}{총직접재료비} = \frac{151,945,000}{30,800,000} = 4.93$$

기계 X와 기계 Y에 대한 기계율(machine-rate)을 정하기 전에 다음과 같은 자세한 분석이 행해져야 한다.

A항에 대해 생각해 보자. 이 항의 합계는 6,885,000원이며 공장건물의 집세에 해당한다. 공장건물의 면적은 600평이다.

건물 면적 평당의 연간 비용: $\frac{6,885,000}{600} = 11,475$원

기계 X가 차지하는 면적비용: $100 \times 11,475 = 1,147,500$

기계 Y가 차지하는 면적비용: $145 \times 11{,}475 = 1{,}663{,}875$

기계 X와 기계 Y에 부과되는 면적비용의 합계: 2,811,375

분배되어야 하는 면적비용: $6{,}885{,}000 - 2{,}811{,}375 = 4{,}073{,}325$(원)

A항목의 나머지와 B와 C항목은 실제 조건을 반영하도록 추정된 어떤 근거에 따라 기계 X와 기계 Y에 분배되어야 한다. 이 예에서는 이러한 항목들의 합을 두 기계에 똑같이 분배하기로 한다. 따라서 분배되지 않은 합계의 반은

$$\frac{(4{,}073{,}325 + 2{,}120{,}000 + 129{,}000{,}000)}{2} = 67{,}596{,}662$$원이 된다.

기계 X의 간접비 부담액의 기계율

D항목	5,600,000
위에서 계산된 면적비용	1,147,500
A항목 중 분배되지 않은 나머지와 B항, C항의 합의 반	67,596,662
합 계	74,344,162

$$\text{기계율(기계 X)} = \frac{\text{기계 X에 분배된 간접비}}{\text{연간 작업시간}}$$

$$= \frac{74{,}344{,}162}{2{,}000} = \frac{37{,}172\,(원)}{시간당}$$

기계 Y의 간접비 부담액과 기계

E항목	8,380,000
위에서 계사된 면적비용	1,663,875
A항목 중 분배되지 않은 나머지와 B항, C항의 합의 반	67,596,662
합 계	77,640,537

$$\text{기계율(기계 Y)} = \frac{77{,}640{,}537}{2{,}000} = \frac{38{,}820\,(원)}{시간당}$$

제품 L, M 그리고 N의 단위당 원가는 공장간접비를 배분하는 4가지 방법들에 의해 각각 달라질 수 있다.

제품 L의 공장원가

직접노무비방법

직접재료비	100
직접노무비 $0.01 \times 27,000(원) =$	2,700
간접비 $270(원) \times 1.56 =$	421
	3,221(원)

직접노동시간방법

직접재료비	100
직접노무비 $0.01 \times 27,000(원) =$	2,700
간접비 $0.01 \times 37,986(원) =$	380
	3,180(원)

직접재료비방법

직접재료비	100
직접노무비 $0.01 \times 27,000(원) =$	2,700
간접비 $100(원) \times 4.93 =$	493
	3,293(원)

기계율방법

직접재료비	100
직접노무비 $0.01 \times 27,000(원) =$	2,700
간접비 $0.01 \times 37,172(원) =$	372
	3,172(원)

제품 M의 공장원가

직접노무비방법

직접재료비	80
직접노무비 $0.01 \times 21,600(원) =$	216
간접비 $216 \times 1.56(원) =$	337
	633(원)

직접노동시간방법

직접재료비	80
직접노무비 $0.01 \times 21,600(원) =$	216
간접비 $0.01 \times 37,986(원) =$	380
	676(원)

직접재료비방법

직접재료비	80
직접노무비 $0.01 \times 21,600$(원) $=$	216
간접비 80(원) $\times 4.93 =$	390
	686(원)

기계율방법

직접재료비	80
직접노무비 $0.01 \times 21,600$(원) $=$	216
간접비 $0.01 \times 38,820$(원) $=$	388
	684(원)

제품 N의 공장원가

직접노무비방법

직접재료비	120
직접노무비 $0.0125 \times 27,000$(원) $+ 0.0075 \times 21,600$(원) $=$	499.5
간접비 1.56×499.59(원) $=$	779.2
	1,398.7(원)

직접노동시간방법

직접재료비	120
직접노무비 $0.0125 \times 27,000$(원) $+ 0.0075 \times 21,600$(원) $=$	499.5
간접비 $(0.0125 + 0.0075) \times 37,986$(원) $=$	759.7
	1,379.2(원)

직접재료비방법

직접재료비	120
직접노무비 $0.0125 \times 27,000$(원) $+ 0.0075 \times 21,600$(원) $=$	499.5
간접비 4.93×120(원) $=$	591.6
	1,211.1(원)

기계율방법

직접재료비	120
직접노무비 $0.0125 \times 27,000$(원) $+ 0.0075 \times 21,600$(원) $=$	499.5
간접비 $0.0125 \times 37,172$(원) $+ 0.0075 \times 38,820$(원) $=$	755.8
	1,375.3(원)

PLASCO 회사의 판매원가는 공장원가에 사무와 판매경비를 더한 것이 된다. PLASCO 회사의 연간 사무경비는 2,800만 원, 판매경비는 1,650만 원으로 추정된다.

연간 PLASCO 회사의 직접재료비, 직접노무비, 그리고 공장경비는 앞에서 각각 3,080만 원, 9,070만 원, 15,194.5만 원으로 추정된다. 그러므로 PLASCO 회사의 올해 판매원가는 다음과 같이 된다.

추정된 연간 직접재료비	30,800,000(원)
추정된 연간 직접노무비	90,700,000(원)
추정된 연간 공장간접비	151,945,000(원)
추정된 연간 공장원가	273,445,000(원)
추정된 연간 사무비용	28,000,000(원)
추정된 연간 생산비용	301,445,000(원)
추정된 연간 판매경비	16,500,000(원)
추정된 연간 판매원가	317,945,000(원)

간접비 배분과 관련된 PLASCO 회사의 예에서 얻어진 공장원가를 살펴보면 알 수 있듯이 어떠한 배분방법을 썼느냐에 따라 공장원가가 많이 달라지는 점은 풀기 어려운 문제이다. 합계를 구성하고 있는 각각의 3가지 원가들은 추정오차를 가지고 있다. 직접재료비는 가격의 변동으로 인해 실제 사용되는 양보다 더 많이 부과할 수도 있고, 추정치를 사용하므로 정확치 않을 수도 있다. 이와 유사하게 부과되는 직접노무비도 보통 어느 정도 오차가 생긴다. 그러나, 합당한 조정과 회계 절차에 의해 직접재료비와 직접노무비에 의한 배분을 신뢰할 수 있게 할 수 있다.

제품 L에 배분된 공장간접비를 살펴보면 4가지 방법에 의해 배분된 금액이 개당 372원에서 493원까지 변화함을 알 수 있다. 이 금액들의 비는 $\frac{493}{372}$, 약 1.3 이다. 이와 같이 다른 방법에 의해 얻어지는 금액이 서로 다르다는 사실은 간접비 배분방법의 선택에 따라 중요한 차이가 생길 수 있다는 것을 뜻한다.

실제에 있어 공장간접비는 여러 가지 다른 비용들의 합이다. 그러므로, 한 가지 간단한 방법으로 정확하게 각 제품에 공장간접비를 배분할 수 없는 것은 당연하다. 그러나, 어떤 특정한 방법이 일반적으로 상당히 만족스러울 수 있고, 넓은 범위의 편차는 어떤 특별한 상황을 초래할 수도 있다.

예를 들어 제품 L과 제품 M에 적용된 직접노동시간방법을 생각해 보자. 이 때의 가정은 사용되는 기계는 고려하지 않고 직접 노동 한 시간마다 37,986원의 공장간접비가 든다는 것이다. 그러므로 제품 L과 제품 M에 분배되는 간접비는 각각의 제품을 제조하는데 사용되는 기계의 가동비용이 서로 다른 데도 불구하고 같게 된다. 이는 기계 X의 기계율과 기계 Y의 기계율이 37,172원과 38,820원인 것을 보면 알 수 있다.

직접재료비방법을 사용하는 경우 사용된 재료의 양뿐만 아니라 사용된 재료의 단가에 의해서도 달라질 수 있다. 예를 들어 보면 어떤 모형의 탁자가 소나무로 만들어지거나 마호가니 나무로 만들어진다고 하자. 이때는 제조과정은 같지만 사용되는 재료의 단가가 다르기 때문에 부과되는 간접비는 소나무로 만든 경우보다 마호가니 나무로 만든 경우가 서너배 된다.

이제 기업활동 수준이 변화하는 경우를 생각해 보자. 앞서 간접비 배분방법을 결정할 때 한해 동안 PLASCO 회사의 기업활동은 제품 L, M, 그리고 N으로 추정되었다. 이 추정치는 연간 재료비, 연간 노무비, 연간 직접노동시간, 그리고 기계가동시간(machine hours)을 결정하는 근거가 된다. 그러면 이러한 항목들은 각 배분비율들의 분모가 된다. 배분비율들의 분자는 151,945,000원으로 합계되는 공장간접비의 추정치이다. 이 분자 값을 구성하고 있는 항목들을 살펴보면 알 수 있듯이 기업활동의 변화에 대해 비교적 일정하게 된다. 이러한 이유로 공장간접비 배분비율은 일반적으로 기업활동에 비례한다. 그러므로, 실제 기업활동이 추정된 기업활동보다 적다면 부과되는 간접비비율은 추정된 총간접비를 흡수하기 위하여 필요한 금액보다도 적게된다. 이 반대의 경우도 또한 성립된다. 따라서 연말에 더 많이 또는 적게 부과된 간접비의 차액이 밝혀지면 이것은 보통 이익과 손실 또는 잉여금에 부과된다.

공업경제성 분석에서 간접비 부과와 간접비 비율에 대한 기업활동의 영향은 중요한 문제점의 하나이다. 예를 들어, PLASCO 회사의 총간접비 부과액은 기업활동이 기계의 가동시간으로 나타내진다면 두 기계가 각가 1,200시간에서 2,000시간 가동하는 동안은 비교적 상수로 남아 있게 된다. 그러므로 총간접비가 배분된 후 제품을 추가로 생산하는 데 증가되는 비용은 직접재료비와 직접노무비로 이루어진다. 이때 공장 연간 생산능력 이내일 경우에만 적용된다. 생산능력을 초과하여 생산하는 비용은 엄청난 한계비용을 초래할 수도 있다. 이 경우의 문제는 또 다른 원가계산을 하여야 한다.

6.4 경제성 연구에 있어서의 회계자료 사용

회계자료는 여러 가지 경제성 분석의 근거가 되는데 이것을 사용하는데는 주의가 필요하다. 이것을 적절히 사용하기 위해서는 먼저 회계자료의 타당성을 이해하는 것이 필수적이다. 이 절에서는 원가회계자료의 타당성에 대한 2가지 예를 들기로 한다.

(1) 원가자료는 응용할 수 있어야 한다

노무비의 감소가 이에 비례하게 간접비를 감소시킬 것이라는 생각은 일반적으로 범할 수 있는 과오이다. 특히 간접비가 노무비를 기준으로 해서 배분될 때는 더욱 그러하다. 예로서 정유분야의 제품을 전문적으로 제조하는 회사를 생각해 보기로 하자.

단위당 원가는 다음과 같다.

직접노무비	4,180원
간접재료비	1,840원
공장간접비 4,180원×2.30	9,610원
단위당 공장원가	15,630원

이 15,630원인 공장원가는 이 회사의 단위당 판매원가보다 약간 적다. 따라서 첫 번째 대안은 제품생산을 중단하는 것이 된다. 그러나, 조금만 더 생각해 보면 제품생산을 중단한다고 9,610원의 간접비가 절약되지 않는다는 것을 확실히 알 수 있다. 이때 사용된 간접비비율은 평균적으로 시간당 15,850원 하는 노동자

의 임금을 기초로 하였다. 그런데 이 회사의 작업에는 단지 간단한 프레스와 손도구만이 사용된다. 따라서 제품생산을 중단함으로써 이러한 것들을 사용하지 않는다고 해서 원가가 많이 감소하지는 않는다.

　PLASCO회사의 건물에 대한 간접비 항목은 공장 면적 평당 11,475원임이 앞에서 계산되었다. 건물건평이 300평 가량 현재 사용되지 않고 있음을 알 수 있다. 이 면적에 해당되는 연간비용은 300평×11,475원/평＝3,442,500원이다. 그러나, 이 비용은 새로 구입되는 기계에 부과되는 간접비용의 항목에 포함될 필요는 없다. 왜냐하면 면적이 채워진다고 해도 실제로 증가되는 면적비용은 없기 때문이다. 이 3,442,500원은 여러 가지 간접비비율 중 한 가지를 기준으로 해서 제품들에 배분되게 된다. 즉, 새로운 기계를 들여오는 것은 사용되는 간접비 배분비율에 변화를 초래하지만 건물에 대한 간접비 항목을 변화시키지는 않는다.

(2) 특정한 분석에 있어 평균비용은 부적당하다

　근본적인 것은 아니지만 원가회계의 중요한 기능은 생산원가를 절감하고 판매로부터 얻어지는 이익을 증가시키기 위한 의사결정을 할 수 있도록 자료를 마련해 준다는 것이다. 그런데, 정확한 것으로 생각되어지는 원가자료가 의사결정을 하는데 커다란 과오를 저지르게 하는 경우가 있다. 즉, 평균값으로 주어지는 전체적 분석에 적합한 원가자료가 자세한 분석에는 부적합 할 수 있다. 그러므로, 원가자료는 경제성 연구에 확신을 가지고 사용되기 전에 조심스럽게 세밀히 검토되어야 하고 그들의 정확도가 수립되어야 한다.

　〈표 6-2〉에 3가지 생산품에 관련된 실제와 추정된 원가자료들이 표현되어 있다. 제품 A, B, C의 실제 생산원가는 각각 9,000원, 10,000원, 그리고 11,000원

표 6-2　실제 생산원가와 추정된 생산원가 비교

제품	직접간접비와 재료비	실제간접비	추정된 간접비	실제 생산원가	추정된 생산원가
A	6,000원	2,500원	3,500원	9,000원	10,000원
B	7,000원	3,000원	3,000원	10,000원	10,000원
C	7,500원	3,500원	2,500원	11,000원	10,000원
평균	7,000원	3,000원	3,000원	10,000원	10,000원

이다. 그러나 간접비 추정의 부적확성으로 해서 제품 A, B, C의 추정 생산원가는 모두 10,000원으로 되어 있다. 몇 가지 원가들의 평균이 정확하다고 해서 이 평균이 각각의 제품의 원가를 잘 나타낸다는 확신은 없다. 이러한 이유 때문에 경제성 분석에 사용되기 전에 각각의 정확성을 검토해야 한다.

즉, 위 예에서 만일 제품의 판매가격이 그들의 추정된 생산원가를 기초로 정해진다면 제품 A는 비싸게 제품 C는 싸게 가격이 정해지게 된다. 이것은 중요한 이익의 손실을 초래할 수 있다. 원가자료의 평균값은 특정한 제품들과 관련되는 의사결정을 내리는데는 별 가치가 없다.

(3) 회계의 응용

회계사는 사무적인 업무인 단순부기(bookkeeping)활동을 넓혀서 재무보고서를 준비하고, 재무정보를 분석하고, 재무예산을 준비하고, 세무법을 이해하여 납부해야 할 세금도 계산하여 세무서에 보고하는 등의 업무를 한다.

공적기간들도 예산 집행을 감사하는 기능을 회계사가 하여야 한다. 모든 상장 회사는 공인회계사를 두어 내부감사를 항상 하여야 한다. 사용할 수 있은 회계자료가 되기 위해서는, 회계자료는 정확하고, 항상 일정하고, 다른 기업에서 제공하는 정보와 비교하여 경쟁력이 있어야 한다. 이 자료는 예산 작성에 이용되며, 자본예산(capital budgeting)에 사용되는 것이다. 자본예산은 자본투자를 예측하고, 계획하는 것이다. 자본투자에 관한 것은 경제성 분석에서 다룰 것이다.

6.5 경쟁적 우위와 수익성 분석

기업의 관리자가 내부분석을 할 경우, 관리자는 기업의 재정상태를 분석할 필요가 있으며, 그들의 전략이 기업의 수익성(profitability)에 기여 하였는가? 못하였는가? 여부를 파악하여야 한다. 기업의 강점과 약점을 효과적으로 파악하는 중요한 방법은 기업의 성과와 경쟁기업의 성과를 비교할 필요가 있다. 이 경우 관리자는 기업 간의 수익을 비교하게 된다. 또 기업의 성과가 향상되고 있는지? 쇠퇴하고 있는지? 그들의 전략은 가치창출을 극대화하고 있는지? 비용구조는 경쟁회사와 다른 구조를 갖고 있는지? 기업의 자원은 효과적으로 사용되고 있는지? 등이다.

기업의 재정성과를 측정하는 기본은 수익성이다. 즉, 투자된 자본으로 기업이 수익을 창출하고 있는 상태를 파악하는 것이다. 몇 가지 다른 수익성의 측정방법이 있다.

예를 들면 자산(assets)에 대한 수익, 지분(equity)에 대한 수익이 있으나, 대부분의 기업은 투자자본(invested capital)수익률을 채택한다. ROIC(return on invested capital) = 순이익/투자자본이다.

순이익(net profit)은 총매출액에서 기업운영 총비용을 뺀 것이다(총매출 - 총비용). 순이익은 세금을 내기 전의 수익이다. 투자자본은 기업의 운영비, 시설비, 재고 및 자산 등에 투자된 금액이며, 두 종류의 자본이 있다. 이자를 지급하는 부채와 투자자의 지분으로 이루어진다.

ROIC는 두 가지로 구성된다. 총매출액에 대한 수익률(return on sales)과 자본회전율(capital turnover)이다. 구체적으로

$$ROIC = \frac{순이익}{투자자본} = \frac{순이익}{총매출액} \times \frac{총매출액}{투자자본}$$

순이익/총매출액은 매출에 대한 수익률이며, 총매출액/투자자본은 자본회전율이다. 매출에 대한 수익률은 기업의 매출이 얼마나 효과적으로 이익을 창출하였는지를 알 수 있고, 자본회전율은 기업이 매출을 증대시키기 위하여 얼마나 효과적으로 자본을 활용하였는가를 측정할 수 있다. 두 수익율은 〈표 6-3〉에 구성요소를 보여주고 있다.

〈그림 6-1〉에서 기업의 관리자는 ROIC를 증가시키기 위하여서는 기업의 매출수익률을 증가시키는 전략을 주구하여야 한다는 것을 알 수 있다. 총매출수익률을 증가시키기 위해서는 동일한 매출액에서는 생산원가(COGS)를 줄이는 전략이나, 영업 및 사무비용(SG&A)을 줄이는 전략, R&D 비용을 절약하는 전략을 추구한다. 다른 대안은 생산, 사무, 연구개발비의 비용 증가분보다 총매출액의 증가를 더 추진하는 전략이 있다. 즉, 비용을 절감하는 전략과 차별화를 통하여 상품가치를 증가시켜 판매가를 올리는 전략이 있다. 〈그림 6-1〉은 관리자는 투자

표 6-3 기본 회계 용어

용어	정의	원천
판매된 제품의 생산원가 (COGS: cost of goods sold)	생산된 제품의 총생산비용	수익보고서
영업 및 사무비용 (SG&A: Sales, General & admini)	영업에 관련된 비용 및 기업 사무실 운영비용	수익보고서
연구개발비(R&D)	연구개발비용	수익보고서
운영자본(working capital)	기업의 단기간 운영비	대차대조표
시설비 (PPE: property, plant, equipment)	상품을 생산하기 위한 시설투자비, 고정자본	대차대조표
총매출수익률 (ROS: return on sales)	총매출에서 이익지분율 기업이 이익창출의 효과	비율
자본회전율(capital turnover)	총매출을 투자자본으로 나눠 영업의 활발성을 측정	비율
투자자본수익률(ROIC)	순이익을 투자자본으로 나눔	비율
순이익(net profit)	총매출액에서 총비용을 뺀 세금 납부 전의 이익	수익보고서
투자자본(invested capital)	이자지불 차입금과 주주지분	대차대조표

그림 6-1 수익률(ROIC)의 구성요소

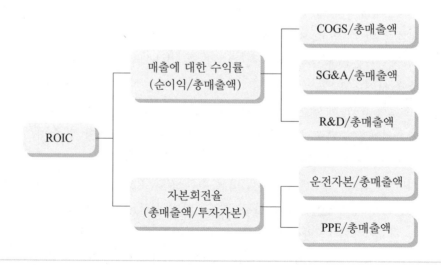

된 자본금으로 매출을 활성화시켜 수익을 증가시킬 수가 있다. 즉, 자본회전율을 증가시키는 것이다. 즉, 운영자본을 감소시키는 전략, 즉 재고를 줄여서 자본이용을 줄이는 전략이며, 또 시설비(PPE)를 줄여서 동일한 매출액에서 시설비(PPE/총매출액) 비율을 줄이는 전략을 추구하는 것이다. 매출액을 창출하는 자본의 금액, 즉 자본비용(cost of capital)을 줄이는 전략이다. 자본비용은 기업의 원가구조의 일부분이다. 고로 자본회전율을 증가시키는 전략은 비용구조를 낮추는 전략이 되는 것이다.

[기업사례 4-1]에서 BJ 회사는 탁월한 수익률, 즉 ROIC를 2000년에 19.7%을 달성하였다. 동종의 기업 Costco는 12.9%을 달성하였고, 이것은 매출수익률이 Costco는 3.27%인 반면, BJ는 4.34%을 2000년에 달성하였고, COGS/총매출액이 BJ는 88.7%인 반면, Costco는 88.1%을 보여 주고 있다. 이것은 수익은 판매가보다 생산원가가 중요하다는 것을 보이고 있다. 사무비용도 BJ는 6.9%인 반면, Costco는 8.7%을 보이고 있다. 이것은 BJ는 2000년에 다른 경쟁자들 보다 정보시스템을 빨리 도입하여, 판매 시스템, 재고 재주문 시스템, 지불 시스템을 자동화 하였기 때문이다.

우월한 수익률은 자본의 효율적인 사용에서도 온다. BJ와 Costco의 자본회전율이 BJ는 7.41이고, Costco는 6.29로 나와 있다. 이 말은 BJ는 1달러를 투자하면, 매출을 1년에 7.41달러를 올린 반면, Costco는 6.29달러 올렸다는 의미이다. 시설비 비율도 BJ는 0.11이고, Costco는 0.16이다. 결국 BJ의 전략은 중소도시에 진출하는 전략으로 부동산비용을 줄여서 시설비를 절약하였다는 것이다.

Dell컴퓨터가 compaq컴퓨터를 ROIC에서 38.1% 대 13.3%로 압도하여 PC컴퓨터업계를 장악하였는데, 수익률에서 같은 방법으로 우위의 경쟁력을 지속 가능하게 하기 위하여 기업의 강점과 단점을 정확히 파악하여 향상시켜야 하는 것은 무엇이며, 우리 기업의 강점은 보존하여 전략을 수립하여야 한다. 생산원가가 경쟁력이면, 노동생산력이 우수한지, 원자재를 저렴하게 확보하였는지, 다른 원천이 있는지는 생산원가에 숨겨져 있는 것이다.

Part

IV

경영과학

MANAGEMENT
FOR
ENGINEERS

주님이시여 저의 아내를 검소하고 정다운 여인으로 맞게 하여 주시옵고
저의 마음 속 가장 깊은 곳에 자리잡을 벗으로 하여 주시옵소서.
우리들이 서로 손잡고 잠들게 하여 주시옵고
아내의 목에는 그의 앞가슴 사이에
숨겨져 있을 은비달린 긴 은줄의
네크리스를 지니게 하여 주시옵소서
아내를 힘차게 하여 주시고 그리고
불면하는 저의 영혼 위에 마치 잠들은 한떨기 꽃 위에
한마리 꿀벌과 같이 하여 주시옵고
제가 임종할 그날에 아내는 저의 뜬 눈을 감게 하옵고
저의 병상위에
두손을 모아 서로 손가락이 읽히게 하여 주시옵고
저의 임종에 가슴막히고 부풀어 오른 괴로움으로
아내가 무릎끓고 기도하게 하여 주시옵소서.

- 프란시스 잠

의사결정기법

기업 경영에 있어서 계량적 분석방법에 의한 의사결정은 매우 중요하다. 이는 의사결정의 모든 여건들을 체계적으로 분석할 수 있으면 가장 바람직한 해결방안을 제시할 수 있기 때문이다. 의사결정 문제에 있어서, 의사결정자에게 주어진 모든 조건이나 전략의 선택에 따른 결과를 분석하는 것은 매우 어려운 일이다. 따라서 과학적 분석기법에는 문제의 성질뿐만 아니라 의사결정의 여러 가지 환경에 대한 검토가 필요하다.

의사결정의 환경으로는 확실성(certainty), 위험(risk), 불확실성(uncertainty) 그리고 상충(conflict) 등을 들 수 있다. 여기서는 주로 위험부담 하에서의 의사결정과 불확실성 하에서의 의사결정문제를 중점적으로 설명하기로 한다.

7.1 의사결정모형과 구성요소

의사결정모형은 예상되는 환경 하에서 우리가 특정한 전략을 선택하였을 때 예상되는 결과를 집약하여 놓은 것이다. 이러한 의사결정모형은 생산, 수송, 통신, 투자계획 등과 같은 많은 분야에서 계속적으로 일어나는 업무에 대한 의사결정에 활용될 수 있으며, 조직 전체의 성공 여부를 결정짓게 된다. 가장 간단한 형태로서의 의사결정모형은 다음의 기본적인 다섯 가지 요소로 구성되어 있다.

① 선택이 가능한 변수로 구성된 전략
② 선택이 불가능한 변수로 구성된 여건
③ 어떤 특정한 전략을 택하였을 때 일정한 여건 하에서 나타나는 결과
④ 각 여건이 발생할 예측 확률
⑤ 전략을 선택할 때의 결정 기준

(1) 전략

A와 B 등 여러 개의 전략(strategies)이 주어질 경우, 의사결정이란 여러 개의 전략 중에 하나의 전략을 선택하는 것이다.

만약 이러한 선택 문제가 정규적으로 행해진다면, 그러한 종류의 선택 문제는 가장 전형적인 단기적 통제 문제에 해당된다. 어떤 계획에 관한 의사결정은 복합적인 목적을 갖고 있는 것이 보통이다. 따라서 전략이라고 하는 것은 추상적인 개념을 현실화할 때 필요한 요소로서, 세세한 모든 부분을 내포하는 일련의 행동을 말한다. 선택의 여지가 없이 하나의 행동만이 가능하다면 전략이나 의사결정은 필요하지 않게 되는데, 의사결정이라고 하는 것은 여러 개의 전략으로부터 어떻게 해서 특정 선택이 이루어졌느냐에 대한 일련의 과정을 의미한다.

따라서 전략에 대한 평가나 효율성을 측정할 수 있는 하나 이상의 기준이 필요하게 되고, 그러한 기준의 수는 달성하고자 하는 목적의 수에 비례하게 된다. 효율성에 따른 기준이 여러 가지 대안을 비교하는 유일한 공식적인 방법이지만 일단 전략이 선택되어지면 그것을 시행하여 결과를 기대치에 일치하도록 조정해야 한다. 전략이라고 하는 말은 한 때 군대용어에서만 사용되었다. 그러나 현대 경영에서는 아주 보편화된 용어이다. 전략은 각자의 계획이 상대방에게 영향을 주게 되고 경쟁자가 존재한다는 데서 출발한다.

기업은 여러 가지 면에서 경쟁자의 존재를 현대에 이르러 실감하고 있다. 각 기업은 각 상품의 생산조직에서뿐만 아니라 상품을 생산하는 데 필요로 하는 자본을 형성하는 데 있어서도 경쟁을 하게 된다. 이론경제나 계획경제에서도 동일한 경쟁요인이 존재한다.

전략이란 용어 사용의 정당성은, 전략이란 용어가 경쟁자가 존재한다는 사실을 명백히 인식하게 한다는 데서 비롯된다. 상품생산공정에 관한 설계, 기계의 선택, 상품의 표준품질 혹은 자동화를 위한 제반 설계 같은 모든 것이 경쟁자의 행동 반경을 고려한 연후에야 비로소 그의 효율성이 측정 가능하게 되기 때문이다. 경쟁자는 자기 회사의 전략을 창출해야 하며, 또한 경쟁회사가 채택할 가능성이 있는 전략의 범위나 효과에 대한 것을 미리 예견해야 한다. 전략개발이란 일면 기술적인 것이고, 일면 경영적인 차원이 있다. 만약 문제가 일차적으로 기술적인 것이라면 기술적인 이론이 주역을 담당하게 되고, 경영적인 차원의 것이라면 후자가 그 주역을 담당하게 된다. 동일한 상황에 대한 의사결정에 있어서도 극히 제한된 경우에 한해서만 서로 다른 개인의 전략이 일치하는 경우가 발생하는데, 이는 서로 다를 수밖에 없는 개인 경험의 멋진 조화의 결과이다.

장기계획이 행해지는 경우에도 기업이나 회사의 과거 경험에 의존한 전략을 포함시키는 것이 바람직하다. 어느 정도 과거의 전략을 유지하는 것은 기대에 어긋난다거나 바람직하지 않은 것이 아니며, 또한 갱신은 언제나 할 수 있기 때문이다.

한 기업이 전략의 갱신을 하지 않고 계속 그대로 밀고 간다면 경쟁기업은 그에 대한 전략을 갱신할 것이다. 갱신할 때는 연구도 하지 아니했는데 우연히 우수한 전략이 나올 가능성은 항상 존재하는데, 우리는 이런 사실을 항상 명심해야 한다. 그러나 조심스럽게 여러 가지 전략을 살펴보는 것이 바람직하며, 그럼으로써 결국에는 좀 더 바람직한 전략을 갖게 할 것이다.

전략은 보통 S_i로 표시하는데 첨수 i는 1에서 n까지 취할 수 있다. n이 5인 경우 전략이 다섯 가지 있다는 것을 의미한다. n이 무한대로 발산할 경우에는 무한전략집합이 된다.

(2) 의사결성의 여건

여건(environments) N_j, $j = 1, 2, \cdots, m$은 외부상태로서 의사결정에 중요한 영향을 미치는 요인이나 의사결정자가 통제할 수 없는 것이다. 예를 들면 날씨, 정치적 사건, 경제적 상태와 같은 것을 말한다.

현장에서 발생할 수 있는 여건은 기계의 고장률, 새로운 원료, 기술의 혁신, 소비자의 수요량, 작업자의 이직률, 결근율 등이 있다.

(3) 결과

결과(outcomes)는 경영자의 목적을 적절하게 표현할 수 있게 측정되어야 한다. 이와 같이 결과는 적어도 기본적인 세 가지 형태에서 얻어진다.

① 추정이나 추측
② 관찰과 실험 결과
③ 미리 가정된 것과의 상호 관련성 분석

이 세 가지 방법이 모두 사용될 수 있는데, 대부분의 경우에 몇 개의 혼합 형태를 취한다.

결과는 특정한 전략을 일정한 여건 하에서 선택하였을 때 무엇이 발생할 것인가이다. 추정이나 추측은 장기적인 계획을 세울 때 일반적으로 활용되는 방법이다. 물론 단기적인 경우에도 이 방법이 이용되기는 하나 관찰이나 실험 결과가 더 많이 사용된다. 결과를 추정할 때에는 항상 오차가 개입된다. 추정단계를 지나서 실험에 의한 산출 결과치를 사용하려면 어느 정도 경험과 비용이 필요하다. 이 경우 실험적인 방법을 활용할 때에 이 핵심은 전략의 구체적인 내용이 반드시 사전에 개발되어야 한다는 것이다.

(4) 여건의 예측

우연성이 의사결정모형에 내포되는 경우가 있는데, 그것은 여건이라는 통제 불가능한 변수를 통해서이다. 이러한 변수는 전혀 통제가 불가능하다.

그러나 자연현상과는 달리 인간의 많은 활동은 예측되어질 수 있으며, 성격 등으로 미루어보아 앞으로 무엇이 전개될 것인지를 알기 때문에 적당한 대책이 이루어지고, 결과적으로 여건의 조정은 불가능하지만 예측을 통하여 산출 결과를 조정할 수 있게 된다.

따라서 경영자는 기술적 문제와 같은 물리적 시스템(physical system)뿐만 아니라, 복잡한 인간의 행위와 같은 행동적 시스템(behavioral system)을 동시에 예측해야 한다. 예측에서의 가장 중요한 것은 그 문제에 해당되는 여러 가지 상황(situations)들을 구별하고 수치화시키는 일이다. 어떤 상황이 발생할 것인가 하는 것이 정확하게 추정된 후라야 비로소 얼마나 많은 여건이 특정의 문제에 적용될 것인가를 정당한 정확성을 가지고 알게 된다. 만약 확실성 하에서와 같은 단 하나의 여건이 존재하면 위와 같은 여건의 추정은 불필요하다.

의사결정모형의 또 다른 구성요소인 의사결정기준은 주로 위험부담과 불확실성 하에서 문제시되므로 다음 절에서 상세히 다루기로 한다.

7.2 확실성 하에서의 의사결정

통제할 수 없는 변수가 중요한 것이 아닌 경우에는 여건의 차를 무시해 버리고 하나의 여건으로 단일화시키는 경향이 있는데, 이와 같이 하는 경우에 있어서 분석이 용이하다는 장점이, 여건의 단일화로 실제와 차이가 나타날지도 모른다는 약점을 보완할 수 있는지가 충분히 고려되어야 할 것이다. 주어진 여건이 하나밖에 없을 때의 의사결정을 확실성 하에서의 의사결정(decision making under certainty)이라고 부르며, DMUC라고 약해서 쓴다. 이에 대한 전형적인 예는 다음과 같은 것이다.

① 주문생산공정에서 공정 전반에 걸쳐 여러 가지 작업을 기계에 할당하고, 할당된 작업을 스케줄링하는 문제
② 단속적인 작업공정이나 주문생산공정에서 어떠한 제품을 생산할 것인가를 결정하는 문제
③ 프로젝트 생산체제에서 각 작업에 인원을 배당하는 문제
④ 공장에서 창고로 물품을 수송하는 최적수송계획문제
⑤ 일정한 기간 동안에 생산횟수 결정문제(단속생산시스템이나 주문생산공정에서 한 번에 어느 정도 양을 생산할 것이냐 하는 문제)
⑥ 조립공장에서 공정배치에 관한 문제

위에 열거한 여섯 가지 경우가 예외의 경우도 있으나 대부분은 DMUC의 범주에 들어간다. 그러나 확실성이란 가정은 절대로 당연시해서는 안 된다는 사실을 명심해야 한다.

이와 같이 단 한 가지의 여건이 존재하는 경우에 DMUC를 적용하는데 다음의 예는 이의 전형적인 것이다.

전략	N(여건)
S_1	6,000
S_2	3,000
S_3	4,000
S_4	5,000

위와 같은 경우에 만약 우리의 목적이 매일의 생산량 f_{ij}(i는 원료 배급처, j는 사용처)을 최대화하는 것이라면 S_1이 선택된다. 만약에 사용하지 않는 생산 능력 $O_{ij}(C_{ij}-f_{ij}=O_{ij})$을 최소화하는 것이라면 S_2를 택하게 된다.

DMUC의 문제를 해결하는 데 있어서 유용한 많은 기법이 있으나 이때 중요한 사실은 확실성이라는 가정이 타당한 경우에만 분석적 방법과 같은 결정모형(decision models)을 사용할 수 있다는 것이다. 만약 확률적으로 나타나는 문제를 결정모형으로 해결하려는 경우에는 여러 가지 문제가 발생한다.

그 예로, 분석모형에서 여러 가지 가정이 신뢰성을 가지지 않을 경우, 적절히 활용된 도해적 방법이 잘못 적용된 분석모형보다 더 나은 해를 제공하게 될 것이다. 그러나 도해적 방법의 이용에는 분석적 방법에 비해서 시간이 많이 걸리고 기술을 요한다.

7.3 위험부담 하에서의 의사결정

두 개 이상의 여건이 있고, 이러한 여건이 발생할 빈도에 관한 확률이 상당한 신뢰성을 가지고 있는 경우 DMUR(Decision Making Under Risk)이 존재하게 된다. 여건 N_j가 발생할 확률을 P_j라고 하면 $\sum_{j=1}^{n} P_j = 1$이 된다.

만약 5개의 주어진 여건이 있는 경우 $n=5$이다. 실상 DMUC란 DMUR의 특정의 형태라고 할 수 있는데, 이것은 특정한 여건을 제외한 나머지 여건이 발생할 확률이 아주 작은 경우에 해당된다. 대부분의 단기적인 문제와 몇몇 장기적 문제들이 DMUR의 범주에 들어간다. 이는 장기예측이라고 하는 것은 확실성이 미약하고 신뢰성이 적기 때문이다.

DMUR에 속하는 문제로는 기계의 고장, 공정상의 결함, 반품되는 제품의 빈도수, 작업자 생산력의 측정, 비교적 안정되어 있는 소비자 수요체제에 대한 분석 등이 있다.

하나의 문제가 DMUR의 분류 기준에 적용될 경우 기대값(expected value)을 사용하여 문제 해결을 하려 한다. 이때 기대값이란 일정기간 전반에 걸쳐 시스템에서 발생되는 값이 그때 그때 변경되는 경우 평균치를 구하는 것이다. 어떠한 확률이든지 합계는 '1'이므로 기대치는 다음과 같이 표현된다.

$$EV_i = \sum_{j=1}^{n} P_j O_{ij}$$

따라서 i전략에 대한 기대값은 그것의 결과치(outcomes)에다 각 여건이 발생할 확률을 곱한 것의 합과 같다. 반복적인 성격을 갖는 단기적 시스템은 쉽게 이와 같은 분석 형태를 취할 수 있다. 실제로 기대값은 추정된 확률치가 높은 신뢰도를 갖는 경우 어떤 단계의 의사결정모형에도 적용이 가능하다.

예를 들어 K회사가 장비를 구입할 때 그 장비의 가장 중요한 부품의 주문량을 결정해야 하는 경우를 생각하기로 한다.

만약 그 회사가 장비를 구입할 때, 동시에 여분의 부품을 주문하여 1개당 1,200원이 소요되고, 만약 장비가 구입된 후에 주문하면 1개당 4,500원의 비용으로 특별히 제작되어야 한다. 또한 K회사는 재고부품의 고갈로 인한 장비의 가동중지로 인해서 대체부품이 조달될 동안 5,500원의 손실비용이 생긴다.

그리하여 장비가 고장났을 때, 1개의 재고부품도 남아 있지 않으면 합계 10,000원의 비용이 발생한다. 만약 K회사가 장비의 구입 시 여분의 재고부품을 수분하지 않는다면 한 번의 기계 고장 시 10,000원의 비용이 발생하고, 두 번 고장 시에는 20,000원의 비용이 발생한다. 그러나 장비 구입 시 여분의 부품을 1개 구입하면 한 번의 기계 고장 시에는 단지 1,200원의 비용만 발생하지만 두 번의 고장이 발생할 때에는 11,200원, 세 번의 고장이 발생하면 (1,200＋10,000＋10,000＝21,200)원의 비용이 발생한다.

〈표 7-1〉은 장비의 구입시 0~5개의 부품을 구입할 경우에 대한 결정행렬

(decision matrix)을 나타내고 있다.

〈표 7-1〉에서 보면 우리가 생각할 수 있는 상태로는 장비의 특정 부품이 한 번도 고장나지 않는 경우에서부터 장비 수명기간 동안에 최대한 5개 고장나는 것을 여건으로 고려하고 있으며, 이와 같은 상태들이 발생할 확률은 P_1(한 번도 고장이 안나는 경우) $= 0.4$, $P_2 = 0.25$ 등으로 예상하고 있다. 이와 같은 자료는 장비의 제작회사나 또는 과거의 경험으로부터 얻을 수 있을 것이다.

그러면 우리가 장비를 구입할 때 특정부품에 대한 전략으로는 장비 구입 시에 부품을 동시에 하나도 구입하지 않는 전략(S_1)부터 장비구입과 동시에 부품을 5개 동시에 주문하는 전략(S_6)까지 생각할 수 있다. 이때 결정행렬 안에 있는 숫자들은 각 전략을 택하고 일정한 여건이 발생될 때의 결과이다.

〈표 7-1〉을 이용하여 각 S_1 전략에 대한 기대치를 구해 보면 다음과 같다.

$$EV_i = \sum_{j=1}^{n} P_j O_{ij} \text{에서}$$

$$EV_1 = P_1 O_{11} + P_2 O_{12} + P_3 O_{13} + P_4 O_{14} + P_5 O_{15} + P_6 O_{16}$$
$$= 0.40(0) + 0.25(10,000) + 0.15(20,000) + 0.10(30,000)$$
$$+ 0.05(40,000) + 0.05(50,000)$$
$$= 13,000(\text{원})$$

이와 같이 하면,

$$EV_2 = 8,200(\text{원})$$

표 7-1 총비용행렬

전략	부품 주문수	여건 고장횟수 확률	N_1 0 0.4	N_2 1 0.25	N_3 2 0.15	N_4 3 0.10	N_5 4 0.05	N_6 5 0.05
S_1	0		0	10,000	20,000	30,000	40,000	50,000(원)
S_2	1		1,200	1,200	11,200	21,200	31,200	41,200
S_3	2		2,400	2,400	2,400	12,400	22,400	32,400
S_4	3		3,600	3,600	3,600	3,600	13,600	23,600
S_5	4		4,800	4,800	4,800	4,800	4,800	14,800
S_6	5		6,000	6,000	6,000	6,000	6,000	6,000

주: N_i: $i-1$번의 고장이 발생하는 경우

$$EV_3 = 5,900(원)$$
$$EV_4 = 5,100(원)$$
$$EV_5 = 5,300(원)$$
$$EV_6 = 6,000(원)$$

따라서 K회사는 3개의 부품을 장비 구입과 동시에 주문하는 것이 가장 바람직하다. 또 다른 하나의 선택 기준으로서 기회손실(opportunity loss)을 이용한 가장 바람직한 전략의 선택을 해보기로 한다.

예를 들어 여기에서 기회손실비용이라 함은 〈표 7-2〉에서 N_1의 여건 하에서 S_1을 선택하는 대신에 S_5를 선택하면 비용면에서 $(4,800-0)$의 손실이 발생한다. 이런 것과 같이 기회손실비용은 어떤 특정의 여건 하에서 전략을 택할 경우에 최선의 전략을 택하지 않음으로써 일어날 수 있는 기회상실에 따른 비용을 말한다.

위의 결정행렬에서 기회손실비용의 기대치를 구하는 방법을 앞의 방법과 같은 방법으로 해서 구할 수 있다. 즉,

$$EOL_1 = 0(0.40) + 8,800(0.25) + 17,600(0.15) + 26,400(0.10)$$
$$+ 35,200(0.05) + 44,000(0.05)$$
$$= 11,440$$

위의 방법에 의해서도 앞에서와 같은 S_4를 선택하는 것이 가장 바람직하다는 것을 알 수 있다.

표 7-2 기회손실에 의한 결정행렬

전략	부품 주문수	여건						기회손실의 기대치
		N_1	N_2	N_3	N_4	N_5	N_6	
		발생확률						
		0.4	0.25	0.15	0.10	0.05	0.05	
S_1	0	0	8,800	17,600	26,400	35,200	44,000	11,440
S_2	1	1,200	0	8,800	17,600	26,400	35,200	6,640
S_3	2	2,400	1,200	0	8,800	17,600	26,400	4,340
S_4	3	3,600	2,400	1,200	0	8,800	17,600	3,540
S_5	4	4,800	3,600	2,400	1,200	0	8,800	3,740
S_6	5	6,000	4,800	3,600	2,400	1,200	0	4,440

7.4 불확실성 하에서의 의사결정

여건과 그때 관련된 예측에 관하여 살펴볼 때 다음과 같은 경우가 발생한다.

① 몇 가지 종류의 여건이 발생될 수 있는가?
② 관련된 모든 여건을 조사할 수 있는가?
③ 그러나 여건의 발생빈도를 확실하게 결정할 수 있는가?
④ 발생빈도수가 고정적인가? 즉 외부 시스템이 안정적인가?

DMUU(Decision Making Under Uncertainty)는 위의 질문에 대한 대답이 확실치 못할 때의 의사결정에 이용된다. 즉, 발생한 여건에 대한 확률을 전혀 모를 때의 의사결정이 DMUU에 해당된다. DMUU는 DMUC와 정반대의 경우에 해당되는 것 같이 보일는지 모르나 그렇지는 않다. DMUC는 여건이 나타날 확률이 단 하나인 경우이기 때문에 이것에 대한 정반대의 경우는 여건의 종류가 무한대로 발생하게 되어 각각의 발생빈도가 0에 수렴하게 되는 경우와 같다. 그러나 이러한 대응관계는 옳지 않다. 어떤 경우에 있어서나 실제에 있어서, 발생빈도가 0에 수렴하게 되는 경우는 취급할 수가 없게 되기 때문이다. 따라서 DMUU에서는 유한 개의 여건을 생각한다.

이와 같은 의미에서 불확실성이라는 것은 여건의 발생빈도를 완전히 추정할 수 없다는 것을 나타낸다. 달리 말하면 확률 P_j값을 추정할 수 없음을 뜻한다.

환언하면 불확실성이란 여건의 예측이 불가능하거나 예측이 가능한 경우라도 신뢰도가 낮은 경우에 해당된다. 이와 같은 경우라도 DMUU가 되기 위해서는 적어도 2개 이상의 여건이 발생해야 한다. 다음의 예를 중심으로 설명하여 보자.

	N_1	N_2
S_1	4.5	7.5
S_2	6.0	5.0
S_3	3.0	8.0

위의 예에서 여건 N_1은 호황, N_2는 경제의 불황을 나타내고, 이러한 경우에 경영자가 3개의 선택 가능한 전략을 가지고 있다. 결정행렬 안에 있는 것은 각 전략을 택하였을 때 주어진 여건 하에서 수익률을 나타낸다.

이와 같은 경우 경영자는 수익을 최대로 하는 것이 기본 목적이라고 하자. 그러나 DMUU에서는 N_1이나 N_2가 발생될 확률을 전혀 추정할 수 없으므로 기대값을 사용하여 의사결정을 할 수가 없다. 이러한 경우에는 의사결정자가 특정한 결정기준을 채택하여 이 기준을 중심으로 의사결정을 해야만 할 것이다. DMUU 하에서 사용될 수 있는 기준들을 보면 다음과 같다.

■ 결정 기준들

▶ 왈드 기준(Wald Criterion)

왈드(A. Wald)에 의한 의사결정법칙에 따르면, 경영자는 각 전략에 대한 모든 가능한 경우를 차례로 조사하여 각 전략에 대한 최악의 경우를 먼저 고려한다. 이 경우에 최악의 경우란 이익을 최소화시키는 경우이므로 최소치에 해당된다.

	N_1	N_2	최소이익	
S_1	4.5	7.5	4.5	
S_2	6.0	5.0	5.0	최소이익 중의 최대
S_3	3.0	8.0	3.0	

다음에 경영자가 최소치 중에서 가장 나은 것을 택한다고 하면, 최악의 경우에 대비해서 최선의 전략을 선택하는 것이 된다. 이와 같은 선택 기준은 왈드 기준 또는 최대최소(maximin) 기준이라고 한다. 예를 들면 위의 표와 같다.

왈드의 의사결정 기준을 사용하면 전략 S_2가 선택된다. 그것은 목적하는 바의 최소치를 약속해 준다. 따라서 왈드의 기준은 전적으로 비관론자의 행동원리에 해당된다. 인성이 전략의 선택에 아주 중요하다고 하면 전적으로 낙관론자의 전략 선택은 비관론자의 정반대 방향으로 이루어질 것이다.

낙관론자는 각각의 전략에 대한 최선의 경우를 선택하고 그것 중에서 또다시 최대치를 선택할 것이다. 이러한 전략선택은 다음과 같다.

	N_1	N_2	최대이익	
S_1	4.5	7.5	7.5	
S_2	6.0	5.0	6.0	
S_3	3.0	8.0	8.0	최대이익 중의 최대

▶ 새비지 기준(Savage Criterion)

불확실성에 직면하게 될 때 새비지(L. J. Savage)에 의하면 경영자는 후회를 최소화하려는 노력이 있게 된다. 이때 새비지는 후회를 기회비용의 개념으로 정의할 수 있다고 본다.

위의 예에서 보면 N_1의 여건이 발생되었다고 하면 경영자의 최선의 선택은 전략 S_2가 되겠다. 그러나 만약 경영자가 전략 S_1을 선택하였다고 하면 경영자에게 발생되는 기회비용은 $6-4.5 = 1.5$로서 바로 이것이 경영자의 후회에 해당된다는 것이다.

이와 같이 구한 기회비용행렬을 표시하면 다음과 같다.

	N_1	N_2	최대의 후회	
S_1	1.5	0.5	1.5	최소최대(minimax)의 값
S_2	0	3.5	3.5	
S_3	3.0	0	3.0	

이와 같이 기회비용행렬 또는 후회행렬을 구한 다음에 새비지 방법에 의하면 minimax 기준을 사용하여 의사결정하는 것이다. 즉, 각 전략에 대하여 최대의 후회를 골라내어 그 중에서 최소의 후회를 가지게 하는 전략을 선택하는 것이다. 이와 같은 기준을 가리켜 최소최대(minimax) 기준이라고 한다.

▶ 라플라스-베이즈 기준(Laplace-Bayes Criterion)

의사결정 기준으로 또 다른 방법은 라플라스(P. S. Laplace)와 베이즈(T. Bayes)가 주장한 방법이다. 이들에 의하면 만약 여러 가지 여건이 발생할 확률을 전혀 모른다면 이에 대응하는 한 방편으로 각 여건이 발생할 확률은 똑같다고 가정하는 것이다. 만약 발생 가능한 여건이 3개 있다고 하면 각 여건이 발생할 확률은 $\frac{1}{3}$로 보고, 5개가 있다면 각 여건이 발생할 확률은 $\frac{1}{5}$로 보는 것이다.

위의 경우에는 여건이 2개가 있으므로 각 여건의 발생확률은 $\frac{1}{2}$이 된다. 일단 이와 같이 해서 확률이 주어지면 그 다음으로는 각 전략에 대한 기대치를 구하여 의사결정의 기준으로 사용하는 것이다.

	$N_1\left(\dfrac{1}{2}\right)$	$N_2\left(\dfrac{1}{2}\right)$	기대값	
S_1	1.5	7.5	6.0	최대치
S_2	6.0	3.5	5.5	
S_3	3.0	8.0	5.5	

즉, 라플라스-베이즈 기준에 의하면 전략 S_1을 택하게 된다. 결론적으로 위의 3가지 결정 기준에 의하여 전략 선택을 해 보면 각각 다른 결과를 초래하는 것을 볼 수 있다. 그러나 한 가지 분명한 것은 각 기준이 합리적 기준이라는 것이다. 그러면 문제를 합리적으로 분석할 때 어떻게 서로 다른 해가 나오게 되는 것인가.

이러한 질문에 대한 해답은, 각 결정 기준이 합리적인 정책에 기반을 두고 있지만, 여러 가지 정책은 똑같은 가치 시스템에 기초를 두지 않고 있기 때문이다. 정책, 목적, 문제 해결 태도 등이 이러한 영역 속에 함께 작용하며 다른 모든 것에 대하여 선택적으로 하나를 채택할 수 있는 객관적인 방법은 존재하지 않는다.

라플라스-베이즈 기준을 분석해 보면 이러한 의미를 이해할 수 있다.

▶ 후르비츠 기준(Hurwicz Criterion)

후르비츠 기준은 맥시민(miximin) 기준과 맥시맥스(maximax) 기준을 절충한 것으로 현실적으로 의사결정자들은 맥시민 기준 하에서와 같이 지극히 비관적일 수도 없고, 또한 맥시맥스 기준 하에서와 같이 지극히 낙관적일 수도 없기 때문에 이 두 가지 극단을 절충하는 방안으로서 의사결정자들에게 낙관계수(coefficient of optimism) $\alpha(0 \leq \alpha \leq 1)$를 선택하게 하는 것이다.

만일 $\alpha = 0$일 때에는 의사결정자가 완전히 비관적인 경우를 의미하며, 반대로 $\alpha = 1$일 때에는 의사결정자가 완전히 낙관적인 경우를 의미한다. 따라서 낙관계수가 α라면 비관계수는 $1 - \alpha$기 된다. 이와 같이 하여 후르비츠 기준은 다음 식으로 계산하여 나온 이득액 중 최대의 것을 선택한다.

$$\alpha\{\max_j(V_{ij})\} + (1 - \alpha)\{\min_j(V_{ij})\}$$

다음 〈표 7-3〉과 같이 이득표(payoff table)에서 $\alpha = 0.15$라고 하여 각 전략에 대한 예측치를 구하면 〈표 7-4〉와 같다.

표 7-3 각 여건에서 이득표

전략 \ 여건	N_1	N_2	N_3	N_4
S_1	2	3	1	3
S_2	2	2	2	2
S_3	1	5	1	1
S_4	1	4	1	2

표 7-4 $\alpha = 0.15$인 경우 후루비츠 기준

전략	$\alpha\{max(V_{ij})\} + (1-\alpha)\{min(V_{ij})\}$
S_1	1.3
S_2	2
S_3	1.6
S_4	1.45

주: $\alpha = 0.15$라 가정

따라서 미래의 상태에 대해서 다소 비관적인 전망을 가질 경우 $\alpha(0 \le \alpha \le 0.25)$ 후르비츠 기준을 사용하면 전략 S_2가 최적결정이 된다.

〈그림 7-1〉은 그래프를 이용한 후르비츠 기준 문제이다.

그림 7-1 Hurwicz Criterion Graph

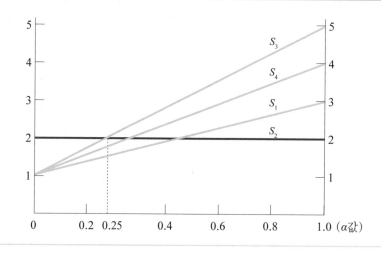

후르비츠 기준 그래프를 사용하면 보는 바와 같이 $0 < \alpha < \dfrac{1}{4}$ 이면 전략 S_2가 $\alpha > \dfrac{1}{4}$ 이면 전략 S_3가 최적임을 쉽게 알 수 있다.

7.5 의사결정나무

의사결정나무(decision tree)는 복잡한 경영의 결정 문제를 푸는 데 사용되는 도식적인 모형이다. 이 방법은 경영자가 각각의 대체안에 대한 결과와 위험에 대해서 알 수 있도록 보여 준다. 의사결정나무의 장점 중의 하나는 문제분석에 확률을 도입할 수 있다는 것이다. 의사결정나무는 결정행렬(decision matrix)과 형태는 같으나, 다단계 결정에 사용된다는 점이 다르다. 하나의 예를 통해서 의사결정나무에 대해 설명하기로 하자.

(1) 공장의 현대화 문제

어떤 공장이 현재는 알맞으나 기술적으로 진부해서 현대화하는 것을 고려하고 있다. 그런데 한 간부는 현재가 공장을 확장하는 데 좋은 시기이므로 확장하자는 제안을 했다. 다른 간부는 앞으로 사업이 어떻게 될지 불분명하므로 3년 후 시장성에 대한 명확한 조사가 이루어진 후 공장의 확장 여부를 결정해야 한다고 주장했다. 처음 의견을 말했던 간부도 나중 의견에 동의는 했으나 3년 후에 확장하게 되면 지금 확장과 현대화를 동시에 하는 것보다 비용이 더 들 것이라고 했다.

제안된 공장의 확장과 현대화에 대한 정보는 다음과 같다. 공장은 현재 현대화만 하는 데는 350억 원이 들고, 현대화와 확장을 모두 하는 데는 600억 원이 든다. 만일 현재는 현대화만 하고 3년 후에 확장하게 되면 400억 원이 더 든다. 판매고에 있어서는 간단히 하기 위해서 높은 수준, 낮은 수준의 두 가지에 대해서만 고려하기로 한다.

이와 같이 했을 때 앞으로 10년 동안 세금을 물고난 후의 총수입은 다음과 같다.

① 현대화되고 판매고가 높은 수준일 때 1년에 60억 원의 수입이 있다.

② 현대화되고 판매고가 낮은 수준일 때 1년에 55억 원의 수입이 있다.

③ 현대화되고 공장이 확장되고 판매고가 높은 수준일 때 처음 3년간은 1년에 120억 원의 수입이 있고, 그 다음 7년간은 1년에 150억 원의 수입이 있다.

④ 현대화되고 공장이 확장되고 판매고가 낮은 수준일 때 1년에 30억 원의 수입이 있다.

(2) 의사결정나무 도표

〈그림 7-2〉에서 보는 바와 같이 각 결정에 대한 가능한 결과를 그려볼 수 있다. 그림에서 다음과 같은 기호를 사용했다.

H_1은 처음 3년간 판매고가 높은 수준인 것을 뜻하고, H_s는 그 다음 7년간 판매고가 높은 수준인 것을 뜻하며, L_1은 처음 3년간 판매고가 낮은 수준인 것을 뜻하고 L_s는 그 다음 7년간 판매고가 낮은 수준인 것을 뜻한다.

그림의 숫자는 현금의 흐름을 표시하고, 단위는 100억 원이다. 예를 들어 현대화되고 확장된 공장에서 판매고가 높을 때 4년째부터 10년까지 매년 150억 원의 수입이 있다. 즉, 7년간 도합 1,050억 원의 수입이 있다. 또한 현금의 흐름이 양수이면 수입을 뜻하고, 음수이면 지출을 뜻한다.

그림의 오른쪽에 적은 숫자는 현금의 누적 합계를 뜻한다. 예를 들어 그림 맨 위의 480억 원은 $-3.5+1.8-4.0+10.5 = 4.8$에 의해 구해진 것이다.

이런 누적 합계액은 조건부 손익을 나타낸다. 왜냐하면 그것은 마지막에 도달하기 위해서는 앞의 점과 종속적인 관계가 있기 때문이다. 〈그림 7-2〉를 살펴볼 때 공장이 지금 현대화되고 확장되고 판매고가 10년간 높을 때 누적 합계가 810억 원으로 가장 높고, 공장이 지금 현대화만 되고 3년 후에 확장되고, 판매고가 10년간 낮을 때 누적 합계는 -375억 원이 된다. 즉, 375억 원의 손해를 보게 된다.

위에서는 이 문제에서 가능한 대체안의 설정과, 각 대체안의 계획된 비용과 회수액에 대해 알아보았다. 많은 경영 문제에서는 이 시점까지 오는 데 어려움이 많다. 각각의 결정가지를 포함한 관련된 선정과 그로부터 타당한 결과와 결정사항(decision event)의 순서 등에는 많은 노력이 필요하다. 그 다음 우리는 각 결과

그림 7-2　현금의 흐름을 보여 주는 의사결정나무

(단위: 100억원)

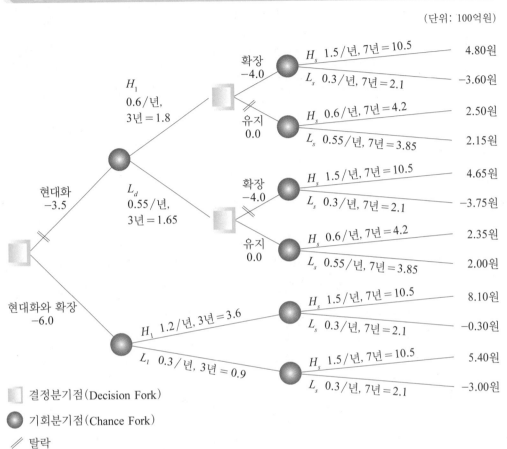

H_1
0.6/년,
3년＝1.8

L_d
0.55/년,
3년＝1.65

현대화
−3.5

현대화와 확장
−6.0

확장
−4.0

유지
0.0

확장
−4.0

유지
0.0

H_s 1.5/년, 7년＝10.5　　4.80원
L_s 0.3/년, 7년＝2.1　　−3.60원
H_s 0.6/년, 7년＝4.2　　2.50원
L_s 0.55/년, 7년＝3.85　　2.15원
H_s 1.5/년, 7년＝10.5　　4.65원
L_s 0.3/년, 7년＝2.1　　−3.75원
H_s 0.6/년, 7년＝4.2　　2.35원
L_s 0.55/년, 7년＝3.85　　2.00원
H_1 1.2/년, 3년＝3.6
H_s 1.5/년, 7년＝10.5　　8.10원
L_s 0.3/년, 7년＝2.1　　−0.30원
L_1 0.3/년, 3년＝0.9
H_s 1.5/년, 7년＝10.5　　5.40원
L_s 0.3/년, 7년＝2.1　　−3.00원

　■ 결정분기점(Decision Fork)
　● 기회분기점(Chance Fork)
　∥ 탈락

에 확률을 주고, 각 대체안의 기대값을 구해야 한다.

(3) 확률과 기대값

　　시장조사를 통해서 처음 3년간과 그 다음 7년간의 판매고의 수준에 대한 예측은 〈표 7-5〉와 같이 되었다. 즉, 처음 3년간 판매고가 낮은 수준일 확률은 0.3이고, 높은 수준일 확률은 0.7이다. 그 다음 7년간의 판매고는 처음 3년간의 판매고에 의해 크게 영향을 받는다. 만일 처음 3년간 판매고가 낮았다면 그 다음 7년간 판매고가 계속 낮을 확률은 0.9이고, 높아질 확률은 0.1에 불과하다. 반면에

표 7-5 판매고에 대한 수요예측

판매 수준	확률		
	처음 3년간	그 다음 7년간	
		처음 3년 간의 판매 수준	
		낮은 수준	높은 수준
낮은 수준	0.30	0.90	0.15
높은 수준	0.70	0.10	0.85
합 계	1.00	1.00	1.00

처음 3년간 판매고가 높았다면 그 다음 7년간 계속 높을 확률은 0.85이고, 낮아질 확률은 0.15가 된다.

이러한 확률과 기대값은 회사의 경영자가 현재 당면하고 있는 대체안에 대한 위험을 평가하는 데 도움을 준다. 기대값을 정하는 과정은 평균값(averaging out)과 역산(roll back)이라고 불린다. 의사결정나무의 끝에서부터 경영진이 현재 당면한 결정 문제까지 거슬러 올라오는 것이다.

(4) 공장의 현대화

먼저 처음 3년간의 판매고는 높을 때, 그 다음 7년간의 판매고가 높을 때와 낮을 때의 기대값을 구하면 다음과 같다.

공장을 현대화하고 확장했을 때 $0.85 \times 10.5 + 0.15 \times 2.1 = 9.24$원이 되고, 공장을 확장하는 데 4원이 들므로 $9.24 - 4.0 = 5.24$원이 된다.

공장을 현대화만 하고 그대로 유지할 때의 기대값은 $0.85 \times 4.2 + 0.15 \times 3.85 = 4.15$원이 된다.

결정분기점으로 들어가는 값은 5.24원과 4.15원 중 큰 값을 택해야 한다. 따라서 공장을 확장하는 것이 택해진다. 〈그림 7-3〉에서 두 줄로 그은 것은 탈락된 것을 뜻한다.

똑같은 계산과정을 처음 3년간 판매고가 낮을 때에 대해서도 반복한다. $0.10 \times 10.5 + 0.90 \times 2.1 = 2.94$원, $0.10 \times 4.2 + 0.90 \times 3.85 = 3.88$원으로 기회분기점의 값이 정해지고, 확장할 경우는 $2.94 - 4.0 = -1.06$원이 되고, 그대로 있는 경우는

그림 7-3　확률과 기대값을 보여 주는 의사결정나무

(단위: 100억원)

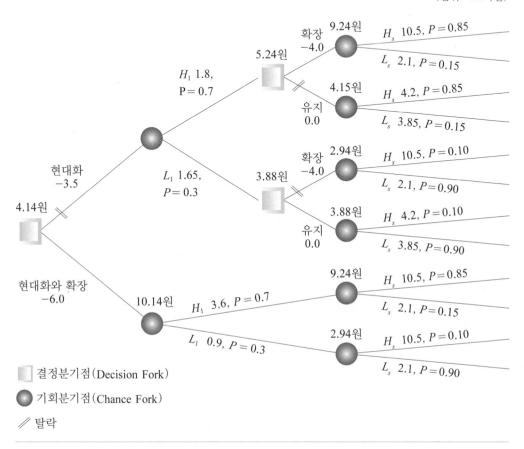

■ 결정분기점(Decision Fork)
● 기회분기점(Chance Fork)
∥ 탈락

　3.88원이 되므로 결정분기점에 들어가는 값은 3.88원이 되고 확장하는 것은 탈락
된다.

　　그 다음 이 결정분기점과 이어진 기회분기점을 보면 판매고가 높을 경우는
수입이 1.8원이고 확률은 0.7이며, 판매고가 낮을 경우는 수입이 1.65원에 확률
은 0.3이 된다. 따라서 기회분기점의 기대값은 0.7(1.8+5.24)+0.3(1.65+3.88)
= 6.59원이 된다. 그리고 현대화하는 데 3.5원이 들므로 결정분기점에 대한 기대
값은 6.59－3.5 = 3.09원이 된다.

　　지금까지 한 것을 다시 보면 결정나무의 끝에서부터 처음까지 거꾸로 거슬러
오면서 기대값이 큰 것을 선택하는 것이다.

첫째로, 각 기회분기점의 기대값을 구하기 위해서 기회분기점마다 평균을 내고, 둘째로, 각 결정분기점에서는 더 큰 기대값을 가지는 통로를 결정한다.

이 과정을 평균값(averaging out)과 역산(roll back)이라 부른다.

불확실성 하에서 의사결정을 내려야 하는 경우 각 사상에 대한 확률을 예측할 수 없다. 여기서는 불확실성에 대한 의사결정의 문제는 다루지 않겠다. 왜냐하면 대부분의 의사결정문제는 확실성 또는 과거의 기록이 있는 상태에서 정해지는 것이기 때문이다.

(5) 공장의 현대화 및 확장

여기서는 앞에서 한 과정을 되풀이하고 다만 중간 결정이 없는 것이다. 나중 7년간의 기회분기점의 기대값은 위에서 구해 본 바 같이 9.24원, 2.94원이 되었고, 처음 3년간의 기회분기점에 대한 기대값은 $0.7(3.6+9.24)+0.3(0.9+2.94)=10.14$원이 되었다. 그리고 결정분기점에 대한 기대값은 1,014억 원 − 600억 원 = 414억 원이 되었다. 따라서 공장의 현대화만 할 때의 기대값 309억 원보다 값이 크므로, 지금 공장의 현대화와 확장을 동시에 하는 것이 유리하다. 이러한 자료와 기대값을 기준으로 결정을 내릴 때는 지금 공장의 현대화만 하고 나중에 확장에 대한 고려를 하는 것보다는 현대화와 확장을 함께 하는 것이 수입이 더 많은 것을 뜻한다.

결정을 내리는 데 이것 외에 고려해 주어야 할 다른 요인들이 많이 있다. 여기서 소개된 의사결정나무는 미래의 일에 대한 예측이 어느 정도 신뢰할 만한 경영 문제의 결정에 매우 유용하다. 의사결정나무는 대체안의 미래에 대한 결과까지 전체적인 문제를 한 눈에 볼 수 있게 해 준다. 이것은 자료를 분석하는 직접적인 기법이다. 위에 보인 예에서는 돈의 시간에 대한 가치를 고려하지 않았는데, 고려하고자 한다면 돈의 흐름(현가)에 대한 할인은 언제라도 해줄 수 있다.

어떤 문제의 정밀한 해결방법이 없을 때, 의사결정나무로 결정을 하기 위한 문제의 분석과정은 체계적인 방법과 문제의 명확한 정의가 있어야 한다. 문제의 시각적 영상과 문제를 구성하는 요소의 상호작용은 여러 분야의 전문가와 경영자가 서로 의견을 교환하도록 도와준다. 또한 어떤 결정의 합리성에 대한 의견교환과 그것을 승인받는 데 도움을 준다.

연습문제

01. A회사의 건물차용기간의 만료가 가까워짐에 따라, 계약을 10년 더 연장할 것인지, 새로운 건물을 빌릴 것인지를 결정해야만 한다. 경영진에서 평가한 2가지 대안의 기대결과치는 아래와 같다. 어떠한 대안을 택할 것인가?

(a) 최대최대

(b) 최대최소

대안	성공	실패
계약연장	500,000	4,000,000
새로 이전	5,000,000	100,000

02. (앞 문제 참고) 새로 이전해서 성공할 확률이 0.35로 알려져 있고 최대기대값을 기준으로 사용한다면 어떤 대안을 택할 것인가?

03. A라벨회사는 포도주병에 붙이는 라벨을 생산하고 있다. 술소비의 증가가 예상되고 따라서 A회사는 라벨생산시설 확충을 시도하려 한다. 각 대안에 대한 기대이익이 아래와 같을 때 어떤 대안을 선택할 것인가?

(a) 최대최대

(b) 최대최소

(c) 최대기대값(수요가 발생할 확률은 모두 같다)

(d) 최대기대값($P(40)=0.2$, $P(45)=0.4$, $P(50)=0.3$, $P(55)=0.1$)

대안	수요(상자/일)			
	40	45	50	55
현재 그대로	0	0	5	0
확장(현시설)	−5	0	5	10
새 공장 건설	−20	−5	10	25

04. A항공사는 새로운 항공기 도입계획을 검토하고 있다. 고객의 수요에 따른 각 대안의 기대이익이 아래와 같을 때 어떤 대안을 선택하는 게 최선의 정책이겠는가?

(a) 최대최대

(b) 최대최소

(c) 최대기대이익(수요확률은 (1) 저조=0.1, 보통=0.4, 활발=0.5, (2) 저조=0.2, 보통=0.3, 활발=0.5)

대안	수요		
	저조	보통	활발
현재 그대로	2	3	3
80인승 비행기	0	4	6
120인승 비행기	−5	0	7
200인승 비행기	−10	1	10

05. A호텔은 최근 들어서 방 예약이 중복되는 사례가 많아서 손님들로부터 많은 불평을 들었다. 부사장은 예약이 원만히 되었을 경우, 이익이 30, 방 2개가 중복예약이 되었을 경우 손해는 60, 반대로 예약한 손님이 나타나지 않았을 경우에는 손해가 12로 추정되었다(단위: 천원).

(a) 중복예약전략 0, 1, 2, 4에 대해 예약한 손님이 나타나지 않을 경우(0부터 5명까지)의 기대결과 도표를 작성해 보라.

(b) 의사결정기준이 (1) 최대최대, (2) 최대최소일 때 어떠한 결정을 내려야 할 것인가?

(c) 예약손님이 나타나지 않을 확률이 0, 1, 2, 3, 4, 5에 대해 각각 0.2, 0.3, 0.2, 0.1, 0.1, 0.1이라 할 때, 기대손실을 최소화하기 위해서는 어떤 전략을 택해야 하는가?

06. B회사에서는 소규모, 중간규모, 대규모의 제조 공장을 건설할 것인지에 대한 결정을 내려야 한다. 지금까지의 자료를 분석해 보건대 수요가 저조할 확률은 0.2, 수요가 활발할 확률은 0.8로 나타났다. 만일 B회사가 소규모 공장을 건설했을 경우 수요가 저조하다면 기대이익은 42(백만)이고 수요가 활발하면 하청을 줄 수 있는데 그 경우 기대이익은 42 또는 시설을 대폭 확장할 경우의 기대이익은 48이다. 중간규모의 공장을 건설했을 경우 수요가 저조하면 22, 이때 시설을 확장하면 50의 이익을 얻을 수 있다. 대규모 공장을 건설했을 경우 수요가 저조하면 20의 손실을, 수요가 활발하면 72의 이익을 얻게 된다.

의사결정나무를 사용하여 이 문제를 분석해보라.

07. B회사의 경영자는 특정 타입의 기계를 몇 대 구입할 것인가의 고민에 빠져 있다. 그는 최종적으로 2가지의 대안을 좁혔는데 1대 혹은 2대의 기계를 구입하는 것이다. 1대의 기계를 구입했을 때 수요가 기계의 능력을 초과하면 나중에 또 1대의 기계를 구입할 수 있다. 그러나 2대의 기계를 한꺼번에 구입하면 훨씬 싸게 들여올 수 있다. 수요가 저조할 확률이 0.3, 수요가 활발할 확률이 0.7이다. 2대의 기계를 한꺼번에 구입하면 수요가 저조할 경우 75,000의 기대이익이 예상된다. 수요가 활발하면 130,000의 기대이익이 예상된다. 기계를 1대 구입한다면 수요가 저조할 경우 90,000, 수요가 활발하면 거기에 또 3가지 가능성이 있다. 첫째는 아무런 조치도 취하지 않는 것, 둘째는 하청, 셋째는 기계 1대의 추가구입이다. 각각은 50,000, 110,000, 100,000의 기대이익이 예상된다. 초기에 몇 대의 기계를 구입해야 하는가? 의사결정나무를 이용하여 이 문제를 분석하라.

프로젝트관리

8.1 서 론

1956~1958년에 2개의 기법이 다른 2개의 연구팀에서 개발되었다. 2개의 기법은 PERT(The Program Evaluation and Review Technique)와 CPM(The Critical Path Method)이다. CPM은 미국 듀퐁회사에서 건설기획을 조직적으로 추진하기 위하여 전체적인 건설 계획 조감도를 갖기 위하여 개발되었으며, PERT는 미국 해군성에서 폴라리스 미사일을 만들기 위한 계획의 전체적인 조감도를 위하여 개발되었다. 이상의 두 경우와 같은 대단위기획의 조직적인 추진을 위하여, 자원(물자, 인원)의 제약 하에서 비용을 적게 쓰면서, 최단시간 내에 사업을 완성하는 계획을 짜는 것이다. 이때 이 계획서는 다시 사용되는 예도 있으나, 대부분의 경우에 한 번의 대사업을 위한 계획이 대부분이다.

대기획을 이행하기 위하여 각 부분작업의 시간 예정표 및 전사업 시간 예정표가 필요한데, 이전에는 충분한 계획없이 시간 예정표를 작성하였는데, 유일한 도구로 간트(Gantt) 도표 정도가 사용되어 왔다. 간트 도표란 각 부분작업의 시작과 종결 시간을 횡축의 시간의 변수로 표시하는 것이다. 이 간트 도표는 각 부분작업의 연결성의 표현이 불가능한 단점이 있고, 사업의 복잡성이 도를 더하여감에 따라 간트 도표의 한계점에 도달한 것이다.

PERT는 여러 곳에서 서로 다른 목적을 가지고 발전하였으므로 PERT를 표시하는 동의어가 여러 가지가 있다.

그 예를 들면,

- 「PRIST」: Program Reability Information System for Management
- 「PEP」: Program Evaluation Procedure
- 「IMPACT」: Integrated Management Planning and Control Technique
- 「SCANS」: Scheduling and Control by Automated Network System

이 명칭들의 차이는 단지 방법의 연구가 서로 다른 곳에서 이루어졌기 때문이며, 어느 명칭도 본 계획수립과 수행을 위한 방안을 잘 나타내고 있다.

PERT/CPM은 계획, 일정표, 통제의 세 가지 기능을 갖고 있다. 계획 단계에선 전사업을 구분이 가능한 부분작업으로 분해하고, 이 부분작업의 예측소요 시간을 결정하고, 전부분작업 상호 간에 공정순서를 정하여 도표를 작성하는 것이다. 전체적인 도표는 각 작업 간의 공정 순서, 연결성 등을 일목요연하게 파악할 수 있는 이점이 있고, 또한 공정 순서의 개선이 가능한 것이다.

일정표 작성 단계는 전체적인 상호 간의 일정관계는 물론이고, 각 작업의 시작 시간과 종결 시간도 정리한 후, 전사업의 일정표를 완성하고, 사업의 최단완성을 위하여 반드시 진행되어야 하는 주공정 과정(critical path)을 찾고, 보조공정 과정도 여유시간(slack/float time)을 파악하여, 후에 자원분배 및 지연 가능 시간 파악에 사용한다. 통제 단계는 사업이 진척됨에 따라 일정표와 비교하여 진행 과정을 파악하여 현재의 진행에 맞춘 새롭고 교정된 일정표로 보완하여, 전사업의 통제가 가능한 것이다.

8.2 네트워크(Network)의 구성

사업의 구체적 계획을 세우기 전에, 다음과 같은 몇 가지 점을 명확히 하여야 한다고 아키발드(E. E. A. Archibald)와 빌로리아(Villoria)가 제시하였다.

① 추진하려고 하는 사업의 목적이 무엇인가?

② 사업의 목적을 완수하기 위하여 각종 임무를 누가 책임지고 진행할 것인가?

③ 자원의 어떤 조직이 있는지 또는 필요한지를 파악하며,
④ 사업에 관여한 경영진이 가장 필요로 하는 정보가 무엇인가?

이러한 사항은 사업을 추진하는 데 있어서 근본적이고, 소홀히 취급할 수 없는 분야임에 틀림없다.

각 부분적인 작업활동(activity)은 화살표로 표시하고 작업활동의 시작에서 종결까지를 일의 단계(event)라고 하여, 교점 또는 조그만 원으로 표시한다. 〈그림 8-1〉에서 단계를 설명하기 위하여, 예를 들어 작업활동은 3→4이고, ③은 1→3, 2→3의 끝마침이고, 작업활동 3→4의 시작점이 되는 것이다.

그림 8-1   네트워크

이와 같이 작업활동을 선상에 표현하는 경우는 AOA(Activity On Arrow)라고 하며, 교점으로 표시하는 경우는 AON(Activity On Node)가 된다. 두 가지 경우가 다 애용되는 방법이나, 여기서는 AOA를 쓰기로 하겠다. 화살표의 방향을 표시하는 머리 부분은 공정이나 작업의 순서를 표시한다. 이때 오직 공정의 순서만을 표시하고, 실질적인 작업활동이 없을 때는 점선으로 표시하고, 가활동(dummy activity)이라고 한다. 네트워크 구성의 기본 원칙으로는 다음과 같은 점이 있다.

① 작업활동이 시작하기 전에 이 작업활동 전의 모든 작업이 끝나야 한다.
② 화살표는 공정상의 순서만을 의미한다. 즉, 화살길이나 방향각 등은 의미가 없는 것이다.
③ 단계의 번호들은 공정강 안에서 반복해서 사용할 수 없다.
④ 2개의 단계를 직접 연결하는 작업활동은 2개 이상이 될 수 없다.
⑤ 전체 공정강에는 1개의 시발점과 1개의 종착점을 가지고 있다. 작성 절차는 다음과 같다.

(1) 계획사업의 분해

PERT를 사용하기 위한 대상은 사업이지만 물체를 분해하는 것과 같이 냉정하게 분해해야 한다. 이때 고려하여야 할 중요한 점은 이 분해가 재구성을 전제로 하고 있다는 것이며, 분해를 통해서 사업계획의 구상이 떠오른다. 분해한 결과를 종합한다는 과학적 입장을 PERT에서는 일관적으로 취할 수 있다. 이제 PERT의 적용을 위한 네트워크의 작성에 관해 살펴 보고자 한다.

1) 단계(Event)

단계는 다음의 기준에 합치되는 것이어야 한다.

① 계획사업 중에서 주목할만 하고 의미가 있는 점을 표시한다.
② 작업의 개시 또는 완료를 의미한다.
③ 기간 또는 자원을 소비하지 않는 순간적인 점(point)을 찾는다.
④ 공정강(network) 위에서 단계는 원(○)으로 표시한다.

2) 활동(Activity)

활동은 작업의 실시를 표시한다. 실제로 작업을 하기 위해서는 시간과 자원을 필요로 한다. 예를 들어 PERT/시간은 계획공정에서 시간소비의 부분이다. 그 밖에 인원, 물자, 장소, 설비 등의 자원을 필요로 하는 것이다. 단, 가활동(dummy activity)에 한하여서 이는 네트워크를 의미상으로 완성하기 위한 절차일 뿐 시간과 노력은 들이지 않는다. 단계와 활동의 관계를 표시하면 〈그림 8-2〉와 같다.

그림 8-2 활동

3) 전체적 계획의 입장에서 상호관계를 맺게 한다

4) 선행작업과 후생작업

전방에 있는 작업을 후방에 있는 작업에 대하여 선행작업(predecessor) 또는 전공정이라고 하며, 거꾸로 전방의 작업에서 후방의 작업을 보았을 때 이를 후행작업(successor) 또는 후공정이라고 한다. 예를 들면 설계는 조립의 선행작업이며, 조립은 설계의 후행작업이다.

5) 병행작업

서로 순서를 갖지 않으며 독립적으로 행할 수 있는 작업을 병행작업이라고 한다. 〈그림 8-3(a)〉에서 A가 종료하면 B_1, B_2, B_3는 동시에 작업할 수 있으며, 이때 B_1, B_2, B_3를 병행작업단계, ②를 분기단계(burst event)라고 한다. 또 〈그림 8-3(b)〉에서 A_1, A_2, A_3, A_4가 전부 종료하지 않으면 B작업은 개시할 수 없다. 즉, A_1, A_2, A_3, A_4는 병행작업이며, 단계 ⑤는 합병단계(merger event)라고 한다.

그림 8-3 　분기단계와 합병단계

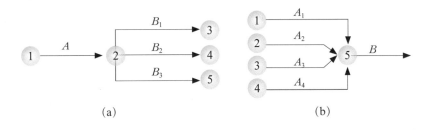

(a)　　　　　　　　　　　(b)

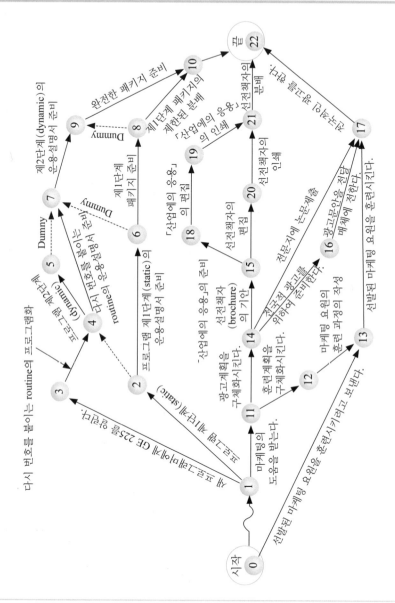

그림 8-4   새로운 컴퓨터 프로그램의 개발 및 마케팅의 네트워크

그림 8-5 11층 건물건설공정계획표 중 5~6층 세부계획도 (Floyd D. Traver 회사의 경우)

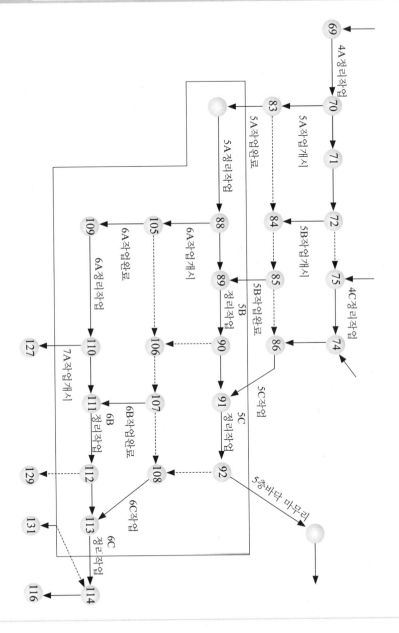

6) 단계번호

단계를 각각 원으로 표시하고 ○의 내부에 번호를 붙인다. 즉, ⓘ→ⓙ로 표시하고, $i < j$가 되게 함으로써 큰 번호가 후행공정임을 나타낸다.

그림 8-6 가활동(dummy activity)

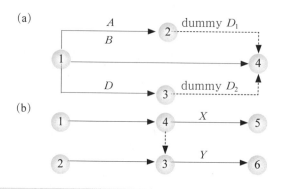

8.3 네트워크의 운영

각 작업활동의 가능한 빠른 시작 시간(Earliest Start time: ES), 예정완성 시간에 지장을 주지 않으며, 가능한 늦게 시작할 수 있는 시간(Latest Start time: LS), 가능한 빨리 끝낼 수 있는 시간(Earliest Finish time: EF), 납기를 준수하며 가능한 늦게 끝낼 수 있는 시간(Latest Finish time: LF)을 조사하여 계획의 융통성을 살릴 수 있는데, 이렇게 하기 위해서는 우선 각 작업의 활동 시간(Duration time: D)을 조사하여야 한다.

이때 공정여유기간(Slack time: S)을 $S = LS - ES$로 정의하여, 각 공정의 가능한 늦게 시작할 수 있는 시간에서 빨리 시작할 수 있는 시간 사이를 의미하며, 여유기간에도 자유여유기간(free float), 총여유기간(total float) 등 몇 가지로 분류될 수 있다.

이때 각 공정의 여유 시간이 0인 공정을 연결하여, 주공정(critical path)이라

그림 8-7 기호 표시 방법

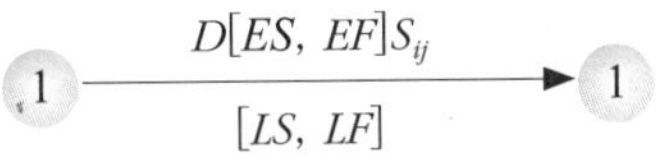

$$\underset{,1}{\bigcirc} \xrightarrow[\ [LS,\ LF]\ ]{D[ES,\ EF]S_{ij}} \underset{1}{\bigcirc}$$

고 하며, 여유 시간이 없으므로 주공정에 속하는 공정은 항상 전공정완료 즉시 착수하여야 하는 것이다. 예로서 〈그림 8-7〉에서 보여주고 있는데, ES는 전공정 중 가장 늦게 끝나는 완료 시간(latest EF)을 잡아 시작하고, LF는 후공정 시작 시간 중 가장 빨리 시작하여야 하는 공정 시간을 잡아 계산하며, ES를 구해 나가는 것을 전진법(forward path)이라고 하고, LS를 구해 나가는 것을 후진법(backward path)이라고 한다.

이러한 기호들의 표시 방법은 다음과 같다. 단계 i에서 단계 j로의 활동을 생각해 보자.

[기호의 정의]

D_{ij} = activity(i, j)의 평균 소요시간(duration)

$(T_E)_i$ = node(i)의 가장 빠른 발생 시간(earliest node time)

$(T_L)_i$ = node(i)의 가장 늦은 발생 시간(latest node time)

$ES_{ij}(LS_{ij})$ = activity(i, j)의 가장 빠른(가장 늦은 허용) 개시 시간(earliest (latest) starting time)

$EF_{ij}(LF_{ij})$ = activity(i, j)의 가장 빠른(가장 늦은 허용) 완료 시간(earliest (latest) finish time)

TF_{ij} = activity(i, j)의 총여유 시간(total float)

EF_{ij} = activity(i, j)의 자유 여유 시간(free float)

IF_{ij} = activity(i, j)의 간섭 여유 시간(interfering float)

(1) 단계 시간(Node Time)

1) T_E의 계산(Forward Pass Rule)

$$(T_E)_1 = 0$$

$$(T_E)_j = \underset{\text{all } i \sim j}{\text{Max}} \{(T_E)_i + D_{ij}\}$$

2) T_L의 계산(Backward Pass Rule)

$$(T_L)_n = (T_E)_n$$

$$(T_L)_i = \underset{i \sim \text{all}_j}{\text{Min}} \{(T_L)_i - D_{ij}\}$$

(2) 작업활동 시간(Activity Time)

$$ES_{ij} = (T_E)_i$$

$$EF_{ij} = ES_{ij} + D_{ij}$$

$$LS_{ij} = LF_{ij} - D_{ij}$$

$$LF_{ij} = (T_L)_j$$

(3) 여유 시간(Float Time)

$$TF_{ij} = LS_{ij} - ES_{ij} = LF_{ij} - EF_{ij}$$

$$FF_{ij} = ES_{jk} - EF_{ij}$$

$$IF_{ij} = TF_{ij} - FF_{ij} = LS_{ij} - ES_{ij} - (ES_{jk} - EF_{ij})$$

① TF는 작업을 개시하는 시각의 차이로 나타내어지는 총여유 시간을 말하며 FF와 IF로 나뉘어진다(이 이상 작업이 지연되면 전체 공기에 영향을 준다).

② FF는 이 여유 시간을 그 작업에 사용하든 하지 않든 다른 작업에 영향을 주지 않는 자유 여유 시간이며 그 작업만이 보유하는 고유의 여유 시간이다.

③ IF는 이 여유 시간을 사용하면 다음에 오는 작업의 여유 시간을 삭감하는 여유 시간, 즉 후행작업의 여유에 영향을 미치는 간섭 여유 시간이므로, 사용할 때 보완자료에 의해 후행작업들의 여유 시간 변화를 검사해야 한다.

(4) 주공정

여기서 주공정이란 $TF=0$인 작업활동의 연결로를 말하며 따라서 최장거리를 형성한다. C.P.는 중점적 관리를 필요로 한다. 여유 시간이 전혀 없기 때문에 C.P.상의 작업들이 늦어지면 전체 프로젝트가 지연되기 때문이다.

C.P.는 여유 시간과 더불어 CPM의 가장 중요한 개념이며 C.P.는 하나만 있는 것이 아니라 복수개 있을 수도 있고 때로는 네트워크 전체가 C.P.일 수도 있다.

이상의 경계 시간을 이해를 돕기 위해 그림으로 보면 〈그림 8-8〉과 같다.

그림 8-8   경계시간(boundary time)

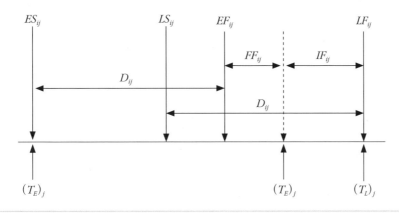

(5) 예제해설

다음은 화학공장의 장치에 관한 계획을 경험에 따라 3″의 피복 파이프가 반응답, 저장 탱크에 연결되어 있는 것을 주기적으로 교환해야 하는 작업에 대한 작업 선후관계 및 진정 소요시간표이다.

표 8-1 작업선후관계표

작업내용	기호	선행작업활동	소요 시간
자재 리스트의 조정	A	–	8시간
구 line의 활동 정지	B	A	8
비계발판 조립	C	A	12
구 파이프와 밸브(valve)제거	D	B.C	35
밸브 조달	E	A	225
파이프 조달	F	A	200
파이프 부품의 조립	G	F	40
신 파이프 조립	H	D.E.G	32
밸브 부착	I	D.E	8
파이프 용접	J	H.I	8
파이프와 밸브의 조립	K	J	8
파이프 피복	L	J	24
비계해체	M	K.L	4
압력 test시험	N	K	6
청소 후 시동	P	M.N	4

8.4 PERT의 통계적 기법

네트워크 작성이 끝난 후에는 PERP로서 완성시키기 위하여 각 작업을 수행하는 데 소요되는 시간을 추정하여 공정망(network)에 기입하여야 한다. 원래 신규사업이나 계획자체에는 상당한 불확실성이 내포되어 있으므로 한 번의 추정 시간으로서는 그 목적을 달성할 수 없다. 그러므로 각 작업에 대해서 세 가지 소요 시간을 추정하여 평균 예상 소요 시간을 산출한다. 이 세 가지 예상 소요 시간치는 다음과 같다.

그림 8-9 네트워크도

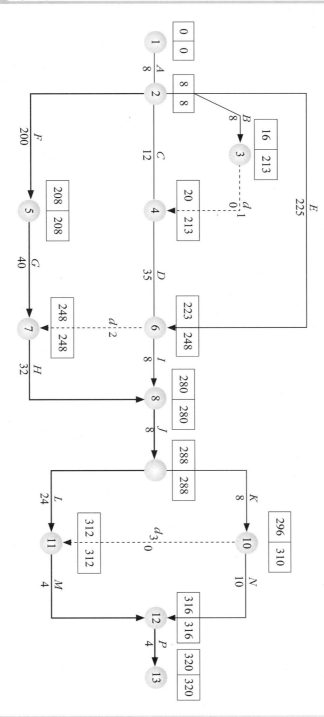

표 8-2 경계 시간표(boundary time table)

활동	작업기호	소요공기	EST	LST	EFT	LFT	TF	FF	IF	CP
1−2	A	8	0	0	8	8	0	0	0	☆
2−3	B	8	8	205	16	213	197	0	197	
2−4	C	12	8	201	20	213	193	0	0	
2−5	F	200	8	8	208	208	0	0	0	☆
2−6	E	225	8	23	233	248	15	0	15	
3−4	d_1	0	16	213	16	213	197	4	193	
4−6	D	35	20	213	55	248	193	178	15	
5−7	G	40	208	208	248	248	0	0	0	☆
6−7	d_2	0	233	248	233	248	15	15	0	
6−8	I	8	233	272	241	280	39	39	0	
7−8	H	32	248	248	280	280	0	0	0	☆
8−9	J	8	280	280	288	288	0	0	0	☆
9−10	K	8	288	302	296	310	14	0	14	
9−11	L	24	288	288	312	312	0	0	0	☆
10−11	d_3	0	296	312	296	312	16	16	0	
10−12	N	6	296	310	302	316	14	14	0	
11−12	M	4	312	312	316	316	0	0	0	☆
12−13	P	4	316	316	320	320	0	0	0	☆

1) 최단소요시간치(Optimistic Estimate)

이것은 작업을 완수하는 데 소요되는 시간을 가장 낙관적인 입장에서 추정한 것으로, 예상되는 소요 시간 중에서 최단식간치를 말한다.

2) 최장소요시간치(Pessimistic Estimate)

이것은 최단시간치와는 반대로 예상 소요 시간을 가장 비관적인 입장에서 추정한 것으로 예상 소요 시간 중에서 최장시간치를 말한다.

3) 최가능시간치(Most Likely Estimate)

이것은 예상 소요 시간 중에서 가장 빈번히 발생할 확률이 있는 시간치를 말한다.

이상의 세 가지 소요시간치(expected elapsed time)를 가지고 실제로 PERT 공정강에서 사용하게 되는 평균소요시간치를 산정한다. 위의 최단소요시간치를 a,

최장소요시간치를 b, 최가능시간치를 m이라고 하면, 평균소요시간치 t_e를 구하는 공식은 $t_e = k_1(a+b) + k_2 m$이다. 이때 k_1, k_2는 예상시간치의 분포 모양에서 파생하는 가중치이다.

흔히 이 가중치로서 $k_1 = \dfrac{1}{6}$, $k_2 = \dfrac{2}{3}$ 를 사용하고 있는데, 이 수치들은 배타 분포(beta distribution)의 평균을 산정할 때 사용되는 것이다. k의 값을 대입하면 $t_e = \dfrac{a+4m+b}{6}$ 로 표시된다. 이는 최빈수 m, 하한 a, 상한 b, $\sigma = \dfrac{b-a}{6}$이면 β분포에 접근하며, 그 기대치는 $t_e = \dfrac{1}{3}\left(2m + \dfrac{1}{2}(a+b)\right) = \dfrac{a+4m+b}{6}$이기 때문이다. 그러나 대부분의 경우 이 가중치 k_1, k_2는 그때 그때 예상소요시간치의 분포 형태를 보아서 결정되어야 한다. 그러므로 가장 중요한 것은 예상 소요 시간의 분포가 어떤 분포를 취하고 있는가를 파악하는 것이다. 앞의 것을 도해하면 〈그림 8-10〉과 같다.

그림 8-10   beta 분포

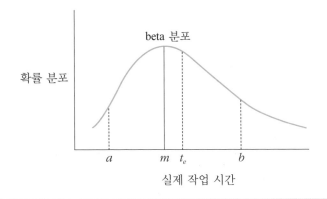

실제에 있어서 예상 소요 시간을 산정하는 방법은 여러 가지가 있으며, 어떤 측정방법이 가장 적합한가는 PERT 공정강이 작성되는 사업의 성질에 따라 결정된다.

어떤 분포를 수량적으로 특정지을 때 평균 외에 분산이 필요하다. 각 작업의 분산을 산정하기 위한 공식으로는 $\sigma^2 = [k_3(b-a)]^2$이다. 역시 예상소요시간치의 분포 모양에서 파생되는 가중치로서 위의 예와 같이 그 분포가 베타분포도이면 $k_3 = \dfrac{1}{6}$이다. 계획 전체에 대한 분산을 구하려면 통계학의 법칙에 따라 각각의 평

그림 8-11 세 가지 소요 시간 추정

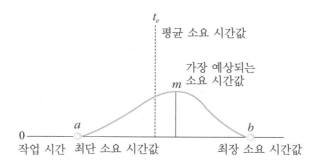

균분산을 전부 합친 것이다.

환언하면 ① $\frac{t_{e1}}{\sigma_1^2}$ → ② $\frac{t_{e2}}{\sigma_2^2}$ → ③의 형식으로 연속되어 있는 공정망에서 각 작업의 평균 소요 시간이 t_{e1}, t_{e2}이고, 분산(variance)이 σ_1^2, σ_2^2이라면 이 연속된 산업의 전체 소요 시간은 $T_E = t_{e1} + t_{e2}$이고, 전체의 분산은 $\sigma_{1+2}^2 = \sigma_1^2 + \sigma_2^2$이다. 공정강에서 전체의 분산은 주공정에 속한 분산만을 합하여야 한다.

그 실례를 들어 보면 〈그림 8-12〉와 같다.

그림 8-12 사례

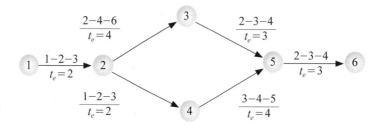

$$\left.\begin{array}{l} \sigma_{12}^2 = .111 \\ \sigma_{23}^2 = .445 \\ \sigma_{24}^2 = .111 \\ \sigma_{35}^2 = .111 \\ \sigma_{45}^2 = .111 \\ \sigma_{56}^2 = .111 \end{array}\right\} \rightarrow \sigma^2 = \sum_i \sigma_i^2 = V_{12} + V_{23} + V_{35} + V_{56}$$
$$= .111 + .445 + .111 + .111 = .778$$

$T_e = 12$: 평균 총작업 시간

정규(normal)분포에서 $T_s = 14$(일) 이내에 끝낼 Z는,

$$Z = \frac{T_s - T_e}{\sqrt{\sigma^2}} = \frac{14 - 12}{\sqrt{.778}} = 2.268$$

이 되어, 부록의 정규분포표에서 14(단위 시간) 이내에 작업을 끝낼 확률은 98.8% 인 것을 알 수 있다.

95% 작업을 끝낼 예정일은?
95%에 해당하는 $Z = 1.65$이므로,

$$T_s = T_e + 1.65\sqrt{\sigma^2} = 12 + 1.65(.778)^{\frac{1}{2}} = 13.45(일)$$

이 된다.

8.5 시간비용상환의 적정점

원래의 CPM은 당연히 비용을 최적화하여야 한다는 면도 고려해야 한다. 즉, 각 활동의 소요 시간대 비용의 관계를 조사하여 최소의 비용으로 일정을 단축하여 시간-비용의 상환의 적정점을 구하는 것이 CPM에 의한 일정통제의 목적인 것이다.

비용 최적화 문제에 있어서는 각 CPM 활동에 정상 시간이 추정될 수 있다는 가정 하에 이루어진다. 이에 대한 가장 좋은 방법은 주공정 또는 여유 시간이 가장 짧은 행로를 따라 공정 기간을 줄이는 것이다. 〈그림 8-13〉은 정상 시간과 단축 시간과 그에 따른 비용을 도표화한 것이다.

CPM에는 정상작업에 의한 정상 소요 시간과 이에 대응하는 정상 소요비용이 있으며 작업을 단축하는 경우에 드는 조기 달성 소요 시간(crash time)과 이를 행하기 위해 사용된 작업 인원 증원과 작업 시간 연장으로 인한 비용의 증가를 포함한 새로운 비용(조기 달성 비용)을 추정할 수 있다.

그림 8-13 정상 시간과 조기 달성 시간

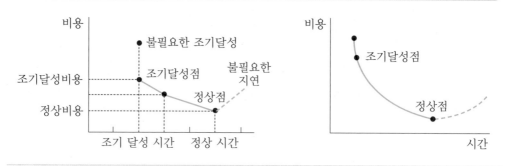

이를 분류하면 다음과 같다.

- 직접비: 공사에 직접 소비되는 비용을 말하며, 이 비용에는 노무비, 재료비, 기계 사용비 및 운송비 등이 포함되며 일정의 단축과 더불어 증가한다.
- 간접비: 공사의 개별 활동에 직접적인 관계를 가진 것이 아니고 전 계획사업에 관련되어 발생하는 비용을 말하는 데 이에는 감독비, 사무실 임대료, 사무비, 관리비, 시설 감가 상각비, 납기 지연으로 인한 연체료 등이 있다.

(1) 직접비용만 고려한 문제

40시간이 걸리는 작업이 있다면 정상 노동 시간을 하루 8시간으로 간주할 때, 한 사람이 작업하면 5일 걸린다. 두 사람이 작업하면 2교대제를 택하면 3일째 되는 날 끝낼 수 있고 3교대제를 택하면 2일째 되는 날 끝낼 수 있다. 그러나 여기에 따르는 잉여증가비용이 커지므로 비용이 증가하게 된다.

그림 8-14 초기 네트워크

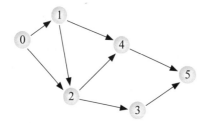

그림 8-15 주공정 0→1→2→4→5 네트워크

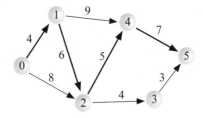

표 8-3 조기 달성 활동 자료 (단위: 천원)

정상활동			조기달성활동		
활동	정상 소요 시간	정상 소요 비용	조기 달성 소요 시간	조기 달성 소요 비용	비용균배
0–1	4일	210	3일	280	70
0–2	8	400	6	560	80
1–2	6	500	4	600	50
1–4	9	540	7	600	30
2–3	4	500	1	1,100	200
2–4	5	150	4	240	90
3–5	3	150	3	150	*
4–5	7	600	6	750	150
		3,050		4,280	

그림 8-16 활동 1-2를 단축한 후 주공정

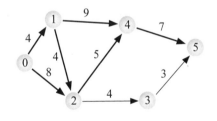

그림 8-17 활동 0-1과 활동 2-4를 단축한 후

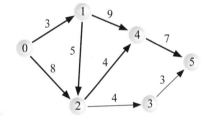

$$비용균배 = \frac{조기\ 달성\ 소요\ 비용 - 정상\ 소요\ 비용}{정상\ 소요\ 시간 - 조기\ 달성\ 소요\ 시간}$$

주공정을 따라서 증가 비용을 고려해보면

활동	비용균배
0–1	70
1–2	50*
2–4	90
4–5	150

공정 기간: 22일
공정 비용: 3,050(천원)
*조기 달성 시간 한계에 도달

활동		활동		활동	
0–1	70	0–1	70	0–2	80
1–4	30	1–2	50	2–4	90
4–5	150	2–4	90	4–5	150
		4–5	150		

공정 기간: 20일
공정 비용: 3,150(천원)

마찬가지 방법으로

| 그림 8-18 | 활동 0-2와 활동 1-4를 단축한 후 |

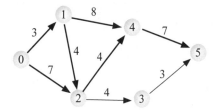

공정 기간: 19일
공정 비용: 3,260+150＝3,410(천원)

| 그림 8-19 | 활동 4-5를 단축한 후 |

또는

활동		활동	
1-4	30	4-5	150
1-2	50		
0-2	80		
4-5	150		

공정 기간: 19일
공정 비용: 3,150+1.0＝3,260(천원)

| 그림 8-20 | 단축 가능한 활동을 단축한 후 |

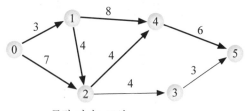

공정 기간: 17일
3,410+160＝3,570(천원)

참고: 모든 활동이 최대 한도로 조기 달성 시간으로 단축하더라도 비용은 428만 원이 들며 공정 기간은 17일이 된다.

이 네트워크에서의 CPM에 의한 결과는 〈그림 8-21〉과 같다.

| 그림 8-21 | 작업 단축 과정 |

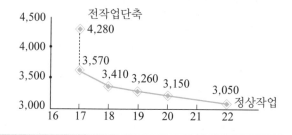

(2) 총비용을 고려한 문제

이때까지는 직접 공정 비용만을 고려하였는데 여기에 간접비용을 고려하여 이들 총비용이 적게 드는 공정 일수를 찾는 것이 PERT-CPM의 요지이다. 이들 관계를 나타내면 〈그림 8–22〉와 같다.

그림 8–22 총비용

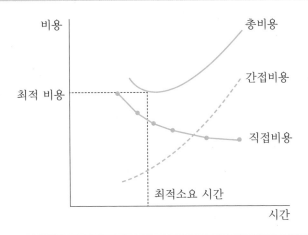

〈그림 8–22〉에서 보면 공정 일수를 줄여 나가더라도 직접비가 간접비를 상쇄할 정도로 적게 들기 때문에 어떤 범위까지는 총비용이 감소하게 되는 데 이 최적값은 간접비와 직접비의 함수이다.

간접비를 고려한 예를 들어보자.

표 8–4 간접비를 고려한 문제   (단위: 천원)

활동	정상활동		조기달성활동		비용균배
	시간	비용	시간	비용	
1–2	3일	600	1일	1,200	300
1–3	4일	300	2일	500	100
2–3	2일	200	0일	400	100
2–4	5일	300	2일	600	100
3–4	6일	900	1일	2,400	300
		2,300			

해: 간접비: 하루 25만원

그림 8-23 초기 네트워크

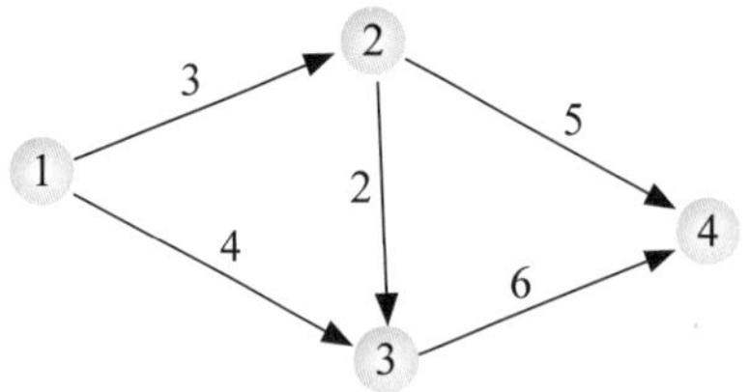

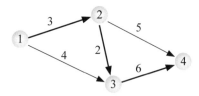

그림 8-24 주공정(1→2→3→4)

기간: 11일
직접비용: 230만원
주공정: ①→②→③→④

(단위: 천원)

활동	비용 균배
1-2	300
2-3	0 100
3-4	300

(단위: 천원)

활동	비용균배	활동	비용균배
1-2	300	1-3	0 100
**2-3	0 100	3-4	300
3-4	300		

그림 8-25 작업 2-3 단축

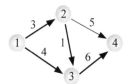

공정 기간: 10일
직접 공정 비용: 2,400천원

그림 8-26 작업 3-6 단축

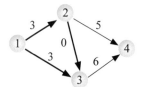

공정 기간: 9일
직접 공정 비용: 2,900천원

그림 8-27 작업 3-4 단축

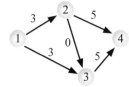

공정 기간: 8일
직접 공정 비용: 2,900(천원)

(단위: 천원)

활동		활동	
1-2	300		
**2-3	100	1-3	100
0 3-4	300	0 3-4	300

(단위: 천원)

활동		활동		활동	
0 1-2	300	, ,	, .	1-3	100
**2-3	100	2-4	100	3-4	300
3-4	300	1-2	300	1-2	300

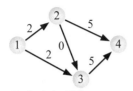

그림 8-28　작업 1-2, 1-3 단축

공정 기간: 7일
직접 공정 비용: 330만원

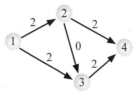

그림 8-29　작업 2-4, 3-4 단축

공정 기간: 4일
직접 공정 비용: 450만원

(단위: 천원)

활동		활동		활동	
1-2	300	1-2	300	**1-3	
**2-3		0 2-4	100	0　3-4	300
0　3-4	300				

그림 8-30　최적 비용 네트워크

공정 기간: 3일
직접 공정 비용: 500만원

이 작업을 하는 데 있어서는 비용이 가장 적게 들게하려면 공정 기간을 9일로 하여야 하고 이때는 485만 원의 비용이 들며 공정 기간이 가장 짧도록 하려면 공정 기간이 3일이 걸리며 이때의 비용은 575만 원이 든다.

일정 계획(scheduling)은 일반적으로 시간적 차원으로 나타내어진다. 그러나 종종 이러한 계획도 기계 설비 또는 재료에 의해서 그 규모가 제한되므로 여기에 대해서도 고려할 필요가 생기게 되므로 여기에 드는 비용, 자본에 대한 것도 계획을 짜는 데 중요한 인자가 된다.

(3) 비용 추정

자본의 현재 또는 미래의 흐름을 파악하기 위해서는 자금 지출 상황도 일정 계획을 짜는 데 고려되어야 한다. 이 자금 지출은 막대 그래프와 네트워크의 개념을 기초로 하여 파악이 가능하다. 실제에 있어서 자금의 흐름을 예측하는 가장 효과적인 방법은 시간으로 표시된 네트워크를 이용하는 것이다. 이의 첫 단계는 네트워크에 있는 개개의 활동에 비용을 할당하는 것이다. 그런데 프로젝트 전체에 대한 비용은, 각 중간 공정에 필요한 전 비용의 합계에 해당하고 또 시간의 흐름은 노동 시간을 근거로 하여 파악되어야 하기 때문에 각 활동에 비용을 할당하는 것은 어려운 일이다.

표 8-5 해

(단위: 천원)

단축된 기간		공정 기간	직접비	간접비	비용
활동	기간	11일	2,300	2,750	5,050
2-3	2→1	10일	2,400	2,500	4,900
2-3 1-3	1→0 4→3 }	9일	2,600	2,250	4,850
3-4	6→5	8일	2,900	2,000	4,900
1-2 1-3	3→2 3→2 }	7일	3,300	1,750	5,050
2-4 3-4	5→2 5→2 }	4일	4,500	1,000	5,500
1-2 3-4 2-3	2→1 2→1 0→1 }	3일	5,000	750	5,750

(4) 자금 흐름의 예측

CPM의 비용 예측은 CPM 네트워크에 할당된 활동 비용을 근거로 해서 분석이 가능하다. 네트워크에 대한 자금 흐름을 예측하고 자금 관계를 계획하는 가장 명확한 방법은 비용을 시간에 따라 Plot(그래프상에 점으로 표시)해보는 것이다. 이러한 작업을 행하는 것은 어떠한 작업에 대한 자금은 그 활동 공정 기간 범위 내에서 비율로 소모된다고 하는 가정 하에서 가능하다. Plot하는 것은 활동 시간에 대해 최조시기 또는 최연시기를 근거로 할 것인지 우선 결정되어야 한다.

연습문제

01. 다음의 선행 관계를 만족하는 작업활동 A, B, C, ·········, P로 이루어진 화살 도해표를 구성하여라.

(a) A, B, C는 동시에 시작하는 사업의 첫 번째 작업활동이다.

(b) 작업활동 D, E, F는 A가 종료된 후 즉시 시작한다.

(c) 작업활동 I와 G는 B와 D가 종료된 후에 시작한다.

(d) 작업활동 H는 C와 G가 종료된 후에 시작한다.

(e) 작업활동 K와 L은 I의 뒤를 따른다.

(f) 작업활동 J는 E와 H의 뒤를 따른다.

(g) 작업활동 M과 N은 F의 뒤를 따르나 E와 H가 종료되어서야 비로소 시작될 수 있다.

(h) 작업활동 O는 M과 I의 뒤를 따른다.

(i) 작업활동 P는 J와 L, Q의 뒤를 따른다.

(j) 작업활동 K, N, P는 사업의 마지막 작업이다.

02. 다음 사업의 각각에 대한 주공정 과정(critical path)을 구하여라.

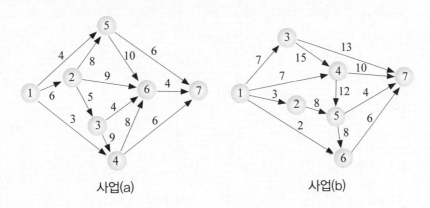

사업(a)　　　　　　　사업(b)

03. 문제 2에서 총여유 시간과, 자유 여유 시간, 간섭 여유 시간을 구하여라.

04. 문제 3의 결과를 이용하여, 문제 2에서 자원의 제한이 없다고 할 때 시간 도표(time chart)를 만들어라.

05. 문제 2에서 추정치(a, b, m)가 아래 표[1]과 같을 때 서로 다른 단계들이 지연없이 일어날 확률을 구하여라.

06. 문제 2의 네트워크를 이용한다. 정상 작업(normal)기간과 조기 달성 작업(crash)기간의 직접비용의 자료는 아래 표 [2]와 같다. 정상점과 조기달성 사이의 서로 다른 최소 비용 계획을 구하여라.

표 [1]

사업(a)

활동	(a, b, m)	활동	(a, b, m)
1, 2	(5, 8, 6)	3, 6	(3, 5, 4)
1, 4	(1, 4, 3)	4, 6	(4, 10, 8)
1, 5	(2, 5, 4)	4, 7	(5, 8, 6)
2, 3	(4, 6, 5)	5, 6	(9, 15, 10)
2, 5	(7, 10, 8)	5, 7	(4, 8, 6)
2, 6	(8, 13, 9)	6, 7	(3, 5, 4)
3, 4	(5, 10, 9)		

사업(b)

활동	(a, b, m)	활동	(a, b, m)
1, 2	(1, 4, 3)	3, 7	(12, 14, 13)
1, 3	(5, 8, 7)	4, 5	(10, 15, 12)
1, 4	(6, 9, 7)	4, 7	(8, 12, 10)
1, 6	(1, 3, 2)	5, 6	(7, 11, 8)
2, 3	(3, 5, 4)	5, 7	(2, 8, 4)
2, 5	(7, 9, 8)	6, 7	(5, 7, 6)
3, 4	(10, 20, 15)		

표 [2]

사업(a)

활동 (i, j)	정상작업		조기달성작업	
	(시간)	(비용)	(시간)	(비용)
1, 2	5	100	2	200
1, 4	2	50	1	80
1, 5	2	150	1	180
2, 3	7	200	5	250
2, 5	5	20	2	40
2, 6	4	20	2	40
3, 4	3	60	1	80
3, 6	10	30	6	60
4, 6	5	10	2	20
4, 7	9	70	5	90
5, 6	4	100	1	130
5, 7	3	140	1	160
6, 7	3	200	1	240

사업(b)

활동 (i, j)	정상작업		단축작업	
	(시간)	(비용)	(시간)	(비용)
1, 2	4	100	1	400
1, 3	8	400	5	604
1, 4	9	120	6	180
1, 6	3	20	1	60
2, 3	5	60	3	100
2, 5	9	210	7	270
3, 4	12	400	8	800
3, 7	14	120	12	140
4, 5	15	500	10	750
4, 7	10	200	6	220
5, 6	11	160	8	240
5, 7	8	70	5	110
6, 7	10	100	2	180

생산성 향상

곧, 나는 느낍니다.
떠날 시각이 가까왔음을
해지는 저녁 어스름으로
이별의 날은 막을 내립니다.
이 시각을 조용한 이별로 합시다. 평화로운 이별로 합시다.
어떤 화려한 추억이나 만남으로 해서
슬픔의 환상을 만들지 맙시다.
문간의 나무여,
푸른 잎사귀로
대지의 평화로운 노래를 부르시라.
밤의 축복이며,
일곱개 별의 빛 속에 깃들으시라.

– 타고르

인적자원관리와 경영조직

조직을 운영하기 위하여서는 인력이 필요하고, 종업원은 조직에서 가장 가치 있는 자원인 것이다. 현재 모든 조직은 능력 있고, 기술력을 갖춘 인력 확보가 필요하고, 풍부한 노동력 속에서도 인재 빈곤이란 우수 인력은 귀하다는 현실을 나타내는 것이다. 조직에서 1년에 20%정도의 인력이 바뀌고 있으며, 여기에다 갑작스런 결근과 도덕적 해이로 인한 비용은 조직의 성과를 좌우한다.

조직의 인간관계 – 조직 안에서 구성원 간의 상호작용 – 는 조직과 구성원의 다양한 욕구들의 균형을 요구한다. 예를 들어 사용자는 종업원들에게 업무에 대한 동기를 주고, 종업원이 계속 만족스럽게 업무를 수행할 수 있게 하여야 한다. 그러나 장기적으로 조직이 성공하기 위하여 종업원의 경쟁력 있는 능력이 요구된다. 즉, 경쟁력도 갖추며, 만족스러운 업무환경 조성은 적절한 균형이 필요하며, 오늘의 사회적 갈등을 조직문화에서 슬기롭게 운영하기는 점점 어려워진다. 이 장에서는 우리는 이러한 문제 해결에 도움이 되는 방법을 다뤄보자.

9.1 동기유발

모든 종업원은 인간으로서 조직에서 가치 있고, 도전적인 업무수행과 조직 내에서 존중 받기를 원하고 있다. 능력 있는 종업원을 계속 확보하기 위하여서는 넉넉한 봉급만으로는 부족하다. 성과에 대한 상여금과 혜택도 중요하지만, 종업원은 자기 업무에 대한 높은 도덕성과 긍정적인 자세도 유지되어야, 조직의 성과는 향상될 것이다.

종업원들은 그들의 지위에 관계없이 그들이 공정하게 다뤄지기를 원하고 있다. 그들은 봉급을 올려주기를 원하고 있으며, 또한 업무 수행 시에도 만족스럽게 수행하기를 원하고 있다. 그들은 직장의 경력과 안정된 경제생활의 균형을 원하고 있다.

즉, 종업원은 수입과 업무에서 더 이상 만족 못하고, 개인적인 만족을 추구하고 있는 것이다. 그들은 의미 있는 업무와 의미 있는 생활을 원하며, 이러한 것을 얻기 위하여 동기를 부여받으려 한다.

① 동기란 인간이 활동을 취하게 하는 내적인 힘, 즉 자발적 의지이다. 실직을 두려워하며 업무를 하는 부정적인 동기보다는 업무에 대한 자부심과 창의적인 개인의 의지를 북돋아 주는 것이 훨씬 효과적일 것이다. 사용자는 종업원의 업무 동기를 증진시키기 위하여 여러 가지 보상을 하고 있다. 즉, 선물, 상품권, 시상, 식사, 여행권 등이다. 즉, 종업원이 즐겁게 일할 수 있는 문화를 조성하여야 한다.

② 일부 조직은 종사자의 행태를 변형시킴으로써 종사자의 작업을 통제하거나 변화 시키려 한다. 그들은 체계적으로 조직이 원하는 작업은 격려하고, 원하지 않는 작업은 못하게 방해를 하는 것이다. 감독자는 격려를 하던 방해를 하던 추진력을 사용한다. 즉, 긍정적인 추진은 종사자의 작업의 성과를 계속 이룩할 수 있게 선물이나 칭찬을 하고, 반대로 종사자의 작업이 감독자가 원하지 않는 방향으로 가고 있으면, 바른 방향으로 가도록 유도하여야 한다.

③ 많은 조직에서 사용하고 있는 증명된 동기유발 방법 중 하나는 목표관리 (MBO: Management By Objectives)이다. 즉, 전사원이 조직의 목표설정이

나 의사결정단계부터 참여하는 것이다. MBO 방법은 4단계로 구성된다. 목표설정, 업무계획, 업무수행, 성과평가이다. 종사자는 4단계 모든 수준에서 참여하고, 조직의 목표를 이해하고, 자신이 조직의 일원으로서 중요하다는 것을 이해하게 된다. 즉, 자신의 작은 업무가 조직의 장기적 성공에 어떻게 기여하는 지를 이해하게 된다. MBO의 중요한 요소는 목표설정 단계에서 감독자와 종업원이 소통으로 결정한다는 것이다. 또한 이러한 목표를 달성하기 위한 책임감도 형성되며, 장기적으로 목표를 달성하기 위하여 종사원이나 부서 전체의 성과측정 방법 등도 정하게 된다. 즉, 달성 가능한 목표를 같이 결정하고, 각 부서의 분화된 목표도 정하게 되는 것이다.

9.2 조직 내에서의 인간의 상호작용

초기의 경영이론은 인간의 상호관계라는 관점에서 볼 때 다소 기계적이었다. 즉, 조직 구성원의 목표란 조직의 목표와 일치하는 것으로 여겨졌다(조직 구성원이 조직의 목표에 동화되었다고 볼 수 있다). 따라서 고용자는 상부 경영진에 대해 긍정적인 반응을 보여야 하며, 금전적인 보상에 의해 작업에 동기를 갖게 된다고 생각되었다. 이와 같은 인간 관계에 대한 실험은 호손에 의해 1927년부터 1932년까지 실시되어, 사회시스템으로서 조직의 개념을 정립시켰다. 즉, 인간의 동기는 경제적인 보상 이상의 것에 기인하며, 작업그룹, 동료 등이 매우 중요한 요인이라는 것이 밝혀졌다. 또한 지도력의 형태는 조직 내에서 작업자의 만족도를 증가시키는 방향으로 되어야 한다는 것이 제안되었다. 이러한 연구는 하나의 확고한 원칙으로 정립되지는 못했지만, 조직을 구성하는 데 인간의 욕구를 고려해야 한다는 문제를 제기하였다.

작업동기란 인간이 어떤 작업을 수행할 이유라 할 수 있다. 이것은 인간의 욕구와 필요라는 관점에서 설명될 수 있는데, 개인의 필요란 것은 고정된 것이 아니라 그가 처한 상태나 시간에 따라 변하며, 욕구의 만족도에 따라서 달라지게 된다. 일반적으로 인간의 욕구에 대한 분류법으로 널리 사용되는 것 중의 하나는 매슬로가 만든 계층법이다. 이것에는 다섯 가지 기본적인 욕구가 있는데, 높은 단계의 욕구는 낮은 단계의 욕구가 어느 정도 만족된 상황에서 활성화될 수 있다.

매슬로의 계층법은 인간 욕구의 중요한 차원을 지적했다는 점에서 매우 유용하다. 즉, 굶주린 사람은 육체적인 욕구에 집중하게 되지만, 배고픔을 면하게 되면, 안전, 사랑, 명예와 같은 문제에 관심을 기울이게 된다. 이러한 욕구가 충족되고 나면 자기 실현에 대한욕구가 증가하게 된다. 위와 같은 사실들은 조직이 단지 만족할 만한 임금이나 안전한 작업환경 조성만으로는 고용자들을 자극시킬 수 없다는 것을 보여준다.

매슬로의 계층법이 일반적으로 적용될 수 있는데 비해서, 허즈버그는 작업과 직접 연관을 갖고 있는 방법을 개발하였다. 즉, 그는 작업의 만족도에 미치는 영향을 두 그룹으로 나누었다. 첫째 그룹은 환경적인 요소(위생적인 요소)를 포함하는데, 이 요소의 부재는 작업자의 불만족을 초래하는 원인이 된다. 이러한 것에는 회사의 정책, 관리, 감독, 임금, 작업환경 등이 포함된다. 둘째 그룹은 동기유발이라 할 수 있는데, 이는 작업의 만족에 결정적인 역할을 하기 때문이다. 이러한 것에는 성취감, 작업에 대한 흥미와 도전성, 책임감, 발전성 등이 포함된다.

이와 같은 허즈버그 이론에는 반론이 있다는 것은 명기해야 할 사실이며, 정도는 덜 하지만 매슬로의 이론도 마찬가지다. 그러나 그들은 단순함에도 불구하고 조직 구성원의 동기에 대한 유용한 정보와 암시를 가져다준 것은 사실이다.

수준	욕구	개요
낮은 수준	생리적인 욕구	육체적인 욕구, 예를 들면 배고픔, 목마름
	안전 욕구	위험과 위협에 대한 보호
	사회적 욕구	여러 단체에 속한다거나 우정과 애정을 주고 받을 수 있는 만족한 관계
	존중 욕구	남으로부터의 존경과 인정
높은 수준	자기 실현 욕구	자기 성취 개인의 잠재력을 인식 발현, 자기 발전

(1) 그룹 동태학

조직 내에서 개인은 여러 작은 그룹에 속해 있다. 이 중에는 생산작업팀과 같이 공식적인 그룹도 있고, 인종적인 배경, 직업, 오락과 같이 공통의 관심사에 기초한 것들도 있다. 개인과 조직 사이의 관계에 영향을 미치는 요소로 작은 그룹들이 중요한 역할을 하고 있는 많은 사례가 있다.

(2) 지도력 형태

지도력이란 특정한 목적을 달성하기 위해 조직을 설득하고 동기를 부여하는 능력을 말한다. 이 절에서는 조직이 어떻게 운영되어야 하는지에 대해 검토해 보고, 지도력에 관한 이론을 기술하고자 한다.

X이론	Y이론
X이론은 다음의 기술과 같은 권위주의적 지도 형태를 갖는 것이다. (1) 경영은 경제적 목적을 추구하기 위하여 생산계획의 요소들(돈, 원료, 장비, 사람)을 조직화하는 데 책임이 있다. (2) 이것은 작업자를 지휘하고, 행동을 통제하며 조직의 필요에 맞게 활동을 변경시키는 과정이다. (3) 경영진에 의한 이러한 간섭 없이는 작업자는 수동적이 되며, 심지어는 조직의 필요성에 대해 저항을 느낀다. 그러므로 그들을 설득하고, 보상하고, 처벌하고, 통제해야 한다. 따라서 경영이란 다른 사람들로 하여금 작업을 시키는 것으로 구성되어 있다고 볼 수 있다.	X이론에 반해 Y이론은 민주적이고 동참하는 지도 형태를 갖고 있다. (1) 경영은 경제적 목적을 추구하기 위하여 생산계획의 요소들(돈, 원료, 장비, 사람)을 조직화하는 데 책임이 있다. (2) 사람들은 본래 조직의 필요성에 대해 수동적이거나 부정적인 견해를 갖고 있지 않다. 그들은 조직 내의 경험의 결과로 그렇게 될 수 있다. (3) 사람들은 동기, 잠재력 개발, 책임감 그리고 조직의 목표를 향해 나갈 자세 등을 가지고 있다. 따라서 경영이 관여할 필요는 없고, 스스로 특성을 인식하고 발전시키도록 해주면 된다. (4) 경영의 가장 중요한 업무는 조직의 상태와 운영방법을 정립하는 것이다. 따라서 사람들은 조직의 목표를 달성하도록 자신의 노력을 쏟음으로써 자신의 목표도 달성할 수 있는 것이다.

경영자가 자기의 업무를 보는 견해는, 자기가 다른 사람을 보는 견해에 의해 영향을 받을 수 있다. 맥그리거는 X이론과 Y이론으로 대별되는 두 이론을 특성화하였다.

X이론에 기초한 조직이 널리 퍼져 사용되고 있는 것은 사실이다. 그러나 Y이론 선호자들은 X이론을 적용할 때 야기되는 인간 발전의 결여와 좌절의 문제를 제기한다. 행동연구에 있어서의 경향은 Y이론에 기초한 조직과 지도력으로 이익을 얻을 수 있으리라고 추측한다. 이러한 접근방법 중의 하나가 리커트에 의한 시스템 4라 불리는 것이다(다른 셋은 권위주의적, 관대한 권위주의적, 협의적). 시스템 4의 특징은 경영자와 그룹의사결정과 감독과는 상호보완의 관계에 있다는 것이다.

행동연구자들은 지도형태의 여러 유형을 분석해 왔는데, 그 중 중요한 두가지는 독재적인 것과 지원적인 것이다.

형태	개요
독재적(autocratic)	지도자가 정책을 결정하고 그것을 수행하는 데 필요한 활동을 지시한다. 명령에 대한 이유를 설명하지 않는다. 지도자의 명령은 보상과 치벌의 힘에 의해 강화된다.
지원적(supportive)	이 형태는 참여적이고 상담적이며 민주적 지도형태이다. 지도자는 부하들에 영향을 줄 결정이나 수행해나가야 할 결정에 대해 서로 의논하고 제안을 청한다.

또 다른 지도형태는 자유방임형과 관료주의형이 있는데, 전자는 지시와 간섭을 거의 하지 않으며, 후자는 일종의 독재형태인 규칙 또는 절차에 기초한다. 어떤 연구자들은 가장 효과적인 지도형태는 지도자의 개성, 수행해야 할 작업, 자세, 욕구, 부하 구성원의 기대, 그리고 조직과 물리적인 환경에 의존한다고 보고 있다. 즉, 이것을 상황이론(situational theory)이라 부른다.

현재까지의 결과를 보면 민주적인 지도형태는 높은 만족감을 주나 반드시 많은 생산을 보장하지는 못한다는 것을 보여 준다. 여기서 고려해야 할 중요한 요소는 경영자가 이끌어 갈 수 있는 경영기능(계획, 조직 등)의 범위이다. 이러한 경영기능을 수행하는 것을 보면 생산성에 대한 구조를 알 수 있다. 고도의 민주화된 지도력이 이러한 보조적인 지도형태와 결합하면 높은 생산성을 기대할 수 있다.

독재적이고 강압적인 지도형태는 표준공정 또는 규칙 하에서 작업함으로써 작업자의 의사결정이 불필요한 경우에 효과적이다. 민주적이고 참여적인 지도형태는 결정이 가변적이고, 의사결정을 위한 정보와 규칙이 표준화되어 있지 않고, 충분한 시간이 있으며, 작업자 스스로가 독립적으로 작업에 참여하는 것이 옳다고 느낄 때 가장 효과적이다.

9.3 훈 련

피고용자가 공장에 첫 발을 들여 놓을 때부터 훈련 계획은 시작된다. 생산이 훈련에 의해서 증대되건 아니건 간에 얻어지는 것은 있다. 작업자의 요구가 있을 때 고용인은 그것을 이루려는 수단을 찾으려 할 것이다. 만약 그가 찾는 방법이 효과가 있다면 그것을 목적에 대한 수단으로 삼을 것이다. 그러나 그 방법이 효과가 없을 때 고용인은 좀 더 효과있는 방법을 찾을 것이다. 생산훈련 계획의 광범위한 목적은 어떤 행동이 가치가 있는가를 알게 하는 것과 목표를 완수하기 위한 기술을 어떻게 발전시키는가를 알게 하는 것이다.

(1) 오리엔테이션(Orientation)

훈련을 시작하는 시기는 고용이 시작되는 날부터이다. 회사의 정책, 규칙, 목표에 대한 지식이 거의 없이 일을 시작하는 작업자는 단점을 안고 시작하는 것이다. 이 작업자는 시간이 감에 따라서 이러한 것들을 알게 될지도 모른다. 그러나 이 작업자는 잘못 알 수도 있고 이렇게 저렇게 뜯어 맞출지도 모른다. 공장이 작업자에게 제공해야 할 것이 무엇이며 작업자는 이것을 제공받기 위해서 어떻게 해야 할 것인가에 대한 지식은 적응지도(orientation) 계획에 의해서 얻어질 수 있다. 여기서부터 작업자들의 사기가 양양되기 시작하는 것이다.

공장의 배치, 회사 규칙 등은 작업자가 자기 일에 적응하기 전에 어느 정도까지는 알고 있어야 한다. 많은 기업들이 회사의 경비를 들여서 주기적인 연수 교육을 작업자에게 실시하고 있다. 종종 이 계획은 중역진들과의 대화, 강의, 영화,

질의 문답, 서적 또는 공장 견학 등을 포함하고 있다.

오리엔테이션 계획의 내용과 성격은 매우 다르지만 모두가 특별한 목적을 갖고 있다. 예를 들어서 안전 사고가 문제점인 경우 안전에 대한 것이 강조되어야 한다.

인간 공학적 입장에서 강조되어야 할 작업자에 대한 지침은 다음과 같다.

① 작업자를 편하게 하고 그룹(group)의 한 부분이라는 것일 느끼게 하고
② 작업자에게 기대하고 있는 것을 설명하고
③ 작업자의 직속 상관이 누구인가를 알게 하고
④ 작업자를 의미있는 활동에 종사하도록 하고
⑤ 작업자의 능력에 대한 신뢰감을 보여주고
⑥ 작업자가 필요한 모든 도구와 재료를 갖고 있다는 것을 보여주고
⑦ 건설적인 비판을 하게 한다.

(2) 훈련 계획

인간은 그의 미래의 능력과 현새의 능력이 다르다. 훈련을 통해서 인간은 생산 체계에 대해서 가치있는 능력을 키울 수 있는 기술을 배운다. 모든 사람은 다 배울 수 있으나 어떤 사람은 다른 사람들보다 어떤 일에 대해서 더 능수능란하게 된다. 일반적인 교육은 모든 사람을 대상으로 할 수 있다. 어떤 사람들은 특별한 특성 때문에 선발될 수도 있다. 새로운 피고용인들, 감독자들, 여러층의 관리자들이 현재의 그리고 앞으로 다가올 문제점을 극복하기 위해서 훈련을 받는다. 훈련 계획의 내용은 주로 문제점이 국부적인 것인가 회사 전체적인 것인가에 의존된다.

사용할 훈련 방법이 어떤 것인가에 대한 일정한 규칙은 없다. 많은 형태의 방법이 있고 각각은 장단점을 갖고 있다. 가장 믿을 만한 규칙은 훈련 계획을 유발시킨 문제점을 가장 많이 해소시킬 수 있는 방법을 선택하는 것일 것이다. 예를 들어 특별한 작업 기술을 발전시키기 위한 계획은 실수(error)의 연구에 근거를 두어야 한다. 만약 모든 작업자가 같은 단점을 갖고 있다면, 전체적인 계몽과 실제적 계획이 적절하다. 단지 몇 작업자만이 실수를 범할 때 감독자는 그들과 개인적으로 작업을 할 수가 있는 것이다.

훈련의 목적에 대한 정의는 훈련 계획에 있어서 중요한 단계인 것이다. 이것이 잘 정의되어 있지 않는 한, 목적을 만족시킬 수가 없을 것이다. 훈련자는 이 계획의 중요성을 인식하고 있어야 한다. 그리고 기자재와 강사들도 완전하게 준비되어 있어야 한다. 거의 모든 사람들이 부적절한 강의와 지루한 표현 방식에 고통을 받아 왔다. 좋은 강의가 되려면 많은 시간의 준비와 세심한 주의가 요구된다. 훌륭한 강의는 많은 시간의 준비를 요구하는 것 외에도 학생들에게 호소력 있는 육감이 있어야 한다. 산업 훈련 계획의 비용은 주로 훈련 시 생산을 하지 못하는 것에 대한 비용과 여기에 따르는 임금이기 때문에 모든 계획이 시간을 가장 유용하게 이용할 수 있도록 계획되어야 한다.

성공적인 훈련 계획의 특징들은 다음과 같다.

① 교육 능력의 자격을 갖춘 교육자
② 제기된 문제를 해결하기 위한 방법이 강조된 주의깊게 계획된 주제
③ 구체적인 교육시간표
④ 교육에 적절한 시설(교실, 재료, 모형 등)
⑤ 훈련의 목적을 알고 배우려는 의욕적인 피교육자
⑥ 실행과 반복할 시간을 포함하는 계획
⑦ 피교육자들의 실수를 받아들이고 이것을 교정해 줌으로써 배울 수 있는 분위기
⑧ 훈련의 모든 부분을 전체적인 내용과 연관시킨 요약
⑨ 배운 것을 보강하고 확실히 하는 과정
⑩ 미래의 향상을 위해서, 결점을 발견하기 위한 계획 평가

(3) 필요성의 힘

"인간은 빵만으로는 살수 없다"라는 말은 너무 잘 알려진 말이다. 이 말은 인간의 동기 유발 필요성을 잘 설명해 주고 있다. 정당한 보수를 받는 피고용인은 작업의 향상을 보여준다. 작업자가 자기의 작업에 대해서 얼마나 많은 일을 하는가 하는 것은 그 작업이 그가 원하는 필요성을 얼마나 공급하는가에 상당히 의존된다. 즉, 작업자의 생산성은 그가 존경하는 사람들로부터의 칭찬이라든지 성

공의 가능성 같은 개인적인 욕망에 영향을 받는 것이다. 이런 것들은 보수보다도 훨씬 많은 동기 유발을 할 수 있는 것이다.

욕구의 형태는 의·식·주와 그 밖의 다른 복지에 대한 근본적인 요소들에서부터 시작된다. 심리적 욕구와 같은 비물질적인 욕구가 위의 근본적인 욕구에 첨가되게 된다. 인간은 신망을 필요로 할지 모르지만 생리적 의미에서는 근본적이고 실제적인 것은 아니다. 그러나 인간이 신망을 원할 때 그가 그것을 원하는 정도까지는 심리적인 것이다. 인간은 언제나 그에게 이로운 것만을 원하는 것은 아니다. 그의 욕구는 객관적 입장에서 보면 완전히 비이성적일지 모르나 그가 원하는 것은 그가 조직에서 필요한 존재라고 믿는 것이다. 그리고 이러한 욕구를 위해서 그는 작업을 하게 될 것이다.

(4) 태만(Resistance to Effort)

휴식의 상태는 본래 평온한 상태이다. 이러한 상태를 변화시키는 데는 노력이 필요하게 된다. 우리는 인간 – 검은 상자(man-black box)도 마찬가지로 볼 수 있다. 휴식상태에서 인간은 그의 욕구를 거의 만족시키지 않는다. 욕구를 만족시키기 위해서는 노력이 필요한 것이다. 욕구와 태만은 서로 반대되는 힘인 것이다. 작업하는 결과를 가져오기 위해서는 인간의 욕구가 그의 태만보다 강해야 한다.

태만은 개인과 상황에 따라서 변한다. 만약 아프고, 약하고, 피곤하다면 그의 욕구가 강하다 하더라도 그의 태만은 증가하게 된다. 소음, 비위생적 상황, 독재적 감독 등은 작업에 대한 저항을 불러 일으키게 된다. 인간의 안락을 고려하여 잘 설립된 것은 분명히 대다수 사람에게 작업에 대한 저항을 감소시킬 것이다. 감독자의 인간 관계에 대한 세심한 주의는 개인과 소수 집단의 특별한 문제를 만족시킬 수 가 있는 것이다.

(5) 효과적인 동기 유발

노력에 대한 저항력(태만)과 욕구와의 차이가 〈그림 9-1〉과 같이 효과적인 동기 유발(effective motivation)이 되는 것이다. 만약 작업이 너무 어려운 것이라면, 인간은 그의 욕구를 만족시키려는 시도를 하지 않을 것이다.

그림 9-1   욕구력 – 태만 = 효과적 동기 유발

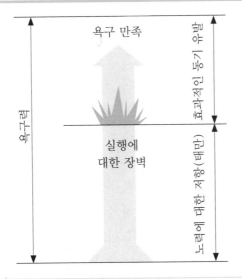

그러므로 작업이 어려울수록 특별한 자극을 필요로 하거나 작업 자체가 새로 설계되어서 적은 효과적 동기 유발로도 그 일을 성취할 수 있도록 되어야 한다. 보너스(bonus)같은 것이 전자의 예이고 기계–보조 작업 등이 후자의 예이다.

산업체에 종사하는 작업자는 뒤에 욕구 만족이 될 수 있는 보상을 받기 위해서 노력을 하게 된다. 만약 새로운 보트(boat)를 필요로 한다면 이것을 만드는 사람은 거의 없다. 즉, 그 보트를 사기에 충분한 돈을 작업을 하여 버는 것이다. 자신의 욕구를 만족시킬 수 있는 직업에 종사하는 작업자는 그가 찾을 수 있는 가장 효과적인 방법을 선택하여 정열적으로 일할 것이다.

이익–분배 계획은 피고용인이 자기 자신을 위해서 일한다는 생각을 갖도록 하는 시도가 될 수 있다. 보너스 계획도 같은 목적인 것이다. 많은 경영자들은 일상적 수준의 봉급은 당연한 것으로 여겨지고 있고 단순히 과거의 작업에 대한 당연한 보상으로 여기고 있지 새로운 자극제의 역할은 하지 못한다는 결론을 내리고 있다. 보상 체계에 영향을 미치는 또 다른 요소는 보상의 신속도이다. 욕구가 짧은 시간에 만족된다면 효과적 동기 유발을 증가시키기가 쉬울 것이다. 신용 구입(credit buying)은 욕구 만족을 위해 기다리는 시간을 단축하는 하나의 방법이 된다. 어떤 사람들은 작업자가 그들의 봉급을 어떻게 사용하는가 하는 것은 고용인의 문제가 아니라고 이야기한다.

그러나 만약 작업자가 그들의 봉급을 낭비하고 그들의 욕구 만족을 취하지 못한다면 작업 수행도가 떨어질 것이다. 그의 봉급을 외상갚는데 써버려야 한다면, 그 작업자는 곧 작업에 대한 동기 유발을 잃어버리게 될 것이다. 회사 신용 조합에서는 이런 문제를 타개하는 데에 도움을 준다. 요즘은 작업자가 더 만족할 수 있는 작업을 만들기 위해서 행동적 접근법에 주의를 기울이고 있다.

허즈버그(Herzberg)교수에 의해서 묘사된 작업 강화(job enrichment) 예가 있다. 그 방법은 능률과 인간 욕구 만족을 향상시키기 위해서 작업을 통합하고, 인간의 성취와 인정의 범주를 넓히고, 책임있는 작업을 하게 하고, 개인적인 발전과 성장을 위한 기회를 많이 부여하는 것이다. 그는 또한 "작업 강화라는 용어는 경영자, 행동 과학자, 신문, 방송인들의 용어가 되었고 …… 인간 욕구 만족과 작업 수행도를 향상시키려는 접근법을 나타내고 이런 접근법들 사이에는 거의 차이가 없는 결과를 나타낸다"라고 서술했다.

작업자의 동기 유발을 향상시키기 위한 경영자의 정책들 몇 개를 간단히 묘사하면 다음과 같다.

- 작업 강화: 배당된 작업에 대한 더 큰 책임감을 부여함으로써 작업에 대한 개인적 성장의 기회를 강조한다.
- 작업 확대(job enlargement): 행정적 지시를 통하여 작업자에 의해서 수행된 작업에 대한 넓은 폭을 제공하는 것을 강조한다.
- 참여적 경영(participative management): 직업과 연관된 결정에 대한 충고를 구함으로써 피고용인의 도움을 청한다.
- 산업 민주주의(industrial democracy): 산업체에 있어서 모든 결정 기관에 작업자 대표를 파견한다.
- 조직 개발(organizational development): 커뮤니케이션을 향상시키고 마찰을 줄이기 위해서 위치를 변화하는 시도를 한다.

이상의 정책들은 기술적인 측면보다는 행동적 의미를 갖고 있다. 동기 유발 정책과 고용 정책의 선택은 생산체에서 나타난 특별한 요소들에 의존된다. 작업에 대한 기대는 작업의 성질과 작업력에 따라서 변하지만, 안전하고 즐거운 작업 환경은 언제나 요구되고 있다. 작동이 다양한 작업을 수행하는 기회는 어떤 사람들에게는 그 작업이 더 흥미롭게 느껴지고, 경영 문제에 대한 결정에 참여할 수 있다는 것은 다른 사람들로부터 높게 평가된다. 어떤 접근법의 성공 여부는 경영자와 감독자의 능력과 신념에 크게 의존된다. 어떤 접근법도 동기 유발의 직접적인 기폭제가 되는 것은 아니고, 높은 동기 유발도 반드시 생산 이익으로 전환되는 것은 아니다.

> 작업 확대의 응용은 미국의 전화 회사의 주주 관계 부문에서 이루어졌다. 피고용인 중 여자의 70%가 대학 졸업자인데 이들은 그들의 직업에 흡족해 하고 있지 않았다. 왜냐하면 이들은 이 회사 주주들에게 항상 두번째로 생각되기 때문이다. 이 상황은 감독을 제거하고 그들 자신의 변론을 쓸 수 있도록 허락함으로써 개선되었다. 이 과정에서 여자 피고용인들은 그들이 흥미를 느끼는 문제에 대해 전문가가 되도록 용기를 주었다. 파업이 줄어들고, 생산성이 향상되고 100단위로 측정된 직업 만족도가 임금의 상승없이 7달 동안에 33에서 90으로 되었다.

9.4 작업 환경 안정성

안전한 작업 환경은 작업자가 외부적 위험으로부터 피할 수 있으므로 효과적 동기 유발에 기여를 하게 된다. 피고용인은 사고를 원하지 않는다. 그러나 그들은 가끔 사고가 불가피한 상황에 그들 자신을 처하게 한다. 고용인들은 사고가 큰 비용을 초래한다는 것을 알고 있지만 실제로 전체적인 비용이 얼마나 되는 것인가를 아는 사람은 거의 없다.

우리는 완전하게 안전한 설계에 대해서 이야기한다. 그러나 실제로 이러한 것은 존재하지 않는다. 우리는 팔, 다리 또는 생명의 가치에 대해서 인정조차 할 수 없다. 개인적으로 우리는 우리의 생명에 대하여 무한한 가치를 부가하지만 우리가 값비싼 비용을 치루기 전에 얼마나 많은 생명들이 위험에 처해 있는가? 수영장에 구조원을 배치할 수 없거나 건널목 차단기를 설치할 수 없는 것은 비인간성의 표시가 아니다. 실제로 이것은 재원의 부족으로 받아들여진다. 안전성에 대한 관심이 오늘날보다 큰 적은 없었다. 이제 문제는 실제 경제적 제한 안에서 도덕적이고 윤리적 목적을 만족하는 행동으로 이 관심을 전환하는 것이다.

표 9-1	안전성의 주의가 중요한 이유	
피고용인에 대한		**고용인에 대한**
육체적 고통을 막음		낭비를 막음
소득의 손실을 막음		제훈련 비용을 막음
미래 소득을 보호함		불필요한 시설 대체를 막음
정신적 고통을 막음		보험과 보상비를 줄임
명예를 향상시킴		명예를 향상시킴

안정성에 관한 첫번째 문제는 안정성이 문제가 된다는 것을 인정하는 것이다. 작업자는 사고는 언제나 다른 사람에게만 일어난다고 믿어서는 안 된다. 경영자는 사고 예방은 비용면에서 가치가 있다는 것을 믿어야 한다. 더군다나 작업자와 경영자는 성공적인 장기계획을 위해서 안정성에 대한 그들의 책임을 항상 의식해야 한다. 깔린다든지, 화상을 입거나 절단되어 죽음에 이르러서는 위험한 사고는 즉각적인 안정성에 대한 측정을 자극할 수 있다. 〈표 9-1〉은 만약 안정성에 포함한 것들의 결과를 고려한다면, 호소력 있는 안정성의 혜택을 열거한 것이다. 열거된 각 이유는 그것의 중요성을 강조하기 위해서 구체화 될 수 있다. 예를 들어 "명예를 향상하는 것"은 직업의 광범위한 선택을 의미하고 피고용인에게 더 좋은 임금을 지불한다는 것을 의미할 수 있다.

안전성에 대한 노력이 정당하고 경제적으로 타당하다고 받아들여질 때, 그 다음 단계는 사고가 발생하는 원인을 결정하는 것이다. 2개의 근본적인 원인이 있다. 즉, 작업자의 불안전한 행동과 불안전한 작업 환경이다. 모든 사고가 이 두 가지 원인에 근거를 두고 있다. 원인을 규명하는 이유는 사고를 예방하기 위한 노력의 범주를 정하기 위해서이다.

(1) 불안전한 행동

작업자의 좋지 못한 작업 습관과 부주의한 작업 행동은 불안전한 행동으로 분류된다. 자동차 운전사가 한계 속도를 초과한다든지, 교통 법규를 무시한다든지 하는 것은 불안전한 행동이 되는 것이다. 이런 행동 양식은 오랜 기간이 지난 후에 얻어지는 것이다. 사고의 원인으로서 불안전한 행동은 찾아내기 어렵고 기계적 원인의 사고보다 관리하기가 어렵다.

잘 훈련된 감독은 작업자의 노동력을 감시함으로써 불안전한 행동을 찾아낼 수 있다. 사고가 발생한 후에야 이런 행동을 찾아내는 경우가 너무 많다. 사고가 발생하기 전에는 이러한 행동은 아마 생산을 지연시키고, 재료를 낭비하고, 파손의 원인이 될 것이다. 이러한 행동을 찾아내고 이런 것들을 제거하는 데에는 잘 훈련된 감독이 필요한 것이다. 오랜 기간의 습관을 극복하려고 노력해 본 사람은 행동 양식을 변화하는 것이 얼마나 어려운가를 알 것이다.

불안전한 행동에 대한 특별한 교육이 경주될 수 있다. 나쁜 습관에 대한 일반적인 경계는 안전 운구, 포스터, 위원회 작업 등을 통하여 가능하다. 보호 장비는 심한 손상을 가져오지는 않지만 역시 실수를 막을 수는 없다. 그리고 안전 표시는 좋은 습관을 가져다 주지는 못한다. 하나의 사고로부터 보호는 다른 사고를 초래할지도 모른다. 보호 장갑은 작업을 서투르게 하고, 보호 안경은 작업자의 시야를 줄일 수도 있는 것이다. 사고 경향은 작업자와 작업을 특징짓는 편리한 척도가 될 수 있다.

이 용어는 실제로 사고의 원인에 대한 것은 아니다. 오히려 이제까지 발생된 사고의 횟수와 심각성에 대한 묘사인 것이다. 이것은 작업과 작업자의 잘못된 결합을 보여준다. 어떤 작업은 특별히 위험하고 또 어떤 작업자는 무개념일 수도 있는 것이다. 만약 이런 경우가 있다면 이 작업은 보다 안전하게 변화해야 하고 이런 작업자는 재교육, 보강 또는 해고할 수 있는 것이다.

(2) 불안전한 작업 환경

작업 환경에서의 외부적이고 기계적 원인에 의한 사고를 불안전한 작업 환경에 의한 사고라 할 수 있다. 환경 요소(공장설계, 장비 배치, 조명, 소음, 공기 등)에 포함된 설계 원칙을 무시하는 것이 불안전한 작업 환경의 원인이 되는 것이다. 어떤 장비와 어떤 작업 공간의 설계에 있어서도 안전성 향상은 고려되어야 한다. 불안전한 작업 환경에 대한 발견과 교정이 불안전한 행동의 그것들 보다 쉽다. 사건의 징조가 될 수 있는 것들과 조처를 나열하면 다음과 같다.

- 추락: 미끄러지지 않는 바닥, 난간의 손잡이, 안전 벨트
- 걸림: 울타리, 경고 표지판, 옷에 걸리게 튀어나온 물질 제거

- 낌: 출입을 위한 적절한 공간, 손쉽게 잡을 수 있는 도구, 적절한 장비 배치
- 충돌: 낙하 물질을 막는 판, 안전 모자, 동적 장비에 대한 경고, 보이지 않는 부분의 제거, 물체를 분명하게 하기 위해서 색칠
- 화재: 방화복, 비상 분수기, 뜨거운 금속, 유리, 액체, 증기를 포함하는 장비의 안전관리, 경보 시스템, 전기 부분 누전 방지
- 주명: 보호 안경, 일시적 실명의 원인이 되는 섬광에 대한 주의 연마 장비로부터의 보호
- 미끄러짐: 색칠된 길을 깨끗하게 유지, 돌출 부위에는 눈에 잘 띄도록 표시, 적절한 조명

특별한 장비 없이는 찾아낼 수 없는 사고들이 있다. 가이거 계수기는 방사능 물질을 찾는데 필요하다. 어떤 유해 가스는 인간 감각에 의해서 탐지되지 못한다. 이러한 잠행성의 사고에 대한 방벽, 고립, 특별한 경계가 요청된다. 많은 사고들은 잘못된 공장 관리에 기인된다. 공장이 가끔은 지저분할 때가 있다고 해도 '일관성'있는 관리는 보다 안전하다. 왜냐하면 작업자들이 물건이 있는 장소를 알고, 기대할 수 있기 때문이다. 예상치 못했던 상황에 대처하기 위해서 끊임없는 주의가 요구된다면 작업자는 고통스럽게 되고 안전한 습관의 형성이 어렵게 된다. 작업 양식, 믿을 만한 장비, 정규적 발생 상황 등은 안전한 작업을 하기 위한 기본이 되는 것이다.

(3) 안전성 계획

우리들 자신의 고유의 경험에서부터 우리는 불안전한 행동이나 불안전한 작업 환경에 처해 있을 때 반드시 사고가 발생하는 것은 아니라는 것을 알고 있다. 그러나 이러한 상황이 계속되면 결국은 사고의 원인이 된다. 미국의 여행 보험 회사에서 〈그림 9-2〉에 나타난 사고의 심각성의 피라밋 관계를 제시하였다. 작업 실수는 사고의 원인이 된다. 300명이 손상이 없는 것에 대해서 29명이 경상, 1명이 중상이다. 이 중상은 330 경우 중의 하나이다. 만약 이 수치들이 옳은 것이라면 중상에 대한 불안전 행동과 불안전한 작업 환경을 개선할 기회가 330번이 있는 것이 된다.

그림 9-2 　사고 피라밋

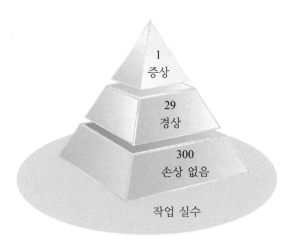

대부분의 사고는 갑작스럽고, 찾아낼 수 없었던 것들이 아니다. 사고 예방 계획은 사고 피라밋의 기본에 해당되는 부분에 집중되어야 하고 또한 중상의 원인이 되는 환경들을 제거하는 데에 역점을 두어야 한다.

계획은 사고의 원인 분석에서부터 시작된다. 과거의 사고와 현재의 사고들은 손상의 성질, 사고의 형태, 주요 원인 등에 대해서 분석되고 치료법을 제시한다. 이 연구로부터 가장 흔하고 심각한 사고를 막기 위한 계획이 형성된다. 계획을 수행하기 위한 책임이 감독과 경영자에게 명백하게 설명된다. 마지막으로 계획을 통제하는 과정이 형성되고 처음의 목적이 제대로 이루어지고 있는가가 결정된다. 전체 계획의 성공 여부는 주로 감독자, 사고 원인을 결정하는 사람, 그리고 치료법을 응용하는 사람 등에 달려 있다. 감독의 역할은 최고 경영자의 후원이 있으면 훨씬 쉬워진다. 모든 계획이 큰 예산 규모와 관대한 보상이 필요한 것은 아니다. 그러나 최고경영자는 안전성 회의에 참석함으로써, 불안전한 행동과 작업 환경을 즉석에서 교정할 수 있는 대리인을 파견함으로써, 사고 사실이 알려졌을 때 즉각적인 조처를 취함으로써 계획을 도와야 한다. 안전성 계획은 다양한 형태를 취한다. 이들은 강의 형식, 유지 과정 강조, 정기적인 회의와 토의, 특별한 안전성에 대한 주의를 요하는 전달 등을 포함할 수도 있는 이런 것들 모두는 작업을 보다 안전하게 할 수 있도록, 안전절차매뉴얼(manual)이 반드시 준비되어야 한다. 우리는 세월호 사건을 거울삼아 철저한 안전관리가 요구된다.

완전한 안전 계획은 사고 예방을 하려는 업무의 수행에 방해가 되는 모든 경우에 근본을 두어야 한다. 이 전체 시스팀 개념은 계획, 분석, 통제를 따를 수 있다. 다음의 것들은 판매원의 안전한 운전 계획의 주요 기능을 보여 준다.

(1) 계획: 목적과 책임감의 설정

　A. 정책서술: 운전자와 경영자의 책임, 보고 규칙, 목표

　B. 문제 예측: 개인차의 불안전한 작업 환경의 통제를 까다롭게 한다. 운전자의 대부분은 그들이 이미 훌륭한 운전자라고 확신하고 있다. 신속하고 정확한 사고 보고의 중요성

　C. 계획 지휘자의 선정: 감독과 조정에 대한 의무, 시간과 예산 할당, 참모 선발, 훈련 계획

(2) 분석: 계획과 작동 기술 평가

　A. 운전자/판매원 선정: 지원 양식, 개인 면접, 필기 시험, 건강 진단

　B. 지원자 등급 책정: 판매작업과 운전에 대해서

　C. 운전자 시험: 필기 시험과 실기 시험

　D. 운전자 훈련: 법규, 장비 취급, 안전 연습

　E. 차량 검사: 판매에 쓰이는 차량의 정기적 검사

　F. 사고 보고: 현 과정의 효율성

(3) 통제: 계획이 실시되도록 완수하고 검사

　A. 사고 조사: 사고 보고, 피해자 접견, 불안전한 행동의 인식

　B. 문제점: 좀 더 많은 노력이 경주되어어야 하는 부분, 수정된 행동의 추천

　C. 운전자 안전 회의: 경계심을 유지하기 위해서 A와 B에서 얻어진 정보의 발표, 다른 분야로 확장

　D. 자극적 계획: 성공적 협동에 대한 인정과 포상, 뛰어난 부분을 발표

9.5 조직의 구조: 기본적인 모형

조직의 구조는 권한과 책임에 관련된 하부시스템의 조정이다. 이러한 조직의 구조에는 공통적으로 사용 가능한 몇 가지 기본적인 구조가 있는데, 이는 정보처리 시스템 또는 의사결정 시스템이 개선됨에 따라 조직의 구조가 변화될 수 있는 기본 바탕이 되는 것이다.

(1) 계층적 구조(Hierarchical Structure)

기본적인 조직의 구조는 〈그림 9-3〉에서 보는 바와 같이 최고 경영진으로부터 중간 관리자와 하부 조직원에 이르는 피라미드 형태를 가지고 있다. 즉, 최고 경영진의 수는 하부 조직원에 비해 상대적으로 적으므로 피라미드 형태가 된다. 〈그림 9-3〉에서는 조직을 기능적으로 연구부서, 마케팅부서, 제조부서, 회계부서 등으로 분류하였다.

그림 9-3   기능적 특성과 라인, 스태프 관계를 가진 기본적인 계층적 조직구조

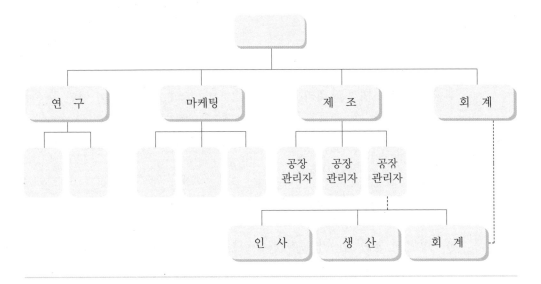

(2) 전문화

조직의 업무를 특성별로 분류하여 기능별로 전문화시킨다. 즉, 회계사는 회계업무를 전담하고, 마케팅 요원은 시장조사 업무를 전담하도록 한다. 이와 같이 기능별 전문화는 세분할 수 있는 범위까지 전문화시킨다.

(3) 라인과 스태프 관계

라인 관계는 〈그림 9-3〉에서 실선으로 표시한 것으로 조직의 기능을 발휘하기 위하여 조직의 상사가 하부 조직원에게 직접 명령하고 권한을 행사하는 것이다. 예를 들면, 제품의 판매 관리자는 판매상황을 각 판매원으로부터 보고를 받아, 마케팅 관리자에게 보고한다. 즉, 권한이 위로부터 아래로 행사된다. 스태프 관계는 〈그림 9-3〉에서 점선으로 표시한 것으로 분석 및 자문과 같은 조직의 지원활동과 관련되는 것이다. 그들의 관계에는 어떤 권한이나 명령이 없다. 예를 들어 마케팅 연구 전문가가 새로운 마케팅 전략을 수립했다면 이를 실행하도록 판매부서에 요구할 수 없다. 다만 이 전략을 마케팅 관리자가 검토하여 타당성이 입증되면, 이를 실행하도록 판매 관리사에게 명령하고, 다시 판매 관리자는 판매원에게 명령하게 된다.

(4) 권한과 책임(Authority and Responsibility)

권한이란 바로 명령을 내리는 것이다(리더십). 만약 어떤 사람이 어떤 활동에 대해 책임이 있다면, 그는 권한을 가지고 있어야 한다. 즉, 권한이란 자원, 보수, 기능 등을 통제하고 이것들과 관련된 결정을 내리는 것이다.

(5) 통제 범위(Span of Control)

통제 범위란 한 상급자가 통솔할 수 있는 부하 직원의 수이다(즉, 그 상급자에게 보고하는 사람의 수). 이러한 수에 대해서 전통적인 경영이론에는 언급된 바가 없지만, 경험적으로는 적어야 한다(약 3내지 7). 최근 연구에 의하면 효과적인 통제의 범위는 상급자와 부하 간에 요구되는 의사소통의 양에 따른다고 되어 있다. 사실상 인간의 정보처리 한계는 제한적 변수이다.

9.6 조직의 변화된 구조

기본적인 모형은 권한의 라인, 명령의 단위(각 부하직원은 오직 한 사람의 상급자의 명령을 받는다), 통제 범위의 축소, 라인 조직에서의 스태프 기능 강화 등에 중점을 두고 있다. 권한과 책임은 일맥상통한 의미가 있다. 즉, 라인의 실무자는 모든 부하직원의 행동에 책임을 지고 있다. 그리고 이러한 기본적인 모형은 실제로 잘 적용되지만, 많은 경우에 있어서는 더 효과적인 모형을 가지고 있는 조직도 있다.

기본적인 모형의 변화에는 주로 3가지가 공통적이다. 즉, 제품 또는 서비스를 위한 조직, 기능적인 조직에 있어서 횡적인 관계의 활용, 프로젝트 조직 등이다.

(1) 독립적인 제품 또는 서비스를 위한 조직

조직은 제조 또는 마케팅 등의 기능에 의해 형성되지 않고, 대신 제품 또는 서비스에 의해 형성될 수 있다. 각 제품 또는 서비스그룹은 제조, 마케팅, 회계 등에 관한 고유의 기능을 가지고 있다. 〈그림 9-4〉에서 그 예를 볼 수 있다. 즉, 제품 A는 가정용품, B는 기기류, C는 산업용제를 나타내는 경영조직이다. 서비스 또는 정부의 조직에는 서비스 그루핑이 있게 된다. 예를 들어 컴퓨터 소프트웨어 회사는 고객 소프트웨어, 패키지 소프트웨어, 컴퓨터 용역 등으로 조직을 구성할 수 있다.

이와 같은 제품 또는 서비스를 위한 조직은 공정 자체보다는 결과에 초점을 둔 조직이다. 이 조직은 통일된 명령 하에서 그룹에 영향을 미치는 모든 결정을 찾는 것이다.

그림 9-4 제품 조직

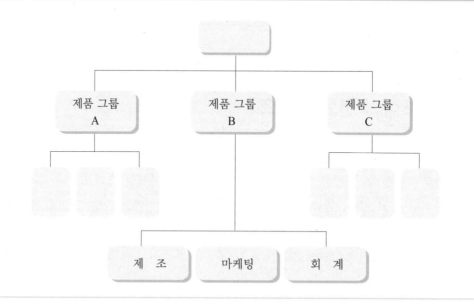

(2) 횡적인 관계

기능적인 조직은 횡적인 관계를 이용하여 제품 또는 서비스 조직과 부분적으로 결합할 수 있다. 기능 조직은 행동의 흐름이 하향이라고 생각할 수 있다. 제품 또는 서비스는 기능적인 조직을 통한 흐름이라고 생각할 수 있다. 횡적인 관계는 제품을 생산하거나 서비스를 할 때, 서로 다른 부서 간의 협동을 도모하는 수단이 된다. 횡적인 관계를 위한 몇 가지 방법은 다음과 같다.

- 관리자들 간의 직접 접촉: 부서 간의 마찰을 해결하기 위해 관리자가 직접 나선다.
- 연락 책임: 제품 또는 서비스의 횡적인 흐름을 조정하는 책임을 가진 사람을 임명한다.
- 태스크 포스: 여러 부서의 대표들이 모여 상충되는 문제를 해결하도록 한다.
- 팀: 팀은 자주 발생되는 문제를 해결하기 위해 만들어진다. 예를 들면 한 팀은 고객, 기능, 제품 등에 야기되는 문제를 해결하기 위해 구성된다.
- 인력의 종합화: 예를 들면 제품 관리자, 프로젝트 관리자, 상표 관리자가

있을 때, 그들은 실제 작업은 감독하지 않지만, 독립적인 하부 단위의 종합
화에는 책임이 있다.

(3) 행렬 조직

행렬 조직은 종합화의 본질적인 사용과 횡적인 관계들의 종합화를 보여준다.
각각의 제품 또는 서비스 그루핑을 위해서는 각 수준의 기능 조직에 횡적인 관계
를 가질 수 있는 분리된 종합부서가 있어야 한다. 각 수준의 조직은 제품 또는 서
비스 부서를 조정하여 대응되는 수준과 관련된 횡적인 권위와 제조와 같은 기능
을 위하여 수직적인 권위를 가지고 있다. 이는 〈그림 9-5〉와 같다. 즉, 이는 행
렬 모양으로서 행은 부서 간의 조정을 나타내고 열은 기능적인 부서를 나타낸다.

(4) 프로젝트 조직

프로젝트 조직에서는 자원이 프로젝트 지휘자에 의해 배정된다(〈그림 9-6〉).
이의 전형적인 형태는 건설회사에서 찾아볼 수 있다. 항공회사에서는 연구개발에
이와 같은 방법이 사용되고 있다. 정보시스템 부서는 가끔 시스템 분석가나 프로
그래머들의 작업을 위해 프로젝트 조직이 사용된다. 어떤 이는 프로젝트 조직을
제품이나 서비스에 의한 동적인 조직으로 보고 있다. 프로젝트 조직에서는 특별
한 조직의 반응, 조정, 상반되는 프로젝트 중 자원의 재배정 등이 필요하다. 따라
서 프로젝트 관리자는 프로젝트에 커다란 권위를 행사할 수 있고, 조직의 내외로
부터 자원을 구입하는 권위도 가지고 있다.

그림 9-5 행렬 조직

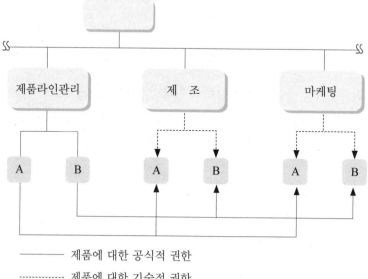

제품에 대한 공식적 권한
제품에 대한 기술적 권한

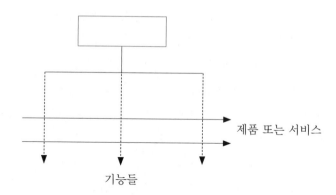

제품 또는 서비스

기능들

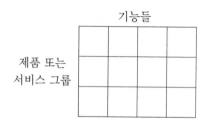

기능들

제품 또는
서비스 그룹

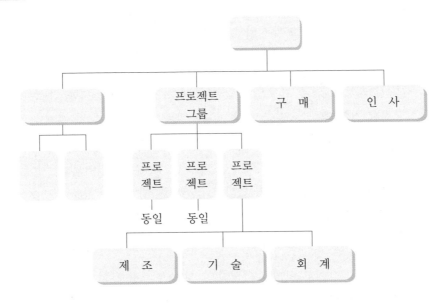

그림 9-6 프로젝트 조직

9.7 임금보상제

앞에서 생산성의 향상을 위하여서는 종업원에게 향상으로 인한 보상이 있다는 것을 납득시켜야 한다고 하였다. 이 분야에 관하여 1968년의 허즈버그(Frederick Herzberg)의 2요인이론을 들 수가 있다. 2요인이론이란 작업자를 만족시켜 주는 작업 그 자체의 본질적 요인(성취, 인정, 작업, 책임, 발전)과 작업자에게 불만을 야기시키는 외부적이고 비본질적인 요인(급여, 감독, 회사, 정책, 작업 환경 등)이 있다는 것이다. 성급한 결론을 내리는 사람은 위의 이론에서 급여는 작업 동기요인이 안 된다는 틀린 결론을 내릴 수 있으나, 허즈버그는 생산성과 급여에 관련된 결론은 내리지 않고, 단지 작업자의 만족감에 대한 설명만 한 것이다.

그러나 급여와 생산성에 대한 연구는 많이 발표되었는 데, 대체적인 결론은 급여와 생산성은 상관관계가 있다는 것이다. 즉, 급여가 높으면 생산성도 높다는 것이다. 급여를 높이면 생산성이 증가되고, 일시적으로 높다가 내려오는 것이 아니며 일정한 수준을 유지한다는 것이다. 연간 평균 14.6%의 생산성이 증가되던 기업체가 임금 보상제를 실시하자 생산성이 42.9%까지 증가된 경우도 있다는 것이다.

결국은 생산성을 향상시키는 한 가지 방법이 종업원에게 임금 보상제를 실시하여야 한다는 것이다. 그러나 일부 기업체를 제외한 대부분의 기업은 임금 보상제를 실시하기를 다음과 같은 세 가지 이유만으로 기피하고 있다.

① 관리자들은 임금 보상은 작업을 통제할 자기들의 능력을 감소시키고, 일정한 기간 후에는 임금 보상 제도도 부진하여져서 노동 문제만 야기시킨다는 것이다.

② 일부 경영자는 생산성 향상은 경영자의 노력의 댓가이므로, 이 결과로 생긴 혜택을 공유할 필요가 없다고 생각하는 것이다.

③ 종업원은 정기적으로 임금을 인상해 주고, 상여금을 지급하므로 생산성 향상을 보상하는 것이 최선이라고 경영자들은 믿고 있는 것이다.

이러한 주장은 일부 일리가 있더라도, 보상을 통한 동기 효과는 기대할 수 없는 것이다. 생산성은 경영의 영역이지, 인력관리의 영역은 아닌 것이다. 작업자들은 경제적인 보상, 직업의 보장, 안전한 작업 환경을 원하고 있다. 생산성의 향상을 위한 경영자의 열망과 작업자의 이해 간에는 서로 상충되는 점이 있으며, 이것을 해결하는 방법이 생산성의 향상으로 인한 이익을 서로 분배하는 것이다. 다른 해결 방법은 단체로 교섭하는 것이다.

이 경우에 협상하는 안건 중에 생산성의 향상으로 인한 이익 분배가 들어갈 것이다. 이와 같은 서로 다른 견해를 해결해 주는 방법이 무엇이든 간에, 생산성은 작업자가 자발적으로 추구하는 것은 아닌 것이다.

많은 회사의 경우 생산성의 증가로 인한 보상을 안 하여 주며, 작업자는 비공개적으로 생산성의 향상에 협조를 안 하고 있다. 왜냐하면 작업자가 생각하기로는 생산성의 향상은 결국 감원 등으로 자기 위치를 불안하게 하며, 또는 작업량만의 증가를 가져올 것으로 생각할 것이다. 이러한 환경에서 경영자는 생산성의 향상을 위하여 작업자와 알게 모르게 타협하여야 한다. 임금보상제는 생산성의 향상으로 인한 혜택을 기업주와 종업원이 모두 공유하는 한 가지 방법임에는 틀림 없다.

임금 보상 계획을 명쾌하게 구별할 수는 없다. 그렇지만 경영자가 설정한 계획과 커다란 역할을 하는 근로자 참여 계획으로 나누는 것은 가능하다. 첫번째

것에는 전통적인 계획이 포함되는 데, 기준으로서 작업 시간이나 제품의 생산량을 고려한다. 근로자 참여 계획은 같은 기준을 사용할 수는 없지만, 근로자 위원회가 작업 계획과 분석에 많이 참여를 한다는 점에서 다르다. 각 범주에 속하는 계획에 대해서 검토하겠다.

(1) 경영자에 의해서 설정된 계획

이것에는 다음과 같은 4가지의 분류가 가능하다.

① 작업한 시간을 기준으로 한 계획
② 작업산출량을 기준으로 한 계획
③ ①이나 ②를 기준으로 하고 이익 공유나 상여금을 마련한 계획
④ 확장된 기간에 걸쳐서 작업자나 회사의 일반적인 수행을 기준으로 한 계획, 즉 직접적인 지불 계획과 "특별 급여(fringe benefits)"이다.

〈표 9-2〉는 각 분류에 대한, 여러 가지 잘 알려진 계획을 목록화한 것이다.

표 9-2 직접노무에 대한 임금지불계획

계획의 종류	지불방법
시간 기준	순수한 시간급, 일급, 순수한 월급
성과 기준	순수한 성과급, 테일러 차등 성과급, 맨체스터 계획
이익 공유나 상여금	핼세이 계획, 로우완 계획, 간트 과업과 보상금 계획, 측정된 일당 작업 방법, 100% 상여금(가장 잘 쓰임)
간접적인 지불(특별 급여)	연간 상여금, 이익 공유, 연금, 주식 분배, 보험료 지불, 휴일, 여름 휴가

1) 시간급 계획(Time-based Plan)

이 제도에서는 작업에 소비한 시간에 직접적으로 연관시켜서 작업자에게 임금을 지불한다. 시간급이 시간당 6천 원이고 작업자가 1주에 40시간 일한다면 그 작업자의 주급은 40×6천원, 즉 24만 원이 된다. 이제는 거의 사용되고 있지 않지만, 이 제도의 변형으로 생산성과 다른 수준의 생산에 대해서 시간당 지불률을

다르게 하는 방법도 있다.

2) 성과급 계획(Piece Rate Plan)

이 제도에서 작업자는 그가 수행한 것을 기준으로 임금을 받는다. 순수한 성과급은 완성된 제품 수에 대해서 지불된다. 작업자가 하루에 100개의 제품을 완성하고 개당 1천 원의 비율로 지급 받으면 그의 수입은 1천원×100, 즉 10만 원이 된다.

테일러(Frederick W. Taylor)에 의해서 개발된 차등 성과급(differential piece rate)은 역사적으로 관심거리이다. 이 제도에는 저율과 고율의 지불률이 있다. 이 제도의 목적은 미리 설정된 분기점 이상의 제품에 대해서는 고율의 지불을 함으로써 작업자의 생산 의욕을 북돋워 주려는 것이다. 예를 들면 1일당 표준생산량이 80개이고, 80개 이하는 개당 80원씩 지불하고 80개 이상은 개당 110원씩 지불한다고 하자. 어떤 작업자가 70개를 생산하면 그의 임금은 5,600원이고 90개를 생산하면 7,500원이 된다. 20개를 더 생산하게 되면(70개에서 90개로 약 29% 증가) 임금 면에서 비례적인 증가보다 훨씬 크게 된다(5,600원에서 7,500원, 즉 약 34%).

테일러의 계획에서는 기준급이 없지만 맨체스터(Manchester) 계획과 같은 다른 계획들은 작업자에게 최저임금을 보장해 준다.

최저 임금 제도(맨체스터 계획 형태)는 오늘날 공통적으로 사용된다. 이와 같은 제도는 새로운 고용자가 작업을 배우고 있거나, 작업자가 통제할 수 있는 수준을 벗어나는 조건(물자나 동력의 부족) 때문에 제품 생산을 할 수 없을 때 바람직한 것이다. 예를 들어서 작업자의 기준 시간급이 시간당 1천 원이고 1주일 동안 다양한 성과율로 다양한 작업을 했다고 가정하자. 이러한 작업들의 각각에 대해서 그는 최소한 기준급을 받을수 있다. 이제 작업자가 4시간 동안 개당 250원의 율로 25개로 구성되는 작업을 완수했다고 하면 그의 임금은 그가 받을 수 있는 기준급(4×1천원=4천원)보다 큰 성과급(25×250원=6,250원)이 된다.

3) 이익 공유나 상여금 계획(Gain Sharing or Bonus Plan)

이 범주에 들어가는 계획은 기본급을 보장해 주고 이 기본을 초과하는 양에 대해서 경영자와 근로자가 나누어 갖는 것이다. 이러한 계획 중에 핼세이(Halsey) 계획은 표준적인 임금을 보장해 주고 그 이상의 생산량은 근로자와 경영자 사이에 50-50 또는 $\frac{1}{3} - \frac{2}{3}$ 로 나누어 갖는 것이고, 로우완(Rowan) 계획은 핼세이 계획과 비슷하지만 이것은 체감하는 방법으로 임금을 지불하고 표준적인 임금의 2배에 상한을 두고, 간트 과업과 상여금 계획(Gantt task and bonus plan)은 최소의 일당을 보장해 주고 높은 성과에는 20~50%의 상여금을 지불한다. 19세기 말과 20세기 초에는 매우 보편적인 것이었지만, 이러한 계획들은 이제는 널리 사용되고 있지는 않다.

측정된 일당작업방법이 오늘날에 사용되고 있고 점점 보편화되어 가고 있다. 이것은 증가된 생산량에 대해서 보상하는 것은 다른 계획과 비슷하지만 주된 차이점은 측정을 위해서 더 긴 기간(1달에서 3달)을 사용하는 것이다. 예를 들어서, 2달에 걸쳐서 작업을 측정한 것이라면, 작업자의 성과가 표로 만들어지고 이것으로 작업자의 앞으로 2달간의 임금을 설정한다. 또 그 다음 2달간의 작업자의 성과로써 3번째 2달간의 임금을 결정하는 것이다. 작업자의 관점에서 이 계획의 장점은 작업자의 임금 지불 수표는 상대적으로 일정하며 그 기간 동안 실적이 나쁜 몇 날은 다른 날에 잘함으로써 보충할 수가 있다는 점이다.

4) 간접적 지불(Indirect Payment)

이 범주에 속하는 대부분의 내용은 특별 급여(fringe benefit)이다. 즉, 여분의 휴가, 여름 휴가, 회사가 지불하는 보험료, 재배치 허용, 연금 계획에 대한 회사의 공헌 등이다. 비생산 시간(휴식, 커피 시간, 세수 등)이 포함될 때, 특별 급여는 산업체 평균이 각 고용자의 임금의 약 25%이다.

이익 공유, 주식 분배, 상여금, 무이자 대부 등의 다양한 장려 계획이 있지만, 일반적으로 작업자 중심의 것이 아니라 최고 경영자를 확보할 목적으로 사용된다.

(2) 종사자 참여제도(Participative Plan)

근로자가 작업 방법 고안, 작업 평가, 임금, 산출량의 평가 등과 같이 그들의 임금에 영향을 주는 문제에 대해서 참여해야 한다는 것은 몇몇 회사에서 오랫동안 유지되어 온 자세이다. 근로자를 포함시키기 위해서 몇 가지 방법이 시도되었는데, 스캔론 계획(Scanlon plan)과 카이저 계획(Kaiser plan)이 가장 잘 알려져 있고, 이스트만 코닥 계획(Eastman Kodak plan)은 가장 최근의 것이지만 아직 널리 공포되지는 않았다.

1) 스캔론 계획(Scanlon Plan)

1930년대 말에 미국의 기계 및 공구 회사(Lapointe machine and tool company)는 파산될 위험에 처했지만, 노동 조합장 죠셉 스캔론(Joseph Scanlon)과 회사 경영자들의 노력으로 노동비를 절약함으로써 회사를 구하는 방법이 고안되었다. 본질적으로 이 계획은 회사 내의 정규적인 노무비로부터 시작한다. 작업자들은 이러한 정규적인 기본급 아래로 노무비를 감축당한 것에 대해 그 일환으로 보상받을 수 있다. 이 계획의 성공 여부는 회사의 근로자로 구성되어 비용을 절약할 수 있는 분야를 발견하거나 개선 방법을 고안하거나 제시하는 목적을 지닌 위원회의 형성에 달려 있다. 굉장히 성공적인 결과가 나오자 많은 회사가 이 계획을 채택했다.

2) 카이저 계획(Kaiser Plan)

카이저 계획은 1963년에 소개되고 1967년에 개정되었다. 이 계획의 근본적인 접근 방법은 스캔론 계획에서와 같이 노무비를 절약하고, 거기에 물자와 공급 비용을 절약하는 것도 포함하고 있다. 물자와 공급 비용의 절약은 작업자에게 32.5%와 회사에 67.5%로 나누어진다. 공장을 통해서 수많은 위원회가 조직되어서 비용 절약의 방법을 조사한다. 채택된 제안이 개인적인 작업자에 의한 것일지라도 보상은 회사 전반의 기준으로 분배된다. 관찰된 결과는 작업자에게 기본급 외에 10.6%에서 35%의 상여금을 받게 되었다. 게다가 결근이나 과격한 동맹 파업도 감소하였다.

3) 이스트만 코닥 계획(Eastman Kodak Plan)

이 계획에서는 전통적인 장려급 계획 대신에 안정적인 임금을 지불한다. 이것의 목적은 개인이나 팀을 위한 목표가 무엇이고, 어떻게 그 목표를 달성할 것이고, 성과를 측정하는 타당한 방법이 무엇인가에 대해서 작업자에게 토론시키는 것이다. 임금은 보상금 수준에서 설정된다. 작업 방법과 표준, 성과의 측정에 도움을 주게 된 작업자들은 최고의 생산율로 생산할 것이라고 기대할 수 있다. 결과는 감독과 사무 작업이 감소되고, 장려 속도는 유지되고, 각 작업자들은 더 높은 참여도와 자유 재량에 의해서 만족을 얻을 수 있게 된다.

연습문제

다음의 각 문제에 대하여, 작업자가 하루 8시간의 작업으로 8, 12, 16, 20, 28, 36개의 제품을 생산할 때의 하루 임금과 단위 제품당 직접 노동 비용을 산출하여라. 이 경우 각 작업자의 일별 표준 생산량은 16개이다.

01. 성과급에 의한 임금 지불 방법을 채택할 경우? (단, 개당 임금은 1,500원이다)

02. 차등성과급에 의하여, 표준 생산량 이상일 때 제품 1개당 1,800원을 지불할 경우?

03. 맨체스터 계호기에 의할 경우? (이하의 문제에 대해서는 정상 작업 시간에 대한 임금을 3,000원으로 생각할 것)

04. 표준 작업 시간을 기준으로 하여 표준 생산량 미만일 경우 작업 시간에 따른 임금을 지불하고 표준 생산량 이상일 경우에는 시간당 3,600원씩 지불할 경우?

05. 50-50 헬세이 계획에 따른 경우?

06. 표준 생산량보다 클 경우 30%의 상여금을 지불하는 간트 과업과 상여급 계획에 따를 경우?

10 지속적 개선과 품질관리

지속적 개선(CI: Continuous Improvement)은 작은 목적을 달성하기 위한 끊임없는 과정으로서 제품과 공정 개선에 도전한다는 경영차원의 철학이다. 특히 CI는 팀 구성원들의 아이디어와 제안을 적용함으로써 기계, 자재, 노동력 그리고

그림 10-1 제조업 개선을 위한 프로그램

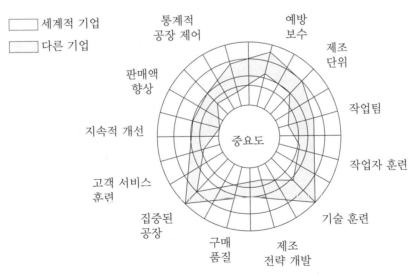

주의: 가운데로 가까이 갈수록 높은 퍼포먼스를 가진다.

생산방법을 지속적으로 개선하는 것을 추구한다. 미국 기업들에 의해서 개척된 개념이지만, CI 개념은 작업에 대한 일본식 접근법의 기초가 되었고, 큰 향상을 이루기 위해서 중요한 기술적, 이론적인 혁명에 의지하는 서양식 접근법과 비교된다.

〈그림 10-1〉에서 보듯이 세계적 기업의 대다수는 11개의 서로 다른 경영개선 프로그램 중에서 CI를 가장 선호했다. 확실히 CI는 조심스럽게 다루어져야 할 문제이다.

10.1 CI의 역사

CI가 일본식 경영법과 관련이 있을지라도, 사실 CI 프로그램은 미국에서 고안, 발전, 성숙되었다. 1894년에 National Cash Register(NCR)는 열악한 작업조건과 낮은 작업의욕으로 인한 품질 저하 문제를 해결하기 위한 프로그램을 개발하였다. 영국의 구매자가 오하이오주 데이톤의 공장으로 품질이 나쁜 금전등록기를 반품해 왔을 때, 개선에 대한 욕구는 크게 부각되었다. 경영자들은 어떤 작업자가 공정 중에 산을 부었다는 사실을 발견했다. 회사의 설립자인 사장이 공장에서 어떤 일이 일어나고 있는지 알아내기 위해서 자신의 집무실을 공장으로 옮긴 후에, 사장은 공장을 개선하기 위한 프로그램(예를 들어 좋은 조명시설을 설치하고, 벽의 80%를 유리로 만들어서 상쾌한 작업조건을 만드는 것)을 만들었다. 그 밖의 변화들로는 직원들에게 담당의사와 간호사를 제공하였고, 안전훈련을 개선하고, 단체의식을 고취하는 훈련을 매일 강제적으로 실시하는 것 등이 있었다. 또 회사는 1897년까지 500달러에 이르는 상금을 주는 광범위한 제안시스템을 만들었다. NCR은 또한 작업자 자질 향상을 위한 9단계의 교육 프로그램을 제공하였다.

1915년에 CI는 현재 세계 최대의 아아크 용접기 제조회사가 된 Lincoln Electric에서 그 개념이 명백해졌다. 작업자의 문제 해결 능력을 이용하기 위해서 작업자가 더 좋은 방법을 찾으면 보수를 올려주는 성과급제를 실시하였다(그러나 감봉은 없다). 1929년에 회사는 작업자의 아이디어로 인해 얻은 첫 해의 이익금의 반을 작업자들에게 돌려주었다. 이 1928년의 계획은 후에 개개인의 보너스를 정산하는 데 그들의 아이디어 제공성과를 포함시키는, 이익을 기준으로 한 보너스 제도의 일부분이 되었다. 역설적으로 2차 세계대전 중에 Lincoln사의 CI를 이용하여 얻은 성공으로 정부 규제가격보다 낮게 생산하는 것이 가능해졌으므로 회사들이 불공정경쟁을 하게 되는 부작용을 낳았다. 그래서 Lincoln사가 다른 회사에게 자신의 경험을 나누어 주려 했음에도 불구하고 정부로부터 심한 규제를 받았다.

1960년에 Procter & Gamble은 생산비용을 절감하기 위한 조직기준접근법 (team-based approach)으로서 '신중한 변화'라고 명명한 방법을 사용하였다. 획기적인 비용절감은 작업방법의 개선으로부터 나오는 것이지, 작업자에게 더 열심히 일할 것을 강요하는 데서 나오는 것이 아니라는 사실은 확실히 단언할 수 있다. 현재 P&G의 CI 프로그램에서 사용하는 접근법은 "완벽은 변화의 걸림돌이 아니다"라는 철학을 가지고 있다. 이것은 현재의 작업방법을 획기적으로 개선시키는 것은 불가능할지 몰라도 현재보다는 나은 다른 방법이 있을 수도 있다는 것을 의미한다.

일본에서의 CI 철학은 1950년대 초에 광범위하게 적용되었다. 이것은 대략 두 가지 이유 때문이었다. 첫째는 심각한 원자재 부족이 일어났을 때 생산성을 향상시키고 생산비를 줄이는 데 별로 비용이 들지 않는 방법이라는 것이다. 다음은 Toyota Motor 사장이 1950년에 미국을 방문한 후에 말한 내용이다.

"일본으로 돌아온 이후 곧 나는 자금 사정이 여의치 않다는 것을 알았다. 그래서 경영자들이 모두 모여서 회사 내부의 어떤 변화가 자본이 들지 않을 것인가에 대해 토론했다. 우리는 흐름라인 작업과 운반비 절감이 가능할 것이라고 판단했다. 두 가지 다 더 이상의 자본을 지출하지 않고도 성취될 수 있는 것이었다. 우리가 해야 할 일은 우리의 노하우를 사용하는 것이다. 그러나 나는 Ford사에서 아무리 작은 변화라도 잘 사용하면 자재운반에 드는 노동력을 획기적으로 줄일 수 있다는 사실을 알았다. 그래서 우리도 작은 변화에서부터 출발하기로 했다. 그것이 Toyota 제안시스템의 시작이었다."

두 번째 이유는 2차 세계대전 후 신속한 전후복구를 위해서 CI 방법을 사용하라는 미국의 압력이다. 1949년 미군은 일본에서 사용할 교육 프로그램을 개발하기 위해서 감독자를 교육하는 데 중요한 역할을 하는 회사인 TWI와 계약하였다. 이 프로그램의 기본적인 아이디어는 사람들을 우수한 방법으로 교육시키고,

교육받은 사람들은 다시 교육자를 훈련시킨다는 것이다.

일본에서 매일 관리하는 부분으로서 품질관리 분임조와 제안시스템을 사용하긴 했지만, CI(Kaizen)는 1973년 석유파동이 일어났을 때 많은 투자없이 생산비를 절감하는 방법으로서 더욱 부각되었다. 예를 들어 Toyota는 1970년의 제안된 건수의 6배나 되는 제안을 접수했다. 1970년대 중반에 Canon은 세계적 기업으로 성장하자는 캠페인을 벌였고, CI를 사용함으로써 직접비에서 200만 달러를 절감하였다.

1980년대에 미국 기업들은 CI를 다시 적용하기 시작하였다. 예를 들어 Canon의 경쟁업체이던 Xerox는 품질 프로그램에 CI를 많이 적용하여 독자적인 시장을 개척하였다.

아마 이 시기에 미국에서 CI를 선도적으로 실시한 기업은 New United Motor Manufacturing(NUMMI)일 것이다. NUMMI는 초소형차를 생산하기 위해 설립된 General Mortors(GM)와 Toyota의 합작기업이다. 공장은 1984년에 캘리포니아주 Fremont에 있던 옛 GM 공장부지에 설립되었다. GM 공장은 주로 노사 갈등, 낮은 품질 수준, 낮은 생산성 등의 이유로 인해 폐쇄되었다. 이러한 문제를 해결하기 위해서 NUMMI는 ① JIT 훈련을 실시하였고, ② Kaizen(개선의 일본 발음), 품질분임조, 제안시스템 등을 통해 품질과 생산성을 향상시키기 위한 노력을 계속하자는 내용의 협정을 미국 자동차 노조와 체결했다. 이러한 일을 이루기 위해서 노조는 작업단계를 64개에서 4개로 줄이는 데 동의하였고, NUMMI는 생산성이 증가한다고 해서 노동자를 해고하는 일은 없을 것이라고 약속하였다.

일본과 서양의 경영이 모두 역사적으로 제조공장에 CI를 적용해 왔을지라도 최근에는 TQM 운동의 한 부분으로서 서비스업에 CI를 적용하고자 하는 관심이 증대되고 있다. 다음은 ≪Fortune≫지에서 발췌한 내용이다.

한 팀의 노동자와 점심식사를 할 때, 기자는 고등학교밖에 졸업하지 못한 노동자들이 일본의 CI 개념인 Kaizen, 논리적이며 단계적인 접근법을 필요로 하는 문제 해결의 한 형태인 Pareto 같은 전문적인 경영용어를 사용하는 것에 크게 놀랐다. 그 노동자들은 매주 갖는 미팅에서 품질관리 부서의 한 점원이 어떻게 청구서 작성에 따른 문제점을 지적하는지 설명해 주었다. 그가 설명하길, 상자가 커질수록 FEDEX가 배달하라고 하는 양이 늘어난다고 하였다. 그러나 회사의 바쁜 운반 작업자들은 때때로 소비자들이 상자의 중량을 청구서에 맞게 기입했는지를 검토하는 것을 잊어버린다. 그것은 그러한 경우에 소비자에게 가장 낮은 요금을 요구하는 정책을 쓰는 FEDEX가 손해본다는 것을 의미한다. 그 팀은 청구방법을 변경하였다. 청구서를 작성하는 한 직원은 FEDEX의 복잡한 30,000명의 직원 중에 어떤 부서의 직원이 상자를 검토하는 것을 잊었는가 하는 것을 알아냈다. 문제는 배달하는 사람들이었다. 청구서 작성작업에 종사하는 다른 작업자들은 발송장부를 검사하는 시스템을 만들었고 해결책은 일하는 것이라고 확신했다. 작년에 그 팀의 아이디어로 회사는 210만 달러를 절감하였다.

표 10-1 생산성을 위한 CI의 장단점(자동화 공장과 관련하여)

구분	CI의 내용
장점	• 자동화는 수행에 있어서의 어려움과 자동화된 시스템에서의 설계, 관리와 관련된 복잡성 때문에 종종 기대만큼 적용되지 못한다. • 자동화 또는 다른 주요한 기술적인 진보는 경쟁사들도 구입할 수 있다. CI는 그것을 사용하는 회사에 독점되어 있다. • 자동화와 비교해 볼 때 CI는 비용이 적게 드는 방법이다. 더욱이 사람들을 그 나름의 방법으로 훈련하는 데 드는 비용은 해가 거듭될수록 더 많이 줄어든다.
단점	• CI는 시간이 걸린다. 그래서 단기적으로 어떤 회사에는 자동화가 크기의 제약을 만족시키는 유일한 방법이 될 수도 있다. • 자동화는 유지하는 데 적은 노력이 드는 데 반해, CI는 많은 노력이 요구된다.

10.2 성공적인 CI 시스템을 위한 관리요소

1) 개선은 이익을 가져오기 이진에 학습기간을 필요로 한다

CI가 신속히 실시될 수 있는 작은 개선에 초점을 맞출지라도, 잘못 작용되면 단기적으로 생산량 감소를 가져올 수 있다.

2) 노동자와 관리자는 CI를 이끌어내는 아이디어의 원활한 흐름을 위해서 서로 신뢰해야 한다

이러한 믿음은 다음의 몇 가지로 인해 깨질 수 있다. 첫째는, 봉급이나 개선 보장에 있어서의 불공정한 보상시스템이다. 둘째는, 개선을 통해 비용을 줄인 부서의 예산을 감소시키는 것이다. 셋째는, 생산성 향상이 이루어진다고 해서 작업자를 해고하는 일은 없을 것이라는 점을 보장하지 못하는 경우이다.

3) 보상시스템은 부서 간의 협조를 증대시킬 수 있어야 한다

한 부서에서 시작된 공정개선은 종종 다른 부서에도 영향을 미친다. 개선을 하지 못한 부서에 벌을 주는 식의 보상시스템은 확실히 CI를 저해한다는 것이다. 예를 들어 조립 팀에서 제안한 어떤 개선이 플라스틱 주물 팀의 작업량을 증가시킨다면, 그 결과만 가지고 행해진 예산배정은 불공정하다. 사실 그들의 협력작업에 대하여 모두에게 적절한 인정과 보상을 해 주어야 한다.

4) CI는 지속적인 훈련을 의미한다

지속적 훈련에는 두 가지 형태가 있다. 개선을 가져오는 문제 해결 방법 훈련과 개선사항을 실천하는 데 필요한 새로운 작업방법에 대한 훈련이 그것이다. 훈련에는 많은 비용이 든다. 비용 증가의 원인은 작업자들이 전체의 문제를 해결하는 데 참여하므로 인한 작업시간의 경감, 자신의 작업조 외의 문제점들을 이해하기 위해서 다른 기능 수행 그리고 형식적인 CI 훈련 프로그램 등이다.

5) CI는 개선 아이디어를 처리하고 보상시스템을 잘 관리할 수 있는 효율적인 시스템을 필요로 한다

"개선을 위한 아이디어를 모으고, 평가, 실행, 보상하기 위한 잘 설계된 방법 없이는 CI 프로그램은 성공할 수 없다." 이 말은 아이디어는 재빨리 검토되어야 하고, 평가·실행되어야 하며, 공정하게 보상되어야 한다는 의미이다. 수용되지 않은 아이디어의 피드백은 어떠한 방법으로 아이디어 제공자의 작업에 대한 지식을 넓힐 수 있을 것인가를 설명해 줄 수 있어야 한다. 달리 말하면 개선 제안 시스템은 그 자체가 CI의 한 모델이어야 한다.

10.3 CI의 도구와 과정

CI 방법을 도입한 회사의 접근법은 SPC(통계적 공정관리)를 사용하는 조직적인 프로그램으로부터 브레인스토밍(brainstorming)과 무기명 제안법(back-of-an envelope)에 의존하는 간단한 제안시스템까지 다양하다. 여기에 CI 도구와 조직적 접근법을 설명해 놓았다. 이러한 기본적인 개념은 CI에 대한 전통적인 조직적 접근법에 근거한다.

① Plan-Do-Check-Act(PDCA) cycle
② 상세한 문제 구조화와 사실 분석
③ 개선의 표준화

Deming Wheel(〈그림 10-2〉)이라고도 불리는 PDCA cycle은 순차적이고 지속적인 CI 방법의 특성을 보여준다.

그림 10-2 PDCA cycle(deming wheel)

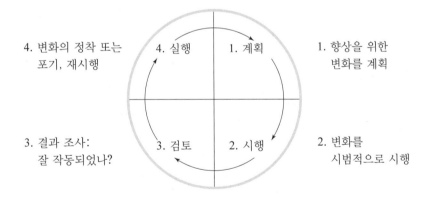

Cycle의 계획(plan)단계는 개선할 영역(때때로 주제라 불린다)과 그것과 관련된 특별한 문제를 정의하는 단계로 여러 가지 SPC 문제 해결 방법을 사용하여 분석되어 진다.

작업자들은 개선을 위해서 〈표 10-2〉에 있는 5W2H법 등의 브레인스토밍

표 10-2 5W2H 방법

형태	5W2H	정의	대책
주제	무엇	• 무엇이 정해지는가? • 이 일은 제거될 수 있는가?	불필요한 작업을 제거한다.
목적	왜?	• 이 일은 왜 필요한가? • 목적을 명확히 하라.	
위치	어디?	• 어디서 행해지는가? • 그곳에서 행해져야만 하는가?	
순서	언제?	• 언제가 그 일을 하기 가장 좋은 시기인가? • 그 시간에 행해져야만 하는가?	순서나 조합을 바꾼다.
사람	누구?	• 누가 그 일을 하는가? • 다른 사람도 그 일을 할 수 있는가? • 왜 내가 그 일을 하는가?	
방법	어떻게?	• 어떻게 행해져야 하는가? • 이것은 가장 좋은 방법인가? • 다른 방법은 없는가?	일을 단순화한다.
비용	얼마나?	• 지금 이 일을 하는 데 비용이 얼마나 드는가? • 개선 후에 비용은 어떻게 될 것인가?	개선방법을 선택한다.

방법을 결합함으로써 이 도구를 사용한다. 많은 CI 적용에 있어서 전통적인 것은 문제의 원인과 문제 해결을 막는 장애물을 제거하기 위한 대응책을 수립하는 것이다.

　　PDCA cycle의 시행(do)단계는 변화를 시행해 보는 단계이다. 보통 전문가들은, 우선 좁은 범위부터 계획을 시행하고 계획에 있어서의 모든 변화는 기록할 것을 권한다(검토서가 역시 유용하게 사용될 수 있다).

　　검토(check)단계는 시행에서 얻어진 데이터들을 평가하는 단계이다. 처음의 목적과 실제 결과가 잘 부합되는지를 알아보는 것이 목적이다.

　　실행(act)단계는 개선사항을 새로운 표준작업 방법으로 정하고 조직 전체의 유사한 작업에 되풀이하는 단계이다.

　　조직수준의 CI 방법은 종종 영화의 줄거리를 보는 듯한 느낌을 준다. 예를 들어 〈표 10-3〉은 '품질향상에 대한 이야기(QI Story)'의 단계를 요약한 것이다.

　　다음 기본적인 7가지 방법은 때때로 히스토그램과 파레토를 결합하기도 하고, 실행도표(run chart)나 데이터 도표의 층화를 첨가하기도 한다.

표 10-3 QI Story

품질향상 단계		기능	도구
계획	1. 대상선정	• 개선할 대상 선정 • 대상 선정 이유를 밝힌다.	"다음 프로세스는 고객이다." 표준화 교육 즉각적 조치 vs. 재발생 예방
	2. 현재상황 관찰	• 데이터 수집 • 대상의 주요 특성 파악 • 문제범위 축소 • 우선순위 결정: 치명적 문제 우선	점검표 히스토그램 파레토
	3. 분석	• 가장 심각한 문제의 원인열거 • 원인과 문제점의 관계조사 • 원인의 선정과 가능한 관계에 대한 가설 확립 • 데이터 수집과 원인-영향 관계 조사	생선뼈 그림 점검표 산포도 계층별 분류
	4. 대책	문제의 원인 제거를 위한 대책 수립	고유 기술 경험
시행		대책 수정(실험)	
검토	5. 대책의 영향 측정	• 대책의 영향에 대한 데이터 수집 • 이전-이후 비교	모든 7가지 SPC 방법
실행	6. 대책 표준화	대책에 따라 현재의 표준을 수정	
	7. 남은 문제 정의와 전체 계획 평가		

■ CI의 7가지 새로운 도구: 이러한 도구들은 다음에서 설명하는 7가지 SPC 방법과 유사한 경영기법들이다. 새로운 7가지는 모든 데이터가 유용하지 않은 경영상황에 맞게 개발되었다. 요약하면, 그것들은 예를 들면 마케팅 프로그램에서 어떤 것이 수행되는지를 알아내는 것 또는 어떻게 설계되어야 새로운 공정에 맞는지를 알아내는 것 등의 복잡한 상황을 명확하게 하는 데 초점을 둔다.

그림 10-3 CI의 7가지 도구

1. Pareto Analysis

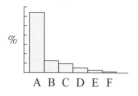

1. 파레토분석법은 대부분의 문제를 야기하는 몇 가지 중요한 원인을 결정하기 위해서 80/20 규칙을 사용한다. 이것은 소수의 치명적인 요인과 다수의 사소한 요인을 분리한다. 모든 심각한 문제의 원인과 범위는 비용, 변동 또는 그 밖의 것들에 영향을 미치는 순서대로 나열된다.

2. Process Flowchart

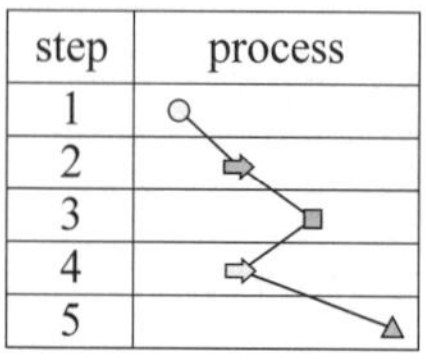

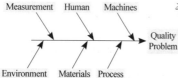

2. 공정흐름도는 공정에서의 상대적 단계를 묘사하고, 공정을 이해하는 데 도움을 준다.

3. Check sheet

Item	1	2	3	4
Dirt	√√			√√
Old		√		√
Temp	√	√√	√√	
Fault	√√√			√√

3. 점검표는 사건이 일어나는 빈도의 정량적인 증거를 제공한다. 예를 들어 이것은 사람들이 문제점이라고 믿는 것이 정말 문제점인지를 알아보는 데 사용될 수 있다.

4. Cause-and-Effect Diagram

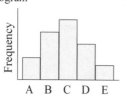

4. 원인-결과 도표는 바람직하지 않은 또는 바람직한 영향의 주원인을 큰 범주로 나누어 보여주고 조직화한다.

5. Histogram

5. 히스토그램은 중량과 같은 많은 실변수의 기여도를 발생빈도에 의해서 보여준다. 이것은 데이터를 시각적으로 평가하는 방법이다.

6. Scatter Diagram

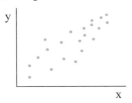

6. 산포도(Scatter diagram)는 데이터 간의 관련성을 연구하는 데 도움을 준다.

7. Statistical Process Control Chart

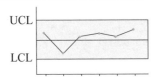

7. 관리도(Control chart)는 변동 원인의 특성을 결정하는 데 사용된다(즉, 공통적인 원인 또는 특별한 원인).

10.4 CI 적용사례

다음의 사례는 은행과 항공사에서 고객에 대한 서비스를 향상시키기 위해서 기본적인 7가지 SPC 방법과 서술개념을 어떻게 적용할 것인가를 보여준다.

사례 10-1 고객의 전화 대기시간 줄이기

이 글은 큰 규모의 은행의 주요 부서에서 실시하였던 품질관리 프로그램에 관한 것이다. 매일 평균 500통의 전화가 이 부서로 걸려온다. 조사를 통해서 고객은 전화를 받는 사람이 없어서 5번 이상 벨이 울리게 되면 화를 내는 경향이 있고, 종종 다시는 그 회사에 전화를 걸지 않게 된다는 것을 알 수 있었다. 대조적으로 2번 정도 벨이 울린 후 즉시 전화를 받게 되면 고객은 안심하고 편안하게 전화로 업무를 수행할 수 있었다.

1. 주제의 선정

전화 통화율이 다음의 이유로 QC 대상으로 선정되었다.

① 고객은 가장 먼저 전화 통화율에 의해 회사에 대한 느낌을 받는다.

② 이러한 대상선정은 회사의 전화 통화 표어와 일치한다. "고객이 기다리지 않도록 하라. 그리고 필요없이 잦은 전화 교환 작업을 피하라."

③ 전화 통화율은 만나는 모든 사람에게 친절하라는 당시의 전 회사에 걸친 운동과도 일치된다.

첫째, 교환원들은 왜 지금의 통화 연결 방법이 전화 건 사람을 기다리게 하는가에 대해서 토의했다. [사례그림 1]은 직원이 고객 A의 전화를 연결하는 중에 고객 B로부터 전화가 오는, 빈번히 일어나는 상황을 보여준다. 왜 고객은 기다려야만 하는지 살펴보자.

[사례그림 1 왜 고객은 기다려야만 하는가?]

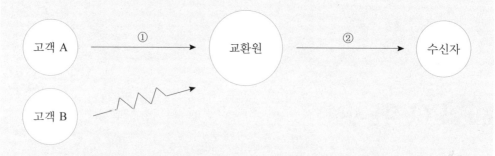

①에서 교환원은 고객으로부터 전화를 받는다. 그러나 경험부족으로 인하여 전화를 어디에 연결해 주어야 할지 모른다. ②에서 자신은 전화를 받을 수 없는 상황인데 전화를 대신 받을 다른 사람이 없기 때문에 수신할 사람이 빨리 전화를 받지 못한다. 결과적으로 교환원은 통화 지연에 대해 사과하고 다른 사람의 전화를 연결시켜 주어야만 한다.

2. 원인-결과 도표와 상황분석

상황을 완전히 이해하기 위해서 직원들은 전화벨이 5회 울릴 동안 기다리는 고객에 대한 조사를 하기로 결정하였다. 직원들은 브레인스토밍(brainstorming) 토의를 통해 요인들을 분류하고 그것들을 원인-결과 도표에 배열하였다([사례그림 2] 참조).

그런 후 교환원들은 6월 4일부터 15일까지의 12일 동안의 결과를 기록하기 위해서 몇 가지 항목에 대해 점검표를 만들었다([사례그림 3A] 참조).

[사례그림 2 원인-결과 도표]

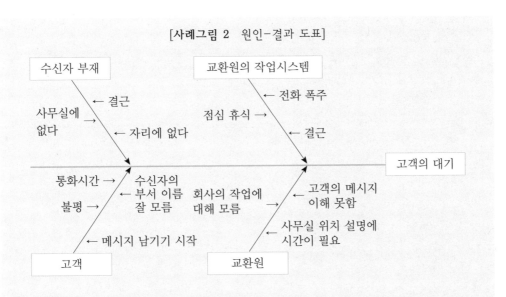

3. 상황분석 점검표의 결과

점검표에 기록된 데이터는 '한 명의 교환원(파트너는 사무실 밖에 있다)'인 경우가 172번 발생함으로써 가장 큰 통화 지연의 요인임을 보여주었다.

이러한 경우에 담당 교환원은 전화가 많이 걸려올 경우에 많은 수의 전화를 연결해 주어야만 한다. 하루 평균 29.2명의 고객은 긴 시간 동안 기다려야 한다. 이것은 매일 받는 전화의 6%에 해당한다([사례그림 3B]와 [사례그림 3C] 참조).

[사례그림 3]

A. 점검표—문제 정의를 위해 고안되었다

이유 날짜	부서에 전화받을 사람이 없다	수신자가 없다	한 명의 교환원(다른 직원은 사무실 밖에 있다)	총계
6월 4일	\\\\\	\\\\\ \	\\\\\ \\\\\ \	21
5일	\\\\\	\\\\\ \\\	\\\\\ \\\\\ \\\\\	27
6일	\\\\\ \	\\\\\	\\\\\ \\\\\	22
...				
15일	\\\\\	\\\\\	\\\\\ \\\\\ \\\\	18

B. 전화 건 고객이 기다려야 하는 이유

	원인	하루 평균	총수
A	한 명의 교환원(다른 직원은 사무실 밖에 있다)	14.3	172
B	수신자가 없다	6.1	73
C	부서에 전화받을 사람이 없다	5.1	61
D	수신자의 부서나 이름이 전달되지 않음	1.6	19
E	지점 위치에 대한 문의	1.3	16
F	기타	0.8	10
	합계	29.2	351

기간: 1980년 6월 4일~15일의 12일간

C. 전화 건 고객이 기다려야만 하는 이유 (파레토 도표)

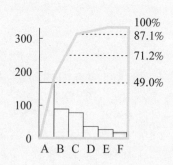

4. 목적 수립

생산적인 열띤 토의가 끝나자 직원들은 대기 통화자를 없애는 것을 품질관리 프로그램의 목적으로 세우기로 결정했다. 걸려오는 모든 전화들을 즉시 연결해 주어서 고객의 불편을 없애자는 것이다.

5. 측정, 실행

(1) 3교대 점심식사, 항상 2명의 담당자는 남겨 놓는다

이러한 해결방법이 만들어지기까지 단지 한 명의 담당 교환원만 남겨두고 다른 직원들은 점심 휴식시간을 보내는 2교대 점심식사 시스템이었다. 그러나 이것이 통화 지연의 가장 큰 요인이라는 사실이 조사에서 밝혀졌기 때문에 회사는 사무직원 한 명을 보조 교환원으로 남겨두기로 하였다.

(2) 교환원이, 수신자가 자리를 뜰 때 메시지를 남길 것인지 확인한다

이 방법의 목적은 전화 수신자가 자리에 없을 경우 교환원의 일을 간단하게 하자는 것이다. 이 새로운 프로그램은 직원들의 일상적인 아침회의에서 설명되었고, 전 회사차원의 지원이 요구되었다. 이 방법을 실행하기 위해서는 새로운 방법을 홍보하기 위한 포스터가 사무실 주변에 붙어야 한다.

(3) 직원의 이름과 각자의 일을 기록한 인명부를 편찬한다

인명부는 모든 작업자의 일을 상세히 알지 못하거나 걸려온 전화를 어디에 연결해야 할지 모르는 교환원을 돕기 위해 특별히 고안되었다.

6. 결과 확인

통화대기시간이 0이 될 수는 없을지라도, [사례그림 4A]와 [사례그림 4B]에서 보다시피 모든 지연요소들이 크게 개선되었다. 지연의 주원인이었던 '한 명의 교환원(파트너는 사무실 밖에 있다)'인 경우에 대기 통화자의 수가 위의 방법을 사용한 이후 172번에서 15번으로 크게 줄었다.

[사례그림 4]

A. QC의 효과(QC 사용 이전과 이후의 비교)

	전화 건 사람이 기다려야만 하는 이유	총수		하루 평균	
		이전	이후	이전	이후
A	한 명의 교환원(다른 직원은 사무실 밖에 있다)	172	15	14.5	1.2
B	수신자 부재	73	17	6.1	1.4
C	전화받을 사람이 없을 경우	61	20	5.1	1.7
D	수신자의 부서·이름이 전달되지 않음	19	4	1.6	0.3
E	지점 위치에 대한 문의	16	3	1.3	0.2
F	기타	10	0	0.8	0
	합계	351	59	29.4	4.8

기간: 8월 17일~28일의 12일간

B. 파레토 도표

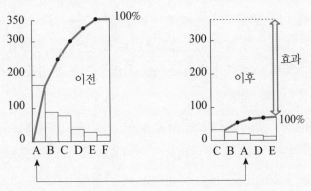

10.5 종합적 품질경영(TQM)

품질관리의 계획 및 조직화와 통제의 조직행위적 측면과 모형화 측면은 특별한 의미를 지니고 있다. 전통적으로 운영관리 분야에서 품질관리는 통계적 기법으로 해결 가능한 문제를 다루어 왔다. 분명히 통계적 기법은 품질관리를 모형화하는 데에 매우 유용하며, 샘플링이론과 통계적 추론은 많은 기여를 했다. 그러나 품질관리에는 특정한 조직행위적 측면에 대한 고려도 필요하다. 종합적 품질경영은 이러한 관점을 견지하는 경영방식이다.

종합적 품질경영(TQM: Total Quality Management)은 소비자에게 우수한 제품 및 서비스가 제공되도록 모든 조직을 관리하는 것이라고 정의할 수 있다. 위의 정의에 있어 중요한 점은 품질이 조직의 모든 부분으로 확장되며 품질이 결국은 소비자에 의해 정의된다는 것이다.

혼다, 도요타 등의 고품질을 앞세운 경영이 미국의 자동차 제조업자들에게 끼친 영향은 대단히 크다. 1978년과 1988년 사이에 혼다는 북미시장의 점유율을 2.4%에서 7.2%로 세 배나 증가시켰고, 도요타는 3.9%에서 6.5%로 증가시켰다. 이러한 잠식은 고품질을 앞세운 신뢰성에 기인한 것이었다. 미국의 제조업체들은 아직 품질의 중요성을 인식하지 못하고 있었다. 비록 포드사가 품질개선으로 인해 시장점유율을 회복하고 캐딜락이 품질관리상을 받긴 했지만 미국의 자동차시장에서 고품질의 대명사로 지칭되는 것은 여전히 일본과 독일자동차이었다.

일본의 최고경영자와 산업-정부 간 조직인 일본 과학기술자 연합(JUSE: the Japanese Union of Scientist and Engineers)은 미국의 품질전문가인 에드워드 데밍(Edwards Deming)과 조셉 주란(Joseph Juran)의 이론을 응용하여 품질에 있어서 일본의 성공을 이끌었다. 2차 세계대전 이후 완제품을 검사하는 것보다는 공정을 통제하는 것이 품질의 열쇠이며 품질관리는 공정관리의 통계적 지식에 의존하지만 종합적 품질경영은 조직 내 모든 구성원의 참여와 훈련을 필요로 한다는 사실이 인식되기 시작한 것이다.

■ 소비자에 의한 품질 기준: "소비자가 믿을 만하다고 말하기 전까지 당신의 제품은 믿을 만하지 않다. 또한 소비자가 서비스가 빠르다고 하기 전까지 당신의 서비스는 빠르지 않다"라는 말이 의미하는 바는 무엇인가? 이 말이 의미하는 바는

표 10-4 설계품질의 속성

속성	의미
성능	제품이나 서비스의 주요 특성
특징	부가적 특성
신뢰성	시간에 따른 성능의 일관성
내구성	유효 수명
사후 처리	문제나 불만의 해결
반응성	대 고객 인터페이스의 특성(적시성, 공손한 태도 등)
미적 감각	감각적 특성
소비자 평가	과거의 성능 및 기타 특성에 대한 평가

품질에 관한 소비자의 인식이 만족할 만한 품질수준을 정할 때 함께 고려되어야 한다는 것이다. 소비자의 품질에 대한 요구를 특정한 명세서로 바꾸기 위해서 영업부에서는 소비자가 바라는 바를 정확하게 파악해야 하고 제품 디자이너는 이러한 품질수준을 지속적으로 달성할 수 있도록 제품을 개발할 수 있어야 한다. 이는 또한 기업의 입장에서 볼 때 품질에 대한 운영적인 정의가 필요하다는 것을 의미한다. 제품과 서비스의 품질은 제품 설계의 품질과 그 설계에 대한 일치성으로 정의될 수 있다. 설계품질은 시장에서 그 제품의 고유한 가치를 의미하며 따라서 기업의 입장에서는 전략적인 결정이 된다. 설계품질에 대한 일반적인 속성이 〈표 10-4〉에 나와 있다.

품질의 일치성은 제품이나 서비스의 설계사양이 만족되는 정도를 나타낸다. 이 또한 전략적인 의미를 지니고 있지만 일치성을 얻는 데 포함되는 활동은 전술적인 성격을 지니고 있다. 제품이나 서비스가 낮은 일치성을 가지면서도 높은 설계품질을 가질 수 있다는 것은 명백하다. 또한 이의 역도 성립한다.

기업 내의 품질에 관련된 조직은 일치성에 관한 품질에 연관된다. 제조업체에서 품질 요건을 달성하는 것은 주로 생산관리부의 책임이며 서비스 업체에서는 다른 세부 운영부서의 책임이다. 〈표 10-5〉는 스테레오 앰프와 은행에서의 당좌예금에 관련된 업무의 예를 들어 서비스에 관한 품질의 여러 면을 보여주고 있다.

고객에게 제품의 모든 속성이 똑같이 중요한 것은 아니다. 제품의 품질을 평가할 때는 대개 몇몇 속성만이 중요하게 고려된다. 그렇다면 어떤 속성이 가장

표 10-5 품질의 여러 면에 대한 예

속성	평가 척도	
	제품의 예: 스테레오 앰프	서비스의 예: 은행업무
성능	음향 대 소음비(SN비), 출력	고객요구 처리시간
특징	리모트 콘트롤	자동 수표 지급
신뢰성	평균 고장시간	고객요구 처리시간의 변동
내구성	유효 수명	다른 은행과의 보조
사후 처리	수리의 수월함	오류의 해결
반응성	대리점의 친절함	창구직원의 친절함
미적 감각	참나무 소재의 본체	은행 로비의 실내 장식
소비자 평가	소비자 평가원의 평가 순위	친구의 권유

중요한가? 예를 들어 중량, 크기, 색상, 기능 수행도 등이 중요한 속성으로 선정될 수 있다. 제품의 중요한 속성은 그 조직의 구체적인 판매 목표와 변환과정의 주요 단계인 기술적 요건에 의해 결정된다. 그리고 우리는 종종 품질을 결정하는 요건인 이 두 가지 사이에서 절충점을 찾아내야 한다.

설계품질과 품질의 일치성을 통해 기업은 소비자의 요구에 맞는 제품을 제공해야 한다. 이것은 종종 제품의 사용 적합성이라고 불린다. 이는 소비자에게 원하는 품질의 여러 면을 확인하게 하고 이러한 여러 면이 충족되었는지 확인하는 품질관리 프로그램을 개발하게 한다.

　　모든 금융기관, 잡지, 자동차 등이 품질이나 시장목표라는 측면에서 유사하지는 않다. 예를 들어 신용조합은 은행이나 증권사 등과는 다른 시장에 서비스를 제공한다. 연예지는 컴퓨터 잡지를 읽는 독자들과는 다른 기호를 가진 독자들을 대상으로 한다. 마찬가지로 그랜저는 티코가 목표로 하는 것과는 분명히 다른 소비자들을 목표로 한다. 금융기관에 대한 기술적 요건은 일반적으로 자동차 제조업체에 대한 것보다는 덜 복잡하며 각 변환과정은 분명히 다른 형태의 제품 특성을 만들어낸다.

10.6 샘플링 계획

표본추출은 모집단에 대한 추정을 하기 위해 대표적인 관측치를 선택하는 과정이다. 우리는 표본을 추출함으로써 제품의 품질과 그것을 생산해 낸 공정에 대한 정보를 얻고자 한다. 샘플링 계획은 제품 특성의 변동을, 관리도는 공정의 변동을 파악하는 데에 도움을 준다. 이 둘은 현장에서 널리 사용되는 방법이다. 샘플링 계획은 품질관리에 있어서 매우 중요한 통계적 응용기법이다. 이 모형과정은 종종 입고되는 원자재와 부품의 품질을 감시하고 완제품의 최종 샘플링을 위해 사용된다. 이것들은 우리가 출력품질에 대해 경제적으로 결정을 내리도록 도와준다.

우리는 샘플링 계획을 인수검사에 적용되는 경우를 예로 들어 설명하겠다. 구매한 자재가 도착하면 누군가가 그것을 인수해야 할지 혹은 인수를 거부해야 할지를 결정해야만 한다. 우리에게는 자재 전부를 검사하는 것에서 체계적으로 몇.개만 검사해 보는 것까지 다양한 선택의 여지가 있다. 체계적인 샘플링은 전체 물량을 인수하거나 거부하는 결정을 내리는 데에 필요한 정보를 제공한다. 따라서 보다 광범위한 검사에 소요되는 시간, 노력과 비용을 피할 수 있다. 물론, 이 경우 샘플링 오류에 의한 어느 정도의 위험은 존재한다.

샘플링에서는 두 종류의 오류가 발생할 수 있다. 전체적으로는 좋은 품질의 자재인데도 표본에 불균일하게 다량의 불량품이 포함될 경우 전 물량이 불량 판정을 받을 수 있다. 반면에 전체적으로는 나쁜 품질의 자재에서 표본추출의 결과가 대개 좋은 물품일 경우 합격 판정을 받을 수도 있다. 첫 번째 유형의 오류를 '생산자 위험'이라고 하며 α(제1종 오류)로 표시한다. 두 번째 유형의 오류는 '소비자 위험'이라고 하며 β(제2종 오류)로 표시한다. 우리는 앞의 두 가지 오류가 모두 설정된 수준보다 크지 않은 샘플링 절차를 취하기를 원한다.

예를 들어 5,000개 정도의 많은 물량의 로트에 대해서는, 우리는 그 표본에 기초해서 인수/거부 결정을 만족스러울 정도의 확신을 가지고 내릴 수 있는 표본 크기(n)와 합격판정 개수(c)를 결정해야 한다. 표본 크기와 합격판정 개수는 우리의 샘플링 계획의 특성을 규정한다. 우선, 전체 물량 중에서 n개를 무작위로 추출한다. 만일 부적합한 물품의 개수가 c개 이상이라면 전체 물량을 인수 거부한

그림 10-4 PTK 화물을 채택할 확률(OC곡선)

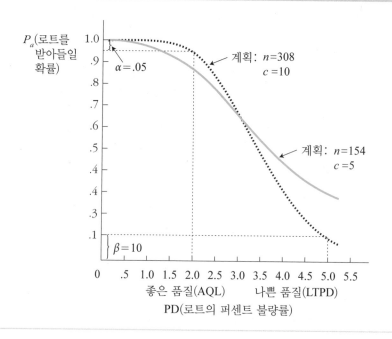

나(기각한다). 그렇지 않다면 인수 결정을 내린다.

샘플링 계획의 모수인 n과 c를 결정하는 표준절차를 이용하면 사용자에 의해 규정되는 성능 요건을 만족하도록 정할 수 있다.

〈그림 10-4〉의 점선으로 표시된 곡선은 OC곡선(Operating Characteristics Curve)이라고 불리는 것으로서 샘플링 계획의 감식력을 보여준다. 좋은 샘플링 계획이라면 높은 품질(낮은 퍼센트 불량률)의 로트에 대해서는 높은 확률로 그것을 받아들일 것이다. 반면에 낮은 품질(높은 퍼센트 불량률)의 로트는 그 계획에 의해 받아들여질 확률로서 낮은 값을 가지게 된다.

〈그림 10-4〉의 점선으로 표시된 OC곡선으로부터 우리는 고품질과 저품질의 PTK를 받아들이는 적절한 확률값이 얻어졌음을 알 수 있다. 두 번째의 샘플링 계획, 즉 $n=154$, $c=5$인 계획은 요구되는 성능 사양을 만족시키지 못한다.

한 종합병원에서 임신진단기기(PTK: Pregnancy Test Kit)를 구입한다. 하나의 로트에는 10,000개의 PTK가 들어 있다. 의사가 진단의 유효성에 대해 확신하기 위해서는 PTK의 화학물을 평가할 필요가 있다.

과거의 경험에 비추어 볼 때 불량품이 전체의 2%를 넘지 않는 한 좋은 품질임이 알려져 있다. 그리고 불량률이 5%를 넘으면 품질이 매우 나쁜 것으로 평가한다. 우리는 0.95의 확률로 좋은 품질의 화물을 받아들이고 0.10의 확률로 품질이 나쁜 화물을 인수 거부하는 계획을 세우고자 한다.

이 성능 사양을 만족시키는 한 샘플링 계획이 〈표 10-6〉에 나와 있는데 이 계획에 따르면 각 로트당 308개의 PTK를 추출해서 검사해야 한다. 그리고 만일 이 중에서 불량품이 10개를 넘으면 전체 물량이 기각되며 10개 이하이면 합격 판정을 받는다. 이런 식으로 샘플링을 하면 2% 불량률의 로트는 0.05의 기각될 확률을 가지며 5% 불량률의 로트인 경우에는 채택될 확률이 0.10이다.

이 샘플링 계획은 퍼센트 불량률이 2%에서 5% 사이일 때 로트를 받아들일 확률을 결정하는 절차를 포함하고 있다. 〈그림 10-4〉를 보면 이 확률을 알 수 있다.

표 10-6 PTK 샘플링 계획과 성능 명세

성능 명세	샘플링 계획의 모수
양품: 2% 이하의 불량률 • 양품을 채택할 확률=0.95 • 위험도(α 오류 확률)=0.05(양품을 불량 판정할 확률)	$n=308$ $c=10$
불량품: 5% 이하의 불량률 • 불량품을 채택할 확률=0.90 • 위험도(β 오류 확률)=0.10(불량품을 양품 판정할 확률)	

(1) n과 c의 일반적인 효과

n과 c로 구성된 각 샘플링 계획은 고유한 OC곡선을 가진다. 큰 표본 크기를 가지는 샘플링 계획이 보다 작은 표본 크기를 가지는 계획보다 변별력이 높다. 〈그림 10-4〉는 각기 다른 표본 크기와 합격판정 개수를 가지는 두 샘플링 계획에 대한 OC곡선을 보여준다. 이 두 계획을 보면 합격판정 개수 c는 n에 비례한다. 더 큰 n값을 가지는 계획의 경우 작은 n값을 가지는 계획의 경우보다 좋은 품질의 로트를 받아들일 확률이 커진다. 물론, 이러한 이점은 큰 표본 크기를 가지는 것에 따른 많은 검사비용을 들이지 않고서는 얻어질 수 없는 것이다. 고정된

그림 10-5 *C*를 변화시킬 때의 효과

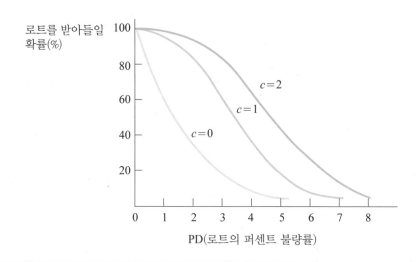

표본크기 *n*하에서 합격판정 개수를 증가시키면 0 이외의 모든 수준의 퍼센트 불량률에 대해 그 로트를 받아들일 확률을 증가시키는 결과를 가져온다(〈그림 10-5〉). 더 큰 *c*를 사용하면 더 많은 불량품을 가지는 로트가 시험을 통과할 확률이 높아진다. *c*가 감소함에 따라 검사계획은 점점 엄격해진다.

일반적으로 높은 *c*값을 가지는 것은 특정 수준의 불량을 포함하는 화물을 받아들일 확률을 증가시킴으로써 다소 느슨한 성능을 보이도록 한다. *n*값을 증가시키면 좋은 품질의 화물과 나쁜 품질의 화물을 정확히 구별해 낸다는 확신을 크게 갖도록 해준다. 그러나 *n*이 커지면 이에 따라 검사비용도 증가하게 된다. 따라서 샘플링 계획의 대안의 검사비용과 장점 사이의 적절한 균형을 맞추는 것은 품질관리부서의 업무이다.

현실적으로 생산관리자가 샘플링 계획을 개발해야 할 필요는 없다. 품질관리기사 혹은 품질관리 기사가 없다면 관리자는 널리 인정되는 샘플링 계획의 지침서인 한국공업규격 KS A 3109를 참조하면 된다. 대부분의 응용분야에 있어서 이 지침서는 표본 크기와 합격판정 기준을 규정해 준다. 통계적 품질관리 기법을 이용하기 위해 관리자는 통계학자가 될 필요는 없으며 그저 기본적인 지식을 갖춘 사용자가 되기만 하면 된다.

(2) 좋은 품질과 나쁜 품질에 대한 정책의 수립

어느 정도의 퍼센트 불량률이 좋고 나쁜 품질수준인가를 선정하는 것은 경영상의 중요한 결정문제이다. 샘플링 계획은 이 결정에 맞추어 설계된다. 만일 관리자가 좋은 품질을 정의하는 데 있어서 매우 엄격하다면 그러한 고품질의 자재를 구매·입수하는 비용은 상상 외로 높아질 것이다. 다른 극단적인 예로, 높은 퍼센트 불량률은 변환과정에서의 균열, 높은 재작업 비용과 고객에게 주는 나쁜 인상에서 비롯되는 높은 비용을 유발할 것이다. 만일 공급업체와 구매품의 품질에 대해 협상할 수 있다면 인수검사에 사용되는 샘플링 계획과 같은 것이 공급업체의 완제품 검사에 사용되도록 조정할 수 있을 것이다. 이러한 조정은 문제를 꽤 단순화시킬 수 있으므로 추천할 만한 방법이다.

10.7 관리도

변동이 발생했을 때 이를 감지하는 것은 공정 및 제품의 특성을 감시하는 데 있어서 주요 난점 중의 하나이다. 변환과정이 통제범위 밖으로 변동되기 시작하면 우리는 교정활동을 할 수 있기 위해서 가능한 한 빨리 알기를 원한다. 관찰에 의해 변동을 감지하는 것이 쉬운 일이라고 생각할지는 모르지만 대부분의 경우 그렇지 않다. 때때로 실제로는 근본적인 변화가 없음에도 불구하고 공정상의 확률적 변동으로 인해 공정상태가 나쁘게 보일 수가 있다. 또 다른 경우에는 실제로 발생한 변동이 확률적 변동으로 오인되는 수도 있다. 근본적인 변화가 발생한다면 우리는 그것을 감지하고 수정함으로써 불량품을 생산하는 데에 따르는 비용을 피하고자 한다. 다른 한편으로 이미 적절하게 작동하고 있는 공정을 수정하기 위한 노력으로 자원을 낭비하기를 원하지는 않는다. 해석상의 오류를 방지하고 실제로 발생한 변동을 감지하기 위해서는 관리도는 매우 유용한 도구이다.

관리도는 자동차 제조업체, 가전업체, 금형제작업체와 정유업체 등의 많은 제조업체에서 여러 형태로 사용되고 있다. 보다 최근에는 서비스업계에서도 이 기법을 여러 상황에 사용하고 있다. 교통사고율은 교통정리과정의 적합도에 관한 지표로, 강도사건 발생수는 치안체계의 성능지표로 이용될 수 있고, 발병률은 건강관리체계의 지표로, 사고율은 안전체계의 성능지표로 이용될 수 있을 것이다. 은행, 병원과 기타 서비스업체에서도 관리도를 사용하고 있다.

관리도는 중심극한정리라는 통계이론에 기초하고 있다. 이 이론은 우리가 감시하고 있는 공정의 변화에 대한 결정을 내리는 데에 있어서 표준정규분포를 사용할 수 있도록 해준다. 이를 통해서 공정상의 중요한 특성이 변화했을 확률을 쉽게 결정할 수 있으며 이러한 확률을 명확하게 표현할 수 있다. 이 정리를 사용하기 위해 변환과정의 적당한 지점에서 출력 몇 단위를 무작위 추출한다. 추출된 각 단위에 대해 예를 들어 길이와 같은 중요 특성치를 측정하고 측정된 길이들의 산술평균을 계산한다. 그 다음에 시스템의 성능에 대한 결정을 내리기 위해 이 평균값을 이용한다. 중심극한정리에 따르면, 우리가 이런 평균들을 많이 구한다면 이 값들은 개별 길이의 분포 형태에 무관하게 근사적으로 정규분포에 따르게 되며 이 정규근사도는 표본의 크기가 커짐에 따라 개선된다.

〈그림 10-6〉은 한 화학공정의 온도에 대한 관리도를 보여준다. 이 관리도에는 과거의 자료로부터 결정되는 세 개의 중요한 모수인 평균온도, 관리상한(UCL: Upper Control Limit), 관리하한(LCL: Lower Control Limit)이 나타나 있다. 과거의 자료에 따르면 이 공정의 평균온도는 86℃였다. 관리상한과 관리하한은 각각 89℃와 83℃로 설정되어 있다. 〈그림 10-6〉은 관리도가 그려지기 시작한 지 3일이 지난 상황을 보여주고 있다. 3일간의 온도가 측정되어 관리도에 기록되어 있다. 첫 이틀 간의 표본 평균온도는 평균에 가까우며 3일째의 표본 평균온도는 관리상한에 가깝다. 생산관리자는 이 관리도를 보고 "지난 3일간의 성능을 보건

그림 10-6 관리도의 예

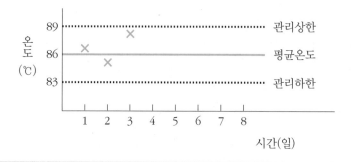

대 공정이 잘 제어되고 있다"고 말할 수도 있을 것이다. 일단, 관리도가 어떤 것인지를 살펴보았으므로 관리도를 만들고 해석하는 과정을 개략적으로 살펴보자. 관리도를 개발하는 단계는 다음과 같다.

① 공정상의 측정방법이 계량형인지 혹은 계수형인지(변량에 의한 것인지 혹은 속성에 의한 것인지)를 결정한다. 측정방법의 유형에 따라 사용되는 계산식을 결정한다.

② 과거의 자료를 분석한다. 공정관리도는 과거의 자료에서 형성된다. 최근 혹은 미래의 성과가 이러한 과거의 성과와 비교된다. 여러분은 분명히 다른 두 개의 자료집합을 가지고 있어야 한다. 그 중 하나는 공정관리도의 형성에 이용되며 다른 하나는 가장 최근의 성과를 반영하기 위해 이용된다.

③ 공정관리도 형성에 필요한 자료를 이용해서 공정평균과 관리상한 및 하한을 계산한다.

④ 공정관리도를 그린다. 관리도는 시간축(x축)에 대한 어떤 측정치(y축)의 형태가 될 것이다.

⑤ 관리도상에 최근의 성능을 표시한다.

⑥ 관리도를 해석해서 (a) 공정이 관리가 잘되고 있는지, (b) 공정이 관리를 벗어나 있어서 원인을 규명해야 하는지, (c) 공정이 관리한계 내에 있지만 일정한 경향을 보이므로 발생 가능한 예외상황에 대처하도록 관리자에게 경고해야 하는지를 파악한다.

⑦ 관리도를 갱신한다. 일정기간(보통 한 달 정도) 후에 관리도를 단계 2부터 시작해서 다시 구성해야 한다. 이때 가장 오래된 자료들을 버리고 가장 최근에 갱신된 이후 새로 수집된 자료로 대치함으로써 자료를 재분석할 수도 있다.

단계 3을 살펴보자. 일단, 평균이 구해지면 관리자는 공정의 성능이 어느 수준 바깥으로 떨어져야 관리를 벗어났다고 판단해야 하는지를 알기 위해서 관리한계를 설정해야 한다. 관리한계를 설정할 때에는 공정상의 오류의 중요성에 대한 과거의 지식에 비추어서 몇 가지 대안 중의 하나를 택할 수도 있다. 보통 많이 사용되는 관리한계로는 평균으로부터 $\pm 1, 2, 3 \times$ (표준편차)의 세 가지 대안이 있다. 이 세 가지 경우가 〈그림 10-7〉에 종 형태의 정규분포곡선의 표준편차(σ)로써 표현되어 있다. 좁은 관리한계($\bar{x} \pm 1\sigma$)의 경우, 실제로는 공정이 관리를 벗어나지 않았는데도, 그렇게 보일 확률이 상당히 존재한다($p = .317$ 즉, $1 - 683$). 이 확률은 〈그림 10-7(a)〉의 짙게 칠해진 부분에 해당한다. 비교적 넓은 관리한계($\bar{x} \pm 3\sigma$)의 경우에는 샘플링 오류의 확률이 거의 없다. 이 확률은 〈그림 10-7(b)〉의 짙게 칠해진 부분에 해당한다. 표본평균이 이러한 한계값 밖으로 나가면 공정은 관리한계를 벗어난 것처럼 보인다.

관리한계를 설정할 때에는 두 유형의 위험을 절충해야 한다. 첫번째 유형은 생산자위험 α로서 공정이 관리 상태에 있음에도 관리를 벗어났다고 판단할 확률이다(샘플링 계획을 설명할 때에 사용한 용어와 같다). 생산자위험은 넓은 관리한계를 사용함으로써 줄일 수 있고 관리한계가 좁아지면 증가한다. 두 번째 유형은 소비자위험 β로서 관리를 벗어난 공정이 관리 상태에 있다고 오인할 확률을 나타낸다. 이 위험은 관리한계가 넓어짐에 따라 증가하며 좁아지면 감소한다. 궁극적으로 관리한계는 이러한 위험이 발생할 확률과 위험에 관련된 비용에 기초해서 선택해야 한다. 만일 변동이 감지되지 못하는 경우의 비용이 공정을 수정하는 데에 소요되는 비용보다 매우 높다면 좁은 관리한계(낮은 소비자위험)가 적합할 것이다. 반면에 공정을 바라는 상태로 되돌리는 데에 소요되는 비용이 불량품을 생산함으로써 발생하는 비용보다 매우 높다면 넓은 관리한계(낮은 생산자위험)가 적합할 것이다.

그림 10-7 $\pm 1\alpha$(a)와, $\pm 3\sigma$(b)의 편차를 가지는 관리도의 α오류 확률

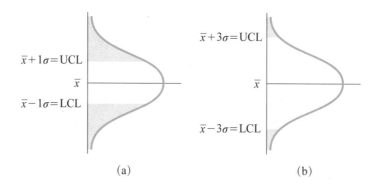

10.8 모토롤라의 6σ 품질전략

6σ 계획(six sigma plan)은 미국의 모토롤라(Motorola)회사의 반도체 사업본부에서 1988년도에 천명한 품질향상전략이다. 이 계획은 1992년까지 5년간에 걸쳐 기업경영의 모든 부분에서 단계적인 달성목표와 달성방법을 나타내고 있다. 특히 최종연도인 1992년에 제품설계, 제조 및 서비스의 품질산포를 최소화하여 〈그림 10-8〉에서와 같이 규격상한(S_u)과 규격하한(S_L)이 품질의 중심으로부터 6σ의 거리에 있도록 하겠다는 의미에서, 이 계획을 간단히 6σ 계획이라고 부른다.

모토롤라회사는 반도체산업의 선도적인 기업이며, 이 회사의 6σ 계획은 품질전략의 차원에서 매우 흥미 있는 계획이므로 여기에서 소개하기로 한다.

〈그림 10-8〉에서 보면 품질분포의 평균 m으로부터 S_L과 S_u가 ±3σ에 있으면 불량이 양쪽으로 각각 1,350ppm(parts per million)이 발생한다. 즉, 100만 개의 반도체를 만들면 이 중에서 2,700개가 불량품이 된다. 그러나 ±6σ가 되면 양쪽으로 각각 0.001ppm이 발생하여, 10억 개 중에서 2개만이 불량으로 불량률이 실질적으로 없게 된다.

품질이 정규분포를 구성하는 경우에 규격한계가 ±σ에서 ±6σ로 변함에 따라서 양품률과 불량률을 계산하여 보면 〈표 10-7〉과 같다.

그림 10-8 ±3σ, ±6σ인 경우의 불량률 그래프

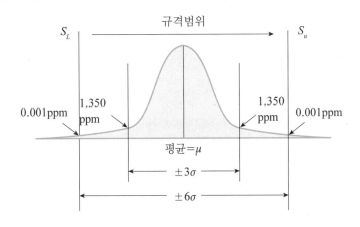

표 10-7 규격한계의 변화에 따른 불량률 변화

규격관계	양품률(%)	불량률(ppm)
$\pm\sigma$	68.27	317,300
$\pm2\sigma$	95.45	45,500
$\pm3\sigma$	99.73	2,700
$\pm4\sigma$	99.9937	63
$\pm5\sigma$	99.999943	0.57
$\pm6\sigma$	99.9999998	0.002

그러나 실무에서는 품질산포의 여러 가지 원인(재료, 방법, 장치, 사람, 환경, 측정 등)에 의하여 평균 μ 자체가 최대로 $\pm1.5\sigma$까지 흔들릴 수 있다고 평가되고 있다. 따라서 〈그림 10-9〉에서 보는 바와 같이 평균이 $\pm1.5\sigma$ 흔들리더라도 불량률은 3.4ppm으로 충분히 작은 값이다. 따라서 $\pm6\sigma$ 도전이 성취되면 불가피한 원인으로 평균이 약간 흔들리더라도 불량률은 100만 개 중에서 3.4개 이하로 관리될 수 있다.

우리나라의 반도체산업의 품질수준은 대략 $\pm4\sigma$ 정도로 파악되고 있는데, 이

그림 10-9 평균이 $\pm1.5\sigma$ 흔들리는 경우의 불량품

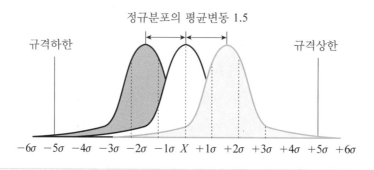

규격관계	양품률(%)	불량률(ppm)
$\pm s$	30.23	697,700
$\pm2s$	69.13	308,700
$\pm3s$	93.32	66,810
$\pm4s$	99.3730	6,270
$\pm5s$	99.97670	233
$\pm6s$	99.999660	3.4

경우에는 〈그림 10-9〉에서 보면 불량률이 6,270ppm까지 올라갈 수도 있다.

10.9 ISO 9000 품질인증제도

(1) ISO 9000 시리즈의 개요

1970년대 중반부터 품질이 산업과 무역에서 중요한 역할을 하게 되면서, 세계의 많은 국가들이 기존의 제품인증에 추가하여 품질시스템에 대한 인증제도를 새로이 국가표준으로 제정하고 이를 제3차 인증제도로 발전시켜 나가고 있다.

그러나 각국이 실시하고 있는 이러한 인증제도는 그 목적하는 바가 제품이나 서비스의 품질보증이라는 동일한 목표를 가지고 있음에도 불구하고 인증절차, 용어, 기준, 평가방법 등에서 차이를 보여 무역장벽의 요인이 되면서 기업 단위로 이에 대응하기가 더욱 어려워졌다.

이런 이유로 인증제도에 대한 통일론이 대두됨에 따라서, 국제표준화기구인 ISO(International Organization for Standardization)가 1979년도에 품질경영과 보증에 대한 기술위원회(ISO TC 176)를 구성하고, 1987년에는 품질경영과 품질보증에 관한 국제표준인 ISO 9000 시리즈를 제정하게 된다.

ISO 9000 시리즈는 각국의 다양한 품질인증제도를 국제적 차원에서 조정하는 역할을 하게 되며, 아울러 기업의 품질보증시스템 구축의 지침이 되고 있다. 우리나라는 1992년 4월에 이를 한국공업규격으로 채택하였다.

이 시리즈는 〈그림 10-10〉과 같이 ISO 9000 ~ 9004로 구성되어 있다. 여기서 ISO 9001 ~ 9003은 사외 품질보증용이고, ISO 9004는 사내 QM을 확립하는 규격이다. ISO 9000은 QM 및 품질보증을 위한 전반적인 선택과 사용에 대한 지침서이다.

ISO 9001은 시장의 불특정적인 소비자를 대상으로 생산자가 소비자의 니즈조사, 제품연구개발 등 품질계획단계가 요구되는 제품을 생산하여 공급하는 체계로 설계 - 제조 - 출하 - 설치운영 및 서비스의 품질루프의 전 과정에서 품질의 적합성을 인증하게 되는 경우에 적용된다. 품질루프의 그림은 〈그림 10-11〉에

그림 10-10 ISO 9000 시리즈의 구성

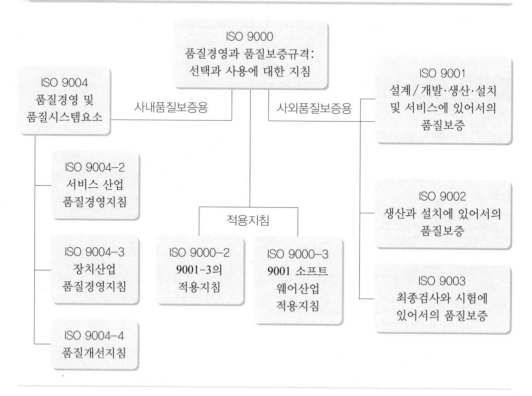

그림 10-11 품질루프

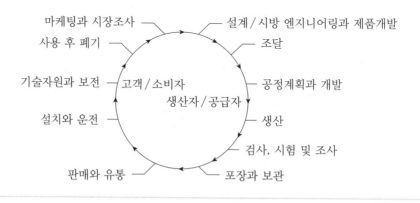

그려져 있다.

ISO 9002는 소비자로부터 요구되는 품질이 명확히 제시되어 있거나 제품규격이 널리 알려져 있어 생산자가 직접 설계를 할 필요가 없는 체제로 제조－출하－설치까지의 품질시스템의 적합성을 인증하게 되는 경우에 적용된다.

ISO 9003은 제품의 품질적합성이 시험－검사 기능만으로 인증될 수 있는 체제로 설계－제조 기능이 크게 고려되지 않아도 되는 경우에 적용된다.

ISO 9004는 사외품질경영용으로 사용되며, 품질경영방법 및 품질시스템 요소들에 관해 상세한 설명이 되어 있다.

(2) 통계적 방법의 사용

가장 포괄적이고 상세한 ISO 9004의 20을 먼저 인용하여 보자. ISO 9000 시리즈에서는 사내의 QM을 위하여, 그리고 공급자가 공정능력 및 제품특성을 검증하기 위하여 필요한 통계적 기법을 적절하게 확립하여 사용하도록 요구하고 있다.

통계적 기법을 제조 후 또는 검사의 단계에 국한하지 않고 품질루프(quality loop)의 모든 단계에서 적용하는 것이 바람직하다. 품질루프는 〈그림 10-11〉에 나타나 있으며 QM의 모든 단계가 여기에 포함된다.

통계적 방법을 용이하게 하여 주는 통계 프로그램(SAS, SPSS, S, RS/1, SQC 패키지 등)의 준비가 있어야 한다. 그리고 이러한 SPC 활동은 팀활동이 바람직하므로 회사에서 조직적으로 분임조 활동을 장려하는 것이 좋다.

통계적 기법과 관련된 ISO 규격으로는 다음과 같은 것들이 있다.

- ISO 2602: 테스트 결과의 통계적 해석(평균추정과 신뢰구간)
- ISO 2854: 데이터의 통계적 해석(평균과 분산에 대한 추정 및 검정방법)
- ISO 2959: 계수형 검사를 위한 샘플링방법 및 표
- ISO 3207: 데이터의 통계적 해석(통계적 공차간격의 결정)
- ISO 3301: 데이터의 통계적 해석(대응측정값인 경우에 두 평균의 비교)
- ISO 3494: 데이터의 통계적 해석(평균과 분산에 대한 가설검정의 검정력)
- ISO 3534: 통계용어 및 기호

- ISO 3951: 불량품검사에 대한 샘플링방법 및 표
- ISO 5725: 테스트방법의 정밀도(실험실 테스트에서 반복성 및 재현성 결정)
- ISO 14000: 환경품질경영

통계적 방법의 사용

1. 적 용

근대적인 통계적 방법의 정확한 적용은 품질루프의 모든 단계에서 중요한 요소이며 제조 후(또는 검사)의 단계에 한정되어 있지 않다. 다음과 같은 목적을 위하여 통계적 방법을 적용하는 것이 바람직하다.
① 시장분석
② 제품설계
③ 신뢰성 시험, 수명/내구성의 예측
④ 공정관리/공정능력조사
⑤ 품질수준의 결정/검사계획
⑥ 데이터분석/성능평가/결함분석

2. 통계적 기법

이용 가능한 통계적 방법 및 적용의 보기로서 다음과 같은 것이 있으며 이것에만 한정되어 있지 않다.
① 실험계획법/요인분석
② 분산분석·회귀분석
③ 안전성평가/위험분석
④ 유의성 검정
⑤ 관리도/누적기법
⑥ 통계적 샘플링검사법

Part

VI

IT기법 도입

MANAGEMENT
FOR
ENGINEERS

고독하다는 건
아직도 나에게 소망이 남아 있다는 거다
소망이 남아 있다는 건
아직도 나에게 삶이 남아 있다는 거다
삶이 남아 있다는 건
아직도 나에게 그리움이 남아 있다는 거다
그리움이 남아 있다는 건
보이지 않은 곳에
아직도 너를 가지고 있다는 거다

이렇게 저렇게 생각을 해 보아도
어린 시절의 마당보다 좁은
이 세상
인간의 자리
부질없는 자리

가리울 곳 없는
회오리 들판
아, 고독하다는 건
아직도 나에게 소망이 남아 있다는 거요
소망이 남아 있다는 건

아직도 나에게 삶이 남아 있다는 거요
삶이 남아 있다는 건
아직도 나에게 그리움이 남아 있다는 거요
그리움이 남아 있다는 건
보이지 않는 곳에
아직도 너를 가지고 있다는 거다

– 조병화

Chapter 11 물류 공급사슬관리(SCM)

11.1 서 론

1970년대부터 기업의 전략적 관심은 주로 품질관리에 있었다. 1980년대에 들어서는 린생산방식, 유연성, 적시생산(JIT: Just-In-Time) 등이 품질관리 환경의 경쟁적 우위를 얻기 위한 수단이 되었다. 그러나 이제 세계화와 정보기술의 발전이 촉매가 되어 공급사슬관리(SCM: Supply Chain Management)가 품질을 관리하고, 고객을 만족시키며, 지속적으로 경쟁력을 가질 수 있는 수단으로 인식되고 있다.

우선 공급사슬(supply chain)은 제품이나 서비스가 원자재 단계에서 최종 소비자인 고객에 도달하는 물리적 및 정보적 흐름과 변환에 관련된 모든 활동을 포함한다. 본질적으로, 공급사슬은 '공급(supply)'을 제공하기 위한 모든 자산, 정보, 프로세스를 말한다. 따라서 원자재 공급자에서 출발하여 부품 공급자, 소조립부품업자, 제품 또는 서비스의 생산자, 도소매업자, 그리고 최종 사용자인 고객에 이르기까지 서로 밀접한 관계를 가지는 여러 참가자로 구성된다.

〈그림 11-1〉은 공급사슬에서의 단계, 설비, 제품과 서비스의 물리적 이동을 나타내고 있다. 공급사슬은 원자재 공급자와 같은 기본적인 공급자에서 시작된다. 이러한 공급자를 상류(upstream) 공급사슬 참가자라고 하는 반면, 도소매업자, 재고관리자, 그리고 최종 고객들은 하류(downstream) 공급사슬 참가자라고 한다. 그림의 아래쪽은 공급사슬이 다운스트림으로 움직일 때 제품과 서비스의 흐

그림 11-1 공급사슬

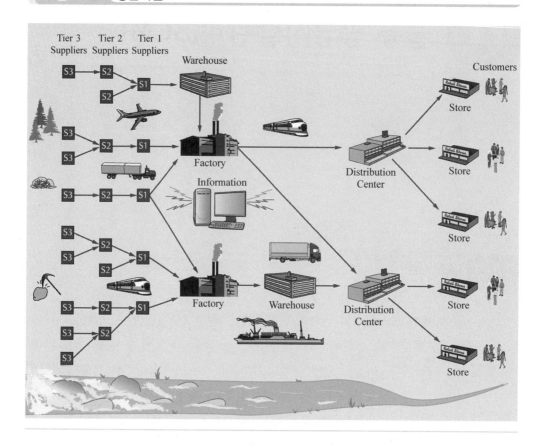

름(수요)를 나타내며, 업스트림에서는 매우 거친 반면에 하류로 갈수록 부드러워
진다. 또한 가운데 위치되어 있는 '정보'는 공급사슬의 심장이자 뇌로서 다른 역
할은 추후에 설명하기로 한다.

　〈그림 11-1〉의 공급사슬은 단일 생산자가 단일단계의 공급자와 단일 그룹
의 최종고객과 직접적으로 연결되어 있음을 보여준다. 예를 들어 식료품점은 농
부에게서 직접적으로 우유, 계란, 채소와 같은 식품을 중간자의 개입 없이 얻고
그것을 소비하는 고객에게 직접 판매할 수 있는데, 이러한 형태는 가장 기본적인
수준의 공급사슬을 나타낸다. 그러나 공급사슬은 더 전형적인 공급자와 고객의
연결고리로서, 모든 고객은 마지막 최종 소비자에 이르기까지 차례차례 다음 단
계의 공급자 역할을 한다. 예를 들어 〈그림 11-2〉는 청바지의 공급사슬로서 구
별된 공급자 그룹과 함께 간단한 제조 프로세스를 보여주고 있다. 여기서 청바지

그림 11-2 공급사슬: 청바지 사례

제조업자는 면직물(denim)을 생산하는 공급자를 가지고 있고, 다시 청바지 면직물 생산자는 면을 생산하고 염색하는 공급자를 가지게 된다.

〈그림 11-1〉과 〈그림 11-2〉에서 나타난 바와 같이, 제품 또는 서비스를 고객에게 전달하는 것은 매우 복잡한 프로세스이며, 서로 연결된 많은 과정과 활동들을 포함한다. 첫째, 제품이나 서비스에 대한 수요는 예측이며, 계획과 스케줄은 시간 프레임 안에서 수요를 만족시키기 위해 생성된다. 제품이나 서비스는 부품과 자재를 준비하고 제조 또는 서비스 현장으로 운송해 올 다수의 공급자를 필요로 할 수 있다. 세계 최대 생산자 중 하나인 제너럴 모터스의 경우 120개의 부품 공장과 30개의 자동차 조립 공장에 공급하는 2,500개 이상의 공급자를 가지고 있으며, 이들 공급자들 중 첫 번째 층의 공급자들은 직접적으로 공장에 공급을 하고, 두 번째 층의 공급자들은 첫 번째 층의 공급자에게 공급을 하며, 세 번째 층의 공급자들은 두 번째 층의 공급자에게 공급을 하는 식으로 구성되어 있다. 부품과 자재는 최종 제품이나 서비스로 변환된다. 이러한 제품들은 유통센터나 재고 저장소에 저장된다. 최종적으로 제품들은 외부나 내부의 고객에게로 운반된다. 그러나 이것은 절대 마지막 단계가 아니다. 이러한 고객들이 제품이나 서비스를 다시 변환하여 그들의 고객에게로 운송할 수 있기 때문이다. 이 모든 것이 공급 사슬의 부분, 즉 제품과 서비스의 원자재로부터 최종 고객까지의 흐름이다.

공급사슬은 또한 '고객 만족 제공'이라는 동일한 목표를 달성하기 위한 사업 프로세스와 활동의 통합된 그룹이다. 〈그림 11-3〉에서와 같이, 이러한 프로세스

그림 11-3 공급사슬 프로세스

들은 공급자로부터 서비스, 자재, 부품의 조달(procurement), 제품과 서비스의 생산(production), 주문의 처리 및 이행을 포함한 제품의 유통(distribution)을 포함한다. 정보와 정보기술은 이러한 프로세스들을 함께 엮어주며, 공급사슬에 통합시켜준다.

(1) 서비스 제공자를 위한 공급사슬

서비스를 위한 공급사슬은 제조 운영을 위한 공급사슬처럼 쉽게 정의되지 않는다. 서비스 제공자의 공급사슬은 고객에게 물리적인 상품을 항상 제공하지는 않기 때문에 공급사슬상의 물리적 품목(자재, 부품, 조립부품)의 흐름에 많은 초점을 기울이지 않는다. 대신에 서비스 제공에 필수적인 인적 자원과 지원 서비스에 더 많은 관심을 기울인다. 또한 서비스 제공자의 공급사슬은 제조 공급사슬보다 더 짧고 덜 확장되는 경향이 있다. 일반적으로 많은 공급자 층을 가지고 있지 않으며, 유통망 또한 작거나 아예 존재하지 않는다. 그러나 서비스 기업의 공급사슬은 정의 가능하며, 많은 동일한 원칙에 의해서 효과적으로 관리될 수 있다. 서비스 기업과 조직은 공급자들을 가지며, 그들의 제품을 고객에게 유통시킨다. 병원이나 보건기관의 경우 실질적인 상품을 고객에게 제공하지는 않지만, 장비, 컴퓨터, 약, 의약용품 등을 공급자로부터 구매한다. 그들은 또한 서비스 계약을 맺고(음식 준비나 세탁과 같이), 의사, 간호사, 회계사, 관리자, 직원을 고용하며, 의료 서비스를 제공한다. 그들은 공급사슬 전반에 걸쳐 품질관리 문제를 가지고 있다. 또한, 제조업 기반 공급사슬에서와 같은 문제와 비효율성에 부딪힌다. 맥도날드와 같은 다른 서비스 기업들은 사실상 물리적 제품을 제공한다.

(2) 가치사슬

최근 '가치사슬(value chain)', '수요사슬(demand chain)'과 같은 단어들이 공급사슬을 대체하는 의미로 사용되고 있다. 두 용어 간에 차이점이 있는가? 원래 가치사슬은 공급사슬보다 넓은 범위로 생각되어 왔다. 가치사슬은 원자재로부터 최종 소비자까지의 모든 단계를 포함하는 것이고, 반면에 공급사슬은 원자재와 조립제품을 제조과정에 넣기 위한 활동, 즉 공급에 더 좁게 초점을 맞추는 것이었다. 따라서 가치사슬의 궁극적인 목표는 최종 사용자에게 최대의 가치를 전달하는 것이다. 그러나 앞에서 언급한 바와 같이 공급사슬에 대한 일반적인 인식은 공급사슬 역시 이러한 넓은 범위를 포함한다. 대신에 수요사슬은 제조업자에서부터 최종 수요자로 확장되는 거래 상대들의 네트워크를 나타낸다. 수요사슬관리의 목적은 사슬의 어떤 부분 또는 모든 부분의 가치를 증가시키는 것이다. 이것은 공급사슬이나 가치사슬에 비해 한정된 관점일지도 모른다. 그러나 현실에서는 모든 용어들이 사실상 거의 같은 의미로 근접하고 있으며, 유의어로 자주 사용된다.

공급, 가치, 수요사슬의 인식에 있어 공통된 줄기는 가치이다. 고객에게 가치란 좋은 품질, 공정한 가격, 신속하고 정확한 배달이다. 고객에 대한 가치를 성취하기 위해서는 공급사슬의 참여자들이 모든 공급사슬의 단계에서 조직적으로 가치를 창출하기 위해 파트너로 행동해야 한다. 따라서, 기업들은 그들의 제조 프로세스에서 내부적으로 가치를 창출할 방법을 모색함과 동시에 제품 디자인과 품질을 향상시키고 공급사슬 성과와 속도를 높이며 비용을 감소시킴으로써 가치를 창출할 수 있는 공급사슬 파트너를 고려해야 한다. 이러한 가치 향상자를 성취하기 위해서는 공급사슬 참여자들이 서로 협력하고 그들의 프로세스 및 이 장에서 계속 언급될 주제들을 통합시키는 것이 중요하다.

11.2 공급사슬의 관리

공급사슬관리(SCM)는 제품과 서비스의 흐름과 공급사슬 동안의 정보를 고객 요구에 잘 반응함과 동시에 총 비용을 낮추기 위해 통합시키고 관리하는 데 초점을 맞춘다. 전통적으로, 공급사슬의 각 부분은 분리된(자립적인) 개체로서 그자신의 목표에 초점을 맞추어 관리되었다. 그러나 오늘날 글로벌시장에서 경쟁하는 기업들의 능력은 공급사슬에서 모든 참여자들의 통합된 노력으로 결정된다.

공급사슬은 참여자들 간의 긴밀한 협업, 협력, 의사소통이 효과적일 것을 요구한다. 공급자들과 그들의 고객들은 정보를 공유해야 한다. 오늘날의 공급사슬관리는 고객, 공급자, 유통업자, 제조업자 간의 신속한 정보흐름을 가진다는 특징이 있다. 공급자들과 고객들은 또한 동일한 목표를 가져야 한다. 그들은 서로 신뢰할 수 있어야 한다. 고객들은 그들 공급자의 제품과 서비스의 품질과 적시성을 확신할 수 있어야 한다. 더 나아가 공급자들과 고객들은 공급사슬의 설계에 함께 참여함으로써 공유된 목표를 얻고 정보흐름과 의사소통을 촉진해야 한다.

(1) 공급사슬 불확실성과 재고

기업이 그들의 공급사슬을 관리하는 가장 주된 목표 중 하나는 자재, 부품, 조립제품, 서비스의 흘러 들어오는 업스트림과 생산과 유통의 다운스트림을 동기화(synchronize)하여 추가 재고 비용을 발생시키지 않으면서도 고객 수요의 불확실성에 대응하는 것이다. 공급사슬에서 불확실성과 변동성을 증가시키는 요소의 예로는 부정확한 수요 예측, 길고 가변적인 리드 타임, 늦은 배달, 불완전한 수송, 제품 변경, 배치(batch) 주문, 가격 변동과 할인, 부풀린 주문 등이다. 공급사슬 불확실성과 변동성의 가장 큰 부정적인 영향은 지연과 불완전한 주문이다. 만약 공급자로부터의 배달이 늦거나 불완전하다면, 공급사슬 전반에 걸쳐 제품과 서비스의 흐름이 느려지게 되며, 궁극적으로 낮은 품질의 고객 서비스로 귀결된다. 따라서 기업들은 이러한 불확실성에 대응하고 지연을 방지하기 위한 보험으로서 재고(inventory)를 가지게 된다.

공급사슬 참여자들은 불확실성의 부정적 효과를 최소화하고 공급자에서 고객까지의 제품과 서비스 흐름을 순조롭게 유지하기 위해 버퍼(추가) 재고를 모든 단계에서 가지게 된다. 예를 들어, 만약 부품 주문이 공급자로부터 늦게 도달하거나 아예 도달하지 않았다면, 제조업자는 그러한 상황에 대비하여 재고에 저장해두었던 부품을 사용하여 생산을 지속하고 고객에게 적시에 배달을 유지할 수 있다.

기업들은 또한 재고를 축적하는데 그들이 주문과 유통비용을 억제하거나 공급자로부터 할인된 또는 스페셜 가격을 얻기 위해 큰 배치(batch)로 주문을 하려하기 때문이다. 그러나 재고는 매우 많은 돈이 든다. 선반 위에 놓이거나 저장소에 있는 제품들은 다른 것에 쓰였을 수 있었던 돈이 쓰이지 않고 앉아 있는 것과 다름 없다. 소매 제품을 재고로 1년 동안 보관하는 비용은 그 상품 비용의 25% 이상으로 추정된다. 미국의 재고 보관 비용은 2000년도 기준 3천억 달러 이상이었다. 그것으로서, 공급자들과 고객들은 재고 비용을 최소화하거나 제거하려고 한다.

(2) 채찍 효과

부정확한 수요 데이터나 예측과 같이 왜곡된 정보 또는 정보의 부족은 고객 끝에서부터 물결 효과를 이루어 공급사슬을 따라 업스트림으로 돌아오며 각 단계에서 수요 변동성을 확대할 수 있다. 이것은 높은 버퍼 재고, 열악한 고객 서비스, 생산 스케줄 실수, 잘못된 용량계획, 비효율적인 수송, 높은 비용을 초래할 수 있다. 이러한 현상은 여러 다른 산업에서 관찰되었는데, 이를 채찍 효과 (bullwhip effect)라고 부른다. 채찍 효과는 수요 정보가 공급사슬의 업스트림으로 전달되어오면서 비교적 경미한 수요 변동성임에도 불구하고 굉장히 큰 것으로 확대될 때 일어난다. 〈그림 11-4〉에서 아랫부분이 이러한 현상을 반영한다. 물의 흐름이 업스트림에서 훨씬 많으며 혼란스럽다. 〈그림 11-4〉는 채찍 효과의 더 자세한 부분을 보여준다.

채찍 효과는 공급사슬 참여자들이 그들 자신만의 관심에 의해 의사결정을 하거나 주변의 참여자로부터 정확한 수요 정보를 얻지 못했을 때 일어난다. 만약 각 공급사슬 참여자가 공급하는 다음의 참여자에 대한 실제 수요가 불확실하고 자신이 없는데도 불구하고 그 자신의 수요 예측을 하고 있는 상황이라면, 그 불확실성을 보상하기 위해 추가 재고를 비축할 것이다. 즉, 그들은 안전 재고를 생성하는 것이다. 〈그림 11-4〉에서 나타난 바와 같이 최종 사용자의 수요는 비교

그림 11-4 채찍 효과

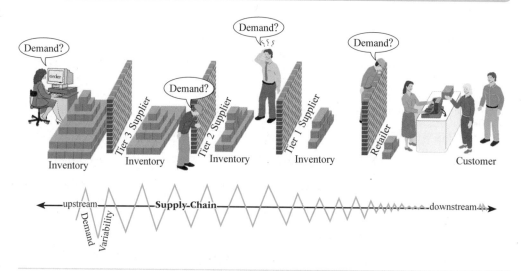

적 안정적이다. 하지만 수요에 조그만 변화가 일어난다면 유통자는 왜 그 변화가 일어났는지 모르며, 따라서 과잉반응을 보이며 그 자신의 수요를 늘리려 하거나, 역으로 고객 수요가 예상치 못하게 감소할 경우 그 자신의 수요를 너무 낮추게 될 것이다. 이러한 현상은 유통자에게 공급을 하는 제조업자나 제조업자에게 공급을 하는 공급자들에서 더욱 과잉반응으로 일어날 것이다. 채찍 효과에 대응하는 방법 중 하나는 공급사슬 참여자들이 정보, 특히 수요 예측 정보를 공유하는 것이다. 만약 공급사슬이 투명성을 보이게 되면, 참여자들은 다른 참여자의 정보에 접근할 수 있고 불확실성을 감소하거나 제거할 수 있다.

프록터앤 겜블(P&G)은 일회용 종이 기저귀(pampers) 생산에 대한 주문량의 불규칙한 변화가 공급사슬을 오르락내리락 하게 하는 것을 발견하였을 때 채찍 효과를 경험했다. 일회용 종이 기저귀의 소매 판매량은 비교적 균일했고 어떤 특정한 날이나 월에 수요가 상당히 높거나 낮아지는 경우는 없었다. 주문은 안정적이고 재고는 낮아야 했다. 일회용 종이 기저귀의 최종 사용자인 신생아나 애기들은 이러한 극도의 수요 변동을 일으키고 있지 않았기 때문에 P&G는 원인을 알아내기 위해 공급사슬의 초과근무를 시행했다. 유통자의 주문이 소매 판매에서보다 공장이 요동치게 만들었던 이유였음을 발견했다. 그들의 주문은 소매점에서의 보증된 수요 변동보다 더 변동적이었다. P&G는 공급사슬의 업스트림으로 조사를 시행하면서 그들의 주요 공급업체인 3M에 대한 주문은 더 심하게 변동하였으며, 최대의 변동성을 보이고 있음을 알 수 있었다. 변동성은 각 업스트림 링크에서 다운스트림 단계의 변동성에 대한 과잉반응과 같이 공급사슬을 통해 수요를 처리하는 방식을 맞춤으로써 확대되고 있었으며, 결국 각 단계에 필요한 재고보다 많은 재고를 갖게 되었다. 공급사슬의 가장 극단의 사용자 측 수요 불확실성은 채찍이 되어 요동치며 공급사슬의 윗단으로 올라오면서 확대되었다.

11.3 정보기술: 공급사슬 조장자

정보는 모든 공급사슬 프로세스와 참여자 간 연결에 필수적이다. 즉, 정보가 공급사슬의 모든 측면을 연결시킨다. 컴퓨터와 정보기술(IT)은 공급사슬 전반에 걸쳐 실시간, 온라인 커뮤니케이션을 가능하게 한다. 제품 및 서비스의 공급사슬을 통한 효율적인 흐름을 가능하게 하는 기술을 "조장자(enabler)"라고 부르며, 정보기술은 효과적인 공급사슬관리의 가장 중요한 조장자가 되었다.

공급사슬 전문가와 컨설턴트들은 다음과 같은 어구를 사용하는 것을 좋아한다. "현대 공급사슬관리에서, 정보는 재고를 대신한다." 이 문장이 글자 그대로는 사실이 아닐지 몰라도(기업들은 어떨 때는 정보뿐만 아니라 재고가 반드시 필요하다) 정보는 공급사슬이 운영되는 방법을 바꾸며, 이러한 변화는 재고를 낮출 수 있다. 정보기술이 없으면 공급사슬관리는 지금처럼 성취되기 어렵다. 더 중요한 정보기술 공급사슬 조장자들이 〈그림 11-5〉와 같다.

- EDI: 공급사슬 참여자들이 주문 처리, 회계, 생산, 재고 관리, 유통을 연결할 수 있게 함
- 바코드: 제품 정보, 아이템 번호, 공급원 및 수신원, 취급제도, 비용, 주문 번호 등 제품이 공급사슬을 흘러갈 때의 제품 정보를 포함함
- RFID: 라디오파를 이용하여 스캐너와 패키지 또는 컨테이너와 같은 아이

그림 11-5 공급사슬 조장자

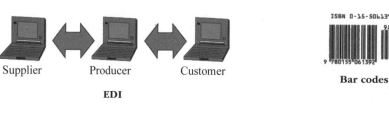

Supplier　　Producer　　Customer

EDI

ISBN 0-15-506139-9

Bar codes

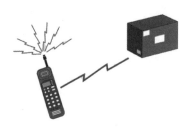

Radio Frequency Identification(RFID)

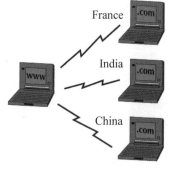

France .com

India .com

China .com

Internet

템 사이에 데이터를 전송함
- 인터넷: 기업이 공급자, 고객, 선적인, 및 전 세계 매매자와 즉시 의사소통할 수 있게 함

(1) 전자 상거래

전자 상거래(E-business: Electronic business)는 물리적 프로세스를 전자적으로 바꾸고 있다. 전자 비즈니스에서, 공급사슬 거래는 EDI, 이메일, 전자자동결재시스템(ETF: Electronic Funds Transfer), 전자 출판, 이미지 처리, 전자 게시판, 데이터베이스 공유, 바코드, 팩스, 자동 음성 메일, CD-ROM 카탈로그, 인터넷, 웹사이트 등과 같은 다양한 전자 미디어로 이루어진다. 기업들은 공급자와 고객 간에 전자적으로 정보를 움직이는 프로세스를 자동화할 수 있다. 이를 통해 인건비와 시간을 동시에 절약할 수 있다.

전자 상거래가 공급사슬 관리에 도입할 수 있는 특징들은 다음과 같다.

① 낮은 거래 비용(인력과 서류 비용 포함)으로 도출된 비용 절감 및 가격 감소
② 중개자(소매자와 서비스 공급자까지도) 역할 감소 또는 배제와 그로 인한 비용 절감
③ 주문 및 납품을 위한 공급사슬 반응 및 거래시간 감소
④ 기업의 존재감 확대 및 가시성 증가
⑤ 서비스에 대한 즉각적인 접근성으로 인해 향상된 서비스
⑥ 방대한 양의 고객 데이터 및 선호 정보의 획득 및 분석
⑦ Amazon.com과 같이 웹을 통해서만 유통하는 가상 기업의 신설, 소매 공간을 유지할 필요가 없기 때문에 낮은 가격에 판매 가능
⑧ 인프라(공장 및 설비)와 마케팅에 투자할 자원이 부족한 작은 기업들에게 공평한 기회 보장
⑨ 국제적인 시장, 공급자, 유통채널에 대한 접근성 획득

〈표 11-1〉은 Nabisco가 전자 상거래 역량을 가지게 된 결과 일어난 공급사슬관리의 진화를 설명하고 있다. 표에서는 예시적으로 Planters 브랜드에서 사용된 캐슈라는 한 제품의 흐름을 비교하고 있는데, Nabisco의 브라질 공급자로부터

원재료 상태의 캐슈를 주문해서 최종 소비자인 뉴욕의 슈퍼마켓 체인에 이르는 공급사슬의 "예전"과 "새로운" 방법을 비교하고 있다.

표 11-1 Nabisco의 공급사슬 진화

활동	이전	현재
예측/주문	Nabisco는 고객에 대한 컨설팅 없이 뉴욕의 고객들이 분기에 판매할 Planters 캐슈의 양을 결정함	Nabisco와 고객들은 현재 POS 데이터, 이전 수요 패턴, 다가오는 웹의 프로모션에 기반하여 판매 예측량을 공유하고 공급량에 동의함
조달	Nabisco는 브라질 사무소에 전화로 연락하고 직원들은 지역 농부들에게 항구로 가는 트럭에 원재료 상태의 캐슈를 넣으라는 주문을 개인적으로 전달함	Nabisco는 브라질 사무소에 이메일로 연락하나, 직원들은 여전히 지역 농부들에게 개인적으로 연락 해야함
운송	선적회사는 캐슈가 출항하면 Nabisco에 통지함. 캐슈가 플로리다 잭슨빌에 도착하면, 화물 운송업자는 세관신고를 위한 서류업무를 처리하고, Nabisco 공장으로 운송할 트럭을 위치시키기 위해 동분서주함. 트럭은 캐슈를 Nabisco의 제조 공장에 가져옴. 이때, 그것은 반만 차 있고 빈 상태로 돌아감으로써 Nabisco에 비용을 증가시킬 수 있음	선적자와 트럭업자들은 합작을 통한 세계적인 운송시스템을 통해 온라인으로 최신의 정보를 공유함. 운송시스템은 다수의 제조업자와 운송회사를 연결하고 세관절차를 처리해줌. 또한 완전히 적재된 특정 트럭을 움직이게 하기 위해 주문과 운반차를 맞춤
유통	너츠가 볶아지고 포장되면 트럭은 Nabisco의 전국 12개 저장고에 운반하고, 매장에 운송될 준비가 됨. 그러나 지역별 수요가 논의된 적이 없기 때문에 고객이 원하는 매장 근처에 위치하지 않음	너츠가 공장에서 볶아지고 포장되면, Nabisco는 캐슈를 제3유통자에게 보냄. 이 유통자는 Nabisco의 핵심 경쟁력이 아닌 공급사슬 활동을 경감함. 유통자는 Nabisco의 경쟁자로부터의 다른 제품들과 트럭의 너츠를 통합해 고객에게 완전 적재된 트럭이 나갈 수 있게 함
고객	Nabisco가 너무 많은 캐슈를 주문한 경우, 창고에서 그들은 약해질 것임. 반대로 그들이 너무 적은 캐슈를 주문한 경우, 고객은 캐슈를 다른 곳에서 구매할 것임	Nabisco는 고객의 니즈를 정확히 알고 따라서 캐슈의 부족이나 과잉공급이 없음. 운송, 유통, 재고관리, 재고 비용 감소, 제품 및 서비스 품질이 향상됨

(2) 전자 데이터 교환

전자 데이터 교환(EDI: Electronic Data Interchange)은 미국규격협회(ANSI)와 국제표준화기구(ISO)가 확립한 표준 양식의 사업문서를 컴퓨터와 컴퓨터가 교환하는 것이다. 전자 데이터 교환은 거래 파트너가 구매, 선적 등을 수행할 때 종이 대신 인터넷 거래를 사용할 수 있는 데이터 교환을 창출한다. EDI는 공급사슬 참여자들이 함께 주문 처리, 회계, 생산, 유통을 할 수 있도록 연결한다. 또한 정보에 대한 빠른 접근을 제공하고, 더 나은 고객 서비스를 가능하게 하며, 서류업무를 감소시키고, 더 나은 의사소통을 가능하게 하고, 생산성을 높이고, 추적과 발송을 향상시키며, 거래와 비용 효율성을 향상시킨다.

EDI는 이 장 초반에 설명한 채찍 효과를 감소시키거나 제거하는 데 효과적일 수 있다. EDI를 통해, 공급사슬 참여자들은 실시간으로 수요 정보를 공유할 수 있고, 따라서 더 정확한 수요 예측을 개발하고 공급사슬의 각 업스트림 단계에서 확대될 수 있는 불확실성을 감소시킬 수 있다.

(3) 바코드

바코드에서는 제품, 컨테이너, 패키지, 심지어 운송수단에 이르는 컴퓨터 판독가능 코드가 공급사슬을 흐르는 아이템에 부착된다. 바코드는 아이템의 식별가능한 정보를 포함한다. 제품 설명, 아이템 번호, 공급원 및 수신원, 특별취급제도, 비용, 주문번호 등이 가능하다. 어느 식료품은 그것을 재배한 농부나 그것이 자란 지역으로 감별될 수 있다. 바코드 정보가 전자 스캐너를 통해 기업의 컴퓨터로 입력되면, 공급사슬 참여자에게 공급사슬에서 아이템의 장소와 같은 결정적 정보를 제공할 수 있다.

바코드 기술은 공급사슬 관리에서 엄청난 영향을 미쳤으며, 여러 상황에서 수천 기업들에서 사용되고 있다. 페덱스나 UPS와 같은 패키지 유통 기업들은 바코드를 그들 자신과 고객들에게 즉각적인 상세 추적 정보를 제공하기 위해 사용한다. 슈퍼마켓들은 금전출납기에 스캐너를 두고 통일상품코드(UPCs: Universal Product Codes)로부터 가격, 제품, 제조자의 정보를 얻기 위해 사용한다. 항공사들은 바코드를 경로 간 수화물의 발송과 분실된 수화물을 추적하는 데 사용한다(그러나 수화물이 아주 높은 비율로 잘못된 도착지에 보내지는 것을 보면, 항공사들이 이

기술을 효과적으로 사용하고 있는지 의심스럽다).

바코드가 계산대에서 스캔 되면 포스(POS: Point-Of-Sale) 데이터(제품 판매에 대한 즉각적인 컴퓨터 기록)를 형성한다. 이러한 정보의 조각은 즉각적으로 공급사슬에 전송되어 재고 기록을 업데이트 시킬 수 있다. 포스 데이터는 공급사슬 참여자인 공급자, 생산자, 유통자들에게 빠르게 트렌드를 파악하고, 부품과 재료를 주문하고, 주문 및 생산을 계획하고, 유통을 계획하도록 한다.

(4) RFID

바코드 파트너처럼 여겨지고 있는 최근의 혁신은 RFID(Radio Frequency Identification)이다. RFID 기술은 라디오파를 사용하여 리더기인 스캐너와, 선적 컨테이너나 상자와 같은 아이템 간에 데이터를 전송하는 기술이다. RFID는 작은 마이크로칩과 주로 작고 얇은 리본 형태의 컴퓨터로 이루어져있는데, 이 리본은 거의 어떤 형태로든 삽입이 가능하다(예를 들어 박스의 판지 사이의 계층, 테잎의 부분, 라벨 등). RFID "태그"는 고유식별번호를 저장한다. RFID 스캐너는 태그를 켜기 위해 안테나를 통해 라디오 신호를 전송하고, 그러면 그 번호로 응답하는 것이다. 추후에는 태그가 전자상품코드(EPC: Electronic Product Code)가 될 수 있으며, 제품 아이템에 대한 더 상세한 정보를 가진 데이터베이스로 연결될 수 있다. 바코드와 달리 RIFD 태그는 판독을 위한 선을 필요로 하지 않고, 많은 태그들이 동시에 먼 거리에서 판독될 수 있다.

RFID 태그는 공급자나 소매상들로 하여금 그들이 어떤 제품을 가지고 있는지, 제품이 어디에 있는지 자동으로 알게 할 수 있다. 예를 들어, 한 소매상이 동일 제품의 세 개 상자를 구별할 수 있고 하나가 창고에, 하나가 매장에, 하나가 수송 중에 있었다는 것을 안다면, 제품 위치 찾기, 배달, 보충이 매우 빨라질 것이다. 〈그림 11-6〉은 RFID의 장점을 보여준다. RFID 기술은 또한 미국으로 비행기를 통해서 또는 배를 통해서 선적되는 모든 아이템을 식별할 수 있다는 점에서 보안상의 장점도 가진다. 월마트는 그의 100대 공급자들에게 팰릿과 케이스에 EPC 기반 RFID 태그를 2005년도까지 부착할 것을 요청했고, 그 결과 그 다음해 80억 달러를 절감할 것으로 예상하고 있다. 그러나 RFID가 언제나 더 비싸기 때문에 RFID 기술이 완전히 바코드를 대체할 수는 없을 것이다.

그림 11-6 RFID의 능력

RFID directs packages through
a conveyor system in distribution center

RFID reads item in inventory at a store or DC plus
items in transit so company knows up-to-date
inventory status and can synchronize supply chain

Employee finds items in bins or
puts items in bins with RFID

RFID checks arriving truckloads
for security and updates inventory

RFID keeps track of items on ships and planes leaving
global ports or coming into U.S. for security

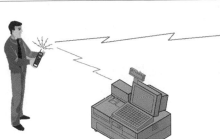

Customer finds pair of jeans with her
size(with chip sewn into label) on store
shelf with radio wand provided by store;
pays with cell phone RFID technology

(5) 인터넷

인터넷만큼 공급사슬관리와 사업 일반에 큰 영향을 미친 최근의 기술 혁신이 또 있을까. 인터넷을 통해 사업자는 고객 및 공급사슬의 다른 사업자들과 세계 어디서나, 실시간으로 의사소통할 수 있다.

인터넷은 지리적 장벽을 무너트렸고, 기업들이 이전에는 접근이 불가능했던 전 세계적인 시장과 공급자에게 접근하는 것을 가능하게 했다. 그 과정에서 인터넷은 거래 프로세스의 이점을 판매자에서 구매자로 이동시켰는데, 그것은 기업들이 더 낮은 가격에 더 좋은 서비스를 얻기 위해 전 세계의 더 많은 공급자와 거래하기 쉬워졌기 때문이다.

인터넷은 공급사슬에 속도와 접근성을 부가한다. 기업들은 인터넷을 공급자, 공장, 유통업자, 고객들과 직접적으로 연결하는 데 사용함으로써, 주문과 구매 거래와 관련된 종전에 시간이 많이 걸리는 활동들을 감소 또는 제거할 수 있다. 기업들은 주문과 유통에 속도를 올리고, 주문과 유통을 실시간으로 추적하며, 재고정보를 즉각적으로 업데이트하고, 고객으로부터 즉각적인 피드백을 얻는다. 이러한 정확한 정보와 속도의 조합은 기업들이 불확실성과 재고를 줄일 수 있게 한다. 인터넷 상거래는 10년 안에 6조 달러를 초과할 것이라 예상된다.

세계 최대 다각화 제조업자인 제너럴 일렉트릭은 웹을 공급자와 고객 둘 다를 위한 사업활동에 초점을 맞춰 활용했다. GE는 최근 재정적 성공의 대부분이 인터넷 덕분이라고 말한다. GE는 다른 비컴퓨터 제조업체보다 많은 사업을 인터넷에서 진행하고 있다.

(6) 주문생산: Build-To-Order(BTO)

델은 인터넷을 통해 직접판매모델로 이동한 첫번째 컴퓨터 회사였다. 초기에는 고객의 전화주문에 기반한 주문생산(BTO)모형이었다. 델은 공급자에게 팩스로 전달된 엄청난 수의 주간 구입 주문을 이용해 효율적인 공급사슬을 구축했다. 그러나, 델은 이제 공급자에게 인터넷을 통해 매 시간 또는 그보다 적은 시간에 주문을 한다. 델의 공급자들은 회사의 재고와 생산계획에 접근할 수 있고 그들이 얼마나 선적 스케줄을 만족시키고 있는지 즉각적인 피드백을 받는다.

델의 웹사이트는 고객들이 PC를 원하는 특징으로 구성할 수 있게 한다. 주문을 하고 주문 상태를 추적하기 위해서 주문부터 배달까지 그들의 구매를 실시간으로 추적할 수 있고, 주문이 선적되면 바로 이메일을 받을 수 있다. 또한, 델은 법인 또는 공공 부문 고객을 위한 안전 비공식 사이트를 개설해 고객의 제품에 특화된 정보를 서비스하고 지원할 수 있는 액세스를 제공한다. 그리고 델은 공통 시스템 문제에 따라 대화식으로 문제를 해결하는 증상에 따른 고장수리 모듈을 포함하는 자가진단도구 및 기술적 안내자료를 온라인으로 제공한다.

이제 대부분의 주요 자동차 제조업체, 즉 포드, General Motors, 다임크라이슬러, 폭스바겐, 도요타는 인터넷을 통해 제공된 개별 고객의 명세(BTO)에 따라 차량을 생산할 수 있는 웹기반 장치를 출시했다. 그러나 자동차 회사의 공급사슬은 델과 같은 컴퓨터 제조업자의 공급사슬보다 훨씬 복잡하다. 대부분의 자동차 모형들은 수천 개의 가능한 구성옵션을 가지고, 자동차 부품은 수천 공급자의 복잡한 다계층 웹이며, 완성차량은 독립적인 딜러의 네트워크를 통해 분배된다. 따라서 인터넷 기반 BTO 차를 만들기 위해서 현실은 새로운 시스템에 대한 막대한 투자를 요구할 것이며, 자동차 제조업자와 공급자는 그들의 전통적인 공급사슬 프로세스를 다시 설계해야 할 것이다. 〈표 11-2〉는 인터넷 기반 BTO 모형을 위해 일어나야 하는 공급사슬 프로세스의 변화를 설명한다.

표 11-2 E-Automotive 공급사슬

공급사슬 프로세스	기존 자동차	E-Automotive
고객 판매	주도(push) : 재고로부터 판매	견인(pull) : 주문생산방식(BTO)
생산	평탄하고 안정적인 생산	고객 수요 및 반응, 공급사슬 유연성
유통	대량	특정 고객 위치에 차량을 운송하기 위해 신속, 신뢰, 고객화
고객관계	딜러 수유	딜러와 제조업사 공유
불확실성 관리	딜러 측에 대형 재고창고	공유된 정보에 기반한 소형 재고창고, 전략적으로 위치한 부품 재고창고
조달	배치기반(Batch-oriented), 딜러는 배당에 따라 주문	계약된 유효성 정보에 따라 실시간으로 주문
제품설계	고객 니즈에 관계없는 복잡한 제품	고객이 무엇을 원하는지에 대한 좀 더 나은 정보에 기반한 간소한 제품

11.4 공급사슬 통합

성공적이고 효율적인 공급사슬을 가지기 위한 핵심 중 하나는 다양한 공급사슬 참여자로 하여금 협력하고 함께 일하게 하는 것, 즉 "동시에 이루어지게 동기화"하는 것이다. 이러한 수준의 조화를 공급사슬 통합이라 한다. 정보기술은 네가지 측면-정보공유, 협력적 계획, 업무흐름 조정, 새로운 모형과 기술 수용-에서 공급사슬 통합을 이루기 위한 핵심 요소이다. 〈표 11-3〉은 이러한 요소들이 공급사슬 성과에 미치는 긍정적 영향을 설명한다.

표 11-3 공급사슬 통합

통합 요소	영향
공급사슬 참여자 간 정보 공유	• 채찍 효과 감소 • 조기 문제 감지 • 응답 속도 감소 • 신뢰 형성
협력적 계획, 예측, 보충, 설계	• 채찍 효과 감소 • 비용 감소(자재, 유통, 운영 등) • 활용 용량 증가 • 고객 서비스 수준 향상
조정된 업무흐름, 생산 및 운영, 조달	• 생산 효율성 • 응답 속도 감소 • 서비스 향상 • 빠른 시장 진입
새로운 비즈니스모델 및 기술 수용	• 새로운 시장 침투 • 새로운 제품 창출 • 효율성 증가 • 대량 맞춤(mass customization)

(1) 협력적 계획, 예측, 보충

협력적 계획, 예측, 보충(CPFR: Collaborative Planning, Forecasting, and Replenishment)이란 둘 또는 그 이상의 공급사슬상의 기업이 그들 개인의 수요 예측치를 동기화하여 고객 수요에 맞는 단일계획을 세우기 위한 프로세스이다. CPFR을 통해 참여자들은 이전 판매 트렌드, POS 데이터, 보유 재고, 계획된 프로모션, 예측을 포함하는 지원 데이터와 촌평, 논평들을 전자적으로 교환한다. 이는 참여자들에게 예측치의 차이에 집중함으로써 조정된 공동 예측치로 조정할 수 있게 한다. 그들은 데이터를 함께 검토하고 계산을 비교하고 무엇이 차이를 만들어내는지 협력하여 알아내게 된다. 예외가 없다면, 그들은 구매 주문과 선적을 개발할 수 있다. CPFR은 EDI를 필요로 하지는 않는다. 데이터가 스프레드시트나 인터넷을 통해 전송될 수 있다. CPFR은 실질적인 협력을 의미하는데, 양측 참여자가 함께 일하고 문제를 해결하는 데 동참하기 때문이다. 이러한 종류의 협력시스템에서 예측치를 공유하는 것은 제조업자와 유통업자 모두에게 엄청난 재고 수준 감소를 야기할 수 있다. 그 이유는 채찍 효과를 감소시키고 따라서 비용을 절감하기 때문이다.

11.5 공급자

공급사슬은 〈그림 11-1〉에서 보았던 것처럼 필연적으로 공급사슬의 가장 먼 업스트림의 점인 원자재에서 출발한다. 구매한 자재는 역사적으로 제조 원가의 반을 차지하며, 많은 제조업자들이 그들 부품의 반을 구매한다. 기업들은 그들의 제품을 시간에 맞춰 배달하고, 높은 품질을 유지하고, 낮은 비용을 가지는 제품으로 생산하는 데 필요한 원자재, 부품, 서비스를 원한다. 이러한 요건은 그들 공급자의 책임이기도 하다. 만약 공급자로부터의 조달이 늦어진다면, 회사는 그들 고객에게 늦어지지 않기 위해 크고 비싼 재고를 유지할 수밖에 없을 것이다. 따라서, 공급자로부터 제품과 서비스를 구매하는 것, 또는 조달(procurement)은 공급사슬관리에서 중요한 역할을 한다.

(1) 공급자 팀워크

기업과 공급자의 성공적인 파트너십을 개발하는 핵심 요소는 연결성의 구축이다. 가장 중요한 연결성은 정보흐름, 즉 기업과 공급자가 그들의 활동을 조정하기 위해서 의사소통(제품 수요, 비용, 품질 등에 관해)을 해야만 하는 것이다. 의사소통과 정보의 공유를 촉진하기 위해서 많은 기업들이 팀을 사용한다. 기업 통합 팀(cross-enterprise team)은 기업과 공급자 간의 프로세스를 조정한다. 예를 들어, 할리데이비슨의 현지 공급자들처럼 공급자들이 기업의 제품 설계 프로세스에 참여할 수 있다. 기업이 제품을 설계하고 나서 공급자들에게 필요한 부품을 제공할 수 있는지 물어보거나, 기업이 존재하는 부품을 가지고 제품을 설계하려고 하기 보다 공급자가 설계 프로세스에 함께 참여함으로써 가장 효과적인 설계가 가능함을 인증하는 것이다. 이러한 형태의 협력은 양쪽 참여자의 전문성과 능력을 이용할 수 있다. 또한 품질 특성이 제품에 설계될 수 있도록 한다.

재고 수준을 최소화하기 위한 노력으로, 기업들은 자주 그들의 공급자들에게 적시생산시스템(JIT: Just-In-Time) 또는 상당한 재고시스템을 유지하기 위해 즉시(on-demand, 다른 말로 직접 반응(direct-response)) 배송을 제공할 것을 요구한다. 연속 보충(continuous replenishment)에서는 기업이 실시간 수요와 재고 데이터를 공급자와 공유하고, 제품과 서비스가 그들이 원하는 만큼 제공된다. 공급자에게 이러한 형태의 배달은 보충을 위해 기존에 사용하던 대형 배치 주문 대신에 더 자주, 부분적인 배달을 하라는 것으로 인지된다. 대형 배치 주문이 공급자들에게 관리하기 쉽고 비용이 적게 드는 반면 고객의 재고를 증가시킨다. 또한 재고에 대한 많은 투자로 인해 급작스러운 시장 변화에 대응할 수 있는 고객의 유연성을 떨어뜨린다. 혼다의 오하이오 메리스빌 공장에서 사용되던 모든 부품은 일 단위로 배달되었다. 때때로 부품 조달은 하루에도 몇 번씩 요구된다. 이는 공급자들에게 그들 고객과 가까운 곳에 위치하도록 요구한다. 예를 들어, 혼다의 미국 공급자들의 75% 이상이 오하이오 메리스빌 조립 공장에서 150마일 반경 안에 위치한다. 매일 식료품 잡화상들은 캠벨 수프 회사의 수요와 재고 데이터를 EDI를 통해 유통센터에 보내고, 캠벨은 일 단위로 그들 제품의 재고 보충에 사용한다.

공급자들은 그들 고객의 품질, 낮은 재고, 즉시 배달에 대한 요구를 충족시키는 것에 덧붙여, 제품과 서비스의 가격을 낮추어 그들 고객들이 제품 비용을 낮출 수 있도록 도울 것으로 기대된다. 이러한 공급자에 대한 고객 요구(높은 품질, 즉각 배달, 낮은 가격)들은 잠재적으로 공급자에게 매우 높은 비용 요소이다. 제품과 서비스의 고객 요구에 따른 즉각적인 배송은 공급자들이 그들 자신의 초과 재고를 유지하도록 한다. 이러한 요구는 공급자들에게 그들 자신의 프로세스를 향상시키고 그들 자신의 공급사슬을 더욱 효율적으로 만들도록 요구한다. 공급자들은 그들 자신의 공급자에게 그들이 요구 받았던 것과 같은 것, 즉 높은 품질, 낮은 가격, 프로세스 개선, 더 나은 배송 성과를 요구하게 된다.

(2) 아웃소싱(Outsourcing)

전통적으로 공급자와 고객의 관계는 구매거래에 한정되어 있었다. 기업들은 제품과 서비스를 대부분 가격과 약속한 납기일에 기반하여 공급자로부터 구매했다. 그러나 공급자와 고객 간 관계는 좀 더 협력적인 관계로 진화하여, 공급자의 선택을 소싱(sourcing)이라고 부르게 되었다. 즉, 공급자들은 말 그대로 공급의 원천(source)인 것이다.

아웃소싱(outsourcing)은 원래 내부적으로 생산하던 제품과 서비스를 외부 공급자에게 구매하는 활동을 말한다. 아웃소싱은 새로운 것이 아니다. 수십년 간 기업들은 예상치 못한 수요 증가, 공장과 장비의 고장, 제품의 테스트, 공장 용량의 일시적 부족 등 문제에 대한 단기간 솔루션으로 아웃소싱을 활용해왔다. 그러나 아웃소싱은 단순히 단기적 전술 대신 장기적 전략적 의사결정이 되었다. 기업들, 특히 크고 다국적인 기업들은 생산, 서비스, 재고 기능의 더 많은 부분을 공급자의 손으로 넘기고 있다. 〈그림 11-7〉은 기업들이 아웃소싱하고자 하는 세 가지 주요 제품 및 서비스 카테고리를 보여준다.

- 주문자 상표 부착 방식(OEM: Original Equipment Manufacturer): 제품으로 직접적으로 들어가는 상품 및 서비스 – 부품, 가공, 구성품
- 기업 소모성 자재(MRO: Maintenance, Repair, and Operation): 제품으로 직접 들어가지 않는 간접적 상품과 서비스 – 사무실 지급품, 가구, 항공권, 수위 서비스
- 기업 서비스(corporate service): 공급사슬을 지원하는 서비스 – 유통, 창고, 정보시스템

많은 기업들이 그들의 핵심 경쟁력(core competency), 즉 그들이 가장 잘하는 것에 더 많이 초점을 맞추기 위한 전략적 이동으로 아웃소싱을 택한다. 그들은 공급자들로 하여금 기업이 매우 잘하는 것이 아니면서 공급자들이 가장 경쟁

그림 11-7 아웃소싱 되는 제품 및 서비스의 주요 카테고리

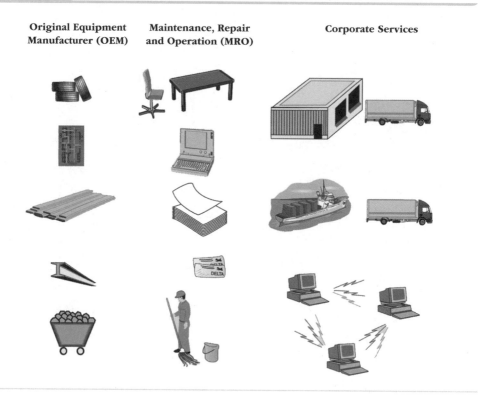

력 있는 것을 하게 한다. 전통적으로 많은 기업들, 특히 대기업들은 그들의 공급 사슬에서 모든 공급과 유통의 소스를 소유하고 운영하려는 노력을 기울였다. 그렇게 해서 직접적인 관리 통제를 하고, 잠재적으로 신뢰할 수 없는 공급자들에 대한 의존도를 감소시키려 했다. 하지만 이로 인해 이들 기업들의 자원은 얇아졌고, 그들의 모든 것을 잘 할 전문성을 가지지는 못했다는 것을 발견했다. 또한 거대하고 복잡한 공급사슬을 관리하는 것은 어려웠다. 불확실성과 관리 실무 부족을 완충시키기 위해 높은 수준의 재고를 공급사슬 내내 유지해야 했다. 최근의 아웃소싱 트렌드는 기업들에게 그들의 핵심 역량에 집중할 더 높은 융통성과 자원을 제공하고 공급자와의 파트너 관계는 통제와 함께 제공한다.

(3) 싱글소싱(Single Sourcing)

싱글소싱을 통해 기업은 제품과 서비스를 매우 적은 공급자, 또는 오직 하나의 공급자로부터 구매한다. 이전에는 많은 기업들이 부품이나 원자재를 목적을 가지고 많은 여러 공급자들로부터 구입했다. 기업이 어떤 단일 공급자로부터의 부품 구입을 최대 비율(10 또는 15%)을 제한하여 기업이 어떤 한 공급자에게 의존적이지 않도록 하는 것은 이상한 일이 아니었다. 한 공급자가 납기 스케줄을 맞추지 못하거나, 낮은 품질의 제품을 배달하면, 또는 사업에서 물러나면, 고객에 미치는 영향은 다른 공급자들에게까지 미칠 수 있었다.

그러나 싱글소싱을 통해 기업은 공급자의 비즈니스의 주요 비율을 기업이 차지한다면 공급자의 품질, 비용, 납기 성과에 더 직접적인 영향과 통제를 할 수 있다. 기업과 공급자는 공급자가 제품과 서비스에 대한 고객의 품질 표준을 맞추고 고객 비용을 낮추는 것을 돕는다는 데 동의함으로써 파트너십 관계를 맺게 된다. 기업은 재고를 감소시킬 수 있도록 공급자로부터의 납기 스케줄을 명기할 수 있다. 그 대신에 기업이 공급자와 장기 관계에 돌입하게 되면 공급자에게 안전과 안정을 제공한다. 이것은 그러한 조항의 이익이 고객에게 있는 것처럼 보이는데, 기본적으로 사실이다. 고객은 공급자의 비용, 품질, 성과를 지시한다. 하지만 공급자는 유사한 요구를 그들의 공급자에게 하게 되고, 이 같은 방식으로 전체 공급사슬은 더 효율적이고 비용 효과적으로 형성된다.

11.6 전자 조달(e-procurement)

전자 조달(e-procurement)은 인터넷으로 이루어지는 B2B 상거래의 부분으로, 구매자들이 소프트웨어 패키지를 이용한 웹사이트를 통해, e-marketplace, e-hubs, trading marketplace 등을 통해 직접적으로 구매한다. 1년간 IBM은 32,000명 공급자들과 280개 웹 기반 카탈로그로부터 전자 조달에 200억 달러를 사용하면서 약 4억 달러를 절약했다. 전자 조달을 하기 전에 IBM에서 주문을 처리하는 시간은 30일이 걸렸지만, 이제 하루밖에 걸리지 않는다. 인터넷은 기업으

로부터의 구매 주문과 거래 프로세스를 빠르게 능률적으로 처리할 수 있는 잠재
가 있다. 이로 인한 효용은 구매와 관련된 낮은 거래 비용, 제품 및 서비스의 낮
은 가격, 노동 비용의 절감, 주문 및 배달 시간 감소를 들 수 있다.

　　기업들은 인터넷을 통해 무엇을 사는가? 구매의 종류는 크게 두 카테고리로
나눌 수 있다. 제조 투입(직접 제품)과 운영 투입(간접 제품)이다. 직접 제품들은
제품의 생산 프로세스에 직접적으로 들어가는 원자재와 부품을 말한다. 이들은
산업별로 독특하기 때문에 산업 특화된 공급자나 유통업자로부터 보통 구매하게
된다. 또한 이들은 전문화된 배송을 요한다(UPS가 일반적으로 엔진 블록을 배달하지
는 않는다). 간접 제품들은 완제품의 생산에 직접적으로 들어가지 않는다. 이들은
기업 소모성 자재(Maintenance, Repair, and Operation) 제품 및 서비스를 의미한다.
이들은 산업에 특화되지 않으며, 사무실 지급품, 컴퓨터, 가구, 수위 서비스, 항공
권 등이 해당된다. 결과적으로 이들은 Staple이나 Gateway와 같은 판매회사로부
터 주로 구입되며 UPS와 같은 서비스를 통해 배달된다.

　　더 많은 기업들이 인터넷을 통해 직접 제품보다는 간접 제품과 서비스를 구
매하려는 경향이 있다. 한 가지 이유는 일반적으로 간접 제품이 직접 제품보다는
비용이 적게 들고 기업의 완제품의 품질에 직접적인 영향을 미치지 않으므로 크
게 신경 쓸 필요가 없기 때문이다. 인터넷을 통해 직접 제품을 구매하는 기업들
은 이미 안정된 관계를 가지고 있는 공급자들과 그렇게 하려는 경향이 있다.

(1) 온라인 장터(e-marketplace)

　　온라인 장터(e-marketplace 또는 e-hubs)는 공급자의 제품과 서비스를 하나의
인터넷 사이트에서 카탈로그처럼 통합한다. 예를 들어 MRO의 온라인 장터는 비
교적 높은 거래 비용을 가지고 있는 낮은 가치의 제품과 서비스를 인터넷을 통해
좀 더 싸고 효율적으로 구매할 수 있게 돕기 위해 다양한 공급자들의 통합된 카
탈로그를 제공한다. 직접 제품과 서비스에 대한 온라인 장터는 몇몇 사용하기 편
리한 웹사이트 공급자들의 그룹을 모아놓았다는 점에서 비슷하다.

　　1998년 Weirton 철강회사는 피츠버그에 기반한 철강 산업 온라인 장터인
MetalSite를 개시했는데, 현재 미국 5대 철강 생산자에게 소유되어 있다. 이러한
또는 Freemarket과 같은 새로운 온라인 장터(e-marketplace)들은 기업들이 공급사

슬을 효율적으로 운영하고 새로운 사업 파트너를 찾을 수 있도록 인터넷에 중립적인 공간을 제공한다. 온라인 장터는 또한 공급자들이 주문 계약에 입찰할 수 있는 온라인 경매, 온라인 구매 주문을 형성할 수 있는 다수 공급자의 온라인 제품 카탈로그, 그리고 구매자들이 그들의 니즈를 제출하고 사용자들이 응답할 수 있는 거래가 요청(RFQ: Request-For-Quote) 서비스를 제공한다. 몇몇 산업 전문가에 따르면 온라인 장터는 2005년까지 B2B 인터넷 거래의 35%를 차지한다.

(2) 역경매

최근 온라인 장터에서 구매자들이 물품을 구매하기 위해 쓰이는 인기 있는 프로세스 중 하나는 역경매(reverse auction)이다. 역경매에서는 한 기업이 구매하길 원하는 물품의 계약을 게시하면 공급자가 입찰할 수 있다. 경매는 주로 특정 시간 단위로 열리며 판매자는 가장 낮은 구매 가격을 제공하기 위해 그들이 원하는 만큼 입찰할 수 있다. 경매가 끝나면 기업은 구매 가격, 배송 시간, 공급자의 품질상 평판에 기초해 입찰건을 비교한다. 몇몇 온라인 장터들은 이전에 신뢰성이나 제품 품질로 제외되었거나 보증된 판매자들의 참여를 제한하기도 한다. 역경매는 제조 물품을 구매하는 데만 사용되지 않으며, 서비스 구매에도 사용된다. 예를 들면, 운송 거래는 수송회사들이 선적 계약에 입찰하도록 하는 역경매를 제공한다.

제너럴 일렉트릭과 같은 몇몇 회사들은 역경매를 넓게 사용하지만 IBM과 같은 기업들은 거의 사용하지 않는다. 때때로 기업들은 그들과 사업하는 공급자들 간에 가격 경쟁을 유도하기 위해 역경매를 사용하기도 하지만, 다른 경우에는 계약을 체결할 의도 없이 그저 최저가를 결정하기 위해 사용하기도 한다. 그들의 주된 공급자와 협상 시 사용할 기초 가격을 결정하기 위해서 말이다. 경매에서 낮은 가격의 입찰자들과 계약하는 기업들은 나중에 그들의 구매가 늦게 배달되거나 아예 배달되지 않거나 낮은 품질을 가지고 있음을 발견할 수 있다.

〈표 11-4〉는 특정 온라인 B2B 공급자 거래에서의 역경매 사용 시 조달을 표현하고 있다. 전통적으로 각 절차들은 대면 회의, 안내자, 전화, 팩스, 정기 메일, 이메일 등을 사용해 하나하나 수작업으로 이루어졌다(많은 경우 지금도 마찬가지이다). 온라인 공급자 거래는 조달 프로세스를 능률적이고 빠르게 한다.

표 11-4 온라인 조달 프로세스

단계	설명
1. 초기 공급자 검토	온라인 공급자 검토를 통해 조달 프로세스 시작
2. RFQ 문서 수집	거래가 요청(RFQ: Request-For-Quote) 문서를 중앙 온라인 저장소에 전자적으로 수집
3. RFQ 전송	데스크탑에서 전자 RFQ 문서를 다수의 입찰 공급자들에게 즉각적으로 전송
4. 수정사항 수집 및 재전송	RFQ에 대한 모든 수정사항은 전자적으로 추적
5. RFQ 응답 수신	구매자는 공급자로부터 정해진 형식의 전자 응답을 수신 구매자는 사업을 체결하거나 지속할 수 있음
6. 응답 수집 및 평가	검토를 위해 모든 입찰자들의 데이터를 수집
7. 공급자 검토	모든 입찰 검토
8. 입찰 리스트 좁히기	경합하지 않는 비경쟁적 입찰자들에게 전자적으로 알림
9. 협상	몇 시간 안에 이루어지는 온라인 경매에 참여한 나머지 모든 입찰자들을 초청
10. 입찰자 선택	

(3) 월마트 공급사슬

월마트는 공급자와의 특이한 관계를 형성한 공급사슬 혁신자로 널리 알려져 있다. 최근 정보 기술을 활용해 월마트는 실시간, POS 정보를 많은 소매상에서 주요 공급자들과 직접적으로 공유한다. 월마트는 프록터 앤 갬블(P&G)과 잘 알려진 제휴를 형성했다. P&G는 거래와 고객 수요에 대한 POS 데이터, 배송과 재고에 대한 정보의 공유를 촉진하기 위해 아칸소주 벤턴빌의 월마트 기업 본부의 고객 계정 팀을 가지고 있었다. P&G는 월마트 매장의 제품 재고를 유지하고 보충하며, 월마트는 P&G에 현장 재고 제한과 함께 보충 시간과 양에 대한 통제를 제공했다. 이는 월마트가 그들 매장의 P&G 제품과 재고를 관리하는 데서 자유롭도록 했다. 이러한 두 기업으로 조성된 혁신적인 관계는 공급자재고관리(VMI: Vendor Managed Inventory)라고 한다.

예를 들어, 월마트는 매장에 가져다 놓기 이전 재고창고에 있던 P&G 제품 팸퍼스 기저귀의 대형 재고를 활용하곤 했다. 그러나, 공급사슬 비용을 자세히 들여다본 결과 월마트는 팸퍼스가 너무 많은 공간을 차지하고 낮은 이익 마진을 가져와 재고를 처리하는 케이스 당 20센트를 잃고 있다는 것을 발견했다. 협업을 통해 P&G와 월마트는 기저귀를 공급자에서 매장으로 더 자주 직접적으로 선적하는 것이 운송과 매장 인력에 대한 비용이 높아질지라도 더 이익이 된다는 것을 발견했다. 기존의 유통센터와 재고창고 모두를 우회하는 것이 비용에 효과적이었다. 공급자들과의 다른 관계에서는 월마트는 재고관리와 유통을 그들에게 주는 것이 더 효과적임을 인지했다. 예를 들어, Johnson Wax는 월마트 매장에 있는 그들 제품(쉐이빙 젤과 방향제 등) 수요를 예측하기 위해 월마트에서 제공한 POS 데이터를 사용하며, 그에 따라 제품들을 매장 진열대에 올려놓는다.

월마트에서의 또 다른 혁신은 크로스도킹(cross-docking)이다. 크로스도킹 시스템에서 제품들은 월마트의 창고로 연속적으로 배송되어, 재고에 앉지 않고 바로 분류되고, 재포장되며, 매장으로 운송된다. 상품들은 하나의 선적 도크에서 다른 곳으로 48시간 또는 그 이하로 "교차(cross)"된다. 이러한 시스템은 월마트가 상품의 전체 트럭짐을 구매하면서 재고와 처리 비용을 피하게 함으로써 산업 평균보다 판매 비용을 2~3% 적게 감소시킨 것이다. 월마트는 이러한 비용 절감을 고객에게 낮은 가격으로 제공했다. 낮은 가격은 할인 프로모션을 지양하도록 했고 가격을 안정화시킴으로써 판매 예측을 신뢰성 있게 하였으며, 따라서 재고 부족이나 초과 재고의 필요성을 낮추었다.

크로스도킹은 조정하고 관리하기가 까다롭기 때문에 모든 소매자들이 크로스도킹을 사용하지는 않는다. 그것을 효과적으로 사용하기 위해 월마트는 모든 월마트 공급자, 유통센터 간의 연속적인 연락을 제공하는 통합정보시스템과, 심지어 모든 매장에 자체 위성통신시스템과 인터넷을 통한 point-of-sale에 막대한 투자를 감행했다. 이러한 정보시스템은 POS(바코드) 데이터를 월마트의 공급자들에게 직접적으로 전송했다. 또한, 월마트는 자체 트럭을 유통센터에 활용했다. 이는 창고에서 매장까지 상품을 운송하는 데 드는 시간을 48시간 이내, 매장 진열대 재보충을 평균 주당 2회(산업 평균은 2주에 1번 꼴)로 가능하게 했다. 크로스도킹은 또한 모든 수준에서 긴밀한 관리 협력을 요구한다. 매장 관리자는 서로 또 본부 관리자와 제품, 가격, 판매, 프로모션에 대한 정보 교환을 자주 하기 위해 비디오 링크로 연결되어 있었다.

11.7 유통(Distribution)

유통은 제품이 창고 저장, 운송 등 최종 고객에 이르는 모든 채널, 프로세스, 기능을 포괄한다. 이는 지역 간 제품과 자재의 실질적인 이동을 뜻한다. 유통관리는 입고 독에서의 자재와 제품 처리, 제품과 자재의 저장, 포장, 주문의 선적에 대한 관리를 포함한다. 유통의 관심, 그것이 달성하는 것을 주문충족(order fulfillment)이라 한다. 고객 주문에 대한 현장 배달을 보장하는 프로세스이다.

유통과 운송은 또한 종종 물류(logistics)라고 불리기도 한다. 가장 넓은 의미의 물류관리는 공급사슬관리와 유사하다. 그러나 주로 물류는 공급사슬의 부분으로서 운송과 유통에 관계된 좁은 의미로 정의된다. 2001년 미국 사업 물류 비용은 9천 700억 달러에 달한다.

(1) 속도와 품질

유통은 A점에서 B점으로 단순히 제품을 이동시키는 문제가 아니다. 현대의 경쟁적인 사업 환경에서 유통과 운송을 가능하게 하는 힘은 속도이다. 기업들이 경쟁하는 일차적인 품질 속성 중 하나는 서비스의 속도이다. 고객들은 정보에 대한 즉각적인 접근, 인터넷 기반의 빠른 구매 거래, 제품과 서비스의 빠른 배송에 익숙해지곤 한다. 결과적으로 고객들이 지금 제품을 구매하려고 하고 기업이 그것이 재고로 있는지 알려주어야 할 때, 창고에 무엇이 있는지 알아보는 것은 충분히 빠르지 못하다. 운송 기업에 전화해서 언제 트럭이 배송될 수 있을지 묻는 것은 고객이 몇일이나 하룻밤 사이로 기대한 배송에 비해 충분히 빠르지 못하다. 이는 또한 수송차량 위치, 스케줄, 용량에 대한 실시간 정보를 요한다. 따라서 유통 속도의 핵심은 공급사슬의 다른 부분에서 설명한 바와 마찬가지로 정보이다.

(2) 아마존 닷컴(Amazon.com)

유통은 특히 인터넷 닷컴 회사, 즉 아마존 닷컴과 같이 공급사슬이 거의 대부분 공급과 유통으로 이루어진 가상 기업들의 공급사슬에서 중요하다. 이들 기업은 생산 프로세스가 없다. 단지 공급자들에게서 얻은 제품을 판매하고 유통시킬 뿐이다. 닷컴회사에서 주도가 되는 것은 공급사슬의 앞단(웹사이트)이 아니라 뒷단의 유통이다. 그들의 성공은 궁극적으로 각 주문을 고객이 원할 때 선적할 수 있는 능력에 달려 있다. 이는 아마존 닷컴이나 토이저러스 닷컴(toysrus.com)과 같은 많은 닷컴 기업들이 1999년과 2000년 크리스마스 시즌에 겪었던 쇼크에서 발견되었다. 그들은 많은 양의 인터넷 주문을 받았으나 그들의 유통시스템이 고객들에게 주문을 제 때 가져다 주지 못했다.

아마존 닷컴에서 수백만의 고객 중 하나가 인터넷(또는 전화)을 통해 주문을 했을 때 주문충족 프로세스를 나타낸다. 주문은 그 제품을 가진 가장 가까운 유통센터에 전달된다. 물품들은 창고 선반에 각각 빨간 불과 함께 저장되어 있다. 그 불이 나오면, 그 제품이 주문되었다는 신호이며, 작업자들은 그 불을 따라 움직이고 선반에서 물품을 찾고 불을 리셋하는 버튼을 누른다. 작업자들은 컴퓨터에 의해 어디로 갈지 듣게 된다. 작업자들이 각 물품을 다른 주문과 함께 상자(crate)에 넣고, 상자가 다 차면 컨베이어에 의해 공장에서 중앙 지점으로 이동한다. 중앙 분류 공간에서 어느 물품이 어느 주문을 따라 가야 할지 바코드가 주문 번호와 매칭되고 주문을 만족하는 물품들은 2,000개 이상의 3피트 너비의 자동 활송장치(chute)로 분류된다. 주문을 만족하는 물품들은 자동활송장치에서 떨어지면 상자에 들어가고, 주문을 식별할 수 있는 새로운 바코드가 부착된다. 박스가 다시 포장되고, 무게를 잰 후, 미국 우편 서비스나 UPS와 같은 수송차량에 선적된다. 크리스마스 시즌과 같은 가장 바쁜 시점에 재고창고는 20만 개 이상의 물품을 포장하고 선적할 수 있다. 주문은 들어온 후 하루에서 일주일 사이에 도착한다. 아마존 닷컴의 성공의 핵심은 고객들이 온라인으로 주문할 수 있게 한 것이 아니라 주문을 신속하고 정확하게 충족시킬 수 있는 용량과 역량을 개발한 데 있었다.

(3) 유통센터와 창고

유통센터(DC: Distribution Center)는 일반적으로 재고창고와 저장과 관련되며, 제품을 입고, 처리, 저장, 포장, 그리고 선적하는 데 쓰이는 건물이다. 미국의 가장 큰 사업 시설들 중 몇몇은 유통센터이다. 켄터키주 루이스빌에 있는 UPS 세계물류창고는 130만 제곱 피트 크기에 달한다. 테네시주 갈라틴에 있는 갭(Gap), 버지니아 주 어거스타에 있는 타겟(Target), 조지아주 사바나에 있는 홈디포(Home Depot)의 물류센터는 각각 140만 제곱 피트 크기를 포함하며 이는 축구 경기장의 약 30배, 엠파이어 스테이트 빌딩의 약 3/4에 달한다.

공급사슬관리의 다른 부분과 마찬가지로 정보 기술은 유통관리에도 막대한 영향을 미친다. 인터넷은 적은 양의 주문을 더 자주 추가하고 굉장히 어려운 빠른 응답 충족에 대한 고객 기대를 높임으로써 상품을 유통시키는 방법을 바꿔놓았다. 인터넷 주문을 성공적으로 달성하기 위해서 창고와 물류센터들은 주문의 처리와 배송을 빠르게 할 자동화된 자재관리 장비를 사용한 "흐름량(flow-through)" 시설로 맞추어야 한다.

소매자들은 벌크로 상품을 구매하고 저장하던 것에서 재고, 저장고와 최종 모형이 공급사슬(업스트림)을 뒷받침하는 형태로 변화하고 있다. 그들은 공급자들(그리고 유통업자들)이 적절히 라벨된, 포장된, 선적된 매장에 나갈 준비가 된 형태의 적은 양의 다른 종류의 제품들의 혼합("mixed-pallet")을 포함하는 물품들의 배송을 더 자주 해줄 것으로 기대한다. 예를 들어, 몇몇 의류 소매상들은 이미 개어진 형태로 매장 선반에 바로 얹혀질 수 있는 스웨터를 원하는 반면 다른 사람들은 행거에 있길 원한다. 이러한 소매자의 요구사항을 적절히 처리하기 위해 유통센터는 크로스도킹, 자동화된 대량 분류, 주문 제작된 라벨링, 반품 처리를 다룰 수 있어야 한다.

(4) 지연(Postponement)

최근 유통의 트렌드 중 하나인 지연(postponement)은 조립이나 개별 제품 고객화와 같은 최종 제조단계를 재고창고나 물류센터로 이동시킨다. 일반적인 제품이나 부품(컴퓨터 부품과 같은)은 재고창고에 저장되며, 최종 제품은 개별 고객의 수요에 맞추기 위해 주문생산(BTO)되거나, 개인화된다. 이것은 고객이 원하는 제품을 먼저 얻을 수 있는 누구라도 판매를 얻는다는 잘 알려진 문구에 대한 반응이다. 지연은 실제로 유통을 제조 프로세스에 투입해 리드타임을 줄이고 수요가 더 빨리 충족될 수 있도록 한다. 그러나 지연은 종종 유통업자가 최종 조립품이나 고객화 요구를 만족시키기 위해 많은 수의 재고 물품을 저장해야 한다는 것을 의미하며, 따라서 재고관리 비용을 높일 수 있다. 제조 및 유통 공급사슬 참여자들은 그들의 수요 예측치를 동기화시키고 재고를 잘 관리하기 위해 협업해야 한다.

(5) 창고관리시스템

유통관리의 새로운 트렌드와 요구를 만족시키기 위해 기업들은 정교하고 완전자동화된 창고관리시스템(WMS: Warehouse Management System)을 유통센터를 매일 운영하고 재고를 추적하기 위해 적용한다. WMS는 물품을 특정한 위치에 넣고(putaway), 저장고에서 위치를 찾고 꺼내며(pick), 포장하고, 수송차량(carrier)를 통해 운반한다. WMS는 제품이 운반된 준비가 되었음을 승인하며, 가능하지 않을 경우 시스템은 언제 가능해질지 실시간으로 공급자로부터 결정할 것이다.

〈그림 11-8〉은 WMS의 특징을 보여준다. 주문은 WMS에 주문관리시스템(OMS: Order Management System)을 통해 들어온다. OMS가 유통센터에 실시간으로 주문을 추가, 변경, 취소하게 한다. OMS가 고객 주문 정보를 온라인으로 받으면, WMS로부터 그리고 EDI를 통해 공급자로부터 제품 이용가능성에 대한 순간 정보를 제공한다. 물품이 재고에 있지 않다면, OMS는 공급자의 생산 스케줄에서 언제 그것이 가능해질지 찾는다. 그러면 OMS는 주문을 충족시킬 재고창고의 재고를 할당하고, 배송 날짜를 정하고, 배송을 위해 운송관리시스템으로 주문을 넘긴다.

운송관리시스템(TMS: Transportation Management System)은 DC로 하여금 내부와 외부의 선적을 추적하고, 경제적인 선적량을 통합하고, 비용과 서비스 측면에서 가장 좋은 수송자를 선택하도록 돕는다. 선적장관리(yard management)는 시설 도크에서의 활동을 제어하고, 도크 일정을 병목현상을 줄일 수 있도록 계획한다. 인력관리(labor management)는 재고창고 인력의 성과 수준을 계획, 관리, 보고한다. 창고관리 최적화(warehouse optimization)는 수요, 제품 그룹, 품목의 물리적 특성을 고려해 품목의 재고창고 내 배치(슬로팅, "slotting")를 최적화한다. WMS는 또한 주문 제작된 라벨링과 포장을 창출한다. WMS는 크로스도킹을 가능하게 하였다. 즉, 월마트에서 시작된 시스템으로 DC에서 유출될 주문을 채우기 위해 유

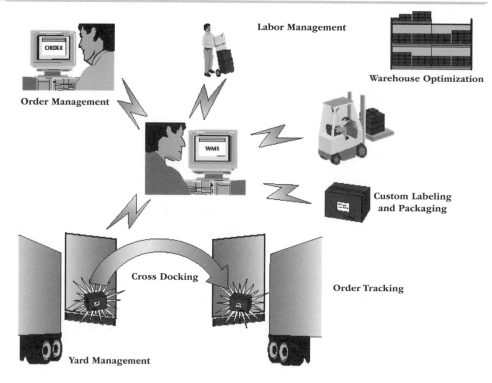

입되는 선적을 입고 도크로 바로 가게 함으로써 입고와 선적 작업을 제거할 수 있는 것을 촉진한다.

(6) 공급자재고관리

월마트 공급사슬에서 설명된 바와 같이 공급자재고관리(VMI: Vendor Managed Inventory)에서 제조업자들은 유통업자나 소매업자 대신 주문을 창출한 다. VMI에서 제조업자들은 EDI나 인터넷을 통해 유통업자들의 판매량과 재고 수준에 대한 데이터를 수신한다. 제조업자들은 어떤 물품을 유통업자들이 다루 는지, 수년 간의 POS 데이터, 기대 성장, 프로모션, 새로운 또는 망한 사업, 재고 목표를 볼 수 있고, 이러한 정보를 예측과 재고 계획을 생성하고 유지하는 데 사 용할 수 있다.

VMI는 종종 공급사슬 제휴의 통합 부분이기도 하다. 공급자가 공급사슬을 더 관리하고, 구매자가 행정적인 업무에 부담을 줄이면, 공급사슬 효율성이 올라간다. 통신이 컴퓨터 간 EDI나 인터넷으로 이루어지기 때문에 제조업자와 유통업자 모두 빨라진 처리 속도, 줄어든 데이터 기입 실수 감소로 인한 이익을 얻는다. 유통업자들은 더 적은 재고 부족을 가지며, 책임이 제조업자로 옮겨가기 때문에 계획 및 주문 비용이 줄어들고, 유통업자들이 정확한 시간에 정확한 제품을 가지기 때문에 서비스가 향상된다. 제조업자들은 유통업자의 POS 데이터를 받아 쉽게 예측할 수 있으므로 이익을 얻는다.

(7) 협력적 물류(Collaborative Logistics)

경쟁 기업들은 유통에서 협력할 방법을 찾는다. 그들은 유통 자원들을 통합함으로써 더 큰 규모의 경제를 누리고 비용을 절감할 수 있다.

예를 들어, Nabisco는 너무 많은 반이 빈 트럭에 지불하고 있다는 것을 발견하고 협력적 물류로 전환했다. 웹을 생산자, 수송자, 소매업자 간 중앙 조정 도구로 사용해 트럭과 재고 창고 공간을 다른 기업, 심지어 Dole과 Lea & Perrins와 같은 경쟁자들까지 같은 소매 지역으로의 수송을 공유했다. Nabisco와 General Mills와 Pillsbury를 포함한 다른 10개 기업들은 Nistevo Corporation에서 시작해 협력적 물류 네트워크를 사용하는 것을 시작했다. Nistevo.com에서 기업들은 그들이 필요하거나 가지고 있는 재고창고 공간을 게시하고, 공간, 트럭, 지출을 공유했다. 목표는 공급자에서 수송자, 소매업자까지 모두가 절약을 공유하는 것이었다. General Mill는 또한 종이 수건을 만드는 Fork James Corporation와 Dixie Cups와 협력적 처리를 잘 해내어 트럭 라우트를 공유함으로써 첫 해 80만 달러를 절감했다.

(8) 유통 아웃소싱

최근 유통의 또 다른 트렌드는 아웃소싱이다. 기업이 원래 자신이 수행하던 활동들을 공급자들에게 아웃소싱하는 것처럼 생산자와 제조업체들 또한 유통 업무를 아웃소싱 하는 경우가 늘고 있다. 그 이유는 기본적으로 공급자를 위한 것과 같다. 아웃소싱은 기업에게 그들의 핵심 경쟁력에 집중하도록 한다. 또한 유통 기업들이 개발해온 전문성을 활용할 수 있다. 유통 업무의 아웃소싱은 재고 수준을 낮추고 아웃소싱 기업에 비용을 절감하는 효과가 있다.

연간 판매가 90억 달러에 달하는 Nabisco는 500가지 종류의 쿠키, 10,000개 이상의 캔디, 기타 수백 개의 식료품들을 80,000 구매자에게 배송하고, 셀 수 없이 많은 원재료를 입고하고 있다. 따라서 많은 유통 및 수송 업무를 제3자 물류 (3PL: Third-Party Logistics) 기업에 아웃소싱하고 있다. 아웃소싱은 비용 효과적이며 Nabisco의 핵심 경쟁력에 집중하도록 한다. 심지어 정교한 물류시스템을 가진 월마트에서도 계절적 주문 과잉을 극복하기 위하여 그들의 물류센터를 제3자 서비스로 대체하고 있다.

(9) 운송

공급사슬에서 수송(transportation)은 최종 사용자인 고객에 이르기 위해 한 위치에서 다른 위치로 제품을 이동하는 것이다. 공급사슬 전문가들이 운송은 공급사슬관리의 균열로 빠져드는 경향이 있다고 동의하고 있음에도 불구하고, 많은 주의를 받고 있지 못하며 막대한 공급사슬 비용이 될 수 있다. 몇몇 제조 기업들에게 운송 비용은 총 생산 비용의 20%, 수익의 6%를 차지하기도 한다. 미국의 운송 비용은 연간 6천억 달러 이상이며, GDP의 약 6%를 차지한다. 모든 종류의 국내 화물량은 1970년대부터 90년대까지 65% 증가했다. L. L. Bean이나 아마존 닷컴과 같이 주로 상품의 유통에 관련되어 있는 몇몇 소매 기업들에게, 운송은 사업을 하는 주요 비용일 뿐만 아니라 즉각적 배송 서비스의 주요 결정요소이다. L. L. Bean은 12백만 패키지를 연간 선적하며, 바쁜 날에는 125,000개까지 대부분 UPS를 통해 선적한다.

미국 내에서 운송을 위한 주요 방식은 철도, 항공, 트럭, 복합수송, 선박, 택배사, 파이프라인(관로)이다. 미국에서 가장 많은 양의 화물은 철도(전체의 약 1/3)를 통해 운송되며, 그 다음은 트럭, 관로, 내륙 수로이다. 운송 방식의 장단점이 〈표 11-5〉에 나와 있다.

철도(railroad)는 원자재, 석탄, 미네랄, 광석과 같은 낮은 가치, 높은 밀도, 벌크 제품을 장거리 운송하는 데 비용 효과적이다. 철도는 트럭보다 유연성이 낮으

표 11-5 운송 방식

방식	특징
철도	• 낮은 가치, 높은 밀도, 벌크 제품, 원자재, 복합수송 컨테이너 • 작은 화물에는 비경제적, 트럭보다 느리고 덜 유연함
트럭	• 미국의 주요 화물 운송 방식 • 작은 화물, 지점 간 서비스, 유연함 • 철도에 비해 높은 신뢰성과 적은 피해, 먼 거리의 경우 철도보다 비쌈
항공	• 화물 운송 방식 중 가장 비싸고 빠름 • 가볍고 작은 패키지(500lbs 이하) • 높은 가치, 귀중하고 중요한 상품 • 유실 적음
택배 배송	• 작은 소포 • 빠르고 신뢰성 있음 • 전자 비즈니스로 인해 증가함 • 아마존, L. L. Bean, 델 컴퓨터와 같은 인터넷 기업의 주요 운송 방식
수로	• 낮은 비용 • 국제 운송의 주요 수단 • 미국 수로 • 가장 느린 방식
복합수송	• 트럭, 수로, 철도 등 몇 가지 방식을 결합 • 중요 요소는 컨테이너
관로	• 석유 등 액체 제품 수송 • 높은 자본 비용, 경제적인 사용 • 수명이 길고 낮은 운영 비용이 듦

며 느린 스케줄에 운영되며, 일반적으로 트럭이 할 수 있는 한 사업 지점에서 다른 곳으로 직접적인 이동에 사용된다. 철도 화물 서비스는 높은 제품 손상률과 함께 제품 모든 화물 수송 방식 중 가장 낮은 품질 성과를 기록하고 있으며, 트럭보다 거의 10배 정도 느리게 배송된다.

트럭(trucking)은 미국 화물 수송의 대표적인 방식으로 국가의 매년 총 화물 비용의 75% 이상을 차지하고 있다. 미국 자동차 화물 비용은 21세기 초 5천억 달러에 육박했다. 트럭은 지점 간 유연한 서비스를 제공하며 작은 화물을 짧거나 긴 거리에 걸쳐 넓게 분포된 지리적 공간에 수송한다. 트럭 서비스는 철도에 비해 일반적으로 더 신뢰성 있고 적은 손실을 가져온다.

항공 화물(air freight)은 가장 비싸고 빠른 방식이다. 이는 항공 산업 중에서도 가장 빠른 부분에 속한다. 항공 화물을 사용하는 기업들에게 서비스는 가격보다 중요하다. 부품이 없어 생산을 멈추는 것은 항공 운송으로 인해 증가된 비용보다 훨씬 비싸다. 제약, 하이테크, 소비재 가전과 같은 높은 가치의 상품에서 시장으로의 속도는 중요하다. 또한 짧아진 운송시간은 절도나 다른 이유의 분실 기회를 감소시킨다. 국제 항공 화물의 일반적인 규칙은 물리적 또는 경제적으로 귀중한 어떤 것이든 선박 대신 화물로 옮겨야 한다는 것이다. 국제 항공 화물로 운송되는 주요 제품 그룹은 크든 작든 귀중품, 건설 또는 공학적 장비, 직물과 의상, 문서와 작은 패키지, 컴퓨터, 주변장치, 기타 부품 등이다.

택배사(package carriers)는 UPS, 페덱스, 우편서비스 등을 말하며 작은 소포를 약 69kg까지 운송한다. 전자 비즈니스의 성장은 이러한 택배사의 사용을 급격히 증가시켰다. 택배사들은 주로 항공과 트럭의 여러 수송 방식을 결합하여 빠르게 작은 소포를 운송한다. 그들은 대량의 운송에는 경제적이지 않다. 그러나 그들은 빠르고 신뢰성 있으며 몇몇 기업들이 꼭 가져야 할 특이한 서비스를 제공한다. 택배사들은 바코드와 인터넷을 운송을 정리하고 추적하기 위해 사용하는 데 혁신적이다. 페덱스 웹사이트는 일일 백만 건 이상의 방문이 있으며 70%의 고객 주문을 전자적으로 접수한다. 페덱스는 210개 국가에 500만 개 소포를 매일 배송한다.

수로(water) 수송은 내륙 수로, 운하, Great Lake, 해안선을 따라 이루어지며, 느리지만 가장 낮은 비용의 수송 방식이다. 이는 무거운 벌크 물품들, 원자재, 미네랄, 광석, 곡물, 화학품, 석유 제품들에 제한된다. 배송 속도가 요인이 아니라면 수로 운송은 이러한 종류의 벌크 제품들을 운송하는 데 철도보다 비용 경쟁력이 높다. 수로 운송은 대부분의 제품에서 바다로 분리된 국가들의 국제 운송의 주요 수단이다.

복합 수송(intermodal transportation)은 여러 운송 방식을 결합한 것이다. 미국에서 가장 일반적인 복합 방식은 트럭-철도-트럭이며, 트럭-수로-철도/트럭 조합은 국제 수송에 주요 수단이다. 복합 수송은 미국에서 모든 항공 운송의 35% 이상, 500마일 이상을 운송한다. 복합 트럭-철도 운송은 장거리 트럭 운송보다 40% 저렴하다.

복합 운송의 중요 구성요소는 컨테이너(container)이다. 미국 내에서 컨테이너는 트럭에 부착된 트레일러로 레일 터미널까지 운송되는데, 철도 플레트카

(flatcar) 또는 특별히 설계된 "well car", 트레일러나 컨테이너가 올라갈 아래쪽 부분, 위에 2번 또는 3번 쌓인다. 컨테이너들은 다른 레일 터미널로 운송되어, 고객에게 직접 배송될 트럭으로 재부착된다. 해외 운성의 경우 컨테이너 선박은 컨테이너를 트럭이나 레일로 내려질 항구로 운송된다. 6백만 이상의 화물 컨테이너가 매년 해외에서 미국으로 들어온다.

　관로(pipeline)는 미국에서 기름이나 석유 제품을 위해 주로 사용된다. 관로는 슬러리 선으로 불리우며, 석탄, 고령토와 같이 분말화시키고 액체로 변환시킬 수 있는 다른 제품을 운반한다. 제품이 도착지에 도착하면 물은 제거되고 고체 자재만 남게 된다. 관로는 건설을 위한 높은 초기 자본 투자가 요구되지만 트럭이나 기차가 움직이기 어려운 영토 간 (알래스카 횡단 수송관과 같이) 자재를 운반할 수 있기 때문에 경제적이다. 한 번 위치되면 관로는 긴 수명을 가지고 운영, 유지, 노동 측면에서 낮은 비용을 요한다.

(10) 인터넷 운송 거래

　인터넷 운송 거래는 화물을 통지하는 선적자와 출하를 조정할 수용량을 통지하는 수송자를 접촉시킨다. 몇몇 거래에서 어느 단체가 웹사이트에서 매칭되면, 모든 협상은 오프라인으로 진행된다. 다른 거래에서는 온라인 서비스가 선적 매치를 자동으로 관리한다. 서비스가 선적과 수송자를 선적의 특징, 트레일러의 이용가능성 등을 고려하여 매치한다. 예를 들어, 선적자들이 화물 특징을 입찰하고 온라인 서비스는 운송자 가격과 서비스 수준에 대한 추천을 반환한다. 몇몇 서비스들은 또한 역경매로 구성된 온라인 국제 거래를 제공하기도 한다. 선적자들이 그들의 화물을 입찰하고, 운송자들이 화물에 대한 경쟁 입찰을 하는 것이다. 선적은 선적자가 정한 경매 마감 시간까지 경매에 부쳐지게 된다(이베이와 마찬가지). 그러나 가장 낮은 가격 또는 가장 낮은 입찰 가격이 항상 품질 서비스를 보장하는 것은 아니다. 어떤 곳에서는 낮은 입찰가가 반드시 승리하지는 않는다. 서비스는 전송시간, 수송자, 이용가능성, 가격 등의 품질 문제를 고려한다.

　성공적인 인터넷 거래 서비스로 알려진 두 서비스로는 www.nte.com (National Transportation Exchange)과 www.freightquote.com이 있다. 이러한 사이트에서 선적자들과 운송자들은 가능한 선적과 수용량 니즈와 함께 그들의 비즈니스 요구를 확인한다. 거래는 호환되는 선적자와 운송자들을 가격과 서비스에 기반해 자동으로 매칭시킨다. 자동화된 프로세스는 전화나 청구서 없이 몇 시간 이내에 이루어진다.

11.8 공급사슬관리 소프트웨어

전사적 자원관리(ERP: Enterprise Resource Planning)는 공급사슬 참여자 간 정보와 데이터를 공유하고 조직화함으로써 공급사슬 프로세스의 대부분을 포함한 기업의 요소를 통합하는 데 도움을 주는 소프트웨어이다. ERP는 판매량과 같은 거래 데이터를 기업의 다른 부문에서 사업 의사결정을 지원할 수 있는 유용한 정보로 변환한다. 예를 들어, 판매량과 같은 데이터가 어느 사업 부분에서 이용 가능해졌을 때, 이는 ERP 소프트웨어를 통해 전송되어 다른 분야, 제조, 재고, 조달, 송장, 유통, 회계, 그리고 공급자들의 거래에 대한 효과를 자동적으로 결정한다. 이러한 정보흐름을 통해 ERP는 기업의 공급사슬을 조직화하고 관리한다. 대부분의 ERP 판매시스템은 외부, 웹기반 상호작용을 처리하고 공급사슬관리에 특화된 소프트웨어인 "SCM"을 가지고 있다.

SAP는 ERP 소프트웨어를 처음 제공한 최대 규모의 기업이었으며, 거의 ERP 애플리케이션 소프트웨어와 동의어로 사용될 정도였다. mySAP.com은 SAP 소프트웨어 브랜드 이름의 총칭이다. mySAP.com은 기업이 공급사슬을 따라 고객과 비즈니스 파트너들과 협력할 수 있도록 하는 웹기반 SAP 모듈의 세트이다. 고객이 주문을 제출하면 거래는 기업 공급사슬 전반에 걸쳐 파문을 일으켜, 재고, 부품 공급자, 회계기장, 생산 스케줄, 선적 스케줄, 대차대조표를 조정하게 된다. 다른 나라의 법률, 통화, 사업실무가 소프트웨어에 내장되어 판매 거래를 다른 나라의 사업 파트너(대만의 회사와 브라질의 고객)와도 무난히 넘길 수 있도록 한다.

〈그림 11-9〉는 SCM 소프트웨어가 어떻게 작동하는지 예를 보여준다. 이 예에서 휴대폰의 일본 소매자는 미국의 제조업자의 판매 대표자에게 1,000개의 모델 A 핸드폰을 주문한다. 〈그림 11-9〉의 각 번호는 다음에 설명되어 있다.

그림 11-9   공급사슬과 SAP의 연결

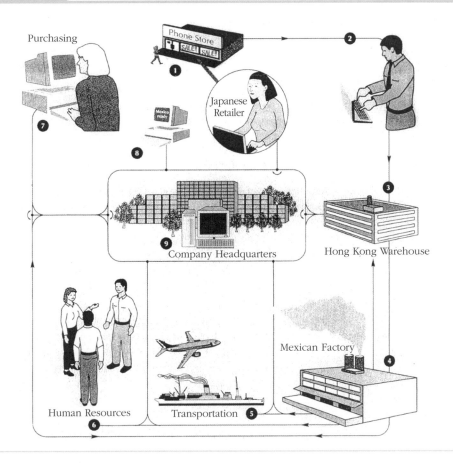

① 고객, 일본 휴대폰 소매상은 제조업체의 대리기관에 모델 A 핸드폰 1,000
    개를 주문한다.
② 제조업자 대리 도매자는 1,000개의 모델 A 폰의 주문을 받고 그의 랩탑에
    서 가격, 가능한 할인, 고객 신용 내역을 확인한다.
③ 모델 A 휴대폰의 재고가 확인되고 대리자는 반은 홍콩 재고창고에서 채
    워질 수 있고 다른 절반의 500개는 멕시코 공장에서 1주만에 배달될 수
    있음을 확인한다.
④ 멕시코 공장의 500개 휴대폰 생산이 계획되고 홍콩의 재고창고 관리자는
    나머지 500개 휴대폰을 고객에게 선적하도록 지시 받는다.
⑤ 재고창고로부터의 선적은 홍콩의 기업 유통자와 함께 준비되고, 운송 역

시 계획된다.

⑥ 해당 주문을 생산할 공장의 이용 가능한 인력이 확인된다.

⑦ 구매 관리자는 브라질과 대만의 공급자들에게 휴대폰 부품을 주문한다.

⑧ 고객은 제조업자의 시스템에 인터넷을 통해 로그인하고 멕시코에서 휴대폰이 그들의 창고에 입고될 준비가 되었는지 확인한다. 고객은 또한 200개의 빨간 모델 B 휴대폰이 재고에 있음을 발견하고 인터넷을 통해 후속 주문을 한다.

⑨ 예측 및 재무 모델들은 높은 수요와 이익이 그들의 유색 휴대폰 모델에서 일어난다고 지적하였고 따라서 그들은 그들의 사업 파트너들과 모델 라인을 확장시킬 것으로 계획하였다.

11.9 공급사슬 성과 측정

이 장의 이전에서 지적한 것처럼, 재고는 공급사슬관리의 핵심 요소이다. 우선, 재고는 공급사슬 단계 간의 완충장치로 작용하여 기업에게 불확실성을 극복할 수 있게 한다. 재고는 단계들이 동시적으로 실행되지 못할 때, 고객 수요를 만족시키기 위하여 물품들이 시스템을 따라 부드럽게 흘러가도록 한다. 그러나 반대로 재고는 매우 높은 비용을 가져올 수 있다. 그러한 의미에서, 기업은 재고 수준(비용)을 최대한 낮추어 효율적인 공급사슬을 유지하는 것이 중요하다. 이러한 목표를 달성하기 위해, 몇몇 수리적 척도들, 핵심성과지표(KPIs: Key Performance Indicators)들이 주로 공급사슬 성과를 측정하기 위해 사용된다. 가장 널리 쓰이는 핵심 성과 지표 중 세 가지는 재고자산회전율(inventory turnover), 공급재고일수(inventory days of supply), 재고공급률(fill rate)이다.

(1) 핵심성과지표

재고자산회전율(inventory turnover(or turns))은 판매 상품 비용(연간 판매 비용)을 평균 총 재고가치로 나누어서 계산한다.

$$\text{Inventory turns} = \frac{\text{Cost of goods sold}}{\text{Average aggregate value of inventory}}$$

평균 총 재고가치는 재고에 존재하는 모든 물품들의 총 가치(비용)로서 원자재, 재공품(WIP: Work-In-Process), 완성품들의 가치를 포함한다. 이는 모든 개개 재고 물품들에 대하여 어떤 한 시점의 평균보유재고 수와 단위 가치의 곱을 모두 더하여 계산한다.

Average aggregate value of inventory

$$= \sum (\text{average inventory for item } i)(\text{unit value it item } i)$$

판매 상품 비용은 완성품에만 해당되며, 최종 판매가(할인이나 인상을 포함할 수 있으므로)가 아니라 원가로 평가된다.

적은 또는 상대적으로 낮은 재고자산회전율은 대량의 재고가 수요를 만족시키기 위해 필요함을 의미한다. 일반적으로, 좋은(또는 나쁜) 재고자산회전 수는 기업의 다양한 단계에서 무엇을 얻을 수 있는가, 그리고 산업의 수준은 얼마인가에 관계된다. 80년대 초기에 많은 제조기업의 재고자산회전율은 5보다 적었다. 그러나 린 생산방식의 출현과 품질관리에 대한 강조로 인해 공급사슬관리를 제조산업보다 훨씬 높은 재고자산회전율에 도달했다.

최근에 포드와 제너럴모터스는 높은 10에 달하는 재고자산회전율을 경험했다. 도요타는 공급사슬 대부분이 일본에 있었던 80년대에 재고자산회전율이 60대였지만, 최근 해외 확장과 그로 인해 증가한 공급사슬 복잡성 때문에 낮은 10대로 떨어졌다. 하이테크 기업들은 전형적으로 연간 회전율이 6 정도이지만, 델의 경우 성공과는 달리 50 이상의 재고회전율을 달성했다. 팜(Palm)은 26 정도의 재고자산회전율을 가지고 있다. 1년에 팜은 12에서 26으로 회전율을 높였는데 이는 재고비용을 5천 5백만 달러에서 2천 3백만 달러로 낮춘 결과였다. 대신, 의약계 거대 기업인 파이저(Pfizer)는 최근 재고자산회전율이 1.5 정도로 낮다. 그러나, 이는 파이저가 재정적으로 나쁘다는 의미가 아니며, 실제로 매우 이익이 높았다. 낮은 재고자산회전율은 아마도 파이저가 그들의 공급사슬을 더 효율적으로 관리할 수 있음을 의미한다.

또 다른 KPI는 공급일수 또는 공급주수(days(or weeks) of supply)이다. 이는 얼마나 많은 일(또는 주) 동안 재고가 이용 가능한가에 대한 척도이다. 이는 평균 총 재고가치를 일간(또는 주간)의 판매 상품 비용으로 나누어 계산한다.

$$\text{Days of supply} = \frac{\text{Average aggregate value of inventory}}{(\text{Cost of goods sold})/(365 \text{ days})}$$

포드나 GM과 같은 자동차 기업들은 전형적으로 완제품 공급에 60일이 걸린다.

또 다른 자주 쓰이는 KPI는 재고공급률(fill rate)이다. 재고공급률은 특정 시간(대표적으로 1일) 안에 공급 유통센터나 재고창고에 채워지는 고객의 주문량의 비율이다. 재고공급률은 재고가 공급자에게서 고객으로 빠른 비율로 움직이고 있으며 따라서 유통센터의 재고를 감소시킨다는 것을 의미한다. 예를 들어, Nabisco의 농장의 땅콩을 웨그먼의 식료품매장으로의 재고공급률이 97%라는 것은 매장이 Nabisco의 유통센터에 주문을 놓으면 하루 안에 재고의 97%가 채워진다는 뜻이다.

(2) 공정관리

품질관리에서 우리는 제품과 서비스의 품질을 검토하는 데 쓰일 수 있는 다양한 기법들을 논의했다. 가장 강력한 기법 중 하나는 통계적 공정관리였다. 공정관리가 제조 운영의 품질 검토와 관리에 사용되는 것으로 생각하려는 경향이 있지만, 이들은 공급사슬에서의 어떤 프로세스들을 검토하고 관리하는 데 사용될 수 있다. 그러나, 공급사슬에서 불확실성이나 변동성이 생성된다는 다른 문제점들은 대부분의 경우 실수(error)로 야기된다. 만약 배달이 누락되거나 늦어진다면, 만약 주문이 없어진다면, 만약 서식을 작성하는 데 실수가 일어난다면, 만약 높은 진부화 정도(PC와 같이)를 가진 물품 또는 썩기 쉬운 물품이 재고에 너무 오래 보관되어 있다면, 만약 수요 예측에 실수가 생긴다면, 만약 공장과 장비가 적절히 유지되지 못한다면, 공급사슬은 붕괴될 수 있으며, 공급사슬 성과를 감소시킬 수 있다. 따라서 프로세스의 어떤 단계에서든 통계적 공정관리 차트는 프로세스 성과를 검토하기 위해 쓰일 수 있다.

(3) SCOR

SCOR(Supply Chain Operations Reference) 모델은 공급사슬관리의 산업 간 표준을 제공하는 공급사슬 진단 도구이다. 이는 공급사슬관리 솔루션 협회(SCC: Supply Chain Council)에서 개발 및 유지되고 있다. SCC는 세계적 비영리 무역 협회로서 1996년 조직되어 SCOR의 사용을 통해 공급사슬 효율성을 개선하는데 관심이 있는 기업들에게 회원자격이 열려 있다. SCC는 많은 Fortune 500대 기업을 포함한 전 세계 750 기업 회원들을 보유하고 있다.

SCOR 모델의 목적은 기업의 현재 공급사슬 프로세스를 정의하고, 최고(best-in-class)의 성과를 획득할 목표를 설정하기 위해 유사 기업들의 성과를 측정하고, 최고 성과를 산출할 실무와 소프트웨어 솔루션을 파악하는 것이다. 이는 〈그림 11-10〉과 같이 계획(plan), 원천(source), 제조(make), 유통(deliver), 반환(return)의 5개 주요 관리 프로세스로 구성되어 있다. 이들 프로세스들은 SCOR가 간단한 것에서 복잡한 것까지 어떤 공급사슬을 설명할 공통된 정의 집합, 또는 구성요소들을 제공한다. 이는 공급사슬로 하여금 다른 기업들이 연결되고 비교되도록 한다.

그림 11-10 SCOR 모델 프로세스

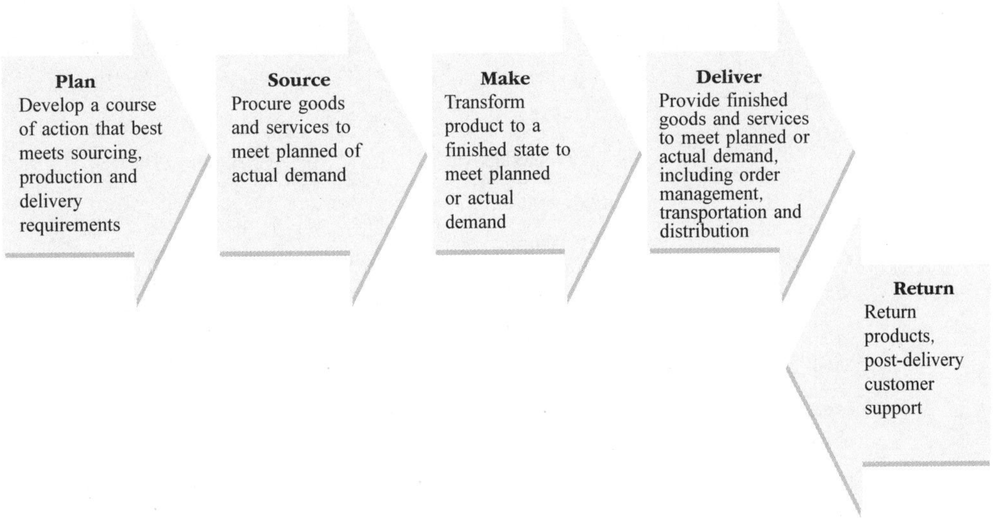

Plan
Develop a course of action that best meets sourcing, production and delivery requirements

Source
Procure goods and services to meet planned of actual demand

Make
Transform product to a finished state to meet planned or actual demand

Deliver
Provide finished goods and services to meet planned or actual demand, including order management, transportation and distribution

Return
Return products, post-delivery customer support

SCOR 모델의 주요 특징은 공급사슬 성과를 측정할 성과 지표 또는 "척도"를 사용한다는 것이다. 이러한 척도들은 〈표 11-6〉에 나와 있는 것처럼 "고객측

표 11-6 SCOR 성과 척도

	성과 속성	성과 척도	정의
고객측면 (customer-facing)	공급사슬 배달 신뢰도(supply chain delivery reliability)	배달 성과 (delivery performance)	적시 적량 고객에게 배달된 주문의 비율
		재고공급률 (fill rate)	주문 수령 후 24시간 내에 선적된 주문의 비율
		완전 주문충족 (perfect order fulfillment)	실수 없이 완전히 주문과 일치하는 적시 적량 배달된 주문의 비율
	공급사슬 반응도 (supply chain responsiveness)	주문충족 리드타임 (order fulfillment lead time)	주문 수령에서 고객 배달까지 걸리는 일 수
	공급사슬 유연성 (supply chain flexibility)	공급사슬 응답시간(supply chain response time)	공급사슬이 계획되지 않은 수요의 상당한 변화에 비용 추가 없이 반응할 수 있는 일 수
		생산 유연성 (production flexibility)	계획되지 않은 20%의 주문 변화를 비용 추가 없이 달성할 수 있는 일 수
내부측면 (internal-facing)	공급사슬 비용 (supply chain cost)	공급사슬 관리 비용 (supply chain management cost)	제품과 서비스를 계획하고, 구매, 배달하는 데 드는 직간접비
		판매 상품 비용 (cost of goods sold)	제품이나 서비스를 한 단위 생산하는 데 드는 재료와 노동의 직접비
		부가가치 생산성 (value-added productivity)	수익에서 직접재료비를 빼고 직원수로 나눈 비율, 직원당 판매와 유사
		보증/반품 처리 비용 (warranty/return processing cost)	결손, 계획된 유지 및 초과 재고를 포함한 반품 관련 직간접비
	공급사슬 자산 관리 효율성 (supply chain asset management efficiency)	현금화 사이클 타임(cash-to-cash cycle time)	현금이 운전 자본으로 묶여있는 일 수
		공급재고일수 (inventory days of supply)	현금이 재고로 묶여있는 일 수
		자산 회전율(asset turns)	수익을 운전 자본과 고정 자산을 포함하는 총 자산으로 나눈 비율

면(customer-facing)" 또는 "내부측면(internal-facing)"으로 분류된다. 고객측면의 척도들은 고객과 공급자에 대한 공급사슬 배달 신뢰도, 반응도, 유연성을 측정한다. 내부측면의 척도들은 공급사슬 비용과 자산관리 효율성을 측정한다. 이러한 척도들은 다수의 공급사슬 프로세스에 대해 사용될 수 있다.

이러한 척도들은 다른 프로세스들에 대한 기업의 현재 공급사슬 성과와 동시에 경쟁자의 척도를 동시에 측정하는 "SCOR 카드"를 개발하는 데 쓰인다. 그러면 기업은 경쟁자에 비해 강점을 가지거나 더 뛰어나기 위하여 경쟁자와 같은 수준일 필요가 있는 척도의 수준을 반영한다. 이러한 평가된 성과 향상도와 관련된 가치는 다른 성과 요소에 반영된다. 예를 들어, 한 기업이 산업의 "평균재고 공급률"이 90%이고 산업의 최고 성과가 99%라는 것을 알 수 있다. 그 기업은 현재 재고 공급률이 65%이며, 90%의 재고 공급률을 가지는 것은 경쟁자들과 동등해질 것이며, 95%의 재고 공급률은 강점을 가져올 것이며, 99%의 재고 공급률은 대부분의 경쟁자들보다 우위에 있게 할 것이라는 것을 결정했다. 따라서 그 기업은 재고 공급률을 향상시키고 다른 공급사슬 신뢰도 요소(유통 성과와 완전 주문 성취)를 향상시키는 것이 공급사슬 가치를 천만 달러의 수익까지 증가시킬 것으로 반영할 수 있다. 한 기업이 현재 공급사슬 성과를 측정하고, 경쟁자와 그것을 비교하며, 경쟁하기 위한 성과 수준에 반영하는 이러한 프로세스를 "간격 분석(gap analysis)"이라 부른다. SCOR는 성과를 측정할 뿐만 아니라 문제를 진단하고 실무와 답을 확인하여 기업이 경쟁적 성과 목표를 달성할 수 있는 체계를 제공한다. SCOR는 12장에서 자세히 설명할 것이다.

11.10 국제 공급사슬

국제 시장을 형성하는 데에는 많은 요소들이 결합되어 있다. 국제 무역 장벽이 무너지고 국가 간 새로운 무역 협정이 구축되었다. 공산주의의 해체는 러시아나 중동유럽의 새로운 시장을 열었고, 유럽공동체(European Community)는 4억 명에 달하는 세계 최고의 경제 시장이 되었다. 총 인구가 8억 5천만인 유럽은 세계 최대의, 최고 교육 수준의 경제 그룹이다. 중국의 신흥 시장, 성장하는 아시아 수출 기반 경제, 홍콩과 싱가포르의 급증하는 국제무역센터, 인도의 새로운 튼튼한 경제는 나머지 세계와 연결되어 왕성한 국제 경제 공동체를 형성하고 있다. 세계무역은 이제 연간 25조 달러를 넘어서고 있다.

세계화는 더 이상 거대 기업에 제한되는 것이 아니다. 기술진보는 중간층 기업들이 국제 존재감을 구축하는 것을 가능하게 했다. 이전에 지역 범위였던 기업들은 인터넷을 사용하여 국제 월경자가 되어가고 있다. 정보기술은 기업들이 국제적 시각을 갖게 하고 떨어진 지역, 공급자, 고객과 연결할 수 있게 하는 "조장자"이다. 그러나, 많은 기업들이 국제적 플레이어가 되기 위해서는 현란한 웹사이트보다 더 많은 것이 필요하다는 것을 배우고 있다. 경쟁력 있고 성공적이기 위해서는 미국 시장에서처럼 잘 계획되고 조정된 공급사슬이 필요하다는 것 말이다.

(1) 국제 공급사슬관리의 장애물

제품을 국제적 경계 너머 움직이는 것은 뒤얽힌 미로, 수수께끼처럼 잠재적 함정에서 협상하는 것과 같다. 새롭고 성장하는 시장으로 진입하고자 하는 기업들에게 해외 기업과의 무역은 "평소 사업"과는 다르다. 사실상 세계를 통한 국제 공급사슬관리는 여전히 국가 간 지역 간 차이를 고려해야 한다. 세관, 사업실무, 규정들은 국가마다 그리고 심지어 한 국가 내에서도 매우 다양하다. 해외 시장은 동질적이지 않으며, 포장이나 라벨링에서 고객화된 서비스를 자주 요구한다. 다른 언어와 고객으로 이루어진 제3시장을 다루는 데 있어 품질은 주요한 도전일 수 있다.

국내와 국제 공급사슬 거래의 주요한 차이점은 다음과 같다.

① 송장, 화물 보험, 신용 보고, 선하 증권 또는 항공 운송장, 검열에 대한 문서화 증가
② 국가 간에 다양하며, 변화하는 상품의 수입과 수출을 운영하는 규정
③ 무역 그룹, 관세, 조세, 내륙 비용
④ 제한된 선적 방법
⑤ 커뮤니케이션 기술과 가능성의 차이

⑥ 사업 실무의 차이와 언어 장벽

⑦ 국가 간에 다양한 정부 법규 및 보고 의무

⑧ 운송업자, 세관업자, 금융기관, 보험업자, 다수의 운송수단, 정부관계기관
　등 다수의 참여자들

⑨ 9/11 사태 이후 엄청난 보안 규정과 자격

(2) 관세와 국제 무역 그룹

무역 협정의 급격한 증가는 국제 시장을 바꾸었고 국제 무역활동을 가속시켰
다. 특정국가들은 무역 그룹, 즉 국가 그룹(nation group) 그리고 관세 동맹을 형성
하는 데 함께 힘을 모았으며, 이러한 그룹들 안에서 제품들은 수입에 대한 세금
인 관세(tariffs or duties) 없이 자유롭게 움직일 수 있다. 그룹의 멤버들은 그들의
그룹 밖의 국가에 동일한 수입 관세를 적용하므로 그룹 내의 관세 장벽을 없애고
그룹 밖의 장벽을 올린다. 그룹은 낮은 관세와 결합하여 참여 국가에 비참여 국가
에 대한 경쟁 우위를 제공하도록 자유롭게 경계에서 상품을 운송하는 규칙과 규
정을 채택한다. 이러한 참여 국가들의 무역 강점들은 공급사슬 비용을 낮추고 사
이클 타임, 즉 공급사슬을 통해 움직이는 제품에 요구되는 시간을 감소시킨다.

〈그림 11-11〉은 국제 무역 그룹 또는 관세 동맹이 미국과 무역하는 것을 보
여준다. NAFTA는 북미자유무역협정(North American Free Trade Agreement)이고
EU는 서유럽의 많은 국가들을 포함하는 유럽공동체 무역 그룹이다. 세계무역기
구(WTO: World Trade Organization)는 무역에 관한 국제 규정을 다루는 국제 기관
이다. WTO는 146 회원국 간의 무역 흐름을 부드럽고 자유롭게 보장한다. 무역
협정과 규칙은 정부가 협상 및 체결하며 그들의 목표는 수출업자와 수입업자가
사업을 해하는 데 도움을 주는 것이다. 최혜국대우(MFN: Most-Favored-Nation trade
status)는 WTO 회원국들이 어떤 무역 파트너에게 주어진 가장 최고의 대우를 다
른 회원들에게 확장해야 하는 것이다. 예를 들어, 중국에 대한 MFN은 미국에 들
어가는 상품에 대한 조세의 감소로 해석된다.

세계 공급사슬관리의 장애물과 문제점을 극복하기 위해, 많은 기업들이 국제
무역 전문가(international trade specialists)를 고용한다. 〈그림 11-12〉는 여러 종류
의 무역 전문가의 활동을 요약한다.

그림 11-11 국제 무역 그룹

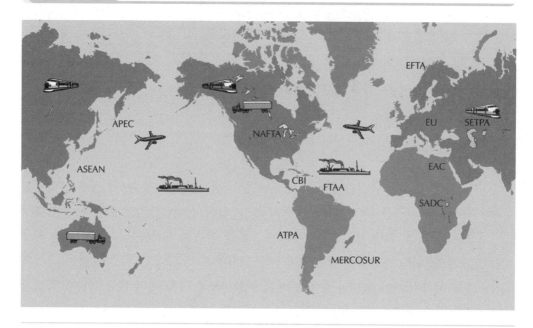

- 관세 전문가(duty specialist, 변호사와 유사함) : 기업에 제품을 수입하고(LCD 디스플레이처럼), 그것에 가치를 부여하고(랩탑을 조립) 다시 그것을 재수출할 수 있게 하는 무역 규정을 활용함으로써 어떻게 관세를 환급받 을지(피할지) 조언한다.
- 세관 화물 취급인(custom house brokers) : 국가의 세관 절차를 통한 수입된 상품의 이동을 관리한다.
- 수출 무역 기업(export trading companies) : 유통, 문서, 판매 등 국제 무역의 모든 서비스들을 통합한다.
- 수출 포장 전문 업체(export packer) : 고객화된 포장과 라벨링을 수행한다.
- 수출 관리 기업(export management companies) : 해외 매출액을 관리하고, 그들의 제품을 제조하기로 허가 받은 해외 기업들을 확인한다.
- 구매 대리자(purchasing agents) : 외국에서 신뢰성 있는 공급자들을 확인한다.
- 국제 화물 운송업자(international freight forwarders) : 항공과 수로를 통한 화물 운송의 세부를 처리하고, 국제 경계를 지나는 상품에 필요한 법적 문서를 획득한다.

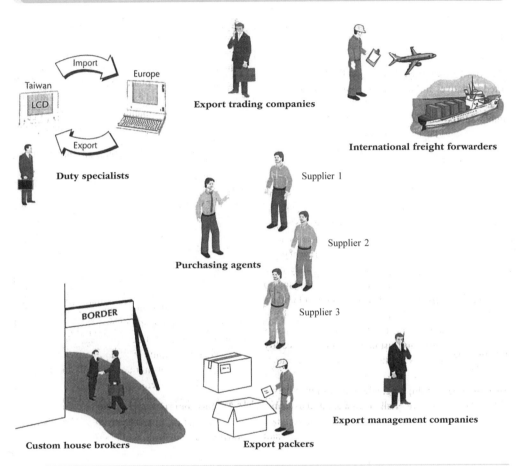

그림 11-12 국제 무역 전문가

- 운반설비의 공간을 예약한다.
- 수출 공표를 준비한다.
- 영사관련 문서를 획득한다(국가 진입에 대한 허가 및 관세 기초).
- 보험을 준비한다.
- 선적 지불을 조정할 선적 통지를 준비한다.

(3) 배달 비용

국제 무역에서 배달 비용(landed cost)은 제품을 제조하고, 저장하며, 소비 지역이나 다른 항구로 운송하는 총 비용을 말한다. 80개에 달하는 요소들이 배달 비용에 포함될 수 있으나, 이 중 85%가 크게 ① 운송비용 및 관세 ② 부가가치세(VAT: Value Added Tax)와 특별소비세와 같은 정부 요금의 두 가지 범주로 나누어진다. 배달 비용은 중요한데 다른 정부가 평가한 관세가 다양한 비율의 배달 비용을 포함하기 때문이다. 예를 들어, 미국 수입에서 관세는 본선인도가(FOB: Free On Board)가 공장에 부과된다. 이는 미국으로 들어가는 진입점에서 공장 도착지까지의 운송 비용이 수입 관세의 부분으로 계산되지 않는다는 의미이다. 그러나, 다른 국가에서는 부과된 관세가 시작에서 끝까지의 운송 비용을 포함할 수 있다.

제품이 구입되기 전에 배달 비용을 확인함으로써, 기업은 더 사정에 밝은 의사결정을 할 수 있는 반면, 잘 반영되지 않은 배달 비용은 제품 운송의 가격을 부풀릴 수 있다. 실제 배달 비용을 정확하게 산정하는 것은 "클리커 쇼크(clicker shock)"를 방지할 수 있다. 클리커 쇼크는 해외 고객이 배달 비용을 계산할 능력이 없는 기업에 주문을 할 때 일어난다. 그러면 주문은 선적되고 운송되는 동안 관세가 계속 붙는다. 어떤 경우에는 원래 구입 가격의 두 배가 될 수 있다.

(4) 웹 기반 국제 무역 물류시스템

앞에서 지적한 바와 같이, 국제 공급사슬관리가 언어 장벽, 통화 변환, 국제 무역 조항, 세금, 관세, 통상 금지, 조세, 수출입한도, 서류 요구사항, 지역 규칙, 새로운 무역 파트너에 의한 매우 복잡한 행렬을 포함한다. 이러한 요소들은 국제 선적의 어떤 실제량과 어떤 기업에 대해서 자동화된 정보기술 솔루션을 필요로 한다. 국제 무역 물류(ITL: International Trade Logistics) 기업들은 국제 무역의 장애를 없애거나 감소시키기 위해 고객의 웹사이트에 직접 연결하는 웹 기반 소프트웨어 제품을 사용한다. 이들은 미국의 많은 무역 파트너들이 사용하는 미국 시스템으로부터 언어와 통화를 변환하며, 다른 나라의 잠재 구매자들이 제품과 가격 정보에 쉽게 접근할 수 있게 한다. ITL 시스템은 관세와 세관 절차에 대한 정보와 신용장과 결제장을 촉진하기 위해 금융 기관으로의 연결을 제공한다. 광범위한 데이터베이스의 사용을 통해 이러한 시스템들은 웹에서 주문되는 개개 제품의 적절한 무게, 치수, 단위가격을 부착할 수 있다. 이러한 시스템들은 또한 운송비와 전환율을 포함하여 구매자들이 전자적으로 제품을 주문하고 배달하는 내륙비용을 볼 수 있게 한다. 몇몇 ITL 시스템들은 기업이 주문하는 동안 온라인 선적 비용을 계산해 미국 자금으로 얼마나 비용이 들지 정확히 알 수 있도록 하는 내륙 비용 검색 엔진을 사용한다. 그들은 또한 국제 선적을 추적한다.

그들의 웹사이트와 소프트웨어 제품을 통해, ITL 기업들은 〈그림 11-12〉의 국제 무역 전문가들이 하는 많은 일들을 한다. 그들은 고객들에게 어떤 국제 기업과 사업을 함께할 수 있는지, 어떤 기업들이 그들과 사업을 함께할 수 있는지 알 수 있게 한다. 그들은 구매자와 공급자 간 수출과 수입 제한을 확인한다. 그들은 제품 수출입에 필요한 서류를 제공하고 관세, 세금, 배달 비용, 제품 수입에 관련된 기타 정부 요금을 결정한다.

버지니아주 덜레스의 Vastera는 국제 무역 관리 기업으로 고객들에게 웹 기반 소프트웨어 제품을 통해 배달 비용을 계산하고, 제한된 파트너를 가려내고, 선적 서류를 산출하고, 관세를 관리할 수 있게 하며, 수리와 반품도 처리한다. Vastera는 여러 국가의 무역 규정에 대한 온라인 라이브러리를 가지고 있으며, 포드, Gateway, 모토로라, Nortel을 포함한 200개 이상의 고객을 가지고 있다.

캘리포니아 샌 마테오에 위치한 또 다른 ITL 기업인 TradeBeam은 국제 공급사슬 문제를 웹기반 소프트웨어로 푸는데, "주문", "선적", "결정"의 세 가지 사업 프로세스 모듈을 포함하고 있다. "주문" 모듈은 구매와 판매 주문을 생성하고 관세 규칙과 규정의 경계 안에 거래가 가능한지 확인하는 승낙 확인을 수행한다. 그리고 나서 화물 보험 범위를 확고히 하고 무역 관련 청구를 처리한다. "선적" 모듈은 수송 수단을 예약하고 수송 설비와 항구를 조정한다. 세관을 확실히 하기 위해 선적에 필요한 모든 정보를 처리하고, 모든 선적 서류, 선하증권과 세관송장 등을 준비한다. 선적을 추적하고 상품이 최종 목적지에 도달했을 때 배달 증명을 제공한다. "결정" 모듈은 국제 무역 프로세스를 최종 지불로 완료한다. 신용장을 전자적으로 관리하고, 분쟁과 조정을 처리하며, 은행이나 구매자들의 실제 지불을 관리한다.

(5) 미국 기업 국제화의 최근 트렌드: 멕시코와 중국

많은 미국 기업들을 국제적으로 확장하도록 촉진한 두 가지의 큰 변화는 약 10년 전 NAFTA의 통과와 2001년 중국의 WTO 허가이다. NAFTA는 멕시코와의 엄청난 사업 기회를 열었는데 2002년 일본을 미국의 두 번째 선도 무역 파트너로 교체시키며 2천 4백억 달러를 초과하는 국경 간 무역량을 기록했다. Fortune 1,000대 기업 중 약 700개 기업이 그들의 운영의 많은 비율, 생산 지사, 또는 계열사를 멕시코에 가지고 있다. 낮은 노동비뿐만 아니라, 멕시코는 미국에서 지리적으로 가까워 멕시코 기업들은 많은 미국 기업의 적시(just-in time) 요구를 만족시킬 수 있다. 그러나 멕시코의 경제적 획득은 더 많은 일자리, 작업 기술의 향상에 이르게 해 결과적으로 높은 임금을 야기하여 반대로 미국과 해외 기업들이 멕시코에서 훨씬 낮은 임금률을 가진 중국으로 이동하게 만들었다. 중국의 숙련되지 않은 노동력의 임금비율은 2002년 시간당 약 0.6달러였으며, 멕시코는 시간당 2.5달러, 싱가포르는 시간당 5달러, 일본은 시간당 25달러였다. 기업들이 그들의 제조를 낮은 노동비 때문에 옮겨감에 따라, 새로운 중국의 공급자들도 생겨나고 있으며, 미국, 일본, 대만, 한국 공급자들도 중국에 공장을 설치했다. 이는 멕시코가 국제적 핫스팟이 되기 전에 60년대와 70년대의 일본, 그 이후 한국, 대만, 싱가포르에서 일어났던 것과 기본적으로 같은 패턴이다. 2003년 중국은 멕시코를 미국으로의 제2 수출국으로 대체시켰다.

이러한 종류의 환경에서 어떻게 국제화가 진화되었는가를 보여주는 예는 전자 산업에서 찾아볼 수 있다. 전자 기업들은 70%의 전자 장비 비용이 부품 및 제조 서비스에 있기 때문에 수년 간 국제 조달과 생산에서 리더였다. 이러한 현상은 특히 개인 컴퓨터와 마이크로일렉트로닉스 개발 이후 최근 30년간 더 두드러졌다. 주요 전자 및 컴퓨터 제조업체들은 중국이 잠재적으로 좋은 시장일 뿐만 아니라 낮은 비용의 노동과 기술 능력을 향상시키며 열심히 일하고 신뢰성 있는 직원들을 가지고 있기 때문에 그들의 공급사슬을 중국으로 옮겼다. 마이크로소프트 X-Box 게임시스템은 처음에 멕시코와 헝가리에 지어졌지만 생산은 중국으로 옮겨졌다. Palm Pilots는 미국과 유럽에 지어졌지만 이제 대부분은 중국에서 제조된다. 대만의 랩탑 컴퓨터 제조는 중국으로 옮겨지고 있다.

멕시코와 중국은 미국 기업의 공급사슬 개발에 있어 긍정적인 면과 부정적인 면을 가지고 있다. 멕시코에서 미국까지 운송은 8시간 걸리지만 중국에서는 21일에서 23일 걸린다. 멕시코의 많은 사람들이 영어를 사용하고 많은 미국인들이 스페인어를 사용하지만 중국에서는 동일한 상황이 존재하지 않는다. 정부 규제, 특히 사업 소유권에 대해서는 중국에서 주로 심하지만 중국에서 기업은 한 주에 7일, 24시간 동안 근무할 수 있는 반면, 멕시코에서는 평균 주당 근무시간이 44시간이다. 무역 규제와 관세는 멕시코에서 점점 낮아지고 있다. 중국은 제조 지역에서 좋은 물리적 인프라와 해상 공급을 갖추고 있지만, 멕시코에서는 수로 이용 가능성은 문제이다. 반대로 중국은 정보기술 인프라는 약하고 기업들은 주문을 추적하거나 물품이 제 시간에 선적되었는지 확인할 역량은 부족하다. EDI는 중국에서 통용되지 않으며 대부분의 주문은 팩스나 이메일로 수행된다. 중국 기업들은 ERP 소프트웨어를 거의 사용하지 않으며 그보다는 전자 상거래 역량은 몇몇 공유된 개인 컴퓨터로 제한된다. 품질은 기업마다 급격한 차이가 있다는 점에서 멕시코와 중국 둘 다 문제이다. 중국과 멕시코 공급자들은 일반적으로 품질관리시스템이 부족하며 통계적 공정관리를 사용하거나 ISO 인증을 받는 경우는 드물다.

중국에 특화된 또 다른 중대한 문제는 위조품의 확산이다. 중국의 개인이나 기업들은 미국이나 일본의 기업들로부터 지적 자산을 훔쳐 그들의 기업을 만들고 동일한 일반 제품을 합법 기업의 브랜드 라벨을 주로 가지고 판매한다. 때때로 위조 제품을 만들기 위해 합법 기업의 부품을 훔칠 수도 있다. 이러한 위조 제품들은 기능은 하지만 품질은 일반적으로 낮을 것이다. 다른 경우 제품들은 아예 기능하지 않을 수도 있다. 중국이 WTO에 가입했을 때, 위조를 철폐할 것으로 서약했다.

(6) 국제 공급사슬에 대한 9/11 사태의 효과

9/11 사태는 우리 삶에 많은 다른 부분들처럼 국제 공급사슬에도 영향을 미쳤다. 국제 공급사슬의 두 가지 주요 운송 모드는 항공 화물과 해상 운송으로 해외로부터 포털을 통해 미국으로 들어오며 따라서 명백한 보안 위험이 있다. 9/11 이후 미국 정부는 전 세계 국가들과 협력하여 보안조치를 채택하였는데, 이는 보안을 증대시키는 것과 더불어 공급사슬 스케줄의 시간을 늘리고 공급사슬 비

용을 증가시키기도 했다. 항공과 해상 운송은 정부가 "위험 심사"를 할 수 있도록 미국행 선박과 항공기에 컨테이너를 싣기 24시간 전에 미국 정부에 사전 적하목록을 제출하도록 하고 있다. 이러한 24시간 규칙은 출발지의 공항과 항구에서 광범위한 서류작업을 요구하며 따라서 공급사슬 시간을 3~4일 정도 연장시킬 수 있다. 선박이 미국 항구에 정시에 도착했더라도 더 엄격해진 세관 검열은 선박이 몇 시간 또는 몇 일 동안 묶여있게 할 수 있다. 예를 들어, 음식물 수입은 바이오 테러로의 가능한 변질에 대한 검열로 전환될 수 있다. 항공 화물에 대해 3~4일의 지연은 항공으로 선적할 효용을 무효화할 수 있다. 9/11 사태 이후 새로운 보안조치의 결과 기업들이 지연을 완충 재고로 처리함에 따라 재고 수준은 거의 5% 증가하여 추가 작업 자본에 750억 달러 이상이 소요되었다. 미국 수입의 보험 비용은 2001년 360억 달러에서 2002년 400억 달러 이상으로 증가했다. Brookings Institute는 추가 보안 검사로 인해 지연된 일일 수입 상품의 배달 비용을 연간 약 70억 달러로 추산했다. 이러한 비용은 새로운 인력, 기술, 장비, 감시, 의사소통, 보안시스템 비용, 그리고 전 세계 공항과 항구의 감시에 필요한 교육을 포함하지 않는다.

기업사례 11-1 현대자동차 국제 공급사슬관리

현대자동차는 1968년 포드자동차 부품을 수입하여 조립 판매로 시작하였다. 1975년에 한국 최초로 종합 자동차 생산시설을 갖춘 자동차회사가 되었다. 2000년에는 한국 외에 13개 국가에 생산시설을 갖고 있으며, 연 180만 대의 자동차 생산시설능력을 갖게 되었고, 생산대수로는 세계 10대 자동차 반열에 올랐다. 모든 자동차산업이 그러하듯 현대자동차 공급사슬도 매우 복잡하다. 수천 개의 공급자가 있으며, 한국에서만 700개의 직영대리점과 200개의 독자대리점이 있다. 영업대리점들은 재고 자동차를 갖고 있지 않으며, 전시용차만 갖고 있다. 고객이 주문을 하면, 유통센터나 공장에서 직접 운송하여 고객에게 배달하는 방법이다. 재고유지 비용이 적게 든다. 국내 주문은 인기 있는 색상이나 기본 사양 차는 7일 이내, 특수 옵션 차량도 15일이면 배달된다. 현대자동차는 80개국 이상의 국가에 수출하고 있으며, 총매출에 45%가 수출용이다. 수출 차량은 정규적인 수출 선박을 통하여 배달되며, 주문 후 인도기간이 45일 정도 소요된다. 현대자동차의 영업 및 유통시스템은 완성차의 재고를 최소화하며, 배달기간에서 경쟁력을 갖고자 한다. 회사는 재고완성차를 7일 이상 갖고 있지 않고자 목표를 정하는데, 일본 기업과 비교하여 매우 공격적 목표이다. 이 목표를 이루고자, 매우 세심한 협력이 필요하다. 고객에게 배달 약속일을 지키기 위하여, 생산 일정, 공급자 자재 배달, 수송계획 등의 동기화가 이루어져야 한다.

　　다양한 주문, 배달 인도기간의 단축, 비용 절감 등과 공급사슬 목표와의 상충된 목표를 해결하기 위하여, 현대자동차는 중앙 생산영업 통제실(P/SC: production-and-sales-control)이 있다. P/SC에서는 자재구매, 생산, 영업부 간의 협력을 조정하여, 생산과 국내 국외 영업소와 국내 국외 자재 구매부서와의 중급 정도의 문제를 해결하고 있다. P/SC 부서는 생산 설비와 기능별 부서 간의 연동화도 주관한다. 이들은 현대자동차 국내 공장의 6개월 생산계획, 주간생산계획, 일일생산계획을 통제하고 있다. 공급사슬관리를 중앙통제 방식을 시행함으로써, 공급사슬 담당자들 간의 소통을 개선시키고, 기능별 부서 간의 상호 이해와 협력을 증진시켰다.

12 전사적 IT관리

기업에 IT 시스템을 도입하기 위해서는 IT 시스템을 직접 개발하거나 외부의 IT 시스템을 구입하여 구축하게 된다. 기업들은 정보기술을 사용하여 자사의 경쟁력을 키우기 위해 업무기능에 따라 개별 시스템들을 도입하고 운영하여 왔다. 그러나 이러한 과정에서 도입되는 여러 기능별 시스템들을 통합하는 데 소요되는 비용이 과도하게 발생하는 현상에 직면하게 되었으며, 이로 인해 효과적인 시스템 통합(SI: System Integration)방법론이 필요하게 되었다.

시스템 통합은 크게 보면 자체 개발방법론(inhouse system development)과 표준소프트웨어 도입방법론(COTS: Commercial Off-The-Shelf)의 2가지로 구분될 수 있으며, 그 사이에는 현실적인 여러 조건에 따라 다양한 방법론이 존재하게 된다. 자체 개발방법론이란 시스템의 사용목적을 사용자 자신이 가장 잘 알기 때문에 자체 인력으로 자신이 사용할 시스템을 구현한다는 것이며, 표준소프트웨어 도입방법론이란 시스템 사용자의 표준적인 기능을 도출한 후 이를 하나의 패키지로 구현하여 마치 선반에서 꺼내 주듯이 시스템을 제공하는 방법론을 일컫는 것이다. 위의 2가지 방법론 외에 CBS(COTS-based systems)의 경우처럼 개별 COTS 시스템의 상호 결합 시에 유연성(flexibility)을 부여한 소프트웨어 구성(software architecture)을 제안하는 방법론도 있다.

표준소프트웨어 도입방법론은 시스템 통합이라는 대명제 하에 많은 단위 시스템들이 통합되는 과정에서 자체적인 시스템 개발이 점차 어려워지고 정보시스템을 구축하기 위해 고려해야 할 기술요소가 점점 늘어나고 있다는 점 그리고 시스템의 안전성을 유지하기 위한 시간 및 인력유지비용 과다 등이 원인이 되어 그 중요성이 부각되고 있다.

여기에서는 SI 기술을 소개하고, 자체 개발과 표준소프트웨어 도입을 비교한 후에 SI 기술들의 상관관계를 살펴볼 것이다. 그리고 기업의 IT 시스템을 구성하는 기능별 시스템들에 대하여 상세히 살펴보기로 한다.

12.1 SI 기술

(1) 기업의 업무와 SI 기술

기업의 업무를 지원하기 위한 정보시스템은 매우 복잡한 구성요소를 가지는 것이 일반적이다. 이것은 일차적으로는 기업 자체의 구성요소와 업무 간의 상호관계가 정보시스템에 그대로 반영되어 나타나는 현상이며, 그 다음으로는 정보시스템 자체가 매우 기술적으로 급격하게 발전하면서 그 변화를 기업들이 선도하거나 혹은 추종하여 시스템 구축을 하는 과정에서 불가피하게 나타나는 모습인 것이다.

기업의 업무는 세 가지 관점에서 살펴볼 수 있는데, 첫째로는 업무흐름(work process) 관점 혹은 업무가치 증대(value chain) 관점을 가진다. 예컨대 자재구매, 생산, 물류, 마케팅, 고객지원 등의 일련의 본원적 활동(primary activities)과 그 흐름을 지원하기 위한 인사, 재무, 하부구조(infrastructure) 등의 지원활동(secondary activities) 등을 들 수 있다. 두 번째 관점으로는 조직구성의 측면이 있는데, 만일 계층적인 조직을 염두에 둔다면 일상업무(operational activities)와 관리업무(staff and managerial activities) 그리고 경영 및 의사결정업무(management and decision making activities) 등을 들 수 있다. 세 번째로는 시간 관점에서 계획 단계(planning), 실행 단계(doing), 평가(seeing or evaluation) 등을 들 수 있다.

시스템 통합에 있어서 기업내부 중심의 시스템과 기업외부 중심의 시스템을 SI 정보기술과 SI 기반기술로 나누어 살펴보면 〈표 12-1〉과 같다. 이처럼 방대

표 12-1 기업 경쟁력 강화를 위한 시스템 통합 기술

	기업내부 중심의 시스템	기업외부 중심의 시스템
SI 정보기술	• ERP(Enterprise Resource Planning) • PDM(Product Data Management) • MES(Manufacturing Execution System) • Data Warehouse • POS(Point of Sale), DPS(Digital Picking System) • MIS, DSS, SIS, EIS, …*	• CALS(Commerce At Light Speed) – STEP – SGML – IGES – IETM – CITIS • EC(Electronic Commerce)
SI 기반기술	• Database • Client/Server 기술 • Intranet • GII(Global Information Infrastructure)	• 분산환경 지원 • Groupware • Internet • 보안기술

* 기업의 정보활용도를 높이기 위해 제안된 각종 정보시스템들이 이에 속한다.

한 정보기술을 고려하여 기업의 정보시스템을 구축하는 데는 막대한 비용과 시간이 소요될 수밖에 없다. 이로 인해 많은 기업에서는 정보시스템을 자체 개발하기 보다 이미 만들어져 있는 표준소프트웨어(standard software)를 도입하는 일이 늘어나고 있다.

(2) 자체 개발방법론과 표준소프트웨어 도입방법론의 비교

〈그림 12-1〉은 실제로 시스템을 자체 개발할 때와 표준소프트웨어를 구매할 때의 차이점을 나타내고 있는데, 그림에서 자체 개발 소프트웨어가 개발 초기에는 비교적 요구사항을 잘 반영하고 있으나 급격한 시장, 기술 환경의 변화에 제대로 적응하기에는 무리가 있음을 볼 수 있다. 이외에도 표준소프트웨어를 개발하는 회사는 대개 대규모 연구개발진을 확보하여 시스템의 성능을 지속적으로 개선한다는 측면에서 강점이 특히 부각되고 있다.

물론 자체 개발에도 많은 장점이 있다. 업무를 비교적 자세히 아는 내부 인력이 시스템을 개발함으로써 사용자의 요구를 충실하게 반영할 수 있으며, 개발비용이 저렴하다는 것 등이 그 주요한 장점이라고 할 수 있다.

표준소프트웨어 도입의 경우 가장 강조되는 장점은 선진업무 수행방법을 채

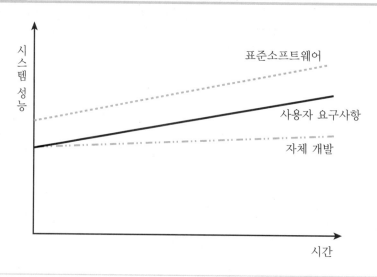

그림 12-1 자체 개발과 표준소프트웨어 도입의 비교

용할 수 있다는 것이다. 많은 선진국의 회사들이 구축하여 사용하고 있는 소프트
웨어들은 선진업무 수행방법을 잘 지원하도록 설계되어 있으며, 실제로 많은 소
프트웨어들은 소위 참조 모델(reference model)을 제공하고 있다. 참조 모델이란
개념적이나 실제적으로 입증된 업무 프로세스들을 모델링하여 시스템 구축에 사
용하도록 만든 것을 일컫는데, 이러한 참조 모델을 통해 업무 프로세스를 재설계
(BPR: Business Process Reengineerivg)하는 데에 큰 효용을 얻을 수 있다.

좀 더 상세히 살펴보면, 자체 개발방법론의 장점으로는 우선 사용자 요구사
항이 충실히 반영될 수 있고, 비정형 및 예외적 업무수행이 용이하며, 개발비용
이 낮아질 가능성이 크고, 개발과정에서 자체 기술력이 향상되고, 시스템 구성이
나 유지보수 통제가 가능하다는 점을 들 수 있다. 그러나 단점으로는 우선 사용
자 업무능력이나 시스템 개발능력에 지나치게 좌우되기 쉬우며, 개발기간의 장기
화와 시스템 유지보수 인력 및 비용이 추가로 소요될 수 있으며, 시스템 수명이
단기화될 우려가 있다.

이에 반해 표준소프트웨어 방식의 장점으로는 선진업무 수행방법 채용이 가
장 큰 장점으로서 선진국의 경영관리 방식을 습득해야 하는 우리와 같은 입장에
서는 가장 중요한 요인의 하나라고 볼 수 있으며, 통합된 그리고 안정적인 시스
템 구축이 보장되며, 장기적인 업무변화 수용능력이 우수하고, 시스템 구축기간

표 12-2 자체 개발과 표준소프트웨어 도입의 장단점

	자체 개발	표준소프트웨어 도입
장점	• 사용자 요구사항의 충실한 반영 • 비정형화/예외적 업무수행 용이 • 개발비용 저렴 • 자체 개발력 향상 • 시스템 구성/유지보수 통제 가능	• 선진업무 수행방법 채용 • 통합된 시스템 구축 가능 • 장기적인 업무변화 수용 가능 • 시스템 구축기간의 단축 • 최신 정보기술의 채용/지속적 향상 • 자체 개발인력 감축
단점	• 사용자 업무능력/시스템 개발능력에 　의존 • 개발기간의 장기화 • 시스템 유지보수 인력/비용 소요 • 시스템 수명 단기화	• 비정형화/예외적 업무 추가 개발 • 고가의 컨설팅 비용 • 회사의 업무 기밀 노출 • 개발업체에 종속

이 상대적으로 단축될 수 있고, 최신 정보기술의 채용과 지속적 성능개선의 요구가 충족될 수 있으며, 개발인력의 자체 유지가 필요하지 않다는 점 등이 있다. 반면에 단점으로는 비정형적·예외적 업무의 추가 개발에 곤란한 부분이 있고, 고가의 컨설팅 비용이 소요되며, 회사의 업무기밀이 노출될 우려가 있고, 개발업체에 종속된다는 점이 있다.

〈표 12-2〉에 자체 개발과 표준소프트웨어 도입에 대한 장단점을 정리하였다.

(3) SI 기술의 상관관계

이미 만들어져 있는 표준소프트웨어들의 경우 여러 가지 구성요소와 개별적인 강점을 가지고 있으며 통합정보시스템의 관점에서 살펴보면 현행 기업들이 업무를 수행하기 위해 필요한 소프트웨어군은 나열이 어려울 정도로 다양하다. 〈그림 12-2〉는 기업에서 사용하는 소프트웨어들과 그들 산의 관계를 나타낸 그림이다. 그림을 기준으로 살펴보자면 우선 상층부에 통합의 기본 골격으로 회계정보시스템이 위치하며, 좌측은 관리 관점에서 ERP가 위치하고, 우측은 현장관리 측면에서 PDM(Product Data Management)이 위치한다. 그리고 가운데에 실제 업무를 중심으로 좌측에는 주문, 생산계획, 생산통제 등의 구체적인 관리 업무요소가 나열되어 있고 우측에는 실제 생산을 위한 여러 가지 작업제어 업무요소가

그림 12-2 기업운영에 사용되는 소프트웨어 패키지

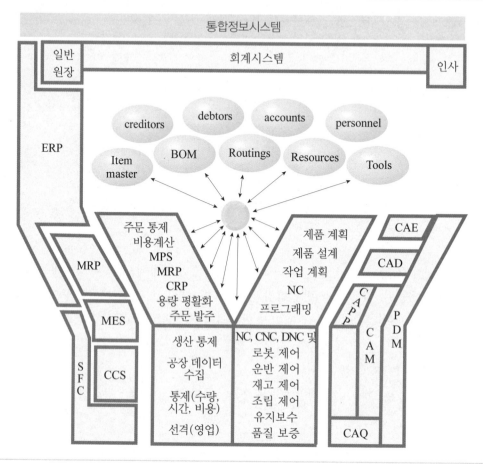

자료: Scheer, W. A., Compute Integrated Manufacturing, 1993.

나열되어 있으며, 또한 그 상부에는 개별 시스템 내부의 실체, 즉 저장 및 관리단위 객체(object)들이 제시되어 이들 개별적인 구성요소들이 상호관계를 맺고 있는 것을 확인할 수 있다.

12.2 전사적 자원관리(ERP: Enterprise Resource Planning)

(1) ERP의 개요

표준소프트웨어 중에서 가장 대표적인 것으로 전사적 자원관리시스템을 들수 있다. 1991년 ERP 개념을 최초로 제안한 미국의 시장조사기관인 가트너 그룹(Gartner Group)은 기존의 생산자원관리시스템(MRP II)을 정보기술면에서 능가하는 차세대 생산관리시스템으로 ERP라는 용어를 사용하였다. 가트너 그룹에 따르면 ERP란 "제조업무시스템을 중심으로 재무회계 및 판매·물류 시스템에서의 기능상의 통합을 실현하는 것으로 전체 외부 공급자 등과 기업 간의 제휴를 포함한 이른바 가상기업을 지향한 시스템"이라고 할 수 있다.

또한 미국생산재고관리협회(APICS: American Production and Inventory Control Society)에서는, ERP 및 ERP 시스템을 "최신 정보기술을 채용하고 고객오더의 수주부터 제조, 출하 그리고 회계처리에 필요한 전사적인 자원을 명확하게 하고 계획하기 위한 회계지향의 정보시스템"이라고 정의하고 있다(APICS 제8판 용어사전, 1995년). 정보기술에 대한 인식은 가트너 그룹의 견해와 마찬가지지만 APICS에서는 MRP II를 중심으로 한 전사적이고 계획을 중시하는 회계지향 정보시스템으로 ERP 시스템을 파악하고 있다.

이상과 같이 살펴본 ERP의 개념을 종합하여 보면, ERP란 좁은 의미에서는 "기업 내의 생산, 물류, 재무, 회계, 영업, 재고 등 기본업무 프로세스들을 통합적으로 연계관리해 주며, 주위에서 발생하는 정보들을 서로 공유하고 새로운 정보생성 및 빠른 의사결정을 도와주는 기업통합정보시스템"을 뜻하며, 넓은 의미에서는 "ERP 시스템 등의 정보기술을 이용하여 기업 전체의 경영자원을 통합관리하고 경영활동을 지원하기 위한 경영혁신 방법론"을 지칭한다.

초기의 ERP 시스템이 단순히 기업을 대상으로 하였던 반면에, 최근에는 조직 전체의 경영자원에 대한 통합관리 및 경영혁신의 방법론으로서의 측면이 강조되면서, 교육시스템, 의료시스템, 공공서비스 등 다양한 조직의 경영자원을 통합관리하고 지원하기 위한 통합정보시스템으로 자리잡고 있다.

ERP의 기원이라고 할 수 있는 MRP(Material Requirement Planning)는 자재구조(bill of material) 및 자원용량관리 및 자재소요계획 등을 포함하는데, 이것이

1980년대 들어 판매 및 주문관리와 수주관리 및 연관 재무관리 등으로 확대되어 연속생산 및 개발생산 등에 적용되던 MRP Ⅱ(Manufacturing Resource Planning)로 발전하였다. 이후에 전후방으로 연관된 업무들 예컨대 품질관리, 프로세스관리, 유지보수, 물류관리, 제품이력관리 등을 포괄하는 전사적 생산방식을 띠게 된다.

〈그림 12-3〉은 MRP, MRP Ⅱ 및 ERP의 발전 단계와 관계를 나타내고 있다. 그림에서 알 수 있는 것처럼 MRP 시스템은 생산현장에서의 물류흐름을 통제하기 위해 개발되었으며, MRP Ⅱ에서는 생산과 관련한 업무들을 통합하였고, 현재의 ERP 시스템에서는 대부분의 기업업무를 하나의 시스템으로 지원하기에 이르렀다.

1990년대에 접어들면서 소비자의 요구가 다양해지고, 대량생산에서 다품종 소량생산 체제로 변화되었다. 이에 따라 제품의 생명주기가 급속히 단축되어, 제품의 가격뿐만 아니라 빠른 시장 출시도 경쟁에 필수요소가 되었다. 이에 따라

그림 12-3 ERP 시스템의 발전과정

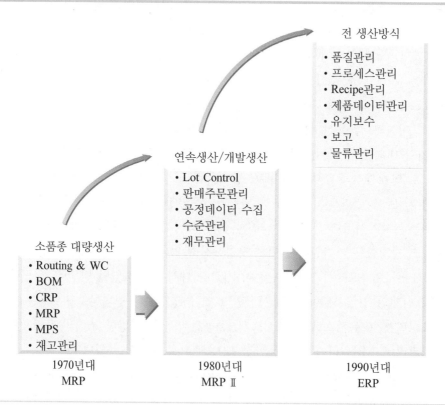

기업들은 최상의 비즈니스 프로세스를 내장한 통합시스템을 구축하여 기업혁신을 도모하게 되었고, 이것이 바로 ERP라고 할 수 있다.

ERP는 기업의 최적화 추구를 위한 최상의 업무 프로세스(business process)를 포함하고 있을 뿐만 아니라, 최신 정보기술을 도구로 활용하여 기업의 전체 통합을 쉽게 구현할 수 있도록 패키지로 제공된다. 따라서 ERP를 도입하는 기업은 여기에 맞추어 업무를 조정하기만 하면 프로세스를 개선하고, 시스템 통합의 문제를 자연스럽게 해결할 수 있다.

ERP를 도입하면, 영업에서 주문을 받고 영업관리시스템은 바로 생산관리시스템으로 주문정보를 전달하며, 생산관리시스템은 생산계획을 바로 편성하여 조달의 업무를 거치고, 이때 조달시스템은 협력사 및 납품업체와 부품공급계획 정보를 공유하고, 조달된 부품과 생산계획정보를 이용하여 생산에 들어간다. 생산과정의 제품에 대한 다양한 정보를 영업에서는 정보시스템상에서 바로 조회가 가능하고, 완제품이 생산되는 시점에 맞추어 바로 물류배송과 연결될 수 있도록 제품생산정보는 물류시스템으로 연계가 되어, 자재의 재고 없이 바로 고객에게 상품이 배송될 수 있으며, 영업에서는 배송정보를 확인하여 고객관리를 효율적으로 수행할 수 있다.

(2) ERP 시스템의 효과

ERP 시스템은 앞서 언급된 개별적인 요소업무의 지원 이외에도 기업의 다국적 업무를 지원하고, 각종 정보기술을 지원하고 있다. 즉, 전 세계적인 물류(Global logistics), 다국적 기업환경, 표준데이터베이스 지원, 표준소프트웨어와의 인터페이스 기능 및 인터넷 환경지원 등의 기능이 ERP 시스템에 추가되고 있다. 결국 현실적으로 이러한 다양한 요구를 충족시키는 시스템을 현행 전산 부서 혹은 정보시스템 부서에서 개발하기가 점점 곤란해지면서 표준소프트웨어로서의 ERP 시스템의 도입이 필요하게 된 것이다. 특히 ERP 시스템은 대부분의 주요 기능들을 통합함으로써 과거에 정보의 섬(island of information)으로 분리되어 있던 각종 업무들이 정보를 상호 교환하며 일관성 있게 추진될 수 있게 한다. 이로 인해 과거에 볼 수 없었던 업무수행 능력의 향상을 얻을 수 있어, ERP 시스템은 기업업무 혁신의 도구로 여겨지고 있다.

(3) ERP 시스템의 주요 기능

ERP의 주요 기능을 나누어 보면 재무·원가관리, 마케팅·판매관리, 생산·운영관리, 인적자원관리 등으로 분류될 수 있으며, 각 기능에 대한 정의는 〈표 12-3〉과 같다.

1) 재무 · 원가관리

재무·원가관리는 각종 재무관리, 세무관리, 관리회계, 원가관리, 투자관리, 기획통제, 자금관리 등의 재무에 관련된 기능 모듈을 일컫는다.

- 재무회계(Financial Accounting): 총계정원장, 매출채권, 매입채무, 기타 보조부 등을 사용자가 정한 계정과목 목록을 가지고 자동으로 관리하고 외부목적의 재무보고서를 산출하는 기능을 수행한다. 하위 모듈로는 총계정원장, 매출채권, 매입채무, 고정자산회계, 특수목적원장, 연결재무제표 작성 등이 있다. 또한 여러 물류관리 및 기타 모듈에서 거래가 발생하면 실시간으로 재무 데이터가 자동으로 갱신된다.
- 관리회계(Controlling Accounting): 재무회계는 외부목적용이나 관리회계는 내부목적용 회계시스템이다. 간접비 통제, 제품원가 통제, 수익성 분석 등이 주요 내용이고, 하위 모듈로는 원가계산, 원가차이 분석, 프로젝트별 원가집계 및 관리, 비용센터별 회계, 활동기준 원가관리, 각종 수익성 분석 등의 기능을 포함하고 있다. 이 모듈은 재무회계, 물류, 인사관리 모듈 등

표 12-3 ERP의 주요 기능과 정의

기능	정의
재무·원가관리 (Financial & Cost Management)	각종 원가관리 솔루션과 재무, 세무, 회계업무영역의 기능
마케팅·판매관리 (Marketing & Sales Management)	마케팅전략 수립, 제품·서비스의 판매 및 유통 업무영역의 기능
생산·운영관리 (Production & Operations Management)	제품·서비스를 생산하기 위한 생산계획과 자재관리 업무영역의 기능
인적자원관리 (Human Resource Management)	인적자원관리를 위한 전략수립과 이를 실행하는 인사관리, 조직관리의 업무기능

과 완전히 통합되어 있다.

- 자금관리(Treasury) : 자금관리는 현금흐름의 유출입과 자금잔액 등을 관리하는 유동성관리 기능을 제공한다. 그 하위 모듈로는 단기적인 현금관리, 장기적인 자금관리, 확장된 재무관리 등이 있다. 확장된 자금관리 모듈은 예산관리, 유동성관리, 유가증권관리, 파생금융상품 관리, 외환리스크관리 등과 같은 자금위험관리 기능을 포함한다.

- 고정자산관리(Asset Management) : 고정자산과 관련된 기획, 기록, 분석과 감가상각비 계산 및 투자안 계획과 실행을 관리하는 투자관리 기능을 포함한다.

2) 마케팅 · 판매관리

마케팅·판매관리는 마케팅전략을 수립하고, 제품·서비스의 판매 및 유통의 업무영역을 관리하는 기능을 의미한다.

- 마케팅관리(Marketing) : 취급하는 제품 및 서비스의 판매촉진 활동을 위한 전략을 수립하고, 판매촉진 활동계획을 수립하며, 판매촉진 활동을 관리하는 기능을 포함한다.

- 판매유통관리(Sales & Distribution) : 경쟁사의 정보관리, 고객정보관리 등과 같은 판매지원 기능, 주문처리, 배송관리, 대금청구, 판매거래의 회계처리 등의 기능을 포함한다. 자재 및 생산계획, 조업도 및 자원계획, 재무예측 및 원 단위 관리와 연결되어 전 공급사슬의 전반적인 관리를 위한 기업 단위의 솔루션을 제공한다.

3) 생산 · 운영관리

생산·운영관리는 제품·서비스 생산을 위한 생산계획과 자재관리 등의 업무영역을 관리하는 기능을 의미한다.

- 생산계획(Production Planning) : 제조활동을 계획하고 통제하는 기능을 제공한다. BOM(Bill Of Material), 작업장과 공정흐름도 등과 같은 생산관련 기준 정보관리, 생산계획 수립, 자재소요계획, 공정진척관리 및 생산능력분석 등과 같은 제조현장관리 기능 등이 포함된다. 생산계획 및 생산일정 수

립과 실행은 영업계획, 자재관리, 제품원가 계산 등의 모듈들과 완전히 연결, 통합되어 있다.

- 자재관리(Material Management) : 자동발주처리 및 주문이력관리, 상품수령 및 결과처리와 같은 구매관리 기능, 창고관리, 재고관리, 자재입출고 및 재고관련 회계처리 등의 기능을 포함한다. 자재관리 모듈은 전체 구매 프로세스를 판매, 제조, 품질관리 및 매입채무관리와 완벽히 연결하고 있다.
- 품질관리(Quality Management) : 품질계획, 품질검사, 품질과 관련된 서류관리 등과 같은 기능을 포함하는데 자재조달, 제조 및 원가계산 모듈과 통합되어 있다. 입고되는 자재와 생산하는 제품에 대한 품질검사를 실시하고 그 결과를 기록하며 품질관리 활동의 비용을 평가하고 관리할 수 있다.
- 설비관리(Plant Management) : 설비관리 업무를 계획, 실행, 완료하는 기능을 지원한다. 전 기업의 각 장비별 긴급한 유지보수와 사전 유지보수에 대한 일정을 수립하고 실행을 추적할 수 있는 도구들을 제공한다. 유지보수 이력에 관한 데이터관리, 시설관리와 관련한 보고 및 분석기능 등을 포함한다.
- 프로젝트관리(Project System) : 프로젝트의 계획, 일정수립 및 관리도구로서 프로젝트의 모든 측면을 통합하여 관리할 수 있도록 해 준다. 프로젝트를 위한 자원관리와 원가관리 및 프로젝트의 진척도를 감시한다. 구매 및 재고관리, 가용능력계획, 인적자원계획과 같은 다른 모듈들과도 통합되어 모든 필요한 자원들이 요구될 때 사용가능하도록 정보를 제공한다. 재무계획 도구를 이용하여 예산을 만들고, 자금을 할당하고, 프로젝트 비용을 관리할 수 있게 한다.

4) 인적자원관리

인적자원관리는 인적자원관리를 위한 전략수립과 이를 실행하는 인사관리·조직관리의 업무 기능을 말한다.

- 급여관리 : 사원의 직급에 따라 급여 및 임금관리, 여비관리 등을 수행한다.
- 채용관리 : 신입사원 및 경력사원의 채용 및 인원계획 등을 세운다.
- 인사관리 : 인사관리 전 측면을 처리할 수 있는 도구를 제공하는데 재무회

계, 관리회계, 생산계획, 영업관리, 공장관리 등의 다른 모듈들과 통합되어
재무회계, 원가회계, 자원배분을 포괄하는 통합 기업 솔루션을 제공한다.
- 교육훈련관리: 사원들의 사내외 교육훈련을 관리한다.

(4) ERP 구축방법론

표준소프트웨어를 도입할 때 기업의 상황에 맞게 프로그램을 설정, 수정하
거나 추가 보완하는 것을 커스터마이징(customizing)이라고 한다. 표준소프트웨어
란 개념상 기성복과 같은 제품이다. 그러나 사람의 신체들이 가지는 편차와는 비
교가 안 될 정도로 기업들 간의 구조와 문화, 업무방식이 판이하기 때문에 이미
만들어진 시스템이 모든 기업의 모든 면에 정확히 맞아떨어질 수는 없다. 그러므
로 ERP 시스템과 같이 기업의 업무를 지원해 주는 시스템에서는 커스터마이징
이 중요한 요소가 된다. 이때 커스터마이징이 지나치게 많아지면 표준소프트웨어
를 구축하는 각종 장점을 잃어버리기 때문에 대부분의 표준소프트웨어 판매자들
은 가급적 커스트마이징을 줄일 것을 권고하고 있다. SAP R/3 시스템에서는 이
러한 커스터마이징을 위해 ASAP라는 언어를 제품에 추가하고 있다.

실제로 지나치게 길거나 비용이 많이 드는 커스터마이징 과정은 ERP 도입을

그림 12-4 SAP R/3 구축방법론(ASAP)

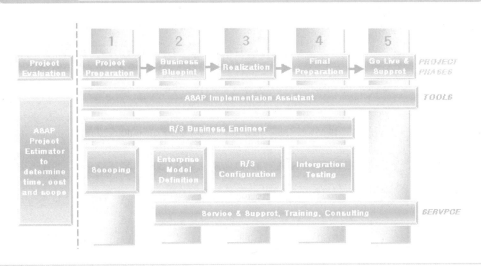

고려하는 기업들에게는 많은 부담을 주게 되므로 적은 비용으로 빠르게 ERP 시스템을 구축하는 방법론의 정립이 ERP 시스템에서는 반드시 고려되어야 할 필요가 있다. SAP사에서는 SAP R/3 시스템의 구축을 신속하게 하기 위해 ASAP라는 구축방법론을 제시하고 있으며, 오라클에서는 AIM이라는 ERP 구축방법론을 제안하고 있는데, 〈그림 12-4〉는 ASAP의 구축절차를 표현한 그림이다.

(5) ERP의 국내 동향

〈표 12-4〉는 국내에서 판매되고 있는 ERP 시스템의 주요 제품과 매출추이를 보여 주고 있다. 2002년 현재, ERP 시스템시장이 포화상태로 접어들어 한국오라클, SAP코리아 등 ERP 업계는 중소기업시장과 확장 ERP 시장, 금융 등 특화 솔루션시장으로 시장을 넓히고 있다.

ERP를 포함한 표준소프트웨어 분야에서는 최근 전사적 자원관리(ERP)와 공급사슬관리(SCM), 고객관계관리(CRM), 인적자원관리(HRM) 등을 통합하는 추세가 가속화되고 있다. 예를 들어, SAP는 기존에 공급하던 ERP 솔루션인 SAP R/3을 확장하여 1999년부터 mySAP.com을 시장에 공급하고 있다. 공급사슬관리와 고객관계관리에 대한 상세한 내용은 다음의 절에서 소개되어질 것이다.

표 12-4 국내 ERP 시장 주요 공급사 현황 및 매출추이 (단위: 백만원)

제품명	개발사	국내공급시기	1998년 매출 수량	금액	1999년 매출 수량	금액	2000년 매출 수량	금액	성장	점유율
mySAP.com ERP	SAP	1996	27	21,762	31	26,950	36	38,500	42.9	32.9
E비즈니스 스위트11i	오라클	1996	25	10,000	29	17,000	80	22,000	29.4	18.8
유니ERP 2.0	삼성 SDS	1997	N/A	5,860	N/A	11,000	70	12,000	9.1	10.2
탑ERP	소프트파워	1993	167	5,400	179	8,300	244	11,900	43.4	10.1
인프라ERP, 인프라PRO	한국하이네트	1997	33	2,000	62	6,500	45	8,178	25.8	7

자료: 시사컴퓨터, 2001. 4.

12.3 ERP와 SCM의 연계

11장에서 설명한 공급사슬관리(SCM)의 소프트웨어와 관련 소프트웨어에 대하여 간단히 설명하겠다. SCM 소프트웨어는 공급사슬계획(planning), 공급사슬실행(execution), 공급자관계관리(relationship management)를 포함하고 있다. 계획단계에서 공급사슬망(supply chain network) 설계, 수요계획(demand planning), 협력생산계획(collarborative production planning)을 포함하고 있다. 실행단계에서는 계획진행(fulfillment), 제조생산, 배달이다. 관계관리(relationship management)는 공급자 인증부터 품질보증, 품질계약, 협약서와 관련된 공급자 상호관련 사항을 취급한다.

상업용 소프트웨어 응용프로그램 간의 차이점을 알 수 있다. ERP 공급자는 더욱 많은 SCM 기능을 포함시키고 있다. ERP 응용프로그램 R/3에서 e-business는 mySAP에 집중되어 있다. mySAP에는 SCM, 고객관계관리(CRM), 상품수명주기관리(PLM: Product Life cycle Management)로 구성되어 있다. SCM 소프트웨어의 선두주자인 i2 technologies에서는 ERP 기능을 TradeMatrix 소프트웨어에 포함시키고 있다. e-business 소프트웨어와 database 분야의 업계 선두자인 Oracle에서는 CRM, B2B, business 지능을 강조하고 있다.

(1) 협력적 제품 상거래(CPC: Collaborative Product Commerce)

상업적 응용 소프트웨어 분야에 최근에 도입된 소프트웨어는 CPC이다. CPC는 신제품 설계 및 개발에 관련되어 있다. 제품수명주기 관리와도 관련되어 있다. CPC는 제품의 수명 동안 제품 자료를 관리하고, 설계과정 동안 공급자와 소비자는 협력하여 제품과 공정의 재설계를 한다. CPC, CRM, ERP, SCM은 강력한 결합을 이루고 있다. 〈그림 12-5〉에서 이런 종류의 소프트웨어가 어떻게 작동하는 지를 보여 준다. 고객과 공급자가 CPC를 통한 협력은 신제품이나 새로운 서비스가 시장에 나오는 시간을 단축시켜 준다. 비슷한 방법으로 ERP를 통한 고객과 공급자의 협력은 제품을 소비자에게 빨리 공급하게 하여 준다.

그림 12-5 ERP와 관련 소프트웨어들

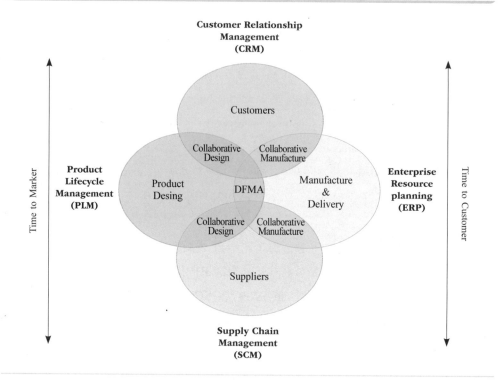

(2) 연결성(Connectivity)

기업 내에서도 ERP, CPC, CRM, SCM 시스템이 서로 소통하는 것은 어렵다. 수백개의 다른 기업들과 소프트웨어 공급자들과 소통하는 일은 용기가 많이 필요한 어려운 작업이다. 한 소프트웨어 공급자로부터 같은 계열 소프트웨어를 공급 받아 시스템 통합을 하면 통합작업이 원활하게 진행될 것이다. 대부분의 기업은 최선의 소프트웨어를 찾아 다양한 공급자로부터 그들 각 작업에 가장 적합한 제품이나 모듈을 구입하게 된다. e-business를 작동시키는 응용프로그램 API(application programming)을 함께 사용한다. API는 A 응용과 B 응용프로그램의 소통은 원활하게 작동하지만, 응용프로그램 C, D, E와 합류하면, API은 극도의 혼란에 빠진다. 제3의 공급자가 EAI(Enterprise Application Integration)를 공급하여, 복잡한 기업활동을 응용프로그램들 사이의 상호거래로 나누어 처리하게 해준다. 각 응용프로그램이 이해할 수 있는 컴퓨터 처리언어 XML(eXtensible Markup

Language)이 광범하게 사용된다.

EDI(Electronic Data Interchage)는 B2B(Business-to-Business) 소통에 사용되는 언어이다. EDI는 주문서와 청구서를 처리하는데 사용되나, 이것은 제품사양서나 제품설계도로 전환되지는 않는다. 또한 실시간으로 자료가 갱신되지도 않고, ERP와의 소통도 쉽지가 않다. 반면 XML은 인터넷을 위하여 개발되었다. 한 시스템으로부터 자료를 인출하여, 다른 시스템으로 이전시키는 작업 대신, XML은 각 자료에 부품번호, 가격, 배달시간 등을 포함한 꼬리표를 포함시켜 상대방에게 보낸다. 상대방은 XML 꼬리표에서 필요한 자료를 인출하여 ERP에서 적재적소에 주입한다. Web에서 Web으로 컴퓨터에서 컴퓨터로 소통이 가능하여 졌다.

연결성과 시스템 통합은 새로운 기술이 개발될 때마다 풀어야 할 과제로 계속될 것이다. IBM 회사는 오늘날의 모든 개발된 프로그램의 70%가 다양한 시스템 간의 연결을 이룩하기 위하여 접속문제(interface), 표준화(protocols), 처리과정(procedures)을 해결하는 프로그램으로 이루어져 있다고 추정하였다.

(3) 동기화(Synchronization)

정보의 왜곡 문제는 기존의 공급사슬 체계와 운영방식으로는 개선할 수 없다. 이러한 문제를 해결하기 위해서는 공급사슬의 구조와 운영방식을 근본적으로 변화시켜야 하는데, 각 참여 부문 간의 정보교환 방식을 바꿔주는 것이 핵심이다. 예를 들어 제조업체에게 유통업체 매장 소비자의 구매정보를 그대로 전달하여 주면 서비스 수준과 재고를 동시에 개선할 수 있다. 정보를 실시간에 공유하는 것이야말로 가장 극적인 개선효과를 가져오게 한다. 공급사슬 내의 모든 구성원이 고객의 주문에 맞추어 계획된 제품이 낭비적인 요소 없이 적시에 고객에게 전달되도록 하는 것을 동기화(synchronization)라고 한다.

동기화를 달성하는 데 있어 무엇보다 먼저 선결해야 할 과제는 공급사슬 구성원 간의 벽을 허무는 것이다. 통상 〈그림 12-6〉에서 보는 바와 같이 기업 내 부문간 및 기업 간에는 정보교환을 저해하는 벽이 형성되기 마련이다. 제조업체의 경우 영업과 제조 간에 상호 갈등이 존재하고 유통업체에서는 매장관리자와 구매담당자, 물류담당자 간에 상호 불신이 형성된다. 더욱 큰 벽은 유통업체와 제조업체, 제조업체와 원재료 공급업체 사이에 형성되는 벽일 것이다. 이러한 벽

그림 12-6 기업내 부문간 및 기업간의 벽

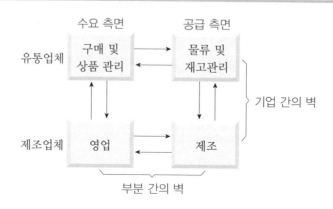

이 있는 한, 정보의 왜곡은 필연적이며 정보의 공유는 기대할 수 없다. 상호 신뢰를 바탕으로 한 협력관계를 형성하고 업무적으로 통합(integration)하는 것이야말로 SCM 비전의 가장 큰 전제이다.

또 한 가지 동기화 달성의 핵심은 물품흐름 방식의 변화이다. 물품의 흐름이 공급자가 수요자에게 밀어내는 Push 방식이 되어서는 동기화가 불가능하다. 공급자가 수요자의 요구를 예측하고 이에 근거하여 제품을 밀어 내는 방식에서는 수요자가 요구하는 물량이 필요한 때에 전달되기가 곤란하다. 물량이 과다하거나 전달시점이 빨라 불필요한 재고가 유발되기 쉬우며 물량이 부족하거나 전달 시점이 늦어 품절이 발생하는 경우가 빈번히 발생한다. 동기화를 위해서는 수요자가 원하는 물량을 원하는 때에 공급자에게서 끌어가는 Pull 방식이 절대적으로 필요하다.

따라서 상호 신뢰를 바탕으로 협력관계를 형성하여 정보를 공유하고 Pull 방식의 물품흐름을 실현하는 것이 동기화 달성의 근간이 된다. 또한 동기화 달성에 필수적인 실천적 지원기술이 구비되어야 하는데, EDI(Electronic Data Interchange), EFT(Electronic Funds Transfer), Item Coding 또는 Bar Coding, Data Maintenance를 통해 전자상거래(electronic commerce)를 실현하여 실시간 정보교환을 기술적으로 가능케 하는 것과 활동원가체계(ABC: Activity Based Management)를 통해 최적화 및 개선활동에 관련된 의사결정을 지원하는 것이 중점적으로 논의되고 있다.

지금까지 논의한 동기화, 상호 신뢰를 바탕으로 한 정보교환과 업무적 통합, Pull 개념의 물품흐름, 개별 구성원의 신뢰성 확보, 실천적 지원기술 등을 중점분

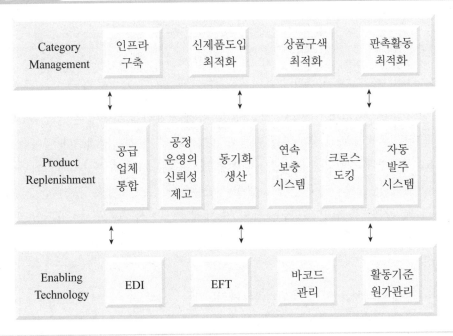

그림 12-7 SCM의 개선된 개념

야 및 구체적 개선 개념으로 표현하여 요약하면 〈그림 12-7〉과 같다.

이러한 개선된 개념들은 원재료 공급업체, 제조업체, 제조업체 유통센터, 유통업체 유통센터, 유통업체, 소비자로 구성되는 공급사슬을 가정한 것이다. 산업에 따라 SCM은 여러 가지 각기 다른 이름으로 전개되고 있다. 예를 들어 미국에서는 1985년부터 의류업체와 이의 유통 및 판매를 담당하는 유통업체(주로 백화점) 간에 SCM 개념을 적용하여 QR(Quick Response)운동이 일어났고, 이에 위기의식을 느낀 식품 및 잡화류 위주의 슈퍼마켓 등은 식료·잡화업체들과 연대하여 SCM을 추진하기로 하고 이를 ECR(Efficient Consumer Response)이라고 하였다.

공급사슬 구조는 산업에 따라 달라지는데 이는 고객, 제품, 사업환경이 다르기 때문에 나타나는 현상이다. 공급사슬의 구성요소와 구성요소 간의 상대적 중요도 등이 변화하므로 SCM 개념도 산업별 특성에 맞게 적용하는 것이 필요하다.

이에 덧붙여 기업활동이 점차 국제화되면서 공급사슬의 세계화가 진행되고 있어 SCM 개선 개념 정립이 더욱 복잡해지고 있다. 현재까지의 다소 일반화된 개선 개념이 실제 여러 산업이나 기업환경에서도 효과적으로 적용되기 위해서는 특성에 맞는 적정한 공급사슬 구조와 개선 개념의 설계가 이루어져야 할 것이다.

(4) SCM의 구현전략

1) 공급사슬 구축의 4단계

기업에게 있어서 인터넷과 같은 온라인 거래환경의 등장은 그들의 고객에게 보다 적극적으로 반응하도록 만들고 있다. 그 결과 경쟁업체보다 얼마나 신속하고 정확하게 상품과 서비스를 제공해 줄 수 있는지에 대한 능력이 매우 필요하게 된다. 공급사슬의 관점에서 경쟁력 있는 비즈니스 모델을 구축하는 것은 SCM의 궁극적인 목적이다. 공급사슬의 전 세계적인 협회라고 할 수 있는 SCC(Supply Chain Council)는 비즈니스 프로세스의 발전 단계를 다음의 4단계로 나타내고 있다.

(가) 공급사슬 이전 단계(비공식 체인)
- 프로세스 정비 이전의 혼돈 상태
- 공급사슬의 개념, 방침이나 기초적 업무설계가 이루어져 있지 않은 상태
- 프로세스가 비관리 상태여서 충돌이 빈발

SCC란 무엇인가?

SCC(www.supply-chain.org)는 PRTM과 AMR(Advanced Manufacturing Research)을 중심으로 1996년에 설립되었다. SCM의 중요성을 일찍이 깨닫고 적극적으로 실천에 옮기고 있는 컨설팅 회사로는 PRTM이 대표적이다. AMR은 ERP, SCM 관련 정보 리서치 분야에서 업계 최고로 일컬어지는 기업이다.

1997년 8월에는 Advanced Manufacturing Research(AMR), Bayer, Compaq Computer, Pittiglio Rabin Todd & McGrath(PRTM), Procter & Gamble, Lockheed Martin, Nortel, Rockwell Semiconductor, Texas Instruments 등 약 70개사가 중심이 되어 독립된 비영리단체(S.C.C., Inc.)로서 재편성되었다. 또한 1998년 8월 현재 무려 380개사가 적극적으로 참가하고 있다.

SCC에서는 업계 평균, 업계 최고 등의 벤치마킹 데이터를 공표하고 있다. 그 데이터의 대부분은 PRTM 등 컨설팅 회사가 보유하고 있는 실제 데이터에 기반을 두고 있다.

(나) 공급사슬 제1단계(조직기능 정비)

많은 기업이 이 단계에 있다.

- 조직기능 분담이 이루어지고, 기업 내에서의 최적화가 이루어져 있는 상태
- 경영, 비용, 고객만족 등의 향상을 꾀할 수 있다.
- 단, 기업 전체가 최적화에는 도달해 있지 않고 그것을 실현하기 위한 방법 툴을 갖지 못한 상태

(다) 공급사슬 제2단계(사내 프로세스 정비)

- 사내 전체가 횡단적으로 각각의 프로세스, 관리, 업무가 통합되어 있는 상태
- 지속적 개혁을 꾀할 수 있으며, 비즈니스 구조로서도 세계 수준의 성과를 달성하고 있는 상태

(라) 공급사슬 제3단계(공급사슬 전체 정비)

- 사내, 사외를 포함하는 공급처에서부터 최종고객까지 포함한 체인 전체를 통합하여, 최적화되어 있는 상태
- 각 기업은 다양한 고객, 자사의 핵심역량, 새로운 가치창조에 초점을 맞춰서 활동을 전개하고 있다.

기업사례 12-1 Xerox(www.xerox.com)

Xerox는 1974년 전 세계에서 86%를 차지하던 시장점유율이 놀랍게도 1984년에는 17%까지 떨어졌다. 또한 재고는 연간 매출의 19%나 되는 과잉상태에 있었으며, 자산이익률(ROA)도 8%로 경쟁사에 비하여 현격히 떨어졌다.

따라서 Xerox는 테스크포스 팀을 만들어서 자산, 특히 재고관리 상태나 관리방법에 대한 조사에 착수했다. 그 결과 자산관리가 회사 전체적으로 너무나도 비효율적이라는 사실을 밝혀냈다. 즉, 각 조직은 부문별 목표, 부문별 업무처리, 부문별 자산운용, 부문별 업적평가를 하고 있었던 것이다. 그러한 체제가 회사 전체적으로는 비효율적인 운영과 과잉재고 발생으로 이어지고 있었던 것이다.

이 조사 이후, Xerox는 기능별 경영에서 과감히 탈피하고, 통합적인 공급사슬 구축을 시도하였다. Xerox는 10년이 넘는 시간과 엄청난 비용을 투자하여 다양한 제품군에 유연하게 대응할 수 있는 통합형 공급사슬을 구축했다. 그 결과로 제품 사이클 타임의 대폭적인 개선, 재고 감소, 비용 삭감 등의 성과를 얻을 수 있었다. 또한 고객만족도는 40% 이상이나 상승시킬 수 있었다.

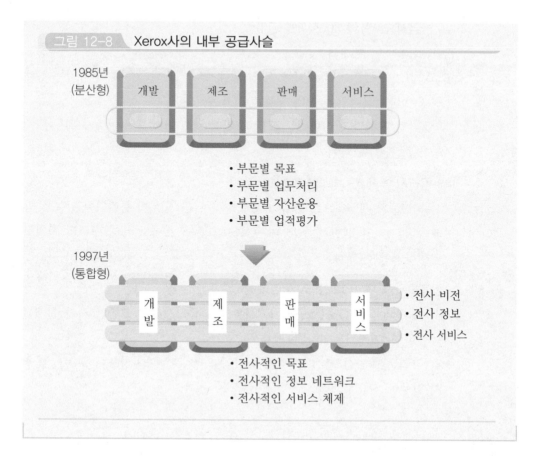

그림 12-8 Xerox사의 내부 공급사슬

1985년
(분산형)

개발   제조   판매   서비스

• 부문별 목표
• 부문별 업무처리
• 부문별 자산운용
• 부문별 업적평가

1997년
(통합형)

개발   제조   판매   서비스

• 전사 비전
• 전사 정보
• 전사 서비스

• 전사적인 목표
• 전사적인 정보 네트워크
• 전사적인 서비스 체제

기업사례
12-2

Dell(www.dell.com)

Dell은 고객과 Dell, 그리고 공급업체 간의 외부 공급사슬을 형성하고 있다.

외부 공급사슬은 웹상에서 수요, 소요량, 납기, 품질요구 등을 공유하며, 민첩하게 하나가 되어 움직이는 가상조직이다. 가상조직을 강화하기 위하여, Dell은 다음과 같은 대책을 강구하고 있다.

• 고객을 대기업, 관청, 대학, 개인 등으로 세밀하게 나누어 각각의 필요와 수요 동향을 매일매일 체크한다.
• 모든 고객정보를 데이터베이스에 의해서 파악하고, 구입 경력, 유지보수 이력 등을 언제, 어느 때라도 파악할 수 있도록 한다.
• 고객의 주문에 대해서는 i2 Technology사의 Rhythm을 활용하여 시의적절한 회답, 제약조건의 조기 발견과 대책을 강구한다.
• 시시각각 변화하는 생산계획, 부품 소요량을 Rhythm을 이용하여 항상 최적화하

고, 이것을 인터넷을 통하여 공급업체와 공유한다.
- Dell의 역동적인 움직임에 장기적 신뢰성을 갖고 대응할 수 있는 기업을 선택하기 위해서 체계적인 평가시스템을 구축하여 운용한다.
- 품질, 가격, 납기 등의 수준을 정기적으로 진단하면서 계속적인 개선을 촉진시킨다.

2) SCOR

(가) SCOR이란

SCC에서는 공급사슬을 source(조달), make(제조), deliver(공급), plan(계획)으로 각각 분담하여 모델화하고 있다(〈그림 12-9〉 참조).

그림 12-9 공급사슬의 네 가지 관리 영역

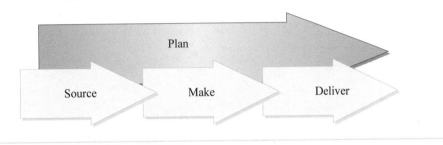

SCOR(Supply Chain Operations Reference-model)은 공급사슬 파트너 간의 효과적인 커뮤니케이션을 제공하기 위하여 만들어졌으며, 공급사슬을 기술하는 참조 모델을 제공한다. 이것은 또한 공급사슬의 구성을 정의하고, 측정하며, 평가하기 위한 모델이기도 하다.

본래 SCOR은 용어의 정의에서부터 시작되었다. 그러나 초창기에는 어느 정도 표준화되어 있던 미국에서도 공급사슬 내의 기업 간에 사용하는 용어가 서로 다른 경우가 많았다. 뿐만 아니라 용어가 같더라도 각 기업이 받아들이는 의미가 제각기 달랐던 것이다. 이런 상태에서는 절대로 기업을 뛰어넘는 글로벌 공급사슬 구축을 실현할 수 없다.

그래서 해결책을 찾기 위해 SCOR은 우선 프로세스의 단위 설정과 용어통일, 표준화를 핵심 테마로 다뤘으며, 그 후 SCOR은 하루가 다르게 급성장하고

그림 12-10 SCOR의 영역

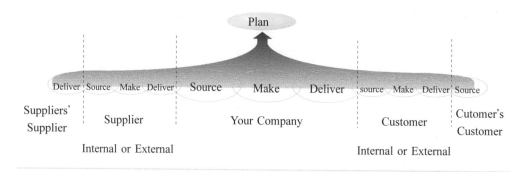

있다.

SCOR이 포함하는 영역은 다음과 같다(〈그림 12-10〉 참조).

- 주문 발생부터 송장 발송까지의 모든 고객과의 상호 작용
- 공급자의 공급자로부터 고객의 고객까지 발생하는 모든 물리적 거래활동
- 고객의 복합적인 수요에 대한 이해로부터 각 주문의 이행까지의 모든 상호 작용

SCOR은 프로세스 세부 항목으로 〈그림 12-11〉과 같이 3개의 수준을 갖고 있다. 최상위 수준은 프로세스 유형으로서 SCOR을 위한 범위와 내용을 정의한다. 2번째 수준은 구성수준으로 19개의 핵심 프로세스의 카테고리를 정의한다. 19개의 핵심카테고리를 정의함으로써 공급사슬을 구성하는 것이다. 19개의 핵심 카테고리는 〈그림 12-12〉에 나타나 있다. 3번째 수준은 프로세스 요소 수준으로 프로세스 요소를 정의하고, 구성한다. 4번째 수준은 프로세스 요소를 분할하여 수행할 수 있게 정의하는 수준으로 SCOR에서는 제외된다.

(나) SCOR의 특징

SCOR의 특징을 요약하면 다음과 같다.

- 데이터 흐름이 아닌 업무흐름을 표시한다.
- 프로세스 중심 지향적이며, 횡적 경영 비즈니스 모델이다. Plan−do−see 라고 하는 종적 경영이 아니라 '계획(plan)'과 '실행(do−see)'이 명확하게 분리되어 있다.

그림 12-11 SCOR의 프로세스 세부 항목

	#	구분	구성도	설명
Supply Chain Operations Reference - model	1	최상위 Level (프로세스 유형)	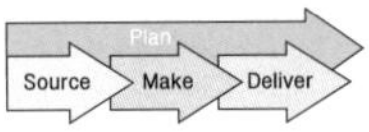	• Supply Chain Operations Reference - model을 위한 범위/내용 정의 • 경쟁 수행도 목표의 원칙 설정
	2	구성 Level (프로세스 카테고리)	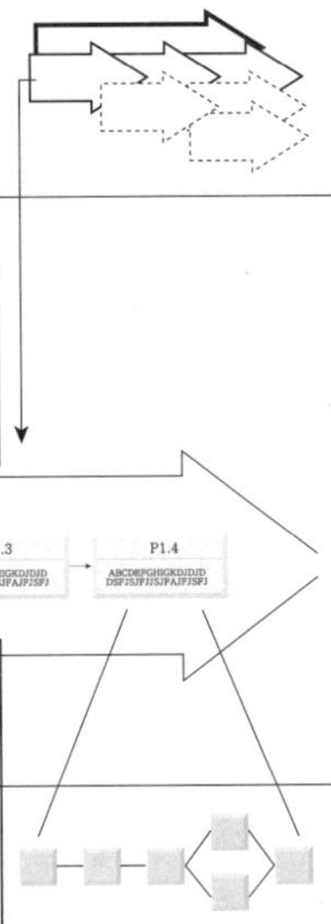	• 약 19개의 핵심 프로세스 카테고리 → 공급사슬 구성 • 선택한 구성을 통해 수행전략 이행
	3	프로세스 요소 Level (프로세스 분할)		• 수행전략 조정 • 선택한 시장에서 성공가능하도록 경쟁능력 결정 • 구성요소 – 프로세스 요소 정의 – 프로세스 요소 정보의 input/output – 프로세스 수행도 매트릭스 구성 – 우수부문을 지원할 수 있는 시스템 능력 – 벤더에 의한 시스템 및 도구
SCOR영역의 밖	4	수행 Level (프로세스 요소 분할)		• 특정 supply chain 관리 실무 실행 • 경쟁우위를 실현하고 변화하는 환경에 적응하기 위한 부문 정의

그림 12-12 SCOR 2번째 수준의 프로세스 카테고리

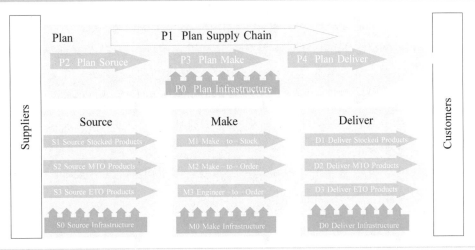

- 비즈니스 프로세스는 네 개의 수준으로 구성되어 있지만 세 개의 수준까지만 모델화의 대상이 되어 있다.
- 참조모델이기 때문에, 프로세스 그 자체의 기술은 각종 툴을 활용해도 좋다.
- 각 프로세스 정의 이외에도 다음과 같은 내용을 포함하고 있다.
  - 퍼포먼스 항목
  - 측정기준(지표)
  - 베스트 프랙티스
  - 필요한 소프트웨어 특성
- SCOR은 전략을 전제로 주로 다음과 같은 단계로 이용된다.
  - 공급사슬의 성능을 평가하고 목표를 설정한다.
  - 공급사슬의 기본구조를 참조모델을 참조하여 설계한다.
  - 각 프로세스마다 지표의 목표치를 설정한다.
  - 베스트 프랙티스 선택이나 필요한 소프트웨어의 요건 정의를 내린다.

이와 같이 SCOR에 의한 표준화가 진행되면 다음과 같은 이점이 있다.

- 각 사가 공급사슬을 구축하는 데 있어서 용이하게 모델을 얻을 수 있다.
- 용어, 비즈니스 프로세스가 표준화되기 때문에 다음과 같은 사람들의 커뮤니케이션이 용이해진다.
  - 컨설턴트, SI(System Integration) 공급사, 사용자
  - 부문을 뛰어넘은 사용자끼리의 커뮤니케이션
  - 업종을 뛰어넘은 기업끼리의 커뮤니케이션
- 패키지에 대한 이해와 활용, 패키지의 편성도 용이해진다.
- SCOR을 이용한 자사의 철저한 분석을 통해서, 프로세스의 과부족이나 과잉 특수처리 등을 표면화할 수 있기 때문에 그에 대한 대책이 용이해진다.
- 표준 비즈니스 프로세스마다 제각기 지향해야 할 자세나 개선안이 기업을 뛰어넘어 논의될 수 있다. 이것에 의해서 베스트 프랙티스가 축적됨과 동시에 공유된다.
- 이와 같은 표준이나 노하우를 축적함으로써 비즈니스 프로세스에 대한 체계적인 교육이 가능해진다.

미국의 ERP 공급사인 J. D. Edward, SSA 등은 이미 SCOR을 표준으로 채용하고 있다. 또한 어플리케이션의 기능 정의나 비즈니스 프로세스 기술에 SCOR을 이용하고 있다. 이와 같이 SCOR의 표준화 효과는 급속도로 확산되어 가고 있다.

3) SCP의 소개

공급사슬의 정보를 공유하고, 최적의 생산, 구매, 물류계획을 입안하기 위한 정보기술 도구로서, SCP(Supply Chain Planning)가 활용되고 있다. 현재 수많은 SCM 공급업체들 중에는 SCM의 특정 기능만을 중심으로 솔루션(solution)을 제공하는 업체들도 있고, SAP나 BaaN과 같은 전문 ERP 업체들도 포함되어 있다.

〈표 12-5〉는 Gartner 그룹에서 선정한 SCM의 주요 공급업체들에 대한 소개이다.

SCP를 제공하고 있는 공급업체 중 대표적인 기업이랄 수 있는 i2 Technology는 하이테크 산업부터 소비재에 이르는 다양한 분야의 제조업에 대해서 Rhythm의 판매 및 구축을 하고 있다. i2 Technology는 1988년에 설립되었다. 이 회사의 설립자인 Sanjiv S. Sidhu는 Texas Instruments의 인공지능연구소에서

표 12-5 SCM의 주요 공급업체

공급업체	제품 이름	특징	주요 고객
i2 Technology	Rhythm	제조업, 철강, 반도체, 기계, 전자분야	IBM, HP, 3M, Ford, Coca-cola 등
Manugistics	SCM planner and Factory Planner	소비재산업, 소매유통업 분야	Nokia, Gillette, Pepsi, GM, P&G 등
BaaN	BaaN Synch Planner	자동차, 전자, 프로젝트 산업	Motorola, Kodak, Reynolds 등
Aspen Tech/ Chesapeake	MIMI Planning	프로세스 제조업체, 화학, 정유, 식음료, 펄프, 반도체	Shell 석유, Amco 석유
Numetix	Numetrix/3	글로벌 제조업체, 소비재 산업	Armstrong World Industries
SAP	APO	하이테크, 화학, 소비재	Intel, Sony, Dupont 등
PeopleSoft	Enterprise Planning	소비재, 화장품, 전자, 하이테크	Toyota, Packard Bell, Bausch&Lomb

스케줄링 소프트웨어 개발 프로젝트 리더로 있으면서, 인공지능 기술을 기반으로 CCAT를 개발하고 이것을 기반으로 Rhythm을 개발하였다. 철강회사에 컨설팅과 소프트웨어 개발을 하고 큰 성과를 거둔 후 1992년에 Rhythm의 판매를 시작했다.

이 회사의 제품인 Rhythm은 생산, 물류 등의 공급사슬 전체에 걸쳐 신속하게 최적계획과 일정을 수립하는 SCM 솔루션이다. 부품조달부터 제품의 제조와 수송, 판매라는 공급사슬 전체에 걸쳐 연간, 월간, 주간, 일간 단위로 계획을 수립한다. 다음은 계획수립을 위한 각종 모듈이다.

- 수요계획(DP Module): 최신 OLAP 구조에 따라 제품, 유통기구를 다계층으로 하고 순간적으로 데이터 액세스가 가능하다. 수요예측 기법으로서는 3차 지수평활법을 기초로 한 'Triple Plus'를 시작으로 하는 35종류의 수요예측기법을 사용한다. 또 수요변동을 주는 사용자 요인도 무제한 고려할 수 있는 것 외에 경영, 영업, 생산부문 등 회사에서 수요계획을 공유할 수 있다. 판매회사, 대리점 등과의 정보연대도 가능하다.
- 기준계획(SCP Module): 수요계획에 기인하면서 글로벌 수요에 대응하고 물류, 생산능력, 사새 등의 제약을 고려하는 글로벌 생신거점에 대한 생산지시를 작성한다.
- 제조계획(FP Module): 기준계획에 의한 생산지시에 근거하여 각 공장별 생산계획을 작성한다. FP module은 공장모델에 대해서 자재 부족과 용량 부족이라는 현재의 문제점을 확인하고 용량 등의 제약을 고려하면서 최적으로 실행 가능한 계획을 입안한다.
- 수급조정/납기확약(SCP Module): 수요가 공급능력을 상회하거나 또 순간적으로 최단납기를 확약하지 않으면 경쟁회사로 흘러가 버리는 하이테크 기업 등에서 요구되는 모듈로서 가능한 자원과, 능력을 최대한으로 활용하고 전 세계로부터의 수주에 수시로 대응하고 우선순위 판단을 하고 고객만족 및 기업이윤의 최대화를 달성하는 기능이다.
- 수송계획(SCP module, Freight Optimizer module): 출하지시가 난 제품에 대하여 다양한 모드의 수송수단 및 제약을 고려한 배차(경로)계획을 수립한다.
- 로지스틱스관리(GLM module): 조달물류, 판매물류를 포함한 공급 체인 전

체의 진척관리를 하고 공정지연, 재고이상 발생 등 발생 시 경고, 해결방법
을 제시한다. 제3의 물류제공자가 고객에 대하여 중간물류업자로서의 관
리 총괄을 하는 것이 가능해진다.
- 상세 스케줄링(FP module, Optimal Scheduler Module): 다양한 제품을 생산하
  고 있는 공장에서 제품에 의한 공정부하에 대폭적인 차이가 있거나 준비교
  체에 시간이 걸리는 등 복잡한 제약이 있고, 생산순서가 생산능력에 영향을
  미치는 경우에 최신의 유전 알고리즘에 따라 최적 투입일정을 계획한다.
- 거점전략 해석: 의사결정 지원시스템으로서 생산, 물류 거점의 집약, 신설
  에 관한 거점의 수, 위치에 대한 계획을 수립한다.

12.4 고객관계관리(CRM: Customer Relationship Management)

(1) CRM의 개념

CRM(Customer Relationship Management)이란 선별된 고객으로부터 수익을 창
출하고 장기적인 고객관계를 가능하게 하는 해결책이라고 할 수 있을 것이다.

1970년대의 대량생산 시대는 생산하면 팔리던 시대로서 소비자에 대한 관심
과 배려는 생각하지 않아도 되는 시기였으나, 기업 간 경쟁이 심화되면서 공급
이 수요를 초과하게 되고, 소비자의 관심 역시 점차 복잡하고 다양해지면서 기
업들은 소비자에 대한 새로운 마케팅에 관심을 갖게 되었다. 이러한 경향은 매
스 미디어를 이용한 Mass Marketing을 필두로 고객 세분화 마케팅(segmentation
marketing), 틈새 마케팅(niche marketing)과 같은 다양한 마케팅 방식을 등장시켰다.

세분화 마케팅이란 목표고객의 욕구에 따른 차별화된 서비스를 공급할 수 있
는 마케팅 능력을 의미한다. 제품 라인이나 서비스 라인을 고객의 취향에 맞는
형태로 제공하는 것이다. 이러한 마케팅의 흐름은 1980년대에 이르러 틈새 마케
팅으로 인해 또 한 번 새로운 변화를 갖게 되었다. 틈새 마케팅이란 다른 기업들
이 이미 선점한 시장에서 다른 기업들이 간과하고 있는 분야를 적극 공략하는 마
케팅 기법을 의미한다.

표 12-6 고객관리의 시대적 변천

	판매 (1970년대)	CS (1980년대)	DBM (1990년대)	CRM (90년대 후반)
고객에 대한 관점	수동적 구매자	선택적 구매자	개성화, 다양화된 구매자	능동적 파트너
고객과의 관계	전체 시장에 일방적 공급(배급)	고객만족도(CSI) 측정, 일방적 관계	그룹화된 고객과의 일방적 관계	개별 고객과 쌍방향 의사소통
고객관리	단순 영업 위주	영업과 판매 위주 서비스	IT 기술팀 위주	전사적 관리

　　이보다 한 단계 더 발전된 형태인 데이터베이스 마케팅은 정보기술(IT)의 발전으로 인하여 기업의 내외부 자료를 통합할 수 있고, 컴퓨터 기술의 발전과 통신기술의 발전으로 인하여 대용량 고객정보의 저장과 분석이 가능해짐에 따라 등장한 방법론으로서 개별 고객의 요구사항을 발견해 내며, 새로운 고객을 획득할 수 있도록 도와주는 방법이다. 이러한 데이터베이스 마케팅은 고객과의 독특하고 개별적이며 지속적인 관계를 유지하는 개별 마케팅(individual marketing), 일대일 마케팅(one-to-one marketing), 관계 마케팅(relationship marketing) 등으로 진화하게 된다.

　　이러한 마케팅 발전방향에 대한 요소들을 기반으로 CRM이 등장하게 되었다. CRM은 고객과 관련된 자료를 분석, 통합하여 고객 특성에 기초한 마케팅 활동을 계획하고 지원하며 평가하는 과정으로서 고객수익성을 우선시하여, 콜센터와 같은 고객관리 도구와 결합을 통해 고객정보를 적극적으로 활용하는 것이다.

　　70년대만 해도 기업은 소비자를 수동적 구매자로 인식하여 고객이 동질의 단일한 욕구를 가지고 기업이 만들어 공급하는 상품을 수동적으로 구매한다고 보고 기업과 고객 간의 관계는 획일적 물품이 고객에게 일방적으로 팔리는 단순한 판매의 관계로 여겨졌다.

　　80년대 들어 시장경쟁이 치열해짐에 따라 기업은 고객의 중요성을 제대로 인식하기 시작하게 되었다. 즉, 공급이 수요를 초과하고 소비자들의 파워가 증대되면서 기업들의 품질관리에 대한 관심이 고조되고 품질관리 경쟁만으로는 품질차별화가 어려워지자 경영자들은 고객서비스와 고객만족의 중요성을 인식하게 되었다.

90년대 정보기술의 진보에 따라 데이터베이스 마케팅(DBM)이 등장하게 되었다. 고객만족의 일률적 마케팅 캠페인으로는 다양화, 개성화된 고객요구를 충족시키기에 역부족이어서, 기업은 고객과 관련된 내외부 자료를 이용하는 DB 마케팅을 시도하였다. 그러나 여기에 사용된 고객 데이터는 주로 관리목적으로 사용되었고 시장의 분류도 기업의 시각에서 일방적, 인위적으로 이루어졌다.

90년대 후반 고객관리가 기업의 성과와 생존에 직접적 영향을 미치게 되어 CRM 시대가 개막되었다. 가치사슬의 역류화에 따라 고객은 네트워크의 능동적 참여자로 변화되었다. 과거에는 가치사슬이 공급자 → 판매활동 → 고객의 방향으로 형성되었으나 최근 고객 → 고객·기업 간 채널 → 경영활동으로 변화하였고 DBM은 일방향적이었으나 이제는 기업과 고객이 쌍방향적 동반자로 바뀌었다. 이러한 고객으로부터의 요청변화와 정보기술 혁신으로 인한 기업수단의 변화로 인해 전사적으로 고객관리를 지향하는 CRM이 도입되었다.

마지막으로 인터넷의 확산이 eCRM이라는 개념을 새롭게 탄생시켰다고 볼 수 있다. 인터넷과 이메일의 보편화로 기업은 더욱 다양해진 채널을 통해 고객정보를 수집할 수 있어서 인터넷을 통하여 데이터웨어하우스로 모아진 고객과 관련된 데이터를 웹 마이닝(web mining)으로 분석할 수 있다. 또한 인터넷과 인트라

표 12-7 eCRM을 통해 고객에게 제공하는 가치

분류	회사	내용
매력적인 가격	이트레이드	• 기존 브로커 수수료의 1/10
	Key Fuels	• 법인고객을 대상으로, 750여 가맹주유소에서 도매가격으로 휘발유 판매
풍부한 선택	아마존닷컴	• 600만 종 이상의 도서, CD, 장난감, S/W 등
	유나이티드항공	• 500여 개의 여행관련 기업의 상품을 온라인 판매(100개 이상의 항공사 포함)
높은 편의성	Intuit	• 개인 및 중소기업에 대한 포탈 금융정보서비스
	월마트	• 매장 대비 10배에 이르는 진열상품을 배송
맞춤화	EToys	• gift request를 친구, 가족에게 송부 가능 • 생일 환기 기능 등 다양한 부가 기능 보유
	존슨&존슨	• 온라인 일기로 아이의 성장기록을 보존 • 아이의 성장시기에 걸맞는 정보를 이메일로 전송

자료: 일본 부즈알렌 해밀턴, Eビジネス 勝者の戰略, 2000. 4.

그림 12-13 CRM의 개념

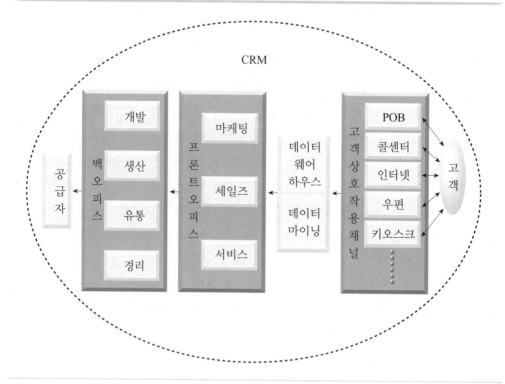

주: 1. 가치사슬의 역류화로 과거 '공급자 → 수요자'의 가치흐름이 '수요자 → 공급자'로 변화
2. 프론트·백 오피스는 기업의 고객에 대한 접근성 정도로 분류한 경영활동
3. 데이터웨어하우스는 방대한 분량의 고객 프로파일 데이터를 저장하는 정보창고
4. 데이터마이닝은 대량의 데이터베이스로부터 숨어 있는 유용한 정보를 통계적 기법을 이용해 찾아
내는 과정

넷을 이용한 eCRM은 고객층의 정교한 세분화와 개인 고객과의 1:1 관계 형성을
실현하였다.

CRM은 고객 관련된 자료를 분석하여 고객 특성에 기초한 마케팅 활동을 계
획, 지원, 평가하는 관리체계이다. 이것은 기업가치가 고객으로부터 나온다는 기
본인식 하에 마케팅 패러다임이 제품판매 중심에서 기존의 우수고객을 유지하고
이탈고객을 최소화하는 관계 마케팅으로 이동하였다는 사실에 기초를 두고 있다.
또한 전산시스템만의 변화가 아니라 경영전략, 조직·프로세스, 고객접점 채널상
의 모든 변화를 의미하고 있다.

CRM의 핵심은 가치 있는 고객을 파악, 획득, 유지하는 활동으로서 고객 개

그림 12-14 CRM의 핵심 효과

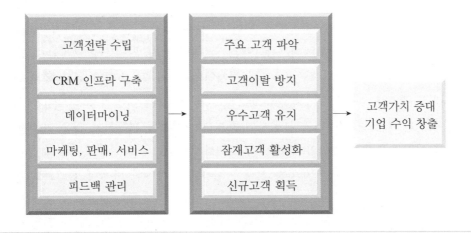

| 고객전략 수립 |
| CRM 인프라 구축 |
| 데이터마이닝 |
| 마케팅, 판매, 서비스 |
| 피드백 관리 |

| 주요 고객 파악 |
| 고객이탈 방지 |
| 우수고객 유지 |
| 잠재고객 활성화 |
| 신규고객 획득 |

고객가치 증대
기업 수익 창출

개인이 문제점을 인식하기 전에 정확한 물품·서비스를 적시에 제공함으로써 장기적으로 고객과 1:1 관계를 구축하고 고객의 평생가치를 극대화하여 기업의 수익성을 높임으로써 기업과 고객이 상생하도록 하는 것이다.

CRM의 도입효과는 가장 먼저 기업가치 창출이 증대한다는 것이다. 주요 고객의 로열티 강화는 고객당 거래건수, 거래단가, 거래기간 등을 증가시키고 고객의 양적 증대에서 질적 고도화로의 전환은 매출 증가, 재고 리스크 감소, 매출대비 마케팅 비용 감축 등의 효과를 발생시킬 수 있다. 또한 핵심고객과 유사한 속성을 지닌 잠재고객을 선별하여 신규고객으로 유인함으로써 수익을 극대화할 수 있게 된다. 성공적인 CRM은 고객관리뿐 아니라 협력업체들과의 원활하고 지속적인 관계를 유지하는 데도 도움이 된다.

(2) CRM 구현을 위한 요소기술

최근 CRM에 관심을 갖고 있는 많은 기업들은 정보기술 측면에서 CRM을 구현하기 위해 다음 세 가지 정보기술이 필요하다고 생각한다.

첫째, 고객 통합 데이터베이스가 구축되어 있어야 한다. 기업이 보유하고 있는 고객과의 거래 데이터와 고객서비스, 웹사이트, 콜센터, 캠페인 등을 통해 생성된 고객 반응정보 그리고 인구통계학 데이터를 데이터웨어하우스 관점에 기초하여 통합한다. 즉, CRM을 위해서는 고객과 관련된 전사적인 정보의 공유체제가 확립되어야 한다.

둘째, 고객 특성을 분석하기 위한 데이터마이닝 도구가 준비되어야 한다. 구축된 고객 통합 데이터베이스를 대상으로 마이닝 작업을 통해 고객의 특성을 분석한다. 데이터마이닝 작업은 고객 개개인의 행동을 예측하기 위한 목적으로 모형을 구축하는 것으로 신경망(neural network)과 같은 다양한 분석모형을 활용하게 된다. 대용량 데이터를 분석하여 차별화된 정보를 획득하는 것은 마케팅 우위를 차지하기 위한 견인차 역할을 할 것이다.

셋째, 분석을 통해 세워진 전략을 활용하는 다양한 마케팅 채널과의 연계를 들 수 있다. 영업(대리점, 영업점), 콜센터, 캠페인 관리, 고객서비스 센터와 같은 마케팅 채널을 통해 활용될 수 있다. 분류된 고객 개개인에 대한 특성을 바탕으로 해당 고객의 접점이 발생하는 곳에서 전략에 따라 다양한 형식으로 사용자의 목적에 따라 이용될 수 있다.

CRM을 구현하는 정보기술은 전사적으로 연계되어야 하고, 고객 지향적이어야 하기 때문에 전사적으로 고객과 고객정보에 대한 태도를 바꾸고 개선하며 집중적인 관리를 통해 완전한 정착단계에 이를 수 있다. 다시 말하면, CRM은 고객, 정보, 사내 프로세스, 전략, 조직 등 경영 전반에 걸친 관리체계이며, 이는 정보기술이 밑바탕이 되어 구성되는 것이다.

(3) CRM의 유형

현재 시장에 공급되고 있는 CRM 솔루션은 크게 보면 다음과 같은 종류로 구분된다.

- 데이터웨어하우스: 기업이 축적한 고객과 제품과 서비스에 대한 각종 데이터를 통합적으로 관리하는 정보상자 역할을 한다.
- 데이터마이닝 도구: 축적된 데이터를 고객지원 활동을 위해 분석하거나 직접적으로 마케팅에서 고객지원 활동에 사용할 수 있도록 지원한다.
- FAQ: 웹사이트에서 고객들이 공통적으로 가진 궁금증을 해결할 수 있도록 해답을 제시한다. 최근에는 자연어 검색엔진과 연계해 다양한 질문에

대응하도록 하여 서비스 질을 향상시키는 솔루션이 제공되고 있다.

- 콜센터: 전화나 팩스를 통해 고객요구에 대응하는 솔루션이다. 웹이나 전화를 통한 주문과 서비스를 지원하기도 한다.
- 채팅: 인터넷 채팅과 유사한 형식을 고객서비스에 구현하여 이를 분석함으로써 고객요구에 효과적으로 대응하도록 지원한다.
- 온라인 마케팅: 데이터에 근거해 메일이나 온라인과 오프라인 전체에서 마케팅 활동을 계획, 수립하도록 지원한다.
- 캠페인 관리: 해당 고객에 대한 적절한 각종 캠페인을 계획하고 지원하며, OLAP 등을 통하여 캠페인 효과 분석까지 지원한다.

12.5 제품정보관리(PDM: Product Data Management)

(1) PDM의 개요

ERP 시스템이 기업의 생산 및 판매와 같은 각종 업무를 지원하는 도구인 반면 PDM(Product Data Management) 시스템은 제품의 개발단계를 지원하는 통합정보시스템이다. PDM 시스템은 "제품과 관련된 모든 자료의 생성, 접근, 통제 및 제품의 수명주기를 관리하는 시스템"(PDM Buyer Guide, 1996), 또는 "제품의 품질을 향상시키고, 생산비를 줄이고, 제품개발기간을 줄이기 위하여 모든 엔지니어링 데이터와 엔지니어링 프로세스를 관리할 수 있도록 해주는 시스템"(HP, 1995)으로 정의된다. 즉, 제품의 형상을 관리해 주던 CAD(Computer Aided Design) 시스템을 중심으로 〈그림 12-15〉과 같이 제품개발과 관련한 각종 정보시스템들이

그림 12-15 PDM 시스템의 배경

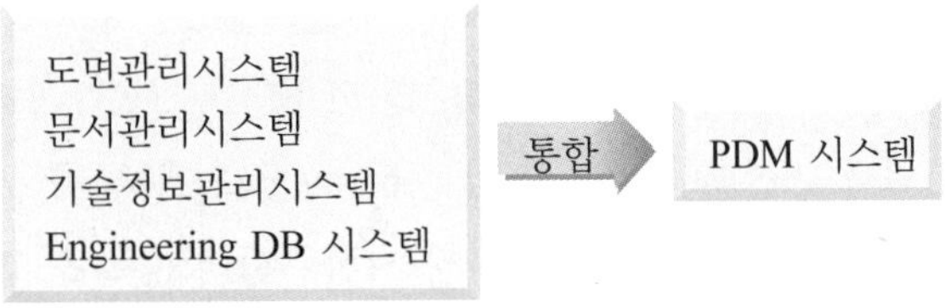

통합된 시스템이 바로 PDM 시스템이다. 물론 처음의 정의에서처럼 PDM 시스템이 제품의 전체 수명주기를 포괄할 수 있지만, 현재의 시스템은 주로 제품의 개발단계를 지원하고 있다.

또한 PDM 시스템은 다음과 같은 용어들과 유사한 의미로, 때로는 혼용되어 사용되기도 한다. 대표적인 것으로는 EDM(Engineering Data Management), PIM(Product Information Management), TDM(Technical Data Management), TIM(Technical Information Management) 등이 있다.

ERP 시스템과 같이 PDM 시스템도 점차 발전되어온 시스템이지만, ERP에 비해서는 개발 역사는 짧은 편이다. PDM 시스템은 1980년대 중반부터 개발되기 시작하여 현재에 이르렀으며, 발전과정을 다음과 같이 세 단계로 구분할 수 있다.

- EDM: 여러 종류의 CAD 시스템을 사용하여 제품을 설계하는 기업들이 생성한 도면을 체계적으로 관리할 필요성을 느끼기 시작하였고, 이러한 필요에 부응하기 위해 1980년대 중반에 개발되기 시작한 시스템을 말한다. 이러한 시스템들은 여러 CAD 시스템에서 작성된 도면자료들을 일관성 있고, 안전하게 관리하는 기능을 수행하였다.
- PDM: EDM을 사용하던 사람들이 점차 그 기능을 제품수명주기 중 제조단계로 확대하길 원하였다. 80년대 말 기존의 기능에 제품형상정보와 설계변경 기능을 추가한 시스템이 개발되었고, 이로 인해 MRP 시스템과 BOM을 전자적으로 교환할 수 있게 되었다. 점차 EDM 대신 PDM이란 용어가 사용되기 시작하였으며, PDM 제품들은 이 기종들로 구성된 분산환경에서 작업하는 다수의 작업자들이 동시에 정보에 접근할 수 있는 기능들을 제공하였다.
- PDM Ⅱ: 90년대 중반들어 PDM 시장이 성장하면서 PDM 제품 공급자들의 경쟁이 치열해지기 시작했고, 이러한 경쟁에서 이기기 위하여 새로운 기능들이 속속 PDM 제품 안으로 포함되었다. 이로 인해 PDM 시스템은 설계단계에서 제품수명주기 전반에 걸친 정보를 고려할 수 있게 되었으며, 지역적으로 분산된 조직들이 하나의 PDM 시스템을 통해 정보를 공유할 수 있게 되었다. 또한 사용할 수 있는 hardware의 종류와 운용 가능한 software의 종류도 대폭 증가하여 PDM 시스템의 선택의 폭을 넓게 하였다.

현재 PDM 시장은 매년 30% 이상씩 성장하고 있으며, 수십 가지의 제품들이 개발되어 판매되고 있다. 이 중 대표적인 제품으로는 ComputerVision의 Optegra, EDS의 IMAN, HP의 WorkManager, IBM의 ProductManager, SDRC의 Metaphase, Sherpa의 PIMS 등이 있다.

PDM의 도입으로 얻는 효과를 적어보면 다음과 같다.

① 설계 생산성 향상
② 설계와 제조에서의 정확도 향상
③ 창조적 기술의 도입을 지원
④ 사용의 편의성
⑤ 자료 무결성 보호
⑥ 보다 나은 프로젝트 관리
⑦ 보다 나은 설계변경 관리
⑧ 총체적 품질경영 지원

(2) PDM 시스템의 주요 기능

〈그림 12-16〉은 PDM 시스템의 역할을 잘 파악할 수 있는 것으로, 제품수명주기 동안의 제품설계정보가 지속적으로 관리되고 있음을 나타내고 있다.

이외에도 PDM 시스템은 여러 모듈이 추가되어 있는데, 제품마다 다르며, 모듈의 구성요소에 대한 일치된 견해는 없다. 〈표 12-8〉은 PDM 시스템의 제품별 구성모듈을 나타내고 있다. 이를 정리하면 PDM 시스템을 다음과 같이 다섯 개의 모듈로 구분할 수 있다.

- 자료 및 문서 저장고(Data and Document Vault): 기존의 데이터베이스의 역할을 수행하는 기능을 가리키며, 이를 데이터 창고(data repository)라고 부르기도 한다. 여기에는 각종 문서뿐만 아니라 CAD 정보를 저장하고, 이를 검색, 수정할 수 있는 기능이 있어야 한다. 과거에는 이를 관계형 데이터베이스에 저장하였으나 최근에는 객체지향 데이터베이스(object-oriented database) 또는 객체관계형 데이터베이스(object-relational database)를 사용하는 추세가 많이 발견되고 있다.

제품설계 / As-Designed
생산설계 / As-Planned
생산 / As-Built
유지보수 / As-Maintained
선적 / As-Shipped

자료: SDRC Korea.

- 업무흐름관리(Workflow Management): PDM 시스템은 제품개발과정에서 개발에 참여하는 모든 사람들의 연관된 업무를 통합적으로 관리해 주어야 한다. 예를 들면, 설계변경의 경우 결재 또는 동의를 구하는 과정이 필요한데, 이를 지원해 주는 기능이 PDM 시스템에 요구된다. 워크플로우 시스템에 대해서는 그룹웨어를 설명할 때 보다 자세히 설명되므로 여기서는 생략하기로 한다.

- 제품구조관리(Product Structure Management): 자재명세서(BOM: Bill of Material)를 관리하는 기능을 가리킨다. 여기서 말하는 자재명세서란 단지 부품의 이름과 결합 시의 수량만을 의미하지는 않는다. 개발과 생산에 필요한 각종 정보들을 통합관리함으로써 정보의 추출을 용이하도록 지원한다. 또한 설계변경 등이 있을 경우 변경 이력을 관리하기 위해서는 자재명세서의 버전관리 기능도 요구된다.

- 제품형상관리(Product Configuration Management): CAD 기능을 가리킨다. PDM 시스템에서 가장 중요한 부분을 차지하는 기능은 역시 CAD 시스템

표 12-8 PDM 시스템의 제품별 구성모듈

제품명(회사명)	PDM 구성모듈	제품명(회사명)	PDM 구성모듈
CIMdata*	Data Vault & Document Management Workflow and Process Management Product Structure Management Classification and Retrieval Program Management	IMAN (EDS)	제품구조관리 E-BOM 관리 Workflow 관리 도면관리 기술정보관리
Optegra (CV)	Total Data Management Workflow Management Configuration Management	WorkManager (HP)	Data management Workflow Management Other Solutions
Metaphase (SDRC)	Life Cycle Manager Advanced Product Configuration Product Structure Manager Part Family Manager	ProductMan (IBM)	Document Control Manager Product Change Manager Product Structure Manager Application Services Manager

* CIMdata는 제품명이 아니라 기관명이며, 구성모듈에 대한 설명은 CIMdata 발표자료에 의한 것임.

이라고 할 수 있는데, 과거 단순히 설계도를 그리던 CAD 시스템에 디지털 모형(mock-up), 유한요소분석(FEM: Finite-Element Analysis), 생산 시뮬레이션 기능 등이 추가되어 제품의 수명주기에서 일어날 수 있는 각종 상황을 미리 분석해 볼 수 있도록 하고 있다.

• 그룹웨어 기능(Groupware): 이 기능은 개발과정에 동시공학(concurrent engineering)적인 요소를 지원하기 위해 개발과정에 참여하는 사람들 간의 원활한 정보교환을 가능하게 한다.

(3) 국내 동향

현재 우리나라에서 PDM 시스템을 개발하고자 하는 뚜렷한 움직임은 없다. 대신 외국의 PDM 시스템들을 도입하여 제품개발과정에 활용하고자 하는 시도는 대규모 회사들을 중심으로 이루어지고 있다. 특히 자동차, 항공, 조선 분야의 회사에서 이러한 움직임을 많이 찾아볼 수 있으며, 실제로 PDM 시스템을 성공적으로 활용한 사례들도 발표되고 있다.

이러한 프로젝트는 주로 대기업 SI 업체를 중심으로 이루어지고 있으며, 한국 IBM, SDRC Korea 등에서 직접 제품 영업활동을 하고 있다. 이외에도 기존의 PDM 시스템에 대한 추가 모듈을 개발하는 작업이 일부 추진 중이다. PTC 코리아는 기존 PDM 분야의 솔루션인 인트라링크와 웹의 연계 기능을 강화할 수 있는 컴포넌트를 제공하고 있다.

(4) 향후 발전 전망

PDM은 CALS를 기업 내에서 완벽하게 구현해 내기 위한 도구이자 동시공학(concurrent engineering)을 지원하는 도구로, 제품개발과정의 SI를 달성하는 도구로, 마지막으로 ISO 9000을 달성하는 도구로 인식되고 있어 그 활용도는 더욱 증가할 것으로 예상된다. PDM 시스템은 개발과정에서 엔지니어링 해석이 중요한 기계, 항공, 조선, 자동차 산업에서 많은 활용도를 나타내고 있으며, 그 활용 분야를 넓혀가고 있는 추세로서 1997년 현재 전 세계적으로 약 20억 달러 정도의 매출액을 보일 정도로 많은 호응을 얻고 있다.

또한 PDM 시스템은 앞으로도 경쟁적으로 그 기능을 확충하리라고 판단된다. 즉, 시스템 통합화의 추세가 PDM 시스템의 기능 향상에도 많은 영향을 미치리라는 것이다. PDM에서의 시스템 통합화 추세는 크게 세 측면으로 구분될 수 있다.

먼저 생각할 수 있는 것은 전방 통합화의 추세이다. 이는 PDM 시스템에서 정보를 생성하거나 수정하기 위해 필요한 정보들은 수작업을 통해 입력되는데, 이러한 작업을 보다 손쉽게 할 수 있도록 해주거나, PDM 시스템의 고유한 기능으로 이러한 작업들을 포함하는 것을 전방 통합화라고 할 수 있을 것이다. 전문가 시스템의 도입이나 데이터베이스로부터 의미 있는 정보를 얻을 수 있는 데이터마이닝 시스템(data mining system)의 도입, 언어번역기의 도입 등이 그 예이다.

다음으로 후방 통합화의 추세이다. PDM에 GT(Group Technology) 등의 기능이 부가되고, ERP 시스템과의 완벽한 정보교환이 이루어진다면 PDM 정보의 활용도는 더욱 커질 것이다. 즉, PDM과 관련된 입력정보의 자동적인 획득 기능을

PDM이 보유하게 되는 것이 전방 통합화라면, PDM의 출력정보의 활용도를 높이는 기능들이 PDM에 추가되는 것이 후방 통합화라고 할 수 있다.

마지막으로 측방 통합화의 추세이다. 이는 인터넷을 통한 다른 PDM 시스템과의 정보교환에 관한 내용인데, PDM 시스템이 가지고 있는 정보가 STEP, SGML 등 표준으로 변환되어 다른 PDM에 전달된다고 할 때 자동표준변환 기능, 통신 소프트웨어 등이 PDM 시스템 안에 포함됨으로써 정보의 공유를 촉진시키는 방향으로 가는 것을 측방 통합화라고 할 수 있다.

Part

VII

조직의 성장과 통제

MANAGEMENT
FOR
ENGINEERS

이제 일어나 가야겠노라, 이니스프리로 가야겠노라.
거기 외 엮어 진흙 바른 조그마한 집을 짓고
아홉 이랑 콩을 심고 꿀벌통도 하나 두고
벌 잉잉대는 숲속에 혼자 살겠노라.

거기선 마음속 아늑하리, 아늑함이야 천천히
아침의 너울을 새어 귀뚜리 우는 곳으로 방울져 내리는 곳
거기선 한밤중도 온통 우연히 밝고, 대낮은 보랏빛으로
이글거리고,
저녁은 홍방울새의 날개로 뒤덮이는 것을.

이젠 일어나 가야겠노라, 언제나 밤과 낮을
나직이 기슭을 씻는 호수 소리를 나는 듣노라
길가에서나 혹은 잿빛 포도에 섰을 양이면
깊은 가슴 한복판에서 그것은 들려 오노라.

- W.B. 예이츠

Chapter

13 마케팅

13.1 마케팅이란 무엇인가?

　　우리는 일상생활에서 많은 기업의 영업활동을 경험하고 있다. 판촉광고, 전시 중인 신제품, 가격할인, 무료 증정 사은품 등이다. 그러나 마케팅은 제품의 아름다운 전시, 뛰어난 영업활동, 치열한 경쟁보다는 오묘하고 더 많은 내용을 가지고 있다. 은행 카드 사업부를 한 번 생각하여 보자. 몇 명의 새로운 고객을 확보하여야 이익을 낼 수 있는가? 이번에 기획한 신용카드을 사용할 고객층은 누구인가? 새로운 고객을 어떻게 유도할 것인가? 이러한 서비스에 대한 연 회비를 얼마로 정할 것인가? 경쟁사가 우리보다 유리한 서비스를 제시하는 경우, 또는 연회비를 우리보다 낮게 책정하는 경우에 대처 방안 등을 준비하여야 한다. 이러한 예는 마케팅부서에서 해결하여야 할 많은 문제 중에 일부에 해당한다.

　　마케팅(marketing)의 정의는 개인이나 조직의 목적을 만족시켜 줄 경제활동을 성립시켜 줄 아이디어, 재화, 서비스의 구체화, 가격 매김, 판촉, 유통을 계획하고 실행하는 것이다. 신제품과 관련하여, 마케팅은 제품의 성능, 가격, 시장 진입 시기, 유통, 판촉, 영업과 관련 되어 있다. 고객과 관련하여서는 고객의 요구 사항, 고객의 구매 행태, 고객에게 신상품을 알리고, 제공되는 서비스, 판매 후에도 고객과의 관계 지속성 등이다. 대부분의 사람들이 마케팅을 제품을 판매하여 이익을 추구하는 행위로 생각하지만, 마케팅은 서비스산업, 비영리단체, 인력, 공간, 원인(causes) 등에도 적용된다. 정치인은 자기를 국민에게 어떻게 마케팅할 것인가를 항상 생각하고 있다. 생활공간(서울, 부산)은 주민, 여행자, 투자자들에게 매력적이어야 한다. 공간마케팅은 주민의 입장에서 나라 전체에 거주지의 지리적 이점을 마케팅하려는 노력을 말하는 것이다. 원인에 관련된 마케팅은 사회적 문제점들 – 육체적 건강, 재활용, 고속도로 안정성 – 의 원인을 파악하고 문제점들을 해결하려는 마케팅이다. 허가마케팅은 고객에게 판촉 광고를 보내기 전에 고객에게 허락을 받고 하는 마케팅이다.

(1) 사회에서의 마케팅의 역할

마케팅은 판매자와 고객과의 두 조직 간에 경제활동인 교환이 이루어졌으며, 양쪽 모두 이 거래로 만족하여야 한다. 이 활동의 의미는 마케팅은 소비자의 요구와 필요한 것을 만족시키고, 조직에게는 무엇을 생산하여야 할 것인가를 결정하는데 도움을 주는 중요한 역할을 한다는 것이다.

소비자가 요구하는 것은 인간이 생존에 필요한 의, 식, 주, 공기, 물 같은 것이며, 요구의 강도는 우리가 처한 상태와 이상적인 상태에서 결정된다. 우리가 공복이면, 우리는 식사를 원한다. 즉 요구의 강도가 제품을 구매할 동기를 부여하면, 이것이 마케팅의 핵심이 된다. 요구의 강도는 욕구에 근거하지만, 보다 구체적이다. 생산자는 고객의 요구를 생성하지는 못하지만, 다른 대안을 제시함으로써 소비자의 요구를 상쇄시킬 수도 있다. 즉 공복의 상태에서 음식대신 초코바나 과일을 사게 유도한다는 것이다. 마케팅의 근본적인 목표는 고객의 다양한 제품에 대한 기본적인 욕구를 특정한 제품의 구매로 유도하는 것이다.

경제활동으로의 교환(exchange)이나 거래는 우리가 원하는 제품의 가치를 취득하는 대신 화폐 등의 다른 형태의 가치를 제공하는 것이다. 이러한 수요와 공급이 균형을 유지하면, 사회는 제공되는 재화와 서비스에 만족하는 것이다. 실제로 교환이 성립되면 우리는 이것을 거래(transaction)라고 한다.

이러한 교환활동을 촉진시키기 위하여, 제품과 서비스에 효용(utility)을 부가하여, 고객은 제공된 효용에 대한 가치를 구매하게 되는 것이다. 기업은 원자재에서 완성된 제품으로 변환시켜, 고객이 원하는 형태효용(form utility)을 창조하는 것이다. 다른 효용은 제품이 생산한 후 보관하였다가, 고객이 제품을 원하는 시간에 제공할 경우 시간효용(time utility), 고객이 원하는 지점에서 구매할 수 있게 하는 장소효용(place utility)이 있다. 예를 들면 백화점에 있는 현금 인출기는 장소효용을 증진시키는 것이다. 다른 형태의 효용은 소유효용(possession utility)이 있다. 특정한 제품을 합법적이고 물리적으로 소유함으로써 만족감을 느끼는 경우이다. 은행에서 주택대출을 제공하는 것은 주택 구입자가 대출로 주택을 구입하면 소유효용을 창조한 것이다.

(2) 기술발달과 마케팅의 진화

기술발달은 마케팅 진화에 의미 있는 역할을 하여 왔다. 오늘날의 인터넷은 제품과 서비스를 세계를 상대로 유통할 수 있는 새로운 통로를 제공하였다. 인터넷은 고객이 수많은 상품을 접하고 선택할 수 있게 하였고, 직접 구매하고, 직접 주문할 수 있게 하였고, 이러한 제품은 포장되어 소비자에게 배달되는 것이다.

앞으로 우리가 상상 할 수 없는 수많은 편리한 구매 형태가 나올 것이다. 전자기술의 발달로 모바일 판매대인 kiosks의 보급이 물류망 전체로 확산되고 있다. 고객이 원하는 장소에서 구매하고, 신제품을 다양한 형태로 소개도 한다. 또한 고객에게 재고 상태도 알려주고, 도매주문 소매주문 불문하고 주문서도 작성하여 주고, 여행 티켓이나 공연 티켓도 취급할 수 있는 전자판매대(kiosks)가 보급되고 있다.

이러한 새로운 기술의 발달은 고객과의 거래를 신속하고 편리하게 하여 줄 뿐만 아니라, 고객의 생활 형태, 제품의 선호도, 구매 습관 등을 분석할 정보도 제공된다.

1) 생산자시절과 판매시절

생산자시절(production era)에는 대부분의 경영자들은 마케팅을 생산과정의 연장선상으로 생각하였으며, 특히 우리나라 경우에는 1970년대까지도 물자가 부족하였기 때문에, 소비자의 요구사항이나 기호보다는 대량 생산기술에 기반한 대량 생산기술에 주력하였다. 수요가 공급을 초과하면, 판매자우위시장(seller's market)이라 하며, 생산된 전제품을 판매할 수가 있다. 1980~1990년대 수도권 아파트 시장이 좋은 예이다. 그러나 생산기술의 혁신이 이루어지면서, 생산규모의 확대

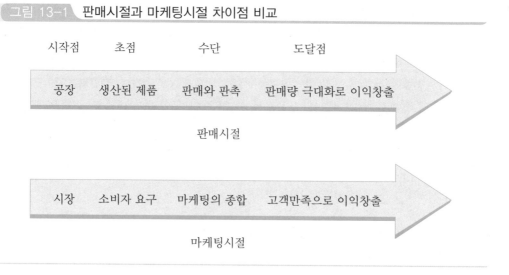

그림 13-1 판매시절과 마케팅시절 차이점 비교

가 진행되어서 제품의 판매시장 경쟁이 시작되었다. 경영자들은 고객에게 그들의 제품을 사도록 설득하여야 한다. 1980~1990년대까지도 판매시절이 계속되었다. 2000년 이후에는 소비자우위시장(buyers' market)이 확실하게 시작되었다. 즉, 생산량이 수요를 초과하기 시작한 것이다. 과잉 생산품을 시장에 밀어내기(pushing)식의 경영을 하다가, 소비자가 요구하는 특별한 제품을 찾아나가는 식의 경영으로 전환기를 맞이하게 된 것이다. 즉, 소비자위주로 바뀌었으며, 마케팅시절(marketing era)이 시작되어 계속 진화되어 나가고 있다(〈그림 13-1〉 참조).

2) 마케팅시절과 관계시절

아직도 생산자시절이나 판매시절의 가치관으로 운영되고 있는 기업이 있긴 하지만, 오늘날의 대부분 기업은 마케팅 개념을 채택하여, 소비자의 요구사항을 반영하고, 특정공략(specific target) 시장, 장기적 이윤추구, 그들 자신의 마케팅 시도와의 협력을 하고 있다. 몇몇 기업은 고객과의 관계를 장기적인 관계로 유지하는 차원 높은 마케팅 개념을 채택하고 있다. 고객과 기업은 단발성 거래로 끝나는 것이 아니라, 거래를 고객이 장래에 다시 찾아올 진행형으로 인식하는 것이다. 관계 마케팅(relationship marketing)이란 주요 관련자(고객, 공급자, 보급자)들 간에 장기적인 기업활동을 유지하기 위하여, 장기적으로 만족스러운 관계를 수립하는 과정이다. 12장에서 다룬 CRM으로 표현되는 각각의 고객으로부터 학습관계를 수립하는 것에 초점을 맞춘 것이다. 고객을 알아가고, 고객이 원하는 제품이나 서비스로 맞춰 가는 상호작용으로 관계는 점점 발전해 나가는 것이다. 이러한 관계를 가능하게 하는 수단은 인터넷이다. 인터넷은 기업 밖의 세계와 밀접하게 하여 주고, 국내 기업이 국외의 고객과도 관계를 수립하여 시장을 확장해 나가는 것이다. 기업은 고객정보, 고객의 질의를 통한 반응, 신제품에 대한 반응, 제품 판매, 구매 고객의 신분, 고객의 요구사항을 인터넷을 통하여 수집할 수 있는 것이다. 우리나라 고객은 미국에서 인터넷으로 직접구매를 하고 있는 반면, 우리나라 동대문 평화시장 의류는 러시아 같은 외국으로 인터넷을 통하여 팔려 나가고 있다. K-pop의 국제적 열기는 인터넷이란 기술이 발달되어 가능하였던 것이다. 물론 세계적인 음악성도 있어서 가능하였다.

13.2 고객을 이해하는 중요성

피터 드뤄케는 마케팅의 목적은 제품이나 서비스가 고객에게 맞춤형이 되어 고객이 구매하도록 유도하기 위하여 고객을 알고 이해하는 것이라고 하였다. 이것은 일종의 도전이다. 왜냐하면 오늘의 고객은 설득이 쉽지 않기 때문이다. 오늘날의 고객은 복잡하고, 가격에 민감하고, 그러나 요구사항은 많다. 그들은 시간을 축약해서 사용하며, 그들을 이해 못하는 소매상에 대하여 인내심이 별로 없고, 제품이나 서비스가 빠르고 사용하기 편리하기를 원한다. 이러한 그들의 요구가 받아지지 않으면, 그들은 주저 없이 다른 경쟁자에게로 이전한다. 고객은 제품에 대한 모든 사실(facts), 자료, 제품 평가, 충고, 협상 방법 등으로 무장됨으로써 고객의 거래는 전례가 없는 유리한 위치에서 진행시킬 수 있다. 인터넷시대 이전 고객과 이후의 고객은 완전히 달라졌다. 자동차를 구입하러 오는 고객은 인터넷으로 사전에 모든 것을 파악하고 오기 때문에, 요즘의 자동차 판매원은 고객의 도우미 정도 역할만 한다고 볼 수 있다. 고객이 영업소를 방문하면, 판매원은 공손히 인사하고, 고객의 의견을 경청하고 그대로 실천하는 것만이 비즈니스를 유지할 수 있는 길이다. 즉, 고객이 주도하는 시장이 된 것이다. 이러한 권력의 이동은 자동차 판매업계에서만 발생하는 현상은 아니다. 과거에는 판매상이 모든

414 | 제 7 편 조직의 성장과 통제

정보를 갖고 판매를 주도하였으나, 요즘은 Web 사이트를 통하여 고객이 모든 정보를 사전에 입수할 수 있는 것이다. 부동산 거래, 대형 할인 매장, 슈퍼마트까지 사전에 정보를 분석한 후에 거래소를 방문하는 것이다. 고로 판매원은 극도로 언행을 신중하게 하여야 한다. 사실을 과장하거나 왜곡하면 고객은 판매원에 대한 신뢰감을 잃게 된다.

(1) 고객의 만족

고객이 만족했는지? 만족 못하였는지를 어떻게 알 수 있을까? 고객이 다시 찾아오는지를 기업은 왜 신경 쓰고 있을까? 기업은 고객 만족을 위하여, 전심 전력으로 대하여 고객이 재차 구매하기를 원하는 이유는 다음과 같다.

① 기존 고객 유지 보다 새로운 고객을 확보하는 것은 5배의 비용이 들 수 있다.
② 단골 고객은 구매량도 많고, 구매시간도 짧고, 가격에 대하여서도 신뢰 한다.
③ 제품에 만족한 고객은 제품 홍보도 해 준다.
④ 고급 서비스를 제공한 기업은 특수 서비스 제공비로 10% 더 받을 수 있다.
⑤ 제품에 불만인 고객은 그의 경험을 20명 이상의 소비자에게 알린다고 한다.

고객 만족도를 측정하는 가장 좋은 방법 중에 하나는 고객 자료를 분석하는 것이다. 즉, 새로운 고객은 유입되고 있는가? 우수 고객은 떠나고 있나? 기업의 고객 유지율은 얼마인가? 고객을 단골로 유지하기 위하여 무엇을 하고 있나? 등이다.

미국의 기업통계에서 고객의 50%가 5년 안에 떠나는 것으로 조사됐다. 오늘날의 고객은 단골고객이기를 왜 거부하는가? 첫 번째 이유는 그들에게는 너무 다양한 선택이 제공되고 있다. 스타일, 다양한 선택사항, 서비스, 전보다 다양한 신제품 등이다. 두 번째 이유는 고객이 다양한 정보를 취득하고 있다. 제품 안내서, 소비자 보고서, 인터넷 등을 통하여 구매자에게 힘과 기대감을 제공하고 있다. 세 번째는 수많은 신제품의 출시로 모든 제품이 비슷하게 느껴져 제품에 대한 유대감이 사라지고 있다. 네 번째 이유는 시간이 부족하다는 것이다. 단골 주유소가 아닌 주유소에도 접근이 쉬우면 휘발유를 쉽게 주유하게 되는 식이다. 더군다나, 고객의 취향과 구매 습관은 계속 변하고 있기 때문에, 모든 고객을 단골로 할수는 없다.

모든 고객을 단골로 할 가치도 없다는 것을 염두에 두어야 한다. 구매력이 높은 고객과 구매력은 낮으면서 요구사항만 많은 고객이 있다. 우리가 선호하는 고객과 비호감 고객을 지혜롭게 분리할 필요가 있다. 고액의 전화료를 지불하는 고객과 알뜰 요금 전화를 이용하는 고객에게 같은 서비스와 혜택을 줄 필요는 없다는 것이다.

(2) 고객을 학습하자

전략적 의사결정을 위한 정보들의 중요한 원천은 고객에서 나오고 있다. 과거에도 모든 기업들은 고객의 선호도 변화, 시장 흐름 변화, 경쟁자의 신제품에 대한 정보를 취득하기 위하여, 다양한 마케팅 기법을 사용하기도 하였다. 그러나 오늘날에는 이러한 가치 있는 정보들을 IT기술을 이용하여 고객과의 양방향 소통방법, 즉 이메일, Web 페이지, 팩스, 무료전화 등으로 쉽게 얻고 있다. 성공하고 있는 온라인 쇼핑몰에서는 고객들의 정보를 분석하여, 고객이 원하는 제품에 대한 정보를 다양한 방법으로 제공하는 것이다. 고객을 다양하고 세분화(segments)하여, 맞춤형 정보를 제공하여 고객의 구매력을 이끌어 내는 것이다.

1) 고객의 구매행태

소비자가 여러 제품 중에서 특정제품을 구매할 경우, 기업은 소비자의 구매행태를 조사한다. 예를 들어 특별한 별미식품은 슈퍼마켓에서 수많은 유사제품에 묻혀 소비자에 외면 당하나, 식도락들이 즐겨 찾는 특수식품점에선 인기가 있다. 소비자의 구매행태를 분석할 경우 3가지 고려사항이 있다. 첫째로 조직적 구매와 일반소비자 구매의 차이점이며, 둘째로 고객의 구매결정과정이며, 셋째로 구매자의 의사결정에 영향을 미치는 인자(factors)들이다.

2) 조직적 구매와 소비자 구매

조직적 구매는 3가지로 산업/상업시장(기업이 제품이나 서비스를 생산하기 위하여 구매하는 원자재나 서비스), 재판매 시장(도매상), 정부 시장(조달청이나 지방자치단체가 구매자인 경우)이다.

조직적 구매는 원자재 구매나 고급기술제품(인쇄기, 경영자문, 건물 등)뿐만 아니라, 일반소비자가 구매하는 소비재(종이, 청소기구)도 조직적으로 구매한다. 다만 구매 수량이 많고, 구매과정도 복잡한 수순을 따른다. 반면 일반소비자의 구매는 개인이나 가정에서 필요한 재화나 서비스를 구매한다. 대부분의 경우 소량을 구매하며, 구매과정도 단순하다.

3) 고객의 구매결정과정

우리가 자동차를 구매하는 경우를 생각해 보자. 자동차를 구매하고자 결정하고, 판매 대리점에 가서, 현금으로 지불하고, 처음 본 차를 즉석에서 구매하는가? 물론 아니다. 대부분의 구매자는 처음 단계로 문제를 인식한다. 즉, 자동차를 구입 할 필요성을 인식한다. 두 번째 단계는 문제 해결 방안을 인식한다. 여러 경험에 근거한 차량 선택의 다양성 등을 정리하여 대리점에 의견을 제시한다. 만족할 만한 답을 얻을 수 없으면, 정보를 계속 수집한다. 문제가 복잡하면, 여러 경로로 정보를 입수하기 위하여, 친척, 친구, 동료, 영업사원, 전시장, 영업용 안내서등을 탐색한다. 일단 충분한 정보가 수집됐다고 생각되면, 여러 대안 중 하나를 선택하여야 한다. 또한 구매를 연기할 수도 있다. 재정적인 이유나, 원하는 스펙이 없을 수도 있으며, 스타일이 맘에 드는 차가 없을 수도 있다. 여하튼 구매하기로 결정을 한 경우, 구매자는 선택의 지혜를 이용할 것이다. 과거 사용한 차량에 만족하면, 비슷한 조건의 차량을 구매하여, 단골고객이 될 수도 있고, 불만족스러웠으면 동종의 구매는 반복되지 않을 것이다.

만약 구매행위가 심각한 경우에, 간혹 인식의 불일치(cognitive dissonance)을 겪을 수도 있다. 일반적으로 구매자의 후회라는 것이다. 이런 경우 선택하지 않은 여러 대안들에 대하여 생각하고, 결정된 선택이 옳은 것 인지에 대한 의문을 품게 된다.

이런 경우에 구매자는 올바른 결정을 하였다는 재확신이 필요하다. 이런 현상을 인식하고 있는 대부분의 판매자들은 그들의 판매된 제품에 사후보장제 등을 통하여 확신을 주고, 고객의 만족도를 전화로 확인도 하여준다. 감사 편지 등을 통하여 계속 고객으로 유지할 수 있는 통로를 만들어 놓는 노력도 필요하다.

4) 구매자의 의사결정에 영향을 미치는 인자들

구매결정을 통하여, 다양한 인자들이 영향을 미친다. 이 중 제품에 가장 영향을 크게 미치는 인자를 고려하여야 한다.

- 문화: 소비자가 속한 문화권은 그들의 가치, 태도, 신념, 주위 환경에 대한 반응 등에 영향을 미친다. 글로벌한 경쟁에서 현지 문화를 이해하는 것은 중요한 단계이다.
- 사회적 지위: 특정한 문화권에서도 구매자가 속한 사회적 지위가 있다. 즉, 상류층, 중산층, 하류층에 따라 다른 행동을 하고, 다른 제품을 구매하고, 구매 장소가 다르고, 각종 미디어에 반응하는 것이 다르다.
- 문의 집단: 제품에 대하여 문의할 수 있는 일반적인 집단은 가족, 친구, 동료, 스포츠 광, 음악 애호가, 컴퓨터 전문가 등이다. 각 구매자는 다양한 제품에 대하여 문의할 집단이 있으며, 그 분야의 존경할 만한 사람의 적당한 조언을 구할 것이다.
- 자체 모습: 구매자가 구입할 제품은 제품에 대한 강한 모습을 구매자에게 인식시켜, 구매자 자신이 이 제품을 통하여 광고에 나온 슈퍼스타와 같아지는 듯한 효과를 본다. 즉, 소비자는 광고의 유명인의 모습을 자신의 모습으로 혼합하는 효과가 있다.
- 상황적 요인: 소비자가 살고 있는 상황에서 이벤트나 환경이 구매에 영향을 준다. 할인 쿠폰이나, 이벤트성 판촉행사, 명절 세일, 국가적 슬픔 등이 영향을 준다.

5) 마케팅 조사

마케팅 조사는 소비자가 원하는 것은 무엇인지에 대한 다른 청취방법이다. 마케팅 조사는 소비자, 시장, 연관된 시장에 대한 정보를 수집하고 분석하는 과정이다. 관리자가 시장을 파악하는데 도움을 주는 수단 중에 하나이다. 기업은 제품개발, 미래의 시장 프로그램을 마케팅 조사에 의존한다. 제품을 한 번 이상 구매한 고객의 수를 분석하여 프로그램이 효과적인가를 감시한다. 또한 마케팅 조사를 통하여 경쟁사, 산업의 경향, 고객의 만족도를 측정한다. 일반적인 마케팅 조사 방법은 개인측정, 고객 답사, 질문서, 실험, 전화 인터뷰, 고객 집단 중 소집단 연구, 6~10명 고객의 집중 분석 등이 있다.

6) 마케팅 조사의 한계

마케팅 조사를 통하여 필요한 자료를 구할 수 있으나, 이 방법도 한계를 갖고 있다. 미국의 Bell 연구소에서 1985년에 이동전화를 발명하고, 경영자문회사에 마케팅 조사를 의뢰한 결과, 시장성이 없다는 조사 결과가 나와, 발명품을 창고에 넣어 두고, 8년 후 이동전화 시장의 확장 추세에 다시 이동전화 사업을 재개 하였지만 경쟁사에 뒤처지는 실수를 하였다.

탐방 조사의 문제는 미리 짜여진 질문이 시장을 정확히 대변 못하는 경우가 있다. 또한 마케팅 조사는 현재의 서비스를 뛰어넘는 새로운 길을 모색하기 위해서 현재의 서비스의 수준을 측정하는 것이다. 자동차 대리점에서 자동차를 인수한 고객의 90% 이상이 서비스에 만족한다고 응답하고 있으나, 50% 이내의 고객만이 재구매 고객으로 돌아온다. 즉, 마케팅 조사는 오늘의 만족 불만족 조사는 미래 고객의 구매성향 예측에는 적용이 어렵다는 것이다. 소니의 공전에 히트 상품인 워크맨도 시제품이 나왔을 때, 시장 조사는 회의적이었다. FedEx나 CNN 방송도 처음에는 대중들이 반기지 않았다. FedEx 창업자가 Yale 대학 시절 FedEx 서비스 아이디어를 교수에게 제출하여 C 성적을 받은 얘기는 유명한 얘기이다. 교수나 일반 대중이 처음에는 반기지 않았던 FedEx 회사는 현재 세계 모든 곳에서 24시간 가동되고, 가장 빠르고 신뢰 받는 특수우편 및 소포 배달회사가 되어 있다.

마지막으로 마케팅 조사는 올바른 판단을 대체할 수는 없다. 조사가 잘못될 경우에는 막대한 손실을 가져올 수도 있다. 이러한 예는 코카콜라에서 볼 수가 있다. 코카콜라회사는 코카콜라나 펩시콜라의 맛을 뛰어넘는 새로운 맛의 콜라를 개발하여, 신콜라(New Coke)라고 출시하였으나 소비자들이 외면하여, 막대한 손해를 보고 신제품 전의 콜라로 돌아갔다. 무엇이 잘못 되었는가? 첫째, 소비자들은 전통의 콜라 맛에 익숙해 있다. 둘째, 신제품 조사에 참여했던 많은 참가자는 종전의 제품은 판매대에서 없어진다는 사실은 간과하였다. 만약 회사가 적절한 질문을 하였다면, 새로운 콜라의 등장은 성공하였을 가능성도 있다.

7) 가상현실(Virtual Reality)

특별하고 효과적인 마케팅 조사방법 중에 3차원 모형화(가상현실)가 있다. 모형화란 판매원이 컴퓨터 화면에서 저렴한 경비로 실시간 실제 상점을 컴퓨터로 보여주는 것이다. 소비자는 화상 진열대에서 원하는 상품을 클릭하면 모든 각도에서 상품의 형상을 시현하고, 소비자가 구매를 원하면 쇼핑카트에 실제 상황 같이 담아준다. 컴퓨터는 구매금액과 사양을 제시하고, 구매자가 입금만 완료하면 즉시 택배를 하여준다. 이러한 가상현실이 전통적인 마케팅 조사방법보다 유리한 점은 현실적인 세팅을 포함하는 것이다. 즉, 빠른 시작, 상표의 쉬운 교환, 가격, 저장 공간, 빠르고 오류 없는 자료 수집, 저비용과 다양성, 제조비용이나 광고비용 발생 전에 신제품 검사가 가능한 것 등이다.

8) 데이터베이스 마케팅

소비자의 선호도를 측정하는 다른 방법은 소비자와 관련된 모든 자료를 수집하여 분석하는 것이다. 모든 신용카드 거래 내역, 인터넷 판매, 구매자의 잦은 구매 행위는 소매점에서 사용할 수 있는 정보의 궤적을 남기기 마련이다. 단골 고객의 카드 사용 내역과 할인된 상품 구매 내역은 소비자의 생활 정도의 내면을 공유하는 것과 같다. 예를 들어 채소과일 전문점에서 고가의 유기농을 구매하는지? 막판 재고 처리 식품을 구매하는 가를 보면 식품에 대한 선호도를 알 수 있다.

데이터베이스 마케팅은 고객의 구매 행위를 기록하여 고객에게 접근하여 거래를 계속 하기 위하여 고객의 선호도와 구매 행태를 분석하는 것이다. 데이터베이스 마케팅과 관계 마케팅(relationship marketing)은 때로는 같이 사용되기도 하지만, 같은 개념은 아니다. 데이터베이스 마케팅은 고객 정보를 수집하고 분석하는 행위이지만, 관계 마케팅은 장기적으로 기업과 고객이 유대를 유지하기 위하여 쌍방 간의 소통에 중점을 두는 것이다. 데이터베이스 마케팅의 원리는 단순하다. 모든 고객은 공통된 요구사항과 성격을 가지고 있다는 것이다. 각 고객의 특징을 분석하면, 기업은 어떤 유형의 고객을 공략하여야 하는지? 어떤 고객은 피하여야 하는지? 최고의 마케팅 전략은 무엇인지를 알 수 있다.

몇몇 기업은 모든 부서로부터 고객의 거래내역, 요구사항, 선호도를 자세하게 수집한 후 CRM 소프트웨어를 이용하여 고객과 공감을 나누고자 한다. 고객의 선호도, 고객의 내면을 고찰하여, 고객의 미래 구매액 등을 시뮬레이션으로 도출하여, 모든 부서가 공유하도록 한다. 결과적으로 판매부서는 고객 개인의 도출된 자료를 볼 수 있다. 기업은 고객 전문화된 자료를 컴퓨터에 저장한 후, 데이터 마이닝 기법을 이용하여 고객을 분석하여 의미 있는 고객 패턴을 발견하고, 각 고객 공략에 효과적으로 이용하려고 한다. 기업은 고객 정보 이용 필요성과 고객의 사생활 침해 사이의 적정점을 찾으려 노력하고 있다.

(3) 고객을 개별적으로 상대하자

기업은 시장에서 그들의 상품이나 서비스가 차별화가 있기를 원한다. 그러나 오늘날의 시장은 기업이 고객에 대한 경험을 차별화 시키고, 고객을 개별화 시켜 고객이 따르게 함으로써, 경쟁의 우위를 확보하고 있다. 어떤 기업은 각 고객에게 조금씩 다른 서비스를 제공하고 있다. 카드회사는 7,000가지 다른 카드를 준비하고, 20,000개의 다른 상품을 만들어 전화카드부터 보험까지 다양한 서비스를 제시한다.

일대 일 마케팅은 특별한 고객 요구 사항에 적응하기 위한 기업의 마케팅 노력을 보여 주고 있다. 효과적인 일대 일 마케팅 프로그램은 ① 당신의 고객을 파악하라, ② 고객을 차별화 하라, ③ 그들과 소통하라, ④ 각 고객의 요구에 맞춘 제품과 서비스로 맞춤서비스화 하라. 각 고객의 요구사항을 철저하게 파악을 하는 일대 일 마케팅 프로그램은 각 고객과 기업의 소통 기록을 필요로 한다. 그러나 이러한 노력은 단골 고객을 만들며, 기업은 보다 많은 시간과 에너지를 소비하여 소비자가 다른 경쟁기업에서 제공하는 수준의 서비스보다 우월한 서비스를 받을 수 있게 하는 것이다.

13.3 마케팅 전략 계획

우리는 고객에 대한 분석과 이해 없이도 마케팅에 간혹 성공한 사례를 보아왔다. 일단 고객에 대한 학습을 한 후에는, 마케팅 전략을 수립할 준비가 된 것이다. 마케팅 전략 기획은 3단계로 이루어진다. ① 현재 마케팅 상황 파악, ② 마케팅 기회 평가 및 목표 수립, ③ 목표 달성을 위한 마케팅 전략 개발이다. 마케팅 전략 기획은 경쟁기업과 차별화되고 소비자의 주의를 끌 수 있는 신제품을 통한 경쟁적 우위를 인식하고, 조성시키기 위한 것이다.

(1) 1단계: 현재 마케팅 상황 파악

현재 마케팅 상황 파악이 마케팅 전략 기획의 첫 번째 단계이며, 과거의 실적을 검토하는 것도 포함되고(각 제품이 각각의 시장에서 이룩한 실적), 기업 내부의 강점과 약점, 기업 외부 환경 분석도 포함된다. 이 단계의 복잡성은 기업의 복잡성에 비례한다. 네슬레 식품회사, 현대자동차회사는 제품의 다양성과 외국 판매 지역에 따라 다른 판매 환경을 분석하여야 하지만, 국내 중소협력기업은 환경 분석이 단순하다.

- 성과 검토: 새로운 기업을 창업하지 않는 한, 기업은 마케팅 성과 기록이 있다. 과거 몇 년 동안 판매 부진을 거듭하다가 가격을 인하하고, 간신히 적자는 면할 수도 있다. 또는 판매가 성공적이어서, 새로운 영업활동에 투자할 자금이 확보될 수도 있다. 기업의 현 위치를 검토하고, 결정적인 사항은 무엇이었는지를 파악하여 성공적인 영업활동은 되풀이하고, 실적 부진 경우는 되풀이 하지 않기 위하여 하는 것이다.
- 경쟁사 평가: 과거 성과 검토와 경쟁사 평가를 반드시 하여야 한다. 내가 롯데리아의 마케팅 담당자이면, 나는 맥도날드, 버거킹 등의 햄버거 전문점은 물론이고, KFC, Pizza Hut 등의 경쟁사들도 면밀히 주시하며 평가할 것이다. 물론 고객이 롯데리아 식품에 만족하느냐가 최우선 과제이고, 미래에 등장할 동종 업종의 경쟁자도 항상 주시하고 있어야 한다.
- 기업 내부의 강점과 약점 검토: 성공적인 마케팅 분서가는 과거 실적과 경쟁자 평가는 물론이고, 기업 내부의 강점과 약점을 파악하고 검토하여야 한다. 즉, 관리상황, 재정 자원, 생산 규모, 유통 조직, 관리 숙련 정도, 독려 능력 등을 검토하는 것이다.

다음 단계는 개선을 필요로 하는 부문과 경쟁우위를 제공하는 원천을 파악하여야 한다. 기업의 강점과 한계를 파악 못하면 성공적인 마케팅 전략을 수립할 수가 없기 때문이다. 내부 분석을 근거로 기회를 살리기 위하여 필요한 강점과 한계를 파악하고, 새로운 강점을 갖춤으로써 목표 달성 성취에 도전하는 것이다.

글로벌 시장을 개척할 때, 특히 기업의 장점과 약점을 이해하고 있어야 한다. 해외에 제품을 판매할 때는 전문적 관리능력과 재정력은 물론이고, 외국의 문화, 관습, 법률, 제품 규격도 맞춰야 한다. 인터넷 판매에서도 소비자의 구매행태의 철저한 이해는 물론이고 기술적인 전문성과 제공을 필요로 한다.

외부 환경 분석에서 마케팅 담당자는 마케팅전략을 기획할 때 다음과 같은 요인을 분석한다.

- 경제 여건: 마케팅 담당자는 대출금리, 인플레이션, 디플레이션, 실업률, 개인 소득, 저축률 등의 추세에 영향을 받는다. 경제가 어려울 때는 고급 가전제품, 자동차, 주택구입 등을 연기한다. 여행을 줄이고, 여가활동을 줄이고, 고가사치품의 구매를 줄인다. 반대로 호황일 경우는 지갑을 열어 고가의 제품과 서비스를 구입한다.

- 자연 환경: 자연 환경의 변화는 마케팅 담당자에게 긍정적인 면과 부정적인 면에서 영향을 준다. 원재료의 공급 중단은 조심스러운 마케팅 계획을 당황스럽게 만든다. 홍수, 가뭄, 냉해는 소비자의 행태는 물론 많은 제품의 가격과 원활한 공급에 영향을 준다.

- 사회 및 문화의 추세: 담당자는 소비자의 가치 변화를 가져오는 사회 및 문화를 주목하여야 한다. 사회적 변화가 제품에 적대적이면, 생산자는 제품의 기능을 광고를 통하여 알려야 한다.

- 법률과 규제: 각국의 법률과 규제는 제품의 사양 변화를 하여야 하는 경우가 생긴다. 이 경우 막대한 생산시설 변화를 하여야 하는 경우도 발생한다.

- 기술: 급격한 기술의 변화가 발생되면 마케팅도 변화할 것이다. 신기술 발달은 230년 전통의 영국백과사전을 CD와 인터넷 서비스로 변화시키고 있다.

(2) 2단계: 마케팅 기회 평가 및 판매 목표 설정

기업의 현재 시장 환경을 검토하였다면, 마케팅 환경을 평가하고 목표를 설정할 준비가 됐다고 할 수 있다. 성공한 기업은 새로운 마케팅 시장을 찾고 있으며, 4가지 마케팅으로 분류할 수 있다. ① 현재 시장에서 기존 제품으로 판매량 확대(시장침투), ② 기존 시장 하의 신제품 개발(신제품 개발), ③ 새로운 시장에서 기존 제품으로 판매(시장확대), ④ 새로운 시장에 맞춰 신제품 개발(다각화)로 분류되며, 사업 위험이 증가하는 순으로 시장을 나열하였으며, 고로 새로운 시장에 신제품 출시가 가장 위험한 마케팅 전략인 것이다.

목표를 고려하면서, 마케팅 목표를 정하여야 한다. 대부분의 기업은 시장점유율로 목표를 정하고 있다. 미래에 시장점유를 늘려야 한다는 식은 좋은 목표가 아니다. 왜냐하면 구체적인 목표를 달성할 마감시간과 성공여부를 측정할 수 있는 목표량이 없기 때문이다. 내년 말까지 판매량을 25% 증가하자는 목표는 시간과 목표량이 확실하여 좋은 목표이다. 목표는 도전적이고 구성원들에게 동기를 유발시켜야 한다. 목표가 설정되면, 모든 구성원은 목표를 이해하고 조직이 이루고자 하는 것도 이해하여야 한다.

(3) 3단계: 기업 마케팅 전략 개발

현재 기업 시장 상황과 목표를 갖고 다음단계를 수립하자. 마케팅 전략을 수립할 경우 시장을 세분화시장(segments)과 틈새시장(niches)으로 나누고, 공략시장(target market)을 선정하고, 시장에서 수립하고자 하는 위상(position)을 정한다. 즉 마케팅 배합(marketing mix)을 개발하는 것이다.

1) 시장을 세분화한다

시장은 모든 고객과 기업을 포용한다. 대부분의 기업은 경제적이고 가능한 방법으로 시장을 같은 특징으로 분류되는 동질의 몇 개의 그룹으로 세분화한다(market segments). 이런 과정을 시장 세분화 과정(market segmentation)이라 하며, 비슷한 득징, 행태, 요구사항을 가진 그룹으로 분류되어진다. 각 세분화 그룹은 가격, 배분과정, 판촉방법이 다르게 접근되는 것이다. 5가지 시장 세분화를 구분하는 요인이 있다.

- 인구 통계적(Demographics): 인구통계를 이용하여 고객의 특색 – 연령, 성별, 수입, 인종, 직업, 윤리 – 에 따라 분류하는 것이다. 예를 들어 중국동포

를 대상으로 판매하면 중국동포군으로 세분화 할 수 있다. 그러나 최근에는 인구통계를 이용하는 방법은 신통치 않은 방법으로 알려졌다.

- 지리학적(Geographics) : 구매형태가 구매자의 거주지역의 영향을 받으면, 지리적 세분화 방법을 사용할 수 있다. 지리학적 세분화는 지역, 도시, 국가, 인접성으로 이루어지며, 특정 지리적 요구사항에 맞춰 제품도 생산하는 것이다. 예를 들면 중동지역에 수출하는 스마트폰은 회교 기도시간을 알려주는 기능을 포함시키고 있다.

- 심리학적(Psychographics) : 인구 통계적 시장 세분화는 외부에서 고객을 연구하였다면, 심리학적 방법은 내부에서 고객을 연구하는 것이다. 즉, 심리학적으로 조직화에 집중하면서, 고객의 활동, 태도, 관심사, 의견, 생활습관을 포함한다. 고객의 심리학적 분석은 고객이 행동하는 행태를 상표 선호도, 메디아 선호도, 독서 습관, 자아 인식을 조사하여 이해하는 것이다.

- 지리 인구통계(Geodemographics) : 지리학적 방법과 인구통계 방법을 혼합하여 인접한 시장을 나눠서 세분화 시키는 것이다. 마케팅 목표가 된 인구통계적으로 나누고, 또한 지리적으로 세분화된 시장을 위한 특화된 마케팅 프로그램을 사용하는 것이다.

- 행태(Behavior) : 시장은 제품의 기능, 특징에 대한 지식, 제품에 대한 관심, 사용법에 따라 반응하는 고객을 세분화 한다. 이러한 접근법을 행태적 세분화(behavioral segmentation)라고 한다. 여행사는 고객이 선호하는 항공사, 호텔, 가격, 일정 등을 파악하였다가 고객이 여행 계획을 알려오면 즉각 고객의 기호에 맞는 일정표와 여행비용을 추천할 수 있다.

우리는 시장을 세분화 할 경우, 다른 마케팅 공략방법이 필요한 그룹으로 나누어야 한다. 고객이 같은 세분화그룹에 있어도 제품에 대한 선호도는 다를 수 있다. 고로 더욱 세밀한 정밀세분화(microsegments)가 이루어진다. 스포츠 운동화를 예를 들면, 조깅용, 테니스용, 농구화, 자전거용, 일반운동화 등 아주 세분화되어 있다.

2) 공략할 시장을 선택하라

시장을 세분화한 이후에 다음 단계는 공략할 적절한 시장을 발견하여 노력을 집중하는 것이다. 공략할 시장이나 공략시기를 정하는 것은 간단하지 않다. 때로는 시장 공략에 필요한 기술이 부족할 수 있고, 공략에 필요한 충분한 자금이 없을 수도 있다.

또한 몇 개의 세분화 시장은 공략할 수 있으나, 전체 시장은 공략할 자원이 부족할 수도 있다. 일반적으로 마케팅 담당자는 다양한 가정을 이용하여 좁혀진 세분화된 시장 공략에 노력을 집중한다. 이때 이용된 가정은 세분화의 크기, 세분된 시장에서의 경쟁 정도, 추산된 매출액과 이윤, 기업에서 지원 가능한 자원과 강점들, 비용, 성장성, 위험요소들이다. 공략시장 선정은 전략적 마케팅에 중요한 과정이다. 만약 공략시장이 잘못 선정되면, 엄청난 손실비용이 발생될 수도 있다. 예를 들면 LG전자는 전화기 시장이 전자식으로 바뀌는 시기에, 기존의 기계식 전화교환기에 오래 집착하다가 경쟁업체에게 주도권을 내주고 말았다. 외국에선 모토롤라회사가 고전식 이동전화기에 머물면서 스마트폰 전화기 개발에 늦게 대응하였다가, 시장에서 경쟁업체들에게 주도권을 실기하였다. 애플과 삼성전자가 주도하는 시장이 된 것을 볼 수 있다.

공략시장 접근법에 3가지 전략이 있다. 첫 번째 방법은 소비자들의 다양한 요구를 무시하고 같은 사양의 제품을 대량 생산하여 출시하는 대량 마케팅(mass marketing) 또는 무차별화 마케팅(undifferentiated marketing)이 있다. 과거에 공급이 부족하던 시절에 유행하던 기법이다. 두 번째 방법은 고객을 세분화하여 보다 다양하고 차별화된 차별화 마케팅(differentiated marketing)이다. 예를 들어 자동차회사에서 모양이나 성능이 다양한 자동차를 생산하고 있으며, Nike 같은 운동화 전문점에서는 다양한 기능성 운동화를 출시하여 고객의 차별화된 요구사항을 맞추고 있다. 세 번째로 기업 자원이 제한적일 경우 축약된 마케팅(concentrated marketing)이 최고의 마케팅 전략이다. 세분화된 시장이 존재하는 것을 인식하고, 그 중 공략시장을 하나 선정한다.

축약된 마케팅의 장점은 모든 시간과 자원을 한 종류에게만 집중할 수 있는 반면, 기업의 모든 행운을 한 개의 세분화된 시장에 의존하는 위험성이 있다.

3) 기업 제품의 위상을 정한다

기업이 세분화된 시장 중 진입할 시장이 결정되면, 세분화된 시장에서 제품이 추구할 위상을 정하여야 한다. 제품의 위상화(positioning)는 기업이 제시할 설계행위와 공략할 시장에서의 의미 있는 기업의 모습을 어디에 위치시키느냐 하는 것이다.

대부분의 기업은 몇 개의 차별화된 제품 구성 요소인 성능, 품질, 내구성, 신뢰성, 스타일, 디자인, 고객 서비스, 배달과 설치방법, 고객지원 등을 정하게 된다. 기업은 차별화 특성과 들어가는 비용 사이에서 적정점을 찾아야 하며, 제품의 가격도 구매자의 구매 결정에 중요한 요소인 것은 주지의 사실이다.

4) 마케팅 배합을 개발한다

기업의 마케팅 배합(marketing mix)은 4P로 제품(product), 가격(price), 장소(place) 또는 유통(distribution), 판촉(promotion)으로 이루어진다. 마케팅 배합에서 제일 중요한 것은 제품이다. 제품 자체는 물론 상표이름, 디자인, 서비스, 품질, 보장기간 등도 구매 시에 고려된다. 두 번째 요소인 제품의 가격은 구매자가 제품의 가치를 가격 이상으로 생각할 때 지불하는 금액이다. 세 번째 요소인 장소(통상 유통)는 생산 장소에서 소비자에게로 제품과 서비스를 이동시키는 기업의 조직적 네트워크를 포함한다. 네 번째 요소인 판촉활동은 기업이 공략할 시장과의 소통 및 판촉활동 모두를 포함한다.

판촉활동에는 광고, 개인 판매, 지역사회와의 유대관계, 영업 판촉 등이다.

연습문제

01. 오늘날의 고객의 특징은 무엇인가?

02. 조직적 마케팅과 소비자 마케팅의 차이점은 무엇인가?

03. 전략적 마케팅 기획은 무엇이며, 목적은 무엇인가?

04. 전략적 마케팅 결정에 영향을 미치는 외부 환경 요인은 무엇인가?

05. 마케팅 배합의 4가지 기본 배합은 무엇인가?

06. 관계 마케팅이 좋은 생각이라면, 왜 사업을 확장시키지 않는가?

07. 데이터 마이닝이 구매자의 구매행태를 이해하는데 어떻게 도움을 주고, 마케팅 노력을 개선하는데는 어떻게 도움을 주고 있나?

08. 마케팅 담당자는 경쟁력 있는 경향을 포함한 시장점유목표를 설정할 때, 현재의 시장 환경을 왜 고려하여야만 하는 지를 설명하라.

09. 기업은 왜 시장을 세분화 하는가?

10. 인터넷은 마케팅 기능을 어떻게 변화시켰는가?

11. 마케팅 연구자가 질문서 응답자에게 가족관계, 친구, 이웃에 관하여 질문하면, 이 행위는 질문자의 사생활을 묻는 행위인가? 설명해보라.

기업의 성장전략

이 장은 기업 수준의 전략에 관한 주제를 다루고 있다. 먼저 기존 운영과는 다른 새로운 사업을 회사에 추가하는 과정인 다각화전략에 대해 상세히 살펴보고자 한다. 다각화된 회사는 둘 또는 그 이상의 다른 사업을 포함하게 된다. 다각화에 대해 살펴본 후에, 기업이 다각화전략을 위해 사용하거나 새로운 사업영역을 구축하기 위한 다른 수단들에 대해서 살펴볼 것이다. 이는 사내벤처, 합병, 조인트 벤처 등이 포함된다. 사내벤처는 회사의 일부에서 새로운 사업을 시작하는 것이고 합병은 기존의 사업을 인수하는 것이다. 그리고 조인트 벤처는 파트너와 함께 새로운 사업을 설립하는 것을 말한다. 이 장의 끝부분에서는 특정 사업 부문에서 철수하여 회사의 다각화된 운영의 범위를 줄이는 과정인 구조조정에 대하여 살펴보고자 한다. 이 장을 통해 다양한 다각화전략의 장단점과 다각화전략을 실행하기 위해 사용되는 다양한 방법들의 상대적인 장점을 파악할 수 있을 것이다.

기업사례 14-1 Tyco international

Tyco International은 지난 20년 동안 가장 큰 성장을 보인 기업 중 하나이다. 1992년 Dennis Kozlowski가 CEO로 취임한 후, 그의 리더십 하에 Tyco의 판매는 1992년 31억 달러에서 2001년 380억 달러로 증가했으며 순이익은 51.2억 달러에 달했다. 이러한 성장의 대부분은 Tyco가 의료기기업체, 보안업체, 전기 부품, 플라스틱, 재정서비스, 통신 사업 등 다양한 분야의 사업들을 인수함으로써 이루어질 수 있었다. 1996년에서 2001년 동안 Tyco는 100개가 넘는 기업을 인수하는 데 450억 달러를 쏟아부었다. 합병을 통한 성장의 가속화를 통해 Tyco의 이익은 1996년에서 2001년까지 매년 35%씩 증가하였다.

Tyco의 성공은 수많은 분야를 포함하는 사업 모델의 일관적인 적용에서 비롯되었다. 먼저, 비록 회사가 다원화되어도 Tyco는 각각의 경쟁 산업에서 중요한 위치를 얻기 위하여 노력하였다. 합병을 통하여 Tyco는 미국 내 보안시스템, 기본 의료용품, 전기 부품의 최대 공급자가 되었다. 실제로 Tyco는 세분화된 산업을 통합하여 규모의 경제를 실현하기 위하여 합병을 사용하였다. 규모의 경제는 작은 경쟁업체에 비해 비용 우위를 가져다 주기 때문이다. 두 번째로, 회사는 결코 비용이 많이 들고 인수한 회사의 경영진들에게 나쁜 인상을 심어줄 수 있는 적대적 합병을 하지 않았다. 세 번째로, Tyco사는 의도적으로 강한 시장 프랜차이즈를 가지는 기본 제품을 생산하지만 상대적으로 수행도가 낮은 회사를 합병하였다 Tyco의 경영진은 그 회사는 개선의 여지가 충분하다고 판단했기 때문이다. 잠재적인 목표회사를 설정하면, Tyco는 그 회사가 합병에 관심이 있는지 여부를 살펴보았다. 만약 그 회사가 합병의사를 가진다면, Tyco는 독립적인 회계사를 보내어 목표 회사의 장부를 주의 깊게 살펴보고 개선의 여지가 있는지를 확인하였다. 만약 목표 회사가 잠재력이 있다면 Tyco는 정상적인 가격을 제시하였다. 제시 가격에 따라 목표 회사의 경영진은 합병에 동의하게 된다. Tyco사는 전형적으로 그들을 2, 3단계 낮은 승진할 때가 된 경영자로 임명하였다.

합병이 성사되면, Tyco는 인수한 회사의 수행도를 향상시키기 위한 작업에 들어간다. 작업은 초과용량을 없애고, 회사 간접비를 삭감하며, 이익을 못 내는 제품 라인을 중지하거나 판매한다. 또 공장이나 판매 부서는 규모의 경제를 얻기 위하여 Tyco사 내의 운영시스템으로 합병되어 인력을 감소시킨다. 예를 들어 1999년 Tyco는 세계에서 가장 큰 전기 부품 회사인 AMP를 Tyco주식 120억 달러를 주고 인수하였다. 수개월 내에, Tyco는 8,000명의 인력을 줄이고, 이익이 없는 공장을 폐쇄함으로써 10억 달러에 가까운 비용절감을 이뤄냈다. 평균적으로, Tyco는 합병을 통해 목표 회사 수익의 약 11% 가량의 비용절감을 가져왔다.

새롭게 인수한 회사의 초과비용을 줄이는 것 이외에도, 인수된 회사의 종업원들에게 이윤 향상을 위한 인센티브를 제공하였다. Tyco의 누구도 10% 이상의 순이익을 내지 못하면 보너스를 받지 못했다. 그러나 기준치를 넘는 경우, 보너스는 바로 지급되었고 직책에 제한이 없었다. 가장 이윤이 좋은 해의 경우 senior manager는 자신들의 월급의 몇 배를 보너스로 제공받았으며, 공장 관리자는 월급의 40% 가치가 있는 주식이나 현금을 받을 수 있었다. 심지어 2~3주 일하는 비정규직 공장 노동자에게도 추가 보너스가 지급되었다.

Tyco의 회사구조는 또한 매우 유연하다. 관리 부서에는 단지 70명만이 있었으며, 또한 그들 대부분은 세금이나 법적 문제에 주로 관여하였다. Kozlowski는 arm's length 기반으로 회사를 운영하였다. 다음 해의 목표를 최고경영진과 각 부서의 경영진 사이의 협상에 의하여 설정하였다. 한 번 목표가 세워지면 정책은 예외 없이 실행되었으며, 각 부서의 경영자에게 목표에 대한 상당한 자율권을 행사할 수 있는 권한을 주었다.

Tyco의 인상적인 기록에도 불구하고, 주식 가격은 1998~2001년 사이에 하락하였다. 주식은 개별 운영의 높은 이익에도 불구하고 투명성의 부재와 Tyco의 재정구조의 복잡성에 의해 투자자들에게 '다각화 할인(diversification discount)'을 얻게 되었다. 1999년, Tyco는 부적절한 회계방법을 사용하는 회사들을 고소하는 분석가들에 의해 비판의 대상이 되었다. 그러나 Securities and Exchange commission의 충분한 조사 결과, Tyco의 회계운영이 양호한 것으로 판명되었다. 그럼에도 불구하고 비판은 지속되었으며, 2001년 말 회사가 실제 성과보다 더 크게 성과를 부풀려왔다는 비판에 시달리게 되었다. 이 비판에 따르면, Tyco가 인수한 몇 개 회사들이 일부러 합병되기 전 몇 달 동안 회사의 이윤을 하락시켰다고 주장한다. 일부러 판매를 줄이고, 지출을 늘리며, 빚을 지는 행위를 했다고 주장하였다. 결과적으로 Tyco사의 운영 결과 합병 후에 판매와 이윤이 크게 증가할 수 있었다. 또한 그들은 Tyco가 합병에 필요한 자금마련을 위해 진 빚이 2002년 초에 230억 달러에 달하기 때문에 잠재적으로 위험하며 현금흐름이 악화될 것이라고 주장했다.

Tyco 회계에 대한 의문을 떨치고 2002년 동안 40억 달러에 달하는 운영 자금을 형성하였다. 그럼에도 불구하고 비판은 계속 되었으며 주식 가격은 2002년 5월 20달러 밑으로 떨어졌다. 하락세를 멈추기 위하여 Kozlowski는 회사를 4개의 독립회사로 나누고, 플라스틱과 재정서비스 부문을 매각하고, 또 회사 부채를 줄이는 등 다양한 시도를 하였다. 그러나 이러한 시도 역시 주식 하락을 막지 못했다. 이에 Kozlowski는 회사를 지속적으로 다각화하고 회사의 채무를 갚을 수 있는 현금흐름을 만드는 데 주력하였다. Tyco는 인수한 일부 사업을 낮은 가격으로 매각하였을 뿐만 아니라 매각 금액을 빚을 갚는 데 사용하였다. 성과가 어떠하던지 간에, 성공한 후에도 투자자들은 Tyco의 사업모델에 회의를 느끼고, Tyco의 성장이 축적된 거대한 빚에 의한 것이라고 인식하게 되었다.

이런 이유들로 하여 2002년 6월 Kozlowski는 세금 포탈 혐의로 인해 사임하고, 1982~1992년 동안의 CEO인 John Fort가 취임하였다. Fort는 오자마자 Tyco의 재정 분야인 CIT 그룹을 46억 달러에 매각하였다. CIT 그룹은 Tyco가 인수를 위해 2000년에 110억 달러를 들인 기업이다. 그러나 이로 인하여 Tyco는 2003년 11월까지 회사 채무를 처리할 수 있는 충분한 자금을 얻었으며 지속적으로 긍정적인 현금흐름을 만들고 있어 확실하게 살아남을 수 있었다.

14.1 기업 확장전략

기업 수준의 전략에 있어 운영진의 역할은 장기간의 이윤을 극대화하기 위해서 어떤 산업에서 회사가 경쟁해야 하는지를 확인하는 것이다. 많은 기업들에게 있어 이윤의 성장과 확장은 한 산업 혹은 한 시장에 집중되는 경우가 많다. 예를 들어 맥도날드는 글로벌 패스트푸드 레스토랑 산업에 집중하고 월마트는 글로벌 대형 할인점 산업에만 집중한다.

특정 산업에만 집중할 경우 기업은 전체적인 경영, 재정, 기술, 기능상의 자원에 초점을 맞출 수 있으며 한 분야에서 성공하기 위해 경쟁 역량 향상에 집중할 수 있다. 이것은 회사 자원 및 역량에 대한 수요가 충분한 급변하는 산업 혹은 급성장한 산업에서 중요할 뿐만 아니라 설립된 경쟁 이점으로부터 장기적인 이윤 창출이 중요한 산업에서도 매우 중요하다.

한 산업 내에 집중할 때의 두 번째 이점은 회사는 이미 알고 있는 것에 집중하여 최선을 다하면 된다는 것이다. 그렇게 함으로써 기존 자원과 역량이 별 가치 없는 산업이나 혹은 예상치 못한 위협이 존재하는 새로운 경쟁 산업으로 진입하는 실수를 예방할 수 있다. 다른 많은 기업들처럼, Sears와 코카콜라는 이러한 전략적 실수를 저지른 적이 있다. 코카콜라는 한때 컬럼비아 픽처스를 인수하여 영화 산업에 진출하기로 결정했었다. 또한 대규모 와인 생산업체도 인수하였다. 유사하게 의류 판매업체인 Sears도 한때 one-stop shopping place 산업에 진출하기로 결정하고 Allstate Insurance, Coldwell Banker 그리고 Dean Witter 등을 인수하였다. 그러나 두 기업 모두 새로운 분야에서 성공적으로 경쟁할 수 있는 경쟁력이 부족했을 뿐만 아니라 새로운 산업에 존재하는 다른 종류의 경쟁요인을 파악하지 못했다. 이에 두 기업 모두 새로운 사업으로의 진입에 실패했으며 많은 손실을 남긴 채 매각해야만 했다.

한 산업에 머무르는 회사들은 경쟁역량을 강화시키기 위해 수평통합과 외주를 활용하였다. 또한 그들은 수직통합을 추구하고 그들의 핵심 사업영역을 강화시킬 수 있도록 가치 사슬에 관계된 산업에 진입하였다. 그러나 이러한 전략 모두는, 회사의 기존 산업의 이익에 밀접하게 연결된 것으로 산업이 쇠퇴한다면 위험에 빠질 염려가 있다. 게다가 한 산업에만 집중하는 회사는 다른 활동에 그들의 역량과 자원을 활용함으로써 이윤을 증가시키고 가치를 창출할 수 있는 기회를 놓치게 된다. 기업이 자신의 영역에만 안주하고 끊임없이 학습하지 않는다면 좀 더 우월한 사업 모델을 가진 새로운 경쟁자에게 패배할 수 있게 된다. 이러한 이유로 많은 사람들이 회사들은 살아남기 위해서는 반드시 다양한 시장과 산업에 걸쳐 그들의 자원과 역량을 활용해야 한다고 주장하고 있다.

(1) 차별적인 경쟁력의 포트폴리오

G. Hamel과 C. K. Prahalad는 경영자가 어떻게 그리고 언제 그들의 시장 혹은 산업을 확장해야 하는지를 평가하는 데 유용한 모델을 개발하였다. 이들에 따르면 다른 제품과 시장 기회를 확인하기 위한 유용한 접근방법은 회사를 제품 포트폴리오가 아닌 차별적인 경쟁력의 포트폴리오로 재개념화하고 이러한 경쟁력을 토대로 새로운 산업에서 어떻게 사업 기회를 창출할 것인가를 고려하는 것이다. 차별적 경쟁력은 가치를 창조하는 기업 특유의 자원 혹은 역량을 말한다. 예를 들어 카메라와 사진인화기로 잘 알려진 일본 기업 캐논은 precision mechanics, fine optics, microelectronics, electronic imaging과 같은 분야에서 차별적인 경쟁력을 갖고 있다.

Hamel과 Prahalad는 현재 차별적 경쟁력을 확인하는 것이 다각화 기회를 살피는 회사들이 해야 할 첫 단계라고 주장한다. 회사가 자신의 경쟁력을 확인한다면 〈그림 14-1〉에 제시된 것과 같은 매트릭스를 활용하여 새로운 사업을 창출하기 위해 자신의 경쟁력을 활용하는 데 필요한 항목을 규정해야 한다. 이 매트릭스는 기존의 경쟁력과 새로운 경쟁력 그리고 회사가 속한 산업과 새로운 산업 간의 차이를 구분짓는다. 매트릭스의 각 사분면의 명칭과 전략적 시사점은 다음과 같다.

1) Fill-in-the-Blank

〈그림 14-1〉의 제3사분면은 회사가 지닌 기존의 제품과 경쟁력의 포트폴리오를 나타낸다. 예를 들어 1900년대 캐논은 precision mechanics, fine optics, microelectronics, electronic imaging에서 경쟁력을 가지고 있었으며 카메라와 사진 복사기 산업에서 활동하였다 캐논은 precision mechanics, fine optics을 활용

그림 14-1 경쟁우위 사업의 Portfolio로서의 회사

Industry

	Existing	New
New	1위 Plus 10(Premier Plus 10) 현재의 산업에서 우리의 특허를 보호하고 확장해 나가기 위하여 어떠한 새로운 경쟁력이 필요한가?	Mega-Opportunities 미래의 가장 흥미로운 산업에 참여하기 위하여 어떠한 새로운 경쟁력이 필요한가?
Existing	Fill in the Blanks 현재의 산업에서 우리의 위치를 향상시키고 우리의 현재의 경쟁력을 제고시키기 위한 기회는 무엇인가?	White Spaces 우리의 현재의 경쟁력을 창조적으로 재배치하고 재결합해서 우리가 창출할 수 있는 새로운 상품과 서비스는 어떠한 것이 있는가?

(왼쪽 세로축: Competence)

하여 기본적인 수동카메라를 생산하였다. 이 두 경쟁력에 microelectronics에서의 경쟁력이 더해져 복사기를 생산할 수 있었다. Fill-in-the-Blank라는 용어는 이미 지니고 있는 경쟁력들을 다른 기존 산업으로 이전함으로써 회사의 경쟁입지를 향상시키기 위한 기회를 말한다. 캐논은 자동초점 기능과 같이 향상된 제품 기능을 제공하기 위하여 기존의 핵심 사업으로부터 microelectronics 기술을 이용하였으며, 이로부터 캐논은 카메라 산업의 경쟁력을 강화할 수 있었다.

2) Premier Plus 10

〈그림 14-1〉의 제2사분면인 Premier Plus 10은 다른 중요한 질문을 내포한다. 회사가 10년 동안 기존 산업 분야의 최고 공급자로서 유지되기 위하여 어떠한 차별적 경쟁력을 세워야 하는가? 캐논은 복사기 산업에서 경쟁 우위를 유지하기 위하여 electronic imaging(디지털로 이미지 저장, 캡처 가능) 분야에 새로운 경쟁력을 세우기로 하였다. 이러한 새로운 경쟁력은 레이저 복사기, 컬러 복사기, 디지털 카메라를 포함한 기존의 제품 영역을 확장하는 데 크게 도움을 주었다.

3) White Spaces

〈그림 14-1〉의 제4사분면은 White Spaces로 새로운 산업에 진입하기 위하여 현재 지닌 차별적 경쟁력을 어떻게 재조합하고 사용할지를 정하는 것을 말한다. 캐논은 팩스, 레이저 프린터를 생산하기 위하여 precision mechanics, fine optics 기술과 electronic imaging 기술에서의 경쟁력을 활용함으로써 팩스 및 프린터 산업에 진입할 수 있었다. 즉, 캐논은 자신의 경쟁력을 사업의 다각화 기회로써 활용하였다.

4) Mega-Opportunities

제1사분면은 기업의 현재 산업 또는 기업이 지닌 경쟁력과 겹치지 않는 부분이다. 오히려 기업은 새로운 산업에 성공하기 위하여 필요한 경쟁력을 전혀 갖지 못하고 있다. 그럼에도 불구하고 기업은 기존 사업 기회에 비하여 충분히 매력적인 분야라고 판단된다면, 이러한 기회를 추구할 수 있다. 예를 들어 1979년 Monsanto는 비료와 같은 화학제품 제조업체였으나 회사는 새롭게 대두되는 생명공학의 거대한 기회를 보았다. 선임 연구원들은 유전공학적으로 스스로 살충제를 만들어 내는 농작물 씨앗을 생산할 수 있을 것으로 보았다. 그 해, 회사는 생명공학 분야에서 세계 최고 수준의 경쟁력을 만들기 위하여 수십억 달러를 투자하였다. 이러한 투자는 Monsanto 기업이 화학 제품 분야에서 일궈낸 현금흐름을 바탕으로 이루어졌으며, 1990년대 중반 Monsanto가 Bolgard와 Bollworm, Roundup과 같은 유전학적으로 기능성 씨앗을 잇달아 출시함으로써 그 결실을 맺을 수 있었다.

(2) 다각경영모형(The Multi-Business Model)

새로운 시장 혹은 산업에 진출하기 위하여 기존의 경쟁력을 재조합하여 사용하거나 새로운 경쟁력을 세우는 것에 대한 초점은 매니저가 산업경계가 시간에 따라 어떻게 변화할 것이며 어떻게 그 변화가 현재 사업 모델에 영향을 끼칠 것인지에 대하여 전략적으로 생각하는 데에 도움을 준다. 산업 간 경계가 어떻게 변화할 것인지에 대해 고려함으로써, Prahalad와 Hamel 모델은 기업이 코카콜라와 sears가 했던 것처럼 그들의 사업 모델과 전혀 맞지 않은 새로운 산업에 진출하는 실수를 예방할 수 있게 한다.

일단 다른 산업에 진입하기로 결정되면 기업은 두 단계로 그들의 사업 모델을 구축할 필요가 있다. 먼저, 경쟁하고자 하는 각 산업에서의 사업 모델을 구축해야 한다. 때때로 한 산업에서 개발된 사업 모델의 핵심전략을 새로운 산업의 사업 모델에 이용할 수도 있다. 예를 들어 GE는 낮은 가격으로 비싼 자본집적 장비를 팔고 그 장비에 대하여 지속적인 서비스를 제공함으로써 이익을 만드는 사업 모델을 개발하였다. 그러므로 낮은 가격으로 항공사에 제트엔진을 팔고 엔진 수명이 다할 때까지 서비스에 대한 계약을 맺는다. 즉, GE는 초기 엔진 판매로 높은 이익을 추구하는 것이 아니라 지속적인 서비스계약으로부터 이윤을 창출한다. 비록 이 모델이 제트엔진 사업에서 최초로 개발된 것이지만 GE는 이 전략을 의료영상과 같은 다른 산업에도 적용시켰다. 그러나 기업들은 다른 산업에서 완전히 차별적인 사업 모델을 개발해야 할 필요가 있다. GE 사례의 경우, 제트엔진과 의료영상 분야에서 사용된 사업 모델은 방송 산업(NBC)에 적절하게 적용시킬 수 없다. 이는 방송 산업 이익의 대부분은 광고 수입이기 때문이다.

경쟁하고자 하는 각 산업에서 사업 모델을 개발하는 것 이외에도 다각화된 기업은 상위 수준의 다각경영 모델을 개발해야 한다. 다각경영 모델은 회사의 이윤을 증가시키기 위한 방편으로 다른 산업으로 진입하는 것을 정당화하는 것이다. 차별적 경쟁력의 관점에서 다각경영 모델은 여러 산업에 걸쳐 차별적 경쟁력을 활용하는 것이 어떻게 그리고 왜 회사의 이윤을 증가시킬 수 있는지를 설명해준다. 또한 다각경영 모델은 기업이 사업 수준의 전략 선택에 따라 어떻게 가치를 창조할 수 있는지를 설명해준다. 예를 들어 Tyco의 다각경영 모델은 세분화된 산업을 통합하고, 성과가 낮은 산업을 인수, 적대적 합병을 결코 하지 않으며, 합병에 앞서 비용절감의 가능성을 확인하고, 합병이 완료된 후에 비용절감을 실현하고, 이윤을 증가시키는 차별적 경쟁력을 만들어낸 종업원들에게 인센티브를 주는 것을 포함하고 있다.

14.2 다각화전략

다각화(diversification)는 기존의 사업과 전혀 다른 새로운 사업을 추가하는 과정을 말한다. 다각화된 다각경영 기업은 2개 이상의 다른 산업에 속해 있게 된다. 이윤을 증가시키기 위하여 다각화전략은 기업 또는 하나 이상의 사업체가 낮은 비용으로 하나 이상의 가치를 창출하는 기능을 수행하고, 차별화를 통해 기업에게 가격경쟁력을 주거나 혹은 회사가 경쟁업체보다 더 나은 성과를 얻도록 도와준다.

대부분 기업의 경영자들은 채무를 지불하고 기존 사업에 투자하고 남는 현금인 여유자금이 있을 때 다각화를 고려한다. 달리 말하면 여유자금은 이윤 향상을 위하여 기존 사업에 재투자하고 남은 현금을 말한다. [기업사례 14-1]에서 Tyco는 2002년에 40억 달러의 여유자금을 생성할 것을 예측했는데, 이는 기존의 다른 사업에 재투자하고 단기 채무를 지불하고 난 뒤에 남는 자본을 말한다. 현금은 자본으로 불리운다. 회사가 여유자금을 생성할 때, 경영자가 다루어야 할 문제는 남는 자본을 주주에게 배당하느냐 아니면 다각화에 투자를 하는가이다. 원칙적으로는 어떤 여유자금도 회사 소유주, 즉 주주에 속해 있다. 합당한 다각화를 위하여 다각화 기회를 추구하는 데 투자된 여유자금의 수익은 반드시 다각화된 주식이나 채권의 포트폴리오 안에 투자된 자본에 의해 주주가 얻을 수 있는 수익을 초과해야 한다. 그렇지 못하면 회사의 주주들은 다각화전략을 추구하는 것보다 주식 배당금을 통한 초과 현금수익에 관심을 두게 된다. 그러므로 다각화전략은 경영진이 다각화를 통하여 주주에게 배당을 주는 것보다 다각화를 통한 이익이 충분히 크지 않은 한 주주의 이윤을 최대화하는 것과 일치하지 않는다. 다각화 기업의 운영진들은 다음과 같은 5가지 방식으로 이윤을 증대시킬 수 있다. ① 기존 사업들 간의 경쟁력을 이전, ② 새로운 사업을 창출하기 위한 경쟁력을 활용, ③ 범위의 경제를 실현하기 위한 자원의 공유, ④ 하나 이상의 산업에서 경쟁의 수단으로써 다각화의 사용, ⑤ 다각화된 기업 안의 모든 사업의 성과를 향상시키기 위한 일반적인 조직의 경쟁력을 이용하는 것이 그것이다.

(1) 경쟁력의 역량이전(Transferring Competencies)

경쟁력을 이전하는 것은 한 산업에서 개발된 차별화된 경쟁력을 다른 산업 내에 존재하는 사업에 적용하는 것을 말한다. 예를 들어 Philip Morris는 담배 산업에서 활용된 우수한 제품 개발, 고객 마케팅, 브랜드 포지셔닝의 차별적 경쟁력을 상대적으로 소규모 맥주업체인 Miller Brewing에 적용하였다. 필립모리스는 밀러에 우수한 마케팅 인력을 이전하여 그들이 지닌 기술을 밀러의 맥주 산업에 적용하였다. 결과적으로 최초의 순한 맥주인 Miller light를 개발하였으며 마케팅 효과는 시장점유율 측면에서 밀러를 6위에서 2위로 성장시켰다.

다각화전략으로 경쟁력 이전을 사용하는 기업들은 제조, 마케팅, 자원관리 또는 R&D와 같은 하나 이상의 가치창조 기능에 의해 기업의 기존 활동에 관련된 사업을 인수하는 경향이 있다. 예를 들어 밀러는 마케팅 측면에서 필립모리스의 담배 산업과 연관이 있었다. 담배와 맥주는 브랜드 포지셔닝, 광고, 제품 개발 기술이 중요한 대형 시장 소비재이기 때문이다. 일반적으로 이러한 경쟁력 이전은 기업의 다각화된 사업이 하나 이상의 가치 체인에서 비용을 감소시키고 제품 및 가격 차별화를 이룰 수 있게 한다.

이런 전략이 적용되기 위해서는 이전된 경쟁력이 경쟁 이점을 창출할 수 있을 만큼 중요한 활동을 포함해야 한다. 종종 기업들은 단순히 어떠한 공유도 가치를 창조하는 데 중요하다고 생각한다. GM의 Hughes Aircraft 회사의 인수는 쉽게 이루어졌다. 이는 자동차와 자동차 제조업체들이 전자 분야를 중시하는 추세이며, Hughes는 전기 관련 사업이기 때문이다. 그러나 이 합병은 사업들 간의

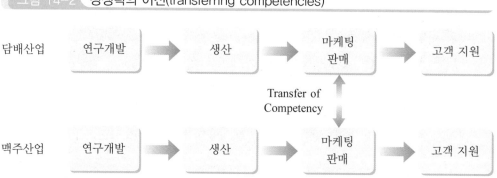

그림 14-2 경쟁력의 이전(transferring competencies)

공유성에 대한 과평가의 우둔함을 잘 보여주고 있다. 합병은 실패로 끝나고 GM
은 기대했던 어떤 것도 얻을 수 없었다. 결국 GM은 Hughes를 매각하였다.

(2) 경쟁력을 지렛대로 활용(Leveraging Competencies)

경쟁력을 활용하는 것은 한 산업의 사업 부문에서 개발된 차별적 경쟁력
을 채택하여 다른 산업 내의 새로운 사업을 창출하는 데 지렛대로 활용하는 것
을 말한다. 이는 한 산업에서의 차별적 경쟁력이 다른 산업의 새로운 사업 부문
에서 차별화 또는 비용 우위를 바탕으로 한 경쟁 이점을 창출하는 데 적용될 수
있다는 판단에 따른 것이다. 예를 들어 캐논은 precision mechanics, fine optics,
electronic imaging을 통한 차별적 경쟁력을 새로운 산업에서 새로운 사업 부문
인 레이저젯 프린터를 생산하는 데 활용하였다. 캐논이 가진 기존 경쟁력이 저
가로 고품질의 프린터를 생산할 수 있게 함으로써 레이저 프린터가 경쟁 이점을
가지게 된 것이다.

경쟁력을 활용하는 것과 이전하는 것의 차이점은 경쟁력을 활용하는 경우는
완전히 새로운 사업을 창조하는 반면 이전하는 경우는 다른 산업의 기존의 사업
부문에 경쟁력을 이전하는 것이다. 비록 구분이 어렵지만 이러한 차이는 매우 중
요하다. 왜냐하면 전혀 다른 경영상의 프로세스가 포함되기 때문이다. 새로운 사
업을 설립하기 위하여 경쟁력을 활용하는 기업들은 다양한 산업에서 새로운 사
업 기회를 창출하기 위한 그들의 R&D 경쟁력을 활용한 기술 기반의 회사가 될

표 14-1 경쟁력을 지렛대로 활용(leveraging competencies)

구분	특징
경쟁력의 이전 (Transfer Competencies)	• 존재하는 사업에서의 이동 • 인수를 통해 새로운 사업 진입 • 목적: 수익성 증가(Philip Morris와 Miller Brewing)
경쟁력의 활용 (Leverage Competencies)	• 완전히 새로운 사업 창출 • R&D 경쟁력 → 새로운 사업 기회 창출 • Canon: 사진, 복사기 → Printer 사업 • MS: S/W 개발, 마케팅 → MSN과 X-Box video game • 3M: 사포제조(sandpaper) → 다양화

경향이 크다. 대조적으로 경쟁력을 이전하는 기업은 전형적으로 기존의 사업을 인수함으로써 새로운 산업에 진출하게 된다. 즉, 필립모리스가 밀러에 했던 것과 같이 인수한 후에 이윤을 향상시키기 위하여 경쟁력을 이전하게 된다.

수많은 기업들이 다른 산업 분야에서 그들의 경쟁력을 활용하여 새로운 사업을 창조하고자 다각화전략을 활용한다. 마이크로소프트는 온라인 네트워크인 MSN과 비디오게임 산업인 XBox를 창출하기 위하여 소프트웨어 개발 및 마케팅에서 얻은 기술을 활용하였다. 마이크로소프트 경영진은 소프트웨어 산업을 통해 창출한 여유자금을 주주들의 배당금 향상이 아닌 다른 산업 부분에 투자하기로 결정하였다. 왜냐하면 그들은 이러한 투자로부터 벌어들이는 자본회수율이 다각화된 채권과 주식의 포트폴리오에 투자하여 벌어들일 수 있는 것보다 크다고 판단했기 때문이다. 즉, 마이크로소프트 경영진은 회사의 다각화전략이 주주들의 최대관심사라고 믿었는데 이는 마이크로소프트의 경쟁력은 온라인 산업과 비디오게임 산업에서도 경쟁 이점을 얻을 수 있을 만큼 충분하다고 판단했기 때문이다.

다각화전략을 통해 다양한 산업에서 새로운 사업 창출을 위해 경쟁력을 활용한 좋은 예로 3M을 들 수 있다. 3M은 새로운 사업 기회를 창출하기 위하여 기존의 회사가 지닌 경쟁력을 활용하였다. 소규모 sandpaper 제조업자로 시작하여 현재 3M은 미국 내에서 가장 다각화된 회사의 하나가 되었다. 이러한 다각화의 대부분은 합병의 결과가 아닌 새로운 사업 부문의 직접적인 창출에서 비롯되었다.

기업사례 14-2 3M의 다각화: Leveraging Technology

3M은 2001년 sandpaper와 sticky tape에서 의료 장비, 사무용품, 전자 부품에 이르는 5만 개가 넘는 제품 포트폴리오로부터 14억 달러의 이윤과 160억 달러의 판매를 올린 설립한 지 100년이 넘는 거대 기업이다. 3M은 지속적으로 그들이 지닌 과학 지식과 기술을 새로운 분야에 적용, 활용함으로써 새로운 사업을 끊임없이 창조하고 있다. 오늘날 3M은 6개의 주요 섹터(수송, 건강, 산업, 사무, 전자통신, 특수 제품)에 40개가 넘는 분리된 사업 부문으로 구성되어 있다. 3M은 지속적으로 30%의 판매를 지난 5년간 출시된 제품으로부터 올리고 있으며, 목표는 앞선 4년 내에 생산된 제품을 40% 이상 판매하는 것을 목표로 하고 있다. 목표는 2004년 200억 달러의 판매를 얻는 것이고 그 중 80억 달러는 존재하지 않던 새로운 사업 부문에서 1999년 이후에 출시된 제품으로부터 얻을 것으로 기대하고 있다.

3M이 새로운 사업 창출을 위해 기술을 활용하는 과정은 3M의 R&D 소장인 William Coyne의 말에 잘 드러나 있다. "처음에 Sandpaper로 시작했다. 연마재 회사로 수년이 지난 후에 테이프 산업을 만들어 냈다. 연구자들은 광물을 버리고 substrate와 풀을 사용하여 처음으로 sticky 테이프를 만들었다. 일반, 전기, 의료용 등 다양한 sticky 테이프를 만든 후에 연구원들은 세계 최초로 오디오 비디오 테이프를 개발하였다. 좀 더 나은 테이프 backing을 위해 연구하던 중 다른 연구원들은 아주 성능이 우수한 multilayer 필름을 우연히 발명하였다. 이 multiplayer 필름 기술은 필름이 진보하는 데 크게 작용하여 휴대용 컴퓨터와 모든 노트북의 디스플레이에 활용되고 있다."

어떻게 3M이 이러한 일을 할 수 있었는가? 먼저, 3M은 혁신을 추구하고 위험을 과감히 받아들이는 과학 기반형 기업이다. 위험을 감수하도록 격려하였으며, 실패할 경우 처벌하지 않고 새로운 제품과 사업을 개발하는 데 자연스런 과정으로 받아들였다. 두 번째로, 3M의 경영은 엄격하게 고객과 그들이 직면한 문제에 초점을 맞췄다. 많은 3M의 제품들이 이러한 고객 문제를 해결하기 위하여 개발되었다. 세 번째로, 경영자는 신속하게 기업이 새로운 제품과 사업을 추구할 수 있도록 목표를 세웠다. 네 번째로, 종업원들에게는 그들 자신의 아이디어를 활용할 수 있는 상당한 양의 자율권이 주어졌다. 종업원들은 관리자 승인 없이 그들 자신이 선택한 프로젝트에 근무시간의 15%를 할애할 수 있었다. Post-it과 같은 대부분의 제품들이 이러한 자율권으로부터 개발되었다. 다섯 번째로 제품이 특정 사업 부분에 속해 있는 동안 그 사업 부서는 그들이 만든 이윤에 대해 책임이 있고, 이윤에 따라 보상을 받았으며, 그 기술은 기업 내의 모든 사람에게 속하게 하였다. 3M의 누구든지 한 사업 부문에서 개발된 기술을 사용하여 새로운 분야에 적용시킬 수 있었다. 즉, 기술은 그 부서가 아닌 기업 전체에 속해 있게 된다. 여섯 번째, 3M은 다른 부서의 연구원들이 그들 각자 연구 결과를 공유하는 회의와 같이 기술 지식을 공유하기 위한 메커니즘이 존재하여 이를 통해 사업 기회를 확인할 수 있다. 끝으로 3M은 새로운 기술, 제품, 사업을 개발하는 사람에게 동료가 뽑은 상, 회사 명예의 전당, 보너스와 같은 적절한 보상을 지불하는 시스템을 사용하고 있다.

(3) 자원의 공유: 범위의 경제

다른 산업에서 2개 이상의 사업체가 제조 설비, 유통채널, 광고, R&D 비용과 같은 자원을 공유할 때 그들은 범위의 경제를 실현할 수 있다. 여러 사업에 걸쳐 자원을 공유함으로써 비용절감을 가져오는 것이다. 이러한 비용절감은 두 가지 주요 이점을 가진다. 먼저 여러 사업 분야에 걸쳐 자원을 공유할 수 있는 회사는 그렇지 못한 회사보다 공유 자원에 적게 투자한다. 예를 들어 Procter & Gamble은 일회용 기저귀와 종이 타월을 제조하는데, 일반적으로 종이 기반 제품은 부서지지 않고 액체를 흡수하는 능력이 좋아야 한다. 이에 Procter & Gamble 이 생산하는 두 제품 모두 같은 속성, 즉 흡수력을 요구하기 때문에 Procter & Gamble은 두 산업에 걸쳐 흡수성이 좋은 종이 기반 제품을 생산하는 데 관련된 R&D 비용을 공유할 수 있었다. 유사하게도 두 제품 모두 슈퍼마켓과 같은 소매상에서 팔리기 때문에 제품 판매 측면에서도 비용을 공유할 수 있었다. 대조적으로 단지 일회용 기저귀나 종이 타월만을 생산하는 경쟁업체들은 판매와 R&D 측면에서 좀 더 많은 비용을 투자해야만 했다. 결과적으로 다른 모든 것이 같을 때 Procter & Gamble은 자원공유 능력이 부족한 회사에 비해 낮은 비용으로 높은 수익을 얻을 수 있었다.

두 번째로, 사업 간의 자원공유는 기업이 공유된 자원을 좀 더 집중적으로 사용함으로써 규모의 경제를 이룰 수 있게 한다. 즉, 규모의 경제는 범위의 경제의 원천이 된다. 실례로, 1998년 씨티 그룹을 형성한 Citicorp과 Traveler의 합병 동기 중 하나는 합병이 Traveler가 Citicorp의 소매은행 네트워크를 활용하여 보험상품과 재정서비스를 좀 더 팔 수 있기 때문이다. 합병은 확장된 그룹이 기존의 자산을 좀 더 효율적으로 활용할 수 있게 함으로써 규모의 경제를 실현할 수 있게 한다. 왜냐하면 규모의 경제는 하나 또는 그 이상의 사업의 비용구조를 낮추며 그 결과 다각화된 회사의 이윤을 증가시킬 수 있기 때문이다.

규모의 경제를 얻기 위한 다각화는 기업의 기존 사업 분야와 새로운 사업 분야의 가치 사슬에 있어 한두 개 이상의 공유되는 특징이 충분하게 존재할 때 가능하다. 또한 매니저는 한 기업 내의 규모의 경제를 실현하기 위하여 필요한 협력의 관료비용이 다각화전략에 의해 창조될 수 있는 가치보다 큰 경우가 있다는

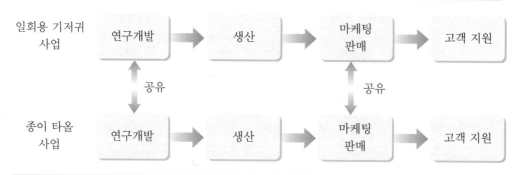

그림 14-3 자원의 공유(Procter&Gamble)

것을 인식해야만 한다. 결과적으로, 다각화전략은 공유를 통해 한 기업의 하나 이상의 사업체가 충분한 경쟁 이점을 얻을 수 있을 경우에만 추진해야 한다.

(4) 경쟁자 관리: 다면경쟁

때때로 기업들은 같은 산업에 진입하거나 잠재적으로 진입 위험을 가진 경쟁 업체를 견제하기 위하여 다각화전략을 사용한다. 예를 들어 다른 산업에서 공격 적인 경영을 하는 회사가 자사의 시장에 진출하고 가격 인하를 통한 시장점유를 확보하려 한다면 회사는 이에 반응하여 진입자의 기존 시장으로 진출하여 가격 인하정책을 펼칠 수 있다. 이 방법을 통해 경쟁업체에게 "당신이 내 시장에 진출 한다면 똑같은 방식으로 행동하겠다"라는 신호를 보낼 수 있다. 이를 통해 진입 을 노리는 업체가 한발 물러서게 만듬으로써 기업은 산업 내 경쟁을 완화시키고 높은 가격 책정을 통한 이윤을 얻을 수 있다. 물론 이러한 tit-for tat(눈에는 눈) 전 략이 바람직한 결과를 얻기 위해서는 기업은 진입업체의 기존 시장에 대한 공격 으로부터 물러설 필요가 있다.

잠재적 경쟁자를 견제하기 위한 다각화의 예로, 1990년 말에 마이크로소프 트는 소니가 경쟁자로 떠오를 것이라고 인식한 경우를 들 수 있다. 비록 소니가 다른 산업에 속해 있을지라도 마이크로소프트는 소니의 플레이스테이션은 특화 된 컴퓨터와 전혀 다를 게 없고, 마이크로소프트 운영체제를 이용하지 않는다는 것을 깨달았다. 마이크로소프트는 소니가 웹브라우징 기능을 장착한 플레이스테 이션 2를 토대로 거실에서 컴퓨팅과 웹브라우징을 가능케 하는 트로이의 목마 역 할을 할 것으로 우려했다. 즉, 플레이스테이션 2를 토대로 마이크로소프트 운영 시스템을 사용하는 PC로부터 고객을 빼앗아 갈 수 있다고 판단하였다. 이에 소 니의 야망을 견제하기 위한 목적으로 마이크로소프트는 XBox를 출시하여 게임 시장으로 다각화를 시도하였다.

몇 개의 다른 산업에서 서로 간에 경쟁하는 다각화 기업들이 많이 존재한다. 마이크로소프트와 소니는 비디오게임 시장과 무선핸드셋 시장에서 직접적으로 서로 경쟁하고 있으며, 캐논과 코닥은 디지털 카메라와 사진 복사기 산업에서 서 로 경쟁한다. 또한 유니레버와 P&G는 세제와 개인 생필품, 패키지 푸드 산업에 서 경쟁하고 있다. 각 기업들이 다른 산업 분야에서 서로 간에 경쟁하는 상황을 다면경쟁(multiple competition)이라 부른다. 다면경쟁 하에 있는 기업들은 한 산업 내의 경쟁적인 공격이 다른 산업에서 보복공격으로 이어지는 것을 통해 경쟁을 조절할 수 있다. 만약 성공한다면, 이러한 신호는 상호 자제(mutual forbearance)를 이끌어 경쟁을 약화시킴으로써 기업들은 각각의 산업에서 높은 이윤을 얻을 수 있다. 다면경쟁을 통하여 경쟁을 조절하고자 하는 바람은 이윤을 증가시키기 위해 다각화의 동기가 될 수 있다.

(5) 일반적 조직 내의 경쟁력 발굴

일반적인 조직경쟁력은 사업 또는 개인 기능을 초월하고 다각경영(multi-business) 기업이 기업 수준에서 지니고 있는 경쟁력을 의미하는 것으로 일반적으로 기업의 최고경영자의 기술에 존재한다. 이러한 경쟁력은 기업 내의 각 사업체들이 그들 자신의 권리를 바탕으로 하나의 독립회사로 운영되는 것보다 높은 수준의 성과를 낼 수 있게 도와준다. 이러한 일반적 조직 내의 경쟁력은 다음과 같은 몇 가지 형태를 가진다. ① 기업의 역량, ② 효율적 조직구조와 운영시스템을 개발할 수 있는 역량, ③ 우수한 전략적 역량이다. 그러나 비록 다각화된 기업이 이러한 역량을 개발할 수 있다 하더라도 이를 활용하기 위해 필요한 경영기술을 가지기는 어렵다는 것을 인식하는 것이 중요하다.

1) 기업의 역량(Entrepreneurial Capabilities)

일부 기업들은 내부적으로 새로운 사업을 개발하는 데 오랜 역사를 지니고 있다. 3M, HP, IBM, Canon, Sony, Matsushita들이 그 좋은 예이다. 그들이 이렇게 할 수 있었던 것은 매니저들이 사업가처럼 행동하도록 유도하는 조직문화를 가진 운영시스템을 갖고 있기 때문이다. 결과적으로 이러한 기업들은 대부분의 다른 기업들보다 이윤이 높은 새로운 사업을 창출할 수 있었다.

회사의 경영시스템은 ① 매니저가 위험을 감수하도록 북돋아주며, ② 매니저에게 새로운 아이디어를 추구할 수 있도록 충분한 시간과 자원을 할당하며, ③ 매니저가 실패할 경우 문책하지 않으며, 또한 ④ 회사가 투자된 자본을 회수하는 데 어려움이 있는 성공확률이 낮은 위험한 벤처에 자원을 활용하지 않아야 한다. 명백하게도, 기업이 감수할 수 있는 위험 정도를 제한함과 동시에 위험을 받아들일 수 있도록 격려하기 위하여 조직적인 균형활동이 요구된다.

역량을 가진 기업들은 이러한 균형활동을 잘 수행할 수 있다. 3M이 설정한 "앞선 4년 동안 출시된 제품으로부터 전체 수익의 40%를 얻는다"라는 기업목표는 신제품과 사업 개발의 중요성에 대한 조직의 인식에 초점을 맞추고 있다. 유명한 3M의 15% 규칙은 종업원들에게 새로운 아이디어를 창조할 수 있는 시간을 제공한다. 3M의 오랜 공약인 고객 문제 해결은 새로운 산업에 대한 아이디어가 고객에 초점이 맞추어져 이루어지도록 한다. 또 3M의 인센티브시스템은 종업원이 위험을 감수하고 기업가정신을 강화시키는 데 도움을 준다. 유사하게 실패는 문책으로 이어지지 않으며 경험 학습의 일부로 본다.

2) 효과적인 조직구조와 통제

다각화된 조직구조와 운영시스템은 각 사업체의 경영자가 어떻게 운영해야 할지에 대한 지침을 제공한다. 효율적인 조직관리와 운영은 사업체의 관리자가 그들 사업체의 효과성과 효율성을 최대화시켜 궁극적으로 회사 수익률을 향상시킬 수 있도록 격려해 주는 일련의 인센티브를 창출할 수 있다. 효율적인 조직관리와 운영을 통하여 이윤을 성공적으로 증가시킨 다각화 기업에 대한 조사를 통해 각 기업들이 지닌 공통적인 속성을 발견할 수 있었다. 먼저 기업의 다른 사업체들은 자신만의 소속된 분야(self-contained division)에 위치하는 경향이 있다. 두 번째로 각 부서는 분권화된(decentralized) 경영자에 의해 관리되는 경향이 있다. 즉, 각 부서의 일상적인 운영업무에 치중하는 것이 아니라 그들은 각 부서에 재정목표를 설립하고, 이 목표를 달성하기 위한 각 부서의 전략에 관하여 면밀히 조사하며, 부서별 성과를 측정하고 각 성과에 대하여 일반 관리자에게 책임을 묻는다. 세 번째로 내부 모니터링과 운영시스템은 목표를 달성한 부서 임원들에 대하여 진보적인 성과급시스템과 연결되어 있다. 비록 이러한 것들이 추구하기 쉬운 것처럼 들릴지라도 실제로 우수한 전략적 역량을 지닌 최고경영자만이 실현할 수 있다.

3) 탁월한 전략적 능력(Superior Strategic Capabilities)

이윤을 증가시키기 위한 다각화의 경우, 회사의 최고경영자는 우수한 전략적 역량을 지니고 있어야만 한다. 이러한 역량은 최고경영자들이 각 사업체들이 독립적인 기업으로 운영되었을 때보다 높은 수준의 이윤을 얻을 수 있도록 조직 내의 서로 다른 사업체를 잘 관리할 수 있는 무형의 관리 기술을 제공한다. 즉, 다각화된 기업에서 관리 기술은 최고경영자들이 어떻게 효율적으로 사업체와 그 사업체를 관리하는 경영자들을 관리할지를 결정한다. 이것은 쉬운 일이 아니다. 관리 기술은 드물고 매우 가치 있는 능력이다. 그러나 일부 최고경영자는 사업체가 높은 성과를 얻을 수 있도록 사업체와 사업체 관리자를 관리하는 기술을 지니고 있는 것처럼 보인다. GE의 Jack Welch, 마이크로소프트의 Bill Gates와 Steve Ballmer, 또 최근 위기에도 불구하고 Tyco의 Dennis Kozlowski가 좋은 예라 할 수 있다.

기업관리에 대한 능력은 종종 우수한 전략적 역량 혹은 관리 기술을 개발한 최고경영자에게서 찾아볼 수 있다. 중요한 것은 개별 매니저들, 기능, 사업체들의 성과를 향상시킬 수 있는 방법을 인식하는 능력이다. 예를 들어 Jack Welch는 GE 이사회를 통하여 그의 매니저의 기술을 향상시키는 데 전문가였다. 그는 관리 변화에 초점을 두고 조직 수준에서 경영개발 프로그램을 만들었으며 중간매니저가 최고경영진의 행위에 대하여 질문할 수 있는 절차를 만들었다. 기능 혹은 사업 수준에서 6시그마 운동과 같은 우수한 품질과 효율성 향상을 위해 많은 기술을 실행에 옮겼으며 각 사업체의 관리자들이 그들의 지배 하에 운영 성과와 효율성을 향상시키기 위해 이러한 기술들을 사용하기를 강력히 권고하였다.

다각화된 회사에서 특히 중요한 관리 기술은 성과가 좋지 못한 사업에서 문제의 원인을 진단하고 그 문제를 해결하기 위해 적절한 방안을 마련하는 것이다. 이는 그 사업체의 최고경영진이 특단의 전략적 행동을 취하도록 권고하거나 그 문제를 좀 더 효과적으로 해결할 수 있는 사람들로 최고경영진을 교체하는 것이 될 수 있다. 이러한 관리 기술을 갖고 있는 지배자들은 정보획득을 위해 사업체 관리자들에 대해 면밀히 조사하고, 각 사업체 관리자가 전략적인 문제를 통하여 사고할 수 있도록 돕는 데 매우 유능하다.

이러한 기술과 관련하여 다각화된 회사가 이윤을 증가시킬 수 있는 주된 방법은 비효율적으로 경영되는 회사를 파악하여 그들을 인수한 뒤 그 회사의 성과를 향상시킬 수 있도록 구조조정을 하는 것이다. 인수된 회사는 인수한 회사와 같은 산업 안에 있을 필요가 없다. 그러므로 이런 전략은 종종 다각화를 이끈다. 인수된 회사의 성과 향상은 다음과 같은 방법들을 통해서 이루어질 수 있다. 먼저 인수한 회사는 보통 인수된 회사 경영진을 좀 더 적극적으로 운영할 수 있는 경영진으로 교체한다. 두 번째로 합병된 산업의 새로운 경영자는 비생산적인 자산을 매각하고 직원을 줄인다. 세 번째로 새로운 경영진은 사업체의 효율성, 품질, 혁신, 고객 반응을 향상시킬 수 있도록 인수된 회사의 운영을 조정한다. 네 번째로 새로운 경영진과 인수된 회사의 종업원들이 사업체의 효율성 등을 증가시킬 수 있도록 임금을 인상한다. 게다가 인수한 회사는 사업체의 효율성 개선 없이는 이룰 수 없는 목표를 설정한다. 또한 새로운 최고경영진은 그들이 주어진 시간 동안 목표 달성에 실패한다면 해임될 수 있다는 것을 인식해야 한다.

그러므로 인수한 회사의 보상시스템과 상벌 조항은 인수된 회사의 새로운 경영진들에게 성과 향상에 대한 강한 인센티브를 제공한다. 성과가 나쁜 회사를 인수하고 구조조정하는 전략은 1990년대 Tyco가 추구하여 크게 성공했던 전략이다. 다만, Tyco의 경영진이 너무 큰 야망을 가지고 단기간에 많은 회사를 인수하려 함으로써 말기에 결과가 그리 좋지 못했다. 또한 GE 역시 Jack Welch의 지휘하에 유사한 전략을 수행하고 있다.

14.3 다각화의 종류

다각화의 두 가지 타입으로는 관련(related) 다각화와 비관련(unrelated) 다각화가 있다. 관련 다각화는 기업의 기존 사업활동과 관련된 다른 산업의 새로운 사업 분야로 다각화를 하는 것이다. 즉, 기업의 가치사슬에서 하나 이상의 활동들 사이에 공유성이 존재하는 사업 분야로 다각화하는 것이다. 일반적으로 이러한 연계는 제조, 마케팅 또는 기술 공유를 바탕으로 하고 있다. 필립모리스가 밀러를 인수함으로써 맥주 산업으로 신출한 것은 관련 다각화의 예라 할 수 있다. 왜냐하면 맥주 산업과 담배 산업에는 마케팅 공유성이 존재하기 때문이다(두 산업 모두 브랜드 포지셔닝 기술에 의존하는 대형 소비재 산업이다). 3M 역시 장기에 걸친 관련 다각화의 좋은 예이다. 3M의 경우 공유성은 다양한 분야에 적용할 수 있는 핵심 기술 개발에 있다. 다른 관련 다각화의 예로 인텔의 통신칩 사업의 예를 들 수 있다.

인텔의 관련 다각화

1980년부터 인텔이 통신칩 사업에 소규모로 운영했을지라도, 회사 전체가 개인 컴퓨터 마이크로프로세서를 만드는 데 거의 모든 자원을 집중함에 따라 그 사업은 오랜 기간 침체되어 왔다. 인텔의 경영자에 따르면 feeding processor monster는 회사의 모든 재정자원을 소비하였다. 비록 인텔이 높은 이윤과 충분히 뚜렷한 현금흐름을 얻고 있을지라도, 인텔은 이러한 현금흐름을 X86 마이크로프로세서의 차세대 아키텍처 디자인과 다량의 마이크로프로세서를 생산하기 위한 대규모 제조설비를 만드는 데 재투자하기로 결정하였다. 그 결정은 논리적이었다. 인텔은 마이크로프로세서 시장에서 지배적 위치를 가지고 있으며 주된 고객인 컴퓨터 제조업자가 증가함에 따라 마이크로프로세서의 수요가 크게 증가하였다. 실제 인텔이 이러한 결정을 내리지 않았더라면, 아마 AMD와 같이 신규 경쟁자가 마이크로프로세서 시장에 진입할 기회를 제공했을 것이다.

이런 상황은 1996년 9월 인텔 최고경영진들의 전략회의에서 변하였다. 인텔의 최고경영진들은 회의를 통해 다음 두 가지를 발견하였다. 먼저 개인 컴퓨터 시장이 2000년 초에 포화 상태에 이를 것으로 보고 인텔 마이크로프로세서의 수요가 줄 것으로 예측했다. 두 번째로 전문가들은 통신 기술은 미래의 핵심 사업으로 모든 컴퓨터들은 연결될 것이며 이러한 connectivity는 마이크로프로세서가 했던 것처럼 중요한 전략적 역할을 가질 것으로 보았다.

게다가 진보된 통신칩을 필요로 하는 통신네트워크 장치와 같은 통신 산업의 제품 수요가 크게 증가하는 것을 보았다.

인텔의 경영진들은 마이크로프로세서 산업에 투자되는 현금의 일부를 전환하여 새롭게 급성장하는 통신칩 산업에 투자한다면 전체 이윤을 증가시킬 수 있을 것으로 보았다. 인텔에 있어 통신칩 산업은 제조기술, 생산기술, 고객 그리고 경쟁업체들이 완전히 다른 새로운 산업이었다. 그럼에도 불구하고 인텔은 통신칩 산업은 마이크로프로세서 산업과 상당히 밀접하게 관련된 산업으로 보고, 마이크로프로세서 산업에서 얻은 기술력, 마케팅 능력, 생산 능력을 통신칩 산업으로 이전함으로써 경쟁 이점을 얻을 수 있을 것으로 판단하였다.

대규모로 통신칩 산업에 진입하기로 결정한 후 인텔은 어떻게 가장 효율적인 전략을 실행할지 결정해야만 했다. 회사 경영진들은 쉽고 빠르게 규모의 경제를 실현하고 통신칩 산업에서 경쟁 이점을 얻을 수 있는 유일한 방법은 기존 기술 및 조립 설비 그리고 판매망을 구입하는 것이었다. 관련 회사를 인수하여 그들의 경쟁력을 이전함으로써 충분히 성과를 향상시킬 수 있다고 판단하였다. 이에 인텔은 인수합병 작업에 들어갔다. 1997년 1월에서 2001년 6월까지 인텔은 80억 달러를 들여 18개의 통신칩 관련 회사를 인수하였다. 6억 2천 5백만 달러를 들여 Digital Equipment사의 통신칩 사업을 구매하였으며, Level One Communication에 24억 달러, DSP에 16억 달러, Giga A/S에 12억 5천 달러를 들여 인수하였다.

그 결과, 2001년 중순에 인텔은 Lucent, Motorola, Texas Instrument에 이어

세계에서 4번째로 큰 통신칩 사업체가 되었으며 25억 달러의 수입을 얻었다.

　불행하게도 인텔 및 다른 회사들은 2000년에 시작되어 2002년까지 지속된 통신장비 산업의 전반적인 수요 침체에 따라 타격을 받았다. 2002년 중반 인텔은 통신칩 산업에서 적자를 내고, 소득이 현저히 줄어들었다. 대조적으로, 비록 마이크로프로세서 사업 역시 수익이 20% 하락했으나, 여전히 그 산업 부문에서 많은 이윤을 창출하고 있었다. 인텔의 다각화전략이 회사 재정에 이윤이었는지 아니면 경쟁력 없는 다른 산업에 잘못 진출한 실패사례인지는 좀 더 시간이 지나봐야 알 수 있을 것이다.

　관련 다각화전략을 추구하는 기업들은 앞서 보았던 다양한 방법으로 이윤을 증가시킬 수 있다. 대조적으로 비관련 다각화는 기업의 현재 사업과 아무런 연관관계가 없는 새로운 산업으로 진출하는 것을 말한다. 비관련 다각화전략을 추구하는 기업들은 그들이 지닌 경쟁력을 진출한 산업에 이전하거나 활용하고, 범위의 경제를 실현하기 어렵다. 실제로 비관련 다각화전략을 추구하는 대부분의 기업들은 일반적인 조직적 경쟁력을 이용하여 이윤을 창출하는 데 초점을 두고 있다. 1990년대 Tyco의 다각화전략의 대부분이 이와 같은 비관련 다각화였다. Kozlowski는 효율적인 조직구조와 운영 방식을 통해 Tyco의 이윤을 증가시키는 데 초점을 두고 자신의 잠재력을 완전히 끌어내지 못하는 회사들을 인수하여 구조조정을 통해 성과를 증가시켰다. 이에 Tyco는 플라스틱, 보안 산업, 통신 산업, 의료용품 제조 산업과 같이 명백하게 가치 체인에 연관성이 거의 없는 다양한 산업의 사업들을 인수하였다.

　요약하면, Kozlowski의 multibusiness 모델은 비관련 다각화를 추구하는 다른 기업들과 마찬가지로 회사의 지속적인 사업 이윤을 증가시키기 위하여 일반 조직적인 경쟁력을 활용하였다. 대조적으로 관련 다각화를 추구하는 기업들은 먼저 자원공유, 기존 경쟁력의 이전 및 활용을 통하여 수익을 향상시키고자 하였다. 비록 관련 다각화, 비관련 다각화 모두 multipoint 경쟁을 통하여 경쟁을 관리하는 데 그 목적이 있을지라도, 비관련 다각화전략보다 관련 다각화 기업들이 다른 산업 내에서 서로 직면하기가 좀 더 쉽다. 따라서 비관련 다각화전략보다 관련 다각화를 추구하는 기업들이 이윤을 얻기가 비교적 쉽다.

14.4 다각화의 한계

기업이 직면한 문제 중 하나는 관련 다각화를 하느냐 비관련 다각화를 하느냐이다. 관련 다각화가 비관련 다각화보다 좀 더 이익을 창출하기 쉽기 때문에, 관련 다각화를 좀 더 선호하기 쉽다. 게다가 관련 다각화는 일반적으로 최고경영진이 약간의 지식을 가진 대상 산업으로 진출하기 때문에 상대적으로 적은 위험을 가진 것으로 간주된다. 아마 이러한 이유로 하여, 대부분의 다각화 회사들이 관련 다각화를 좀 더 선호한다. 그러나 학자들은 관련 다각화 회사들이 평균적으로 비관련 회사들보다 단지 간신히 수지 맞추는 정도의 이윤을 더 얻는다고 주장한다.

수많은 연구 결과는 광범위한 다각화는 오히려 회사 이윤을 침체시킨 것을 보여주고 있다. 예를 들어, 지난 35년 동안 33개 주요 미국 회사의 다각화를 분석한 결과, 마이클 포터는 기업의 다각화 결과가 저조하다는 것을 발견하였다. 포터는 대부분의 회사들이 인수한 것보다 더 많이 매각한 것을 보았다. 이에 그는 대부분의 기업이 추구하는 다각화전략은 가치를 창조하는 것이 아니라 손실을 가져온다고 결론지었다.

왜 관련 다각화가 비관련 다각화보다 겨우 한계수익 정도의 적은 이윤만을 더 발생시키며, 왜 다각화전략이 가치를 창조하는 것보다 오히려 손실을 가져오는가? 반면에 관련 다각화전략을 아주 잘 활용하여 성공한 기업들은 존재하는가? 다각화의 관료비용과 많은 회사들이 잘못된 판단으로 다각화를 시도할 가능성에 대하여 살펴보기로 하자.

(1) 관료비용과 다각화전략

비록 다각화가 회사의 가치를 창조해 줄 수 있다 하더라도, 오히려 역으로 작용할 수도 있다. 다각화가 실패하는 요인으로 다각화로 인한 관료비용이 다각화전략에 의해 창출되는 가치를 초과하는 경우를 들 수 있다. 관료비용은 기업의 규모가 커지고 조직이 복잡해짐에 따라 경영의 비효율성으로 인하여 발생하는 비용을 말한다. 다각화된 기업의 관료비용의 수준은 다음 두 요인에 의해 결정된다. ① 기업 포트폴리오 안의 사업의 수, ② 다각화전략으로부터 가치를 창조하기 위하여 기업의 다른 사업 부문 사이에 요구되는 협력의 정도

1) 사업의 수

기업 포트폴리오 안의 사업의 수가 많으면 많을수록, 각 사업체를 관리하고 유지하기 더 어렵게 된다. 경영진은 객관적으로 각 사업체의 전략계획을 평가하기 위하여 필요한 모든 정보를 처리하는 데 충분한 시간을 가질 수 없게 된다. 이러한 문제는 1970년대 GE에서 발생하기 시작했다. 당시 CEO Reg Jones가 말하길 "나는 상세하게 각 계획을 살펴보려고 시도했다. 이것은 회사 경영진들에게 엄청난 업무와 무한한 시간을 투자하도록 만들었다. 얼마 지나지 않아 나는 아무리 노력하더라도 40개의 상이한 사업체의 계획을 상세하게 이해할 수 없다는 것을 깨닫기 시작했다."

광범위하게 다각화된 회사들에게 과부하된 정보는 회사 경영진들이 중요한 자원 할당정책을 단지 각 사업체의 경쟁 위치에 대한 극히 피상적인 분석을 통해서 행하도록 만든다. 예를 들어, 유망한 사업체가 자본 부족으로 어려움을 겪는 반면 다른 사업체는 운영에 필요한 자금보다 훨씬 많은 자금을 지원받을 수 있다. 게다가 회사 경영진 일부의 운영업무 미숙으로 인해 사업체 관리자들이 회사 경영자들을 속일 수 있는 기회가 증가하게 된다. 예를 들어 사업체 관리자들이 경영 미숙으로 인한 저조한 경영실적을 극심한 경쟁의 결과로 뒤집어 씌울 수 있다. 그러므로 과도한 정보는 광범위하게 다각화된 회사가 다각화전략으로 얻은 이윤을 다 상쇄할 정도로 큰 비효율성을 야기할 수 있다. 이러한 비효율성은 회사 내부의 현금 자원의 부적절한 할당과 회사 경영진이 사업체 관리자들의 공격적인 이윤 추구 행위에 대해 적절한 보상을 못해 주는 것을 포함한다.

정보 과부하로 인하여 발생한 비효율성은 광범위한 다각화의 관료비용의 한 요소이다. 물론 이러한 비용은 회사가 다각화 범위에 제한을 가한다면 관리할 수 있을 정도로 감소시킬 수 있다. 실제, 이러한 관료비용을 감소시키고자 GE, ITT, Textron과 같이 1960, 1970년도에 설립된 대기업들은 집중화전략을 추구하고 일부 사업을 매각하는 등의 노력을 1980년, 1990년도에 실시하였다. 예를 들어 Jack Welch의 리드 하에, GE는 40개의 주된 사업체 운영에서 3개의 잘 구분된 섹터 내의 16개 사업체 운영으로 전환하였다.

2) 기업 내에서의 협력

범위의 경제를 실현하기 위하여 자원을 공유하고, 경쟁력 이전을 통해 가치를 창출하기 위해 요구되는 협력은 관료비용의 한 요인으로 작용할 수 있다. 특히 경쟁력 이전과 범위의 경제 실현은 사업체들 간의 밀접한 협력을 요구한다. 이러한 협력을 필요로 하는 관료구조는 관료비용을 증가시킨다.

더 심각한 것은 상당한 관료비용은 범위의 경제를 실현하고자 다른 사업체와 자원을 공유하는 특정 사업체의 독자적인 이윤 발생 정도를 정확히 측정할 수 없는 회사의 무능력에서 발생할 수 있다. 비누와 같은 생활용품을 생산하는 사업체와 인스턴트 식품을 생산하는 사업체를 지니고 있는 회사를 생각해 보자. 두 사업체의 제품 모두 슈퍼마켓에서 팔린다. 비용구조를 낮추기 위하여 모기업은 각 사업체의 판매 부서와 마케팅 업무를 공유하기로 결정했다. 두 사업체들은 판매비용을 공유하고 같은 유통채널을 사용함으로써 비용절감을 얻을 수 있었다. 회사는 생활용품 부서, 음식물 부서, 마케팅 부서 세 가지로 조직을 구성하였다.

비록 이러한 정책이 가치를 창출할 수 있을지 모르나, 또한 이는 상당한 관리 문제, 즉 관료비용을 야기시켰다. 예를 들어 만약 생활용품 사업의 성과가 떨어지기 시작한다면 누가 책임을 져야 하는가를 확인하는 것은 매우 어려운 일이다. 실제로 각 부서들은 낮은 성과에 대하여 서로에게 책임을 물을 것이다. 생활용품 부서 경영진들은 마케팅 부서의 잘못된 정책에서 비롯된 것이라 할 것이며, 마케팅 부서 경영진들은 생활용품 부서가 생산하는 제품의 낮은 품질과 높은 비용의 탓으로 돌릴 것이다. 비록 이러한 문제는 양 부서의 업무 및 경영에 대한 직접적인 회계감사를 통하여 해결할 수 있으나, 이는 모기업이 반드시 지출해야만 하는 많은 시간, 돈, 노력을 요구한다.

이제 단지 2개가 아닌 10개의 사업에 걸쳐 마케팅, 제조, R&D 자원을 공유하여 이윤을 얻고자 하는 회사의 경우를 보자. 분명히, 이 회사에서 책임 문제는 더 심각할 것이다. 실제로 문제는 너무 심각하여 책임 문제를 해결하기 위한 노력은 회사 경영진에게 심각한 정보의 과부하를 가져올 것이다. 이럴 경우 회사 경영진은 회사를 효율적으로 운영할 수 없게 된다. 책임 문제가 잘 정리되지 않으면, 잘못된 자원할당 결정, 높은 수준의 근무 태만, 보상시스템의 잘못된 운영 등의 결과를 야기할 수 있다. 이러한 모든 비효율성은 범위의 경제를 실현하고자 다각화를 추구한 회사가 직면하는 관료비용의 일부로 간주될 수 있다.

3) 다각화의 한계들

비록 다각화가 회사에게 가치를 창출해줄 수 있다 하더라도, 관료비용이 발생하는 것은 피할 수 없다. 수직통합의 경우, 관료비용의 존재는 회사가 추구할 수 있는 다각화의 양을 제한시킨다. 따라서 기업은 다각화전략에 의해 창출되는 이익이 추가적인 사업활동을 합병하기 위하여 조직의 경계를 확장하는 데 필요한 관료비용을 능가할 수 있을 때만 다각화를 실시하는 게 바람직하다.

한 기업 내의 사업체의 수가 많으면 많을수록, 그리고 이러한 사업체들 간의 협력이 필요하면 할수록 관료비용은 커지게 된다. 그러므로 20개의 사업체를 가지고 있는 기업이 모든 사업체들이 자원을 공유하도록 시도한다면, 이것은 10개의 사업체를 가진 회사가 전혀 자원공유를 시도하지 않을 때보다 훨씬 많은 관료비용을 야기시킨다. 이것이 주는 의미는 명백하다. 기업 포트폴리오 안에 이미 존재하는 기업의 수가 크면 클수록 증가하는 관료비용으로 인하여 다각화전략에 의해 창출되는 가치가 줄게 될 것이다. 이러한 현상이 일어날 경우, 기업의 다각화 범위를 적절하게 한정하는 것이 필요하다. 그러나 많은 기업들이 이러한 한계를 넘어 계속 다각화를 시도함으로써, 성과가 낮아지게 된다. 이 문제를 해결하기 위해 회사는 매각 등을 통하여 기업의 범위를 줄여야만 한다.

4) 관련 다각화냐? 비관련 다각화냐?

관련 다각화 기업은 비관련 다각화 기업보다 이윤을 증가시키는 데 좀 더 많은 기회를 가지고 있다. 이 때문에 매니저는 관련 다각화가 선호되는 전략이라고 생각하기 쉽다. 그러나 많은 연구 결과는 관련 다각화 기업의 평균적인 이윤은 비관련 다각화 기업의 평균적인 이윤과 거의 같다고 제시한다. 이것은 우리에게 의문을 제기한다. 만약 관련 다각화 기업이 비관련 다각화 기업보다 좀 더 많은 이익을 가져다 준다면, 왜 관련 다각화 전략이 일관성 있게 더 많은 이익을 가져다 주지 못하는가?

이는 관료비용과 다각화의 한계에 의한 것이다. 앞에서 살펴본 것과 같이 관료비용은 한 기업의 포트폴리오에 속해 있는 사업의 수와 다각화전략으로부터 가치를 창출하기 위하여 사업체들 사이에 요구되는 협력의 정도에 따라 증가한다. 비관련 다각화 기업은 사업체들 사이에서 협력을 할 필요가 없기 때문에 단지 기업 포트폴리오에 속해 있는 사업체 수 증가에 따른 관료비용에만 대처하면 된다. 대조적으로 관련 다각화 기업은 자원공유와 기술이전으로부터 가치를 실현할 수 있다면 사업체들 간의 협력을 성취해야만 한다. 결과적으로 관련 다각화 기업은 사업체의 수와 사업체 간의 협력에 따른 모든 관료비용에 대처해야만 한다. 그러므로 비록 관련 다각화 기업이 비관련 다각화 기업보다 좀 더 높은 가치를 얻을 수 있다 하더라도 그러기 위해서는 그에 상응하는 높은 관료비용을 견디어 내야 한다. 높은 비용은 높은 이윤을 상쇄할 수 있기 때문에 관련 다각화 기업이 비관련 다각화 기업보다 높은 이윤을 낼 수 없을지 모른다.

그러면 회사는 어떠한 전략을 취해야 하는가? 선택은 상대적인 부가가치와 각 전략에 따른 관료비용의 비교를 통해 이루어져야 한다. 비교를 위해 매니저는 관련 다각화로부터 창출되는 기회가 다른 산업에서 경쟁하기 위하여 필요한 기술들과 기업의 핵심 사업 기술 사이의 얼마나 공유성이 존재하는가에 따라 달라진다는 것을 명심해야 한다. 어떤 회사의 기술은 너무 특별하여 핵심 사업 외부에 응용하기 어려울 수도 있다. 예를 들어 철강업체와 다른 산업과의 공유성은 거의 없기 때문에 대부분의 철강업체들은 비관련 다각화전략을 추구한다. 만약 한 기업이 좀 더 일반적인 기술을 가지고 있다면, 그 기업은 핵심 사업 외부에 많은 관련 다각화 기회를 발견할 수 있다. 예를 들어 Du Pont과 같은 화학제품 회사나 전기 관련 회사는 관련 다각화 기회가 많다. 결과적으로 관련 다각화전략을 활용하여 가치를 얻을 수 있는 기회가 훨씬 더 크다.

그러므로 ① 기업의 핵심 경쟁력이 다양한 산업 및 상업적 상황에서 폭넓게 적용될 수 있거나, ② 관료비용이 자원공유나 경쟁력 이전을 통해 얻을 수 있는 이윤을 초과하지 않는 경우 기업은 관련 다각화에 집중한다. ②는 관련 다각화를 시도하는 기업이 꼭 유지해야만 하는 조건이다. 관련 다각화의 수준이 높은 경우, 추가적인 다각화에 따른 관료비용은 다각화에 의해 창출된 이익에 부담을 주게 되며, 결국 이윤이 나빠지는 결과를 초래할 수 있다.

같은 방식으로, ① 기업의 핵심 기술이 매우 특화되어 있거나, 회사 핵심 사업이 외부의 다른 산업에 적용하기 어려운 경우, ② 최고경영자가 우수한 전략적 역량을 가지고 있어 성과가 낮은 사업을 인수하여 효율적으로 구조조정하고 운영할 수 있는 경우, ③ 관료비용이 구조조정을 통해 얻는 이윤을 초과하지 않는 경우에 기업들은 비관련 다각화에 집중하게 된다.

그러나 ③ 조건은 다각화가 많이 이루어진 회사의 경우 유지하기 힘들다. 그러므로 회사가 어떠한 다각화전략을 추구하건 간에 관료비용의 존재는 기업의 다각화전략에 매우 큰 장애로 작용한다.

(2) 기업가치가 분산되는 다각화

많은 다각화가 가치를 창출하는 데 실패하는 또 다른 이유는 많은 기업들이 잘못된 판단을 통한 다각화를 시도하기 때문이다. 종종 경영자들은 더 큰 성장을 이루거나 위험을 분산할 목적으로 다각화를 시도하는데, 이 경우 특히 실패할 확률이 높다.

위험을 분산하기 위한 다각화를 고려해 보자. 위험분산의 이익은 불완전한 수입흐름을 통합하거나 좀 더 안정적인 수입흐름을 생성함으로써 얻을 수 있다. 위험분산의 예로, 미국 철강업체들이 침체된 철강 산업으로 인한 영향을 차감하기 위하여 오일이나 가스 산업으로 다각화를 시도한 것을 들 수 있다. 위험분산 지지자들에 따르면, 좀 더 안정적인 수입흐름은 기업 주주들의 최대 관심사이고 이는 파산의 위험을 감소시킨다고 본다.

이러한 단순한 주장은 두 가지 사실을 간과하고 있다. 먼저 주주들은 그들이 지닌 포트폴리오를 다각화함으로써 개인 주주가 지닌 위험을 쉽게 감소시킬 수 있으며, 이는 회사가 다각화하는 것보다 훨씬 낮은 가격으로 행할 수 있는 방법이다. 그러므로 주주의 이익 증대를 위해 다각화를 통하여 위험을 분산하려는 시도는 자원의 비생산적인 활용이라 볼 수 있다. 두 번째로 이 주제에 대한 연구 결과 기업의 다각화전략이 위험분산에 그다지 효과적이지 않다는 것이 드러났다. 다른 산업의 사업 주기는 쉽게 예측하기 힘드며, 모든 산업이 동시에 침체되는 일반적인 경제침체보다 다각화가 그들의 이윤에 미치는 영향이 훨씬 적기 때문이다.

다음으로 더 큰 성장을 위한 다각화의 경우를 보자. 이 다각화는 논리적인 전략이 아니다. 왜냐하면 기업의 성장이 꼭 가치창출을 의미하지 않기 때문이다. 성장은 부산물이지 다각화의 목표가 아니다. 그러나 때때로 회사들은 좀 더 잘 짜여진 전략적 이점을 얻는 것보다 단순한 성장을 이유로 다각화를 시도한다. 2002년 Tyco가 직면했던 문제들은 1990년대 말 회사 경영진들이 이윤 향상을 위한 다각화의 목표를 상실하고 단지 성장에 매혹되어 다각화를 실시했기 때문에 얼어진 결과이다. 많은 전문가들은 Tyco가 인수한 회사들이 어떻게 Tyco에게 이윤을 가져다 주었으며, 어떻게 Tyco가 상당한 인수비용 및 투자자본을 만회할 정도로 충분한 성과 향상을 가져왔는지에 대해 의심을 품었다. 게다가 Tyco의 성장률을 유지하기 위하여 Tyco는 대규모의 인수합병을 하였다. 이러한 대규모의 인수합병은 기업 확장의 추후 단계 동안에 많은 빚을 지게 만들었으며 이 빚은 기업이 수년에 걸쳐 만들어낸 여유자금을 다 쏟아붓게 만듬으로써 Tyco에게 치명적인 부담을 주었다.

Chapter

15 기업의 투자자와 기업윤리

엔론의 붕괴([기업사례 15-1])는 기업성과, 기업통제, 기업윤리에 대한 골치 아픈 문제를 발생시켰다. 이것은 엔론의 상급 경영자들의 비윤리적인 태도와 정확한 기업성과를 주주와 직원들에게 속여온 것에 기인한다는 것은 명확하다. 이것은 그들 자신이 만든 높은 재무성과의 기대치를 충족시키기 위한 것으로 보인다. 이 기대치를 설정하고 충족시킴으로써, 그들은 엔론의 주가가 급상승하기를 원했고, 그들에게 물질적인 개인적 이득을 위한 스톡옵션을 행사하기 위한 기회를 주었다. 이것은 엔론의 고위 경영자들이 그들의 경제적 부를 위하여 회사의 정확한 재정상태를 고의적으로 속여 왔다는 결론으로부터 벗어나기 힘들 것이다. 이 과정에서 회사 주주, 채권자, 직원들은 많은 것을 잃었다. 또한 엔론과 앤더슨 같은 회사에서의 스캔들, 2001년부터 2002년에 발생한 엄청난 주가하락은 대중이 "오늘날 기업 세계에서 무슨 일이 일어나는가?"에 대한 질문을 갖게 했다. 엔론의 Kenneth Lay와 월드컴의 Bernie Ebbers 같은 사람들은 그들의 스톡옵션을 행사하여 수억 달러의 이익을 챙기는 데 비하여, 주주들은 그들의 가치에서 왜 수억 달러를 잃게 되는가? 게다가 엔론과 월드컴의 수천 명의 직원들은 그들의 일자리를 잃고, 고객들은 질 낮은 제품과 서비스를 받아야 했다.

이 장은 회사의 성과를 향상시키고, 탁월한 수익을 이끄는 방향으로 전략수행을 방해하는 중요한 요소와 이슈들에 대하여 논의할 것이다. 이 장은 어떻게 경영자들이 주주와 직원들 같은 회사의 핵심 이해관계자들의 장기적인 이익을

- 457 -

기업사례 **엔론의 붕괴**
15-1

　　2001년 12월 초 엔론은 파산신청을 하였다. 천연가스 수송관 운영자와 독립적인 전력 생산자로서 출발한 Enron은, 1990년대 말 에너지 무역시장의 급속한 확장에서 주요한 사업자로서 떠올랐다. 2000년을 절정으로 회사는 1,010억 달러의 수입, 주식평가가치 630억 달러에 달했으며, 회장인 Kenneth Lay는 대통령 당선자 조지 부시와 막역한 사이였다. 회사는 제지, 금속, 물, 통신(광대역) 등을 포함한 시장 초기에 에너지 무역에서의 전문기술을 확장하였다. 엔론은 거의 전 분야에서 온라인시장을 창조하기 위하여 인터넷의 힘을 이용할 수 있을 것이라고 믿었다. 언론은 회사에 빠져 있었다. 2000년 포춘지는 엔론을 '올해의 가장 혁신적인 회사'로 선정하였다. 경제학자들은 "엔론은 어떤 산업, 어떤 분야에서도 가장 성공적인 인터넷 벤처일지도 모른다"고 하였다.

　　몇 달 후에, 엔론은 정상적으로 활동하는 것을 멈췄다. 마지막 거래일에는 전년 90달러에 달하던 주식이 61센트로 폭락했다. 가치가 폭락한 엔론 주식을 가지고 있던 주주들은 회사정책상 그들의 퇴직금으로 엔론 주식을 가지고 있던 엔론 직원들이었다.

　　엔론의 붕괴를 우려하게 만드는 것은 실패의 규모만이 아니라 회사가 해결하는 방식이었다. 엔론을 그렇게 급속도로 무너지게 했던 것은 대부분의 투자자, 직원, 단속자의 감독에게 숨겨진, 제휴에 의해 발생한 대차대조표상에 나타나지 않은 270억 달러 이상 축직된 채무이다. 제휴는 기관투자자들로부터 조달한 차입금으로 출자되었다. 회사의 고공비행 중인 증권을 담보로 이용하여, 엔론은 채무를 보증했다. 이것은 제휴에 대한 회사의 자산으로서 바뀌었고, 수입으로 전환되어 기록되었다.

　　제휴는 엔론의 재무책임자인 Andrew Fastow이 고안한 것이며, 그는 대차대조표와 수입을 실제보다 좀 더 좋게 보이기 하기 위한 방식으로 제휴를 이용하였다. Fastow는 또한 그가 관리하는 제휴로부터 3천만 달러의 개인적인 이익을 얻었다. 그러나 제휴전략은 매우 위험하다. 제휴에 대한 공격적인 투자가 잘되지 않는다면, 제휴의 차입금 보증인으로서 엔론은 궁지에 몰리게 될 것이기 때문이다. 게다가 엔론의 주식은 너무 많이 떨어져서, 주식에 의한 보증금은 현금으로 대체되어야 하고, 더 많은 빚을 져야 했다.

　　엔론의 첫번째 타격은 2001년 8월 CEO인 Jeffrey Skilling이 갑자기 개인적인 이유로 사임하게 되었을 때 시작되었다. 그는 퇴직하기 전까지 1,750만 달러 정도의 엔론 주식을 내다 팔았다. 이전 CEO인 회장 Kenneth Lay가 CEO의 자리로 돌아갔고, 갑작스런 Skilling의 사임에 대하여 투자자들을 안심시키려 했다. 2001년 10월, 3/4분기 엔론은 6억 1,800만 달러의 손실을 기록했고, 주주의 주식은 12억 달러로 감소했다. 이것은 주로 제휴에서의 축적된 손실 때문이었다. 엔론의 주식은 2000년 12월 이후로 반토막이 나며 떨어졌다. 이것은 제휴로 축적된 담보 부채에 대한 채무를 증가시키는 죽음의 소용돌이를 만들었고 회사를 파산으로 이끌었다.

제휴의 실체가 드러났을 때, 엔론은 금융권을 기절시켰다. 거기에는 엔론의 재무상태에 대한 끔찍한 언급들이 있었다. 투자자들은 제휴전략과 관련된 엄청난 위험을 눈치채지 못했다. 엔론의 경영진은 회사의 정확한 상태를 금융시장에 속이기 위해 제휴의 실체를 일부러 축소했다는 결론을 피하기 어려웠다. 회계감사를 담당한 아서 앤더슨에 대한 의문도 있다. 왜 제휴에 대하여 경고를 하지 못했느냐는 것이다. 감사역으로서 이것은 확실히 알려졌어야 한다. 앤더슨은 명백히 대중의 감시로부터 벗어난 이런 제휴를 유지하는 술책에 왜 동의했는가? 중요한 고객과의 유리한 재무관계는 보호되었는가? 엔론은 앤더슨에 2000년 회계감사를 위하여 2,500만 달러, 컨설팅을 위해 2,700만 달러, 도합 약 5,200만 달러를 지불했다. 엔론의 감사에 책임을 지고 있는 앤더슨의 파트너 감사와 관련된 문서를 엔론의 직원들과 공유하도록 지시했다는 사실이 알려지면서 앤더슨의 역할에 대한 의문은 심각해졌다. 앤더슨은 엔론의 진짜 재정상태에 대하여 알려지는 것을 숨기려고 했던 것일까?

비난의 목소리는 2001년 8월 엔론의 중간임원 Sherron Watkins가 제휴전략과 관련된 위험의 내용에 대한 메모를 Kenneth Lay에게 보냈을 때 더 커졌다. Watkins는 Lay에게 엔론은 회계스캔들의 파장으로 파멸할지도 모른다고 경고했다. Lay는 명백히 경고했지만, 재무책임자 Fastow의 견제로 외부에는 어떤 것도 나타나지 않고 낙관적인 부분만 나타났다. Lay는 증권거래위원회가 엔론의 회계감사에 대한 조사가 착수되었다고 발표한 지 이틀이 지난 10월 24일에서야 Fastow를 교체했다. 2001년 내내 엔론의 사장은 엔론의 주식 중 자신의 지분을 시장에 팔고 있었던 반면, 많은 직원들은 그들의 주식 처분을 제한받고 있었다. 경영자들은 회사의 직원들로부터 숨어 있다는 것을 알고 있었을 것인가?

엔론 붕괴의 여파로, 미국 의회는 회사의 재정운영에 대한 과실을 조사할 것이라고 발표했다. Skilling이 제휴관계를 세부적으로 몰랐다고 주장했던 동안, 의회위원회는 Lay와 Fastow를 5번 소환했다. 법이 불완전했던 것일까? 그런 것으로 보인다. 2002년 8월 엔론의 한 경영자는 돈세탁과 불법 자금조성에 대한 유죄를 탄원했고, 사기 사건의 기소되지 않은 공모자로서 법무부가 명명한 이전 재무책임자 Fastow를 포함한 다른 경영진에 대한 기소가 가능하게 정부와의 협력에 합의했다. 무엇이 주주가치에서 수십억 달러를 증빌시키고, 수천 명 직원들의 일자리를 잃게 한 반면, 상급 경영자들은 그 자신을 부유하게 했는지는 명확하다. 경영자들은 대중의 감시로부터 고의로 숨어 매우 위험하고 엄청난 차입금 투기를 했던 것이다. 더욱 상태가 악화된 것은 대중들에게 회사의 재정상황을 노출시켜야 하는 사람들인 회계감사자 아더 앤더슨의 묵인 때문인 것으로 보인다.

제 7 편 조직의 성장과 통제

향상시킬 수 있는 전략을 수행해야 하는지에 대하여 다룬다. 기업통제와 기업윤리는 이해관계자의 관심을 확인하고 이를 전략수립과정으로 포함시키는 데 기여하는 도구들이다.

이 장의 마지막에서, 우리는 지속적인 경쟁적 우위와 탁월한 수익을 얻기 위한 전략을 공식화하고 수행할 때, 왜 경영자들이 합법적이고 윤리적인 것들을 선택하고, 모든 이해관계자 그룹의 주장에 균형을 맞춰야 하는지 이해하게 될 것이다.

15.1 기업경영 부진의 원인들

이 책의 대부분은 경영자가 회사의 장기적인 수익을 극대화하기 위하여 무엇을 해야 하는지에 초점을 맞추고 있다. 그러나 현실은 많은 회사들이 그들의 자본비용을 초과하는 수익률을 얻기에 매우 어렵다는 것이다. 말하자면 그들은 매우 수익적이지 못하다. 예를 들어 항공 사업에서, 자본비용은 12%로 추정하고 있다(자본비용은 회사에서 주주와 채권자들이 그들의 자본투자에서 기대하는 수익). 1996년에서 2001년까지, UPS의 ROIC는 17.9%, 연방우편국은 평균 10.8%, Airbone express는 8%이었다. 이것은 연방우편국과 Airbone 모두 그들의 자본비용을 능가하는 수익을 생성하지 못했다는 것이다. 그들은 좋은 투자를 하지 않은 것이다. 이 상황은 일반적인 것은 아니다. 대부분의 산업에서 그들의 자본비용을 초과하는 ROIC를 생성하지 못하는 회사들이 있고 따라서 투자자들의 기대에 충족하는 성과를 이루지 못한다.

때때로 부실한 경영이 일시적이고, 후퇴기 상황에 기인하여 산업의 제품수요의 단기하락이 주요한 원인이다. 한 번 수요가 회복되면, 회사들은 수익을 낸다. 그러나 다른 기업들에 대해서 빈약한 성과는 지속적인 문제이다. 예를 들어 K마트는 오랫동안 월마트에 비하여 낮은 성과를 보였고, 크라이슬러는 몇 년간 세계 자동차 산업에서 주요 라이벌들에 비하여 낮은 성과를 나타내고 있다.

지속적인 빈약한 성과의 여섯 가지 원인은 지속적 부실경영의 사례연구에 나타나 있다.

① 부실경영(poor management)

② 고비용구조(a high cost structure)

③ 차별화 부족(a lack of adequate differentiation)

④ 과도한 사업확장(overexpansion)

⑤ 수요의 구조변화와 새로운 경쟁자(structural shifts in demand and new competitors)

⑥ 조직관성(organization inertia)

일반적으로 전부는 아니지만 이 요소들의 일부는 내리막길에서 나타난다. 예를 들어, 1990년대 IBM의 부실한 재정성과는 메인프레임 컴퓨터로부터 PC 기반의 클라이언트－서버 네트워크로의 수요의 구조적 변화, 컴팩, 델과 같은 강력한 새로운 경쟁자 등장에 의해 복합적으로 도래했다. 이 문제에 대한 IBM의 느린 대응은 부실한 상위 경영자와 조직의 관성에 기인한 것이다.

(1) 부실경영

부실경영은 핵심 사업을 경시하는 무능함과 좋은 관리자의 확보에 이르는 다수의 과실을 다룬다. '한 사람의 법칙'은 필연적으로 나쁜 것은 아니지만, 이것은 자주 부실경영의 원천에 있는 것으로 보인다. 한 연구는 제국주의전략을 위한 열정을 가진 지배적이고 독재적인 경영자 존재가 실패하는 많은 기업을 특성짓는다는 것을 발견했다. 81개의 사업전향에 관한 다른 연구는 36개의 경우에서 문제가 있는 기업은 모든 것을 하려는 독재적 경영자로부터 고통받았고, 복잡성과 변화에 직면해서 문제를 겪었다. 사업전환의 연구에서, Richard Hoffman은 일반적으로 부실한 성과의 회사에서 일반적으로 다른 많은 경영적 과실이 발견되었다는 것을 확인했다. 이것은 최고위층에 균형잡힌 전문적 지식의 결여(예를 들어, 너무 많은 엔지니어), 강력한 중간관리자의 부족, 사망한 CEO에 의한 경영계승 규정 미비(내부승계 전쟁을 초래), 경영자의 적절한 전략적 의사결정을 감독하기 위한 이사회에 의한 실패들이다.

부실경영은 또한 주주의 돈으로 자신을 부유하게 하는 전략을 추구하는 경영자를 포함한다. 그런 전략적 행동들은 회사의 전반적인 수익성을 떨어지게 한다.

이론적으로 이사회는 회사의 CEO 같은 고위 경영층을 고용하고, 평가하고, 교체하기 위하여 존재한다. 이사회는 그런 상황이 발생하지 않게 하기 위한 위치에 있어야 할 것이다. 이 장의 뒤에서 보겠지만, 우리가 그런 이슈들을 심도 있게 살펴볼 때, 그들은 그렇지 않았다.

(2) 고비용구조

높은 비용구조는 회사에 투자된 자본에 알맞은 수익을 얻는 것을 어렵게 한다. 고비용구조의 두 가지 주요 원인은 낮은 노동생산성과 낮은 자본생산성이다. 낮은 노동생산성은 노조에 의해 강요되는 제한된 작업수행(자동차와 철강 산업의 예), 노동절감 기술 또는 노동생산성 향상 기술에 대한 투자에 대한 부족(정보기술), 생산적인 직원에 대한 인센티브를 제공하지 않는 조직 등으로부터 생길지도 모른다. 낮은 자본생산성은 부동산, 공장, 설비 등의 회사의 고정자산을 완전히

그림 15-1 고비용구조

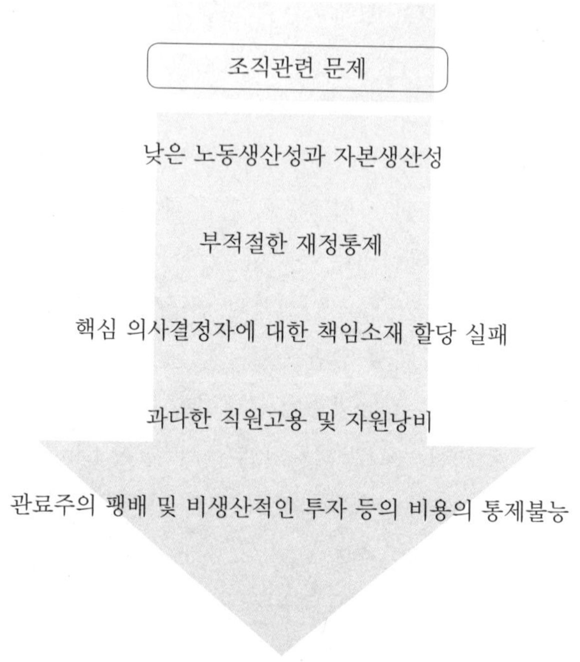

조직관련 문제

낮은 노동생산성과 자본생산성

부적절한 재정통제

핵심 의사결정자에 대한 책임소재 할당 실패

과다한 직원고용 및 자원낭비

관료주의 팽배 및 비생산적인 투자 등의 비용의 통제불능

사용하는 데 있어서의 실패에 기인할 수 있다. 예를 들어, 규모의 경제를 유지할 수 없는 능력과 높은 단위비용을 이끄는 낮은 시장점유는 생산 능력을 완전히 사용하는 데 실패할 수 있다. 낮은 자본생산성은 또한 너무 많은 재고를 유지하고 있는 등 운전자본의 최소화를 실패하는 데서 기인할 수 있다.

낮은 노동생산성과 자본생산성은 부적절한 재정통제와 같은 조직 내의 심각한 문제를 발생시킬 수 있다. 부적절한 재무통제의 가장 일반적인 관점은 조직 내의 핵심 의사결정자에 대한 책임 소재를 할당하는 것에 실패하는 것이다. 그들 행동의 재무적 결과에 대한 책임의 결여는 중간경영자가 효율을 최대화시키는 데 필요한 수 이상의 직원을 고용하고 자원을 낭비하도록 할 것이다. 그런 경우에 관료주의는 부풀어오르고, 통제를 벗어난 비용의 소용돌이일지도 모른다. 게다가 적절한 재정통제의 결여는 경영자들이 비생산적인 투자에 자본을 낭비하도록 할 수 있을 것이다. 우리가 이 문제를 어떻게 해결할 수 있을 것인지는 이 장의 뒤에서 다룰 것이다.

(3) 차별화 부족

차별화의 부족은 회사가 적절한 ROIC를 얻는 것을 어렵게 만들 수 있다. 부적절한 차별화는 낮은 제품 품질과 탁월한 특성, 성능, 스타일 같은 우수한 속성의 결여를 포함하는 많은 원인들을 가지고 있다. 이것은 회사가 제품 또는 서비스의 프리미엄 가격을 부여하는 능력과 판매량 증가와 규모의 경제를 유지하기 위한 도구로서 낮은 가격을 유지하고 탁월한 차별화할 수 있는 능력이 결여되었다는 것을 의미한다. 결과적으로 차별화의 부족은 기업의 수익성을 낮게 한다.

불충분한 차별화는 조직에서 심각한 문제를 만들 수 있다. 예를 들어, cross-functional 제품 개발팀을 만들고 적절히 관리하는 데 있어서 실패는 회사의 제품 개발 노력이 부족하고, 회사의 제품이 다른 경쟁자에 의해 생산된 차별화된 특징과 기능에 모자란다는 것을 의미한다. 비슷하게 제10장에서 논의된 6시그마 품질개선 방법 같은 품질향상 프로세스의 실패는 부실한 품질을 이끌고, 따라서 고객의 마음속에 회사의 제품에 대한 부정적인 인식을 이끌 수 있다.

(4) 과도한 사업확장

독재적인 CEO의 제국 건설전략은 자주 급속한 확장과 광범위한 다양화를 필연적으로 포함한다. 이 장의 뒷부분에서 우리는 왜 CEO가 제국 건설전략을 추구하는지 살펴볼 것이다. 이 다양화의 많은 부분은 좋지 않게 생각되며, 회사에 적은 가치를 더한다. 14장에서 지적한 대로, 너무 많은 다각화의 결과는 통제의 부족과 수익의 감소를 포함한다. 게다가 급속도로 확장하는 회사는 많은 차입금을 이용하는 경향이 있다. 회사의 경제적 상황이 악화되거나 회사가 더 이상 부채 상환을 수행하기 위한 현금흐름을 생성할 수 없다면, 이것은 결과적으로 회사에게 엄청난 재정적 부담을 줄 것이다. [기업사례 14-1]에서 설명한 Tyco International에서 발생한 것과 같은 것이다. Tyco는 1990년대 경제부흥 기간 동안 확장을 하였고 기업 인수의 자금 마련을 위하여 부분적으로 빌린 돈(채권 발행을 통한 차입)을 이용하였다. 경제상황이 좋은 채로 남아 있는 한, Tyco는 차입금을 마련하기 위하여 필요한 현금흐름을 자유롭게 생성할 수 있을 것이다. 그러나 2000~2001년에서 경제가 어려워지자, Tyco는 필요한 현금흐름을 생성하기 위해 버둥거린다는 것을 알게 되었고, 필요한 현금을 마련하기 위하여 전에 인수한 사업의 일부를 팔아야만 했으며, 그들이 인수한 비용보다 싸게 내놓아야 했다.

(5) 수요의 구조변화와 새로운 경쟁자

수요의 구조적 변화는 단기적인 거시경제 상황에 귀착한 일시적인 사이클 변화와는 반대로 항상 일어나는 것 중에 하나이다. 수요의 구조적 변화는 기술, 정치, 경제, 사회, 문화적 기준에서의 주요 변화에 의해 일어날 수 있다. 그런 변화들이 새로운 경쟁자를 위한 기회가 된다 할지라도 그들은 산업구조의 혁명을 일으키고 많은 기존의 기업들을 위협하고, 구조 개혁을 필요로 한다. 예를 들어 사회적 성향의 변화는 미국에서 아침 식사로서 시리얼의 수요를 감소시켰다(사람들은 시리얼을 빵으로 대체했다). 그 결과 켈로그 같은 주요 시리얼 회사들의 수익은 감소했다. 많은 경우에 수요에서의 구조적 변화는 예측하기 어렵지만, 한 번 발생하면 그들은 기존 회사에 대한 중대한 문제를 야기시킨다. 1990년대 초 IBM의 문제는 부분적으로 메인프레임에서 클라이언트-서버 네트워크로 수요의 구조적 변화에 기인한 것이다.

새로운 경쟁자는 수요의 구조적 변화와 나란히 서며, 특히 새로운 기술의 도 래에 의해 야기되기도 한다. 새로운 파괴적 기술의 파동을 탄 경쟁자들은 산업에 서 경쟁의 혁명을 일으키며, 기존 회사들이 생존하기 어렵게 만든다.

(6) 조직의 관성

강력한 새로운 경쟁자의 등장과 수요의 구조적 변화는 성과의 감소를 야기 하기에 충분한 것은 아니다. 성과의 감소를 가져오는 것은 그런 환경변화에 느리 게 반응하는 조직이다. 조직이 새로운 환경에 빠르게 적응하지 못하는 무능을 일 컫는 조직관성은 회사가 새로운 경쟁환경에 느리게 반응하는 주요한 원인으로서 판명되었다.

조직관성은 복잡하고 많은 원인들이 있다. 한 가지 원인은 조직 내 권력과 영 향력의 분산이 존재하는 것이다. 개별적인 경영자가 가지고 있는 권력과 영향력 은 부분적으로는 구조적 위치에 의해 정의된 것처럼 조직계층에서 그들의 역할 의 기능이다. 조직에서 대부분의 본질적인 변화는 구조적인 변화를 필요로 하고, 권력과 영향력의 내부 분배에서의 확장과 변화에 의해 이루어진다. 어떤 이들은 조직변화의 결과로서 그들의 권력과 영향력이 증가한다는 것을 알게 될 것이고, 어떤 이들은 반대인 것을 알게 될 것이다. 일반적으로, 조직변화의 결과로서 권 력과 영향력이 감소하는 경영자들은 이것에 저항할 것으로 예상할 수 있으며, 변 화가 작용하지 못하도록 할 것이다. 그들이 성공적인 한 느린 변화 또는 변화의 중단을 야기하는 조직관성의 원천을 만든다.

조직관성의 다른 원인은 표준과 가치체계로 표현되는 기존 조직문화이다. 특 히 가치체계는 보유한 신념을 강하게 반영하고 매우 변화하기 어렵다. 조직 내의 공식, 비공식 사회화 작용이 오랫동안 이러한 가치의 조화된 추세를 강조하여 왔 고, 고용, 승진, 성과시스템이 이런 가치들을 증가시킨다면, 갑자기 이런 가치들 이 더 이상 적절하지 않고 변화될 필요가 있다고 하는 것은 자연적으로 조직원들 간의 저항과 불협화음을 만들어낼 것이다.

또한 조직관성은 고위 경영자의 머릿속의 타당한 사업모델에 관한 편견으로 부터 유도될 수 있다. 4장에서 살펴본 이카루스 패러독스는 자신들의 회사를 성공하게 만든 기술과 능력에 지나치게 의존하여 새로운 경쟁적 환경에 적응하지 못할 때 나타난다. 특정한 사업 모델이 과거에 잘 되었다면, 경영자는 이것이 더 이상 적절하지 않다는 것을 받아들이기 어렵다. 그런 인지적 근시는 심각한 문제가 발생할 때까지 변화의 필요성을 받아들이지 못하는 무력함을 가져올 수 있을 것이다.

15.2 전략의 변화: 기업성과 향상

지속적으로 낮은 수익성으로부터 고통받는 회사의 수익성을 향상시키는 것은 일반적으로 회사가 운영하는 방식과 회사가 추구하는 전략에서 본질적인 방향전환을 포함한다. 회사가 어떻게 수익성의 감소에 대응해야 하는지에 대한 표준화된 모델은 없다. 모든 상황들이 항상 다르기 때문에 그런 모델이 존재할 수 없는 것이다. 그러나 대부분의 성공적인 방향전환의 상황에서 다음의 일반적인 특징들이 나타난다. ① 리더십의 변화, ② 기업전략의 변화, ③ 새로운 전략을 더 잘 수행하기 위한 조직의 변화

(1) 리더십의 변화

오랜 리더십은 실패의 징후를 가지고 있기 때문에, 새로운 리더십은 대부분의 방향전환 상황에서 기본 요소이다. 종종 새로운 리더는 회사의 외부로부터 온다. 예를 들어, 방향전환을 수행하기 위한 첫번째 단계로서, IBM은 CEO John Akers를 외부인사 Lou Gerstner로 교체했다. 외부로부터의 새로운 리더십은 중요하다. 왜냐하면 기존 경영자는 회사 내의 오랜 운영관습에 순응되어 왔고 이것은 어떻게 다르게 해야 하는지 알기 어렵기 때문이다. 위기를 해소하기 위하여 새로운 리더는 어려운 결정을 할 수 있고, 낮은 수준의 경영자들에게 동기를 부여하고, 다른 사람들의 의견을 경청하고, 적절할 때 권력을 위임할 수 있기 때문이다.

(2) 기업전략의 변화

많은 경우에 부실한 수익성은, 회사에게 높은 비용을 발생시키고, 부적절한 차별화, 비수익적인 사업 등 실패한 전략을 반영한다. 이것은 회사의 전략변화가 성공적인 방향전환의 중심요소라는 것이다. 단일 사업 기업에 대하여, 재정의된 전략적 집중은 사업수준전략의 재평가를 포함한다. 예를 들어 실패한 비용리더는 좀 더 집중되거나 차별화된 전략에 대하여 방향전환을 할지도 모른다. 다각적인 기업에 대하여 재정의된 전략적 집중은 최상의 장기수익과 성장 가능성을 가진 포트폴리오에서 사업을 확인하고 그곳에 집중된 투자를 하는 것을 의미한다.

재정의된 회사의 전략에 집중하면서, 회사는 남아 있는 것들 중에서 구매할 사람을 찾을 수 있고 현금화할 수 있는 원하지 않는 자산을 매각해야 한다. 비수익적인 자산과 원하지 않는 자산을 혼동하지 않는 것이 중요하다. 회사의 재정의된 전략적 집중에 더 이상 맞지 않는 자산도 매우 수익적일 수 있다. 그들의 매각은 회사에 많은 필요한 현금을 가져오며, 그것은 남아있는 사업을 향상시키는 데 투자할 수 있다.

자산매각 및 폐점 후에 남아 있는 사업의 수익성을 향상시키는 것은 효율, 품질, 혁신, 고객대응을 향상시키기 위한 많은 단계를 받아들인다. 수익성을 향상시키는 것은 다음의 하나 또는 그 이상을 포함한다. ① 초과 인원의 해고, ② 생산성 향상 설비에 대한 투자, ③ (필요하다면 조직구조의 변화에 의해) 회사 내의 개인 또는 하위 단위에 수익 책임을 할당, ④ 한계제품의 제거, ⑤ 비용절감과 생산성 향상을 위한 비즈니스 프로세스 리엔지니어링, ⑥ TQM 프로세스의 도입

마지막으로, 사실 일반적인 방향전환 전략은 인수이며, 본질적으로 남아 있는 핵심 사업의 경쟁적 위치를 강화하기 위한 것이다. 예를 들어, Champion International Corporation은 제지와 목재품의 다양한 분야를 제조하는 매우 다각화된 회사였다. 성과가 수년 간 하락하자, Champion은 1980년대 중반 수이이 나는 신문용지와 잡지용지 사업에 집중하기로 결정하였다. 회사는 제지와 목재 제품의 많은 사업을 매각하는 동시에, 미국의 신문용지와 잡지용지의 가장 큰 제조사 중에 하나인 St. Regis Corp.를 18억 달러에 인수하였다.

(3) 조직의 변화

리더십과 전략을 변화하는 것은 그들 자신에 의한 것이며, 부실한 성과를 보이는 회사의 수익성을 향상시키기에 충분한 것은 아니다. 조직 그 자체 또한 회사가 그들의 전략을 더 잘 수행하기 위하여 변해야 한다. 성공적인 조직변화의 기본적인 원칙은 다음과 같이 정리할 수 있다. ① 충격요법을 통한 조직 해체, ② 전략 및 구조 변화를 통한 새로운 상태로의 조직 이동, ③ 새로운 상태에서 조직 재결성

1) 조직 해체(Unfreezing the Organization)

관성에 기인하여, 한계적인 변화는 전혀 변화를 못 일으킨다. 변화의 노력으로 권력을 위협받는 사람들은 너무나 쉽게 변화에 저항한다. 이것은 효과적인 변화가 조직의 기존 문화를 해체하고, 권력과 영향력의 분배를 변화시키는 용기있는 행동이 필요한 효율적인 변화를 유지하는 빅뱅이론을 이끈다. 조직의 해체를 위한 충격요법은 비경제적인 공장폐쇄 또는 극적인 구조 재조직 공표를 포함한다. 또한 이것은 상급 경영자 그 자신이 하지 않으면 변화가 일어나지 않는다는 것을 아는 것은 중요하다. 상급 경영자는 왜 변화가 추구되어야 하는지 그리고 성공적인 변화로부터 나오게 될 이익을 직원들이 이해할 수 있도록 하기 위하여 변화의 필요성을 명확하게 말할 수 있어야만 한다. 상급 경영자는 그들이 설명하는 것을 스스로 실천하고 대담하게 전개해야 한다. 만일 직원들이 상급경영자가 요구하는 변화의 필요성을 이해하지만, 상위 경영자 자신의 행동이 변화하지 않거나 조직에서 실질적인 변화가 이루어지지 않는다면, 그들은 곧 변화노력에서의 신념을 잃고 허둥댈 것이다.

2) 조직 이동(Movement)

한 번 조직이 해체되면 이것은 새로운 상태로 이동되는 것이 틀림없다. 이동은 사업 폐쇄, 구조 재조직, 책임 재할당, 통제, 인센티브, 보상시스템의 변화, 프로세스 재설계, 변화의 방해물인 직원을 해고하는 것을 포함하는 행동이 필요하다. 말하자면, 이동은 기대하는 새로운 전략적 상황을 충족시키기 위한 회사의 전략과 구조의 형태에서 조직의 본질적인 변화를 필요로 한다. 이동이 성공적이

기 위해서는 단기간에 빠른 속도로 수행되어야 한다. 변화의 노력에서의 직원들을 포함시키는 것은 변화를 위한 필요성을 평가하고 획득하며, 빠른 이동을 도울수 있기 위하여 훌륭한 방법이다. 예를 들어, 회사는 낮은 레벨의 직원에 대한 운영프로세스 재설계를 위하여 본질적인 책임을 위임할 수 있을 것이다. 그들의 권고가 충분히 수행된다면, 직원들은 그들의 노력의 결과를 보게 될 것이며, 결과적으로 변화가 정말 발생한다는 생각을 하게 될 것이다.

3) 조직 재결성(Refreezing the Organization)

조직을 재동결하는 것은 오래 걸린다. 이것은 예전 문화가 소멸되고 새로운 문화가 정착되어야 하기 때문이다. 따라서 재동결은 직원들이 어떤 것을 하는 새로운 방식으로 사회화 되는 것이 필요하다. 회사는 종종 이런 효과를 얻기 위하여 관리 교육 프로그램을 이용한다. GE에서 장수한 CEO인 잭 웰치는 회사문화의 중요한 변화를 제정하는 데 있어서, 조직 구성원들에게 새로운 가치를 전달하기 위한 관리 교육 프로그램을 사용하였다. 그러나 관리 교육 프로그램만으로 충분하지 않다. 고용정책은 새로운 현실을 반영하기 위하여 변화되어야 하며, 회사가 구축하려는 새로운 문화가치와 일치하는 가치를 가진 사람을 고용해야 한다. 비슷하게 통제와 인센티브시스템은 조직의 새로운 현실과 일치되어야 하고, 변화는 중단되어서는 안 된다. 또한 중요한 것은, 상위 경영자가 문화의 변화가 오래 걸린다는 것을 인식해야 한다는 것이다. 변화에 대한 압력이 약해지면 일을 하는 예전 방식으로 돌아가 이전 문화가 재출현하게 될지도 모른다. 그러므로 상급 경영자가 직면하는 커뮤니케이션 문제는, 그들이 추구하는 변화에서 혹독하고 지속적이 되어야 하는 것을 필요로 하는 장기적인 노력이다. 예를 들어, 잭 웰치가 GE에서 20년간 버틴 인상적인 특징 중의 하나는, 그는 결코 그의 변화를 강행하는 것을 멈추지 않았다는 것이다. 이것은 그가 GE에서 오래 버틸 수 있었던 일관된 주세었나. 그는 항상 새로운 프로그램과 기대하는 경로를 따라 조직의 문화를 움직이기 위한 첫걸음을 생각하였다.

지속적으로 비수익적인 조직의 성공적인 방향전환은, 기업을 새로운 전략목표로 조절하기 위하여 조직을 변화시키기 위한 새로운 리더십, 새로운 전략, 광범위하고 지속적인 노력을 필요로 한다. 그런 노력들의 성공적인 수행은 아마 경영의 가장 어려운 노력 중의 하나일 것이다. 그러나 Lou Gerstner의 IBM, Harvey

Golub의 아메리칸 익스프레스 같은 성공적인 기업과 경영팀들의 극적인 사례가 있다. 두 경우 모두 경영자들은 회사의 전략과 조직의 혁신적인 변화를 통하여 팀들을 이끌었고, 실패하는 기업에서 성공적인 기업으로 그들을 변화시켰다.

많은 회사들은 되풀이하여 그들 자신의 정책을 바꾸고 실패해왔다. 그들은 파산에 이르거나 남아 있는 가치 있는 자산을 경쟁자들에게 팔았다. 그런 과정에서 큰 손실을 입은 것은 회사의 주주들이다. 다음 절에서, 우리는 경영자들이 전략을 공식화하고 수행할 때, 이해관계자들의 이익을 어떻게 고려함으로써 회사의 성과가 쇠퇴할 확률을 줄일 수 있을지 살펴보기로 한다.

15.3 이해관계자와 기업성과

회사의 이해관계자(stakeholders)는 회사가 무엇을 하는지, 어떻게 잘 수행되고 있는지에 관심을 갖는 회사와 이익, 권리, 이해관계를 가진 개인 또는 집단이다. 그들은 주주, 채권자, 직원, 고객, 회사가 사업을 하는데 관련된 공동체, 일반대중 등을 포함한다. 이해관계자는 내부 이해관계자와 외부 이해관계자로 나누어질 수 있다(〈그림 15-2〉). 내부 이해관계자는 주주와 직원들이며, 경영층, 관리자, 이사회 구성원 등을 포함한다. 외부 이해관계자는 회사에서 어떤 권리를 가지는 모든 개인 또는 집단이다. 전형적으로, 이 집단은 고객, 공급자, 채권자(은행

그림 15-2   이해관계자와 기업

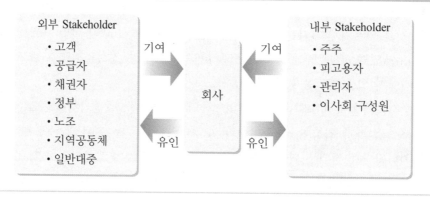

또는 채권소유자), 정부, 노조, 지역공동체, 일반대중들로 구성된다.

모든 이해관계자는 회사와 교환하는 관계에 있다. 〈그림 15-2〉에 나타나 있는 이해관계자집단 각각은 중요한 자원(또는 기여)을 가진 유기체를 제공하고, 각 기대하는 그들의 이익이(동기에 의해) 만족될 수 있는 것으로 교환한다. 주주는 위험자본을 기업에 제공하고, 그 대신에 그들의 투자에 대한 이익을 극대화하기 위한 경영을 기대한다. 채권자, 특히 채권소유자는 또한 회사에 자본을 제공하고, 그에 따르는 이자가 정확히 지급되기를 기대한다. 고용자들은 노동과 기술을 제공하고 그 대가로 그와 동등한 수입, 직업 만족, 직업 안전성, 좋은 근무 여건을 기대한다. 고객들은 회사에 수입을 제공하고, 그 대가로 돈에 대한 가치를 나타내는 높은 품질과 신뢰할 수 있는 제품을 원한다. 공급자는 회사에 투입을 제공하고, 수입과 믿음직한 바이어를 얻으려고 한다. 정부는 회사에 사업 실행과 공정한 경쟁을 할 수 있는 기준과 법령을 제공하고, 이런 기준에 충실한 회사를 원한다. 노조는 회사에 생산적인 직원을 제공하고, 그들은 회사에 대한 그들의 기여의 비율에서 그들 노조원에 대한 이익을 원한다. 지역공동체는 회사에 지역인프라를 제공하고, 회사가 책임감 있는 시민이 되기를 원한다. 일반대중은 회사에 국가적 인프라를 제공하고 회사의 존재의 결과로서 삶의 질이 향상될 수 있는 어떤 보장을 얻기 원한다.

회사는 그들의 전략을 수립할 때나 다른 이해관계자가 그들의 지원을 철회할지도 모를 때, 이런 요구들을 고려해야 한다. 예를 들어 주주는 그들의 주식을 팔지도 모르고, 채권자들은 그들의 새로운 채권에 대하여 더 높은 이자 지급을 요구할지도 모르며, 직원들은 그들의 직장을 떠날 수도 있으며, 고객은 다른 것을 살지도 모른다. 공급자들은 더 신뢰할 만한 바이어를 찾을지도 모른다. 노조는 파괴적인 노동분쟁을 하려고 할지 모른다. 정부는 회사와 그 최고경영자들의 행동에 민형사상의 조치를 취하거나, 벌금을 부과하거나 투옥을 명할지도 모른다. 공동체는 그 지역에 회사의 설비를 위치시키려는 시도에 반대할지도 모른다. 일반대중은 삶의 질을 악화시키는 회사에 대하여 어떤 행동을 요구하는 압력단체를 형성할지도 모른다. 이런 반응들은 기업에 악영향을 줄 수 있다. 자세한 예는 [기업사례 15-2]에서 Morrison Knudson의 이전 CEO인 Bill Agee가 추구한 전략이 두 중요한 이해관계자(회사의 직원과 주주)의 이해관계를 만족시키는 데 실패하여 어떻게 그의 자리를 잃게 되었는지 살펴볼 것이다.

MK의 빌 에이지

빌 에이지는 그의 30대 초반인 1970년대 제지회사 Boise Cascade의 최고 재무담당자가 된 신동(whiz kid)으로서 그의 이름을 날렸다. 그는 삼림지 판매가치에 대한 초기 과장으로 인하여 회사의 수익이 2억 5천만 달러까지 떨어졌을 때 Boise Cascade를 떠났다. 그 당시 평가절하는 기업 역사상 최고였으나, 이것은 에이지가 1976년 단지 38살이었을 때 방위산업체의 Bendix의 CEO로 지명된 것으로 멈추지 않았다. Bendix에서 에이지가 젊은 경영자인 Mary Cunningham을 다른 경험 많은 경영진의 수석으로서 승진시켰을 때 시작된 유명한 뇌물 사건에 연루되었다. 그 당시 많은 사람들은 두 사람이 로맨틱하게 연루되었기 때문에 승진이 된 것으로 생각했다. 두 사람은 이것을 부인했으나, 1982년 에이지는 그의 아내와 이혼하고 Bendix에 남아 있던 Cunningham과 결혼했다.

1988년 에이지는 후버댐과 알라스카 횡단 송유관을 포함하여 많은 서부의 대형 건설 프로젝트에 주요한 계약자로서 유명한 75년 전통의 아이다호 소재 건축회사 Morrison Knudsen(MK)의 CEO가 되었다. 에이지가 회사에 합류할 때까지 MK는 그 성장잠재력이 있는 훌륭한 회사로서 인식되었다. 성과를 향상시키기 위한 에이지의 전략은 MK의 자산 일부를 매각하고, 다른 회사의 유가증권에 투자하는 것이었다. 동시에 그는 MK가 대형의 건설 프로젝트를 공격적으로 수주하도록 하고, 철도차량 제조 사업의 전개를 강행했다. 그 때까지 철도차량 제조 사업은 MK에서 주요한 성공스토리가 되어왔지만, 이것은 공격적인 경쟁에 직면하여 회사는 유지할 수 없는 어려운 시기로 떨어졌다.

표면적으로 MK는 에이지의 리더십 하에서 성공한 것으로 나타났다. 1993년 MK는 3,580만 달러를 벌었고, 에이지는 이것을 '풍년'과 철도 및 대중수송 산업으로 움직이는 '전환기간'으로 공포했다. 그러나 표면 밑으로 빌 에이지를 위하여 해결된 것이 있었다. 한 가지는, 1993년 MK 수익의 62%는 유가증권 거래와 자산 매각으로부터 얻은 자본에서 에이지의 재무적 속임수로부터 나온 것이다. 그 때 얻어진 것들을 파헤쳐 보면 MK의 운영성과가 부실하다는 것은 명확하다. 주요한 이유는 새로운 사업에서 승리하기 위한 에이지의 집요함인 것으로 보이며, MK는 대형계약에서 저가 입찰자가 되어야만 했다. 예를 들어, MK는 캘리포니아 Bay Area Rapid Transit(BART)에 대한 80 횡단철도 건설을 위한 계약에 입찰할 때, 에이지는 1억 4,200만 달러로 낙찰시켰다. 한 관계자에 따르면, 그 결과는 "우리가 그것을 수주했을 때 계약에서 1,400만 달러의 손실을 보았다"는 것이다. 1994년 2/4분기에, MK는 수송철도계약에 5,940만 달러로 낮게 입찰하여 4,050만 달러의 손실을 입었다. 비슷하게 1994년 3/4분기에 MK는 남태평양 교각건설을 위하여 1억 달러에 낮게 입찰하여 920만 달러의 손실을 입었다.

이런 문제들과 뒤섞여, 에이지의 리더십에 눈에 띄는 반대가 있었다. 1994

년 11월 에이지에 대한 고발의 내용을 담은 익명의 편지가 MK의 이사회로 보내졌다. 에이지는 MK 설립자의 초상화를 제거하고 자신과 그의 부인의 실물 크기의 초상화를 회사 돈으로 배치함으로써 부하직원들을 괴롭혔다. 에이지는 그의 CEO 사무실을 캘리포니아의 Peddle Beach로 옮김으로써 내부자들을 소원하게 했으며, 회사의 공학중심 문화를 경시했다. 자신의 분야에서 좋은 평판을 얻고 있던 베테랑 임원들은 에이지의 정책에 반한다는 이유로 해고당했다.

에이지의 보수 및 특전에 대한 문제도 있었다. 1993년 240만 달러는 MK 순이익의 6.8%에 달하는 것이며, Forbes Magazine에 의하면 그 기간 어떤 CEO에 비해서도 많은 것이었다. 내부자에 따르면, 에이지를 위한 회사비행기 사용에 연간 400만 달러를 지출했고, 그것은 회사의 일반관리예산의 13%에 달하는 돈이었다. 또한 회사는 에이지의 Pebble Beach 부동산에 대한 조경을 위하여 돈을 지불했다.

1995년 2월 1일에 이르러, MK 이사회는 1994년에 엄청난 손실을 기록했다고 발표했다. 에이지는 CEO에서 사임할 것이라고 발표했다. 하지만 그는 여전히 이사회의 회장으로서 남았다. MK는 1994년 1/4분기 세전 1억 7,960만 달러의 부채를 가지고 있었고, 해당 분기의 손순실은 1억 4,100만 달러였다. 동시에 S&P의 MK의 정크본드(액면가격보다 싸게 살 위험이 많은 증권)에 대한 장기차입금에 대한 신용등급을 하락하였으며, 그것은 상당한 위험이 존재한다는 의미이다.

발표 후 주주의 소송과 비난이 쇄도했고 그것은 에이지에 대한 것뿐만 아니라 그렇게 늦게 대응한 MK의 이사회에 대한 것이기도 했다. 많은 평론가들은 왜 그렇게 엄청난 손해가 발생했으며 MK 직원으로부터의 익명의 투서가 이사회를 자극했는지에 대하여 궁금해 했다. 비공식적으로, 에이지의 오랜 친구와 피지명자들인 이사회 임원들은 에이지에 의해 그들이 타락되었으며, 에이지가 그런 결과들에 대하여 걱정하지 않도록 지속적으로 강요했다고 말했다. 여전히 많은 사람들은 회계감사위원회가 에이지의 지휘 아래 MK의 재정계좌를 제대로 감사하지 않았다고 느꼈다. 이런 비판이 쏟아지자 에이지의 지휘 아래 재정적 과실에 대한 증거가 더 많이 나타났으며, S&P에 의해 MK의 신용등급은 하락하고, 이사회는 그들의 이전 위치로 돌리고, MK에서 에이지의 모든 직책을 해제했다.

주주소송은 1995년 9월에 열렸다. 합의 하에 MK는 주주들에게 재고와 현금으로 6,300만 달러를 지불하였다. 앞으로 2년간 7명의 새로운 감독자를 추가하여 이사회를 강화하는 것도 포함되었다. 에이지는 300만 달러에 가까운 해직수당을 포기하고, 그의 연금을 연간 30만 3,000달러에서 9만 9,750달러로 삭감하였다.

(1) 이해관계자의 영향분석

회사는 항상 모든 이해관계자의 요구를 만족시킬 수 없다. 다른 집단의 목적이 상충될 수도 있으며, 실제적으로 모든 이해관계자를 관리하기 위한 자원을 가지고 있지 않을 수도 있다. 예를 들어 노조는 합리적인 가격에 대한 고객의 요구와 만족스러운 이자에 대한 주주의 요구에 반하는 높은 임금을 주장한다. 따라서 회사는 가장 중요한 이해관계자가 누구인지 식별해야 하며, 그들의 요구를 만족시킬 수 있는 전략을 추구하기 위하여 가장 높은 우선권을 주어야 할 것이다. 전형적으로 이해관계자의 영향분석은 다음과 같다.

① 이해관계자를 식별(identify)하라.
② 이해관계자의 이익(interest)과 관심(concern)을 식별하라.
③ 이를 바탕으로, 이해관계자가 조직에게 요구할 것을 식별하라.
④ 조직 관점에서 가장 중요한 이해관계자를 식별하라.
⑤ 이에 따른 전략적 도전(strategic challenges)을 식별하라.

그런 분석은 회사가 그들의 생존을 위하여 가장 결정적인 이해관계자를 확인힐 수 있도록 할 것이며, 그들의 요구의 만족이 절정에 다다른 것을 확신시켜 줄수 있다. 이런 과정을 거친 대부분의 회사는 생존하고 번창하기 위하여 고객, 직원, 주주, 이 세 집단의 이해관계자를 만족시켜야 한다는 결론을 얻게 될 것이다. 예를 들어, 빌 에이지는 주주들에게 그들의 투자에 대하여 좋은 이익을 가져다 주지 못했고, 직원들에게는 소득, 직무만족, 직업 안정성, 좋은 근무환경을 제공하지 못했기 때문에 그의 위치를 잃게 되었다. 더 일반적으로 회사가 그 고객의 요구를 만족시키지 못하면 그들의 수입이 떨어지게 되는 것을 보게 될 것이고 마침내 사업이 망할 것이다. 재미있는 것은 에이지가 주장한 낮은 가격에 고객요구는 만족시켰을지 모른다는 것이다. 그러나 에이지가 요구한 낮은 가격에서 MK는 수익을 낼 수 없었다는 것이다.

(2) 주주의 고유역할

회사의 주주는 일반적으로 다른 이해관계자 중에서 독특한 군집에 놓인다.

주주들은 법적인 소유주이며 위험자본의 제공자이며 회사가 그 사업을 할 수 있도록 하기 위한 자본의 주요 원천이다. 주주들이 회사에 제공하는 자본은 '위험자본'으로 보여진다. 왜냐하면 주주가 그들의 투자를 변상하거나 합당한 수입을 얻을 것이라는 보장이 없기 때문이다.

최근 히스토리는 위험자본의 특성을 아주 명확하게 보여주고 있다. 주식공개상장(IPO: Initial Public Offering)를 통하여 1990년대 후반과 2000년대 초반 주식을 구입한 많은 투자자들이 주식의 가치가 제로가 되거나 휴지조각이 되는 것을 보았다. 예를 들어 2000년 초반 소규모 사업을 겨냥한 온라인 B2B 사업자인 Oniva.com은 대중에게 공개되었다. 첫날 거래에서 주당 25달러를 기록했다. 그들은 점점 떨어지기 시작하더니 2년 후에는 그들의 가치는 99%가 하락하여 0.25달러에 거래되고 있다. 물론 극적인 성공 또한 있다. IPO를 통하여 델, MS, 인텔의 주식을 구입한 사람들은 엄청난 이익을 거뒀다. 그러나 이것은 위험자본의 본질은 아니다. 수익의 변화는 매우 다양하다. 회사에 위험자본을 제공하고 주주들이 보상받기 위하여, 경영자는 회사의 주식에 대한 주주들의 투자로부터 주주의 수익을 최대화하기 위한 전략을 추구해야만 한다.

과거 10년 동안, 주주의 이익을 최대화시키는 것은 우리사주신탁제도(ESOP: Employee Stock Ownership Plan)를 통하여 직원들이 일하는 회사에서 자신이 주주가 되는 중요성을 증가시켰다. 예를 들어 월마트의 경우, 1년 이상 근무한 모든 직원들에게 회사의 ESOP를 위한 자격을 부여하고 있다. ESOP 하에서 직원들은 그들 회사의 주식을 구입할 수 있는 기회를 제공받고 있으며, 때때로 시장 구입가격보다 싼 가격으로 구입할 수 있다. 회사는 또한 구입가격의 일정 부분을 지원할 수도 있다. 직원들이 주주가 됨으로써 ESOPs는 주주의 이익을 최대화시키는 데 있어서 강하게 증가하는 추세이며 주주와 직원, 두 핵심 이해관계자를 만족시키는 것을 돕는다.

(3) 수익과 이해관계자의 요구

주주에게 할당한 독특한 위치 때문에, 경영자는 회사의 주식을 보유하는 것으로부터 주주가 얻게 되는 이익을 극대화하기 위한 전략을 추구한다. 앞에서 살펴본 대로, 주주는 두 가지 방식으로 회사의 주식에 대한 그들의 투자에 대하여

476 | 제7편 조직의 성장과 통제

수익을 받는다. 주식의 시장가치에서 배당금과 자본평가(말하자면 주식시장 가격에서의 증분에 의한 것)이다. 경영자가 미래 배당금을 위한 자금을 생성하고 주가 평가를 유지하기 위하여 가장 좋은 방식은 회사의 장기 ROIC를 극대화하는 전략을 추구하는 것이다. 이것은 (주주에 의해 제공되는 위험자본을 포함하여) 회사의 자본을 이용하여 경영자가 수익을 만들기 위하여 이것을 얼마나 효율적으로 사용했는지를 말해준다. 긍정적인 ROIC를 생성하는 회사는 지속적인 지출을 제하고도 돈이 남고, 주주의 지분에 더해지기 때문에 회사의 가치는 증가하고, 따라서 회사에서 주식의 지분가치도 증가한다. 따라서 장기적인 ROIC를 최대화하는 것은 주주에게 수익을 극대화하는 수단이다.

게다가 주주의 수익을 최대화하고, (ROIC에 의해 측정된) 회사의 수익성을 증폭시키는 것은 다른 핵심 이해관계자집단의 요구를 만족시키는 것과 일치하는 것이다. 회사가 더 많은 수익을 얻게 되면, 생산적인 고용자에게 더 많은 급여를 지불할 수 있고, 건강보험 같은 다른 이익을 제공할 여유가 생기는 등의 이해관계자집단을 만족시킬 수 있도록 도울 수 있는 능력이 커질 것이다. 또한 회사는 그들의 채권자를 포함한 채권단에게 부채상환을 충당하는 데 문제없이 높은 수익성 수준을 유지하게 될 것이다. 더 수익적인 회사는 또한 자선 사업에 대한 투자에 착수할 수 있으며, 이것은 회사가 위치하는 지역공동체와 일반대중의 요구를 만족시킬 수 있도록 하는 것을 돕는다. 일반적으로 회사의 장기적인 ROIC를 최대화시키는 전략을 추구하는 것은 여러 집단의 요구를 만족시키는 것과 밀접하게 연관되어 있다. 여기엔 중요한 원인과 결과관계가 있다. 이것은 몇몇 이해관계자집단의 요구를 더 잘 만족시키기 위하여 회사를 돕는 수익성을 극대화시키는 전략을 추구하는 것이다. 예를 들어 현재 기간에 회사의 직원들에게 임금을 초과지급하는 것은 단기적으로 직원을 행복하게 할 수 있으나, 그런 행동은 회사의 비용구조를 높이고, 시장에서 경쟁적 우위를 유지하는 능력을 제한한다. 그 결과로 장기적인 수익성은 떨어지고, 미래의 보수를 지급하는 능력에 상처를 입는다. 직원들이 불안해질수록 많은 기업들이 이런 상황에 대처하는 방식은 노동생산성의 향상에 있어서 불확실성의 분담은 더 증가할 것이다. 노동생산성이 증가한다면, 수익의 비율로서 노동비용은 떨어지고, 수익성은 증가하고, 회사는 고용자에게 더 많은 수익을 제공하는 여유가 생기는 것이다.

기본적인 원인-결과 관계는 〈그림 15-3〉에 요약되어 있다. 이것은 장기적

그림 15-3 투자자본 수익성과 이해관계자의 관계

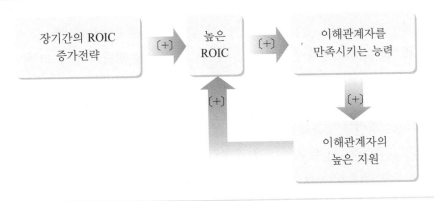

인 ROIC를 증가시키기 위한 전략이 성공적으로 수행된다면, ROIC는 높아지고, 핵심 이해관계자를 만족시키기 위한 회사의 능력은 증가한다. 행복한 고용자는 더 열심히 일하게 되고, 만족한 고객은 회사의 제품을 더 구매하게 되고, 만족한 주주는 부가적인 위험자본을 증가시키는 제2차 무상증자를 지원하게 될 것이다. 채권자는 이자율이 높은 채권을 더 많이 구입하게 될 것이고 이 모두가 장기적인 수익을 증가시키는 결과를 가져올 것이다.

물론 모든 이해관계자집단이 회사의 장기적인 ROIC를 증가시키는 것을 원하지는 않는다. 공급자는 수익적인 회사에 제품과 서비스를 파는 것이 더 안정적이 될 것이다. 왜냐하면 그들은 회사가 이런 제품들을 위하여 지불할 돈을 가진다는 것을 확신할 수 있기 때문이다. 비슷하게 고객은 수익적인 회사로부터 더 구매를 하려고 할 것이다. 왜냐하면 그들은 회사가 애프터서비스와 지원을 장기적으로 제공하는 것을 확신할 수 있기 때문이다. 그러나 이들 공급자와 소비자는 그들의 지출에서 회사의 ROIC를 극대화하는 것을 원하지 않을 것이다. 어느 정도까지 공급자의 경우에 그들은 회사의 제품과 서비스에 대하여 높은 가격, 소비자의 경우에 회사로부터 그들이 구입한 제품이 낮은 가격을 형성하고 있어서 회사로부터 이런 이익들을 얻기 원할 것이다. 따라서 회사는 회사의 이해관계자의 일부와 거래관계에 있다.

게다가 장기적인 ROIC를 극대화하는 논의가 몇몇 핵심 이해관계자집단의 요구를 만족시키는 가장 좋은 방법임에도 불구하고, 회사는 사회의 기대와 일치하는 방법에서 법에 의해 제한되는 범위 안에서 책임을 가진다는 것은 중요하다. 수익을 무조건적으로 추구하는 것은 대중에 반하는 것이며 정부규제에 의해 금지되는 비윤리적인 행동일 수 있다. 정부는 사업활동을 통제하기 위하여 독점금지법, 환경법, 작업장에서의 건강과 안전에 관련된 법률 등을 포함한 광범위한 규제를 제정한다. 이것은 경영자에게 전략을 추구함에 있어서 이런 법률을 따를 것이 의무로서 부과된다.

불법적이고 비윤리적인 행동은 엔론에서 발생했던 것을 볼 수 있다. 더 일반적으로, 회사가 더 많은 수익을 추구하는 데 있어서 합법과 불법 사이의 경계를 넘나드는 위험을 무릅쓰는 시도를 했던 많은 증거들이 있다. 예를 들어 Archer Daniels Midland의 최고경영자는 회사가 세계시장에서 다른 제조업자들과 공모함으로써 리신(아미노산의 일종)의 가격을 담합하려는 시도를 한 것으로 FBI 조사에서 나타남에 따라 투옥되었다. 가격담합의 또 다른 예로 Sotheby 경매장의 76세 회장은 최근 실형을 선고받았고, 이전 CEO는 경쟁 경매장 Christie와 6년간 가격담합 혐의로 체포되었다([기업사례 15-3]). 최종적으로 경영의 목표는 장기적인 ROIC를 극대화시키는 것이라는 것을 강조하는 것과 일치한다. 이것은 두 가지 사실을 반영한다. 먼저 투자자, 직원, 고객은 일반적으로 회사가 장기적으로 잘 운영되는 것에 주로 관심을 가진다. 예를 들어 고용인들은 장기적인 직업 안전성을 약속할 수 있는 기업에서 일하고 싶어 한다. 둘째로, 단기적인 ROIC는 장기적인 ROIC를 극대화시키는 것과 일치하지 않는다. 회사는 현재 연도의 자본투자를 삭감하여 ROIC를 급격히 증가시킬 수 있다. 그러나 그런 투자가 장기적으로 회사의 경쟁적 위치를 유지하기 위하여 사용된다면 몇 해에 걸쳐서 감소된 투자의 결과는 경쟁적 위치를 잃고 ROIC를 감소시킬 것이다. 실로 더 극단적인 경우에 현재 ROIC를 최대화하는 것이 회사의 장기적인 생존을 전체적으로 부적절하고 위태롭게 할 수 있다. 이것은 경영자가 결국에는 회사의 파산을 이끌 수 있는 위험한 행동으로 현재의 수익을 최대화하려는 집념을 보여준 엔론의 경우에서 발생하였다. 이것은 경영자가 그런 위험한 행동을 왜 하려 했는지에 대한 질문을 요구한다. 대리인이론은 엔론과 다른 회사가 했던 것에 대한 설명과 대답을 해 줄 것이다.

기업사례 15-3 Price Fixing at Sotheby's and Christie's

Sotheby와 Christie는 세계에서 가장 큰 두 개의 미술작품 경매장이다. 1990년대 중반, 두 회사는 미술작품시장의 90%를 점유하였고, 그 당시 연간 40억 달러에 달하였다. 전통적으로, 경매장은 경매영업에 대하여 부과되는 커미션에 의해 수익을 만들었다. 한때 커미션이 경매가의 10%에 달하였으나, 1990년대 초 경매 사업은 슬럼프에 빠졌고, 경매를 위한 작품의 공급은 바닥났다. 작품에 대한 Sotheby와 Christie의 필사적인 노력으로, 파는 사람들은 두 회사를 경쟁시켰고, 심지어 커미션은 2% 이하로 떨어졌다.

이런 상황을 억제하기 위하여 Sotheby의 CEO인 Dede Brooks는 1993년 초 주차장에서 그의 경쟁상대인 Christie의 Christoper Davidge와 비밀회동을 하였다. Brooks는 그녀가 그녀의 회장이며 Sotheby의 주주들을 휘어잡고 있는 보스를 대신하여 왔다고 했다. Brooks에 따르면 Taubman이 Christie's의 회장인 Anthony Tennant과 약세인 경매시장에서 같이 돕고 가격경쟁을 제한하는 것에 동의했다고 했다. 그들의 만남에서 Brooks와 Davidge는 커미션 구조를 고정하고 협상할 여지가 없도록 하자는 것에 동의했다. 커미션을 규모에 따라 10만 달러는 10%, 500만 달러는 2%의 범위로 하자는 것이다. 사실상 Brooks과 Davidge는 그들 간의 가격경쟁을 하지 않기로 동의하고, 그 결과로 두 경매장 모두 높은 경매수익을 보장받자고 했다. 가격담합은 1993년에 시작하여, 연방조사관이 담합을 밝히고 Sotheby와 Christie에 대한 고발을 할 때까지 6년간 지속되었다.

변호사들은 Sotheby와 Christie에 의해 사취당한 판매자들을 대신하여 소송을 걸었다. 마침내 10만 판매자들이 사인하여 소송을 위임하고, 경매장은 5억 1,200만 달러 지급을 결정했다. 경매장은 또한 가격담합에 대하여 사과하고 독점금지청에 4,500만 달러의 벌금을 냈다. 핵심 공모자 Christie의 회장은 영국국민이기에 미국에서 기소는 면할 수 있었다(가격담합은 인도받을 수 있는 위법은 아니다). Christie의 CEO인 Davidge는 방관과 위임에 대하여 검사에게 기소되었다. Brooks는 검사에 협력하였고, 투옥되는 것을 피했다(2002년 4월 그녀는 3년의 집행유예를 선고받았으며, 여섯 달의 자택구류, 1,000시간의 사회봉사명령, 35만 달러의 벌금을 선고받았다). Taubman은 결국에 그의 공모자와 달리 1년형을 선고받았고, 750만 달러의 벌금을 냈다.

15.4 대리인이론

대리인이론은 한 사람이 다른 사람에게 권한을 위임할 때 사업관계에서 일어날 수 있는 문제들을 다루는 것이다. 대리인이론은 경영자가 왜 주주의 최대관심에서 항상 행동하는 것이 아닌지에 대한 이해를 제공한다. 비록 대리인이론이 원래는 전문경영자와 주주 간의 관계를 포함하기 위하여 공식화하는 것임에도 불구하고, 기본 개념은 회사 내의 다른 경영계층 사이뿐만 아니라 직원들 같은 다른 핵심 이해관계자와의 관계를 포함하기 위하여 확장되어 왔다. 이 절에서의 관심이 비록 상위 경영자와 주주 간의 관계에 초점을 맞추고 있다 하더라도, 이것은 이해관계자와 최고경영자 사이의 관계, 최고경영자와 하위 경영자 간의 관계에 적용될 수 있는 것임을 잊지 말아야 할 것이다.

(1) 위임자-대리인 관계

대리인이론의 주요 문제는 상대적으로 직접적이다. 먼저 대리인 관계는 한 사람이 의사결정권한 또는 자원의 통제를 다른 사람에게 위임할 때 발생한다. 이 위임자는 권한을 위임하는 사람이고, 대리인은 권한을 위임받는 사람이다. 주주와 상위 경영자 사이의 관계는 대리인 관계의 전형적인 예이다. 위임자인 주주는 위험자본을 회사에 제공하지만, 자원의 통제를 상위 경영자, 특히 주주의 최대이익에 밀접하게 관련된 방법으로 자본을 사용할 것으로 기대되는 CEO에게 위임한다. 우리가 살펴본대로 이것은 회사의 장기적인 ROIC를 극대화하기 위하여 자본을 이용하는 것을 의미한다.

위임관계는 회사 내에서 지속적으로 일어난다. 예를 들어, 대형의 복잡한 복합사업 회사에서, 최고경영자가 모든 중요한 결정들을 내릴 수 없으며, 그래서 그들은 의사결정권한과 자본자원의 제어를 사업단위 경영자에게 위임한다. 따라서 CEO 같은 상위 경영자가 주주의 대리인인 것과 마찬가지로 사업 경영자는 CEO의 대리인인 것이다(이 관점에서 CEO는 위임자이다). CEO는 회사 전체의 ROIC를 극대화한다고 확신을 가질 수 있도록 CEO를 돕고 주주에 대한 대리인 의무에서 벗어날 수 있도록 사업 경영자들이 그들 부서의 ROIC를 최대화하기 위하여 가장 효과적인 방법으로 통제하여 자원을 이용하도록 맡긴다. 좀 더 일반적으로 경영자들이 하위 경영자에게 권한을 위임하고 자원통제의 권리를 위임할 때마다 대리인 관계는 성립된다.

(2) 대리인 문제의 본질

대리인 문제의 본질은 대리인과 위임자가 다른 목적을 가질 수 있으며, 결과적으로 대리인이 그들의 위임자의 최대이익에 되지 않는 전략을 추구할 수도 있다. 위임자와 대리인 간에는 불균형 정보가 있기 때문에 대리인은 이렇게 할 수 있다. 대리인은 항상 위임자가 가진 것보다 그들이 관리하는 자원에 대하여 더 많은 정보를 가지고 있다. 비양심적인 대리인은 위임자를 속이기 위하여 불균형 정보를 악용하고, 위임자의 비용에서 그들 자신의 이익을 최대화한다.

주주의 경우에는, 회사 내부에서 그들의 위치의 힘에 의하여 회사의 운영에 관하여 주주들이 아는 것보다 더 많이 아는 대리인인 CEO에게 의사결정권한을 위임하기 때문에 불균형 정보가 발생한다. 실제로 CEO가 주주와 공유하지 않으려고 하는 회사에 관한 어떤 정보가 있을 수 있다. 왜냐하면 이것은 경쟁자들을 도울 수 있기 때문이다. 그런 경우에 주주들로부터 어떤 정보를 원천봉쇄하는 것이 그들의 이익을 최대로 하는 것이다. 더 일반적으로, 회사의 운영에 관여하는 CEO는 주주에 대하여 정보 우위를 가질 의무가 있다. 마찬가지로 CEO의 하급자는 그들이 통제하는 자원의 관점에서 CEO에 대하여 정보 우위를 가질 수 있을 것이다.

위임자와 대리인 사이의 불균형 정보가 반드시 나쁜 것만은 아니다. 그러나 이것은 대리인이 얼마나 임무를 잘 수행하고 있는지 측정하기 어렵게 만들 수 있으며, 따라서 대리인은 그들에게 맡겨진 자원을 얼마나 잘 이용하고 있는지에 대하여 해명할 의무가 있다. 위임자와 대리인 사이의 관계는 본질적으로 애매모호한 관계이다. 위임자는 그의 최대이익에서 대리인이 임무를 수행하고 있는지를 알지 못한다. 그들은 대리인이 맡겨진 자원을 효과적으로 효율적으로 이용하고 있는지를 확실히 알지 못한다. 어느 정도까지는, 위임자는 대리인이 잘 하고 있을 것이라고 신임해야만 하는 것이다.

물론 이 신임이 맹목적인 것은 아니다. 위임자는 대리인을 감시하고, 그들의 성과를 평가하고, 필요하다면 행동을 바로잡기 위한 목적을 가진 작용을 두어야한다. 간단히 살펴보면 주주를 대표하여 상위 경영자를 감시하고 평가하기 위하여 존재하는 위원회로서 이사회는 그런 작용의 하나이다. 다른 작용들도 비슷한 목적을 수행한다. 미국에서는 주주가 위임한 자본을 경영자가 얼마나 잘 이용하는지에 대한 상세한 정보를 주기 위하여 존재하는 인정된 회계원칙(GAAP)과 같은 증권거래위원회(SEC)에 상세한 재무보고서를 회사가 규칙적으로 제출하도록 요구하고 있다. 비슷하게 회사의 내부 제어시스템은 위임된 자원을 효과적, 효율적으로 하급자가 사용하고 있는지를 CEO가 확신할 수 있도록 돕는 것이다.

통제작용, 포괄적인 척도, 제어시스템의 존재에도 불구하고, 위임자와 대리인 사이의 불균형 정보는 항상 남아 있으며, 그 관계에 포함된 신임의 요소가 항상 있다. 불행하게도 모든 대리인이 이 신임을 얻을 가치가 있는 것은 아니며, 일부는 개인적인 이익을 위하여 위임자를 의도적으로 속인다. 위임자와 대리인의 이익은 항상 같지 않다. 그들은 갈라지며, 어떤 대리인은 위임자의 지출에서 그들 자신의 이익을 최대화하기 위하여 불균형 정보를 악용할 수도 있다.

예를 들어 상급 경영자는 지위, 권력, 직업 안정성, 수입에 의하여 자극받는다. 회사 내에서의 그들의 위치에 의하여 회사자금에 대한 권한을 가지고 통제를 할 수 있는 CEO 같은 경영자는 주주의 이익을 대가로 이러한 욕망을 만족시킬 수 있다. CEO는 주주의 이익을 증가시키는 방법에서의 이런 자금을 투자한다기보다는 그들의 위치를 강화하는 여러 가지 임직원의 특전—임원용 비행기, 사치스러운 사무실, 비싼 외국여행—에 회사의 자금을 사용할지도 모른다. 경제학자들은 그런 행동을 현장소비(on-the-job consumption)라고 지칭한다. 빌 에이지는 우리에게 극단적인 현장소비에 연루된 CEO의 예를 제공하였다.

게다가 현장소비에 참여하는 CEO는 다른 상급 경영자와 함께 그들이 이사회에서 주는 보수를 더 얻기 위하여 이사회에서의 영향력 또는 통제력을 이용하여 더 많은 수입에 대한 그들의 욕망을 만족시킬지도 모른다. 미국 산업 비평가들은 지금 엄청난 보수가 고질적인 문제가 되고 있고, 상급 경영자들은 주주와 다른 직원들을 희생하여 그들 자신을 부유하게 하고 있다고 주장했다. 그들은 CEO의 보수가 평균 근로자의 보수에 비하여 매우 급속도로 증가해 왔으며, 이것은 주로 회사가 시장과 경쟁자들에 비해 낮은 성과를 올렸을 때도 성장하는 주식시장에서 CEO는 엄청난 보너스를 가질 수 있는 풍부한 스톡옵션에 기인한다고 지적했다. 1950년 비즈니스위크지는 CEO의 보수에 대한 연간 조사를 시작하였을 때, 가장 높은 보수를 받는 CEO는 GM의 CEO인 Charles Wilson이었고 그는 652,156달러였고, 인플레이션을 감안하여 2001년 기준으로 440만 달러인 것이다. 대조적으로, 2001년 조사에서 가장 많은 보수를 받는 CEO는 오라클의 Larry Ellison으로 7억 610만 달러이고, 주로 스톡옵션 행사에 의한 것이다. 1980년대, CEO의 평균은 근로자(블루컬러)의 42배에 달했다. 1990년까지 이런 수치는 85배에 달한다. 오늘날 CEO의 평균은 블루컬러 노동자의 400배에 달하는 것이다.

문제는 CEO 보수의 규모가 회사 성과에 관계없이 이루어지고 있다는 것이다. 예를 들어 1998년 디즈니의 CEO인 Michael Eisner는 대부분 스톡옵션으로 5억 7,500만 달러를 벌었지만, 디즈니가 그 해에 특별히 잘한 것은 없고 주가는 10%나 떨어졌다. 비슷하게, 오라클의 주식가격이 곤두박질 쳤을 때 Larry Ellison은 7억 610만 달러를 받았다. 2001년에 JDS Uniphase의 CEO인 Jozef Straus는 1990년 호황 동안 프리미엄 가격에 회사가 획득한 영업권이 기록적으로 폭락하여 500억 달러의 손실을 기록하였을 때 1억 5,000만 달러를 벌었다. 평론가들은 이런 보수의 크기가 CEO의 성과에 대한 비율과는 무관하다는 것을 통감한다는 것이다. 그렇다면 이것은 대리인 문제의 명확한 예를 나타내는 것이다.

더 큰 문제는 지위, 권력, 수입에 대한 욕망을 만족시키려고 노력하는 데 있으며, 다각화를 통하여 회사의 덩치를 증가시키기 위한 시도에서 새로운 사업을 인수하는 그룹 건설에 참여할지도 모른다. 비록 그런 성장이 회사의 수익성과 주주의 이익을 강화시키기 위하여 거의 도움이 안 될지라도, 이것은 확장, CEO의 지위, 권력, 안정성, 수입에 의해 CEO의 통제 하에 그룹의 덩치를 키운다는 것이다(여기엔 회사의 크기와 CEO 보수와의 밀접한 관계가 있다). 유명한 자본가 Carl Icahn은 다음과 같이 말했다.

"분명히 미국에서 강력하게 집결된 귀족층이 존재한다. 일반적으로 최고경영자사는 주주에게 보상하기보다는 그의 권력을 확장하는 것을 찾는다. Mobil과 USX가 초과현금을 가지고 있을 때, 그것은 주주를 부유하게 하였는가? 물론 아니다. 그들은 Marcor와 Marathon을 샀다. 비참한 투자다. 그러나 회사는 영토의 크기를 증가시켰다."

따라서 대리인 문제의 예에서, 주주의 이익을 극대화하는 대신에 일부 상위 경영자는 새로운 기업들을 인수함으로써 더 뛰어난 회사의 성장을 위한 장기적

그림 15-4 수익성과 매출성장률의 상호교환

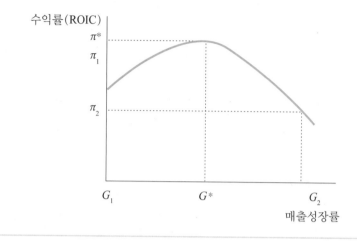

인 수익성과 교환할 수도 있다. 〈그림 15-4〉는 회사의 이익에서 성장률에 대한 수익성을 나타낸 것이다. 성장하지 않는 회사는 아마도 어떤 수익의 기회를 얻지 못한 것이다. G^*의 적절한 이익성장율은 회사가 수익성을 최대화시키고, p^*의 수익을 생성하는 것을 가능하게 한다. 따라서, 〈그림 15-4〉에서 성장률은 수익성을 최대화시키는 것과 일치하지 않는다($\pi_1 < \pi^*$). 그러나 G_1을 초과하여 성장을 유지하는 것은 회사가 잘 알지 못하는 분야에 대한 다양화를 필요로 한다. 그 결과로, 이것은 수익성을 희생함으로써 얻어질 수 있는 것이다(말하자면 G1을 지나, 더 많은 성장을 위하여 필요한 투자는 적절한 수익과 회사의 수익성 감소를 낳지 않는다). 그러나 G_2가 제국 건설 중인 CEO에 의해 선호되는 성장률일지도 모른다. 왜냐하면 이것은 그의 권력, 지위, 수입을 증가시킬 것이기 때문이다. 이러한 성장률에서 수익은 단지 π_2에 지나지 않는다. $\pi^* > \pi_2$이기 때문에, 이 비율로 성장하는 회사는 확실히 회사의 수익성 또는 주주의 부를 극대화시키는 것이 아니다. 그러나 G_2의 성장속도는 권력, 지위, 수입이라는 경영자의 목표를 유지하는 것과 밀접할 것이다.

이런 초과성장의 예를 살펴보면, [기업사례 14-1]의 주제였던 Tyco International의 예를 생각해 볼 수 있다. CEO의 동기가 무엇이든, Tyco가 너무 빨리 성장하고, 인수를 위하여 너무 많은 돈을 지불해서, 너무나 많은 부채를 안게 되었다. Tyco의 매출성장률은 인상적이었지만, 회사의 수익성과 주가에 상처를 주는 부채라는 부담을 낳았다.

대리인 문제는 상위 경영자들과 주주들 사이의 관계에 국한되지 않는다. 이것은 CEO와 그 부하직원, 그들과 다시 그들의 부하직원 사이의 관계를 헷갈리게 할 수도 있다. 부하직원은 회사의 자원을 공명정대하게 나누는 것보다는 그의 보수를 강화하고, 직업 안전성을 높이거나 그의 부서가 더 많이 가져가기 위하여 그의 통제 하에 그 부서의 정확한 성과를 왜곡할지도 모른다. 엔론의 경우에서, 이전 CEO인 Jeffrey Skilling은 그의 재무담당임원 Andrew Fastow가 3,000만 달러를 덮기 위하여 대차대조표에 누락된 제휴관계를 만든 것을 알지 못했다고 주장했다. 그것이 사실이라면 이것은 Fastow가 자신의 수익을 얻기 위하여 고의적으로 사장을 속여 왔다는 것을 의미하며, 이것은 회사 내에서 최고경영자와 그의 부하직원 간의 대리인 문제의 훌륭한 예가 될 것이다. 지난 10년간 회사 내에서 대리인 문제의 가장 극적인 예는 [기업사례 15-4]에 나타나 있다.

대리인 문제의 가능성에 직면하여, 위임자를 위한 과제는 ① 위임자에 의해 설정된 목표대로 행동하기 위하여 대리인의 행동을 결정하고, ② 대리인과 위임자 사이의 불균형 정보를 감소시키고, ③ 위임자의 목표에 맞게 행동하지 않는 대리인을 제거하기 위한 작용을 개발하는 것이다. 위임자들은 일련의 통제메커니즘을 통하여 이런 과제를 해결하기 위하여 노력한다.

기업사례 15-4　대리인 문제와 베어링은행의 몰락

1995년 2월 세계는 영국에서 가장 오래된 베어링은행의 싱가포르 사무소에 근무했던 27세의 영국인 Nick Leeson에 의하여 13억 3,000만 달러에 이르는 손실을 가져온 무단 파생거래의 출현에 의해 흔들렸다. 베어링은 구매한 상품의 폭락으로 독일은행 ING에 1파운드에 구제 합병되었다. 영국의 퀸 엘리자베스 2세를 고객으로 가진 233년 전통의 은행의 역사가 그 시점에서 끝이 나고 말았다.

그기 젊었음에도 불구하고 Leeson은 아시아에서 성공적인 드레이더였고, 싱가포르에서 베어링의 선임 드레이더였다. 1994년 9월, 그는 일본의 닛케이 255 주가지수의 주가변동성에 투기하기 시작하였다. 그의 동기는 그의 보너스를 최대화하기 위한 것이었으며, 주요 거래원으로서 그의 위치를 확고히 하는 것이었다. 그의 전략은 닛케이 255 선물에서 풋옵션과 콜옵션을 동시에 인수하는 것이었다. 이 방법은 옵션 인수가 상대적으로 좁은 거래범위 내에 시장이 머물러 있을 것이라고 규정하고 돈을 버는 것이다. Leeson이 그의 거래를 시작하였을 때, 닛케이지수는 19,000 가까이 거래되고 있었다. Leeson의 전략은 닛케이지수가 18,500에서 19,500 사이에 머물러 있는 한 베어링이 돈을 벌 수 있는 것이었다. 닛케이지수가 이 범위를 벗어나면, 이 한계에서 1%가 오르거나 내리면 베어링은 약 7,000만 달러의 많은 돈을 잃는 것이었다. 이 손실은 영향력의 공격적인 사용에 의하여 악화되었다. 그는 차용한 돈을 이용하여 옵션을 구입하기 시작하였다.

처음에는 전략이 맞아 들어갔다. Leeson은 1994년 말까지 그의 전략으로부터 베어링에 1억 5,000만 달러에 달하는 돈을 벌어주었다. 그러나 그의 전략은 1995년 1월 17일 고베 지진이 발생하였을 때, 실패하기 시작하였다. 지진이 따르자, 닛케이지수는 18,500 이하로 떨어졌다. 닛케이지수를 18,500 이상으로 올리려는 시도로 Leeson은 차용한 돈을 다시 이용하여 닛케이 선물을 구입하였고 그의 부채는 증가하기 시작하였다. 1월 23일 닛케이지수가 17,800으로 1,000포인트 떨어졌을 때, 그의 상황은 더 악화되었다. 닛케이지수를 지지하려는 시도가 쓸데없는 것으로 밝혀졌을 때도 Leeson은 될대로 되라는 식으로 점점 더 많은 돈을 빌려 계속 닛케이 선물을 구입하였다. 1995년 2월 말까지 베어링은 닛케이지수가 회복되리라 보고 투기한 돈이 70억 달러에 이르렀다.

Leeson의 행동을 싱가포르의 거래자들과 런던의 베어링은행의 경영진은 알지 못했다. 그러나 베어링 경영진과 다른 거래자들은 Leeson이 주요 고객(아마도 대형 헤지펀드)을 대신하여 한 행동이라는 인상을 받았다. 아무도 베어링이 그 상황에 놓여 있는지는 알지 못했다. 닛케이 선물을 구입하기 위하여 필요한 현금은 허위계좌를 이용하였다. Leeson의 옵션 수입과 거짓 재정거래로부터 허구의 수익은 베어링의 현금을 이 계좌로 이관하였다. 그는 그의 거래를 위해 빌린 돈을 충당하기 위하여 이 허위 계좌를 이용하였다. 계좌가 박살났을 때, Leeson은 런던의 베어링은행에 원조를 구했다. 그는 며칠간 주요 고객들을 대신하여 거래를 하였다. 베어링은 싱가포르의 스타 거래자에게 더 많은 돈을 주려고 했다. 런던으로부터 돈이 더 들어와서 여유가 좀 생기자, 2월 23일까지 베어링의 현재 한계에 다다른 차용금을 만회하기 위한 돈이 바닥날 때까지 뻔한 구실만을 댈 뿐이었다. 닛케이지수는 여전히 떨어지고 있었고, Leeson은 더 이상 할 도리가 없음을 깨달았다. 그는 서둘러 런던의 베어링은행에 사직서를 팩스로 보내고, 그가 벌려놓은 문제에 대하여 유감을 표하며 그의 부인과 함께 싱가포르를 떠났다. 다음날 베어링은행이 파산하였다는 소식을 영국은행으로부터 통보받고 베어링의 경영진들은 충격에 휩싸였다. Leeson의 거래로부터 채무는 8억 달러를 넘었고 닛케이지수는 계속 폭락하면서 그 채무는 점점 불어났다.

베어링의 파산은 Leeson이 빌린 돈을 이용하여 대량의 투기를 한 것을 가능하게 한 내부 경영통제의 한계를 잘 보여주었다. Leeson은 영국 베어링은행의 상위 경영자에 의해 그의 행동이 모니터링되지 않았기 때문에 그가 도망갈 수 있었다. 1995년 7월 영국은행은 베어링은행의 파산에 관한 보고서를 발행하였다.

은행에 따르면, "엄청난 돈이 베어링 경영진이 명확히 알지 못한 채 BFS로 보내졌으며 이것에 대한 어떤 반대도 없었다"고 밝혔다. 영국은행의 보고서는 적절한 통제를 하는 데 실패한 베어링의 많은 상위 경영자를 언급했다.

Leeson은 추적을 당했고 말레이시아에서 체포되었으며, 결국에는 사기죄로 4년형을 선고받았다. 그가 감옥으로 갈 때 BBC와의 인터뷰에서 Leeson은 베어링 파산에 대한 의견을 말했다. Leeson은 그가 그렇게 오랫동안 거래를 할 수 있었던 것은, 그가 수행한 일을 이해하지 못했고 좀 더 자세히 관찰하지 못한 런던 본사의 핵심 경영진의 실패 때문이라고 말했다.

"내가 자금을 요구한 첫날, 경종이 울려졌어야 했다. 그러나 지불을 결정한 런던의 상사는 선물과 옵션에 대한 기본적인 시행과정을 알지 못했다. 그들은 보고한 대로 수익을 얻을 것을 원했고 그래서 어떤 질문도 하려 하지 않았다."

대리인 문제의 극적인 예에서 Leeson은 그 자신의 이익을 추구하기 위하여 그 자신과 상위 경영자들 사이의 불균형 정보를 이용하였으며, 닛케이 증권시장에 투기를 하면서 Leeson이 많은 돈을 속여 베어링은 파산하게 되었으며 그는 투옥되었다.

15.5 통제조직(Governance Mechanisms)

통제조직은 위임자와 대리인 사이의 인센티브 조정을 통하여 대리인에 대한 감시와 통제를 하는 조직이다. 통제조직의 목적은 대리인으로 인하여 발생되는 문제의 크기와 빈도를 감소시키기 위한 것이다. 대리인이 위임자의 목적에 부합되는 행위를 보장하는 데 도움을 주는 것이다. 이 절에서 주된 초점은 위임자인 주주의 대리인으로서 상위 경영자의 경영방식을 조정하기 위하여 존재하는 통제조직이다. 그러나 통제조직은 또한 조직 내에서 사업 단위 경영자의 경영방법도 조정하기 위하여 존재하는 것임을 잊어서는 안 된다.

여기서 우리는 주주와 경영자의 경영관을 조정하기 위한 통제조직의 주요한 형태를 살펴볼 것이다. 그것은 이사회(the board of directors), 주식 기반 보상(stock-based compensation), 재정보고(financial statement), 경영권 제약(takeover constraint)이다. 이 절은 회사 내에서 상위·하위 경영자의 경영방식을 조정하기 위한 통제조직은 논의하지 않는다.

(1) 이사회(The Board of Directors)

이사회는 미국과 영국의 기업통제시스템의 중심이다. 이사회는 주주에 의해 선임되고 기업규정에 따라 주주의 이익을 대표한다. 따라서 이사회는 기업행위에 대하여 법적 책임을 가질 수 있다. 그 위치는 기업 내 의사결정 최고기구로 기업전략 결정을 감시하고, 주주의 이익과 일치되는 것을 보장해야 한다. 이사회가 회사의 전략이 주주의 이익극대화에 있지 않다고 판단되면, 이사회는 경영자 임명 또는 지명자를 추천하는 것에 인준을 할 수 있다. 게다가 이사회는 CEO를 포함한 피고용자의 고용 및 해고 보상에 대한 권한을 지닌다. 이사회는 회사 재정에 대한 회계감사와 이에 대한 사실 공표에 대한 책임을 지닌다. 따라서 이사회는 주주와 경영자 사이의 비대칭 정보를 감소시키고, 주주를 위해 관리자의 행동을 관리, 감시, 통제한다.

전형적인 이사회는 내부이사와 사외이사로 구성된다. 내부이사는 CEO 같은 기업 내의 상급 피고용인이다. 그들은 회사활동에 관한 가치 있는 정보를 가지고 있기 때문에 이사회에서 필요하다. 그런 정보가 없다면, 이사회는 감시 기능을 적절하게 수행하지 못할 것이다. 그러나 내부자는 회사의 상근 직원이기 때문에 그들의 이익은 경영의 이익으로 조정되는 경향이 있다. 따라서 사외이사는 프로세스를 감시하고 평가하기 위한 목적을 이루기 위하여 필요하다. 그들 대다수는 몇몇 회사의 이사회의 위치를 가지고 있는 전문이사이다. 외부의 유능한 이사로서 평판을 유지하기 위한 필요성은 그들에게 목적에 맞게 효과적으로 수행하기 위한 인센티브를 그들에게 주는 것이다.

많은 이사회가 그들에게 할당된 기능을 훌륭하게 수행한다는 것은 의심할 여지가 없다. 예를 들어 전략이 실패한 MK의 CEO인 빌 에이지의 해고를 이끈 것은 이사회이다. 비슷하게 회사가 Christie와의 가격담합에 연루되어 왔다는 것을 발견한 Sotherby의 이사회는 회사의 사장과 회장을 재빨리 해고하였다. 그러나 모든 이사회가 옳은 결정을 내리는 것은 아니다. 엔론의 이사회는 나중에 엄청나게 속은 것으로 알려진 재정보고를 회사가 한 것에 대하여 침묵했다.

기존 통제시스템의 비판은 내부이사가 외부이사를 지배하는 경향이 있다는 설명을 한다. 내부이사는 이사회에 경영구조에서 자신의 위치를 이용하여 제출해야 하는 기업정보에 대하여 통제할 수 있다. 따라서 그들은 그들이 원하는 방향으로 정보를 나타낼 수 있다. 게다가 내부자는 그들의 탁월한 지식과 정보에 대한 통제가 권력의 원천이기 때문에 회사의 운영에 대한 깊숙한 지식의 강점을 가지며, 그들은 의사결정을 하는 이사회 회의실에 외부자보다 영향을 미칠 수 있는 더 좋은 위치일지도 모른다. 이사회는 내부자의 포로가 될 수 있으며, 주주의 이익을 지키는 대신 맹목적인 찬성자로서 전락할 수 있다.

어떤 관찰자는 많은 이사회가(특히, CEO가 이사회의 회장인 경우) 회사의 CEO에 의해 지배되는 경향이 있다고 말한다. 이런 견해를 지지하기 위하여 내부이사와 사외이사가 자주 CEO의 지명자가 된다는 것을 지적한다. 전형적인 내부이사는 회사의 계층에서 CEO의 부하직원이며, 그러므로 그에게 비판적일 수 없다. 사외이사는 자주 CEO의 지명에 의해 선출되기 때문에, 그들은 목적에 맞게 CEO를 평가하는 것은 어렵다. 따라서 이사회의 충실함은 주주가 아니라 CEO에 편향되기 쉽다. 게다가 이사회의 의장인 CEO는 그의 리더십에 대한 비판을 빗겨 나가기 위하여 이사회 회의의 안건을 통제할지도 모른다. 이것은 빌 에이지의 사례에서 나타난 문제이다. 그는 MK의 CEO인 동시에 이사회의 의장이었다.

오늘날 많은 회사의 이사회가 최고경영자의 맹목적인 부분에서 벗어나 회사통제에 있어서 좀 더 왕성한 역할을 수행하기 시작하고 있다. 한 가지 촉매는 이사회에 대한 주주의 집단소송 수가 증가하고 있는 것이다. 델라웨어 법정은 이사들에게 입찰가와 거래가 차이에 따른 손해인 2,350만 달러에 대한 배상명령이 내려졌다. 이 판결 이후 이사회에 대한 주주들의 손해배상이 급증하였다. 그들 가운데는 Holly Farms, Northrop Corp., Lincoln Saving&Loan, Lotus Development Corp., RJR Nabico의 이사회 이사들에 대한 직접적인 소송이 있었다.

다른 촉매는 주식의 성과를 향상시키기 위한 정책을 채택하기 위하여 경영자에게 압력을 넣고, 성과가 부실한 CEO를 교체하기 위하여 이사회에 압력을 넣는 이사회의 자리를 잇기 위하여 언금기금 또는 뮤주얼펀드의 관리자 같은 기관투자자들이 그들의 지분과 위임된 투표권을 이용한 자발적 참여가 증가되어 왔다는 것이다. 예를 들어 1990년대 중반 뉴욕시의 주요 다섯 연금기금의 공무원들은 최근 몇 년간 부실한 성과를 보이는 석유첨가제 제조업체인 Ethyl의 이사회 후보로서 추천될 것이라고 공표했다. 그들의 목적은 Ethyl의 성과(즉, Ethyl에서 그들의 주식가치)를 향상시키기 위하여 경영진에 압력을 넣기 위해 이사회 의석을 이용하는 것이었다. 연금기금 측은 결국 Ethyl 이사회에서 성공적으로 지명되었다. 법적 행동의 위협과 강력한 기관투자자들의 압력에 의해 가속화되어, 많은 이사회에서 회사의 경영(특히 회사의 CEO)으로부터 그들의 독립성을 주장하기 시작할 수 있었다. 1990년대 중반, 아메리칸 익스프레스, 컴팩, Digital Equipment, GM, IBM, Sunbeam 등을 포함한 많은 회사의 이사회는 CEO를 해임하거나 새로 등재하였다. 다른 경향은 이사회의 의장이 사외인사가 되는 경우가 증가한다는 것이다. 1990년대 말까지, 미국기업이사연합(NACD)의 추정에 따르면, 대기업의 40~50%는 사외인사가 의장을 맡고 있다. 이것은 이사회를 통제하기 위하여 내부자(특히 CEO)의 힘을 제한하는 것이다. 1990년대 말에 GM의 CEO Robert Stempel을 해임하고, GM 이사회의 의장으로 외부자인 John Smale이 선출된 것은 주목할 만한 것이다. 여전히 이사회가 그들의 할 일을 하지 못하고 있다는 것을 알아야 하며, 다른 작용은 주주와 경영자의 이익을 조정하기 위해 필요하다.

(2) 주식기반 보상(Stock-Based Compensation)

대리인이론에 의하면, 대리인 문제의 한계를 감소시키기 위한 가장 좋은 방법 중의 하나는 성과에 따른 보상시스템이며, 이것은 동기 부여를 통하여 대리인 문제의 범위를 감소시키는 효과적인 방법이다. 주주와 최고경영자의 경우, 주주는 경영자가 회사의 장기적인 ROIC를 극대화하기 위한 전략을 추구하도록(그 주식으로부터 수익을 얻을 수 있도록) 주가의 성과와 경영자의 보수를 연결시킴으로써 최고경영자에게 자극을 줄 수 있다.

가장 일반적인 성과보상시스템은 미래의 어떤 시점에(일반적으로 부여일의 10년 이내) 경영자들에게 미리 결정된 가격에 주식을 살 수 있는 권리인 스톡옵션을 주는 것이다. 전형적으로, 시초가는 옵션이 처음에 부여된 때 거래되는 주식의 가격을 말한다. 스톡옵션의 숨은 개념은 경영자가 자신의 주식가치를 증가시키도록 하여 회사의 주가를 증가시키기 위한 전략을 채택하도록 장려하기 위한 것이다.

많은 최고경영자들은 자주 스톡옵션을 행사함으로써 많은 보너스를 얻는다. 이것이 경영자들이 회사의 성과를 향상시키기 위한 동기를 제공한다는 것은 부인할 수 없지만, 비평가들은 그것들이 너무 많다고 말한다. 이런 우려의 원인은 스톡옵션이 매우 낮은 가격에 주식을 부여함으로써 기업성과가 저조해도 상당한 이익을 취득할 수 있다는 것이다.

유명한 투자자 Warren Buffett를 포함한 다른 비평가들은 엄청난 스톡옵션으로 회사의 주식 수가 크게 증가하고, 그로 인해 주주의 순가치를 감소하게 된다고 비판한다. 따라서 그들은 수익에 대한 지출로서 회사장부에 보여질 것이다. 그러나 현재 회계규정 하에서 임금과는 다르게 스톡옵션은 지출이 아니다. Buffett는 그의 투자회사인 Berkshire Hathaway가 회사에서 발행한 옵션을 포착했을 때, 이전 옵션계획과 동일한 경제가치를 가지는 현금보상계획을 신속히 대체한다. Buffett의 지적은 주식옵션이 기업재무보고에서 틀리게 계산되고 있다는 것이다. 〈표 15-1〉은 스톡옵션이 수익으로부터 빼고 지출로서 계산되었다면, 1996~2000년 동안의 몇몇 회사들의 수익의 감소를 나타낸 것이다. 보이는 대로 수익을 심각하게 악화시킨다.

일부 연구는 스톡옵션과 같은 경영자들을 위한 주식기반의 보상정책이 경영자와 주주이익을 조정할 수 있다고 제안했다. 예를 들어 한 연구는 경영자들 자신이 상당한 주주라면, 주주이익에서 그들의 기업인수 결정의 효과를 고려하기 쉽다는 것을 발견했다. 다른 연구에 따르면 상당한 주주인 경영자는 회사의 수익성보다 회사의 덩치를 키우는 전략을 덜 수행한다고 한다. 더 일반적으로, 고성장하는 회사의 많은 직원들에 대하여 스톡옵션을 행사하여 부를 얻을 기회가 주된 관심이라고 말하기는 어렵다.

요약하면, 이론적으로 스톡옵션과 다른 주식기반의 보상방법은 좋은 아이디어이다. 실제적으로 그 방법은 남용된다. 남용을 제한하기 위하여, 미 연방준비위

표 15-1 스톡옵션이 미치는 영향

회사	스톡옵션이 비용처리되었을 경우 순이익 감소
AOL Time Warner	75%
Viacom	66%
NVIDIA	40%
Medimmune	31%
Lucent	30%
Pharmacia	28%
Cisco Systems	26%
Boise Cascade	17%

원회의 의장 Alan Greenspan은 Warren Buffett와 함께 스톡옵션이 수익에 대하여 지출되어야 할 비용으로 취급하기 위한 회계규정에 관하여 논의했다. 어떤 회사는 심지어 회계규정의 변화 없이 자신의 방법으로 문제를 해결한다. 예를 들어, MS는 두 가지 회계보고서를 지속적으로 발행한다. 하나는 옵션이 비용으로 처리된 것이고, 나머지 하나는 그렇지 않은 것이다. 보잉은 옵션이 지출로서 계산된 회계장부 하나만을 발행한다. 항공 사업은 또한 주식이 5년간 매년 최소 10% 올랐을 때에만 일반적인 주식이 변환될 수 있는 "성과공유(performance share)"라고 불리는 것으로 주주와 경영자의 이익을 조정하는 진일보된 노력을 하고 있다. 비슷하게 유니레버는 회사가 획득한 전체 주주이익이 코카콜라, 네슬레, P&G를 포함한 20여 개의 기업 그룹의 중앙값 이상으로 3년간 머무르지 않았을 경우 스톡옵션을 주지 않는 시스템을 만들었다. 이런 회사들은 주식기반의 보상체계를 통하여 경영자와 주주이익을 조정하기 위한 초점을 유지하는 반면, 스톡옵션의 많은 주주들이 1990년대의 붐 동안 누렸던 불로소득을 제한하기 위한 자신들의 방식으로의 노력을 하고 있는 것이다.

(3) 재무성과표와 감사(Financial Statements and Auditors)

미국에서 공개적으로 거래되는 회사는 연 단위와 분기별 재정보고서로 인정된 회계원칙(GAAP)에 따라 증권거래위원회(SEC)에 제출해야 한다. 이것의 목적은 주주의 대리인인 경영자가 얼마나 효율적, 효과적으로 기업을 운영하고 있는지에 대한 일관성 있고, 자세하고 정확한 정보를 제공하기 위한 것이다. 경영자들이 이 재정정보를 속이지 않도록 하기 위하여, 증권거래위원회(SEC)는 독립적이며 인가받은 회계법인에 의한 회계감사를 필수로 하고 있다. 비슷한 규정은 다른 대부분의 선진국에 존재한다. 시스템이 의도한 대로 운영된다면, 주주는 회사의 상태를 정확하게 반영하는 재무보고를 통하여 회사정보에 대한 신뢰를 가질 수 있을 것이다. 이러한 정보는 주주가 투자한 회사의 ROIC를 경쟁자와 비교하여 회사의 ROIC를 측정할 수 있도록 할 것이다.

불행하게도 미국에서 이 시스템은 의도한 대로 운영되고 있지 않다. 많은 회사들이 기업의 재무보고에 정확한 정보를 담고 있고 대부분의 감사자들이 그 정보를 잘 살펴보고 있다 하더라도, 일부 기업에서는 감독자의 협력에 의해 시스템을 악용하고 있다는 실질적인 증거가 존재한다. 이것은 감시로부터 벗어나 재무책임자와 사람들이 부채의 정확한 상태를 속이는 허위 대차대조표를 만듦으로써 투자자에게 회사의 재정상태를 허위로 진술했던 엔론의 사례에서 명확해진다. 엔론의 회계사인 아더 앤더슨은 또한 수탁자의 감독의무에서 속임수를 이용한 것이 명백하다.

투자자에게 회사의 왜곡된 재무상태를 보이는 경영자의 도박적인 재무보고서에 대한 많은 예가 있다. 회사의 수입과 이익은 부풀려져 왔으며 그 보고서에 의해 속아왔던 주주들의 명백한 희생으로 엄청난 개인적 착복인 스톡옵션을 현금화할 수 있는 기회를 경영자에게 줌과 동시에, 투자자의 열광과 주가 상승을 이룰 수 있는 것이다. 그런 행동의 다른 예는 Computer Associate에서 최고경영자가 회사의 유망한 모습과 주식보상을 위하여 어떻게 회사의 재정보고서를 관리해 왔는지 보여주는 것이며, [기업사례 15–5]에 나타나 있다.

기업사례 15-5 **Did Computer Associates Inflate Revenues to Enrich Managers?**

Computer Associates는 세계에서 가장 큰 소프트웨어 회사 중 하나이다. 1990년대 폭발적인 이익과 균형잡힌 수익의 증가에 의해 회사의 주식가치는 빠르게 증가하였다. 회사의 수익은 1990년대 말 경쟁사의 수익보다 급속도로 증가했기 때문에, 투자자들은 회사가 시장점유를 늘리고 높은 수익을 얻을 것으로 가정했으며, 투자자들은 회사의 주식가격을 경합해서 올리게 되었다. Computer Associates의 상위 경영자는 이 과정의 주요 수혜자였다.

이사회에 의해 3명의 최고경영자(CEO이자 이사회의 의장인 Charles Wang, 최고운영책임자 Sanjay Kumar, 최고기술책임자 Rusell Artzt)에게 주어진 엄청난 인센티브 프로그램 하에서 주가가 60일간 55.13달러에 머문다면 그들은 2천만 주에 달하는 특별상여금 주식을 받을 예정이었다. 1998년 5월 Kumar는 Computer Associates가 '기록적인' 분기 수익과 수입을 달성했다고 발표했다. 주가는 55.13달러를 넘어섰고, 세 명의 최고경영자기 받을 11억 딜러에 달하는 특별상여금이 기다리고 있었다.

1998년 7월 세 명이 상여금을 받았을 때 Kumar는 앞으로 몇 분기 간 아시아 경기침체와 Y2K 버그 문제로 경기하락이 전망된다고 발표했다. 주가는 신속히 최고 50달러대에서 40달러 이하로 급락했다. 주주에게 위임을 받은 변호사들은 경영진들이 자신들을 부유하게 하기 위하여 주주들을 속여 왔다고 주장했다. 소송의 결과로 세 사람은 그들이 얻은 것을 다시 돌려주게 되었고, 상여금의 규모는 450만 달러의 주식으로 줄어들었다. Wang은 CEO의 자리에서 물러났다. 그가 비록 이사회의 의장자리를 유지하고 Kumar가 CEO가 되기는 했지만 말이다.

이것은 Computer Associates의 문제로 끝나는 것이 아니었다. 회사는 미 증권위원회와 법무부의 관심을 끌었고, 회계업무에 대한 조사를 받았다. 소문에 의하면 2002년까지 그들은 2000년 3월에 끝난 3회계년도의 보고보다 이익을 10%(17억 6,000만 달러) 가까이 감소시키기 위하여 2000년 5월에 취해진 행동에 초점을 맞췄다. 증권위원회로 제출된 회사의 장부에 설명된 하향수정은 1998년 5월 상급 경영자에 대한 주식 상여에 14개월 앞선 시점에 1998년 3월 5억 1,300만 달러를 포함하여 수억 달러를 소급하였다는 것이다. 회사에 따르면 수익을 낮추는 것은 지출과 동등한 것이기 때문에 수입은 수정 없이 있는 그대로라고 했다. 하향수정은 1999년 6월에 회사의 회계사로서 Ernst & Young을 대체했던 감사자 KPMG의 주장에서 나온 것이라고 전해진다.

2002년 중반에 여전히 조사가 진행 중일 때, 논평자들은 Computer Associates가 일부러 세 최고경영자들을 부유하게 하기 위하여 1998년 5월에 앞선 기간에 수익을 과장했다는 것을 암시했다. 이 과정에서 손해를 본 사람은 부풀려진 가격에 주식을 산 주주들과 Wang, Kumar, Artzt에게 상여된 주식 때문에 가치가 희석된 주식을 가진 주주들이었다. 진행 중인 조사의 보고서가 월스트리트 저널에 나온 후에 나온 공식성명에서, Computer Associates는 회사의 감사자의 권고로 수입과 지출의 분류방법을 개정하였다고 말했다. "우리는 여전히 CA가 잘될 것이라고 믿는다"고 하면서 발표한 변화는 "수입, 주당이익, 현금유동성에 전혀 영향이 없을 것이다"고 했다.

엔론과 같은 회사에 의한 투기적인 재무보고서와 Computer Associate 사례는 감사된 재무보고서에 포함된 정보의 정확성에 관한 심각한 질문을 일으킨다. 먼저 이것은 인정된 회계원칙(GAAP)이 비양심적인 경영자가 다른 주주 그룹의 지출에서 그들의 이익에 대하여 조작할 수 있었던 것에서 나타난다. 현재 규정이 좀 더 엄격하게 개선되어야 할 필요성이 있을지도 모른다. 예를 들어 엔론의 붕괴가 증명하듯이 특수목적 자회사(Special Purpose Entity)로 축적된 채무를 넘겨 대차대조표에 누락하는 것을 허용하는 규정은 명확히 악용의 소지가 있으며 수정되어야 할 것이다. 주주, 채권자, 고용인들은 회사가 어떻게 빚을 졌는지 알 권리가 있으며, 경영자는 특수목적 자회사에 의해 숨겨지지 않은 회사의 채무를 보고할 의무가 있다.

둘째로, 감사자는 외관상 항상 일을 하고 있지 않는 것으로 보인다. 그 설명은 많은 회계법인들이 직면하고 있는 이익의 충돌에서 발견되어질 수 있다. 많은 대형 회계법인은 공정한 방식으로 감사하기 위해 필요한 대차계정을 가진 회사와의 컨설팅 업무로 큰 수익을 올린다. 수지가 맞는 컨설팅 계약에서 지속적으로 돈을 벌기 위한 욕망은 감사자들이 의심의 여지가 있는 회계업무를 눈감아 주고 있는 이유이다. 이 문제는 개선될 필요가 있고, 특히 감사와 컨설팅은 분리되어야 할 것이다.

최종적으로, 회계문제의 확산은 이사회가 주주들에 대한 수탁의무를 잘하고 있는지에 대한 의문을 일으킨다. 이것은 감사자를 지정하는 이사회가 감사자가 완전하다는 것을 보증한다는 것을 의미한다. 문제는 많은 이사회가 여전히 내부자에 의해 지배받고, 이런 경우에 이사회의 독립성이 의심될 수 있다. 이 문제를 개선하는 것은 이사회 의장이 회사 내부자가 아닌 외부자에 의해 지배되는 이사회의 설립을 필요로 한다.

정부는 2002년 7월 부시 대통령이 CEO와 CFO가 회사의 재무보고서를 승인하는 데 필요한 회계업체에 대한 새로운 감독위원회 설립, 감사와 회계를 위하여 같은 회계회사를 고용하는 것을 금지하는 법안에 사인했을 때, 미국 내에서의 기업통제시스템 개혁에 대한 시험적인 단계에 착수하였다. 그러나 많은 비평가들은 이 법률의 제정이 충분하지 않다는 것과 스톡옵션이 지출로서 취급되는 것과 같은 다른 요소들을 포함해야 한다는 것을 주장했다. 또 다른 비평가들은 문제가 법률의 제정에 있는 것이 아니라, 기존의 법률이 법정에 의해 적극적으로 시행되지 않는다는 점에 있다고 불평했다. 2002년 중반까지 사법부는 기업회계스캔들에서 핵심적인 부분에 대하여 형사상 사기로 고발하는 적극적인 행보를 하였다.

(4) 경영권취득 압박

기업에서 통제직용의 결함을 고려할 때, 대리인 문제가 여전히 일부 회사에 존재한다는 것은 명확하다. 그러나 주주들은 항상 그들의 주식을 팔 수 있기 때문에 여전히 힘을 가지고 있다. 많은 주주가 그렇게 한다면 주가는 떨어질 것이다. 주가가 많이 떨어진다면, 회사는 자산의 장부가치보다 주식시장에서 가치가 떨어질 것이다. 이런 관점에서 이 회사는 매력 있는 기업인수 목표가 될 것이고, 목표회사에 대한 경영의지를 가진 다른 기업에 의해 인수될 수 있는 위험에 처하게 될 것이다.

다른 회사의 의해 취득될 위험은 '경영권취득 압박'으로서 알려져 있다. 경영권취득 압박은 경영자가 주주의 이익보다 자신을 위한 행동과 전략을 취하는 것을 제한한다. 경영자들이 주주의 이익을 무시하고 회사를 인수한다면, 그들은 독립성과 회사에서의 위치를 잃게 될 것이다. 그래서 인수위협은 경영활동을 억압하고, 대리인 문제에서 최악의 상황의 한계를 설정한다.

1980년대와 1990년 초반 인수위협은 기업사냥꾼(corporate raiders)에 의하여 종종 실행되었다. 그들이 노리는 회사에서 대량의 주식을 사는 개인 또는 회사는 주주의 부를 극대화하는 것과 일치하는 전략을 추구한다. 기업사냥꾼은 성과가 나쁜 회사들이 다른 전략을 추구한다면, 그들이 주주의 더 많은 부를 줄 수 있을 것이라고 주장한다. 기업사냥꾼들은 경영권을 넘겨받고 회사를 더 효율적으로 운영하거나, 최고경영자의 교체를 촉진하고 주주의 이익을 극대화시킬 팀으로 대체하기 위하여 회사의 주식을 사들인다. 기업사냥꾼들은 이타주의가 아니라 이익에 의해 동기를 부여받는다. 그들이 인수 시도를 수행한다면, 그들은 자신들을 포함하여 주주가치를 창출하는 전략을 마련한다. 인수 시도가 실패한다 하더라도, 기업사냥꾼들은 여전히 수백만 달러를 벌며, 그들의 주식 보유는 일반적으로 회사의 방어에 의한 프리미엄을 가져오기 때문이다. Greenmail은 경영권 방어를 위해 주식을 구매함에 따라 값이 높아진 수익의 원천을 일컫는다(그린메일은 경영권이 취약한 대주주에게 보유주식을 높은 가격에 팔아 프리미엄을 챙기는 투자자를 green mailer라 하고, 이때 보유주식을 팔기 위한 목적으로 대주주에게 편지를 보내는데 달러가 초록색이어서 그린메일이라는 이름이 붙여졌다). 어떤 사람들은 기업사냥꾼에 의해 제기된 위협이 기업경영자가 회사를 더 잘 운영하도록 압력을 넣는 것으로 기업성과에서의 좋은 효과를 준다고 주장하고 있으나 또 다른 사람들은 그런 증거는 없다고 주장한다.

적대적 합병이 1990년대 이후로 눈에 띄게 감소했다고 할지라도, 이것은 경영권취득 압박이 더 이상 존재하지 않는다는 것을 의미한다고 보기 어렵다. 2000년대 초에 존재했던 독특한 환경은 적대적 인수의 실행을 어렵게 만들었다. 1990년대 붐은 많은 회사(대차대조표상에 부채를 기록한 채 새로운 세기로 들어온 미국기업)들에게 적대적 합병 같은 기업인수를 위한 출자능력을 제한하여 많은 부채를 남겼다. 게다가 많은 기업들의 시장평가는 1990년대 주식시장의 거품기 동안의 근간을 이루는 경계선을 벗어났고, 기업평가는 부실한 운영과 비수익적 기업의 적대적 인수를 만드는 역사적인 기준에 비하여 여전히 높다. 그러나 경영권취득은 사이클에서 움직이는 경향이 있고, 이것은 일단 주식시장에서 작용하면 회사의 대차대조표에 제거되고, 경영권취득 압박은 그 자신이 거듭 주장되기 시작할 것으로 보인다. 경영권취득 압박이 마지막 수단의 통제작용이고 다른 통제작용이 실패했을 때 자주 행사된다는 것을 기억해야만 한다.

(5) 회사 내부의 통제효과

여태까지 이 절은 잠재적으로 주주와 경영자 간에 존재하는 대리인 문제를 감소시키기 위하여 고안된 통제조직에 초점을 맞췄다. 대리인 관계는 또한 회사 내에서 존재하며. 대리인 문제는 경영자계급 간에 나타날 수 있다. 이 절에서 고용자의 인센티브와 행동을 조정하고 두 개의 상보적인 통제조직인 전략적 통제시스템과 보상시스템을 이용함으로써 회사 내의 대리인 문제가 어떻게 감소될 수 있는지 살펴볼 것이다.

1) 전략적 통제시스템

전략적 통제시스템은 기업 내의 경영계층 사이의 대리인 문제의 범위를 줄이는 주요한 통제시스템이다. 이 시스템은 경영자가 장기적인 ROIC를 최대화시키기 위한 전략적 요구(회사가 우수한 효율, 품질, 혁신, 고객대응을 획득)를 수행하는지 평가하도록 하는 공식적인 목표 설정, 측정, 피드백시스템이다. 이들은 뒤에서 더 자세히 살펴보게 될 것이다.

전략적 통제시스템의 목적은 ① 측정되어야 하는 성과의 표준과 목표 설정, ② 정기적으로 평가하고 감시하는 시스템 생성, ③ 설정된 목표와 실제 성과를 비교, ④ 결과 평가와 교정행동 수행을 위한 것이다. 그들의 목적은 최고경영자의 대리인으로서 하위 경영자가 합법적이고 윤리적인 제약을 조건으로 하여 주주의 부를 극대화시켜야 하는 최고경영자의 목적과 부합되는 방식으로 수행되어야 한다.

조직의 성과를 강화시키기 위한 전략적 통제시스템을 바르게 생성하는 과정을 통하여 경영자를 돕는 유력한 모델이 균형성과지표(balanced score card)이다.

균형성과지표 모델에 따르면, 전통적으로 경영자들은 주로 조직의 성과를 측정하고 평가하기 위하여 ROIC 같은 재정적 성과척도를 이용해왔다. 재무정보는 매우 중요하다. 그러나 이것으로 충분하지 않다. 경영자가 조직성과의 정확한 상태를 알려고 한다면 재무정보는 경쟁적 우위를 위한 네 가지 구성요소인 효율, 품질, 혁신, 고객대응을 조직이 얼마나 잘 획득하였는지를 가리키는 성과척도로 보충되어야만 한다. 재무 결과는 전략적 경영자에게 이미 취한 의사결정의 결과에 대하여 명료하게 정보를 주는 것이기 때문이다. 다른 척도는 조직이 얼마나 정확히 미래성과를 유도하는 데 위치하고 있는지에 관하여 경영자에게 정보를 제공함으로써 성과의 묘사에 균형을 맞춘다.

균형성과지표가 운영되는 방식이 〈그림 15-5〉에 나타나 있다. 조직의 임무와 목표에 기초하여, 전략적 경영자는 이 목표들을 달성하기 위하여 경쟁적 우위를 형성하는 전략들을 개발한다. 그들은 경쟁적 우위를 획득하기 위하여 자원을 활용하는 조직구조를 설립한다. 전략과 구조가 얼마나 잘 수행되는지 평가하기 위하여, 경영자들은 경쟁적 우위를 획득하기 위한 네 가지 구성요소를 얼마나 잘 평가했는지의 특별한 성과척도를 개발한다.

① 효율은 생산비용, 노동생산성(제품을 만들기 위하여 필요한 시간), 자본생산

그림 15-5 균형성과지표(balanced score card)

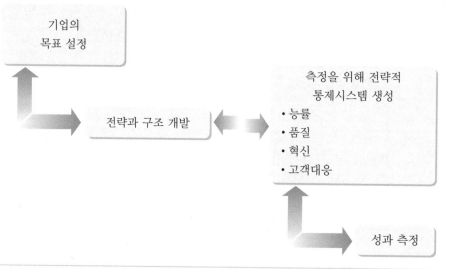

성(부동산, 공장, 설비에 투자된 자본당 매출), 원자재비용의 수준에 의하여 측정될 수 있다.

② 품질은 불량 및 반품 수, 제품 신뢰 수준에 의해 측정될 수 있다.

③ 혁신은 신상품 수, 신상품으로부터 생성된 매출의 비율, 경쟁자 대비 신제품의 차세대 개발에 걸리는 시간, R&D 생산성(말하자면, 성공적인 제품의 생산을 위하여 얼마나 많은 R&D 시간이 소요되는가)으로 측정될 수 있다.

④ 고객대응은 재주문 수, 고객 탈퇴율, 배달시간 준수 수준, 고객서비스 수준에 의하여 측정될 수 있다.

이러한 접근 제안의 개발자인 Kaplan and Norton에 따르면, "비행기 조종실에서 지침반과 표시기로서 균형성과기록표를 생각한다. 비행기를 항해하고 비행하는 복잡한 업무에 대하여, 비행사는 비행의 양상에 대한 정보를 필요로 한다. 그들은 연료, 비행속도, 고도 등의 현재와 예측되는 환경을 요약하는 다른 지표들에 대한 정보를 필요로 한다. 한 계기에 대한 의존은 치명적이다. 비슷하게, 오늘날 조직을 운영하는 복잡함은 경영자들이 동시에 여러 분야에서의 성과를 관찰할 수 있어야 한다."

경쟁적 우위를 만드는 능력을 조직의 성과로 옮기는 방식은 ROIC, ROS, 자본회전비율 같은 재정적 척도를 이용하여 측정될 수 있다. 균형성과기록표에서 완전한 척도에 기초하여, 전략적 경영자들은 회사의 임무와 목표를 재평가하고 문제를 조정하고, 조직의 전략 및 구조를 변화시킴으로써 대리인 문제를 제한하거나 새로운 기회를 활용하기 위한 교정행위를 취하기 위하여 좋은 위치에 있다.

2) 종업원 성과 지급(Employee Incentives)

통제시스템 단독으로는 주주와 상위 경영자, 조직 간의 인센티브를 조정하는데 충분하지 않을지도 모른다. 이를 돕기 위하여, 적극적인 동기시스템은 직원들이 장기적인 ROIC를 극대화하도록 하기 위한 동기를 부여한다. 이미 언급한 대로, 스톡옵션을 부여하는 종업원지주제도(ESOP)는 적극적인 인센티브의 형태 중의 하나이다. 1990년대, 종업원지주들과 주식 소유자들은 많은 조직 내에서 추진된다. 예를 들어 MS에서 모든 전임 근로자는 스톡옵션을 받으며, 그들이 받는 옵션의 양은 전년도 그들의 성과평가에 의해 결정된다. 또한 모든 전임 근무자들은 회사의 종업원지주제도에 참여할 수 있는 자격이 있다. 주가(직원들 자신의 부)를 인식하는 것은 회사의 수익에 종속적이며, 직원들은 수익성을 극대화시키기 위하여 근무할 것이다.

고용자 보상은 또한 주식 기반의 보상시스템뿐만 아니라 탁월한 효율, 품질, 혁신, 고객대응의 달성에 연결되는 목표에 결부되어질 수 있다. 예를 들어 제조 종업원의 보너스 지급은 회사의 비용을 감소하고, 고객만족을 증가시키고, ROIC를 증폭시키는 품질과 생산성 목표의 달성에 달려 있다. 비슷하게, 영업사원의 보너스 지급은 영업목표를 능가하는 데 있으며, R&D 직원의 보너스 지급은 개발하고 있는 새로운 제품의 성공에 달려 있다.

15.6 기업윤리와 전략

[기업사례 15-1]에서 살펴본 엔론의 이야기는 다른 예들과 함께 경영자가 전략적 의사결정을 할 때 윤리적인 방법으로 수행하기 위한 요구로서 이 장에서 다룰 것이다. 경영적인 관점으로부터, 윤리적인 결정은 이해관계자, 조직, 사회를 돕는 것이기 때문에 합리적이고 일반적인 주주들에게 받아들여질 것이다. 대조적으로, 비윤리적인 의사결정은 경영자가 사회나 다른 이해관계자를 희생하여 회사나 특정 개인의 이익을 얻을 수 있도록 하는 것이기 때문에 다른 사람에게 감추며 속이고 싶어한다. 주주, 채권자, 고용인, 다른 상위 경영자 같은 중요한 이해관계자에 대하여 회사의 정확한 상태를 숨긴다는 것에는 의문의 여지가 없는 것으로 보이며, 엔론의 상위 경영자들은 그들이 소유한 엔론 주식의 판매로부터 수익을 얻을 수 있도록 하는 데 있어서 다른 사람들보다 회사의 주식가치를 움직일 수 있었다. 이 섹션은 전략의 윤리 문제를 확인하고, 윤리적인 의사결정을 하기 위하여 경영자를 도울 수 있는 원칙들을 확인한다.

(1) 기업윤리의 목적

기업윤리의 목적은 도덕적 복잡성을 다루기 위한 도구를 사람들에게 주기 위한 것으로서 옳고 그름의 문제가 아니다. 우리 대부분은 이미 옳은 것과 잘못된 것을 분간할 수 있다. 그러나 문제는 대부분의 경영자들이 엄격하게 그들의 개인적인 삶에서 그런 도덕적인 원칙을 고수함에도 불구하고, 때때로 직업에서는 원칙을 고수하지 못하여 그들의 직업인생에서 비참한 결과로 실패한다.

Manville Corporation의 한심한 역사는 그런 실패를 보여준다. 20년 전 Manville(당시 Johns Manville)은 미국 산업에서 거대 기업 중의 하나에 포함될 수 있을 정도로 충분히 건실한 회사였다. 1989년까지, Manville의 주식의 80%는 이전의 주요 제품 중의 하나인 석면과 관련하여 소송을 당한 사람들의 대표에 의해 소유되고 있었다. 40년 전에 회사의 경영자를 통하여 Johns Manville의 의료 부서에 치명적인 폐 질병인 석면침착증의 주 원인이 석면의 흡입이라는 정보가 도착했다. Manville의 경영자들은 결과를 은폐했다. 게다가 회사정책은 질병에 걸린 직원으로부터의 정보를 숨기고, 의료담당직원은 은폐에 협력했다. 어떻게든 Manville의 경영자들은 작업환경을 향상시키고 석면을 다루기 위한 안전한 방법을 찾는 것보다는 그 상황을 은폐하는 것이 더 중요하다고 스스로를 설득했다. 그들은 작업환경을 향상시키기 위한 비용이 병든 직원들을 은폐하기 위한 건강보험비용보다 비싸다고 생각했고, 그래서 최선의 '경제적인' 결정은 직원으로부터의 정보를 비밀로 하는 것이었다.

Manville의 이야기를 이해하기 위한 핵심은 은폐에 참여한 Manville의 직원이 부도덕한 괴물이 아니라 단지 평범한 사람이라는 것이다. 그들 대부분은 법을 어기거나 물리적으로 다른 사람에게 상해를 입혔던 사람이 아니다. 그럼에도 불구하고 그들은 의식적으로 사람이 고통받고 죽는 의사결정을 하였다. 정보를 은폐하는 결정은 순전히 경제적인 원인을 고려한 것이다. 도덕적 차원은 무시되었다. 어떻게든 경영자들은 경제적인 비용-이익 분석에 지배되어 합리적인 사업결정을 내린 것으로 그들 자신을 납득시킬 수 있었다. 윤리적인 고려는 결코 이 계산에 들어가지 않았다. 그런 행동은 기업적 결정이 윤리적인 요소를 가지지 않는 환경에서 가능할 것이다. 그러나 Manville의 사례에서 본 것처럼, 사업적 결정은 윤리적인 요소를 가져야 한다.

그러므로 기업윤리의 과업은 두 가지 핵심 포인트를 가진다. ① 기업적 결정은 윤리적인 요소를 가진다. ② 경영자들은 행동의 방향을 선택하기 전에 전략적 결정의 윤리적인 중심에 무게를 두어야 한다. Manville 경영자들의 결정에서 윤리적인 관련성을 통하여 생각하는 것을 교육받았다면, 그런 선택을 하지 않았을 것이다.

(2) 조직의 윤리적 분위기 조성

전략적 결정이 윤리적인 차원을 가지고 있다는 인식을 촉진하기 위하여, 회사는 윤리의 중요성을 강조하는 조직풍토를 만들어야 한다. 이것은 최소한 세 단계가 필요하다. 첫째, 최고경영자가 강조하는 가치에서 윤리적 차원을 포함하기 위해 그들의 리더십을 이용해야 한다. 예를 들어, HP의 공동 설립자인 Bill Hewlett과 David Packard는 HP 방식으로서 알려진 가치를 전파하였다. 회사 내에서 수행되는 사업 방식을 구체화하는 이 가치는 중요한 윤리적 요소를 가지고 있다. 그들은 신뢰, 사람에 대한 존중, 개방된 의사소통, 개별적인 직원에 대한 관심의 필요성을 강조하였다. 이 가치들이 Manville에서 운영되었다면, 그들은 비극적인 실수를 피하고 경영자를 도울 수 있었을 것이다.

둘째로, 윤리적 가치는 회사의 임무에 포함되어야 할 것이다. 셋째, 윤리적 가치는 수행되어야 한다. 최고경영자는 전략적 의사결정에서 윤리적인 가치 고수의 중요성을 명시적으로 인식하는 고용, 해고, 보상시스템을 수행해야 한다. 예를 들어, HP에서 직원들을 해고하는 것은 비록 어려울지라도, HP 방식과 관련된 회사의 윤리기준을 위반하면 바로 해고된다. 대조적으로, 엔론이 회사의 임무에 윤리적인 가치를 명시적으로 포함하는 윤리규범을 가지고 있었다 할지라도, 일부 상위 경영자는 그 가치대로 수행하지 않았다는 것은 명확하며 그런 행동을 취하는 것은 분명히 윤리규범을 위반하는 것이었다.

(3) 윤리적 문제를 통한 사고

조직 내에서 윤리적 풍토를 바르게 조성하는 것 외에, 경영자는 시스템적 방식에서 전략적 결정의 윤리적 관계를 통하여 생각할 수 있어야 한다. 철학자들은 수세기 간 의사결정이 윤리적인지 아닌지를 판단하기 위하여 사용되어야 하는 특별한 기준에 관하여 논의해 왔다. 의사결정이 윤리적인지를 판단하는 세 가지 모델은 〈표 15-2〉에 요약된 것처럼, 공리주의(utilitarian), 도덕적 권리(moral right), 공정(justice) 모델이다. 이론적으로 각 모델은 의사결정 또는 행동이 윤리적인지를 판단하기 위하여 상보적인 방식을 제공하며, 세 모델은 행동과정의 윤리적 해결을 위해 사용되어야 한다.

그러나 윤리적인 이슈는 좀처럼 분명하지 않고, 다른 이해관계자의 이익은 자주 충돌하며 그래서 행동의 가장 윤리적인 과정을 찾기 위한 이들 모델을 사용하는 것은 의사결정자를 매우 어렵게 만든다. 이런 이유로 많은 전문가들은 의사결정이나 행동이 윤리적인지를 판단하기 위한 실천 가이드를 제공한다. 의사결정은 경영자가 이런 질문들에 각각 '예'라고 대답할 수 있다면, 윤리적인 근거에서 받아들여질 수 있을 것이다.

① 나의 의사결정이 용인된 가치 또는 일반적인 조직환경에 적용되는 기준에 해당하는가?
② 의사결정에 영향을 받는 사람들과 이에 대하여 이야기를 해 보았는가?
③ 중요한 개인적 관계에 있는 사람들이 이 결정에 동의하는가?

윤리적 문제를 통하여 사고하기 위하여 일부 저자들은 4단계 과정을 추천해 왔다. 1단계에서 경영자들은 어떤 이해관계자가 의사결정에 영향을 받고 미치는 영향에 대해 식별해야 한다. 가장 중요한 것은 제한된 의사결정이 어떤 이해관계자의 권리를 침해하지 않는지를 판단할 필요성에 있다. 권리라는 용어는 이해관계자의 기본자격부여에 대하여 언급한다. 예를 들어 우리가 작업장에서 위험정보에 대한 권리는 종업원들의 기본적인 자격이다. 이것은 Manville에서 무시된 권리이다.

2단계는 1단계에서 얻은 정보를 고려할 때, 제안된 전략의 윤리성을 검토하는 것을 포함한다. 이 판단은 위반되어서는 안 되는 여러 가지 도덕적 원칙에 의해 감독되어야 한다. 이 원칙은 회사의 임무 또는 다른 회사의 서류(HP 방식)에 나타난 것일지 모른다. 게다가 우리가 사회의 구성원으로서 채택했던 어떤 도덕적 원칙(예를 들어 절도)은 위반되어서는 안 된다. 이 단계에서의 판단은 제안된 전략적 결정을 평가하기 위하여 선택된 결정법칙에 의해 감독될 것이다. 장기적인 수익 극대화가 대부분의 회사가 강조하는 올바른 결정법칙이라 할지라도, 이것은 도덕적 원칙을 위반하지 않도록 작용되어야 될 것이다.

도덕적 의도를 설립하는 3단계는 이해관계자의 권리 또는 핵심 도덕적 원칙

표 15-2 공리주의, 도덕적 권리와 공정모형의 비교

공리주의 모델(Utilitarian)

- 의미: 다수의 이익을 위한 선택
- 경영적 의미: 경영자들은 다른 조직 이해관계자를 위한 이익과 비용에 근거하여 대안의 과정을 비교해야 한다. 그들은 이해관계자의 최대수익을 제공하는 행동과정을 선택해야 한다. 예를 들어 경영자는 회사의 이해관계자들에게 최대이익을 줄 수 있는 곳에 제조공장을 위치시켜야 한다.
- 경영자의 문제: 경영자는 각각의 이해관계자집단의 상대적 중요성을 어떻게 결정해야 할 것인가? 경영자는 어떻게 각 이해관계자집단에 대한 이익과 손실을 정확하게 측정할 것인가? 예를 들어, 경영자는 주주, 직원, 고객의 이익 중에서 무엇을 선택할 것인가?

도덕적 권리 모델(Moral right)

- 의미: 사람의 기본적 권리와 특권을 기준으로 한 의사결정이다. 예를 들어, 윤리적인 결정은 자유, 삶과 안전, 프라이버시, 표현의 자유, 양심의 자유에 대한 인간의 권리
- 경영적 의미: 경영자들은 이해관계자의 권리에 대한 행동과정들을 비교해야 하다. 그들은 이해관계자의 권리를 가장 잘 보호할 수 있는 행동과정을 선택해야 한다. 예를 들어 직원·고객의 안전, 건강에 현저한 피해를 주는 것과 관련된 결정은 비윤리적이다.
- 경영자의 문제: 의사결정이 다른 이해관계자 간의 권리에 상호 영향을 미칠 경우 어느 이해관계자의 권리를 선택하고 보호해야 하는가? 예를 들어, 한 직원의 프라이버시에 대한 권리가 다른 직원들의 재산 또는 안전에 대한 조직의 권리보다 비중이 더 있을 경우에, 직원을 방치하는 것이 윤리적인가?

공평(Justice) 모델

- 의미: 이해관계자 간의 이익과 해를 공정하고 공평하게 분배
- 경영적 의미: 경영자는 어떠한 선택이 성과에 대한 공정한 분배를 촉진시킬 것인지에 대한 정도에 기초하여 행동과정들을 비교해야 한다. 예를 들어 기술, 성과, 책임이 비슷한 직원에게는 동일한 임금이 주어져야 할 것이다. 성과의 배분이 성, 인종, 지역 같은 근거 없는 차이에 기초해서는 안 된다.
- 경영자의 문제: 경영자들은 사람의 외모 또는 행동에서 관찰 가능한 차이 때문에 사람들을 차별해서는 안 된다. 경영자들은 결과를 조직구성원에게 어떻게 분배할 것인가를 결정하기 위하여 어떻게 공정한 과정을 이용할 것인지를 배워야 한다. 예를 들어, 경영자는 자신이 좋아하는 사람에게 그렇지 않은 사람보다 더 많은 것을 주어서는 안 된다.

을 침해하는 경우에 회사는 다른 일에 앞서서 도덕적 중대성을 해결해야 할 것이다. 이 단계에서 최고경영자의 참여는 특히 가치가 있다. 최고경영자의 장려 없이는, 중간 수준 경영자는 이해관계자의 이익 이전에 편협한 회사의 경제적인 이익을 얻으려 하는 경향이 있다. 그들은 최고경영자가 그런 접근을 선호할 것이라는 신념을 가질지도 모른다. 4단계는 윤리적인 행동에 참여하는 회사가 필요하다.

부 록

MANAGEMENT
FOR
ENGINEERS

1. 난수표

63271	59986	71744	51102	15141	80714	58683	93108	13554
79945	88547	09896	95436	79115	08303	01041	20030	63754
08459	28364	55957	57243	83865	09911	19761	66535	40102
26646	60147	15702	46276	87453	44790	67122	45573	84358
21625	16999	13385	22782	55363	07449	34835	15290	76616
67191	12777	21861	68689	03263	69393	92785	49902	58447
42048	30378	87618	26933	40640	16281	13186	29431	88190
04588	38733	81290	89541	70290	40113	08243	17726	28652
56836	78351	47327	18518	92222	55201	27340	10493	36520
64465	05550	30157	82242	29520	69753	72602	23756	54935
81628	36100	39254	56835	37636	02421	98063	89641	64953
99337	84649	48968	75215	75498	49539	74240	03466	49292
36401	45525	63291	11618	12613	75055	43915	26488	41116
64531	56827	30825	70502	53225	03655	05915	37140	57051
48393	91322	25653	06543	06426	24771	59935	49801	11082
66762	94477	02494	88215	27191	20711	55609	29430	70165
45406	78484	31639	52009	18873	96927	41990	70538	77191
25860	55204	73417	83920	69468	74972	38712	72452	36618
76298	26678	89334	33938	95567	29380	75906	91807	37042
40318	57099	10528	09925	89773	41335	96244	29002	46453
53766	52875	15987	46962	67342	77592	57651	95508	80033
69828	90585	58955	53122	16025	84299	53310	67380	84249
25348	04332	32001	96293	37203	64516	51530	37069	40261
61374	05815	06714	62606	64324	46354	72157	67248	20135
49804	09226	64419	29457	10078	28073	85389	50324	14500
15562	64165	06125	71353	77669	91561	46145	24177	15294
10061	98124	75732	00815	83452	97355	13091	98112	53959
79607	52244	63303	10413	63839	74762	50289	73864	83014
72457	22682	03033	61714	88173	90835	00634	85169	66668
25467	48894	51043	02365	91726	09365	63167	95264	45643
84745	41042	29493	01836	09044	51926	43630	63470	76508
14194	48068	26805	94595	47907	13357	38412	33318	26098
82782	42851	54310	96175	97594	88616	42035	38093	36745
56702	40644	83514	14877	33095	10924	58013	61439	21882
42059	24177	58739	60170	78295	23179	02771	43464	59061
71411	05697	67194	30495	21157	67524	02865	39593	54278
04237	92441	26602	63835	38032	94770	58268	57219	68124
73455	83236	08710	04284	55005	84171	42596	97158	28672
50685	01181	24262	19427	52106	34308	73685	74246	04230
16831	69085	30802	65559	09205	71829	06489	85650	38707
94879	56606	30401	02602	57658	70091	54986	41394	60437
03195	71446	15232	66715	26385	91518	70566	02888	79941
39684	54315	32886	05644	79316	09819	00813	88407	17461
73925	53037	91904	62048	33711	25290	21526	02223	75947
66466	06232	10913	75336	95362	35206	65842	23014	87452

2. 정규분포표

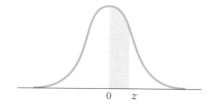

z	.00	.01	.02	.03	.04	.05	.06	.07	.08	.09
0.0	.0000	.0040	.0080	.0120	.0160	.0199	.0239	.0279	.0319	.0359
0.1	.0398	.0438	.0478	.0517	.0557	.0569	.0636	.0675	.0714	.0753
0.2	.0793	.0832	.0871	.0910	.0948	.0987	.1026	.1064	.1103	.1141
0.3	.1179	.1217	.1255	.1293	.1331	.1368	.1406	.1443	.1480	.1517
0.4	.1554	.1591	.1628	.1664	.1700	.1736	.1772	.1808	.1844	.1879
0.5	.1915	.1950	.1985	.2019	.2054	.2088	.2123	.2157	.2190	.2224
0.6	.2257	.2291	.2324	.2357	.2389	.2422	.2454	.2486	.2517	.2549
0.7	.2580	.2611	.2642	.2673	.2703	.2734	.2764	.2794	.2823	.2852
0.8	.2881	.2910	.2939	.2967	.2995	.3023	.3051	.3078	.3106	.3133
0.9	.3159	.3186	.3212	.3238	.3264	.3289	.3315	.3340	.3365	.3389
1.0	.3413	.3483	.3461	.3485	.3508	.3531	.3554	.3577	.3955	.3621
1.1	.3643	.3665	.3686	.3708	.3729	.3749	.3770	.3790	.3810	.3830
1.2	.3849	.3869	.3888	.3907	.3925	.3944	.3962	.3980	.3997	.4015
1.3	.4032	.4049	.4066	.4082	.4099	.4115	.4131	.4147	.4162	.4177
1.4	.4192	.4207	.4222	.4236	.4251	.4265	.4279	.4292	.4306	.4319
1.5	.4332	.4345	.4357	.4370	.4382	.4394	.4406	.4418	.4429	.4441
1.6	.4452	.4463	.4474	.4484	.4495	.4505	.4515	.4525	.4535	.4545
1.7	.4554	.4564	.4573	.4582	.4591	.4599	.4608	.4616	.4625	.4633
1.8	.4621	.4826	.4830	.4834	.4838	.4842	.4846	.4850	.4584	.4857
1.9	.4613	.4719	.4726	.4732	.4738	.4744	.4750	.4756	.4761	.4767
2.0	.4772	.4778	.4783	.4788	.4793	.4599	.4608	.4616	.4625	.4633
2.1	.4821	.4826	.4830	.4834	.4838	.4842	.4846	.4850	.4854	.4857
2.2	.4861	.4864	.4868	.4871	.4875	.4878	.4881	.4884	.4887	.4890
2.3	.4893	.4896	.4898	.4901	.4904	.4906	.4909	.4911	.4913	.4916
2.4	.4918	.4920	.4922	.4925	.4927	.4929	.4931	.4932	.4934	.4936
2.5	.4938	.4940	.4941	.4943	.4945	.4946	.4948	.4949	.4951	.4952
2.6	.4953	.4955	.4956	.4957	.4959	.4960	.4961	.4962	.4963	.4964
2.7	.4965	.4966	.4967	.4968	.4969	.4970	.4971	.4972	.4973	.4974
2.8	.4974	.4975	.4976	.4977	.4977	.4978	.4979	.4979	.4980	.4981
2.9	.4981	.4982	.4982	.4983	.4984	.4984	.4985	.4985	.4986	.4986
3.0	.4987	.4987	.4987	.4988	.4988	.4989	.4989	.4989	.4990	.4990

3. 누적정규분포표

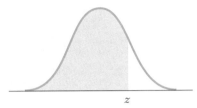

z	$G(z)$	z	$G(z)$	z	$G(z)$
-4.00	0.00003	-3.60	0.00016	-3.20	0.00069
-3.99	0.00003	-3.59	0.00017	-3.19	0.00071
-3.98	0.00003	-3.58	0.00017	-3.18	0.00074
-3.97	0.00004	-3.57	0.00018	-3.17	0.00076
-3.96	0.00004	-3.56	0.00019	-3.16	0.00079
-3.95	0.00004	-3.55	0.00019	-3.15	0.00082
-3.94	0.00004	-3.54	0.00020	-3.14	0.00084
-3.93	0.00004	-3.53	0.00021	-3.13	0.00087
-3.92	0.00004	-3.52	0.00022	-3.12	0.00090
-3.91	0.00005	-3.51	0.00022	-3.11	0.00094
-3.90	0.00005	-3.50	0.00023	-3.10	0.00097
-3.89	0.00005	-3.49	0.00024	-3.09	0.00100
-3.88	0.00005	-3.48	0.00025	-3.08	0.00104
-3.87	0.00005	-3.47	0.00026	-3.07	0.00107
-3.86	0.00006	-3.46	0.00027	-3.06	0.00111
-3.85	0.00006	-3.45	0.00028	-3.05	0.00114
-3.84	0.00006	-3.44	0.00029	-3.04	0.00118
-3.83	0.00006	-3.43	0.00030	-3.03	0.00122
-3.82	0.00007	-3.42	0.00031	-3.02	0.00126
-3.81	0.00007	-3.41	0.00032	-3.01	0.00131
-3.80	0.00007	-3.40	0.00034	-3.00	0.00135
-3.79	0.00008	-3.39	0.00035	-2.99	0.00139
-3.78	0.00008	-3.38	0.00036	-2.98	0.00144
-3.77	0.00008	-3.37	0.00038	-2.97	0.00149
-3.76	0.00008	-3.36	0.00039	-2.96	0.00154
-3.75	0.00009	-3.35	0.00040	-2.95	0.00159
-3.74	0.00009	-3.34	0.00042	-2.94	0.00164
-3.73	0.00010	-3.33	0.00043	-2.93	0.00169
-3.72	0.00010	-3.32	0.00045	-2.92	0.00175
-3.71	0.00010	-3.31	0.00047	-2.91	0.00181
-3.70	0.00011	-3.30	0.00048	-2.90	0.00187
-3.69	0.00011	-3.29	0.00050	-2.89	0.00193
-3.68	0.00012	-3.28	0.00052	-2.88	0.00199
-3.67	0.00012	-3.27	0.00054	-2.87	0.00205
-3.66	0.00013	-3.26	0.00056	-2.86	0.00212
-3.65	0.00013	-3.25	0.00058	-2.85	0.00219
-3.64	0.00014	-3.24	0.00060	-2.84	0.00226
-3.62	0.00015	-3.22	0.00064	-2.82	0.00240
-3.61	0.00015	-3.21	0.00066	-2.81	0.00248

3. 누적정규분포표 계속

z	G(z)	z	G(z)	z	G(z)
-2.80	0.00256	-2.30	0.01072	-1.80	0.03593
-2.79	0.00264	-2.29	0.01101	-1.79	0.03673
-2.78	0.00272	-2.28	0.01130	-1.78	0.03754
-2.77	0.00280	-2.27	0.01160	-1.77	0.03836
-2.76	0.00289	-2.26	0.01191	-1.76	0.03920
-2.75	0.00298	-2.25	0.01222	-1.75	0.04006
-2.74	0.00307	-2.24	0.01255	-1.74	0.04093
-2.73	0.00317	-2.23	0.01287	-1.73	0.04182
-2.72	0.00326	-2.22	0.01321	-1.72	0.04272
-2.71	0.00336	-2.21	0.01355	-1.71	0.04363
-2.70	0.00347	-2.20	0.01390	-1.70	0.04457
-2.69	0.00357	-2.19	0.01426	-1.69	0.04551
-2.68	0.00368	-2.18	0.01463	-1.68	0.04648
-2.67	0.00379	-2.17	0.01500	-1.67	0.04746
-2.66	0.00391	-2.16	0.01539	-1.66	0.04846
-2.65	0.00402	-2.15	0.01578	-1.65	0.04947
-2.64	0.00415	-2.14	0.01618	-1.64	0.05050
-2.63	0.00427	-2.13	0.01657	-1.63	0.05155
-2.62	0.00440	-2.12	0.01700	-1.62	0.05262
-2.61	0.00453	-2.11	0.01743	-1.61	0.05370
-2.60	0.00466	-2.10	0.01786	-1.60	0.05480
-2.59	0.00480	-2.09	0.01831	-1.59	0.05592
2.58	0.00494	-2.08	0.01876	-1.58	0.05705
-2.57	0.00508	-2.07	0.01923	-1.57	0.05821
-2.56	0.00523	-2.06	0.01970	-1.56	0.05938
-2.55	0.00539	-2.05	0.02018	-1.55	0.06057
-2.54	0.00554	-2.04	0.02068	-1.54	0.06178
-2.53	0.00570	-2.03	0.02118	-1.53	0.06301
-2.52	0.00587	-2.02	0.02169	-1.52	0.06426
-2.51	0.00604	-2.01	0.02222	-1.51	0.06552
-2.50	0.00621	-2.00	0.02275	-1.50	0.06681
-2.49	0.00639	-1.99	0.02330	-1.49	0.06811
-2.48	0.00657	-1.98	0.02385	-1.48	0.06944
-2.47	0.00676	-1.97	0.02442	-1.47	0.07078
-2.46	0.00695	-1.96	0.02500	-1.46	0.07215
-2.45	0.00714	-1.95	0.02559	-1.45	0.07353
-2.44	0.00734	-1.94	0.02619	-1.44	0.07493
-2.43	0.00755	-1.93	0.02680	-1.43	0.07636
-2.42	0.00776	-1.92	0.02743	-1.42	0.07780
-2.41	0.00798	-1.91	0.02807	-1.41	0.07927
-2.40	0.00820	-1.90	0.02872	-1.40	0.08076
-2.39	0.00842	-1.89	0.02938	-1.39	0.08226
-2.38	0.00866	-1.88	0.03005	-1.38	0.08379
-2.37	0.00889	-1.87	0.03074	-1.37	0.08534
-2.36	0.00914	-1.86	0.03144	-1.36	0.08691
-2.35	0.00939	-1.85	0.03216	-1.35	0.08851
-2.34	0.00964	-1.84	0.03288	-1.34	0.09012
-2.33	0.00990	-1.83	0.03362	-1.33	0.09176
-2.32	0.01017	-1.82	0.03438	-1.32	0.09342
-2.31	0.01044	-1.81	0.03515	-1.31	0.09510

3. 누적정규분포표 계속

z	$G(z)$	z	$G(z)$	z	$G(z)$
-1.30	0.09680	-0.85	0.19766	-0.40	0.34458
-1.29	0.09853	-0.84	0.20045	-0.39	0.34827
-1.28	0.10027	-0.83	0.20327	-0.38	0.35197
-1.27	0.10204	-0.82	0.20611	-0.37	0.35569
-1.26	0.10383	-0.81	0.20897	-0.36	0.35942
-1.25	0.10565	-0.80	0.21186	-0.35	0.36317
-1.24	0.10749	-0.79	0.21476	-0.34	0.36693
-1.23	0.10935	-0.78	0.21770	-0.33	0.37070
-1.22	0.11123	-0.77	0.22065	-0.32	0.37448
-1.21	0.11314	-0.76	0.22363	-0.31	0.37828
-1.20	0.11507	-0.75	0.22663	-0.30	0.38209
-1.19	0.11702	-0.74	0.22965	-0.29	0.38591
-1.18	0.11900	-0.73	0.23270	-0.28	0.38974
-1.17	0.12100	-0.72	0.23576	-0.27	0.39358
-1.16	0.12302	-0.71	0.23885	-0.26	0.39743
-1.15	0.12057	-0.70	0.24196	-0.25	0.40129
-1.14	0.12714	-0.69	0.24510	-0.24	0.40517
-1.13	0.12924	-0.68	0.24825	-0.23	0.40905
-1.12	0.13136	-0.67	0.25143	-0.22	0.41294
-1.11	0.13350	-0.66	0.25463	-0.21	0.41683
-1.10	0.13567	-0.65	0.25785	-0.20	0.42074
-1.09	0.13786	-0.64	0.26109	-0.19	0.42465
-1.08	0.14007	-0.63	0.26435	-0.18	0.42858
-1.07	0.14231	-0.62	0.26763	-0.17	0.43251
-1.06	0.14457	-0.61	0.27093	-0.16	0.43644
-1.05	0.14686	-0.60	0.27425	-0.15	0.44038
-1.04	0.14917	-0.59	0.27760	-0.14	0.44433
-1.03	0.15150	-0.58	0.28096	-0.13	0.44828
-1.02	0.15386	-0.57	0.28434	-0.12	0.45224
-1.01	0.15625	-0.56	0.28774	-0.11	0.45620
-1.00	0.15866	-0.55	0.29116	-0.10	0.46017
-0.99	0.16109	-0.54	0.29460	-0.09	0.46414
-0.98	0.16354	-0.53	0.29806	-0.08	0.46812
-0.97	0.16602	-0.52	0.30153	-0.07	0.47210
-0.96	0.16853	-0.51	0.30503	-0.06	0.47608
-0.95	0.17106	-0.50	0.30854	-0.05	0.48006
-0.94	0.17361	-0.49	0.31207	-0.04	0.48405
-0.93	0.17619	-0.48	0.31561	-0.03	0.48803
-0.92	0.17879	-0.47	0.31918	-0.02	0.49202
-0.91	0.18141	-0.46	0.32276	-0.01	0.49601
-0.90	0.18406	-0.45	0.32636	0.00	0.50000
-0.89	0.18673	-0.44	0.32997	0.01	0.50399
-0.88	0.18943	-0.43	0.33360	0.02	0.50798
-0.87	0.19215	-0.42	0.33724	0.03	0.51197
-0.86	0.19489	-0.41	0.34090	0.04	0.51595

4. 이자표

A. 1%이자율(연말복리계산)

	1회 지불		동일액 지불				등차계수
	복리계수	현가계수	연금복리계수	감채기금계수	연금현가계수	자본회수계수	
n	To find F Given P $F/P, i, n$	To find P Given F $P/F, i, n$	To find F Given A $F/A, i, n$	To find A Given F $A/F, i, n$	To find P Given A $P/A, i, n$	To find A Given P $A/P, i, n$	To find A Given G $A/G, i, n$
1	1.010	0.9901	1.000	1.0000	0.9901	1.0100	0.0000
2	1.020	0.9803	2.010	0.4975	1.9704	0.5075	0.4975
3	1.030	0.9706	3.030	0.3300	2.9410	0.3400	0.9934
4	1.041	0.9610	4.060	0.2463	3.9020	0.2563	1.4876
5	1.051	0.9515	5.101	0.1960	4.8534	0.2060	1.9801
6	1.062	0.9421	6.152	0.1626	5.7955	0.1726	2.4710
7	1.072	0.9327	7.214	0.1386	6.7282	0.1486	2.9602
8	1.083	0.9235	8.286	0.1207	7.6517	0.1307	3.4478
9	1.094	0.9143	9.369	0.1068	8.5660	0.1168	3.9337
10	1.105	0.9053	10.462	0.0956	9.4713	0.1056	4.4179
11	1.116	0.8963	11.567	0.0865	10.3676	0.0965	4.9005
12	1.127	0.8875	12.683	0.0789	11.2551	0.0889	5.3815
13	1.138	0.8787	13.809	0.0724	12.1338	0.0824	5.8607
14	1.149	0.8700	14.947	0.0669	13.0037	0.0769	6.3384
15	1.161	0.8614	16.097	0.0621	13.8651	0.0721	6.8143
16	1.173	0.8528	17.258	0.0580	14.7179	0.0680	7.2887
17	1.184	0.8444	18.430	0.0543	15.5623	0.0643	7.7613
18	1.196	0.8360	19.615	0.0510	16.3983	0.0610	8.2323
19	1.208	0.8277	20.811	0.0481	17.2260	0.0581	8.7017
20	1.220	0.8196	22.019	0.0454	18.0456	0.0554	9.1694
21	1.232	0.8114	23.239	0.0430	18.8570	0.0530	9.6354
22	1.245	0.8034	24.472	0.0409	19.6604	0.0509	10.0998
23	1.257	0.7955	25.716	0.0389	20.4558	0.0489	10.5626
24	1.270	0.7876	26.973	0.0371	21.2434	0.0471	11.0237
25	1.282	0.7798	28.243	0.0354	22.0232	0.0454	11.4831
26	1.295	0.7721	29.526	0.0339	22.7952	0.0439	11.9409
27	1.308	0.7644	30.821	0.0325	23.5596	0.0425	12.3971
28	1.321	0.7568	32.129	0.0311	24.3165	0.0411	12.8516
29	1.335	0.7494	33.450	0.0299	25.0658	0.0399	13.3045
30	1.348	0.7419	34.785	0.0288	25.8077	0.0388	13.7557
31	1.361	0.7346	36.133	0.0277	26.5423	0.0377	14.2052
32	1.375	0.7273	37.494	0.0267	27.2696	0.0367	14.6532
33	1.389	0.7201	38.869	0.0257	27.9897	0.0357	15.0995
34	1.403	0.7130	40.258	0.0248	28.7027	0.0348	15.5441
35	1.417	0.7059	41.660	0.0240	29.4086	0.0340	15.9871
40	1.489	0.6717	48.886	0.0205	32.8347	0.0305	18.1776
45	1.565	0.6391	56.481	0.0177	36.0945	0.0277	20.3273
50	1.645	0.6080	64.463	0.0155	39.1961	0.0255	22.4363
55	1.729	0.5785	72.852	0.0137	42.1472	0.0237	24.5049
60	1.817	0.5505	81.670	0.0123	44.9550	0.0223	26.5333
65	1.909	0.5237	90.937	0.0110	47.6266	0.0210	28.5217
70	2.007	0.4983	100.676	0.0099	50.1685	0.0199	30.4703
75	2.109	0.4741	110.913	0.0090	52.5871	0.0190	32.3793
80	2.217	0.4511	121.672	0.0082	54.8882	0.0182	34.2492
85	2.330	0.4292	132.979	0.0075	57.0777	0.0175	36.0801
90	2.449	0.4084	144.863	0.0069	59.1609	0.0169	37.8725
95	2.574	0.3886	157.354	0.0064	61.1430	0.0164	39.6265
100	2.705	0.3697	170.481	0.0059	63.0289	0.0159	41.3426

B. $1\frac{1}{2}$ % 이자율(연말복리계산)

n	1회 지불		동일액 지불				등차계수
	복리계수	현가계수	연금복리계수	감채기금계수	연금현가계수	자본회수계수	
	To find F Given P $F/P, i, n$	To find P Given F $P/F, i, n$	To find F Given A $F/A, i, n$	To find A Given F $A/F, i, n$	To find P Given A $P/A, i, n$	To find A Given P $A/P, i, n$	To find A Given G $A/G, i, n$
1	1.015	0.9852	1.000	1.0000	0.9852	1.0150	0.0000
2	1.030	0.9707	2.015	0.4963	1.9559	0.5113	0.4963
3	1.046	0.9563	3.045	0.3284	2.9122	0.3434	0.9901
4	1.061	0.9422	4.091	0.2445	3.8544	0.2595	1.4814
5	1.077	0.9283	5.152	0.1941	4.7827	0.2091	1.9702
6	1.093	0.9146	6.230	0.1605	5.6972	0.1755	2.4566
7	1.110	0.9010	7.323	0.1366	6.5982	0.1516	2.9405
8	1.127	0.8877	8.433	0.1186	7.4859	0.1336	3.4219
9	1.143	0.8746	9.559	0.1046	8.3605	0.1196	3.9008
10	1.161	0.8617	10.703	0.0934	9.2222	0.1084	4.3772
11	1.178	0.8489	11.863	0.0843	10.0711	0.0993	4.8512
12	1.196	0.8364	13.041	0.0767	10.9075	0.0917	5.3227
13	1.214	0.8240	14.237	0.0703	11.7315	0.0853	5.7917
14	1.232	0.8119	15.450	0.0647	12.5434	0.0797	6.2582
15	1.250	0.7999	16.682	0.0600	13.3432	0.0750	6.7223
16	1.269	0.7880	17.932	0.0558	14.1313	0.0708	7.1839
17	1.288	0.7764	19.201	0.0521	14.9077	0.0671	7.6431
18	1.307	0.7649	20.489	0.0488	15.6726	0.0638	8.0997
19	1.327	0.7536	21.797	0.0459	16.4262	0.0609	8.5539
20	1.347	0.7425	23.124	0.0433	17.1686	0.0583	9.0057
21	1.367	0.7315	24.471	0.0409	17.9001	0.0559	9.4550
22	1.388	0.7207	25.838	0.0387	18.6208	0.0537	9.9018
23	1.408	0.7100	27.225	0.0367	19.3309	0.0517	10.3462
24	1.430	0.6996	28.634	0.0349	20.0304	0.0499	10.7881
25	1.451	0.6892	30.063	0.0333	20.7196	0.0483	11.2276
26	1.473	0.6790	31.514	0.0317	21.3986	0.0467	11.6646
27	1.495	0.6690	32.987	0.0303	22.0676	0.0453	12.0992
28	1.517	0.6591	34.481	0.0290	22.7267	0.0440	12.5313
29	1.540	0.6494	35.999	0.0278	23.3761	0.0428	12.9610
30	1.563	0.6398	37.539	0.0266	24.0158	0.0416	13.3883
31	1.587	0.6303	39.102	0.0256	24.6462	0.0406	13.8131
32	1.610	0.6210	40.688	0.0246	25.2671	0.0396	14.2355
33	1.634	0.6118	42.299	0.0237	25.8790	0.0387	14.6555
34	1.659	0.6028	43.933	0.0228	26.4817	0.0378	15.0731
35	1.684	0.5939	45.592	0.0219	27.0756	0.0369	15.4882
40	1.814	0.5513	54.268	0.0184	29.9159	0.0334	17.5277
45	1.954	0.5117	63.614	0.0157	32.5523	0.0307	19.5074
50	2.105	0.4750	73.683	0.0136	34.9997	0.0286	21.4277
55	2.268	0.4409	84.530	0.0118	37.2715	0.0268	23.2894
60	2.443	0.4093	96.215	0.0104	39.3803	0.0254	25.0930
65	2.632	0.3799	108.803	0.0092	41.3378	0.0242	26.8392
70	2.835	0.3527	122.364	0.0082	43.1549	0.0232	28.5290
75	3.055	0.3274	136.973	0.0073	44.8416	0.0223	30.1631
80	3.291	0.3039	152.711	0.0066	46.4073	0.0216	31.7423
85	3.545	0.2821	169.665	0.0059	47.8607	0.0209	33.2676
90	3.819	0.2619	187.930	0.0053	49.2099	0.0203	34.7399
95	4.114	0.2431	207.606	0.0048	50.4622	0.0198	36.1602
100	4.432	0.2256	228.803	0.0044	51.6247	0.0194	37.5295

C. 2%이자율(연말복리계산)

n	1회 지불		동일액 지불				등차계수
	복리계수	현가계수	연금복리계수	감채기금계수	연금현가계수	자본회수계수	
	To find F Given P $F/P, i, n$	To find P Given F $P/F, i, n$	To find F Given A $F/A, i, n$	To find A Given F $A/F, i, n$	To find P Given A $P/A, i, n$	To find A Given P $A/P, i, n$	To find A Given G $A/G, i, n$
1	1.020	0.9804	1.000	1.0000	0.9804	1.0200	0.0000
2	1.040	0.9612	2.020	0.4951	1.9416	0.5151	0.4951
3	1.061	0.9423	3.060	0.3268	2.8839	0.3468	0,9868
4	1.082	0.9239	4.122	0.2426	3.8077	0.2626	1.4753
5	1.104	0.9057	5.204	0.1922	4.7135	0.2122	1.9604
6	1.126	0.8880	6.308	0.1585	5.6014	0.1785	2.4423
7	1.149	0.8706	7.434	0.1345	6.4720	0.1545	2.9208
8	1.172	0.8535	8.583	0.1165	7.3255	0.1365	3.3961
9	1.195	0.8368	9.755	0.1025	8.1622	0.1225	3.8681
10	1.219	0.8204	10.950	0.0913	8.9826	0.1113	4.3367
11	1.243	0.8043	12.169	0.0822	9.7869	0.1022	4.8021
12	1.268	0.7885	13.412	0.0746	10.5754	0.0946	5.2643
13	1.294	0.7730	14.680	0.0681	11.3484	0.0881	5.7231
14	1.319	0.7579	15.974	0.0626	12.1063	0.0826	6.1786
15	1.346	0.7430	17.293	0.0578	12.8493	0.0778	6.6309
16	1.373	0.7285	18.639	0.0537	13.5777	0.0737	7.0799
17	1.400	0.7142	20.012	0.0500	14.2919	0.0700	7.5256
18	1.428	0.7002	21.412	0.0467	14.9920	0.0667	7.9681
19	1.457	0.6864	22.841	0.0438	15.6785	0.0638	8.4073
20	1.486	0.6730	24.297	0.0412	16.3514	0.0612	8.8433
21	1.516	0.6598	25.783	0.0388	17.0112	0.0588	9.2760
22	1.546	0.6468	27.299	0.0366	17.6581	0.0566	9.7055
23	1.577	0.6342	28.845	0.0347	18.2922	0.0547	10.1317
24	1.608	0.6217	30.422	0.0329	18.9139	0.0529	10.5547
25	1.641	0.6095	32.030	0.0312	19.5235	0.0512	10.9745
26	1.673	0.5976	33.671	0.0297	20.1210	0.0497	11.3910
27	1.707	0.5859	35.344	0.0283	20.7069	0.0483	11.8043
28	1.741	0.5744	37.051	0.0270	21.2813	0.0470	12.2145
29	1.776	0.5631	38.792	0.0258	21.8444	0.0458	12.6214
30	1.811	0.5521	40.568	0.0247	22.3965	0.0447	13.0251
31	1.848	0.5413	42.379	0.0236	22.9377	0.0436	13.4257
32	1.885	0.5306	44.227	0.0226	23.4683	0.0426	13.8230
33	1.922	0.5202	46.112	0.0217	23.9886	0.0417	14.2172
34	1.961	0.5100	48.034	0.0208	24.4986	0.0408	14.6083
35	2.000	0.5000	49.994	0.0200	24.9986	0.0400	14.9961
40	2.208	0.4529	60.402	0.0166	27.3555	0.0366	16.8885
45	2.438	0.4102	71.893	0.0139	29.4902	0.0339	18.7034
50	2.692	0.3715	84.579	0.0118	31.4236	0.0318	20.4420
55	2.972	0.3365	98.587	0.0102	33.1748	0.0302	22.1057
60	3.281	0.3048	114.052	0.0088	34.7609	0.0288	23.6961
65	3.623	0.2761	131.126	0.0076	36.1975	0.0276	25.2147
70	4.000	0.2500	149.978	0.0067	37.4986	0.0267	26.6632
75	4.416	0.2265	170.792	0.0059	38.6771	0.0259	28.0434
80	4.875	0.2051	193.772	0.0052	39.7445	0.0252	29.3572
85	5.383	0.1858	219.144	0.0046	40.7113	0.0246	30.6064
90	5.943	0.1683	247.157	0.0041	41.5869	0.0241	31.7929
95	6.562	0.1524	278.085	0.0036	42.3800	0.0236	32.9189
100	7.245	0.1380	312.232	0.0032	43.0984	0.0232	33.9863

D. 3%이자율(연말복리계산)

n	1회 지불		동일액 지불				등차계수
	복리계수	현가계수	연금복리계수	감채기금계수	연금현가계수	자본회수계수	
	$F/P\,i,\,n$	$P/F\,i,\,n$	$F/A\,i,\,n$	$A/F\,i,\,n$	$P/A\,i,\,n$	$A/P\,i,\,n$	$A/G\,i,\,n$
1	1.030	0.9709	1.000	1.0000	0.9709	1.0300	0.0000
2	1.061	0.9426	2.030	0.4926	1.9135	0.5226	0.4926
3	1.093	0.9152	3.091	0.3235	2.8286	0.3535	0.9803
4	1.126	0.8885	4.184	0.2390	3.7171	0.2690	1.4631
5	1.159	0.8626	5.309	0.1884	4.5797	0.2184	1.9409
6	1.194	0.8375	6.468	0.1546	5.4172	0.1846	2.4138
7	1.230	0.8131	7.662	0.1305	6.2303	0.1605	2.8819
8	1.267	0.7894	8.892	0.1125	7.0197	0.1425	3.3450
9	1.305	0.7664	10.159	0.0984	7.7861	0.1284	3.8032
10	1.344	0.7441	11.464	0.0872	8.5302	0.1172	4.2565
11	1.384	0.7224	12.808	0.0781	9.2526	0.1081	4.7049
12	1.426	0.7014	14.192	0.0705	9.9540	0.1005	5.1485
13	1.469	0.6810	15.618	0.0640	10.6350	0.0940	5.5872
14	1.513	0.6611	17.086	0.0585	11.2961	0.0885	6.0211
15	1.558	0.6419	18.599	0.0538	11.9379	0.0838	6.4501
16	1.605	0.6232	20.157	0.0496	12.5611	0.0796	6.8742
17	1.653	0.6050	21.762	0.0460	13.1661	0.0760	7.2936
18	1.702	0.5874	23.414	0.0427	13.7535	0.0727	7.7081
19	1.754	0.5703	25.117	0.0398	14.3238	0.0698	8.1179
20	1.806	0.5537	26.870	0.0372	14.8775	0.0672	8.5229
21	1.860	0.5376	28.676	0.0349	15.4150	0.0649	8.9231
22	1.916	0.5219	30.537	0.0328	15.9369	0.0628	9.3186
23	1.974	0.5067	32.453	0.0308	16.4436	0.0608	9.7094
24	2.033	0.4919	34.426	0.0291	16.9356	0.0591	10.0954
25	2.094	0.4776	36.459	0.0274	17.4132	0.0574	10.4768
26	2.157	0.4637	38.553	0.0259	17.8769	0.0559	10.8535
27	2.221	0.4502	40.710	0.0246	18.3270	0.0546	11.2256
28	2.288	0.4371	42.931	0.0233	18.7641	0.0533	11.5930
29	2.357	0.4244	45.219	0.0221	19.1885	0.0521	11.9558
30	2.427	0.4120	47.575	0.0210	19.6005	0.0510	12.3141
31	2.500	0.4000	50.003	0.0200	20.0004	0.0500	12.6678
32	2.575	0.3883	52.503	0.0191	20.3888	0.0491	13.0169
33	2.652	0.3770	55.078	0.0182	20.7658	0.0482	13.3616
34	2.732	0.3661	57.730	0.0173	21.1318	0.0473	13.7018
35	2.814	0.3554	60.462	0.0165	21.4872	0.0465	14.0375
40	3.262	0.3066	75.401	0.0133	23.1148	0.0433	15.6502
45	3.782	0.2644	92.720	0.0108	24.5187	0.0408	17.1556
50	4.384	0.2281	112.797	0.0089	25.7298	0.0389	18.5575
55	5.082	0.1968	136.072	0.0074	26.7744	0.0374	19.8600
60	5.892	0.1697	163.053	0.0061	27.6756	0.0361	21.0674
65	6.830	0.1464	194.333	0.0052	28.4529	0.0352	22.1841
70	7.918	0.1263	230.594	0.0043	29.1234	0.0343	23.2145
75	9.179	0.1090	272.631	0.0037	29.7018	0.0337	24.1634
80	10.641	0.0940	321.363	0.0031	30.2008	0.0331	25.0354
85	12.336	0.0811	377.857	0.0027	30.6312	0.0327	25.8349
90	14.300	0.0699	443.349	0.0023	31.0024	0.0323	26.5667
95	16.578	0.0603	519.272	0.0019	31.3227	0.0319	27.2351
100	19.219	0.0520	607.288	0.0017	31.5989	0.0317	27.8445

E. 4%이자율(연말복리계산)

	1회 지불		동일액 지불				등차계수
n	복리계수	현가계수	연금복리계수	감채기금계수	연금현가계수	자본회수계수	
	$F/P\ i, n$	$P/F\ i, n$	$F/A\ i, n$	$A/F\ i, n$	$P/A\ i, n$	$A/P\ i, n$	$A/G\ i, n$
1	1.040	0.9615	1.000	1.0000	0.9615	1.0400	0.0000
2	1.082	0.9246	2.040	0.4902	1.8861	0.5302	0.4902
3	1.125	0.8890	3.122	0.3204	2.7751	0.3604	09739
4	1.170	0.8548	4.246	0.2355	3.6299	0.2755	1.4510
5	1.217	0.8219	5.416	0.1846	4.4518	0.2246	1.9216
6	1.265	0.7903	6.633	0.1508	5.2421	0.1908	2.3857
7	1.316	0.7599	7.898	0.1266	6.0021	0.1666	2.8433
8	1.369	0.7307	9.214	0.1085	6.7328	0.1485	3.2944
9	1.423	0.7026	10.583	0.0945	7.4353	0.1345	3.7391
10	1.480	0.6756	12.006	0.0833	8.1109	0.1233	4.1773
11	1.539	0.6496	13.486	0.0742	8.7605	0.1142	4.6090
12	1.601	0.6246	15.026	0.0666	9.3851	0.1066	5.0344
13	1.665	0.6006	16.627	0.0602	9.9857	0.1002	5.4533
14	1.732	0.5775	18.292	0.0547	10.5631	0.0947	5.8659
15	1.801	0.5553	20.024	0.0500	11.1184	0.0900	6.2721
16	1.873	0.5339	21.825	0.0458	11.6523	0.0858	6.6720
17	1.948	0.5134	23.698	0.0422	12.1657	0.0822	7.0656
18	2.026	0.4936	25.645	0.0390	12.6593	0.0790	7.4530
19	2.107	0.4747	27.671	0.0361	13.1339	0.0761	7.8342
20	2.191	0.4564	29.778	0.0336	13.5903	0.0736	8.2091
21	2.279	0.4388	31.969	0.0313	14.0292	0.0713	8.5780
22	2.370	0.4220	34.248	0.0292	14.4511	0.0692	8.9407
23	2.465	0.4057	36.618	0.0273	14.8569	0.0673	9.2973
24	2.563	0.3901	39.083	0.0256	15.2470	0.0656	9.6479
25	2.666	0.3751	41.646	0.0240	15.6221	0.0640	9.9925
26	2.772	0.3607	44.312	0.0226	15.9828	0.0626	10.3312
27	2.883	0.3468	47.084	0.0212	16.3296	0.0612	10.6640
28	2.999	0.3335	49.968	0.0200	16.6631	0.0600	10.9909
29	3.119	0.3207	52.966	0.0189	16.9837	0.0589	11.3121
30	3.243	0.3083	56.085	0.0178	17.2920	0.0578	11.6274
31	3.373	0.2965	59.328	0.0169	17.5885	0.0569	11.9371
32	3.508	0.2851	62.701	0.0160	17.8736	0.0560	12.2411
33	3.648	0.2741	66.210	0.0151	18.1477	0.0551	12.5396
34	3.794	0.2636	69.858	0.0143	18.4112	0.0543	12.8325
35	3.946	0.2534	73.652	0.0136	18.6646	0.0536	13.1199
40	4.801	0.2083	95.026	0.0105	19.7928	0.0505	14.4765
45	5.841	0.1712	121.029	0.0083	20.7200	0.0483	15.7047
50	7.107	0.1407	152.667	0.0066	21.4822	0.0466	16.8123
55	8.646	0.1157	191.159	0.0052	22.1086	0.0452	17.8070
60	10.520	0.0951	237.991	0.0042	22.6235	0.0442	18.6972
65	12.799	0.0781	294.968	0.0034	23.0467	0.0434	19.4909
70	15.572	0.0642	364.290	0.0028	23.3945	0.0428	20.1961
75	18.945	0.0528	448.631	0.0022	23.6804	0.0422	20.8206
80	23.050	0.0434	551.245	0.0018	23.9154	0.0418	21.3719
85	28.044	0.0357	676.090	0.0015	24.1085	0.0415	21.8569
90	34.119	0.0293	817.983	0.0012	24.2673	0.0412	22.2826
95	41.511	0.0241	1012.785	0.0010	24.3978	0.0410	22.6550
100	50.505	0.0198	1237.624	0.0008	24.5050	0.0408	22.9800

F. 5%이자율(연말복리계산)

n	1회 지불		동일액 지불				등차계수
	복리계수	현가계수	연금복리계수	감채기금계수	연금현가계수	자본회수계수	
	$F/P\,i,n$	$P/F\,i,n$	$F/A\,i,n$	$A/F\,i,n$	$P/A\,i,n$	$A/P\,i,n$	$A/G\,i,n$
1	1.050	0.9524	1.000	1.0000	0.9524	1.0500	0.0000
2	1.103	0.9070	2.050	0.4878	1.8594	0.5378	0.4878
3	1.158	0.8638	3.153	0.3172	2.7233	0.3672	0.9575
4	1.216	0.8227	4.310	0.2320	3.5460	0.2820	1.4391
5	1.276	0.7835	5.526	0.1810	4.3295	0.2310	1.9025
6	1.340	0.7462	6.802	0.1470	5.0757	0.1970	2.3579
7	1.407	0.7107	8.142	0.1228	5.7864	0.1728	2.8052
8	1.477	0.6768	9.549	0.1047	6.4632	0.1547	3.2445
9	1.551	0.6446	11.027	0.0907	7.1078	0.1407	3.6758
10	1.629	0.6139	12.587	0.0795	7.7217	0.1295	4.0991
11	1.710	0.5847	14.207	0.0704	8.3064	0.1204	4.5145
12	1.796	0.5568	15.917	0.0628	8.8633	0.1128	4.9219
13	1.886	0.5303	17.713	0.0565	9.3936	0.1065	5.3215
14	1.980	0.5051	19.599	0.0510	9.8987	0.1010	5.7133
15	2.079	0.4810	21.579	0.0464	10.3797	0.0964	6.0973
16	2.183	0.4581	23.658	0.0423	10.8378	0.0923	6.4736
17	2.292	0.4363	25.840	0.0387	11.2741	0.0887	6.8423
18	2.407	0.4155	28.132	0.0356	11.6896	0.0856	7.2034
19	2.527	0.3957	30.539	0.0328	12.0853	0.0828	7.5569
20	2.653	0.3769	33.066	0.0303	12.4622	0.0803	7.9030
21	2.786	0.3590	35.719	0.2080	12.8212	0.0780	8.2416
22	2.925	0.3419	38.505	0.0260	13.1630	0.0760	8.5730
23	3.072	0.3256	41.430	0.0241	13.4886	0.0741	8.8971
24	3.225	0.3101	44.502	0.0225	13.7987	0.0725	9.2140
25	3.386	0.2953	47.727	0.0210	14.0940	0.0710	9.5238
26	3.556	0.2813	51.113	0.0196	14.3752	0.0696	9.8266
27	3.733	0.2679	54.669	0.0183	14.6430	0.0683	10.1224
28	3.920	0.2551	58.403	0.0171	14.8981	0.0671	10.4114
29	4.116	0.2430	62.323	0.0161	15.1411	0.0661	10.6936
30	4.322	0.2314	66.439	0.0151	15.3725	0.0651	10.9691
31	4.538	0.2204	70.761	0.0141	15.5928	0.0641	11.2381
32	4.765	0.2099	75.299	0.0133	15.8027	0.0633	11.5005
33	5.003	0.1999	80.064	0.0125	16.0026	0.0625	11.7566
34	5.253	0.1904	85.067	0.0118	16.1929	0.0618	12.0063
35	5.516	0.1813	90.320	0.0111	16.3742	0.0611	12.2498
40	7.040	0.1421	120.800	0.0083	17.1591	0.0583	13.3775
45	8.985	0.1113	159.700	0.0063	17.7741	0.0563	14.3644
50	11.467	0.0872	209.348	0.0048	18.2559	0.0548	15.2233
55	14.636	0.0683	272.713	0.0037	18.6335	0.0537	15.9665
60	18.679	0.0535	353.584	0.0028	18.9293	0.0528	16.6062
65	23.840	0.0420	456.798	0.0022	19.1611	0.0522	17.1541
70	30.426	0.0329	588.529	0.0017	19.3427	0.0517	17.6212
75	38.833	0.0258	756.654	0.0013	19.4850	0.0513	18.0176
80	49.561	0.0202	971.229	0.0010	19.5965	0.0510	18.3526
85	63.254	0.0158	1245.087	0.0008	19.6838	0.0508	18.6346
90	80.730	0.0124	1594.607	0.0006	19.7523	0.0506	18.8712
95	103.035	0.0097	2040.694	0.0005	19.8059	0.0505	19.0689
100	131.501	0.0076	2610.025	0.0004	19.8479	0.0504	19.2237

G. 6%이자율(연말복리계산)

n	1회 지불		동일액 지불				등차계수
	복리계수	현가계수	연금복리계수	감채기금계수	연금현가계수	자본회수계수	
	$F/P\ i,\ n$	$P/F\ i,\ n$	$F/A\ i,\ n$	$A/F\ i,\ n$	$P/A\ i,\ n$	$A/P\ i,\ n$	$A/G\ i,\ n$
1	1.060	0.9434	1.000	1.0000	0.9434	1.0600	0.0000
2	1.124	0.8900	2.060	0.4854	1.8334	0.5454	0.4854
3	1.191	0.8396	3.184	0.3141	2.6730	0.3741	0.9612
4	1.262	0.7921	4.375	0.2286	3.4651	0.2886	1.4272
5	1.338	0.7473	5.637	0.1774	4.2124	0.2374	1.8836
6	1.419	0.7050	6.975	0.1434	4.9173	0.2034	2.3304
7	1.504	0.6651	8.394	0.1191	5.5824	0.1791	2.7676
8	1.594	0.6274	9.897	0.1010	6.2098	0.1610	3.1952
9	1.689	0.5919	11.491	0.0870	6.8017	0.1470	3.6133
10	1.791	0.5584	13.181	0.0759	7.3601	0.1359	4.0220
11	1.898	0.5268	14.972	0.0668	7.8869	0.1268	4.4213
12	2.012	0.4970	16.870	0.0593	8.3839	0.1193	4.8113
13	2.133	0.4688	18.882	0.0530	8.8527	0.1130	5.1920
14	2.261	0.4423	21.015	0.0476	9.2950	0.1076	5.5635
15	2.397	0.4173	23.276	0.0430	9.7123	0.1030	5.9260
16	2.540	0.3937	25.673	0.0390	10.1059	0.0990	6.2794
17	2.693	0.3714	28.213	0.0355	10.4773	0.0955	6.6240
18	2.854	0.3504	30.906	0.0324	10.8276	0.0924	6.9597
19	3.026	0.3305	33.760	0.0296	11.1581	0.0896	7.2867
20	3.207	0.3118	36.786	0.0272	11.4699	0.0872	7.6052
21	3.400	0.2942	39.993	0.0250	11.7641	0.0850	7.9151
22	3.604	0.2775	43.392	0.0231	12.0416	0.0831	8.2166
23	3.820	0.2618	46.996	0.0213	12.3034	0.0813	8.5099
24	4.049	0.2470	50.816	0.0197	12.5504	0.0797	8.7951
25	4.292	0.2330	54.865	0.0182	12.7834	0.0782	9.0722
26	4.549	0.2198	59.156	0.0169	13.0032	0.0769	9.3415
27	4.822	0.2074	63.706	0.0157	13.2105	0.0757	9.6030
28	5.112	0.1956	68.528	0.0146	13.4062	0.0746	9.8568
29	5.418	0.1846	73.640	0.0136	13.5907	0.0736	10.1032
30	5.744	0.1741	79.058	0.0127	13.7648	0.0727	10.3422
31	6.088	0.1643	84.802	0.0118	13.9291	0.0718	10.5740
32	6.453	0.1550	90.890	0.0110	14.0841	0.0710	10.7988
33	6.841	0.1462	97.343	0.0103	14.2302	0.0703	11.0166
34	7.251	0.1379	104.184	0.0096	14.3682	0.0696	11.2276
35	7.686	0.1301	111.435	0.0090	14.4983	0.0690	11.4319
40	10.286	0.0972	154.762	0.0065	15.0463	0.0665	12.3590
45	13.765	0.0727	212.744	0.0047	15.4558	0.0647	13.1413
50	18.420	0.0543	290.336	0.0035	15.7619	0.0635	13.7964
55	24.650	0.0406	394.172	0.0025	15.9906	0.0625	14.3411
60	32.988	0.0303	533.128	0.0019	16.1614	0.0619	14.7910
65	44.145	0.0227	719.083	0.0014	16.2891	0.0614	15.1601
70	59.076	0.0169	967.932	0.0010	16.3846	0.0610	15.4614
75	79.075	0.0127	1300.949	0.0008	16.4559	0.0608	15.7058
80	105.796	0.0095	1746.600	0.0006	16.5091	0.0606	15.9033
85	141.579	0.0071	2342.982	0.0004	16.5490	0.0604	16.0620
90	189.465	0.0053	3141.075	0.0003	16.5787	0.0603	16.1891
95	253.546	0.0040	4209.104	0.0002	16.6009	0.0602	16.2905
100	339.302	0.0030	5638.368	0.0002	16.6176	0.0602	16.3711

H. 7%이자율(연말복리계산)

n	1회 지불		동일액 지불				등차계수
	복리계수	현가계수	연금복리계수	감채기금계수	연금현가계수	자본회수계수	
	F/P i, n	P/F i, n	F/A i, n	A/F i, n	P/A i, n	A/P i, n	A/G i, n
1	1.070	0.9346	1.000	1.0000	0.9346	1.0700	0.0000
2	1.145	0.8734	2.070	0.4831	1.8080	0.5531	0.4831
3	1.225	0.8163	3.215	0.3111	2.6243	0.3811	0.9549
4	1.311	0.7629	4.440	0.2252	3.3872	0.2952	1.4155
5	1.403	0.7130	5.751	0.1739	4.1002	0.2439	1.8650
6	1.501	0.6664	7.153	0.1398	4.7665	0.2098	2.3032
7	1.606	0.6228	8.654	0.1156	5.3893	0.1856	2.7304
8	1.718	0.5820	10.260	0.0975	5.9713	0.1675	3.1466
9	1.838	0.5439	11.978	0.0835	6.5152	0.1535	3.5517
10	1.967	0.5084	13.816	0.0724	7.0236	0.1424	3.9461
11	2.105	0.4751	15.784	0.0634	7.4987	0.1334	4.3296
12	2.252	0.4440	17.888	0.0559	7.9427	0.1259	4.7025
13	2.410	0.4150	20.141	0.0497	8.3577	0.1197	5.0649
14	2.579	0.3878	22.550	0.0444	8.7455	0.1144	5.4167
15	2.759	0.3625	25.129	0.0398	9.1079	0.1098	5.7583
16	2.952	0.3387	27.888	0.0359	9.4467	0.1059	6.0897
17	3.159	0.3166	30.840	0.0324	9.7632	0.1024	6.4110
18	3.380	0.2959	33.999	0.0294	10.0591	0.0994	6.7225
19	3.617	0.2765	37.379	0.0268	10.3356	0.0968	7.0242
20	3.870	0.2584	40.996	0.0244	10.5940	0.0944	7.3163
21	4.141	0.2415	44.865	0.0223	10.8355	0.0923	7.5990
22	4.730	0.2257	49.006	0.0204	11.0613	0.0904	7.8725
23	4.741	0.2110	53.436	0.0187	11.2722	0.0887	8.1369
24	5.072	0.1972	58.177	0.0172	11.4693	0.0872	8.3923
25	5.427	0.1843	63.249	0.0158	11.6536	0.0858	8.6391
26	5.807	0.1722	68.676	0.0146	11.8258	0.0846	8.8773
27	6.214	0.1609	74.484	0.0134	11.9867	0.0834	9.1072
28	6.649	0.1504	80.698	0.0124	12.1371	0.0824	9.3290
29	7.114	0.1406	87.347	0.0115	12.2777	0.0815	9.5427
30	7.612	0.1314	94.461	0.0106	12.4091	0.0806	9.7487
31	8.145	0.1228	102.073	0.0098	12.5318	0.0798	9.9471
32	8.715	0.1148	110.218	0.0091	12.6466	0.0791	10.1381
33	9.325	0.1072	118.933	0.0084	12.7538	0.0784	10.3219
34	9.978	0.1002	128.259	0.0078	12.8540	0.0778	10.4987
35	10.677	0.0937	138.237	0.0072	12.9477	0.0772	10.6687
40	14.974	0.0668	199.635	0.0050	13.3317	0.0750	11.4234
45	21.002	0.0476	285.749	0.0035	13.6055	0.0735	12.0360
50	29.457	0.0340	406.529	0.0025	13.8008	0.0725	12.5287
55	41.315	0.0242	575.929	0.0017	13.9399	0.0717	12.9215
60	57.946	0.0173	813.520	0.0012	14.0392	0.0712	13.2321
65	81.273	0.0123	1146.755	0.0009	14.1099	0.0709	13.4760
70	113.989	0.0088	1614.134	0.0006	14.1604	0.0706	13.6662
75	159.867	0.0063	2269.657	0.0005	14.1964	0.0705	13.8137
80	224.234	0.0045	3189.063	0.0003	14.2220	0.0703	13.9274
85	314.500	0.0032	4478.576	0.0002	14.2403	0.0702	14.0146
90	441.103	0.0023	6287.185	0.0002	14.2533	0.0702	14.0812
95	618.670	0.0016	8823.854	0.0001	14.2626	0.0701	14.1319
100	867.716	0.0012	11231.662	0.0001	14.2693	0.0701	14.1703

I. 8%이자율(연말복리계산)

n	1회 지불		동일액 지불				등차계수
	복리계수	현가계수	연금복리계수	감채기금계수	연금현가계수	자본회수계수	
	$F/P\ i,\ n$	$P/F\ i,\ n$	$F/A\ i,\ n$	$A/F\ i,\ n$	$P/A\ i,\ n$	$A/P\ i,\ n$	$A/G\ i,\ n$
1	1.080	0.9259	1.000	1.0000	0.9259	1.0800	0.0000
2	1.166	0.8573	2.080	0.4808	1.7833	0.5608	0.4808
3	1.260	0.7938	3.246	0.3080	2.5771	0.3880	0.9488
4	1.360	0.7350	4.506	0.2219	3.3121	0.3019	1.4040
5	1.469	0.6806	5.867	0.1705	3.9927	0.2505	1.8465
6	1.587	0.6302	7.336	0.1363	4.6229	0.2163	2.2764
7	1.714	0.5835	8.923	0.1121	5.2064	0.1921	2.6937
8	1.851	0.5403	10.637	0.0940	5.7466	0.1740	2.0985
9	1.999	0.5003	12.488	0.0801	6.2469	0.1601	3.4910
10	2.159	0.4632	14.487	0.0690	6.7101	0.1490	3.8713
11	2.232	0.4289	16.645	0.0601	7.1390	0.1401	4.2395
12	2.518	0.3971	18.977	0.0527	7.5361	0.1327	4.5958
13	2.720	0.3677	21.495	0.0465	7.9038	0.1265	4.9402
14	2.937	0.3405	24.215	0.0413	8.2442	0.1213	5.2731
15	3.172	0.3153	27.152	0.0368	8.5595	0.1168	5.5945
16	3.426	0.2919	30.324	0.0330	8.8514	0.1130	5.9046
17	3.700	0.2703	33.750	0.0296	9.1216	0.1096	6.2038
18	3.996	0.2503	37.450	0.0267	9.3719	0.1067	6.4920
19	4.316	0.2317	41.446	0.0241	9.6036	0.1041	6.7697
20	4.661	0.2146	45.762	0.0219	9.8182	0.1019	7.0370
21	5.034	0.1987	50.423	0.0198	10.0168	0.0998	7.2940
22	5.437	0.1840	55.457	0.0180	10.2008	0.0980	7.5412
23	5.871	0.1703	60.893	0.0164	10.3711	0.0964	7.7786
24	6.341	0.1577	66.765	0.0150	10.5288	0.0950	8.0066
25	6.848	0.1460	73.106	0.0137	10.6748	0.0937	8.2254
26	7.396	0.1352	79.954	0.0125	10.8100	0.0925	8.4352
27	7.988	0.1252	87.351	0.0115	10.9352	0.0915	8.6363
28	8.627	0.1159	95.339	0.0105	11.0511	0.0905	8.8289
29	9.317	0.1073	103.966	0.0096	11.1584	0.0896	9.0133
30	10.063	0.0994	113.283	0.0088	11.2578	0.0888	9.1897
31	10.868	0.0920	123.346	0.0081	11.3498	0.0881	9.3584
32	11.737	0.0852	134.214	0.0075	11.4350	0.0875	9.5197
33	12.676	0.0789	145.951	0.0069	11.5139	0.0869	9.6737
34	13.690	0.0731	158.627	0.0063	11.5869	0.0863	9.8208
35	14.785	0.0676	172.317	0.0058	11.6546	0.0858	9.9611
40	21.725	0.0460	259.057	0.0039	11.9246	0.0839	10.5699
45	31.920	0.0313	386.506	0.0026	12.1084	0.0826	11.0447
50	46.902	0.0213	573.770	0.0018	12.2335	0.0818	11.4107
55	68.914	0.0145	848.923	0.0012	12.3186	0.0812	11.6902
60	101.257	0.0099	1253.213	0.0008	12.3766	0.0808	11.9015
65	148.780	0.0067	1847.248	0.0006	12.4160	0.0806	12.0602
70	218.606	0.0046	2720.080	0.0004	12.4428	0.0804	12.1783
75	321.205	0.0031	4002.557	0.0003	12.4611	0.0803	12.2658
80	471.955	0.0021	5886.935	0.0002	12.4735	0.0802	12.3301
85	693.456	0.0015	8655.706	0.0001	12.4820	0.0801	12.3773
90	1018.915	0.0010	12723.939	0.0001	12.4877	0.0801	12.4116
95	1497.121	0.0007	18701.507	0.0001	12.4917	0.0801	12.4365
100	2199.761	0.0005	27484.516	0.0001	12.4943	0.0800	12.4545

J. 9%이자율(연말복리계산)

n	1회 지불		동일액 지불				등차계수
	복리계수	현가계수	연금복리계수	감채기금계수	연금현가계수	자본회수계수	
	F/P i, n	P/F i, n	F/A i, n	A/F i, n	P/A i, n	A/P i, n	A/G i, n
1	1.090	0.9174	1.000	1.0000	0.9174	1.0900	0.0000
2	1.188	0.8417	2.090	0.4785	1.7591	0.5685	0.4785
3	1.295	0.7722	3.278	0.3051	2.5313	0.3951	0.9426
4	1.412	0.7084	4.573	0.2187	3.2397	0.3087	1.3925
5	1.539	0.6499	5.985	0.1671	3.8897	0.2571	1.8282
6	1.677	0.5963	7.523	0.1329	4.4859	0.2229	2.2498
7	1.828	0.5470	9.200	0.1087	5.0330	0.1987	2.6574
8	1.993	0.5019	11.028	0.0907	5.5348	0.1807	3.0512
9	2.172	0.4604	13.021	0.0768	5.9953	0.1668	3.4312
10	2.367	0.4224	15.193	0.0658	6.4177	0.1558	3.7978
11	2.580	0.3875	17.560	0.0570	6.8052	0.1470	4.1510
12	2.813	0.3555	20.141	0.0497	7.1607	0.1397	4.4910
13	3.066	0.3262	22.953	0.0436	7.4869	0.1336	4.8182
14	3.342	0.2993	26.019	0.0384	7.7862	0.1284	5.1326
15	3.642	0.2745	29.361	0.0341	8.0607	0.1241	5.4346
16	3.970	0.2519	33.003	0.0303	8.3126	0.1203	5.7245
17	4.328	0.2311	36.974	0.0271	8.5436	0.1171	6.0024
18	4.717	0.2120	41.301	0.0242	8.7556	0.1142	6.2687
19	5.142	0.1945	46.018	0.0217	8.9501	0.1117	6.5236
20	5.604	0.1784	51.160	0.0196	9.1286	0.1096	6.7675
21	6.109	0.1637	56.765	0.0176	9.2923	0.1076	7.0006
22	6.659	0.1502	62.873	0.0159	9.4424	0.1059	7.2232
23	7.258	0.1378	69.532	0.0144	9.5802	0.1044	7.4358
24	7.911	0.1264	76.790	0.0130	9.7066	0.1030	7.6384
25	8.623	0.1160	84.701	0.0118	9.8226	0.1018	7.8316
26	9.399	0.1064	93.324	0.0107	9.9290	0.1007	8.0156
27	10.245	0.0976	102.723	0.0097	10.0266	0.0997	8.1906
28	11.167	0.0896	112.968	0.0089	10.1161	0.0989	8.3572
29	12.172	0.0822	124.135	0.0081	10.1983	0.0981	8.5154
30	13.268	0.0754	136.308	0.0073	10.2737	0.0973	8.6657
31	14.462	0.0692	149.575	0.0067	10.3428	0.0967	8.8083
32	15.763	0.0634	164.037	0.0061	10.4063	0.0961	8.9436
33	17.182	0.0582	179.800	0.0056	10.4645	0.0956	9.0718
34	18.728	0.0534	196.982	0.0051	10.5178	0.0951	9.1933
35	20.414	0.0490	215.711	0.0046	10.5668	0.0946	9.3083
40	31.409	0.0318	337.002	0.0030	10.7574	0.0930	9.7957
45	48.327	0.0207	525.859	0.0019	10.8812	0.0919	10.1603
50	74.358	0.0135	815.084	0.0012	10.9617	0.0912	10.4295
55	114.408	0.0088	1260.092	0.0008	11.0140	0.0908	10.6261
60	176.031	0.0057	1944.792	0.0005	11.0480	0.0905	10.7683
65	270.846	0.0037	2998.288	0.0003	11.0701	0.0903	10.8702
70	416.730	0.0024	4619.223	0.0002	11.0845	0.0902	10.9427
75	641.191	0.0016	7113.232	0.0002	11.0938	0.0902	10.9940
80	986.552	0.0010	10950.574	0.0001	11.0999	0.0901	11.0299
85	1517.932	0.0007	16854.800	0.0001	11.1038	0.0901	11.0551
90	2335.527	0.0004	25939.184	0.0001	11.1064	0.0900	11.0726
95	3593.497	0.0003	39916.635	0.0000	11.1080	0.0900	11.0847
100	5529.041	0.0002	61422.675	0.0000	11.1091	0.0900	11.0930

K. 10%이자율(연말복리계산)

n	1회 지불		동일액 지불				등차계수
	복리계수	현가계수	연금복리계수	감채기금계수	연금현가계수	자본회수계수	
	$F/P\ i, n$	$P/F\ i, n$	$F/A\ i, n$	$A/F\ i, n$	$P/A\ i, n$	$A/P\ i, n$	$A/G\ i, n$
1	1.100	0.9091	1.000	1.0000	0.9091	1.1000	0.0000
2	1.210	0.8265	2.100	0.4762	1.7355	0.5762	0.4762
3	1.331	0.7513	3.310	0.3021	2.4869	0.4021	0.9366
4	1.464	0.6830	4.641	0.2155	3.1699	0.3155	1.3812
5	1.611	0.6209	6.105	0.1638	3.7908	0.2638	1.8101
6	1.772	0.5645	7.716	0.1296	4.3553	0.2296	2.2236
7	1.949	0.5132	9.487	0.1054	4.8684	0.2054	2.6216
8	2.144	0.4665	11.436	0.0875	5.3349	0.1875	3.0045
9	2.358	0.4241	13.579	0.0737	5.7590	0.1737	3.3724
10	2.594	0.3856	15.937	0.0628	6.1446	0.1628	3.7255
11	2.853	0.3505	18.531	0.0540	6.4951	0.1540	4.0641
12	3.138	0.3186	21.384	0.0468	6.8137	0.1468	4.3884
13	3.452	0.2897	24.523	0.0408	7.1034	0.1408	4.6988
14	3.798	0.2633	27.975	0.0358	7.3667	0.1358	4.9955
15	4.177	0.2394	31.772	0.0315	7.6061	0.1315	5.2789
16	4.595	0.2176	35.950	0.0278	7.8237	0.1278	5.5493
17	5.054	0.1979	40.545	0.0247	8.0216	0.1247	5.8071
18	5.560	0.1799	45.599	0.0219	8.2014	0.1219	6.0526
19	6.116	0.1635	51.159	0.0196	8.3649	0.1196	6.2861
20	6.728	0.1487	52.275	0.0175	8.5136	0.1175	6.5081
21	7.400	0.1351	64.003	0.0156	8.6487	0.1156	6.7189
22	8.140	0.1229	71.403	0.0140	8.7716	0.1140	6.9189
23	8.954	0.1117	79.543	0.0126	8.8832	0.1126	7.1085
24	9.850	0.1015	88.497	0.0113	8.9848	0.1113	7.2881
25	10.835	0.0923	98.347	0.0102	9.0771	0.1102	7.4580
26	11.918	0.0839	109.182	0.0092	9.1610	0.1092	7.6187
27	13.110	0.0763	121.100	0.0083	9.2372	0.1083	7.7704
28	14.421	0.0694	134.210	0.0075	9.3066	0.1075	7.9137
29	15.863	0.0630	148.631	0.0067	9.3696	0.1067	8.0489
30	17.449	0.0573	164.494	0.0061	9.4269	0.1061	8.1762
31	19.194	0.0521	181.943	0.0055	9.4790	0.1055	8.2962
32	21.114	0.0474	201.138	0.0050	9.5264	0.1050	8.4091
33	23.225	0.0431	222.252	0.0045	9.5694	0.1045	8.5152
34	25.548	0.0392	245.477	0.0041	9.6086	0.1041	8.6149
35	28.102	0.0356	271.024	0.0037	9.6442	0.1037	8.7086
40	45.259	0.0221	442.593	0.0023	9.7791	0.1023	9.0962
45	72.890	0.0137	718.905	0.0014	8.8628	0.1014	9.3741
50	117.391	0.0085	1163.909	0.0009	9.9148	0.1009	9.5704
55	189.059	0.0053	1880.591	0.0005	9.9471	0.1005	9.7075
60	304.482	0.0033	3034.816	0.0003	9.9672	0.1003	9.8023
65	490.371	0.0020	4893.707	0.0002	9.9796	0.1002	9.8672
70	789.747	0.0013	7887.470	0.0001	9.9873	0.1001	9.9113
75	1271.895	0.0008	12708.954	0.0001	9.9921	0.1001	9.9410
80	2048.400	0.0005	20474.002	0.0001	9.9951	0.1001	9.9609
85	3298.969	0.0003	32979.690	0.0000	9.9970	0.1000	9.9742
90	5313.023	0.0002	53120.226	0.0000	9.9981	0.1000	9.9831
95	8566.676	0.0001	85556.760	0.0000	9.9988	0.1000	9.9889
100	13780.612	0.0001	137796.123	0.0000	9.9993	0.1000	9.9928

L. 12%이자율(연말복리계산)

n	1회 지불		동일액 지불				등차계수
	복리계수	현가계수	연금복리계수	감채기금계수	연금현가계수	자본회수계수	
	F/P i, n	P/F i, n	F/A i, n	A/F i, n	P/A i, n	A/P i, n	A/G i, n
1	1.120	0.8929	1.000	1.0000	0.8929	1.1200	0.0000
2	1.254	0.7972	2.120	0.4717	1.6901	0.5917	0.4717
3	1.405	0.7118	3.374	0.2964	2.4018	0.4164	0.9246
4	1.574	0.6355	4.779	0.2092	3.0374	0.3292	1.3589
5	1.762	0.5674	6.353	0.1574	3.6048	0.2774	1.7746
6	1.974	0.5066	8.115	0.1232	4.1114	0.2432	2.1721
7	2.211	0.4524	10.089	0.0991	4.5638	0.2191	2.5515
8	2.476	0.4039	12.300	0.0813	4.9676	0.2013	2.9132
9	2.773	0.3606	14.776	0.0677	5.3283	0.1877	3.2574
10	3.106	0.3220	17.549	0.0570	5.6502	0.1770	3.5847
11	3.479	0.2875	20.655	0.0484	5.9377	0.1684	3.8953
12	3.896	0.2567	24.133	0.0414	6.1944	0.1614	4.1897
13	4.364	0.2292	28.029	0.0357	6.4236	0.1557	4.4683
14	4.887	0.2046	32.393	0.0309	6.6282	0.1509	4.7317
15	5.474	0.1827	37.280	0.0268	6.8109	0.1468	4.9803
16	6.130	0.1631	42.753	0.0234	6.9740	0.1434	5.2147
17	6.866	0.1457	48.884	0.0205	7.1196	0.1405	5.4353
18	7.690	0.1300	55.750	0.0179	7.2497	0.1379	5.6427
19	8.613	0.1161	63.440	0.0158	7.3658	0.1358	5.8375
20	9.646	0.1037	72.052	0.0139	7.4695	0.1339	6.0202
21	10.804	0.0926	81.699	0.0123	7.5620	0.1323	6.1913
22	12.100	0.0827	92.503	0.0108	7.6447	0.1308	6.3514
23	13.552	0.0738	104.603	0.0096	7.7184	0.1296	6.5010
24	15.179	0.0659	118.155	0.0085	7.7843	0.1285	6.6407
25	17.000	0.0588	133.334	0.0075	7.8431	0.1275	6.7708
26	19.040	0.0525	150.334	0.0067	7.8957	0.1267	6.8921
27	21.325	0.0469	169.374	0.0059	7.9426	0.1259	7.0049
28	23.884	0.0419	190.699	0.0053	7.9844	0.1253	7.1098
29	26.750	0.0374	214.583	0.0047	8.0218	0.1247	7.2071
30	29.960	0.0334	241.333	0.0042	8.0552	0.1242	2.2974
31	33.555	0.0298	271.293	0.0037	8.0850	0.1237	7.3811
32	37.582	0.0266	304.848	0.0033	8.1116	0.1233	7.4586
33	42.092	0.0238	342.429	0.0029	8.1354	0.1229	7.5303
34	47.143	0.0212	384.521	0.0026	8.1566	0.1226	7.5965
35	52.800	0.0189	431.664	0.0023	8.1755	0.1223	7.6577
40	93.051	0.0108	767.091	0.0013	8.2438	0.1213	7.8988
45	163.988	0.0061	1358.230	0.0007	8.2825	0.1207	8.0572
50	289.002	0.0035	2400.018	0.0004	8.3045	0.1204	8.1597

M. 15%이자율(연말복리계산)

n	1회 지불		동일액 지불				등차계수
	복리계수	현가계수	연금복리계수	감채기금계수	연금현가계수	자본회수계수	
	$F/P\,i,n$	$P/F\,i,n$	$F/A\,i,n$	$A/F\,i,n$	$P/A\,i,n$	$A/P\,i,n$	$A/G\,i,n$
1	1.150	0.8696	1.000	1.0000	0.8696	1.1500	0.0000
2	1.323	0.7562	2.150	0.4651	1.6257	0.6151	0.4651
3	1.521	0.6575	3.473	0.2880	2.2832	0.4380	0.9071
4	1.749	0.5718	4.993	0.2003	2.8550	0.3503	1.3263
5	2.011	0.4972	6.742	0.1483	3.3522	0.2983	1.7228
6	2.313	0.4323	8.754	0.1142	3.7845	0.2642	2.0972
7	2.660	0.3759	11.067	0.0904	4.1604	0.2404	2.4499
8	3.059	0.3269	13.727	0.0729	4.4873	0.2229	2.7813
9	3.518	0.2843	16.786	0.0596	4.7716	0.2096	3.0922
10	4.046	0.2472	23.304	0.0493	5.0188	0.1993	3.3832
11	4.652	0.2150	24.349	0.0411	5.2337	0.1911	3.6550
12	5.350	0.1869	29.002	0.0345	5.4206	0.1845	3.9082
13	6.153	0.1625	34.352	0.0291	5.5832	0.1791	4.1438
14	7.076	0.1413	40.505	0.0247	5.7245	0.1747	4.3624
15	8.137	0.1229	47.580	0.0210	5.8474	0.1710	4.5650
16	9.358	0.1069	55.717	0.0180	5.9542	0.1680	4.7523
17	10.761	0.0929	65.075	0.0154	6.0472	0.1654	4.9251
18	12.375	0.0808	75.836	0.0132	6.1280	0.1632	5.0843
19	14.232	0.0703	88.212	0.0113	6.1982	0.1613	5.2307
20	16.367	0.0611	102.444	0.0098	6.2593	0.1598	5.3651
21	18.822	0.0531	118.810	0.0084	6.3125	0.1584	5.4883
22	21.645	0.0462	137.632	0.0073	6.3587	0.1573	5.6010
23	24.891	0.0402	159.276	0.0063	6.3988	0.1563	5.7040
24	28.625	0.0349	184.168	0.0054	6.4338	0.1554	5.7979
25	32.919	0.0304	212.793	0.0047	6.4642	0.1547	5.8834
26	37.857	0.0264	245.712	0.0041	6.4906	0.1541	5.9612
27	43.535	0.0230	283.569	0.0035	6.5135	0.1535	6.0319
28	50.066	0.0200	327.104	0.0031	6.5335	0.1531	6.0960
29	57.575	0.0174	377.170	0.0027	6.5509	0.1527	6.1541
30	66.212	0.0151	434.745	0.0023	6.5660	0.1523	6.2066
31	76.144	0.0131	500.957	0.0020	6.5791	0.1520	6.2541
32	87.565	0.0114	577.100	0.0017	6.5905	0.1517	6.2970
33	100.700	0.0099	664.666	0.0015	6.6005	0.1515	6.3357
34	115.805	0.0086	765.365	0.0013	6.6091	0.1513	6.3705
35	133.176	0.0075	881.170	0.0011	6.6166	0.1511	6.4019
40	267.864	0.0037	1779.090	0.0006	6.6418	0.1506	6.5168
45	538.769	0.0019	3585.128	0.0003	6.6543	0.1503	6.5830
50	1083.657	0.0009	7217.716	0.0002	6.6605	0.1501	6.6205

국문색인

영문색인

[저자 소개]

강석호(姜錫昊) 교수는 서울대학교 산업공학과에서 36년간을 교수로서 봉직한 후, 현재는 명예교수로 있다. 미국 Texas A&M대학교에서 박사학위를 1976년에 취득한 후, 서울대학교에서 교직을 시작하였으며, 미국 MIT대학에서 1983년에 1년간 객원교수로 연구하였다. 학회활동으로는 한국경영과학회 회장과 아시아 태평양 OR학회부회장, 세계생산공학회 한국대표를 역임하였다.

저서로는 경영정보시스템(1983 초판, 2006 재개정 4판), 정보체계론(1989), 회계정보론(1985), Operations Research(1980), 경영과학개론(1985), OR개론(1990), 산업공학개론(1983 초판, 2000 최신개정판 10판), 산업경영과학(2007), 생산관리(1978), 현대생산관리(1984 초판, 1998 재개정 4판), 공업경제론(1981), 시스템분석과 설계(1985), 자동생산시스템의 분석과 설계(1993), CIM(1994) 등이 있다.

논문은 해외학술지에 73편 등 160여편의 학술논문을 해외 및 국내학술지에 제자와 함께 발표하였다.

시상은 최우수논문상(해외 1회, 국내 5회), 훌륭한 공대교수상(1999), 대한민국학술원상(2000), 대한민국 홍조근정훈장(2012)을 수상하였다.

공학기술과 경영

초판인쇄　2015년 6월 1일
초판발행　2015년 6월 10일

지은이　　강석호
펴낸이　　안종만

편 집　　김선민 · 김효선
기획/마케팅　정병조
표지디자인　김문정
제 작　　우인도 · 고철민

펴낸곳　　(주) **박영사**
　　　　　서울특별시 종로구 새문안로3길 36, 1601
　　　　　등록 1959. 3. 11. 제300-1959-1호(倫)

전 화　　02)733-6771
f a x　　02)736-4818
e-mail　　pys@pybook.co.kr
homepage　www.pybook.co.kr
ISBN　　979-11-303-0190-7　　93320

＊ 잘못된 책은 바꿔드립니다. 본서의 무단복제행위를 금합니다.
＊ 저자와 협의하여 인지첩부를 생략합니다.

정 가　　33,000 원